Bismarck

Emil Ludwig

铁血宰相

俾斯麦传

[德]埃米尔·路德维希 著 杨一 译

广东旅游出版社
GUANGDONG TRAVEL & TOURISM PRESS
悦读书·悦旅行·悦享人生

中国·广州

图书在版编目（CIP）数据

铁血宰相：俾斯麦传 /（德）埃米尔·路德维希著；
杨一译. -- 广州：广东旅游出版社，2025. 8. -- ISBN
978-7-5570-3599-0

Ⅰ. K835.167=43

中国国家版本馆CIP数据核字第2025Q2X606号

出　版　人：刘志松
责任编辑：张晶晶　梁斯棋
责任校对：李瑞苑
责任技编：冼志良

铁血宰相：俾斯麦传
TIEXUE ZAIXIANG BISIMAI ZHUAN

广东旅游出版社出版发行

（广州市荔湾区沙面北街71号首层、二层　邮编：510130）

电话：020-87347732（总编室）

020-87348887（销售热线）

投稿邮箱：2026542779@qq.com

印刷：易阳印刷河北有限公司

（河北省衡水市故城县金宝大道东侧中兴路）

880毫米×1230毫米　32开　20印张　450千字

2025年8月第1版　2025年8月第1次印刷

定价：68.00元

前　言

在明暗对比之中，他全副武装，在暮色中闪耀。俾斯麦与伦勃朗画中的肖像类似，而且也必须如此描绘。在过去的八十年里，党派之间的仇恨在他身旁电光石火。他的一生中，他很少被爱，因为他也爱得很少。在他死后，他被判处化身为一尊雕像，因为他的内在仍然很难看透。因此，在日耳曼人中间，他成了用石头刻成的罗兰。

这本书想要描画出一个获得了胜利却又时常犯错的战士形象。俾斯麦先生被描绘成一个满怀着骄傲、勇气和仇恨的人物——他的行为都是由这些基本要素驱使的。今天，当我们民族的一部分人带着偏爱对他表示钦慕，另一部分人对他表示谴责之时，我们有必要对他的精神史进行一个深入的研究。既然俾斯麦身为一个名人，在一定程度上决定了德意志民族的命运，那么我们的民族就必须学会理解这个人的性格，去了解这个人的真实面目，而不是任由崇拜或者憎恶将其扭曲。

历史人物总是比他所在的体制更成一个有机体，比起他在文献中的表现也会更复杂。我们认为，不要一味遵循学术方法，被记录中的形象干扰，而是要在我们的时代塑造出一位公众人物，让他成为每个人的榜样和警示。这个人和政治家的形象是不可分割的，他的感情和行动互相影响，私人生活和公共生活同时并存。艺术家的任务是用调查得来的数据构建出

1

一个人的整体。

30年代初，俾斯麦内在性格的发展实际上已经结束了。但是在之前的十五年里，他不得不忍受心中最剧烈的骚动。接下来的时间，一直贯穿他整个职业生涯的，都只是对其已形成的基本性格要素的深化。这也是为什么虽然大多数的传记作者会用几页纸草草带过他的青少年时期，我却选择用极大的篇幅去叙述的原因——说是他的青少年时代，实际是指他开始参与政治活动之前的时间。唯一成功地做出了俾斯麦心理描摹的作家是被误解的克莱因-哈廷根，但是他可以用来参考的也只有他那个年代可用的资料。在1911年，我曾经试过一种我自己称之为"心理企图"的方法，用来抵消"铁血宰相"这个具有传奇性的名号给大家带来的某种形象。十年之后，我写了戏剧三部曲，希望在德意志的舞台上来戏剧性地表现俾斯麦的形象。

这个新作品与我之前所尝试的完全不同，之前那次是没有涉及政治的。之前那本书中的任何内容都没有出现在这里，并且这本书中的人物形象会以一个新的视角来呈现。两部作品中唯一的共同点只是我们这位谜一样的主人公的基本概念。除此之外，现实中多方面的情况使得一种新的、更具批判性的描述变得必要；战后时代帮助了人们更好地去理解俾斯麦职业生涯中的遭遇；大量回忆录和其他相关的文献已经出版；这些关于俾斯麦的事实材料也为我的写作大开方便之门。

在新的视角下，俾斯麦这一形象的明暗对比变得更加引人注目。如果一个人不是想建起一座纪念碑，而是想追寻一位斗士的一生，那么当这个人面对这位斗士的生命，发现他一直在战斗、偶尔获得胜利、总是充满激情、永不觉得满足、大多数时候都很睿智、有时也会出现误差、但即使犯错却始终表现出天才的特征之时，这个人便只能发出赞叹。

目 录

第一卷：1815—1851 游荡者

第一章   002

第二章   007

第三章   014

第四章   024

第五章   033

第六章   044

第七章   053

第八章   062

第九章   072

第十章   079

第十一章   086

第十二章   093

第十三章   105

第十四章   117

第二卷：1852—1862 抗争者

第一章	132
第二章	141
第三章	151
第四章	159
第五章	169
第六章	175
第七章	184
第八章	192

第三卷：1862—1871 缔造者

第一章	208
第二章	216
第三章	224
第四章	234
第五章	239
第六章	251
第七章	259
第八章	266
第九章	277
第十章	284
第十一章	293
第十二章	299
第十三章	307
第十四章	313

第十五章 325

第十六章 338

第十七章 349

第十八章 360

第十九章 368

第二十章 381

第四卷：1872—1888 统治者

第一章 396

第二章 407

第三章 418

第四章 425

第五章 435

第六章 441

第七章 449

第八章 457

第九章 467

第十章 476

第十一章 484

第十二章 490

第十三章 501

第十四章 512

第十五章 520

第十六章 532

第十七章 541

第五卷：1888—1898 流放者

第一章	554
第二章	562
第三章	569
第四章	576
第五章	581
第六章	592
第七章	597
第八章	604
第九章	609
第十章	619
第十一章	629

第一卷：1815—1851
游荡者

在性情上，俾斯麦是一个被生活所消耗，同时又被休息消磨至死的人。

——A. 凯瑟林（Keyserling）

第一章

那是一个夏天。在公园一棵古老的橡树下，一个小男孩儿在嬉戏。他有一头金黄又浓密的头发和一双深邃而炽热的眼睛。他只有四岁，但是当他用铁锹铲起土、把泥块填满他的手推车、又把手推车里所有的装载物倒进旁边的池塘，如此用泥土和石块来修建他的堡垒时，他的精力又尤其充沛，看上去倒像是有六岁。而当园丁从房子里走出来叫他回去吃晚餐，他又变得叛逆，并且生起气来。

这个房子很简朴，比起有身份人士的私人公馆，它看上去更像属于一位富有的农民。房子是木头制成的，几乎没有装饰，只有一层楼高，除了正中间有一个五扇窗那么宽的小二楼。当这个小男孩儿从一楼的窗户向外望去，目之所及，是一整片辽阔的黄色玉米田。景色静谧。当风从波美拉尼亚吹来，沉甸甸的谷穗随风摆动，田野里便出现了一道道的麦浪。"这一切都是我们的。"父亲带着小男孩儿去田间地头时告诉他说。他的父亲刚继承了尼朴甫（Kniephof）近两千英亩的土地。这也正是他在小男孩儿一岁的时候就离开了位于萨克森（Saxon）的舍恩豪森（Schönhausen），而前往更远的波美拉尼亚的原因。

"这一切都是我们的。"小男孩儿也时常如此想，因为村庄也就是农场。这里没有佃户，只有隶属于庄园的农业劳动力，他们住在茅草屋里，身份地位其实与农奴极度类似，只是他们自己和士绅都不愿意承认这一点。这里有石灰窑，还有铁匠铺。当这个小伙子走进牛棚，在牛群中间爬来爬去时，约九十岁的牧牛人布兰德喊道："少爷，小心啊！这些牛可能会踩到您的眼睛。它们不会有任何察觉，只知道不停地吃草，但是您的眼睛可是有可能被踩碎的呀！"这位老者称呼这位小男孩儿所用的"少爷（Herr Junker）"，就是下德意志地区的方言。七十年后，俾斯麦仍会回忆起这位历史见证者，他曾为俾斯麦讲述了许多有关腓特烈·威廉一世的故事。这位牧牛者还告诉俾斯麦，自己就曾在屈斯特林（Küstrin）亲眼看见过这位国王，那还是远在腓特烈大帝时代之前的日子。

这位小男孩儿的父亲同样也有故事可讲。每逢节日，他们便会走进配有三扇窗的大厅，在那里的墙上挂有许多肖像画，祖先们戴着头盔、满面威严，都从画里向下注视着他。肖像画的画框已经布满灰尘，而画里的人依然全副武装。在五百多年以前，他们中的大多数人都统治着易北河流域。而当年轻的俾斯麦已经九岁，能懂得更多之后，父亲也有了更多可以告诉他的事情。这位年轻人又听见了些什么？父亲的父辈们全都是骑士。虽然现在存在于肖像画里，但是他们曾数百年生活在城堡和庄园之中，持有为他们进行耕种的农奴；身为庄园主，享有着司法权；从已经无法追忆的远古时代起，他们就已经会在礼拜日坐在教堂里专属于他们的橡木椅上，与下等人区分开——而今时今日，下等人仍然无处不在。

也许这位费尔迪南·冯·俾斯麦先生曾告诉过儿子，祖先们身为旧玛赤（the Old March）的部下，都是非常强硬的；他们并非逢迎的廷臣，反而对诸多事宜都感到不满。在很久以前，难道不是曾有一位选帝侯逼迫俾斯麦家族出让了他们最好的那片森林，并换成舍恩豪森，从而完成了一次极不对等的交换吗？一百多年以前，当国王想要让旧玛赤骑士们为他们所获得的封地缴纳税款，费尔迪南的曾祖父就曾将他们的拒绝意愿上呈国王，同时他们也一致抗议，认为这是"从自由的骑士向纳税的、可耻的身份的退化"。在这位国王临死之前，他还给儿子——年轻的腓特烈——列出了最难操纵的四大家族的名单，而俾斯麦家族以"最显著且最恶劣"的名头赫然在列。

男孩儿的祖父酗酒极为严重，同时也是一位威猛的猎手。这位俾斯麦曾在一年之中斩获154头红鹿。在外表上，比起其他祖辈，我们的俾斯麦和这位祖父最为相似，他的父亲不再是一名骑士。实际上，这位祖父早已被排除出骑士的序列，当他年轻的妻子去世时——就在《维特》出版之前不久——他发表了一篇感人肺腑的挽歌，用极尽华丽的辞藻描绘了他的婚姻生活与妻子。这位卢梭的学生，唯一的愿望就是让他的儿子们成长为"四位品德高尚之人"，他也与他们以朋友相称。他收到孩子们工整、富有文笔写就的来信就十分高兴，而他自己图书馆里的藏书也全是些学术著作。费尔迪南（也就是我们的俾斯麦的父亲）和兄弟们也都继承了父亲这种缺乏野心的特质。诚然，他们全都上了战场，但是他们不愿意踏入政坛，而只是醉心于乡村生活。

因此，也无怪乎费尔迪南在二十三岁参与过一次战役后便直接退役回家，专注于在尼朴甫抚养两个孩子。国王对此十分生气，削去了他骑士队长的头衔、收回了他的盔甲直至很久以后才予以归还。即便在最紧要的关头，俾斯麦的父亲也未曾重返军队。他在1806年的夏天——也就是弗朗茨皇帝摘下德意志帝国的皇冠，退位之时——结了婚。不论是耶拿战役，还是德意志解放战争，都没有再令他离开他的乡村寓所，拿起武器进行战斗，尽管当时他只有四十岁，正年富力强。

我们俾斯麦这位不好战的父亲，身材魁梧，和他儿子一样是个急性子，感情强烈且饱满。他曾在孩童时期被腓特烈大帝搭过话，这成了他仅有的普鲁士轶事。他的父亲，一位法国启蒙运动的倡导者，把他作为一名贵族进行培养，但是又将他从社会阶级的偏见中解放出来。得益于这种教育，他才能在一生中贯穿始终地保有一份内在的平和，作为一家之主，他几乎不提什么要求，就算在儿子们很小的时候也十分有礼貌地和他们对话。他追求快乐、气质温和，依靠自己的庄园过着无忧无虑的生活（这些土地的耕种工作由执达吏或其他人监管），他花大把的时间打猎或是喝酒——就像数百年来，所有俾斯麦家族的成员都是酒鬼一样。这些都是从他信件中摘取出来的可佐证的句子："今天，是奥托的生日。今天，我们最好的公羊死了一只。这天气真恶劣……梅克多和莱茵的葡萄酒似乎不再对我有足够的效力，所以我喝了点儿波特酒和雪利酒，希望情况能有所改善。当然，没有强劲的浓咖啡我也没法儿过。"接着对牡蛎、鹅肝酱等点评了一番，"但是，尽管全都是这些大补的精细餐食，我还是觉得腰疼——这就是人老了之后不中用的表现啊。"

他三十五岁时娶了一个十七岁的年轻姑娘，很好看，但是她的鼻子太长、眼神又太机灵。她这精明的面相，可能已经告诉追求者，两人的本性中含有诸多志趣并不相投的因素。沉着的理性和勃勃的雄心是她最鲜明的两个性格要素。她的祖先门肯家族（the Menckens），几百年来一直是法学或历史学教授，并且把此种人文学者的血脉也继续传给了她的父亲。在腓特烈大帝当政时期，门肯曾任枢密院顾问官，然后是枢密院议长，再然后，不再受到支持而被撤销职务。这一事件发生于1792年，也正是皇帝对俾斯麦父亲大发雷霆的那一年。直到1800年，门肯才重新进入官场，成为三代朝臣。此时，他对腓特烈大帝的独裁统治表示谴责，同时提出皇帝应该对权力进行自我限制的请求，并坚持要求实行内阁责任制。实际上，在各个方面他都表现得像一个热切的改革派，就像冯·斯坦男爵那样，而男爵也的确曾恭维过门肯，说他是一位优秀的自由主义者。那位女儿，也就是我们俾斯麦的母亲，也继承了她父亲的才智和大致观点。她用理智决定生活中的一切事务。她热爱城镇生活、喜欢抛头露面和政治生活。她和她的丈夫在生活的各个方面都完全相反。他唯一喜欢的就是一人独处；而她则希望在世界舞台上绽放。

从她那里，奥托·冯·俾斯麦习得了理性思考的能力，还有透彻且不被感情所左右的智慧；也是从她那里，传给了俾斯麦那对权力无休止的渴望，这是之前的俾斯麦们从来不曾有过的特质；然而就脾气和总体的性格而言，俾斯麦仍是他父亲的儿子。从而可以说，通过继承了父母双方互相矛盾的秉性这一点来看，他证实了叔本华的学说。

第二章

在她第一个儿子出生五年后，这位母亲将奥托·冯·俾斯麦带到了这个世上，拿破仑皇帝这时刚从厄尔巴岛回来，维也纳会议已经结束，普鲁士也已经与欧洲结成新的联盟。1815年4月2日，这位皇帝在巴黎发表了反联盟宣言。同一个早晨，柏林市民能够在《福斯日报》（*Vossische Zeitung*）上看到尼朴甫的冯·俾斯麦先生的儿子诞生的消息。在生命初期，这个小男孩儿视自己的母亲为敌手，在孩童时期他就已经和她疏远了。尽管有着浓烈的家庭感情，他在日后也如此向许多陌生人承认了这一点。在许许多多的谈话中，他从未说过他母亲一句好话。步入老年之后，他仍将她描述为一名对儿子的培养不闻不问的女学究。诚然，他说她"几乎毫无柏林人所说的那种'亲切的感觉'"，这些评价里的用词也"过于刻薄"，但他还是会补充道，"在我看来，大部分时候她对我是严厉且冷酷的。"而这种敌对的两个特殊来源，还可以追溯到他孩童时期的初期。一个是，在冬天的柏林，他母亲接待了几个客人，因为房子的住宿条件比较有限，他的父亲只能将他自己的床让给客人睡。小男孩儿永远也不会忘记这件事儿。另一个怨恨则是，有一次，当小男孩儿带着骄傲的心情讲述着一张他父系祖先的照片时，他中产阶级的母亲拿走了照片，想要击碎她儿子对身世的自豪感。这些瞬间对于这个小孩儿来说极为糟糕，同时也导致了极为严重的后果！

他关于童年时期最早的记忆揭露出他的骄傲，而这份骄傲正是他性格中促使他前进的动力。有一次，受到哥哥欺负后，他逃跑了，只敢在一棵菩提树下逗巡。还有一次，家里来了客人，他躲在角落，听到几位客人满腹狐疑地说："这孩子可能是这家的儿子，也可能是个女儿。"俾斯麦说："我旋即大胆地回答他们：'是儿子，先生们。'——这还让他们大吃一惊。"

他在学校所受的教育也是十分失败的。当他已经成为一位老人，在回望自己八至十三岁在柏林的普拉曼学校（Plamann Institute）上学的日子时，他仍然带着敌意。"幼年时我就被送出了家门，从此之后我就再也不把它看作我的家了。从一开始，我接受的教育就只是要提高我的理解力，让我及早获取积极的知识，而其他所有事情都不那么重要。"由于他认为母亲在家里发挥着决定性的作用，所以他将自己在寄宿学校必须忍受的所有艰苦都归咎于她。他从未停止过抱怨在那里不得不吃下的发霉面包、被灌输的斯巴达式的教育、冬季不够保暖的衣物、"不近人情的严苛纪律"。就算到了八十岁，他还抱怨着"学校用剑刺他们，叫他们起床"的那种方式。

德国民族主义、雅恩（Jahn）门徒们过火的自由主义，还有对贵族的仇视（作为他不得不忍受老师们对他的猛烈攻击的一个小枝节），这些因素加在一起，增强了这个十岁小伙子与生俱来的那种感觉，让他更为深信他是武士阶层的一员，于是他这方面的情绪变得十分高昂，并且充满对在他母亲身上就早已惹他厌恶的自由主义的憎恨。"我从来没吃饱过……那些肉总是硬邦邦的。我们必须在早上五点半就起床，六点到七点就已经在写东西了。学校对待我们，比军士对新兵还要恶劣。我们在击剑的时候，胳膊还时常会被狠狠刺上几剑，那些伤痕往往要好几天才能消失。"这位年轻人渴望回到尼朴甫。威廉街上的生活太沉闷了。要是学校位于还伫立有大型公众建筑物的城镇里，或者处在皇帝有时会经过的地区，那也不至于太糟糕。但是在郊区，一切事物都太过于沉闷乏味，惹人寂寥。"当我望向窗外，有时看见一组牛在耕地，我的眼泪都夺眶而出。我太想念家乡，太想回到尼朴甫了。"于是在被许诺能回家探望之后，他一整年的时间都在期盼假期的到来。

可想而知，当母亲写信告诉他，她七月要去一个矿泉疗养地，因此他只能待在柏林的时候，这位小伙子将会有多震惊！而这种情况一个夏天接着一个夏天地在发生。一年又一年，这位年轻人都没能有机会见到那个房子、公园、农场、仓房、马厩、打铁铺和乡村。在后来的日子里，他说，在学校的生活就像在坐牢。从母亲那里传来的一切，所有她想要的、所有她让他做的，都令这个小男孩儿厌恶。

当他再长大一些，他觉察到母亲的行动和野心危及了家庭的安宁。年复一年，她向尼朴甫引进不少新的耕种机器和耕种方式，因为她想要现代化，她认为她丈夫保守而随意的处置方式就是在任由一切毁灭。而在冬天，她则让费尔迪南一同前往柏林。在这里，俾斯麦一家住在歌剧广场（Opernplatz），一个对于冯·俾斯麦女士来说不足够入时的广场。她和奥托的父亲会乘车前往大臣举办的晚宴，奥托从来没有忘记当时母亲浓妆艳抹的形象："对她那个样子我记忆犹新，她戴着长手套、穿着高腰裙、卷发成束地垂在头两边，头顶还别着一根巨大的鸵鸟羽毛。"从他母亲那里，他才第一次听到反对自由派的口号。当还是个半大小伙子的时候，他必须去取上面刊登着七月革命的巴黎报纸——然后，只是因为他母亲的喜好，他便开始看不起这些事情。日后他写道："她生日那天，当一位男仆从学校接我回家，我发现我母亲的房间装饰着她特别喜欢的铃兰，还有许多作为生日礼物的裙子、很多书和数不清的便宜货。接着是一场晚宴，参加的人里有许多年轻军官……还有穿戴着星章和缎带的饕餮老绅士。一位女仆给我带了一点点她之前藏的鱼子酱，或者其他种类精美的食品——这些足以毁掉我的消化系统。并且，这些仆人中有很多人都曾偷窃！……我没有被好好抚养长大……我母亲热衷于社交，也并不把我们放在心上……通常两代人里，一代属于打败对方的一方，一代属于被对方打败的一方，都会这样交替着来。不管怎么说，我家里的情况也如出一辙。而我则属于被打败的那一代。"

从十二岁一直到十七岁，他一直就读于格豪克罗斯特（Graue Kloster）高级中学，他目睹了学校里对贵族敌意的持续增长，而那些有教养的资产阶级都习惯于将他们的子女送来这个学校上学。这自然导致俾斯麦对其身世的自豪感也与日俱增。这个阶段他住在他父母在柏林的家中，在冬天，他面对着母亲轻率的行为举止，而父亲则随意地以支持了事。在夏天，奥托只和比他大五岁的哥哥在一起，哥哥当时也是一位学生，"全身心地投入在物质生活之中"。除了哥哥，他的同伴只剩下一位家庭教师和一名女仆。因此，他的内心世界并未获得过指引，而在这些关键性的日子里，他只能转过身来依靠自己。从七岁直至十七岁，奥托·冯·俾斯麦未曾见到一个他愿意效仿的人、身边没有一个他可以去爱的伙伴，仅仅除了他的父亲。那么，对于他年轻积极便变得那么愤世嫉俗这件事，我们还能觉得不可思议吗？

除此之外，他的父亲，正如这个孩子告诉我们的一样，"不是一位基督徒"。他母亲又些微有点儿神智学的倾向。因此他的双亲都不会去教堂。他们的儿子接受的是施莱尔马赫的宗教指引，而这位哲学家认为，批判地来看，祈祷其实是巫术的一种过渡性阶段，而仅仅是因为它能使祈祷者的信仰变得更坚定才推荐这种方式。他的母亲对史威登伯格、普雷沃斯特的女预言家和梅斯梅尔的一系列理论抱有极大的热情（这股热情就像奥托评论道的，"与她对其他方面冷静而清晰的认识形成了奇异的对比"）。她相信自己能预知未来。而这方面她唯一不能施加影响的只有她的丈夫，虽然她并看不起他，就是因为他会犯语法上的错误。费尔迪南曾经不无诙谐地向某个朋友抱怨道："用上她所有预知未来的能力，她竟然都无法机智地预见到羊毛的价格在收市之时会比刚开市时更低。"

当然，这位父亲始终都对他的儿子很满意，然而这位母亲从来都不。父亲说："你的成绩单一直都令我骄傲。昨天比洛斯在这儿，我给他们看了你的成绩单，然后听到他们说你有多优秀，我也十分高兴。"母亲说："看看你周围，听听整个世界关于社会文化的评价，然后你就会意识到，在你能够声称自己是一个文明人之前，你还需要做多少努力呢。"有一次，当这个十四岁的小男孩儿从他的马背上被甩下来时，她说："我亲爱的奥托，您的父亲认为，您的马从来不曾像现在这样如此难以驾驭，而一定是您很容易被甩下来，因为您的这个座椅，比一堆旧衣物也好不了多少。"这就是父母和老师会让他们自己变得滑稽、惹人憎恶的典型腔调。

这些因素综合起来，再加上那种与生俱来的自豪感，只可能让他成长为一位喜怒无常且执拗的年轻人。他唯一学得好的一门学科就是德语。他甚至也并不擅长历史。就算在他十五岁到十八岁，成绩名列前茅的时候，他的成绩单有时也并不漂亮，说他"狂妄的自大理应受到指责……同样，他对他的老师们看起来也并没有抱有适当的尊重"。他总是想在早上睡大觉，直到晚上才变得高兴一些；这种神经质人格的特质和性格贯穿了他的一生。不到晚上，俾斯麦就无法达到他的最佳状态。

在那段阴郁的青年时期，能带给他愉悦的唯一解脱来自比他小十二岁的亲妹妹玛尔维纳。她是她父母的宝贝，是她哥哥们的消遣。"玛尔维纳现在看起来十分有个性，"他在十四岁时写道，"她可以随心所欲地说德语或法语。"从十五岁开始，他可以回家过假期。我们知道，在更小的时候，他就会在农场里"和农夫的漂亮老婆寻欢作乐好几个小时。"而在十六岁的年纪，他则在四轮马车里和一位"漂亮的女家庭教师"寻求刺激——她生着病，身体虚弱，接着便倒在了他的怀里。另外，他还让他的哥哥替他匿名将一件"信物"送给一位女邻居。从乡间来的信表明了一种流行的怀疑论是如何一步步进入这位十五岁小伙子的脑海的："星期五，三位年轻人——一个纵火犯、一个拦路强盗和一个贼……越了狱。那天傍晚，由二十五名后备军成员组成的尼朴甫军队开拔，追捕这三个危险分子……当两方遭遇，我们的士兵们十分惊恐；他们朝对方大叫，但是由于两方都太过于惊慌，以至于没有人胆敢向对方回话。"

出于这些情绪，他十七岁或十八岁时发展出一套完整的无政府主义信仰也就是十分自然的事情了。他的第一个政治信条——虽然持续时间很短暂——就是他所信仰的怀疑主义的结果。当他十七岁离开学校（正是歌德离世的时间），他"就算不是一名共和主义者，至少也坚信着：共和政体是这个国家最合理的政治形式……这些观点当时还停留在理论层面，并未强大到足以用来战胜我与生俱来的普鲁士式的对君主制的感情。我对历史的感受仍然是在与当权者那一方共情"。他当时仍然认为哈尔摩狄奥斯（Harmodius）和布鲁图斯（Bürutus）是罪犯和反叛者。每一位不承认皇帝的德意志贵族都能激起他的怒火。

据他回忆，这些关于国家的模糊想法引导他明确地拥护了党的事业的次数仅有两次。这两次事件在当时都是他性格的一种表现，现在来看也都说明了他的那种性格。在上学的日子里，他就已经对政治演讲那种老派的方式持反对意见，说他"厌恶那些像小丑一样的、被滥用的致辞……还有荷马式的英雄在战争之前习惯于自鸣得意的行为"。正如他也反对政治用语那样，因此，即使在那些日子里，他也反感不带情绪的动作，同时也认为做动作时理应充满着激情。他谴责退尔（Tell），他说："如果退尔——世界上最好的弓箭手，不是将箭射向那个男孩儿，而是立即射杀那位奥地利总督，而不是那颗苹果，那么在我看来这会更自然，也更高尚。这才应该是面对残酷命令时，愤怒情绪的表达方式。隐匿和埋伏都不令我愉悦。"

他也有完全清晰的理由来反对宗教信仰。在他大概十六岁的时候他领受坚信礼（Confirmation），他告诉我们："并不是出于冷漠，而是经过深思熟虑之后，我才停止了我从童年早期就习惯了的行为，并且拒绝说出我的祷词，因为对于我来说，祈祷这一行为与我所相信的自然神的观念是背道而驰的。我对我自己说，要么上帝就是凭借着他的全在（omnipresent）来规定一切，这也就是说，这一切都独立于我的思想和意志……要么，我的意志就独立于上帝，而如果要相信上帝能被人类的请求所影响，那也太过于狂妄自大了……"

这里唯一值得说道的事情就是他得到的思维训练。他从小就受到怀疑论的教育，并且他生性就已经十分多疑，这也让他无法主动成为一个信徒——这些事情既取决于他自己，也取决于他的父母。但是他的思维训练表明，在早一些的时候，他早已经是一个骄傲的现实主义者，他只会在必要的时候才臣服于更高的力量。这个年轻人建立起了坚定的虚无主义信念，同时也避免用公开否定的方式去冒犯上帝。对外，他将自己未能继续进行祈祷的责任推给上帝；表面上他表现得很虔诚，但内心里充满鄙夷；他还将一个无法与神性相适应的属性强加给上帝。跪拜的传统仪式并没有真正抚平他的自负。

而这也是俾斯麦第一次拜见皇帝时的精神状态。

第三章

　　一名年轻人正大步走过集市，神色肃穆。他身材极为瘦削，单凭这一点就足够引人注意。他穿着一件艳丽的睡袍，头戴一顶奇形怪状的帽子。他转动着手杖，嘴里叼着一根长烟斗，然后他喊了一声"阿里埃尔"，一只巨大的黄色猎犬就跑到他身边来。以这样一身行头，他向着哥廷根大学（the University of Göttingen）越走越近，治安官正因为学生们不得体的举止与穿着让他们在这里集合，而他也正被召集于此。许多同学身着普通服饰、戴着他们不同团体的各色小帽，经过他时都哈哈大笑。这名新生立即挑衅了他们，这起事件则交由那些高年级的学生来处理。他在第一个学期就表现出的魄力给大家留下了深刻的印象；他被邀请加入一个团体，而在第一次同学对决之后，他就在这个团体中就成为活跃的一分子。

几年之后，他的同学约翰·洛思罗普·莫特利（Motley）出版了一部小说，在其中我们可以找到有关他的生动描述。小说里，俾斯麦作为"奥托·冯·拉本马克"出现。莫特利写道："他十分年轻……看起来完全不像十七岁。但是性格上他很早熟……比我认识的所有人更让人难以捉摸……很少有人比他更不讨人喜欢……然而在渐渐熟悉起来之后……我也开始觉得他顺眼了一些。他的头发又粗糙又浓密，发色也很杂，介于红色和浅褐色之间。他的脸上全是雀斑，眼睛中间又没有任何颜色，而边缘看起来好像全是红血丝。一条在最近的对决中留下的巨大的伤疤，从鼻尖一直延伸到右耳，还被缝上了十四针……他最近刚剃了一边眉毛，整张脸看起来的确怪异又十分独特。他的身材细细长长，虽然并未完全长大定型，但身高已经过得去了……他平常穿着一件不成样子的外套，没有衣领，也没有纽扣，颜色和板型也很没有章法；裤子又大又肥，靴子的跟是铁做的，鞋上还有几根装腔作势的马刺。他不带领结的衬衫衣领叠在他的肩上，而他的头发垂下来盖住了他的耳朵和脖子。寥寥几根都辨不清颜色的八字须，装点着他的面颊，一把巨大的佩剑系在他的腰间，构成了他的装饰。"

莫特利还告诉我们，"拉本马克"弹钢琴和拉小提琴，并且能说四种语言。只有在他们两个人单独在一块儿的时候，他才好好说话。年轻的俾斯麦自己也说："我希望，通过发表侮辱性的言论或者类似的行为举止，我可以跻身最好的团体之中。但是这是小孩子的把戏。我还有充足的时间。我想要在这里领导我的伙伴，就像我也想在日后领导我的民族一样。"他说他不得在十九岁零九个月之前离世，如果他成功越过这个时间点，那么他将还有十二年的光阴。"在这里，一位英雄的本体正在走向凋亡。"第一个学期结束之后，这位年轻的小说家立即如是写道他的朋友，而这也正是那位原型人物横空出世的十年之前。

这位新生的一切都让他与普通的学生形成鲜明的对比：他的胆量与傲慢、他的淫逸与典雅，还有那暴力和友善的结合。"傻瓜""阿喀琉斯"等，都是同学们闹着玩时给他起的绰号。而这些绰号的含义：怪异的、东方的、无懈可击的，很明显全都指的是他。当他要展示"一身极为精心装扮的行头"，他会穿一件苹果绿、下摆尤其长的双排扣长礼服，或是一件带有珍珠母纽扣的天鹅绒外套，而非用当时在学生中流行的款式——普通的彩格呢和帽子——来打扮自己；在豪饮完产自莱茵河和马德拉的白葡萄酒之后，他离开酒馆、沿着河流闲逛，还会想去游个夜泳；他一次又一次违反禁止抽烟和吵架的规定，并总因此被训；他鄙视学校权威，会做得比他的伙伴们过分得多；因为亚麻布会刺激他的皮肤，夜里他还会裸睡——当做这些事情的时候，他的同学不太敢取笑他，因为当他们这样对他时，他总是会回以挑衅，并且还总能将他们打败。在最初的三个学期，他一共参与了二十五场对决，而且只在其中一场中受了伤。以上种种都给高年级的学生留下了深刻的印象。通过这种方式，他迅速地达到了让人惧怕他的目的。

在他常去用餐的地方，人们操着五种语言，我们这位波美拉尼亚的容克几乎只同外国人来往。在这里，他交到了两个一辈子的朋友——在他和这两位朋友之间，政治因素绝不会影响他们的和睦，不像他和他其他少数年少时的朋友那样会因政治而相互疏远。这两位朋友便是：气质儒雅、精神高昂、从不带有偏见的美国人莫特利和拥有着成熟心智和苦行僧性格的库尔兰岛人凯瑟林伯爵。他们也是俾斯麦老年生活中仅有的两位亲密友人。莫特利年轻时是一位富有想象力的作家，而后又成了历史学家和外交官。凯瑟林，一位自然主义哲学家，最多也只是偶尔才进入政治领域。这两位都比俾斯麦年长，比俾斯麦更具有自控力，也比他更专注于各自的目标。俾斯麦在他们身上看到了自己所缺乏的自我满足，还有他熟悉的德意志人身上所缺失的那种对自由的热爱。而他们两个人在学生团体中都不怎么活跃。

他本来应该学习法律，然后再成为一名外交官。他母亲的雄心壮志是：她父亲的权力和地位应该在她儿子身上重现。这是一个中产阶级的构想，对门肯家族来说没什么不妥，但对于俾斯麦家族来说则可谓破天荒。在此之前，俾斯麦家族从未有任何人用武力以外的方式效忠于皇帝。另外，在这件事情上，母亲也没有任何必要去抑制她儿子的喜好。他从来也不想成为一名军官。在他十七到二十岁那几年沉闷又被虚度的光阴里，她本就可以往任何方向去塑造他的志愿，因为他根本就没有自己的想法。

同样，在政治上他也十分淡漠，似乎并没有要做一番大事业的雄心壮志。他对为恺撒和帝国干杯、演唱爱国歌曲的学生会（Burschenschafts）没有兴趣。在短暂参与学生会的生活后，他离开了，"因为他们谴责学生间的对决，也强烈反对畅饮啤酒"，并且也因为学生会的成员全都粗野、没有教养。由此，他的性情和他自己认定的良好举止的概念，带领他避开了大学里的那些圈子。因此在那段日子里，只有他独自发展着"德意志帝国"这个理念。进餐时，如果席间有任何人取笑普鲁士人［他们中也没什么人来汉诺威（Hanover）上学］，那么那个人将会立即受到俾斯麦的挑战。为了捍卫他自己的同邦，他同时参与了不低于六场对决。他满怀激情地为布吕歇尔（Blücher）在滑铁卢的行动做辩护，以至于还有人说："这名新生的论调听起来好像我们还处在腓特烈大帝的时代一样。"他看似对国家大事没有任何兴趣，甚至最负盛名的教授讲课提到相关话题他也不会去听。相比起来，他更喜欢的是在独立日加入他的美国朋友们，然后为了庆祝自由喝到趴在桌子底下；但是当其中有人谈到德意志民族的分裂，俾斯麦则赌下二十五瓶香槟，断言德意志必定会在二十五年内实现统一。到时，赌输了的人要横跨大西洋，再一起喝下这些香槟。——只用了十三年，他就实现了他的胜利。

即便如此，他处事仍旧小心谨慎。"当你写信回家时，你一定要隐藏你的想法"，他对彼时已经得到了某个副职的哥哥说，"比起虚张声势，外交式的狡诈和谎言在尼朴甫更为奏效"。他的生活方式、他的衣着和喜好都让他花费不菲；当他上了一年大学之后，"在拒绝清缴我的债务的老头子和我之间"产生了"极度的不愉快……不帮我还债并不十分要紧，因为我信誉还不错，这可以让我过上极度放荡的生活。而这样的结果是，我看起来苍白又病恹恹的。当我圣诞节回到家，老头子看到我这样自然会以为我已经弹尽粮绝。然后我可以采取强硬措施，说我宁愿成为一个伊斯兰教徒也不愿意再继续挨饿，这样我就又能随心所欲了"。

能写出这些话的学生难道不是一名天生的外交官吗？与人交往的手腕、对动机的权衡、对当前局势最大限度的利用、对自身职责的拒绝，还有将责任全都甩给对方的技艺，这些全都是治理国家所需的本领。他的母亲，因为他的所作所为受到伤害，却没能意识到，她对奥托所寄予的期望正是由可靠的直觉引导着的有保障的产物。

当这个十八岁的小伙子，生着病、对一切感到厌倦、无精打采，就像少年歌德那样，回到家中，在乡村的饮食和安宁的环境中养精蓄锐，希望继续他的学业——这个时期学校是在柏林——他母亲看起来已经开始放弃他了。"我想我母亲想让我穿上蓝色制服、去哈莱门前去保家卫国。今天，我起床起得晚了一点儿，她告诉我，她觉得我根本就没有一点儿想要学习的意思。"他确实不再想学习，但是也仍旧不怎么想去当军官。他花大把时间和他的堂兄弟布兰肯堡，还有年轻的罗恩待在一起，后来在无数的关键时刻他都会邂逅他们。但是他最喜欢的伙伴还是凯瑟林和莫特利。他和那位美国人同处一室；当莫特利穿着拜伦式的衣领，在几乎不懂德语的情况下在翻译《浮士德》，或者当莫特利把脚翘出窗台那样坐着，以至于楼下路过的人们都能看见他的红色拖鞋，俾斯麦对此都十分迁就。让我们的奥托生气的仅仅是下列情况：当两人花了整整半宿进行哲学讨论，他的朋友毫不气馁，又回到了他们讨论的起点，并再一次发问："是否应该将拜伦与歌德相提并论？"俾斯麦日后承认，莫特利身上吸引他的，是美国人的漂亮长相、他的大眼睛、他的聪明和他的友善。在凯瑟林这边的情况也一样。他喜欢的并不是这位库兰德人的智慧，而是他的英俊、他入世的姿态，还有他弹钢琴的天赋——因为凯瑟林可以长达几个小时地演奏贝多芬，而贝多芬是那个时期唯一能打动这位充满厌世情绪学生的作曲家。

这样看起来，俾斯麦似乎厌世到了极点。没有任何事情能躲得过他的嘲弄，尤其是他自己。"同时，"他在写给一个伙伴的信中说，"我住在这里像一位绅士，慢慢习惯了一种矫饰的生活方式，说一口流利的法语，将我的大部分时间贡献在盥洗室，而剩下的时间我就用来到处拜访他人、用来和我的老朋友待在一块儿，用来喝酒。傍晚，我坐在歌剧院的第一排，尽我所能地表现得放肆无礼……由此我有理有据地从诸多方面厌烦我自己……从哥廷根就存在的怠惰的时间表依然在这里……同样还有那个瘦长的贵族青年，他从未做出任何一件足以让他成为男人的事情，而除了在他嘴上挂上一把锁，他做的任何事都能让他成为收款人！他开心地生活在这里，家族里有三十个人陪伴着他，并且他们还没有任何值得抱怨的……他们不吃饭，他们不喝水——你猜他们干什么？他们就会翻来覆去数他们的祖宗。"

还能更厌恶人类一些吗？他不屑于班级交流和社会交往、怠怠于处事中的闲散和做作，他一视同仁地鄙视他自己和身边所有人。他也不愿意为了让事情朝着更好的方向发展而做出任何改变，而实际上他只是对自己所有的弱点深感遗憾。那么，还剩下什么呢？只余暴力与婚姻。他在父亲的庄园里写道："我认为我应该拒绝外部事物的烦扰，先用几年时间好好地恢复健康，然后娶个老婆、养几个孩子、耕耕地、酿出大量的白兰地来侵蚀我的农民们的道德。差不多十年后，如果你来拜访世界的这个角落……

你会看见一个肥胖的后备军官（Landwehr officer），一个留着浓密八字胡的男人，整天骂骂咧咧、憎恨法国人、凶残地鞭打着他的猎犬和仆人，但又一直被他的老婆欺压着。我会穿着皮马裤，在斯德丁（Stettin）的羊毛市场上任人嘲笑。如果他们称呼我为'伯爵先生'，我会轻抚八字胡并因此将我的羊毛以便宜两塔勒（talers）的价格出售给他。在国王的生日那天，我会喝得酩酊大醉并高呼'万岁'。实际上，我会常常喝醉，并且总在念叨庄稼和马匹。"最能让他免于这种未来的，就是他那对婚姻的恐惧感。而这份恐惧感他从未克服，相反还因为几段被解除的婚约而增强了。虽然，诚如莫特利告诉我们的，"对待爱情，他毫无顾虑地遵从着自然的冲动"，同时又"总是猛烈地坠入爱河"。而在那段日子里，他自己告诉我们，他可能会在婚姻中做长期试验，"如果我的激情持续得足够久我就会进入一段婚姻。这件事情的可笑之处在于，我被认为是一个冷血的厌恶女人的人。人们就是这样自欺欺人的"。

在二十岁的时候，通过填鸭式地备考，他成功通过了律师资格考试，并且在柏林的市法院短暂地当了一段时间的律师。他对这类弱智行为的憎恶比从前更深了，而他从事这个职业也只是为了逃避入伍，他说：因为"我已经成功断绝了我父母在这方面对我的迫切愿望。"他对军事操练有着不可克服的厌恶，虽然他在游泳和击剑上都没有对手；但是在入朝面见君主这件事情上，他让步了。"我对此没有什么兴趣，但是我父母想让我去，而毫无疑问他们是对的，因为这可能会对我的事业有所帮助。"在宫廷舞会上，普鲁士亲王（当时比奥托年长一倍）主动和他说话，他震惊于这位年轻律师所拥有的卫兵一般的身材比例，问道："你为什么不去成为一名军人？"

"我在军队没有发展前景，殿下。"

"我并不认为你会在律师行业拥有更好的前途！"

这是腓特烈·威廉一世和俾斯麦的首次对话，在这场宴会谈话之中，我们得以窥见此两位本性中的迥异之处。威廉一世就是一名军人，而奥托则根本不是。当这位亲王震惊于俾斯麦竟然不利用自己的魁伟身形去委身于世上最好的职业时，这位容克则以他缺乏任何晋升机会作为借口将这个问题一带而过。和上述情况如出一辙，在之后的许多年里，奥托也将经常向威廉一世隐藏起他行为的真正因由，从而避免伤害到这位普鲁士人的军人感情。

即便再坚决地拒绝戎马生涯，柏林的公务工作、律师间的激烈竞争、对宫廷生活的一瞥、对职业生涯的思考，也会诱使这位年轻的公务人员时不时地放下他的执着。他看到了人生所能够达到的最高点。在这段时间里，他的一些朋友也的确开始看到他那潜伏在愤世嫉俗表象之下的野心。二十年后，凯瑟林回忆起在那些时日里与俾斯麦的谈话，俾斯麦说："宪法是不得废除的，这是荣耀外化的象征；但是在内心里，人还是必须对它报以虔诚。"他还微笑着补充道："我就像一位明智的朝圣人，想要去拜访那些功勋满身的显贵者。"

难道这位二十岁的年轻人在此还没能早早看见在现代普鲁士要达成任何一件事情所必需的方法吗？宪法，明明是他心底所憎恶的；虔诚，毫无疑问也是他所缺乏的。这个记忆中的对话所隐含的内心真相是多么显而易见。他在与凯瑟林的谈话中已经将自己形容成他将要成为的那种明智的朝圣人。这段对话表明了他心底的野心，如果不是为了那些荣誉勋章，至少也是为了获得能带来那些荣誉的权势。但是人在内心里至少应该虔诚。一个人本就应该虔诚，而既然那个人并不虔诚，这就"完全是在胡说八道"。这样的话，我们还不如饮酒作乐！

如果我们想要知道，在俾斯麦内心深处，是什么东西在抵触他的野心，如果我们期望看见他的自尊又是如何在不屈不挠地抵抗这种野心，那么我们只需要翻看他和沙尔拉赫（Scharlach）——他在哥廷根期间的第三个朋友——之间的书信交谈，他们写信写得很少，但每一封都写得十分诚恳。在一封写给沙尔拉赫的信中，奥托当时还是一个初出茅庐的律师，我们读到他坦白："我的雄心壮志，曾经不具备当下这样的力量，也并不曾是当下这个方向。现在它正在强迫我进入一个我之前好像从来不曾了解过的行业，正在迫使我不惜任何代价地抓住那些能让我进步的机会。我不知道你在喝上一杯美妙的沙拉赫堡葡萄酒后，还会不会充满怜悯地嘲笑我的愚蠢。我不得不承认这是一种快乐的情绪，虽然实际上我并不真的想要分享这份愉悦。不可否认，我被我的工作热情蒙蔽了双眼，以致于我竟然将没有实际功用的纯粹的愉快当作对时间的浪费。"

然而，所有这一切对于他来说好像又立即变得滑稽可笑起来，因为他接着说："当我正面审视我的人生时，它看起来的确十分可怜。白天，我学习着那些我并不感兴趣的东西。晚上，我频繁出入宫廷或社交场合，我感受到的愉悦，远不够你感受到的或者想要拥有的。我觉得，完全实现我正在为之奋斗的目标、获得德意志最长的头衔、最华丽的勋章或最令人惊叹的荣誉，都很难补偿我从这种生活中所受到的身体或精神上的限制。我时常觉得，我更愿意用手上的笔去交换一把犁头，把公事包换成一个狩猎包。但是不论怎么说，我随时也可以这样做。"

由此，他从父亲那儿继承来的内在的骄傲，仍在与继承于母亲的雄心进行着抗争。骄傲将雄心逼入绝境；而他的自我满足感又无法让他质疑他曾经触及的事业的成功，于是他便乐于从一开始就宣称这种成功毫无价值。

然而，他一直追求着成功，绞尽脑汁地想要发现最快成功的路径，在莱茵河畔的夏季，他有生以来第一次留在家中好几个月，就为了完成两篇考试论文，作为他在律师界获得晋升的准备工作。他做这些事情时几乎不假思索，全凭自己的意愿。这些事情之所以发生，就是因为他曾经离开过这个小城，并且发现自己终于找到了内心的平静。

看看他，住在舍恩豪森的这位二十一岁的少爷，他的父亲现在也回到了那里。"这个地方有大约三十间房，其中两间被布置过，配备的东方地毯，老旧到几乎无法辨认出它原本的颜色，老鼠不计其数，风在烟囱中呼啸——总而言之，这里的所有事物都在传达着一种悲哀情绪……我祖先的城堡由一位年龄太大而身形干瘪的管家照顾着，他是我父亲的玩伴，现在已有六十五岁的高龄。我正在准备我的考试，时而听着夜莺们的啾鸣，时而练习打靶，时而读着伏尔泰还有斯宾诺莎的《伦理学》……我们的老厨师告诉我，农民们都在说：'可怜的少主人，他究竟将会做什么呢？'不管怎么说，反正我对现在待在这儿感到前所未有的满意。我每天只睡六个小时，并且从学习中获得愉悦的感受——我曾经在很长一段时间内都觉得这两件事情绝不可能在我身上发生。我相信，这一切的原因，或者说得更好听一点儿，这一切的缘由，在于去年冬天我陷入了一段强烈的爱恋……至关重要的是，我严重违反了我哲学上的安宁和嘲讽……'啊哈！'你会说，'不幸福的恋情、孤独、忧郁，等等'——可能是源于这份因果，但是我现在又无忧无虑了，根据斯宾诺莎有关情感起源的理论，我可能因为这份感情变得冷血了。"

在枝繁叶茂的椴树或古老的橡树下，在他父亲充满爱意的目光里，在一位通晓事理的农妇的照料中，俾斯麦焦躁不安的心在那几周里有生以来第一次得以镇定下来。他情绪上不再那么愤世嫉俗，他变得宁静安详。斯宾诺莎的理论祝福了这所有发生的一切，并教会了这位天生的分析者用合理的形式进行分析。

带着力所能及最好的报告和最优异的推荐信，我们的少爷启程前往亚琛（Aix-la-Chapelle）。此处是他那精明的母亲的选择，因为这一方普鲁士新殖民地的总督来自旧玛赤中的阿尼姆（Arnim）家族。她相信，两年过后，孙辈将会重新踏上祖父——也就是门肯家族——的征程。

第四章

　　当时的亚琛，是一个位于三个国家交界处的著名矿泉疗养地，挤满了闲掷时光和金钱的外国游人。怎么指望一个年仅二十一岁的"阔少"在这种地方的政府大楼里能坚持进行法律实践呢？气宇轩昂的阿尼姆伯爵，遵循着英国礼仪，将这位同乡当作世袭贵族来接待。晚餐过后，他私下给奥托上了一堂课，为这位年轻律师制订好计划，让他不用多久就可以顺利完成作为判事顾问的各个阶段。然后，这位外交官就可以正式开始他的职业生涯，"这样一来，我是否能够先到达圣彼得堡或里约热内卢就一点儿也不重要了"。

　　他父母为了让他能得到这次机会费了九牛二虎之力，但是我们这位傲慢的少爷，竟然鄙视这青云梯。他更喜欢和年轻的英国淑女们骑马。有一天，他从马背上跌了下来，摔得很严重，在不得不卧床休养的无聊日子里又一次开始厌倦生活。在这期间，他翻阅了西塞罗的《论义务》，读了他钟爱的斯宾诺莎，还有《理查三世》和《哈姆雷特》。而后他身体终于恢复到可以下床了。现在，政府可以滚一边去了！他投身于花花世界的快乐之中，一口气吃下一百五十个牡蛎，震惊餐桌上的同伴，还展示了牡蛎的最佳炙烤方式。"我餐桌上的同伴现在囊括了十七个英国人、两个法国人，再加上无足轻重的我自己。我们坐在贵族的那端，克利夫兰公爵和公爵夫人，还有他们的侄女——友好又富于魅力的拉塞尔小姐。"然而，年轻、漂亮、打扮精美、来自公爵家的英国女士劳拉，更符合他的喜好。当她离开亚琛时，她和奥托已经秘密订婚了。

他如何能挣到足够多的可以用来娶她的钱呢？去赌桌上吗？这时就像在很多小说里会发生的一样，赌博让他的债务越来越重。同时他还听说了她家族的一些消息，使他大吃一惊。之后不久，他就与一位三十多岁的女士产生了感情，而后他又重新勤奋了一阵。其中又不时受到对家乡的思念、来自父母的抱怨、愤世嫉俗的心态、债务、狩猎聚会、卷土重来的决心等等因素的影响，"我已经学会一点：我必须看管好我自己，我心中仍然有太多的浪漫情怀。"这句话，是他亲手写下的唯一与那些日子有关的一句话，它让我们瞥见了他不被约束的情绪中的混乱[1]。他当时的婚约于是自然而然地走到了尽头。

第二年的夏天，他又被另一位英国女人——伊莎贝尔·洛林——所吸引。她不像劳拉那么尊贵，但是要更好看。她是牧师的女儿，一头金发，

---

[1] 1909年，埃里克·马斯克仍然能阅读到俾斯麦这段时间写给他哥哥的信件，因为赫伯特·俾斯麦将这些信件保留了下来。然而后来，他的妻子在他死之后认为应该将这些信件予以销毁。她这种过分拘谨的行为，应该为这些具有历史价值的材料的遗失负起责任。——作者注

身材苗条。俾斯麦请了两周假，无视他在亚琛越积越多的债务，跟着这位女士去了威斯巴登。在那里，他又一次遇见了劳拉，因为她正是伊莎贝尔的朋友。俾斯麦觉得这种状况"太刺激了"，他成为伊莎贝拉的情人，并且写信给他的朋友说："顺便，我得告诉你一声，我订婚了。像你一样，我一直都想要进入神圣的婚姻生活。我中意一位年轻的英国女人，金发碧眼、长得极其漂亮，并且到现在为止，她一个字的德语也不懂。我将要和她的家里人一道去瑞士，并且和他们在米兰分别……因为我急着去看我父母，我已经和他们分开差不多两年了……你一定要来英格兰参加我的婚礼，它会在明年春天举行。"

受到家族傲慢天性以及倾向于鄙视行政官员的影响，我们的冒险家等了两个月，才终于下定决心写下了一封信，向他在亚琛的长官解释他的缺席。他说，"紧急的私人事务"使得他离开了他的岗位。他正式请求离职，还打算不久就提交他的辞呈。远在家乡的亲人和他越来越疏远。他父亲不再寄钱给他；他那生着病的母亲大为震怒。最后，已经没剩下多少钱的他只能回到家中，他就像坐在他所憎恶的陌生人的马车里的一位客人一样。到底发生了什么呢？

"我曾经对一份所谓的光辉事业拥有着大好前程。可能，我的雄心也能继续为我领航，可以长期或者永久地指引着我，要是没有一位漂亮的英国女人吸引我，让我离开了我的道路。她领着我（未经同意地）花了六个月跟在她身后在远洋上航行。终于我让她停了下来，她降旗投降。但是两个月后，我的战利品被一位独臂上校抢走了，他五十岁，有四匹马和一万五千塔勒的存款。带着干瘪的钱包和一颗疼痛的心，我回到了波美拉尼亚……被一艘笨重又不受人待见的大型帆船拖拽着。"

就像他上次回家一样，这一次他回家时的身体状况也不太好。因为神经太过紊乱，他写信时都经常犯错。这位儿子就带着这种脱轨状态，回到了受到伤害的父母身边。他那患病的母亲，深深困扰于家族命运的衰落，却仍然用尽残存的精力想要为她的儿子寻求一个崭新的机会，努力为他在波茨坦的行政机构谋了一份差事。就算阿尼姆之前已经从亚琛寄来一封讥讽信，告诉她，这位年轻的伯爵"努力工作的尝试是徒劳的，因为亚琛的花花世界对他的诱惑太大了"。官方文件的措辞则更为严厉。波茨坦那一方被告知，在奥托居住了数月的宿舍里和其他地方，这位伯爵先生留下了数百塔勒的负债，并且因为这些负债，他被迫离开了亚琛。

这位被告傲慢地回复道："我并不打算与亚琛的皇家机构谈论我的个人事务，同时我还要对这种无礼侵犯我个人权利的行为提出控告。"他父亲的行为如出一辙。当这位父亲收到还清债务的要求时，他十分生气，最终甚至拒绝与相关机构继续联络。多亏了好几个世纪以来的传统，这些容克地主就是如此独立自主。他们以高傲的姿态对官方不屑一顾，当符合目标时又与官方恢复往来。由此，在为他动用了一些关系之后，年轻的俾斯麦仍得到了那个波茨坦的职位——基于一份要求他必须按时且勤勉地上班的书面协议。

我们这位自负的年轻人表现得并没有比在亚琛好多少。这个地方很偏僻，他对普通的事务看不上眼，他的上级大都迂腐，一味要求他准时。三个月后，我们的这位少爷就擅离职守了。家中，濒临破产。他的母亲确实是生病了，但没人真的把这当回事儿，因为她平常是那么以自我为中心。他的父亲现在成了一个老头，他不可能突然间就学会如何管理自己的资产。农田就一直租着吧，他父亲说。开一家制糖厂吧，他母亲建议道。医生诊断出他母亲患有癌症，她便留在柏林接受治疗。她的儿子时常陪着她。在她去世了很久以后，她儿子仍然在抱怨，说她强迫他坐在她床边，还让他把神秘主义书籍大声读给她听。

"要是可以逃避服兵役就好了！"二十三岁的他写信给他的父亲：

"最后一次在柏林逃兵役的尝试也失败……但是我仍然有希望短暂地离开一阵,因为我告诉他们,当我抬起右胳膊时我总觉得肌无力——这是因为我这个部位曾经受过伤,虽然很遗憾没能伤得足够深……不论我预先服役了两周还是三个月,我都必须在演习前完成我的训练。这样看来我应该尽可能晚地去报道,可能是在三月的某一天。"俾斯麦作为一个精力充沛、年轻又健康的成年男性,试着逃避成为一个军人,还把原因归咎于编造出的肌无力。他对服兵役的抗拒源于他对于任何一类强迫他去做的事情的憎恶。他是骑马、击剑、射击艺术的大师,并且终其一生都在一次又一次地证明他个人的勇气。他的骄傲不会屈服。最终,当他不得不加入了狙击兵守卫兵团,他立即与他的上级军官产生龃龉。"我永远也不可能与我的上级和睦相处。"

家里的境况也如雪崩般越来越差。女主人生着病也不改骄奢;儿子们一分钱不挣又需要开销;父亲无法提供给他们想要的,于是他们只能借利息高到10%到20%,甚至更高的高利贷。危机迫在眉睫。然后他们有了一个主意。谁想出的这个主意,没人能说清楚:是奄奄一息的母亲?焦虑不安的父亲?更有能力的两兄弟?(哥哥当时还在上学),还是对任何职位都没有兴致的那位懒汉?无论如何,在那个困局之中他们有了一个简单的想法,那就是:为了将这个家庭从破产中拯救出来,儿子们必须回到农村去。他找到母亲,说有些事情必须完成:"奥托对他在行政机构的工作已经极为厌烦了,"父亲写信告诉他的大儿子,"以至于他厌倦了人生。如果还让他继续从事这些工作很多年,他是有可能在最后成为一个坐拥两千塔勒的议长,但是也无法指望能有什么好运。他曾经恳求他的母亲为他找一些别的事情做……他想的是,我们应该开一个炼糖厂,同时他应该去马格德堡去学商科,之后再回尼朴甫管理当地事务。他如此不开心,这让我十分沮丧;而在尼朴甫我曾经见到过你是如何地热爱农业。并且我认为,如果我留在柏林我们的状况一定会越来越差，所以我下决定，应该由你们两兄弟掌管尼朴甫，而我分有舍恩豪森的收入就心满意足了。"无论如何，兄弟俩必须通过他们现有的考试。

对于这个现在将近七十岁高龄、性格随和的父亲，做出这个决定可能并没有那么难。家庭衰退的迫在眉睫和孩子们的母亲糟糕的健康状况，是她能够同意这项决定的主要原因。考虑到她死期将近，我们现在可以向这位雄心壮志的母亲说再见了。她当时只有五十岁，作为母亲，她对儿子们的期许已然破碎；作为女人，因为对孩子们父亲感到失望，她希望用孩子们的成功作为对此的补偿。然而，在下一代，她的预期将得到极大程度上的满足。

更远一点儿的亲戚们不愿意帮一点儿忙，还觉得他们有权抱怨。一封来自某一位堂姐妹的警告信表明了这一点，而这封信俾斯麦还做出了回复。这封渊博且坦率的回信，向我们呈现了他对自己生活最敏锐的分析。在一年或者两年前，他与她曾经相爱，也正是基于这个原因，他才决定在她面前进行自我辩护。他保留着这封信的草稿，并且在十年之后，将这封信作为他自己传记的记录资料，寄给了他的未婚妻。

"我的志趣完全不在事务和政务服务上；我不会觉得成为一名官员或是国家大臣就是我的幸运。我想，种植谷物和写公文都是同样值得尊敬的工作，并且在有些情况下，种植谷物还更有用一些。我更倾向于去发号施令而非听从命令。这些都是事实，我也无法给出具体的理由……普鲁士的官员像是一个管弦乐队中的演奏者。不论他是首席小提琴还是三角铁的打击乐手……他都必须按照协奏曲的要求来演奏他的乐器……但是就我个人来说，我想按照我觉得好的方式演奏乐曲——要么就根本不演。

"对于少数几个颇有声誉的政治家而言，尤其是在那些专制国家中，爱国主义是驱使他们进入公共服务领域的动力。但是更多的情况则是，动力来源于野心、来源于对命令他人的渴望、来源于想要被爱慕的虚荣，也来源于对出名的热切希望。我必须承认，我也被这一类的热情所左右。很多荣誉，比如在战争时期加身于一名士兵的荣誉、颁给身处自由宪法之下的政治家的荣誉，就像皮尔（Peel）、奥康奈尔（O'Connell）、米拉波（Mirabeau）等等所获得的荣誉（这些人都在充满活力的政治运动中占领了他们的一席之地）——这些人对我施加了积极的影响，让我不顾一切、飞蛾扑火般地想要获取那些荣誉。

"而对于那些可以通过考试、权势、文献研究、资历、上级的支持可以获得的成功，也就是那些已经被别人走烂了的成功道路，我没什么兴趣。虽然有些时候，我不无遗憾地想起：在公共服务领域那些可以满足虚荣心的事情曾经那样唾手可得、曾经通过快速晋升我就可以满足于官方对我价值的认可……曾经被认为是一个有能力且有用的人的那种愉悦的感觉，还有曾经有可能会环绕在我和我家族头顶上的荣光——在我喝了一瓶酒后，这些想法令我感到眩晕。我需要仔细且清醒的思考来说服我自己：上述这些东西仅仅只是由愚蠢的虚荣心编织出来的圈套，这些东西和花花公子对他外套剪裁的骄傲和银行家对他所持资产的喜悦如出一辙；对于我们来说，我们从他人的看法中去找寻自己的快乐是不明智且徒劳的；而一个理智的人，他必须按照他自己认为正确且真实的方式过好自己的人生，并且不能被他在别人那里产生的印象或他生前身后别人对他的想法影响。"

"总的来说，虽然我没有挣脱雄心壮志带给我的束缚，但是我认为，这就像怀有其他各种激情一样恶劣，甚至更加愚蠢。因为如果我向我的雄心壮志投降，那么它会要求我牺牲掉我所有的精力和自由，而就算在最幸运的情况下，它也不会保证我能获得永久的满足……即使我非常成功，直到在我大约四十岁，成为首相之前，我也不可能赚取到可以满足我所需的金钱、我也没有能力在城镇修建起一座我的房子。而到那时，我可能已经变得枯燥乏味，可能已经得了忧郁症，可能已经因为需要久坐的工作而健康受损，也可能需要的只是娶个老婆回来照顾我。

"这些可有可无的好处——听到别人称我为'首相先生'时对我虚荣心的些许满足、意识到我对国家的耗费与我对它的贡献相比是那么微不足道，甚至我的工作偶尔还会妨碍国家的发展、损害国家的利益——全都诱惑不了我。因此，我下定决心要保持我的独立，只要还有成千上万的人（其中有些人还地位甚高）愿意将这些好处视若珍宝，我就不要贡献出我至关重要的精力，这样他们也会很愿意填补我留给他们的空缺。"

这份有关俾斯麦精神的第一份档案揭露出他的骄傲、敏感、蔑视，这些特质（再加上勇敢）构成了他性格的主导要素，也正是这些要素，决定了他的成功、导致了他幸福感的缺失，也预示了日后他精神生活的悲剧性挣扎。在他对愿意付出任何身体和精神上的代价以期最终能换取"首相先生"称谓的那帮富有进取心的人的讽刺性描绘中，我们看到了他对平庸的不屑。他告诉我们，他不可能因为担任了某一永远有上级管束并且根本不知自由为何物的官职而感到快乐。这位二十三岁年轻人的心中，着迷与激情、虚荣与名望、合奏与独奏、占有资产与拥有权力已经相互区别开来。同时，他也向他的读者昭示出，之所以他会被那些预想中的生活的好处刺激到神经，其实是因为酒精让他产生了邪念！我们从中看到的是一个乡下人的面孔，他强健着自己的体魄，比起职业生涯更重视身体健康，比起案头和办公室更钟爱森林和运动。

最重要的是，我们看到了一位带着令人难以置信的骄傲的年轻人，他不愿意臣服于任何人，一切需要牺牲自由才能得到的东西都会令他的满足感蒙上一层阴影。他摆出一副独立自主的姿态，抛却了爱国主义的行为动机，摆脱了对国家问题的关切，就是为了带着明确的目标朝向他激情所在的正中心出击。实际上，如果他被赋予独裁者所拥有的无比权势，到那时，他会飞蛾扑火般迅猛向前，不是为了实现什么理念，而只是为了命令他人并且赢得名声。到了现在，这种事情也只可能发生在自由的国家里。正是在他笔下那个时期的英国，皮尔刚刚成为这个国家的首相，正在下议院里努力，在他自己的党派中间强制推行自由贸易的同时，奥康奈尔正在为爱尔兰的自由进行斗争。这两位革命者，都罔顾国王的看法，只是关注于他们自己的精力和意见。他们两人都闹起了革命。即使米拉波想要的也是限制君主的权力。但是在普鲁士，在德意志人的土地上，这里没有宪法，也没有上议院、下议院。就像一位爱空想的男爵，他徒劳地望着地平线，追寻着政治运动，而这无异于他的一场梦。

到此，我们有了一幅俾斯麦的肖像画，这位天生的独裁者意识到了他自己的权力，他未被"应该对国王保持忠诚"或者"应该对上帝怀有畏惧"的观念所影响，未被"对祖国应有的爱"或者"对大众应负的责任"所束缚。这位伟大的独行侠、愤世嫉俗者、斗士和革命家无休止地等待着变化发生。这位冒险家蔑视一切因为停滞才继续存续的东西，精神上的能量促使他想要做出改变而非继续执行，他渴望按照他自己的想法来发号施令，而非忍受上级的任何命令。

第五章

　　在尼朴甫大概有十二间雇农们住的茅屋，每一间茅屋内都住着四户人家。他们都极度贫穷。男人一个月都很难挣到一塔勒，一年之中的多数日子里他都必须进行无偿劳作。作为回报，他们有免费的住宿、柴火，每人三英亩的田地、可用来放牧的草甸、干草和一定的粮食配给。当庄稼收成不好，土地的所有者要是心情愉悦会向他们提供帮助。因为尼朴甫是一座庄园，此地的地主具备司法裁判权，也是他们的教会保护人，他在地区议会拥有席位，还有可能成为地区管理员。所以他有能力随心所欲地帮助或者妨害区域内的任何人。在1840年，这些农民既没有权力也没有安全保障。他们是农奴，秉持着农奴的忠心耿耿，这就是因为他们的祖先曾经服侍过他们那尊贵地主的祖先。

俾斯麦对他们的态度是友好的，但又总是维持着自己的身份。"你当时是和善的奥托，"一位朋友写信给俾斯麦说，"……作为地主，你对你的人怀着热心肠……如果我土地上的雇工对我的评价也这么好，我会觉得很开心……"但是曾经有一次，一位农民在堤道上没有给他让路，由此发生了惨烈的碰撞。农民的推车更为坚固，把主人的马车撞得稀碎，结果可以想象。他写信给朋友，最开始还在阐释他想要过上一种新生活，而在这件事情之后，他打算成为这里的"主人而非奴仆，并且不再抄送公文了"

虽然他喜欢他的哥哥，但是他们俩也无法长期共事。俾斯麦无法和任何和他拥有同等权利的人待在一起。不久，他们就平分掉了属于他们的遗产。他坚决地处理了这件事情，在给别人的信中他写道："我准备和我哥哥平分家产了。一位买家给出了极高的价格，在他的帮助下，我已经向我哥哥提出这个议题。"在这之后，他们俩分头开始着手偿清债务，过程缓慢且艰苦。

最初，俾斯麦花了好几个月的时间，在格赖夫斯瓦尔德大学学习农业，也在埃尔德纳学院钻研化学。他收到了凯瑟林送给他的一些植物学著作，还遇见了一位可以在化学学习上帮助他的医生。他还是参与了一些对决，也与警察发生过冲突。他不再是一名学生，同时也不是一位完全合格的乡村绅士。他平时与来到市场的一帮土地所有者相处。"我听他们谈话时一直在思考，仔细考虑我听到的那些内容，而后整晚梦到的都是打谷、施肥、秸秆田这些事情。"

他确实仍然保持着他嘲弄的语调，但是一旦回到他的田地里，就算"带着一位书卷气十足的城镇人的完全无知"，他也想要尽全力好好耕作一番。他从小镇的农业团体里拿了一些书、仔细地管理自己的账目——在这些账目中我们可以看到大量的借贷与还款记录。他经常，不能说总是，处于缺钱状态，而当他在外旅行时他却又过得极其舒适且花费高昂。他仍然时不时地赌钱，但是他不再玩得很大。他所有的个人花销，包括赌桌上的输赢，都记在了田产的账目上。他骑马在自己的领地上游荡，有时是独自一人，有时有管家陪同；他也学习、考试、发布命令。他的确很享受骑在"凯勒布"（Caleb）的背上。在这么多次骑行之后，他对下层阶级、农民和买卖小贩变得极为熟悉、他了解到了这片土地上的真实情况、变得善于预测天气、显著提升了本来就已经很强的记忆力，还用许许多多的农业意象丰富了他的语汇。在这种务实的生活中，他对事实的欣赏和意识形态的不屑日益增长。当他晚上回到家，他会坐下读书，同时喝着他最喜欢的烈酒——香槟和波特酒的混合物。

在接下来的九年里，有大约四分之三的时间俾斯麦都待在乡村。在此期间，他读了大量的书。他告诉我们："这些我所知晓的常识，都来自我那段无所事事的时光。在我那位于乡村的庄园里，我拥有一座涵盖所有思想和实践领域的图书馆，而我如饥似渴地阅读他们。"其中有大量历史类书籍，英国历史尤其多，许多社会学著作，包括路易·布朗的专著，许多外文书籍，以莎士比亚的尤甚。他最喜欢的作者是拜伦、莱瑙（Lenau）和布尔沃（Bulwer）。在这段独处时刻，他的思想得以形成，或者，换句话说，孤独造就了他。曾经一段时间他对这种生活十分满意。没有任何人打扰他，他还写道："我要么就生活在大都市，要么就在乡村。"

有两年时间，这位二十五岁左右的年轻人还很喜欢他的乡村工作："因为它很独立。"很快，他的幻觉就破灭了。他在信中说："经验告诉我，面对一种致力于农业耕种，还要同时兼顾复式记账和化学研究的生活时，讨论这种生活中包含的田园牧歌式的快乐是愚蠢的。"为了摆脱这种乏味感，他选择骑马和打猎，或者驾车去拜访他的邻居，而在拜访过后他又恶狠狠地抱怨道："要是这些人愿意购买我农场的牲畜，而不是邀请我留下来吃晚餐该有多好！他们甚至都不想看一眼我的阉羊，而羊的价格在柏林也一跌再跌。"有些时候他会坐上船去射击鸭子，身边总带着他的酒瓶，不时读一读拜伦。作为一个有着武士血统的人，他与其他乡绅农民毫无共同之处，和那些出身高贵的人也迥然不同。因为他曾广泛游历、进过宫廷、能讲好故事，也因为他是一个硬汉骑手、被认为与女士们在一块儿时十分大胆。他还有很多理由可以用来嘲笑这些地主乡绅："如果我问他们其中的一个人他怎么样，他会回答：'谢谢关心，我挺好的，但是很不幸的是，这个冬天身上的疥癣弄得我十分难受。'"

他的名声在逐渐变坏，因为他越是觉得无聊，他为了分散注意力并且想要震惊生活圈中所有人的尝试就越发肆无忌惮。他甚至在部队生活中寻求解脱。他加入骑兵阵营任职少尉，并完成了整个训练。当他的妹妹和他在一起的时候，他会套上两匹鞍马，跳上马车全速行驶。有一次从狂欢宴会上归家太晚，他摔了好几次，过了一段时间才恢复意识。他经常游泳，虽然他因为特别怕冷必须去强迫自己入水。他在各个阶层中寻找情妇，但是又取笑那些与他地位一致且与他们的女性朋友公开一起生活的人。有一次，一些熟人没能在早上按约定时间露面，并且为了戏弄他，他们还用衣柜挡住了自己的门，他便通过天花板上敞开的窗户向屋内开枪射击，以此让灰泥碎屑像雨一样掉在他们身上。晚餐过后，他会坐在沙发上朝着靶子射击；当射偏的子弹击中一个木工的工坊时，他根本不以为意；但是当他的马夫不慎落水，他却会冒着生命危险把他救上来。

不论是谁前来看他，这位客人都会被供应以大量的葡萄酒和波特酒，并且还会被告知可以随意享用。在这样一通豪饮之后，他会启程去散一个小时的步，道路满是泥泞，最终到达邻近乡绅地主的农庄，在此他用他不甚体面的外表震惊了打扮光鲜的邻居。由此，他得名"疯狂的地主"，虽然他并不是真的疯了。这一名讳主要来自他对饮食的渴望，也源于他忍受一切事物的能力。有一次他去重装骑兵队做客，席间他被邀请从一个盛满了酒的大酒杯中喝一口；超出同伴们的意料，他随即将酒一饮而尽。虽然当时他并不觉得有多么舒服，我们还是能看见他在告诉人们："在接下来的四个星期，我的消化系统运转得前所未有的好。"有时他会谈论到首都政治事务的进程，态度永远都那么不屑。年轻的伯爵小姐们觉得被冯·俾斯麦先生邀请共进晚餐是最为有意思的事情，但是他们的母亲对此极为不放心。

这段时期内，他只做过一次——或者说尝试过一次——公开宣言。在一份发行于波罗的海海岸的自由派报纸中，刊登了一篇批评波美拉尼亚的贵族对田地造成破坏的稿件，造成这种破坏的缘由则是他们会带着他们的英国马和猎犬外出打猎。而报纸上写道，农民的唯一诉求仅仅是自我保护。俾斯麦的回复并未见报，但是一份经过仔细校对的底稿却流传了下来。我们这位写作者努力证明，这类的冬季骑行并没有伤害到种子，反而有利于马匹的繁育。此外，马匹都是日耳曼血统，只有鞭子才产自英国。他能说出更多糟糕得多的罪魁祸首，这些人从英国进口的绝不仅仅只有鞭子，还有剃须皂、女式背心，甚至还有柴郡干酪。而后他表明，之前那份批评稿作者的写作是带有私人情绪的，而非就事论事。任凭何时这位作者要讨伐他、毁坏他的名誉，他都会恭候；当然还有他的手枪，也会随时奉陪。接下来，他开始谈到其中包含的一些社会和政治问题。

"我完全能理解，当一个人穿着红色外套骑在马背上，带着猎犬，追逐着一只野兔，而后与猎物交战，看起来颇为自得——这个场景必定不招人待见，不仅仅对野兔来说是这样，对任何不满意自己也不满于这个世界的人来说也是这样。这些人身着黑色、没有马匹、没有猎犬、没有打猎的机会、当然也对运动毫无兴趣。"他承认他自己"出身于从前的贵族阶层……这个阶层最大的特权就是在他们的名字前面加上一个'冯'作为前缀，就像一个已经度过了无数阴暗日子的迷雾幽灵，并且他们还具备一种能力，能够从哀伤的德意志中遮盖住资产阶级和社会平等的曙光"。在文章结尾，他要求道："本就该将应得的个人自由留给远方的波美拉尼亚。在这个层面上来说，他们可以花着自己的钱、进行着他们自己的娱乐活动，不论这些活动采取的是什么形式。这是他们应该被赋予的权利。"

这是俾斯麦的第一份政治宣言，写于他二十八岁的年纪。这份宣言有关于野兔和残梗地，但是充满容克地主针对其他阶层人士的怨恨，这些人正想挑战地主们的特权。在这第一份公开宣言中，他捍卫了自己的阶层——也就是上流阶层，同时也嘲讽了那些无法打猎的下等人，带着敌意影射他们毫无运动的兴致。更过分的是，他甚至将那些不喜欢看见打猎者列队驰骋的市民和农民，与作为打猎者猎物的野兔相提并论。如果有任何人前来向他索求一定数额的赔偿金，他会欣然支付。但是，当新原则的捍卫者采取攻势，针对他的阶级特权进行公开抨击，则会即刻激起他利用祖先们的武器展开防卫。俾斯麦的首份政治性宣言就是这些关于阶级战争的拥护言论。

就在这个日子的前不久，百无聊赖的生活状态使得他缔结了他的第三次婚约。这一次的对象是一位邻家的女孩儿——奥蒂利·冯·普特卡默尔（Ottilie von Puttkamer）。但是她的母亲反对这门亲事："两个星期之后，我与我未婚妻的母亲发生了争吵。说句公道话，这位女士是我所认识的最坏心眼的女人，她也不认为自己已经太老了没人爱了。"因为奥托·冯·俾斯麦讨人厌的名声在外，冯·普特卡默尔女士于是想要让这对年轻人分开一年的时间。费尔迪南·冯·俾斯麦尝试从中斡旋——至少是这位父亲手书的，因为明显这封颇具外交策略的信出自奥托的口授。当我们读到他称他自己为人"讲理且活泼，如果您能原谅他的傲慢态度"，我们忍俊不禁。但是他乐意让其成为自己丈母娘的那位女士却十分坚定。她要求女儿按照她的指令写了封回信（正与从尼朴甫来的那封信的方式相反），这封信满怀恶意又极为不公，同时也解除了两者的婚约。

俾斯麦十分沮丧。不完全是缘于失去了这位女孩，因为他已经对她厌倦了，而是缘于他觉得被冒犯了。由此他决定，"表明我已经受了多大程度的侮辱，打几发枪来寻求慰藉"，对他的自尊来说于事无补。"为了摆脱我自己的怒气"，他选择去旅行，"如果可以，去国外最好"。在这段旅行之后，他宣称自己"已经冷静到了一定程度，我不能不注意到，让我在一段时间之前诅咒自己命运的，其实是我最大的运气"。然而，对他荣誉的伤害仍然使他痛苦不已。四年之后，当那位年轻女士的母亲寻求和解，还极为殷勤地想要同意那门婚事之时，他断然拒绝，并和一位朋友说："我这么些年所感受到的情绪、我心底最深处又最真切的感情，得到了愚蠢、粗暴的对待，对我信心的背叛、对我自尊心的打击——这些都留给了我无法抑制的苦涩……用世界上最强大的意志，我也很难忘记任何留下了深刻印记的侮辱，甚至忘记一部分都不行。"在这段话中，他对令他"无法再去爱"的影响做出了一个大致的描述。骄傲与憎恶的确也就这样在心中生长，而这颗心，现在也无法再知晓丝毫的爱与牺牲。

在进行刚刚提到的那段旅程时他二十七岁，第一站的目的地便是英格兰。登陆赫尔（Hull）时，他因为在星期日吹口哨而受到责难，于是他扭头回到了船上，航行去了苏格兰。之后，在位于伦敦的参议院门外，他眼见等候着主人的是各位贵族的鞍马，而非马车，这让他留下了深刻的印象。同样的感觉还来自他看见时髦人士都在疾速驰骋的时候。他记下了每一件他切身关心的事情。在写给父亲的信中，他还说："给约克骠骑兵中新任马匹的定量配给，就是那些还不用做任何工作的马匹，是一蒲式耳燕麦和十二磅干草……"他接着称赞道："英国卓越的礼仪和热情，极为出乎我的意料。即使是最普通的人也被教得很好，当有人跟他们说话时都显得非常谦逊且聪明。"除了当地人的礼仪之外，还有另外一件打动他的事情——当地人的胃口："这是一个大胃王的国度……你的餐食不会切好再上给你。超乎想象的大块牛羊腿肉，端上桌矗立在你面前；早餐桌上也是如此。你可以尽情地切肉然后大快朵颐。而不管切多少，账单都不会再增加。"这些写给他父亲的关于英国食物优质且量大的评论，都不太能让人完全理解，直到与俾斯麦其他信中数不清的段落相比较之后才明了。在那些段落中，即使到了暮年，他谈论餐桌乐趣时采用的都是极为严肃的态度。

当我们的这位旅者到达瑞士，他用极具威严的语气，要求他父亲和他哥哥务必要确保及时收缴家那边一些到期的税款。但是家里人似乎并未能接受这一教诲。他们还是会把应付税款转给这个或那个人以换取现金，"或者将应付税款与一些人做交易来交换粮食或者烈酒。我希望你们能意识到这项事务是万分重要的，就把它当作你们自己的事情一样"。

当他回到家，他又一次不高兴了。波美拉尼亚太小了，德意志这个地方太无聊了。国外的人比这里活泼多了。他坐在炉火边，读着拜伦，抄写着英文诗句里最具挑衅性的诗句。接着他心想，他将以拜伦为榜样，合上诗卷，扔掉账簿，和他的老同学阿尼姆进行下一次出游。他"要去往埃及、叙利亚……也可能去得更远，前提是我心中关于庄园的一些计划安排能够成功实施。为了换换口味，做出一些改变，我想要去亚洲玩几年，这样我就能在恒河而不是雷加河边抽我的雪茄"。但是他的朋友拒绝了这次出游计划，因为他爱上了俾斯麦那迷人的妹妹——时年十七岁的马尔万妮（Malwine）。印度之行只能告吹，因为老费尔迪南写了"一封信，老泪纵横地讲述他孤独的老年生活（他已经七十三岁了，失去了妻子，又听不见），说自己已经濒临死亡，需要儿子陪在身边"。当时，一个朋友问俾斯麦怎么不去印度了，他打趣地回答："我本来是想去英属印度参军的……后来我又思考了一下，说到底，印度人曾经对我造成过什么伤害呢？"就这样，拜伦式的世界旅行计划以遥远的波美拉尼亚式的方式而告终。

如果情况越变越糟，他就会将国家政务变成自己的目标，这是想要寻求消遣的乡村绅士的浪漫："在过去的五年间，"他在三十岁的时候写道，"我孤身一人生活在这个国家，无法继续忍受乡绅的生活。我正在犹豫，是应该加入国家政务服务，还是进行一场长途旅行……我已经做好了准备，当我独自身处此地，我会悬梁自尽，以逃离这极度的无聊……在我看来，每一个受过良好教育的年轻人，如果他以未婚状态独自生活在这个国家，都会和我有同样的痛苦。"就在写这封信的时间前后，他在他的笔记本中记载："整天记账……在有太阳的日子里整天骑马、散步……生活就像一场幻灯片播放表演。"还有一次，为了假装自己处在上流世界中，他将守夜人和蒸馏酒的工人领班的工资一并计入了账本，并称呼他们为"守夜人"（gardenuit）和"蒸馏酒工人"（valet-destillateur）[1]。

现在，学生时代的虚无主义一再加剧，变成了生活在自己城堡中的孤独骑士的那种忧郁："从此以后，我就扎根在这里了……变得极为麻木不仁，我每天准时工作，但是不带有一丝兴趣；我努力遵循着邻居们的规则，想要让他们觉得舒适一些，并且我明明看见了他们又是如何回过头来欺骗我，我也不再生气。在大早上，我心情并不好，但是晚餐过后，我的情绪便温和多了。我的同伴里有狗、马和地主乡绅。在最后这一类人群里，我享有一定的威望，因为我能认识很多字、总是穿得比较体面、切肉时有着屠夫的精准度、马骑得很轻松也很勇猛、抽很呛的雪茄，还能把我所有的客人都喝趴下——不幸的是，我也无法再喝得酩酊大醉，虽然我的记忆告诉我，要是放在以前，现在这种状况对于我来说简直太美好了。可

---

① 这两个词为法语句式。——译者注。（若后文无特殊说明，皆为译者注。）

是现在，我只是茫茫然地过日子，像一个时钟一样，没有任何其他的心愿也没有什么恐惧。这是一个多么平和又极其乏味的情况啊。"

　　有时，他又会突然投身于花花世界。他现在将北海称为自己的情妇，当离开家去北海旅行，他在赌桌上输掉了大把金钱，但是他仍然很高兴，说："我通过不引人怀疑的手段，避开了跨越边境理应支付的通行证的费用。"

　　当他的妹妹成婚，他变得比以往更为阴郁。他是真心喜欢她，并且终生都保留着这份爱意。他一直把年轻的妹妹视为活泼与优雅并存的典范。他曾经与父亲度过好几个月，一起阅读，一起抽烟，一起吃七鳃鳗，有时还"和他一起表演喜剧，而他总喜欢用'猎狐者'的称谓夸耀自己"。他写信跟妹妹讲述，在一个寒冷的下雨天，猎犬和猎人们是如何围住一小片树丛的，但是谁都知道，那里除了几个老妇人在捡拾树枝外空无一物；还有，为了吸引想象中的狐狸出来，猎人首领又是如何从嗓子里发出奇怪的声音，直到父亲"问我是不是真的看见了什么，而我，装出一副真的觉得惊讶的样子，说：'没有，根本什么都没有看见。'……我们就这样度过了三四个小时……然后，我们一天到访橙房子两次，查看羊圈一次；每过一个小时我们就会查看客厅里的四个温度计，拍打一下晴雨表并且记录下天气晴朗的日子。我们还会校准所有钟表的时间，以至于所有的钟表都能齐声敲响，只有图书馆的那枚慢了一秒"。用同一种苦涩的幽默，他还让她的妹妹也把她的所有琐碎小事写信过来告诉他们的父亲。"告诉他有关马匹的事情，仆役们表现如何，门是否吱吱乱响，窗是否灌风——总之，就是要告知他大量的事情。他不能忍受再被叫'爸爸（Papa）'了，他憎恶这个词。"

　　无聊但平和，恭顺但被狭隘的眼界所约束，这些感受在他的心中斗争不已。出乎我们意料的是，他在三十岁的时候竟然第三次进入到政务机构工作了，"周围环境的一切都让我日益消沉，它们单调得都快让我对生活产生厌恶了，我就是为了从这些东西中逃离出来"。这位家族中的年轻人语气傲慢地写信给勃兰登堡的总督："我的境况，让我继续居住在乡村变得没有必要。现在到了我应该为国家效力的时候了。"这句话看起来，难道不像是在说国家一直在等着他来贡献力量一样吗？

这第三次尝试仅仅维持了几周的时间。他与上级的冲突立即爆发开来，气急败坏的总督在信中写道："我经历过很多怪异的事情，但是我从来都不知道，一位初级律师竟然可以同时有六十三件工作事项未完成。"于是总督就可以用之前常见的原因为理由来罢免俾斯麦的职务。然而，在他还没有收到上级的离职通知，他就已经跟办公地的仆人说："告诉总督，我要走了，并且不会再回来了。"当天夜晚，在柏林，他在晚宴上又遇见了他的上司，有人问："你们二位互相认识吗？"俾斯麦回答："我不曾有这份荣幸。"而后便兴高采烈地开始介绍自己。还没回到家，他已经写信抒发了自己的感受，说这次尝试对于他而言"是一种锻炼心灵的方式，目的是重新恢复心理的健康。因为他的精神已经在没有工作的状态下变得松垮，所以需要一些整齐划一、有规律性的日常活动。但是，上级长官狭隘的自大和可笑的傲慢简直无法忍受，因为我早就对这些东西看不顺眼了。"甚至，当他必须替他的兄弟担起地区行政长官的头衔时，不久他也对这个职位感到厌烦，"我的马也觉得如此"。于是他又很快地放弃了这个职位。

"我一直在生活的溪流中漂荡，除了我一时的喜好，没有东西可以用来调整方向。至于水流最后会让我停靠在哪个地方，我也毫不在意。"

第六章

当时的很长一段时间，虔信主义流行于波美拉尼亚的乡村士绅中。来自特里格拉夫（Trieglaff）的冯·塔登老先生（old Herr von Thadden），他的小叔子——路德维希·冯·格拉赫（Ludwig von Gerlach），还有后者的兄弟，最得皇帝宠爱的大将军——来自赖恩费尔德（Reinfeld）的老普特卡梅尔（old Puttkamer），和曾夫特·冯·皮尔扎赫先生（Herr Senfft von pilsach）——所有人都就读于士官学校，并在解放战争期间依次成为军官——这些人都在柏林皈依，把他们教派信仰的教义带回了波美拉尼亚，并宣布退出自由派教会。于是他们将自己的思考方式灌输给牧师、在家里和田间传教、转变当地的农民劳动力的信仰、以苦修赎罪、开大会，他们也乐于听到自己的名字在这个地区被谈及，不论语气是带着气愤或好奇。

玛丽·冯·塔登是一个漂亮、丰满的女孩儿，充满激情、喜爱音乐，人们一看见她就能感受到她内心的虔诚。她阅读让·保罗和布伦塔诺，演奏门德列松。作为青年莫里茨·冯·布兰肯堡（Moritz von Blanckenburg）的未婚妻，她也认识前者的朋友——冯·俾斯麦先生，当时俾斯麦脑子里全是有关于亚洲旅行的计划。后来她爱上了他，虽然她心里不愿意承认这一点，并且每当他把她作为朋友的未婚妻来尊重时，她还装出一副高兴的样子。"他的马车精良，他本人不论内在还是外在都那么熠熠生辉，这些都越来越吸引我。但是每次和他相处，我都觉得如履薄冰，每分每秒都很煎熬。"在这位小姑娘看来，他是一个天才，但也是最邪恶的魔鬼。从她的坦白我们也能猜出，曾有许许多多来自波美拉尼亚的女性信笺寄给过他，但是均未流传下来。而我刚刚所引用的是我们现在唯一还能看到的这类信件，信中一个出身良好而又充满激情的小女生，遇见三十岁的奥托·冯·俾斯麦后所展现出来的样子，又为我们描绘出俾斯麦当时的形象——在波美拉尼亚人眼中，他是世界知名人士，而之于年轻女性，他又对她们施加着梅菲斯特的诱惑。

作为一名虔信派教徒的女儿，玛丽·冯·塔登在面对俾斯麦时试图表现得像一位修女一般。他和她还有她妈妈曾经在特里格拉夫有过一次长时间的谈话，在这次长谈之后，她写信给她的未婚夫说道：

"在此之前，我从未听到过一个人如此诚恳又如此清晰地阐释他不信上帝的理念，或者说他的泛神论……当然，你知道，奥托这些令人不愉快的观点，他自己对它们也十分不满意。他相当直率，这是一种很有希望的心态。此外，他还很害怕他为自己创造出来的虚无缥缈的上帝的形象……他记得特别清楚他最后一次说祷词的那个夜晚，还有他是如何故意放弃不再祷告的……他认为：虔诚者们说他们自己的观点是唯一正确的，这种宣言太过自大；伟大的上帝，绝不会为了凡人这样像一粒尘土一样的东西去烦扰自己；他完全缺乏信仰；他对想要去相信什么的渴望是模糊的；他对快乐和痛苦都漠不关心；他的空虚感和无聊感都深不见底。'我怎么才能去相信呢？'他问我们，'看见我没有任何信仰，上帝要么就要让他自己完全取代我，要么就应该在我没有任何努力，没有任何愿景的时候朝我灌输信仰！'他十分激动，好几次脸都变得深红，却仍然不愿意离开。虽然他当时还应该去邻居家赴宴，但是他一直待在这里，激动地争辩着……不难看出，奥托被感动了，爱找到了去往他灵魂的道路……你了解他，你知道他有多么友善，而现在他变得如此……无数次我将要脱口而出：'噢，奥托，奥托，开始一种全新的生活吧，放弃现在这条混乱的道路！'"

现在可以看到，我们的朋友接受了盘问。他仍然在用他十六岁时的理性主义武装自己；但是他也展现了他全部的骄傲，这种骄傲是与生俱来且激昂的，这种骄傲也令他（就像他的职员生涯一样）拒绝承受任何麻烦，拒绝为了追求升职而去做任何努力。他认为带领他信仰上帝是上帝本身的职责，就像在他内心深处，他认为征召他是皇帝的职责一样。于是突然之间，他变得平和了。我们得知，当他回到家并且又过了两天以后，他变得安静又体贴、热忱，有些时候甚至显得急切。

他自己与这位漂亮又十分动人的女孩儿统一了立场。为了她，他开始从她未婚夫，布兰肯堡，的来信中寻找乐趣——这位未婚夫也已经转变了信仰。这些来信的作者说，信是"以年轻基督徒的热情写给自己的朋友的，它们像密集的冰雹纷纷打在你生了病的心上，同时都携带着世界上最真挚的情感"。布兰肯堡写给俾斯麦的三封信都没有得到回复。奥托可能有去相信的意愿，可能在研读《圣经》，也可能在尝试洗涤心灵。玛丽总是陪伴在他左右，因为这些举动激起了这位小女生的幻想，她认为自己可"与这位来自东波美拉尼亚的人中龙凤建立友谊。这个人似乎是野蛮与傲慢的绝佳典范，但是却如此具有吸引力"。当她寄给她的莫里茨一束"深蓝色的花，莫里茨开心地把它戴上了"的同时，她又给莫里茨的朋友奥托送去了一束深红色的花，而原因不言而喻。

圣神降临周，在凉亭下，这对未婚夫妇开始一起着手解决俾斯麦的问题。他们把一封来自朋友的信展示给这位不信者，这位朋友是一位爱着俾斯麦的肺病患者，只有看到俾斯麦皈依她才愿意辞世。接下来这封信来自布兰肯堡，言辞异常激动，信中满是誓言。后来那位患肺病的女孩儿去世了，虽然未能等到"你发自内心的保证，保证你的灵魂不会迷失……噢，要是你能知道我这位将死之人是如何在为你日夜祈祷就好了"。俾斯麦的回答没有流传下来，因为布兰肯堡后来带着政治上的愤怒将其销毁了。但是我们看到了布兰肯堡关于此事的回应："你为什么流泪？为什么当我读到你的来信时我自己也潸然泪下？噢，奥托，奥托，你写的每一个字都是真情实感的。"日后，俾斯麦也承认，这些事情对他产生了有利的影响。然而，不久之后俾斯麦便中断了通信，因为他的骄傲让他无法长期做到富有同情心。另外，也是因为他感到他被分类了，也被限制了。总而言之，他不想要再听见和这件事有关的任何一个字。

雨打在石头路面上，很快地渗进地下。毫不出乎我们意料，当他得知那位默默爱着他的女孩儿的死讯时，他哭了。这个大块头，他是愤世嫉俗，但他也是极为多愁善感的。他轻易便会落泪，之后我们会不止一次地看见，在做出重大政治决定的时候他的哭泣。他不是那种经历大事件时表现得无动于衷的人。他的天性十分奇怪。在他内心深处，通往信仰的道路上遍布迷信。他的一生是迷信的一生。每次，有意料之外的好运降临，他都倾向于认为是天意在发挥作用。提到上一段婚约时，他是这么写的："如果我曾经怀疑过是不是有天意，或者怀疑我是不是天意的宠幸者，那么我曾投入那么多无法控制的激情的婚约最终还是被中止了，这件事已经让我肯定了我曾怀疑过的那些东西。"

或多或少，他的怀疑仍然是存在的。在经历海边的一次风暴后，他写信给他的父亲："一些女士昏了过去，另一些在哭泣。而在男士们的小屋里，唯一能听见的声音来自一位不莱梅商人的祈祷，但是在此之前，他看起来更关心的是他的西装马甲而不是他的上帝……即使这样，这位仁兄的祈祷好像真的救了我们的命！"玛丽·冯·塔登婚礼期间，烟火洒落在田间，烧毁了整片区域。当时一些虔信派教徒宣称，比起用水扑灭火苗，更重要的是开始祈祷。于是俾斯麦引用了克伦威尔的一句话："把信任交给上帝，我的孩子们，同时一定不要弄湿你们的火药。"然后他骑马赶到了事发地点，灭火灭了整晚。第二天，一场关于要不要做一些安全保障措施的争论发生了，俾斯麦觉得这会剥夺上帝用一些自然手段来进行惩戒或奖赏的精神启迪方式，于是他说："这纯粹是对上帝的亵渎，上帝肯定能够以这种方式或那种方式抓住我们！"

不久之后，东波美拉尼亚谣言四起，说俾斯麦是年轻的冯·布兰肯堡夫人的情人。事实上，其中也没什么误解。他们经常在一起，话语之间浓情蜜意。他喜欢拜伦，而她喜欢奥托并不欣赏的让·保罗。不久她就成了一名母亲。"让我来告诉你，自从你不再方便经常参与我们小圈子的活动，那位十分年轻又十分粗俗的S小姐一直在这里……后天，我将去卡德明（布兰肯堡的庄园）参加一场关于美学的茶会，在那里我们将阅读、祈祷，品尝菠萝味的葡萄酒。"他如此轻易地便在这个社会中站稳了脚跟，因为他在这里觉得很舒适，并且找到了他所追求的两样东西：才智和良好的生活范式——"一种家庭生活，而我是这个家庭的一员"。

确实，即使在这个圈子里他的神经也十分紧张。外出散步时，悲伤会突然袭来。最微不足道的词语也会让他觉得万分悲伤。"你应该知道，"玛丽在信中写道，"他很容易受到周围朋友们的影响。"玛丽嘲笑他，并且时不时碰撞两只玻璃杯，让它们发出低沉阴郁的碰撞声。这时他会要求她停止这个动作，并且说："这个碰撞声也太悲伤了。它让我想到霍夫曼关于灵魂被囚禁在小提琴中的那个故事。"

有一天，在布兰肯堡的房子里，他遇见了约翰纳·冯·普特卡默。她毫无玛丽所拥有的那种魅力：她矮小、黢黑、瘦弱。典型意大利人的外貌特征。她热情洋溢，心底的热情从她灰色的眼睛中喷薄而出，也从她的个性表现中散播开来。把她和玛丽区分开的，是她的优雅、她举止中的自然，还有她激烈的情感。她从不做太多的考虑，但是极易受到激情的驱使，从而引导着她那纤弱的少女躯体的行动。她一旦做出选择，便会一直坚定地履行。她会毫无保留地对待她的心上人，没有任何索取，满足于自己的奉献。她需要的只是一位可以引导她的男士，而她可以提供的则是可以遮风挡雨的停泊的港湾。

这位屡屡受到大家殷勤招待的怪物，似乎就是她在寻找的那个向导，并且他缺乏信仰这件事情，她也不在乎。后来她可能有过暂时性的疑虑，因为我们可以看到玛丽写信给她说："你心里的矛盾一定不会让他不快，因为他欣赏那份坦诚；至于你说他以后会改变他的观点——实际上他已经自己这么想过了。但是以他的性格，让他走向光明、做出完全改变，肯定不会是一件很迅速或者很轻易的事情，但是长久以来，这件事都在潜移默化地发生。"

从上述文字可以看出，玛丽的形容是十分贴切的。她把他描绘成一条被冻住的溪流，在其中，融化只会缓慢地、借助外力作用才有可能发生。她已经认识到了他的天性是像谜一样极其不可捉摸的。极具代表性的还有，这也是让他决定去堤坝边任职的原因。他想要去倾听易水河在开春时节的颤抖，去观赏巨大的水流倾泻而过时的澎湃。他想要去疏导这些水流，就像他将来领导政治运动，也像他以后引领他自己那样。

俾斯麦离开波美拉尼亚去易北河，这不仅仅是居住地发生了变化。老费尔迪南尽管有雪利酒和波特酒的陪伴，最终还是去世了；接着，这位小儿子，现在也已经三十岁了，继承了易北河畔舍恩豪森的庄园。同时他将尼朴甫出租了。这是他长大的地方，几百年以来，只有俾斯麦一族对此地进行着统治。因此，他打心底对于这个事情感到伤心："这片草地上所有的邻居、这块水面、光秃秃的橡树，看起来都处在一种轻微的忧郁之中。日落时分，在处理完一系列恼人的事务之后，我去许许多多我带有感情的地方，与它们做了告别。以前我不高兴的时候，经常都是在这些地方度过的。曾经，我计划在某个地点建起一座新房子，而现在出现在这个地点上的是一副马的骨架。从这副骨架的大致形状，我认出这是我忠诚的凯勒布的遗骸。在长达七年的时光里，它载着我，或快或慢，或精神抖擞，或没精打采，一里又一里地踏遍了这个乡村。荒野、田地、湖泊、房屋、家乡的人，和人们一起慢跑的场景，全都浮现在我的脑海中。回望过去，我的人生在我面前展开，让我回到了我还是个孩子在田间玩闹的那些日子。"

"雨水淅淅沥沥打在灌木丛上，我久久凝望着暗红色的日落，我的心满溢着悲伤和后悔，因为我曾经的迟钝和冷漠，也因为我曾经盲目地追求享乐，反而浪费了蕴含在年轻、才智、财产和健康中的种种财富，这种浪费是毫无目的又毫无成果的……当我回到房子里的时候我万分沮丧。我种过的每一棵树，我躺在草丛中时头顶沙沙作响的每一棵橡树，似乎都在因为我要把它们交到一个陌生人手里而责备我。更清楚的是，所有的劳作者们都在怪我，他们聚集在门前，表达着他们对现在处境的沮丧和对未来处境的担忧，不知道未来雇用他们的佃农会是哪样一种人……他们向我念叨着，他们已经长年服务于我的父亲，其中更年长的老人甚至还在哭泣，而我的眼泪也已经在眼眶里打转。"

当我们读到这些发自肺腑的文字——其中不乏诗一般的语句，会让我们想起歌德对他夏季住宅的告别诗——我们只会感到疑惑：为什么俾斯麦要离开尼朴甫？是因为缺钱，还是因为想要一个更好的居住环境？都不是！他的动机来源于他的雄心壮志。

父亲去世的那段时间，他与一些前几页提到过的人有了密切往来，进入了他们的圈子——他已经三十岁了，认为自己冒险的青年时光已经结束了。在他心里，一种新的——我们可以称之为破天荒的——愿望油然而生，他想要获得更大的影响力。这个愿望，伴着些许踌躇，主导着他接下来半个世界的行动。根据当时的条件，这份冲动指向了公众生活，而首先指向的就是借助于家世——他得以掌控的范围。他的计划在萨克森（Saxony）容易更快地实现。在这里，河堤监督官的工作提供了一个机会。这个职位唤醒了他内心中沉睡已久的与这条河流的亲近感，他甚至用了滔滔不绝这样雄壮的形容词来描述这条河流的汛期。而那种亲近感，他执意要把它转化为行动。从易北河的堤坝到州议会（Landtag）之间的距离并不远；同时虔信派教徒的圈子与波茨坦的关系又极为密切。那个时期，当某位虔信派教徒想要帮助他再次进入国家政务服务体系，成为东普鲁士皇家委员会中的一员时，俾斯麦从舍恩豪森写信给他的哥哥，说他要拒绝这一职位。

　　"毫无疑问，在东普鲁士任职我会升职。但是每一份我有可能获得的工作，等我真正上岗之后，我对它们便失去了兴趣，因为我觉得它们繁重并且无聊。这是我的不幸。而这也将是我接受了东普鲁士那份工作之后会发生的情况。如果我去那儿，我则必须拒绝这里这份河堤监督官的工作，但是政府早已经把这个职位留给我了……然而，这份河堤上的工作，连带着州议会的工作，我是一定会得到的。在这个职位上我大有可为，它还不会妨碍我管理我的庄园……我现在的想法比较坚定，应该首先偿还部分欠款。"同时，他还强调了他成为州议员的大好前景。现在这个职位的在任者，身体每况愈下，看起来活不过三至四年了。他说他对此有一些医学上的见解："周六，在拉特诺（Rathenow）会有一场球。我应该不会去，因为我没有一副手套是适合给处在丧父之痛之中的人佩戴的。"

于是他精心计算着自己的机会。他得到了许诺，确保他成为下一任河堤监督官，也保证他能获得州议会的选票，他甚至也得知了现任的那位州议员还能存活多长时间。在做好这一系列准备之后，他试着让现任的河堤监督官由于擅离职守而被免职。他一边努力减少个人资产对河流保护委员会应缴的款项，一边又掘地三尺找到一条古老的规章，说只有一个人的土地资产能够对河堤监督官这一职位有直接的好处，这个人才应该担任此职。他还发现，几百年以前，因为这条规章，他的祖先还被迫交换了自己的庄园。这些动作都是在加强他要夺取河堤监督官这一职位的宣言。一切都是完全合法的，一切对他的邻居们而言百利而无一害，因为通过将这一职位从无能者手中取回，他一定会帮助他们。与此同时，他所做的一切都是为了保护他自己的财产，为了减少他个人的开支，为了让他自己在那个小圈里声名鹊起。而他的终极目标，则当然是成为州议员和地方行政长官。

　　精力充沛、才智一流、审时度势、坚决的意志——这些都是俾斯麦在他首次的政治活动中展现出的性格特点，由此他迅速并且无懈可击地获得了成功，而成功又回过头来成为他新的活动和更新的活动的行动动机。

第七章

舍恩豪森的祖产是一栋庞大而庄严的建筑物，矗立在壮观的菩提树和橡树中间。它不是一座城堡，但是这个建筑物仍然宏伟。当一个人从它的窗户往外看，一定会感慨自己投了个好胎。俾斯麦曾经给他的朋友写信描述过这个地方，信中使用了印象派素描的描述方式："我左手燃着雪茄，透过它升起的袅袅烟雾向窗外看去。正北方向，不论举目向左还是向右，首先映入眼帘的是古老的菩提树，然后是一个树篱、被精心修剪过的古典样式的花园、用砂岩凿刻的神灵像、黄杨树、低矮的果树；在这些景象后面是一大片的麦田（可惜它不是我的）；接着，差不多一里格（league）^①远的地方，在易北河的高岸上，是阿尔内堡（Arneburg）的一个小镇……

---

① 是欧洲和拉丁美洲一个古老的长度单位，约 5 公里。

从南侧的窗户向外看，我能看见坦格尔明德（Tangermünde）的塔楼；向西，在一片雾蒙蒙中，看见的是施滕达尔（Stendal）大教堂。我现在所在的地方，是一个巨大的三层楼的房子，它的墙壁历史悠久，但仍然厚重；屋内悬挂着皮革和亚麻织物编织成的帷幔，上面全是东方特色的纹样和景观；洛可可式的家具上都盖着已经褪色的丝绸。可以看出来，这个地方的老主人所拥有的财富，要比现在主人从他祖先那里继承下来的多得多。"

在这个老房子里，我们这位新主人首先想要的就是一个妻子。在他父亲生命最后的那些日子里，这都成了尼朴甫谈话的永恒话题。在那里，也从奥托的旅程中，可疑的消息一次又一次地传到父亲耳朵里。"我认识了露易丝·C。她偶尔看起来很漂亮，但是不久气色就会变差，脸也发红。我曾经真真切切地爱过她二十四个小时。如果她和梅尔结婚并且来塞洛生活，我应该会很高兴。"当在挪威旅行时，他曾惹怒雷文特洛伯爵夫人（Countess Reventlow）——说她"有着好牙口和古铜色肌肤，将来某一天会成为一名端庄的女牧师"，冯·赖岑斯坦（von Reitzenstein）女士说"她亭亭玉立的女儿是当地的美人儿，会成为一名可以一起散步的绝佳妻子。她很高挑，又很'善解人意'——这个姑娘就像是一瓶不寻常的产自摩泽尔（Mosel）的好葡萄酒，既不冷冰冰，也没有什么坏脾气"。

他使用的每一个形容词都表明他只是在品评女人。他打量她们，就像打量一匹在潜在买家面前进行展示的马儿一样。相比起她们的财富，他对她们出身的兴趣大得多得多，因为俾斯麦从来也没想要和钱结婚。现在，在舍恩豪森，这个问题变得越来越严重。他写信给他的妹妹说："魔鬼抓住了我，我真的必须结婚。这个需求对于我来说再清楚不过了。父亲走后，我感到特别孤单。当天气潮湿，我就变得忧郁，便更觉得已经准备好坠入爱河了。没办法了，我最终可能会迎娶H.E.。这里的每一个人都希望我……的确，她对我十分冷淡，但是其他人对我也一样……我必须承认，我对车匠的老婆还残存着一丝喜爱（那个不忠的贱妇）——因为这个缺陷，我都开始钦佩我自己了。人不能像换衣服一样轻易改变自己的心意，这是一件好事，虽然对前者人们干的次数也不多！"

在做出上述直白供述的日子里（这就是容克一贯的风格），也是在上面提到的风流韵事发生的日子里，他已经在虔信派教徒的群体里混迹了一年甚至更久的时间了。实际上，在他父亲去世的一年前，他就已经认识了乔安娜·冯·普特卡默尔。当时，他看起来不愿意让内心的那些冲突对他的生活方式产生什么影响。但是，布兰肯堡就从未停止过关心那对在自己婚礼上被故意撮合相处的那一对人儿。于是这对新婚夫妇邀请俾斯麦和乔安娜一起去哈尔茨山进行一次夏日远足。毫无疑问，他们仍然想要通过让他与一位虔诚的女生结婚的方式来拯救奥托的灵魂，同时也期望看到她能与一位没有信仰的贵族人士融洽相处。其实，在介绍这两位认识之前，布兰肯堡就已经给他的这位朋友介绍过这位年轻的女士。"她非常聪明，尤其喜欢音乐……还特别可爱。她是一位极有才干的学生，非常有创造力，还有一颗严肃而虔诚的心灵……她跳华尔兹的舞步极为美妙，还带有孩童般的纯真，比我所知道的任何人都跳得好。你快过来和她认识一下。如果你不喜欢她，我就把她娶回家，当我第二个老婆。"

这段描述是为了俘获俾斯麦特意编排过的，因为其中刻意回避掉了这位作者想要引导他信那份过度的热忱。玛丽的描述看起来则更为激动，充满了不可告人的骄傲："一朵惹人喜爱的花正在烂漫地盛开……她的眼睛和一头黑发是她最美丽的地方，她看起来很成熟，说起话来又无拘无束，她的诙谐感染着每一个人——不论男人还是女人，而且她可以说没有无聊的时候……她内心深处就是一个女孩儿……那么纯洁、无忧无虑又清澈——她就像湛蓝的海水。"

乔安娜和她虔诚的朋友的区别在于她有着某种辛辣的尖刻，这份尖刻过分了就成了冷嘲热讽。正是这种过分了的冷嘲热讽，让我们这位坚定的无神论者向她靠近。如果她没有创造力，也不喜爱音乐，如果她不能跳华尔兹，也从不无拘无束地说话，如果她不能与每个人友好相处，单凭她的纯洁，他一定不会被她吸引。最终让他决定迎娶乔安娜的，既不是她的宗教信仰，也不是她的聪明才智，而是她平静但像金子般未经打磨的心。这颗心拥有着可以让她奉献自我的力量，而这也正是他内心所缺乏的东西。吸引他的还有她对曾经做过的事情能再次全情投入的能力。虽然在生理年龄上她比他年轻九岁，而在心理年龄上他比她更多地历经了无数沧桑，但是对于他来说，她也不是一个像女儿一样的人物。她是一位伙伴：她对他的领导地位从无质疑；接受他的外表；总是愿意分担他的忧虑和麻烦，也愿意参与他对其他人的嘲讽和鄙夷；她没有他那么自我，但对他人的蔑视却不比他少；她像他一样，满怀着激情要去对付敌人，但同时，又拥有他从来未曾有过的平和。

在这趟哈尔茨山的短途旅行中，他们俩很快就走到了一起，"彼此相识的时候都感到惊异"。同时，俾斯麦仍在和玛丽——比乔安娜更成熟、更有才干，也更赏心悦目的女性——做着无声的交流。他还在她的日记里留下了这些交流的回响："一生孤独、寻求着平静、想要尝试一切事物却徒劳。"这是一个男人最后的放弃。他明知道他的选择会带领他走向幸福，但是也必须断绝这段关系。也正是带着这种感情，俾斯麦进入了婚姻。

余下的便是月光下的快活之事。猫头鹰在峡谷中鸣叫，他总是给他的同伴们喝香槟，支付一切费用，并安排好一切。回到家，又收到了布兰肯堡的几封来信，受其影响，他开始阅读《圣经》，客气地谈论着上帝，还写了一封信说自己对乔安娜的事情还并不十分确定。这封信使用的是拉丁文，后来被其他人销毁了，以防它不慎落入这位女士的手中。

流行性感冒突然在波美拉尼亚爆发，夺去了玛丽哥哥的生命，接着她母亲也病倒了。玛丽承担起护士的责任。趁着夜间看护的工夫，她给俾斯麦写了一些私人信件。她求他快点儿来到她身边；后来她母亲也去世了；而后他来了。他们谈很长时间的话，也做夜间祈祷。他仍然不会和其他人一起跪拜，但是情绪上却和其他人感同身受。接着玛丽自己也感染了疾病，几度昏厥。她派人去找他，告诉他现在真的到了他转变信仰的时候了。这已经是第二位在病榻之上为他祈祷的女人了。他被深深地触动，这还不足以使他做出最终的决定吗？他终于放弃了他的固执，屈服。十五年来，他第一次开始祈祷，"没有再思索悼词的合理性"，只是祈求他朋友的生命得到赦免。

　　他感受到了这位濒死的女性和她丈夫的平静，他们认为死亡不过是提早踏上了某段旅程，并且十分确定它们会再次相遇，这使他大为震撼。玛丽去世了，这对曾爱过她的朋友来说是巨大的打击。他的痛苦纯粹是发自内心的。"我生平第一次感受到这种悲伤，我又一次强烈地意识到我已经失去的东西……这是有史以来第一次，我感到死亡把我身边的人带走了。失去父母是完全不同的感受……孩子和父母的关系并没有这么亲密……这种空虚感，这种我再也不会和一个人——这个人曾经对我那么重要，我和这个人见面永远也不嫌多——有如此亲密的关系的想法，对于我来说是前所未有的。我很难相信这个事情真的发生了，而这所有的事情、所有的感受对于我来说都是不可思议的。"等到下次再见到他的鳏夫朋友时，他语气沉痛，对他朋友说："这是我第一次失去这样的朋友，我很确定她的心还在为我温暖地跳动着……现在我相信永生了——而如果这种事情不存在，那么这个世界就不是由上帝创造的。"

　　以最自然的方式，他的痛苦促使他开始祈祷，就像会发生在任何人身上的事情一样。而这种祈祷和他的信仰无关。他开始"在火车上"认真地说悼词，布兰肯堡则在一旁满意地观察着。以最自然的方式，在感受到这些深沉的情感和厚重的悲伤之后，在那位濒死女性的要求和存亡者的友谊的感染下，俾斯麦真的皈依了上帝。即使是这样，他的转变也是典型的俾斯麦式的。这位怀疑论者留了一条后路。十六岁时，他曾经为自己放弃祈祷的做法而做过冰冷的论证来辩白，这仍然没有完全消失于现在已经长大成人且仍旧善于思考的俾斯麦的脑海中。在与他朋友对谈中，他仍然提出了一个疑问，那就是上帝到底有没有创造这个世界。尽管斯宾诺莎给出了论证，但他仍然对这个问题心怀疑虑。

在他离开的前夜，当时他仍然住在他朋友的府上。俾斯麦写了一封信，想要总结这一段时间发生的事情，同时也说明这些事件对他的心灵产生了多么深远的影响。据说，布兰肯堡当时激动得哭了，不停拥抱他并且惊叹道："你今天太让我高兴了！"鉴于弥漫在这个房子里的情绪和前几周的经历，我们可以相信俾斯麦的这些声明完全是发自内心的（考虑到他令人印象深刻的性情）。但是这些宣言的背后也透露出他的处境，即他渴望征服一位少女，而这位少女那位极为虔诚的父亲，不仅仅是一位虔信派教徒，更是一位寂静主义者。因此他对上帝的信仰宣言算不上一种诡计，至多只是一种自我欺骗。俾斯麦通过这段婚姻并不能获得物质上的增长，但同时也不是激情驱使他去占有这位女孩儿。他想要通过她成为特定圈子里的一员，而这个圈子已经成为他第二个家了。她的信仰对于他来说是陌生的，只是在特定情况下变得可以接受。虽然在他的内心深处，他仍然在为他深爱的女人祈祷，一个他曾经爱过但从未拥有过的女人。但是他的情感已经转向了另一个女人，他觉得她会是一位好的伙伴，因此想和她结婚。

几周以后，他在布兰肯堡的府上又一次和她见了面，表示了他的意愿，然后立即便被接受了。回家的路上，在斯德丁的一个小旅馆中，他给乔安娜的父亲写了封信，征求他对这段婚姻的首肯。

使用他生来就有的外交手段，这封信写得十分贴合收信人的虔诚心境，俾斯麦还从来没有在一封信中如此频繁地呼唤过上帝的名字。第二封信他写给了冯·普特卡默尔先生。他甚至引用了一些完全有别于他日常风格的教会用语。他知道，如果要让大家相信他现在的信仰，他就必须公开承认他的错误和他之前的无信仰状态。并且虽然他所说的有可能都是真的，那他也为了达到自己的目的精心编排过。由此看来，这就像他为了挤走他的前任河堤监督官发出的那些控告一样。当他说到上帝，他的语气十分谦逊："当时，上帝没有听到我的祈祷，但是他也没有拒绝我，因为从那之后我也没有失去向他祈祷的能力，如果说我还没有获得心灵的宁静，那我至少感觉到了我长久以来未曾体验过的信心和勇气……我确定，因为我有不可战胜的诚恳和我一心对自己的忠诚，上帝终将会把成功赐予如我这样正直的人。"

当他说到他自己，他的语气则变得更为骄傲："我不会沉湎于我的感觉和您女儿的计划，因为我现在正在采取的行动比我的言语更为响亮，也更能说明我的心意。我不会用承诺加强我的请求，因为您比我更知道不值得托付的人的心灵是什么样的。而我对您女儿幸福的唯一保证，将会存在于我祈祷获得上帝恩典的祷文之中。"

要将女儿交到这位男性手中，这位虔诚的父亲是极为不情愿的，因为他"听说过太多关于这位男士的坏话，但好话却很少耳闻"。收到这封不置可否的回信，俾斯麦采取了攻势，立马在赖恩费尔德现身，发现了"这位父亲倾向于无限期地延迟讨论这门婚事……如果这样，那没人知道他们会让事情朝着哪个方向发展。我刚一找到我未婚妻便马上转向了她，并且通过一个坚定的拥抱让她的父母惊讶得说不出话来。这样，我便立即从根本上改变了这件事情的走向。于是五分钟之内，一切就都安排妥当了"。这就是真正的俾斯麦。借由机敏的行动和个人的勇气，他能够迅速完成已经长期在他脑海中预演过的事情。出其不意一直都是这位政治家的手法。

现在他调动起他全部的友善，立马征服了这个家庭。与老头子喝香槟和葡萄酒、与他的未婚妻在冯·普特卡默尔的钢琴伴奏下跳华尔兹。甚至那位极难相处、拥有极高修养的母亲，不久也都"深深关切着这位蓄胡须的异教徒"——他也是刚蓄起的胡须。的确，他曾就宗教话题与他的未婚妻进行过一些长谈，但是幸亏她本性比较简单，所以他得以免受在布兰肯堡家感受到过的那种压迫。她也曾带着微笑对他说："如果不是上帝向你显示了他的恩典，或者至少让你从钥匙孔中窥探到一点儿，我早就拒绝你的求婚了。"而他听到这些会觉得高兴。因为对于他来说，"从钥匙孔中窥探"这个比喻，比她想要表达的更为真切。奥托在写给他哥哥的信中说得很清楚，只是她并不知情。

信中说："有关信仰的问题上，我们之间存在着分歧，这让她遭受了比我更多的痛苦。其实，这种分歧没有你想象的那么大，因为最近许多外部和内部发生的事情都使我发生了改变，因此现在（你知道的，新的我），我觉得完全有理由将我列入这些信仰基督教的人之中。基督徒们可能把某些教条视为规则，因此十分重视，而我——到目前为止我自己所持有的观点还是十分清晰的——无法和基督徒保有完全的一致。然而，我和乔安娜之间还心领神会地签订了某种'帕绍条约'。另外，我喜欢女人身上散发出来的虔信主义，但厌恶那些喜欢炫耀自己有多么开明的女人。"他还需要说得更直白吗？在他的陈述中，我们仍然能感受到那种鉴赏女人的意味和应付女人心的丰富经验的回响，还有面对他母亲的那股长久以来的敌意。如果说他已经去到了约旦河的另一岸，那连接两岸的桥梁也是脆弱的。他将他自己的整个"皈依"历程定义为签订了帕绍条约（A Treaty of Passau），这也就是说，这只是两个持有不同宗教立场的人的相互容忍。如果说女人身上散发出来的虔信主义符合他的口味，那他必然也会因为他自己的妻子怀有这种信仰而高兴。

他对他婚约大体上的态度完全是一个世俗之人的态度。写给哥哥和妹妹的信中，他很少谈论上帝，但是有大段篇幅在谈论一个准备在家里的火炉边安顿下来的游侠骑士："其余的事情上，我觉得我很幸运，远比我期望的还要幸运。不带感情地说，我要结婚了。对方是一位极其聪慧、具有罕见的贵族精神的女人。同时她又比我知道的任何女人在生活中都更为友善、更为温和……一言以蔽之，我十分满意。希望你也会觉得满意。"说到钱财，她能带给他的确实不多，所以他也必须看到财务方面的问题。"另外的一些小细节，比如当地人巨大的震惊、老妇人们的讨人厌……我都会当面再告诉你。现在，我只想请求你和奥斯卡对我未来妻子的态度友善一些。赖恩费尔德紧挨着波兰的边境，你整晚都可以听见狼的嚎叫和当地人的咆哮。在这个地方和与之相邻的六个生活圈，人口都十分密集，一平方里格上有八百人。这里说的是波兰语，是一个惹人喜爱的村庄。"他自己的庄园离这里也仅有几里格之遥。

他十分在意他未婚妻数不清的亲戚们的诧异之情，他们所有人都因为自己不知道事情的来龙去脉而觉得被冒犯。因为他曾经上过一两次朝堂，现在又成了闲云野鹤，所以他们异口同声："我们宁愿这门婚事有别的人选，但是好歹他是一个有名望的人。"他自己的朋友，对于他有可能成为一名"虔信"者这件事则深感惊恐，虽然他自己没受到什么困扰。第一周（也就是他感情上愿意去信仰，但还是总被原有的怀疑主义影响的那段时间，他狂热地研讨着《圣经》），他与布兰肯堡（他也是经历过转变信仰过程的信徒）交流了以下一些问题：他不明白，基督到底是上帝的儿子，还是仅仅是一个神圣的人；他对堕落学说将信将疑；他在《圣经》中发现了太多在他看来相互矛盾的地方；他的想法还没有完全稳定下来。在他的一封信中，他谈论魔鬼时带着明显的欣赏，而这种写作方式令乔安娜十分恐惧。

第八章

　　他用确定婚约之后的那段时间来调教他选中的女人。德意志人中，从来没有一个阅历丰富的男人，抑或诗人，给女人写信写得如此优美又绚烂——俾斯麦之后也再也没有人这样做过。这些情书充分显示了他幽默和智识的巅峰水平、他丰沛的想象力、他精巧的文辞。他用自己可靠的手，温柔地带领她走向他的道路。当他持续为她的虔诚提供新鲜的养分，当他允许她为自己驯化了野蛮人而庆贺，他也在慢慢地驯服这位乡村女孩儿。她比他要粗野得多，也年轻得多。这种转变十分明显，以至于有一次她给那位生了气的容克写信说道："你太喜欢那些繁文缛节，而我很乐意无视那些规范——如果我能够做到的话。"

　　最开始，她还有点儿怕自己会让他无聊，在信中写道："不要那么嘲讽地看着我……这很容易让我泪流不止，你一定不要这样做了……对我有点儿耐心，期待春天的来临和你努力的结果。"然后她突然记起传言中他是一个多么糟糕的人，"我希望你向我证明你内心的忠诚。如果是我在自欺欺人怎么办？到这时又会发生什么？两个人之间没了信任是世界上最可怕的事情……你的字迹告诉我，和以前相比，你变得任性多了。你的心是不是也发生了这样的变化呢，奥托？"接着她又以女性视角自行回答了自己的问题，"如果真是这样也没有关系，我会默认它的存在的。亲爱的，我会试着去顺应它。但是，如果最后你不愿意按照我的方式继续下去，我便会尊重你的决定。"就这样，在四个月的时间里，他用温柔的方式让她彻底屈服了。后来，当她想要他阅读让·保罗，或者想让他穿天鹅绒外套（他特别讨厌这个东西），她便也能够平静地接受他的拒绝了。

他十分感激她的自主投降，用了一个长期单身男人的全部热诚对她表示感谢。虽然在他订婚之前，他就已经发现自身拥有可以过上积极并且有秩序的生活的必备要素，虽然他职业生涯转折点一年前就已经到来，他仍然把生活中出现的所有变化归功于她，并且用他的成功来增加自我满足感。

他们订婚后，他第一次回到自己家中后给她写信，信中写道："当我走进村庄，我感觉（以前从来没有过）拥有一个家是多么令人高兴……你可能想不到，亲爱的，以前我结束一趟旅程回到这个房子里时，我是觉得多么没有希望……那种时刻是我觉得最虚无的时候，直到我看书入了迷，这种感觉才有所好转（因为不会有任何一本书比我本来的情绪还阴郁），要么我就只能机械地做一些日常工作……现在，一切事物对于我来说都变得不同了。不仅仅是与你有关的事情，我看到所有东西都会想它们能不能让你满意（有好几天我都在绞尽脑汁，想找到最适合做你书房的地方）。我生活的样貌焕然一新，我热爱河堤监督官和其他琐碎的事无巨细的行政工作。"然而，他毫无意识地为她抄写了两首拜伦的忧郁诗，这两首诗可能不够表达出他的忧郁，但是悲伤的情感却在喷泻而出。他在诗的下方写道："全都是胡说八道。"但他依然把这两首诗寄给了她。

在他寄出的第二封信中，他已经不知不觉地开始了对她的调教。她必须努力学习法语，要不然无法在上流社会立足。他提出要求时十分小心翼翼又表现得很迷人，但是他表达的就是这个意思。不久他又让她学习骑马。几周以后，他在信中写道："我不再对那些贫乏的英文诗歌感兴趣了……现在我正在看一只黑猫在阳光下把玩这些诗歌，它把它们卷成球滚来滚去。这个场景令我愉悦。"与此同时，他抄写了很多拜伦的诗给她寄了过去。下一封信中夹带的则是很多表现世间困苦的法文诗歌。他自欺欺人地补充道："我现在在阅读这些东西，你不用对此太在意。他们不会再对我产生任何不良影响了。"

有一次，在引用一段诗文之后，他又放飞了他早年间的精神："这首诗最合我心意的一点是：诗人想要在这样一个狂风暴雨的夜晚成为其中的一分子，分享快乐。他想骑上一匹逃亡的骏马，沿着石礁疾速奔驰，闯入莱茵瀑布的阵阵轰鸣声中。"收信的女孩儿不无惊恐，也很难明白他未婚夫的字里行间具有什么含义。她突然觉得自己能看到——他，一个技术娴熟的骑士，在山石嶙峋的下坡路的顶部勒紧缰绳。这是他狂野的少年时代的回忆，他想到这里，在手中雪茄烟雾的环绕下坐在窗边放声大笑，并且语气嘲讽地写道："这样的乐趣一生中只能享受一次啊。"

可以看出，奥托·冯·俾斯麦的内心充满了矛盾。

当他阐释他切实在做的事情时，他会更为兴奋。好几天，他写作中都伴随着一种接生婆的情绪，就像总是在期待新生一样。他写到有关易北河的工作、谈到为了应对它的破冰而采取的准备行动。当他半夜站在河边，指挥着相关工作，他乐在其中。当他的任务是对抗大自然时，俾斯麦总是很高兴。"再见了！冰面碎片相互碰撞的声音呼唤着我，演奏着帕彭海姆进行曲。聚集起来的工人们的号角声像在大合唱。为什么这些冰面碎片不唱起来呢？那将会是多么动人、多么诗意的一幕啊！令人厌烦的等待期终于结束，真正的工作终于要展开，这对我来说就像新生……献上我的吻，您的奴隶，俾斯麦。"多么快的节奏，多么快乐的生活！接着他写了一段附言："记得把那封您五天后才收到的信的信封寄还给我。我会针对这件事在柏林提出控告。"接着他又跟她讲起了破冰的那个美好夜晚。"浮冰相互碰撞、相互挤压，堆在一起有一栋房子那么高，时不时地堵在易北河上的水坝里。有一段时间，河里的水被积压，一起堵塞在水坝前，一直等到它们狂暴地扫除它们面前所有的浮冰障碍才继续奔涌而去。后来所有大块的冰都被努力碎成了小片，而河水重重地压在了所有小块浮冰之上。这一幕之中，河水像破碎的锁链裹挟着它们顺流而下，流向宽广大海的过程中，破冰仍然在奋力地相互碰撞着、挤压着。"

处理这种自然灾害的表现，实际上就是俾斯麦自身灵魂的真实映照。我们可以听见，俾斯麦体内的革命思想正吹起战斗的号角；我们可以意识到，他血脉里的性情就足以让他成为一名股肱之臣。

在战斗时刻，当遭遇恶劣的条件、当他要用自己的意志克服这些困难时，他精力充沛、富有生机。而在室内，只有当他能够以睿智的治国之才调停争端时，他才会恢复那种活力。他满怀激情地讲道：

"今天早上我特别高兴，因为我让四十一个争论不休的农民停止了争吵。他们每一个都对另外四十个人大发雷霆，并且他们乐意付出三十塔勒——如果可以因此让其他所有人每人损失十塔勒的话。我的前任河堤监督官解决这个问题已经四年了，可能已经发现这是一个赚钱的好来路……四个小时之后，我成功劝导他们达成协议。当我拿到签署好的文件回到我的马车上，我觉得这个时刻是我担任这份公职以来少有的快乐时刻……这个事件再一次告诉我，在任何一个行政职位上，只有当我能接触到被我管辖的当地人员时，我才会获得真正的快乐。作为一个国家的首相或者大臣，他能够接触到的绝对不可能是真实的人，仅仅是笔墨和纸张公文。

"当我想到，即使是最伟大和最有权势的政治家，在他们公职的能力范围内，为了达到增加人们的幸福和减少人们的悲苦的目标，所能做的事情都是那么少；当我开始相信，不论是大臣抑或国王，他们都无法确定（当然，除非他是一个自欺欺人的傻瓜）从长远来看，他是否确实为任意一个处于他照料下的人免除了痛苦，或者他是否的确为任意一个他的臣民带去了更多的欢乐。当我想到这些，我就只能想到勒璐忧郁的诗——《冷漠的人》……我们的凡尘生活只能借由我们自己的灵魂使其开花结果……我们是否能帮助其他人获得比我们自己更多的尘世幸福，这件事与我们自己的存在相比起来，毕竟没有那么重要，因为我们自己的存在才是永恒的。三十年后，尘归尘、土归土，一切都在接下来的千年里随风飘散。而对于现在已经去世的人来说，他们活着的时候是快乐还是悲伤，对现在来说又有什么紧要的呢？"

看看他，坐在自己的马车里，带着他签署好的契约。他三十二岁，可能对自己极为满意，并且有史以来第一次也对这个世界感到满意。他脑子里是那四十一个农民，他在想，他们究竟为什么互相争吵并且相互憎恶、他自己是如何洞悉到他们内心的想法、他是如何为他们着想，又是如何最终让他们彼此之间达成了协定的。接着，国家代替农民，浮现在了他的脑海里。他好奇，如果一名政治家、一位大臣或者国王，在宏观层面上做到了他今天在小范围内得以做成的事情，又会是什么感受。然后他又瞥见旁生的令人厌恶的官僚主义，这一恶习扭曲了普鲁士每一个人的美好愿景。他对自己想要获得权力的恶魔般的欲望感到害怕，于是强迫自己将目光转回到眼前狭小的领域，沿着风轻快地讲述着伙伴们的快乐，最后又一次无动于衷地驶向祖传的房屋大门。

　　到了家，他拥有大量可以自由支配的时间。他给乔安娜写了一封又一封信，向她陈述他的观点、他的感受和他的困惑。他努力挖掘自己早年的生活，从中找出适合讲给乔安娜的故事。他告诉乔安娜自己曾经爱过的人中有一个人与她同名，还和她聊了他们之前来往的书信的内容。这让乔安娜感到焦虑，因为她不确定一个男人是否能如此热烈地恋爱两次。他跟乔安娜说起他辞去公务时曾经写给他表兄弟的一封长信，并且还说，现在距离写那封长信的日子已经过去十年了："大体上，我仍然赞同我当时所说的那个观点，即我们的公务工作是徒劳无益的……有时，甚至是现在，当获悉我的老同学在事业上快速取得了一定的成就，而我想到我本来也可以做到这些事情的时候，我都会觉得很羞愧。但是我总是安慰自己，当一个人向外寻求自身，那他寻找幸福的努力便会付诸东流。"他写下这些文字的时候带着十分的真诚。但是另一方面，他也同时在奋力地争取他在州议会的候选人资格，到处奔走托关系以确保得到地方行政长官的任命。

　　以一种权威又温柔的家长般的姿态，他解决了乔安娜的疑惑和敏感："你为什么哭得如此伤心，我的天使？……告诉我这到底是为什么？（我是旧玛赤的一员，我们想要知道所有事情的前因后果。我从两岁开始就生长在波美拉尼亚，直到我十七岁，因此我有时对一些玩笑会反应得比较慢。）告诉我你为什么哭泣？"在他去乔安娜家拜访过后，她给他写了一封满怀怀念之情的信，他回信道："你必须学着去感恩你所拥有的欢乐，并且不要像一个小孩子一样，一旦欢乐结束就开始哭闹着要求更多！"他，作为一个从未满意过自己生活的人，就是这样对一个热情洋溢的小女孩宣讲满足论的。如果她惊喜于她的追求者数量庞大，那么他会觉得受到了侮辱，他的自尊心会受到伤害。他说，她应该对那些没有认识到她价值的人表示轻蔑，并且还要对那些人说：" '先生！现在的情况是，俾斯麦先生爱我。那么这就说明，任何一个不崇拜我的单身汉都是缺乏判断力的粗鲁之人。'①……你不应该谦虚，既然我在德意志北部的女人堆中浪迹了十年之久以后，最终摘下了你这朵金凤花。"虽然我们这位容克到现在为止还没有做过任何事情足以证明他的价值，但是他与生俱来的骄傲让他认为，他选择的女人因为被他看上而傲立于世间所有女人之上。

他现在时常读《圣经》，并且喜欢引用里面的语句。他现在对待婚姻的态度完全是路德宗式的。他常常挂在嘴边的是："我们必须同心同德、必须患难与共、琴瑟和鸣。不要对我隐瞒任何事情。我身上有很多刺，你长久与它们相处肯定不会觉得多么快乐……我们一定要携手熟悉这些不相融的部分，即使要流血，我们也要对此感到满足。"

他生动地为她描绘了生活在他庄园里的仆人和工匠们的老派家庭是什么样的，他还告诉她这些人的祖先是怎么服侍他的祖先的。"我发现，要遣散任何一个曾经伺候过我的人都是十分困难的……我不能否认，家里还延续着传统规范这一点让我自豪。在那里，我的祖先们数百年来一直居住在同样的房间里，他们在那里出生，也在那里死去，宅院和教堂墙上挂着的照片展示着他们身着金属盔甲的样貌。他们都是三十年战争期间的长发骑士，留着尖尖的胡须，头顶长长的假发，脚蹬红跟鞋，走路时发出巨大的脚步声。他们中还有一些梳辫子的骑兵，他们曾为腓特烈大帝而战。最后，流着和他们相同血脉的柔弱子孙，现在拜倒在了黑发少女的石榴裙下。"

有一次，我们的容克感受到了基督信仰不那么光辉的一面，备受打击。这位刚信教的基督徒下定决心，他要比以往更加关爱他庄园里的穷苦人家。"当我想到，一塔勒就能保证那吃不饱饭的一大家子好几周的吃食

---

① 此段原文为法语。

时，我就觉得，我花费三十塔勒去看你简直就像在抢劫这帮饥寒交迫的穷人。当然，我把这些钱拿去给他们之后我也能继续我出游的行程。但是这么做了也于事无补，就算我给他们双倍、十倍的钱，能帮助到的穷苦人家也少之又少……因此，作为一个聪明人，我必须借助诡辩，慰藉自己，说我的旅行不是为了自顾自的欢乐产生的奢侈挥霍，而是我对未婚妻应尽的责任……旅途中产生的费用总额一定也要如数给予那帮穷人！这是一个棘手的问题。我在多大程度上投身于上帝委托给我保管处理的欢愉才是公正的？在我身边，还有很多人在因为寒冷和饥饿生着病，还有很多人典当了自己的铺盖和衣服以至于没有办法出去工作？'去卖掉你所拥有的，分给穷人，然后你来跟从我！'但是这能指引我们走多远呢？穷人数不胜数，用国王所有的财产也不够喂养他们。那么，我们倒要看看，接下来会发生什么。"

这一次，他初生的信仰面对了真实情况的考验。这是俾斯麦第一次（也是他拥有如此多基督式情感的最后一次）遭遇这个问题。未来，他还会因为不理解这个问题而摔跟头。确实，他的诡辩是一种玩笑，甚至他自己从理智上也不相信他的诡辩。但是，他确实应该认为他的个人花销是对饿着肚子的穷人们的抢劫。即使仅仅花上五分钟时间，他也应该好好考虑他是否应该沉溺于这份与他身份相符的快乐之中（这种快乐，只有他这种身份才可以享受，因为他那些挂在墙上的祖先们，都是一些强盗骑士）——这些想法对俾斯麦来说是完全陌生的，与他的天性也不一致。就是因为陌生，所以想法也稍纵即逝。不可否认，这片土地的领主是愿意关心住在这里的下等人的。但是我们的容克永远也无法了解，也无法容忍这些人会为了他们自己的生活而战斗，或者会认为他们自己有权获得宪章的支持来保证他们能过上更好的日子。实际上，最重要的原因就是，他从来都不是大家口中的那种因为自己转变了信仰才信教的真正的基督徒。所以在他接下来的生活中，他也从来无法理解或者接受他所处时代的社会使命。

在有关《圣经》和信仰的话题上，他和他未婚妻之间的讨论远比他自己内心的斗争多得多。他的态度一会儿感伤，一会儿戏谑。但是我们还是感动于他写下的有关这些议题的文字，因为这些时候他总是真诚的。他前一秒还在批评《圣经》，突然又发问："保罗究竟是谁？是我之前从来没听说过的另一个表兄弟吗？至于魔鬼，我在《圣经》中找不到任何篇章说不允许我们使用魔鬼的名字的。如果你知道有，就请你告诉我具体的章节和诗文。"确实，在这里，我们读到了骑士、死亡、魔鬼，它们交织在一起。他写道，他的祖先就不是真正的基督徒："我的母亲也没有接受这种信仰。你曾听说过弗里斯兰的酋长准备接受洗礼的故事吗？他问他那些不信教的祖先都在哪里。当被告知祖先们都下了地狱之后，他拒绝了这个仪式，并且说：'我的祖先在哪里，我就去哪里。'"在这番背离信仰的异常发言过后，他紧接着声称："我只是说了历史上一个小故事而已，并没有什么特别的意思。"

他与生俱来的迷信比宗教信仰更容易影响他。在他人生的不同阶段，直到生命的最后几年，俾斯麦都经常会计算自己去世的年纪，然后就像一名政治家一样，引用一个数字，在上帝面前说出他的选择。"如果我过了×年还没去世，那么我一定会在y年之后做这件事或那件事。"或者他写信给他的未婚妻："你一定不会相信我有多迷信。我刚打开你的信，那座大钟便突然停在了六点过三分——那个老旧的英式大摆钟是我祖父年轻时拿回家的，而后一直在同一个地方放了七十年……一定要马上回信给我，告诉我你现在身体健康、心情愉悦。"

他自我意识表现得最明显的时候，是他像写日记一样在信中写下了长段独白，不考虑收信人的感受，完全沉浸在自己阴郁的情绪之中的时候。

在这些文章里，他使用的比喻华丽，言辞刚健强硬。"毫无疑问，这是人性的典型特点……一个总是在强调我们的生活中无处不在的徒劳、虚无、痛苦的人，相比起着眼于生活中没有那么强有力的元素——能短暂激起这些元素的，是人们心中极度容易转瞬即逝的恬适宁静——的人来说，更能引起大家的注意……在这个地球上，让人印象深刻的事物……总是和堕落天使相似：它们漂亮，但是缺乏平和；它们在计划和为之努力的过程中总是表现得很伟大，但却从未取得成功；它们骄傲，但是忧郁。"

这里正映射出了他的自我。在这样的夜晚，他孤身一人坐在挑得极高的房间里写信，上述引用的词句便从他的灵魂深处流淌而出。这些词句风格雄伟，像是诗人的忏悔。第二天，黎明到来，他接收到白日的召唤，与世界的战斗征召了他。于是这位世袭的骑士又醒了过来。此时，他谈论起拜伦那些悲伤的诗句，这些诗句中充斥着夜晚的情绪，是"一首怯懦的诗，我会用骑士之歌的诗文与之对照：

除非你用自己的性命做赌注，
否则你的生活根本没有希望获得胜利。

"我是如下理解这组对句的：'怀着对上帝崇高的信任，策马扬鞭，让生命的狂野与你一起驰骋田野，赌上你的脖子仍然无所畏惧。既然总有一天你必将与地球上你熟悉的一切事物分别，虽然这个分别不会是永恒……'这时，悲伤将与我无关。"

第
九
章

就像马厩里的纯种马听到外面疾驰的呼啸就渴望加入那场狩猎，当俾斯麦知晓普鲁士国王有意从八个地方州议会抽调人手组建一个联合州议会时，他的心情和马儿一样。联合州议会将会被召集去柏林，为的是充分讨论现任国王的父亲在解放战争之后向人民郑重承诺过的宪法条款。这将是德意志历史上第一个真正的议会。这位骄傲的容克年轻时的想法看起来就要实现了。这些信号表明，普鲁士将要成为拥有"自由宪法"的邦国。当奥托·冯·俾斯麦二十三岁，"自由宪法"的缺乏使得他退出了公共生活。现在，这个伟大的时刻已经到来，但是他仍没有参与其中。如果他想要在柏林的联合州议会中占有一个席位，那么他就必须在马格德堡（Magdeburg）占有位子并且享有发言权。这份愿景，比所有其他事情都更重要地吸引他走出了波美拉尼亚，促使他精力满满地承担起骑士团（the assembly of the Ritterschaft）的工作。但是面对这位萨克森容克家族中最年轻的人，他的同僚们仅仅任命他担任州议会的替补代表，以防这个职位出现空缺。

现在，他坐在舍恩豪森的家中，阅读有关普鲁士代表们的报道。他们成了公众关注的焦点，相关报道说的则是他们如何以一种家庭聚会的方式举行第一次会面。他蠢蠢欲动，心中急切，脑子也在不停地转动。在柏林，有很多人辈分比他高，不幸的是，他们身体还都很健康。这些人挡住了他的前程，因此他的当务之急就是把他们中的随便一个人拉下马来。俾斯麦主张，一位前不久刚成为上尉的男爵不再有资格担任代表。于是他将有关这件事情的抗议声明寄给了他在柏林的朋友。他们不屑一顾，回信问他离开波美拉尼亚的原因。俾斯麦很生气，转身去找他的未婚妻。后来，他自己也认命了，再谈论到这件事情就只剩嘲笑与轻蔑。

过了一段时间，（终于！）在柏林有一位来自萨克森的骑士病倒了。虽然这个人后来身体有了好转，俾斯麦的朋友还是诱使他支持替补代表、退出议会。毫无疑问，俾斯麦在这个事件中也发挥了作用，因为他宣称："成为州议会的议员是我最衷心的愿望。"他火速赶到柏林，进入了议会大厅。那是在1847年的五月，当时，奥托·冯·俾斯麦三十二岁。

在这里，他发现从莱茵河到梅梅尔（Memel），所有地方都有代表出席。这是普鲁士统一的第一个标志。然而，这个大厅里正在鼓动的主导思想却不是普鲁士的思想，而是德意志的思想。在那个时代，所有持有态度的人，所有展望未来的人，怀抱的都是自由主义思潮，充满着统一德意志的憧憬。国王现在似乎满脑子也全是统一德意志的伟大抱负。这个想法曾被他的父亲所厌恶，现在却获得了人民、绝大多数人的支持。但是这个政权的支柱仍旧是普鲁士人独有的情怀。在联合州议会的五百名成员中，只有七十个人是保守派，而这七十个人中没有一个人对德意志的统一表示拥护。

俾斯麦觉得孤立无援。他的社会地位使他想要站在国王那一边，但是他从青年时期就怀抱的个人情感又与自然派相悖。这样的结果是，他无法与两派中的任何一派结成同盟。因此，他天性中的基本要素——骄傲、勇气和仇恨——变得更加热烈。在第三次会议上，大家开始讨论是否要建立一家由邦国提供担保的农业银行。保守派反对这一提议。对此，俾斯麦发表了他会议上的第一次演讲，向政府为反对保守派辩护，又向保守派为反对自由派辩护。他的首次演讲极具攻击性，并且同时攻击了两个不同的派别。带着轻蔑和满腔的激情，他写信给他的未婚妻："与他们的能力相比，这些演讲者竟然表现得如此自信，这太奇怪了。同时也很奇怪的是，我还注意到，在如此盛大的集会上，他们竟然还敢沾沾自喜地发表那些毫无意义的演说，这得多么厚颜无耻啊……这个会议远比我期待中的更令我振奋。"接着他又一次谈道，"这项政治活动让我兴奋，它吸引我的程度比我想象的还要大得多。"

以前，甚至是他坠入爱河的那些日子，俾斯麦都从来没有彻底抛弃他的怀疑主义，也从来没有一个人或一件事情让他如此感兴趣。为什么现在他如此激动呢？不是源于他讨论的那些问题，因为他根本没那么关心农民，也不关心他们能不能以有利的条件获得贷款。思考有关普鲁士的相关事宜不会让他睡不好，有关德意志的就更不会了。那么，挑动着他的神经的就只能是他终于站上了战场这个事实，是他终于可以在竞技场上大展宏图了。当他要出发去州议会的会议之前，他一遍又一遍地写信给他的未婚妻，语气十分严肃："现在，我终于要去战斗了。"到目前为止，他的自尊心还仅仅体现在他对同辈们的轻蔑态度上，这种情绪通过一封封嘲讽信，至多也就是在几场决斗中，就已经得到了发泄。但这种方式得不到回应。他热烈的生命力、他高度敏锐的理解力，还没有尝到过对抗的刺激滋味。他的骄傲让他无法成为一名国家公职人员，他的独立让他无法成为一名战士，所以他选择做一个只能统辖农民的地主，生活在一个他这种出身的人能够不费吹灰之力进行统治的社会之中。迄今为止，俾斯麦还没有遇见过值得对战的敌手。而现在，他终于找到了一个值得在此战斗的平台。他不拥护任何特定的理想，他也不想努力实现任何具体的经济上或政治上的改革计划。他只是想面向个人和团体出击。在他看来，成为一名人民代表就意味着让他的宝剑出鞘。

他发表第一次长篇演讲是在他出席的第四次会议上。"一个三十出头的男人，体格高大且强壮。他的头坚挺地立在宽阔的肩膀上，他的脸虽然没有精致的轮廓，但十分吸引眼球，表情灵动又充满生气，看起来坚毅但不死板。他的脸型微圆、色泽红润，留着红色胡须，散发着力量与健康的光芒。他下半张脸上的肉更多一些，笑起来像是在嘲弄对方。他的鼻子长得有点儿奇怪。他的眉毛弯弯，高高地拱在眼睛上，而他的眼睛则显得清澈、机灵，甚至有点儿狡猾。他的额头笔直、结实、宽广。这个样貌整体上给人的感觉是，他是一个很喜欢舒舒服服过日子的人。这种感觉甚至超过了他给人留下的以下印象，即：他对自己的智力充满自信并且能够控制自己的能量。"这个描述是由一位亲眼见过他的人给出的，但是他可能参考了对俾斯麦之后生活的记载。即便如此，这一描述给人的总体印象仍然是不错的。只是其中漏掉了一点。不管是现在还是在之后的年月，俾斯麦都有一个可以震撼到所有听过他说话的人的特点。这个身形高大的人说话的语调十分高亢、声音温柔，表达起来有些支支吾吾的。这些相悖的特点让我们开始思考一个谜题：现在，是什么带领他走上讲坛的？

一位自由派的贵族（因为确实有这样的人存在）敢于在州议会里说这样的话：在1818年，普鲁士人并没有因为仇恨征服者而采取任何行动，因为这样一个高尚的民族是不会对别的民族怀有民族仇恨的。那时的情况肯定比现在的要好，因为在当时，人民才是政府的基石。这句话中没有完全表明当时流行的思潮，即在解放战争中，人民是为了自身的解放而奋起的，1813年的战争是为了人民政府而战的。俾斯麦曾经写信反驳过一切类似的想法。现在，他的愤怒似乎突然爆发，虽然实际上这是经过精心准备的（因为他当时的草稿流传到了现在）。他大声喊道：

"假设我们还要为1813年的民间运动找出任何其他的理由或动机，而不承认其原因只是我们土地上存在的敌人给我们带来了耻辱，这是荒谬的。我认为，如果有任何人认为这种虐待……还不足以让人民热血沸腾，不足以让对外国侵略者的仇恨压倒一切其他的情感，这种想法都是对国家荣誉的冒犯。如果问一个人为什么会全副武装地对抗他所遭受的殴打，他却解释说他这么做是为了第三个人好，好像这是他自卫的唯一理由一样。那么，这个人一定缺乏荣誉感。"

俾斯麦的朋友们听着他的发言无动于衷。他在战斗中的第一击成了一场空，因为前一位发言者没有说任何值得俾斯麦如此指责的话。解放战争中的志愿者、这些志愿者的儿子们，甚至很多保守派都为此感到愤怒。"反复表达异议，现场一片混乱。"报道如是说。另一位发言者回应了他，说鼓励人们采取行动的不是仇恨，而是对国家的热爱。冯·俾斯麦先生太年轻了，他对这个事情完全没有任何了解。但是他找到了一个对手！现在他的心欢喜地跳动着，他又一次登上了讲台。"场面太混乱了，议长希望大家保持安静。然后骚乱卷土重来。"面对这种情况，他——作为会议上最年轻的成员，带着愤怒把身子背了过去，从口袋里拿出一张报纸，自言自语地读着报，直到会场恢复了安静。而后，他又开始讲话，说在解放战争期间他自己的确还没有出生，但是他一直以来对这一事实的遗憾会在现在因为他今天听到的这些话而减少。因为他们这些话表明了，普鲁士之所以现在被奴役，不是其他外国人造成的，只是本国人自己选择的产物。

这第二次出击仍然是无效的。"简直是不可思议，"事后他的一位朋友说，"一个如此有才能的人竟然把自己弄得那么滑稽可笑。"一位被授予铁十字勋章的亲戚对演讲者说："你当然是完全正确的。但是，你不应该把这些话说出口。"布兰肯堡就此事评论道："这只狮子在这里舔舐过血，很快就会以一个非比寻常的音调开始咆哮了！"叙贝尔（Sybel），当时一位年轻的历史学家，在报纸上批评了这番演讲。他认为，不能像分头发一样将改革和自由如此简单地相互分裂开。

叙贝尔说的是对的。所有的人，包括布兰肯堡，他们的批评都是对的。但是他们之中没有任何一个人有能力认识到，他让自己成为一个如此巨大的笑柄的内在原因。这个原因其实是：当一个天才第一次与众人相遇，总是会与他们产生碰撞。毫无疑问，他这份演讲稿是准备好了的，而这也是他对局面失去掌控的重要原因；毫无疑问，他没能理解他所处时代的规则，并且使得自己的朋友也将矛头对准了他。但是在上述所有原因之外还有另外的原因，那就是相比起对法国人的仇恨，他将更多的仇恨对准了那些拒绝仇恨法国人的人。处在混乱的局面之下，这个无名小卒满载着勇气向讲坛发起了两次进攻，他还用背过身去的方式充分表明了对这场会议的鄙夷。在这场战争中，他表明自己是一个战斗冠军。在给未婚妻写的信里，他说道："昨天，我发表了关于1813年民间运动性质的一番演讲，它表达得不够清晰，引发了前所未有的不满情绪。这些话冒犯了我自己党派内很多人的虚荣心，而我的反对党自然也都异口同声地高声反对我。他们非常痛苦，可能最主要的原因是我告诉了他们真相……他们骂我年轻，也说了很多其他的，这些都让我刻骨铭心。"

信中的其他内容，虽然温柔不亚于以往，但是越来越呈现出一种汇报式的语气。有一次，乔安娜病得很严重，他为她祈祷，却仍然"坚守着自己的岗位"。他承诺在圣神降临周过去看望她，但最后却食言了。他又给她写信："我不需要向你解释我不能去看望你的原因……现在，这里的一张票就足以改变对我们国家来说至关重要事务的进程……我很伤心，州议会距离你有五十里格甚至更远……你们女人真是奇怪，要与你们交流，当面沟通总是比写信来得更好。"他们两个人之间的婚事不能推迟，如果乔安娜必须以病人的身体状况开始她的人妻生活，她也不必烦恼。"到赖恩费尔德我就能闲下来了。但是在我们结婚以前，我无法随心所欲地陪在你的身边。"

于是，在两个人订婚的几个月之后，他写给乔安娜的信中的语气已经俨然像一位坚定不移的丈夫了。他恋爱的热情并未减少，但是在两个人的关系中说一不二的作风和领导地位很快变得明显，他的意志已经占据了上风。有生以来第一次，俾斯麦开始敬畏时间，声称自己是一个闲人；也是有生以来第一次，他开始真正重视某些事情。他宣称政治真的可以令他废寝忘食。"我被反对派不诚实的诋毁激怒了。"然而，他不久又开始期待起开阔的田园和与乔安娜的会面。在州议会度过两周时间之后，他告诉乔安娜，他对政治事务的兴趣达到了意想不到的高峰。五行之后我们读到：

"我多想可以把身体健康的你搂在怀里，带着你远走绿色森林，去那狩猎小屋。在那里，我们远离人烟，我目之所及只有你的脸庞！这是我每时每刻的梦想。政治性场所产生的喋喋不休使我日益厌烦……要是我能和你单独相处，满怀热爱地凝望着大自然，那该有多好。可能是我精神中永存的相互矛盾之处让我渴望那些我没有得到的一切。"

在此我们又看到了和之前相同的场景。就在不久之前，当时他还没有任何政治生活或是公众生活的经历，他还命令他的未婚妻，让她为迈入社会做好准备。但是现在，他自己已经进入了这个世界，他却在对一个狩猎小屋赞不绝口。他心知肚明这种差异产生的原因，自己也说在未来四十年会为此悲叹不已。问题的关键就在于他那捉磨不透的本性，也就是：他永远不会对身处的状况感到满意。他是俾斯麦，是一个流浪者。

第十章

　　一个焦躁不安、声音尖锐、缺乏军人气概、虚荣、反复无常、就算没有被上帝的恩典浸润但也受到了其爱抚的人，这就是腓特烈·威廉四世。大家给他取了一个绰号，叫"走钢丝的人"，因为他总是游走在人民和王位之间，但在其中他只扮演了一个哑巴。他是一个浪漫又虚幻的狂热分子，在某种程度上，他智力超群，一开始就想象自己能解决所有困难，也就是能同时为东方列强和法国带去更多利益、能与神圣同盟（Holy Alliance）合作并且推动德意志的统一，还能同时服务于保守派和自由派。他打着自由主义的幌子，其实是在履行父亲庄严的承诺。在第一次州议会会议开幕后，他发表讲话："你们必定会毁了这份事业！"当他本应该慷慨解囊时，他总是错失良机。他完全不理解时代的精神，固执而傲慢，相信自己有能力实行独裁专制。这些都是精神错乱的先兆，很快，所有人对他的病情也都知道得一清二楚。尽管如此，他仍然对他的国家持续为非作歹了将近二十年，直到被正式确诊为疯子才作罢。他向人民提供了一个工具，然后又对任何敢于使用它的人发出威胁。他一边说"我热烈地欢迎你们"，转头又禁止任何人接近他。他是普鲁士倒数第二位能说"有些事情只有国王才能知道"的国王。

在那些日子里，对于来自舍恩豪森的冯·俾斯麦先生来说，很难找到一个比这位君主更和他志趣更不相投的人。尽管如此，1847年，俾斯麦还是经常出入宫廷。他参加了哈弗尔河（Havel）上的巡游。"复活节前，我们拜访了我们的国王朋友，宫廷里的名流显贵对我十分重视。"王公贵族们祝贺他在州议会上发表演讲的成功。国王克制着没有这么做，想要避免引起人们对这位最年轻冠军独立性的怀疑，同时他也知道俾斯麦仍然保持着独立。国王的两位顾问，将军利奥波德（Leopold）和州议会议长路德维希·冯·格拉赫（两兄弟对世界有着渊博的知识），同时也是俾斯麦的顾问。他们比俾斯麦年长二十岁。路德维希是一个虔信派教徒，他曾在塔登家见过俾斯麦，表示非常欣赏对方；而路德维希向俾斯麦转达了国王的示意（也就是说，国王的愿望），让他以此为基础好好做一场演讲。

就这样，他心理上开始成熟起来，尽管最初只有一个大致的构想。他想从两方面来努力，变得不论对国王还是对他自己都足够有用。他希望通过对国王尽忠来增加自己的影响力，通过支持国王的观点来改善自己的前程，通过暂时增强国王的权力来奠定他未来势力的基础。在第一次与国王进行亲密接触时，他的雄心壮志更加激发了他作为骑士团成员那份与生俱来的情感。这种情感很快被浓缩为与他的出身相匹配的正统主义，日后他喜欢称之为"封建情感"。

这种感情在他心中可谓根深蒂固，后来出于个人目的，他也陆续悉心地培育了这种感情。在一封给妻子的私密信件中，他用一种不常使用的语气："不要轻视国王。我们俩在这方面都容易犯错。我们不应该无礼地谈论他，就像我们不应该无礼地谈论我们的父母一样。就算他犯了错，我们也必须记住，我们已经宣誓效忠于他并要对他保持尊敬。"在他们之前所有的信件往来中，都找不到与之类似的严肃责备。他坚持认为他的妻子必须尊敬他的国王，就像她坚持认为她的丈夫必须尊敬她的上帝一样。他一生都坚持着他的这一信条，就像她坚持她的信条一样。在这里，祖先古老的血脉又在他的身体内重新涌现。当然，他的祖先们也曾常常对抗他们的国王，却从不欺骗他们。当他用自己的父母来比拟国王：一方面意味着他认为只有他一人才有资格质疑国王；另一方面，这表明他的目光仅仅聚焦在了自己那个高贵的家族上。他们孤独地住在楼上，而其他人则寄居在下层楼中。现在这种态度，既是他故意的选择，也是他阶级意识的产物，并不需要他牺牲掉自己的骄傲。他仍然可以自由地选择自己想要加入的党派或改变自己的党派；他仍然受到追捧，仍然可以以批评者自居，仍然不需要承担责任。可叹他的骄傲，因为在未来的日子里，他虽然将成为国王的顾问和领导者，但同时也会是国王的臣属！

困难已经开始迫近。这位年轻的代表不惜一切代价想要——同时也需要登上讲坛，获得一部分的支持并且留在议会。除此之外，他的能量和智慧还在哪里有用武之地呢？如果他想要求州议会年年召开，那么他就必须投票给让他厌恶的自由派。他应该怎么办？如果给国王施压那便是不忠，因此俾斯麦决定让主要的问题保持着悬而未决的状态。于是，当会议上开始讨论犹太人的问题时，俾斯麦打算缺席会议，因为在这件事情上他与政府的意见并不一致。然而，他最终还是出现在了会议上，因为在某种意义上，他已经成为极右翼的领导人之一。会上，左翼提出主张，要努力确保王国所有臣民的平等，而他在演说中使用了一些比喻用来反对对方的这种

"令人乏味的人道主义废话"。

"我对犹太人没有敌意，"他傲慢地宣称，"如果他们敌视我，那我也会原谅他们。我在任何情况下都爱他们。就我而言，我会授予他们一切权利，除了允许他们在基督教国家担任首席官员……对我来说，关于上帝恩典的记录不会是空话……但我只会把《福音书》中揭示的那些看作上帝的旨意……如果我们取消国家的宗教基础，那么国家就只能变成多种权利偶然聚集在一起的一种形式，变成一种具有防备用途的堡垒，而它防备的情况是所有人因为反对所有人而发动的战争……我不甚明了，在这样的国家里，针对共产主义的想法——比如，私有财产的不道德性——还能如何进行争论……为了这个原因，我们也不应该妨碍人们的基督教信仰。"

上述论调是专制主义的君主和臣属一直持有的论调。假使俾斯麦的祖父门肯也用这种腔调说话，他的国王们也不会觉得有什么奇怪的。如果老门肯没有用启蒙思想抚养他的女儿，她就不会试图把这些思想灌输给她的儿子，那么然后，也许年轻的俾斯麦，仅仅出于与自己不喜欢的母亲作对的想法，也会成为一个自由主义者——如果她已经从她父亲那里吸收了保守思想的话！至少，可以确定的是，这个年轻时羡慕米拉波（Mirabeau）和皮尔（Peel）的人，这个被拜伦的诗词吸引并且爱慕英格兰的人，受他的教育和天生的怀疑论思想的影响，已经变得更能克服种族差异而非阶级差异了。当他第一次在公共场合强调阶级差异时，他并没有受到虔信主义的影响，因为无论是现在还是将来，虔信主义都从来没有对他的政治观点施加过丝毫影响。然而，他可能在想到虔信派教徒时受到了感动。一年前，他还在为了反对冯·格拉赫议长而捍卫政教分离，但是现在，他会因为能让这群虔信派教徒高兴而感到高兴。这无关于什么耶稣主义。他半有意、半无意地实现了他大致的信念和目标，直到——就像在彼此寻觅的恋人一样，他们自发地、毫不违和地紧紧缠绕在了一起。奥托·冯·俾斯麦是一位名副其实的政治家。

作为一个政治家，五分钟后，他召集了社会最底层的人作为他的证人。"作为国王神圣威严的代表，我想象自己必须服从一个犹太人。我必须承认，在这种情况下，我感到自己受到了极大的羞辱……我与广大的下层人民群众有着同样的感受，当我与他们在一起时我并不会为此感到羞耻。"事实上，他从来不愿意听从任意一个国王代表的命令，无论这个人是犹太人还是基督教徒。所以，即使他本人成了国王的代表之一，他也花了极大的力气来对抗自己的本性，以此来强迫自己至少要服从君主本人。

他这种难以驯服的骄傲，只有当他与他的未婚妻见面或者在脑海中想到她时，才会变得不那么强烈。当她生病时，他必须不去理睬那些生活在赖恩费尔德、信仰坚定的基督徒，因为他们只会把一切交给上帝，且从来不对她进行药物治疗。他坚持要她使用药物，而他不寻常的原因是这些药物本就是由上帝提供的。当她康复后，她将她平淡无奇的生活与他多姿多彩的生活进行比较，他通过给她的信件让她熟悉他的生活，而她也会从报纸上获悉他的生活。

"当我的思绪跟随着你现在的生活轨迹，感受着你一个又一个的快乐，也一起经历着无休止的动荡……我总是变得喜怒无常。但是我仍然将手指按在嘴唇上，或者将手放在心上，静静地为你祈祷……我有点儿害怕，他们会让你过于骄傲……这样下去，到最后，你会对我们朴实无华的赖恩费尔德产生鄙夷之情的。"有时，她用这种羞怯的措辞来掩盖自己内心真正的恐惧。在某一封信中，她以一种悲喜剧的方式将情绪宣泄出来："奥托，你真是一个可怕的热血的人！"

随着他们婚期的临近，他变得越来越兴致勃勃。他带着极端的殷勤在信中写道："我要在一个温和的夜晚，穿着黑色天鹅绒外套，戴着一根大鸵鸟羽毛，来到你的窗下，拨动齐特琴的琴弦，为你唱一曲'与我一起飞翔'（事实上，我现在可以发自内心用最动人的嗓音唱起这首歌了，或者别的什么歌曲，比如'躺在我身边'，等等），你期待吗？还是说，我应该在正午时分现身，穿着绿色的马褂，戴着红色的皮手套，搂着你，既不唱歌，也不说话呢？"但是，当他建议她邀请几个朋友来与他们一起进行蜜月旅行时，她断然拒绝了。

订婚六个月后，他们举行了婚礼。一个朋友送了新娘一方小手帕，然后根据这个交际圈子里流行的花语，在手帕里包了一朵白玫瑰。接着，当新郎坐在餐桌旁，喝了不少香槟之后，他没收了乔安娜的手帕。他那双成熟、不浪漫、现实主义的眼睛盯着那朵象征性的花儿，不等他那焦躁不安的新娘上前阻止，他便用雪茄点燃了那方手帕。这个举动背后的含义是："到此，让·保罗和少女时代的神秘主义全都可以结束了。"

在这趟漫长的蜜月之旅中，他以父亲般的喜悦向他心爱的人展示着这个世界。"就我而言，"他写信给他的妹妹——没有人能够相信这封信的作者只有三十二岁——"我年纪已经太大了，再新奇的事物也不会给我留下深刻的印象，所以我主要的乐趣来源于乔安娜面对这些事物时的反应。"从写给他哥哥的信中，我们对作者年龄的怀疑甚至可以进一步加深。他在信中写道："意料之外的结局还是来了，为了补足我的一百金腓特烈，乔安娜不得不贡献出她自己的小两百塔勒，本来她那些钱是她存下来买银器用的。不管这些了，毕竟用威基伍德泡出来的茶味道特别好，而且我们还收到很多结婚礼物。这趟旅程我们两个人大概花了七百五十塔勒。因为这趟旅程持续了五十七天，所以算下来每天的花费大约是十三塔勒……不太令人愉快的消息是，在外出期间，因为炭疽病，我损失了六头奶牛和一头公牛——这是牛群里最好的那一头。"

冒险家俾斯麦变得多么驯服啊！当然，当他独自一人或与妻子一起旅行时，一切吃穿用度都必须是最好的，他也从不吝啬。但是当他刚度完蜜月回来，我们看到他将总的花销除以 57，同时第一份关于蜜月的总结是以他那六头奶牛和一头公牛的故事作为结尾时，我们意识到：他将自己局限在狭窄的眼界之下是多么容易的一件事情——可能这恰是因为广阔的世界正在向他敞开。

第十一章

　　1848年3月19日，俾斯麦正在邻居家，他可能正在和他的朋友讨论政治事务，因为当时的情况变幻莫测。出乎意料的是，一辆马车来了。女士们从车上走下来，情绪激动地告诉惊讶的俾斯麦和他的朋友们，说她们是从柏林逃出来的，因为那里爆发了革命，国王已经被人民囚禁了起来。自从州议会没有再召开会议，俾斯麦就一直在舍恩豪森与他年轻的妻子一起过冬——这也是他婚姻生活中唯一平静的六个月。在过去的两个星期里，他和其他人一样，一直感到不安，因为巴黎的民众最近发动了起义，赶走了国王，还宣布要成立共和国。结果，在德意志，类似的愿望也被强化了。为了应对这个局面，德意志的各邦国政府都罢免了一些保守派的大臣，并任命了一些相对支持自由派的大臣。但是太迟了！3月18日，柏林人在街上聚集并与士兵发生冲突，直到国王命令撤回他的部队。国王此举是出于懦弱而非对群众运动的同情，并且毫无必要。收到这个消息后，俾斯麦立即返回了舍恩豪森。

现在，他觉得自己的生存似乎受到了威胁。因为，激昂的民众除了他，还能最想没收谁的财产甚至斩下谁的首级？谁又是保守派的代言人之一？自然而然地，他的思绪转向了他的家产，作为丈夫和未来父亲的本能使他希望能够守护住自己的家当。此外，他的骄傲和勇气被激发了出来，因此在他看来，他现在最需要做的就是反击那些激进分子。由此，秉性与兴趣在这里结合在了一起，使他将侧重点放在用武力解决问题上。他立即着手收集眼下他可以使用的工具。第二天早上，当专员从镇上来到舍恩豪森，号召农民挂起黑红金三色大旗时，这片土地的主人嘱咐他们进行反抗并赶走了镇上的来客，"这一行动在很短的时间内就完成了，妇女们也十分主动积极地参与其中"。他让一面印有黑色十字的白旗高高耸立在教堂的塔楼上，并在各地搜寻武器，他从自己家中找出二十支猎枪，又在村子里找到五十支，并派人骑马从镇上取了一些弹药回来。

然后，他带着他无畏的妻子，在附近的村庄转了一圈，发现大多数人都已经做好了准备，要陪他去柏林解救国王（因为，正如已经说过的，他们现在得到的情报是，腓特烈·威廉已经被囚禁）。俾斯麦有一个邻居，是一个自由派人士，威胁他，说要去策反村民让他们不追随俾斯麦的行动。俾斯麦的回应，据他自己说如下：

"你要是敢这么做，我就开枪打死你。"

"你不会那样做的！"

"我向你保证我会这样做，你知道我是一个信守诺言的人。所以你最好不要有小动作！"

在这个浪漫主义的序曲之后，他再次成为政治家，独自一人出发前往首都，顺路还到访了波茨坦，从与他同党派的将军那里了解到事情发生的真实情况。将军们告诉他，他们想要为他们的士兵提供土豆和粮食，但是农民们不再听他们的话为他们提供供给。国王禁止他们攻占柏林，这令他们非常生气。当俾斯麦听到最后这条消息时，他判定国王指望不上从而放弃了他，并且想靠自己开展工作，因此转向了普鲁士的威廉亲王，想从那里获得积极主动的号令。于是他被引荐给了王妃。

奥古斯塔（Augusta）比俾斯麦大四岁，此时已经结婚将近二十年了——结婚了，因此有盼头。既然腓特烈·威廉没有孩子，那么国王的疯病越明显，她就越有理由希望她和她的丈夫最终将登上普鲁士的王位。现在看来，她一生的希望似乎已经化为泡影，她自己丈夫及其兄弟都已经失去了继续掌权的希望。威廉一直躲在孔雀岛（Pfaueninsel）上，甚至不让最忠心的人知道他隐居地的具体位置。这给了他端庄而独裁的妻子一个机会，使得她可以充分利用她所具备的魏玛文明的特征，成为古代最伟大的王后之一。她以她的项上人头作为赌注，想要确保儿子的继承权。为此，她与前自由派领袖文克（Vincke）就此事进行了谈判。当她正在谋划这件事情时，有人通报，新一代的保皇党领袖已经来到。在客厅接待他是不安全的，因为那里隔墙有耳。

"她坐在一张椅子上，在仆人大厅的夹层接待了我。她拒绝让我知道她丈夫在哪里，并带着明显的兴奋的情绪宣布，捍卫她儿子的权利是她的职责。她所说的一切都是基于一种假设，即国王和她的丈夫无法保住他们的地位。她还明确表示，在她儿子未成年期间，她计划自己执掌朝政。"

我们的容克站在那里，心里感到不安。他忠于他的国王，急切地想找到消失的亲王，并在他身上找到那个有意愿和勇气抵抗群众运动的人。在这个仆人大厅里，他面对的是威廉亲王的妻子，看她坐在一张普通的椅子上。她对自己的丈夫和国王早就不再抱有期望，她现在唯一的愿望就是为自己和她的儿子保留王位。她向一位几乎陌生的州议会成员披露了这个近乎叛国的计划，而这个人自己的计划又与她的背道而驰。我们不知道俾斯麦究竟对奥古斯塔说了什么，但是我们可以从不久之后他谈到文克时的话语中推断出一些端倪。他说："以他所在党派众成员的名义，大概也是在更高级阶层的指示下，文克想要我支持他的几个方案：一是试图引导州议会要求国王退位；二是不再过问普鲁士亲王的一切事宜，这大概是他自己授意的；三是让普鲁士王妃在她儿子未成年时管理朝政。我……声明我会反对任何此类提议，并且还会以叛国的罪名对提出这些方案的人提起诉讼……文克最后悄无声息地放弃了他的计划……他毫不犹豫地说，如果没有极右翼的支持，想要促使国王退位是绝无可能的。他把我看作极右翼的代表。这次对谈是我住在王子酒店时在一楼我的房间里进行的，谈话中包含了太多不方便诉诸书面记录的内容。"

这最后一句话，写于相关事件发生的近四十年后，字里行间，我们能读出很多上了年纪的作者实际上没有写明的内容，他很清楚为什么结尾处他会说出："关于这件事，我从来没有向威廉皇帝说过一句，即使是在那些……我不得不把奥古斯塔王后视为我的对手的日子里——虽然保持缄默是对我的责任感和神经的双重考验，因此无论何时它都是最为艰难的一件事。"而奥古斯塔则是永远无法原谅这个约瑟夫的政治贞洁问题的。

刚才描述的场景是俾斯麦第一次仅仅出于忠诚——而非受他个人利益左右来为他的国王而战，同时也是最引人注目的一次。而且，当时他还对腓特烈·威廉满是轻蔑。在如此关键的时刻，出于勇气，出于对暴徒的仇恨（任何人都不应该屈服于他们），出于身为骑士团后代而与生俱来的骄傲，他的情感很容易压倒他冷酷的理性。单纯从当时的环境来看，文克将他自己的方案描述为"政治上需要的、经过深思熟虑的和精心准备的方式"也是正确的。在那个叛乱的年代，俾斯麦作为一个雄心勃勃的人，如果他愿意让他对腓特烈·威廉和普鲁士亲王的忠诚让位于在他支持奥古斯塔王妃之后她会提供的回报，那么他完全可以采取更谨慎的行动。但是，他与这些年轻的王室成员统一战线是情有可原的，因为这样做之后，他在大众心目中就不会留下污点。

根据俾斯麦自己的叙述，这个家庭的命运当时掌握在他的手中。如果连保守派都赞成腓特烈·威廉退位，那么这个少数派对该方案的支持就能决定这件事的走向，而国王无论如何都会对他的立场感到震惊。另一边，毫无疑问，自由派明显占多数的州议会一定会欢迎这种摆脱困境的方式。这样的话，威廉亲王将永远也不会登上王位，而腓特烈将会在十八岁而不是五十八岁时就成为普鲁士国王。但是，对于腓特烈未来的发展或他自己的，俾斯麦都无法预测。因此他所采取的路线，首先是去波茨坦的仆人大厅，然后是莱比锡大街的旅馆。这条路线可能决定了他自己的职业生涯，当然也在很大程度上决定了德意志的命运。

他拒绝罢免国王，他现在的努力是想让腓特烈·威廉投降。当天，他请求腓特烈·查尔斯亲王向部队下令，让他们不顾国王的命令向柏林出征："因为国王陛下无法自由行动。"由于腓特烈·查尔斯拒绝下达命令，而指挥官（俾斯麦同样煽动他违背国王之前的指令）也很顽固，于是俾斯麦亲自驱车前往柏林，看看是否能在腓特烈·威廉那边取得一些进展。一到首都，他就决定绝不发起挑衅。他剃掉了胡子，戴上了一顶带有彩色帽徽的宽边帽。因为他希望能面见国王，所以还穿着一件礼服外套。这样一身奇异的装扮太过招人眼，以至于在街上人们都会在他身后喊："又来了一个法国人！"然而，当他的表弟想为路边的革命战士捐一些钱时，他大叫着说（他是这么告诉我们的）："你肯定不会被火枪吓到，竟然把钱给这些刺客！"在市民自发组织起来的防御处，他认出了他认识的一位裁判官。这位裁判官转过身来，也认出了现在没有了胡子的奥托，他惊声说道："天哪，俾斯麦！你这是一副什么打扮呀！你看，这里现在的情况不太好！"

当被拒绝进入王宫后，他在一张纸片上写了一封信给国王，告诉腓特烈·威廉（尽管他没有什么特别的信息来源，写信也只是为了给国王打气），在普鲁士的乡村地区，没有任何人在支持革命。只要腓特烈·威廉离开首都，仍将是国家的主人。

竹篮打水一场空！他回到萨克森，以便让那里的指挥官与波茨坦的军队取得联系。马格德堡有人建议他立即离开，因为如果他留下来，那么他们除了以叛国罪逮捕他外别无他法。现在他不得不在舍恩豪森冷静下来，并且必须接受在一群了不起的农民代表团的陪同下回到波茨坦，因为这些人想亲自和将军们进行交谈。在波茨坦，他听到腓特烈·威廉对警卫队的军官说："在我的市民的保护下，我感觉到了前所未有的自由与安全。"在俾斯麦后来的记录里，他写道："听到这些话，军官队里传来阵阵喃喃自语和刀剑出鞘的声音。这些声音，普鲁士国王以前绝不会在他的警卫队中听见，而我们也希望以后永远也不再听见。我心里感到很酸楚，于是回到了舍恩豪森。"

俾斯麦的反革命之旅就这样以烦恼和失望告终。后来，当新的自由派向议会提议，要遵循三月起义（March Uprising）所要求的选举法令时，他费了相当大的力气才成功地删除了文件中对革命战士的祝贺之词。这份成功似乎安抚了他。在国王发表的新一次讲话中，德意志问题再次被提出。国王宣布，从今以后，普鲁士必须在德意志的联邦中扮演好自己的角色。俾斯麦反对这个意见，但此时这个矛盾还不那么激烈。讲完话后，接着要进行投票表决，这时，俾斯麦让人猝不及防地登上了演讲台，然后突然以一种他日常的且极其不礼貌的方式表达了他的愤怒和悲伤。看起来他好像已经不知道自己在哪里了，他讲得也支支吾吾的。

在演讲的开头，他表示他将投票支持国王的计划，然后继续说道："但导致我反对这个演讲的原因，是演讲的内容中竟然包含了对最近发生之事的喜爱和感激之情。过去就这样被埋葬了，我比你们中的许多人更觉得遗憾的是，既然国王本身已经捧起泥土撒在了王位的棺材上，那么没有人再有力量能够使它复活……如果沿着一条新的道路，就真的可以实现德意志祖国的统一，那么我一定会向事物的新秩序的创始人表达我的感谢。但是到目前为止，我还无法……"说到这里，他开始抽泣，以至于没能继续说下去，最后，还没完成发言他就离开了讲台。

就这样，当一切看起来似乎都背叛了他并且令他迷失之时，受伤的情绪便压倒了他。他妥协了：在腓特烈·威廉与人民和平相处的时刻，他向国王妥协了。带着一个被征服者的怀疑论，同时又带着一个政治天才的远见，他已经感觉到，以这种方式、以现在的情况，德意志不可能完成统一。他在讲话中使用了很多修辞手法，其中充斥着显而易见的怀疑。他向新秩序的创始人表示感谢，这样做的同时，其实是在漠不关心地反击自己。此时此刻，就仿佛他敏锐的感触正在对自己打击报复，仿佛他不敢再往前走向现在还晦暗不明的未来。这些日子里，他所有的激情和苦涩都从心里翻腾而起。他的眼泪奔涌而出，不得不中断他的讲演。

第十二章

　　两个月后，威廉亲王终于敢从他逃出避难的目的地——英格兰——返回。在他回去的路上，俾斯麦正在路边的车站等他，但只是小心翼翼地躲在了人群后面。亲王（他的妻子在向他讲述俾斯麦来访的情况时，只告诉了他俾斯麦的意图，丝毫没有提及她自己的计划）认出了他，穿过人群来到他面前，和他握了握手，然后说："我知道你为了我积极地做了很多工作，我将永远不会忘记这个事实！"一个奇怪但合理的误会导致这两个人之间的第一次亲切握手。这两个人因为王妃的怨恨而被阻隔，后来又在世界历史的舞台上团结在了一起。

　　被邀请到巴贝尔斯贝格（Babelsberg）后，俾斯麦告诉亲王，部队因为在三月起义期间被要求撤军而感到愤怒。他还用尽一切作为一名军国主义者的力气，给威廉大声朗读了一首写于那时的诗。诗的结尾是这样写的：

他们忠诚的耳朵听到了叛徒们的喊叫：
"再也没有普鲁士人了，从今往后全都是德意志人！"
新做成的黑红金三色的旗帜随风飘扬；
黑鹰旗被卑微地卷起，名誉尽失，
索伦的荣耀与他们的坟墓一同被埋葬，
一个被罢免的国王——他未能与世界作战！
我们不想要追寻坠落星星的轨迹！
亲王，将来你会为此时、此事、此行后悔的；
你再不会找到能像普鲁士人那样忠诚的人了。

亲王听完这段之后泪流满面，日后俾斯麦还会再次看到他这样做。这种形式的情感，对于两个都十分无畏的人来说，象征着两人之间的某种相似——这种相似不是在性情方面，而是说，在某些最紧要的时刻，他们会采取类似的行动。在那时，威廉已经五十多岁了，过着沉闷但舒适的生活。除了年少时一些不重要的琐事和某些不成功的恋情之外，他从未遇到过任何真正的困难。现在，在渡过危机之后，他身边又全是朝臣们的阿谀奉承。从俾斯麦的汇报中，他才直截了当地认识到了第一个真理，而这个真理是以士兵之歌的形式恰如其分地传达给他的。

在这同一个七月，这位容克也同样强硬而勇敢地向国王进谏。他非常痛苦，不愿意再去朝见国王。当国王派一名侍从到他的旅店，命令他出席时，俾斯麦回答，说他的妻子病了，必须马上动身回到自己的村庄。这对于国王来说是前所未有的事情。他立即派了一名副官，邀请俾斯麦共进晚餐，还安排了一名皇家信使带来了有关乔安娜健康状况的消息。这些举动成功迫使俾斯麦现身。晚饭过后，腓特烈·威廉与俾斯麦在无忧宫的露台上散步，他友好地问道：

"你村里那边的情况怎么样？"

"一点儿也不好，陛下。"

"我以为那里的状况很不错？"

"状况还是不错。但是自从王室当局正式发布了明确的命令，在我们中间提倡革命思想之后，情况就变得越来越糟糕了。大家对支持国王已经不再有信心了。"

然后，按照俾斯麦告诉我们的那样，王后从暗处走出来，说：

"你怎么能用那种方式跟国王说话呢？"

但是腓特烈·威廉抢白道：

"你别管了，艾丽斯（Elise），我会自己解决好他的问题的。——我做的什么事情招来你的责备了呢？"

"让部队从柏林撤退。"

"我也不想这样。"

这时，仍然能听见他们谈话的王后再次打断了他们，插嘴说道：

"国王不应该因为这件事受到责备。他已经三天无法安睡了。"

"国王必须具备安睡的能力。"

"你们这些立法议会的成员应该比任何人都清楚……想要重新掌握摇摇欲坠的王位，责备并不是最佳的方式。这件事情上需要的是支持、行动和自我牺牲，而不是吹毛求疵的批评。"

听到这种论调，这位客人突然发现自己已经"完全无法再攻击对方，并且被彻底征服了"。

这就是俾斯麦第一次与普鲁士国王进行政治性对话的过程。实际上，他的立场是显而易见的，因为他是作为一个保皇党人来对国王进行批评的。但是，从当时的形势来看，他做的事情很不容易，因为他是为了责备国王才进入这座宫殿的。但是他换来了最推心置腹的对待，所以他被征服了。国王以一种父爱般的仁慈接受了他的批评。但是没过多久，当格拉赫举荐俾斯麦担任部长之职时，腓特烈·威廉在推荐信上批示道："只有在局势最紧张的关头才予以任用。"虽然在政治上这是一个错误的判断，但是它对俾斯麦当时的心理状况却把握得十分精准，因为俾斯麦就是一个不惜一切代价、坚决要捍卫他内心固有秩序的人。

当政府希望学习其他国家早已采用的方式，取消对地主乡绅所拥有的庄园的免税政策时，俾斯麦夸大其词地给国王写了一封私人信件："这个政策……是对土地财产的蛮横攻击。只有武装侵略者和武力统治者才会这样做。这是非法的强制行为……针对的是数百年来一直对王位忠心耿耿但是手无寸铁的臣民阶层……我们这个阶层的子民，与绝大多数普鲁士人民一起，将在上帝和我们的子孙后代面前要求陛下承担起相应的责任。国王的父亲本就以正义为人称道，如果一定要让我们看到国王的名号让位于法律，这表明一条康庄大道已经被放弃了。但是，正是沿着这条道路，普鲁士的众多国王们才获得了永恒的美名，称他们为绝不出错的法官的；也正是沿着这条道路，无忧宫才能成就为一座历史的丰碑。"就这样，他使用极具威胁性的语气和极度不讲理的精神，顶撞了国王。而这位国王的父亲绝对没有被冠以正义之名。

与此同时，因为农民的数量越来越少，他写了几篇反对革命的文章，想要抵消进步派的报纸和革命派的宣传小册子造成的影响。他成为新农业党及其机关报《新普鲁士报》（*Kreuzzeitung*）的创始人之一，在接下来的几年还为这份报纸撰写了大量的文章。他尽了最大努力，想要确保自己在普鲁士国民议会的选举中获得成功。当选举失败以后，他深度参与了一场密谋——在十一月，成功通过政变强行解散了议会。在这场政变之前，他一直没有公开自己真正的立场。因为，正如他在给妻子的信中那样诡辩道："我不需要在这里等待事情的进展，我也没有向上帝祈求，要他保佑我远离我根本不会置身于其中的危险……如果事情变得一团糟，我大概会选择到国王周围去。因为你可以很确定（我很遗憾这么说），那里不会有危险。"

然后他尽其所能确保能重新当选，为此他在两个圈子中同时展开竞争，甚至开始屈尊来为自己唱赞歌。他写信给博德尔施文格（Bodelschwingh），如果他在另一个圈子里当选，空出了泰尔托（Teltow）的代表席位，那么请求后者劝告那里的选举人投票给斯塔尔（Stahl）教授，让他做替补。"或者，如果这位先生明显的教会倾向会在这里和那里引起了不满，也许您真的要动用你的利益来帮助我。我有充分的理由相信，在这种情况下，阁下对他人的劝告将起到决定性的作用……现下，我正在勃兰登堡（Brandenburg）的哈维尔兰（Havelland）进行游说，但是并没什么胜算……您恭顺的仆人，冯·俾斯麦。"

他就这样竭尽全力想要成功当选，然而他做得最让自己觉得难受的事情，莫过于1849年2月的这几个星期所发生的。当时他不得不扮演科利奥兰纳斯那样的角色，阿谀奉承着他深深鄙视的普通人。他不得不完成一系列的举动，而这些行为全都违背他的意志、他的教育和他的品位。"现在我必须结识更多的选民。数不胜数的使者被我派往四面八方，其中两位爱国演说家将要去往韦尔德尔（Werder）……这就像在军事总部——每隔几分钟就会收到新消息，也会向外派送消息……非常感谢你的来信，昨天收到它的时候我正置身于四百人的恶臭和喧嚣中……我借着一盏散发着熏天的臭气的灯阅读了它。'如果一个我深爱的声音召唤我，要我从这令人憎恶的混乱中挣脱出来'，我就会立即从这些徒劳的活动里抽身而出……如果我成功当选，这种毫无内心休憩的日子也将会是一件苦差事……现在选举人正在投票。我把这件事交给了上帝，平静地等待着结果——虽然到目前为止，我一直处于一种狂热的兴奋状态。"

　　成功当选后，他立马从那些他竞选期间一直在争取的人身边撤退。"我一次又一次地看不起我自己，"他给兄弟写信道，"在这一周里……我尽我所能通过个人的友善赢取选票……选举结束后，有一场参与人数达到四百人的宴会。大家都在唱：'现在大家都来感谢上帝'，'向您致敬，为胜利加冕'，还有'普鲁士之歌'。第二天，我感到头痛，我右手的所有肌肉都因昨天连续不断地握手而发疼。那之后的第二天，我一些朋友的窗户被打破了，还有几个人被揍了一顿，但是当时我已经安全地和乔安娜待在家里了。"这些评论，以华伦斯坦（Wallenstein）的风格，揭示了容克轻蔑的态度。他在向权力的山峰不断攀爬的过程中，不得不讨好平民百姓来获得青睐。作为地主，这个人尽了最大的努力避免与他的农民发生争吵。但是现在他已经成为一个政治家，所以对于那些在他看来仅有的用途就是为他投票、作为工具帮助他开展反革命工作的庶民来说，他只能投之以嘲笑。

　　正是他的容克情感，在那些日子里，决定了他在普鲁士和德意志之间的立场。他的情绪是绝对反德意志的。"我到底为什么要关心那些小邦国呢？"他对他的朋友凯德尔（Keudell）大声喊叫："我唯一关心的只是普鲁士势力的维护和增强！"在州议会中，有人称他为德意志祖国的迷失之子。他回答这些人时称：

　　"我的祖国是普鲁士，这个祖国我还没有抛弃，也永远不会抛弃！"的确，他的普鲁士主义甚至比他对国王的忠诚还要浓烈。因为他的国王，虽然态度上犹豫不决，但最近已经宣布让普鲁士正式并入德意志。他对德意志统一的反对是他思想中保守主义的结果，甚至比他的普鲁士情感起到了更大的作用。正是这一重大的改变重新唤醒了德意志人民团结的思想。正当法兰克福（Frankfort）的代表们竭力争取，要自下而上地建设德意志帝国之时，统治者们妒火中烧，他们的反民主精神正在从上而下地摧毁建设成果。亲王们正在反抗普鲁士的统治，而普鲁士国王又正在与法兰克福议会的影响做斗争。

四十年后，经历了重要转变的俾斯麦，将在他的回忆录中记下这些事情，他是这么写的："我认为，如果那一天（1848年3月19日）的胜利被坚定且果断地转变成原因——这是当时欧洲反对暴乱的唯一一起胜利——那么德意志的统一可能将以更为坚实的方式完成，而不会等到我已经成为政府一分子的时候才最终实现。这是否会变得更有用、更持久，我没有一个确定的答案……通过巷战实现的统一，比起最终在战场上取得的胜利，是完全不同的一种，其重要性也远不如后者……我很怀疑，经由1848年3月的那场胜利带来的这一耗时更短、速度更快的方式所实现的统一，到底能不能像现存的统一形式一样对德意志人产生历史性的影响。现存的统一形式会让人以为，各个国王，即使是那些以前尤为排他的国王，也比少数派和各党派更为支持德意志统一。"

那位老人写了一篇伟大的结语，略带责备地做出了他的说明。我们，比那位老人晚一代出生的人们，无法不对他的反思留下深刻的印象。他告诉我们，他在旷日持久的战斗中通过武装所达成的结果，本可以迅速且更稳固地在不发动战争的情况下实现。路障和巷战警醒了他。他偏爱战场，在三月阵亡的一百或二百人，还有在三次战争中被屠杀的数十万人之间，他似乎没能周全。在国王消失后，德意志的统一仍会持续下去，俾斯麦没能活得足够长到了解这一点，他只会断然地否定这种可能性。他没能活着看到，他所谓支持德意志统一的那些国王（尽管在其他方面他经常嘲笑他们），在德意志处境最为危险的时候逃离了疆土，将拯救德意志的任务留给了少数派和各个政党。

暂且，他和他的国王双方持有的观点，就他们所互相知晓的部分来说，完全一致。4月2日，法兰克福代表团，甚至国务大臣勃兰登堡伯爵，都相信国王第二天会接受王位。但是当那一天到来，那位行动难以预料的国王，用他自己撰写的一篇演讲稿，以极为含糊的措辞表示了拒绝，以至于当天夜里，威廉亲王与西姆森（Simson）（失望的法兰克福领袖的代表）就他的兄弟是否拒绝了王位还发生了争论。容克们也大吃一惊，因为他们前一天还在州议会给国王进献了一篇签名请愿的致辞，内容如下：

"各位德意志民族代表们的信心鼓舞着陛下，去接受那光荣使命，成为已然复苏的德意志的最高统治者……我们恭敬而急切地恳请陛下不要忽视德意志国民议会的请求。"

尽管似乎很少有人意识到这一点，尽管俾斯麦的所有传记作者都忽略了这一点，但是实际上，这份致辞下的签名包括冯·俾斯麦-舍恩豪森，他的亲戚克莱斯特（Kleist）和阿尼姆（Arnim），以及两位获得过称号的国务大臣。因此俾斯麦认识到，令他憎恶的圣保罗教堂（Paulskirche）——即法兰克福国民议会——就是德意志人民的喉舌，并且还建议他的国王接受从底层传递上来的王冠——仅仅是因为他相信他的国王想要它！他在请愿上签名这件事发生于1849年4月2日。而1848年4月2日，他对当时他认为太过于民主的国王发表了那次慷慨激昂的演讲，最终因为泣不成声致使演讲没有完成。不难看出，一年过去，这位崭露头角的外交官所怀有的忠诚度确实是提高了！

看到国王出乎所有人的意料地拒绝了王位，容克们也长舒了一口气。二十一日，俾斯麦站上州议会的演讲台，说："法兰克福国民议会试图表达其独裁欲望的不合法议案（被很多人打断；议长摇铃维持会场秩序）我无法通过。"他称整场会议"构成了法兰克福派想要实现的无政府状态"，并且拒绝"为法兰克福派获得最高统治权的欲望提供我们的认可或支持"。

他接着说："我无法想象，普鲁士和德意志……的两种体系能够同时共存，尤其是考虑到以下事实：德意志民族组成的有限邦联（奥地利未被囊括其中）包含的普鲁士元素十分稀少。"他总结道："每个人都希望看到德意志的统一……但是我不希望完成德意志的统一要以牺牲一种体系作为代价……最坏的情况，我也宁愿……普鲁士仍然是普鲁士。也许法兰克福建议接受的那个王冠可能闪耀着光芒，但使光芒变得真实的黄金却是通过将普鲁士的王冠扔进大熔炉才获得的。我绝不相信在这种体系制度下，这种重铸会成功。"

因此，在1849年，俾斯麦使用归谬法消解了统一德意志的想法，虽然二十年后他自己又宣布了这个手法的无效性。但是，当拉多维茨（Radowitz）当选为朝中大臣，说服国王支持小德意志的事业，并非常详细地制订他的计划之时，俾斯麦则在《新普鲁士报》上匿名撰文，嘲笑拉多维茨的"发言中孕育着对自己的喝彩。在雷鸣般的掌声中，这位大臣像从坟墓里升起来的幽灵一样，大步走回执政席上，而冯·贝克拉斯（Beckerath）先生则以德意志的名义紧紧按住他的手"。

无论是在柏林还是在埃尔福特（Erfurt），这些地方都有拉多维茨讨论所谓的同盟宪法的身影；同样在这些地方，俾斯麦议员则不希望任何事情得到实际的推进，不论是有关德意志的问题，还是其他问题。他想要的仅仅只是防备革命的再次爆发。他公开声明，认为州议会没有权利拒绝对税收问题发起的投票，并且大力反对与英法两国进行比较，因为这两个国家的统治者都是从革命者满是鲜血的手中接过王冠的。他还抨击职业自由、世俗婚礼，尤其反对大城镇的建立，认为他们是"民主的温床"。谈到这些城镇时，他说："在这些城镇里，我没有见到过真正的普鲁士人。更重要的是，如果在大城镇再次发生暴动，只有真正的普鲁士人才会逼迫城镇屈于他们——即使要付出将这个城镇夷为平地的代价也在所不惜。"他的态度是如此具有革命性，以至于在埃尔福特，他被拿来与激进派领袖卡尔·沃格特（Karl Vogt）相提并论。

私下里，他取笑着他曾以无比的热情为其工作过的那个议会，称其为这样的一个大厅，在那里"有三百五十个人正在决定我们祖国的命运，尽管他们中知道他们在做什么的人几乎不到五十个。而且即使是在这五十个人中，有三十人也是野心勃勃、没有良心的流氓，或者是虚荣心极度膨胀的喜剧演员"。他对德意志南部还可能存在着的大量革命运动表示遗憾，他对莱兴费尔德（Lerchenfeld）说："我向上帝祈祷，不论你的武装力量在哪里、有多么不稳定，都可以成功脱险。那时，斗争就会变得很激烈。在这样的情况下，当病灶被治愈，呈现出来的结果就会更加具有决定性……我们应该将我们的事业和你的事业一起彻底贯彻下去：如果更狂热，那就会更好！"他完全被非基督教的仇恨所支配，当他在三月起义一年后的某一天到腓特烈斯海因（Friedrichshain）参观为自由而战的斗士们的坟墓时，他在给妻子的信中写了如下几句话："我甚至不能原谅这些死者……我看见他们十字架上的每一句铭文都在夸耀着自由和正义，这一举动对于上帝和人类来说都是可耻的！"

革命想要的是废除贵族制度和其他贵族特权。因此，仅仅出于对革命的憎恨，现在他有生以来第一次开始在他的名字前写下"冯"这个字，这在以前是从来没有在他的签名中出现过的。他对一位自由主义者说："我是一名容克，我想要享受我的出身为我带来的好处！"然而，在委员会的会议上，他却更喜欢将自己置身于反对党中间，他说："坐在我朋友中间我会觉得很乏味，但是，坐在这里则要有趣得多。"他发表了一篇演讲，宣扬了普鲁士贵族的众多功绩，但是他这么做时选择了旁征博引和谦逊节制的方式，这使得他的演讲达到了最好的效果。他参观过普鲁士贵族曾经战斗过并阵亡于此的战场，于是他在演讲中评论道："的确，普鲁士贵族有它自己的耶拿……但是当我遍寻它的全部历史，我也找不到理由可以支持最近几天这里对它的攻击。" 接着，他将贵族与国王做对比，研究了威尼斯、热那亚和荷兰的历史制度，然后得出结论，认为欧洲大多数国家目前这种不稳定的形势，是历史上大多数亲王们压迫独立贵族造成的结果——而普鲁士的这一倾向可以在腓特烈·威廉一世的言论中得到体现，他当时说："我将用铁腕般的手段来稳定我的最高王权。"

通过这种方式，俾斯麦将他自己与他祖先的反叛传统联系在了一起。而且，令他那些头脑迟钝的同事感到惊讶的是，他还挑战了君主的权威。比起一位由人民选举出来的代表，他更像一位封建主义者。

对他来说，阶级情感和政治是交织在一起的。当他发表完这番演讲后，《喧声》（Kladderadatsch）的记者问他："我们想知道，1813年时，我们面前的这位冯·俾斯麦先生当时在何处进行指挥？"俾斯麦立即回以挑衅。他回答说，有关于他自己的事情，他将回答在这份报纸的新闻专栏中。但是就他的祖先而言，确实有四位（虽然其中没有他的父亲）在1813年以军官的身份上了战场。"当有人侮辱我的家人，我会做出假设——直到我有相反的证据——认为你良好出身赋予你的思维方式不会与我的有太大的不同，而且……我可能会期待你还给我被侮辱之后的补偿，因为在我看来，没有绅士可以拒绝另一位绅士提出的这个要求。"

有时，武力和基督教这两个原则会发生冲突——尽管这只出现在家庭事务中。他的岳母，一个有教养的、非常独立的女人，经常会与他发生争执。她支持匈牙利以自由进行斗争的事业，并谴责海瑙（Haynau），因为海瑙正在用血腥屠杀的手段镇压他们的自由抱负。俾斯麦（通常只在她生日那天给她写信）在信中非常激动地表达了自己的想法：

"既然你对巴蒂亚尼（Batthyány）的亲戚怀有如此多的同情，难道你对成千上万的无辜者就毫无同情之心吗？他们的妻子成了寡妇，他们的孩子成了孤儿，这都是由这些反叛者疯狂的野心和不可理喻的自以为是造成的啊。这些反叛者，比如卡尔·摩尔（Karl Moor），想要按照他们自己疯狂的方式将幸福强加给这个世界。处决一个人，是否就能够提供充足的世俗性的正义，使被烧毁的城市、满目疮痍的州郡、被残杀的人民这些事物的发生都变得合理呢？要知道，被残杀人民的鲜血可是从地上一直流淌到了被上帝托付了权力之剑的奥地利皇帝的面前的啊。正是像您对罪犯的这份同情心，才需要为过去六十年间大部分的流血事件负责。您说您害怕奥地利政府会给民主人士指出一条明路，但是您怎么可以把一个合法的权威和一个由叛徒构成的政党放在同等的地位上呢？前者负责用剑保护上帝托付给他们的臣民；后者，也就是那些叛徒，就算他们敢于使用刀剑，他们仍旧是杀人犯和骗子，他们可以杀人，但他们无权判处任何人死刑。路德明确地宣称：'世俗权威一定不能原谅那些做错事的人，而是必须惩罚他们。'……请原谅我就这些事情写了这么长的信给您。我觉得我受到了您所说的那些话的影响。因为，有一天，如果行使至高无上的权力成为我的使命，那么我不想让乔安娜对我的感觉就像您对海瑙的感觉一样……再见了，您心爱的儿子，冯·俾斯麦。"

　　这封书信的作者似乎把这封信当成一则大臣的批文。现在，当他开始认识到他的未来会是什么样子，或者不惜一切地想要实现这个未来的图景时，他的发现他有必要让自己练就一副铁石心肠，不被同情心所牵绊。实际上，他的内心很柔软，而且基督教的熏陶剥离了他一些坚硬的盔甲。他所爱的妻子在这方面对他来说是一个危险因素，即使她爱他。因为她也是她母亲的女儿，一年中的好几个月她都和她的母亲待在一起，身边还围绕着多愁善感的乡绅，他们讨厌独裁者，就像他们讨厌自由主义者一样。在上述引用的一些话语中，俾斯麦发出了警告。他想让自己防备住自己家中的敌人。在营地里安顿下来之前，他要先筑起壕沟，巩固好自己的营地，以免祸起萧墙。

第十三章

　　俾斯麦已经成为一名资深议员。在三十三岁到三十六岁之间，他全身心地投入这个职业中。如果他这样充满活力的状态看起来令人诧异，那么我们必须记住这个原因，必须想象出他的渴望与热切，因为他是在用他强大的意志来弥补曾经被虚度的十年。他的妻子和他的土地财产开始悄悄地、不知不觉地退居到幕后。狂热已经攫住了他。狂热，与他与生俱来的雄心壮志一起，驱使着他采取行动。他现在的身体分外健康，大快朵颐、纵酒放歌。"我必须得放下餐具了，刚刚的晚餐太丰盛……我现在已经撑得不能再坐着了。"有一次："当我们上床睡觉时，我们没有搭配面包，只吃香肠。我们把香肠分成三份，用狩猎的小刀切开。细的一端不如粗的一端好吃，但整体上我对它非常满意。"还有一次："今天，我吃了这么多无花果，所以我一定要再喝点朗姆酒。"再有一次："当时，我在房间里来回走动的同时吃完了我的晚饭。我几乎吃光了所有的厚片香肠，它的味道很好。我还喝了一整罐的埃尔福特啤酒。现在，当我给你写信的时候，我也正要把第二盒杏仁蛋白软糖收起来……我现在感觉真的非常好——除了我的肚子里装满了香肠的那个时刻。"

现在，无论做什么，他都是带着极为热烈的情绪的。有一次，在"散步太长时间"过后，他回到家中时已经疲惫不堪；他曾和一个朋友一起骑马全速飞驰；他总是睡很长时间，而且如果有人把他叫醒得太早，他就会暴跳如雷；他曾一整天打猎丘鹬："一整夜，我吃了很多鳟鱼，喝了很多小罐啤酒。"他冒雨出发，拖着沉重的步伐从一点走到四点，途中不得不休息三次，"不止一次我累得几乎要跌倒，所以我躺在潮湿的野草上，让雨随便落在我身上……我下定决心一定要找到一只丘鹬。我看到过好几个，但它们都超出了我的射程范围……五点的时候，我又回到了家……打破了我的二十四小时禁食计划，胃口很好，喝了两杯香槟。然后我又睡了十四个小时，一直睡到下午，起来之后觉得比出征前好了不少。我记起上帝足够友善地展示给我的美妙的自然景色，觉得很高兴。"他研究雄辩之术，想要努力"克服最初上台时的羞怯"。他像歌德三十岁时那样，谈论着他新近达到的、在他的生活中起着积极作用的精神上的平静。如果说他还有一点儿不平静的地方，那就是他不能直接表达出他的不满意。后来，由于他说话上的缺陷，他就更不愿意表达了。"我患了感冒，因此度过了一个悲惨的早晨……我太蠢了，竟然忘记了我最想说的话。"他坦白道，"晚上，我总是在孤独中感到焦躁不安，除非我已经完全精疲力竭。"

他痛苦地抱怨着他不得不在柏林过着的单身汉生活，咒骂所有的事情都是毫无意义的。然而他在首都逗留的时间往往又比他需要的时间更久。如果他在那儿租了一套公寓过冬，他就会为他的妻子精确地描述每一个房间的样子，告诉她他睡的沙发的精确位置，也告诉她，他为这套公寓支付的租金相当于他现在职位津贴的三分之一。在他的一生中，俾斯麦都非常关心他生活和吃饭的地方。"我的东西散落在地上的各个角落，但是却没有人替我收拾整理。我想知道，亲爱的，我们什么时候才能再次一起安睡在红纱之后、一起喝茶呀！"

他的婚姻生活平静地延续着，在接下来的四十年里也是如此。俾斯麦的情欲之火似乎已经熄灭了，这不是因为乔安娜胜过了所有其他女人，而是因为在他致力于性别战争的岁月结束的当口，他已经娶了乔安娜，而之后他就把精力转移到与男人的竞争上了。刚开始，他们在一本日记中轮流记日记。在他婚礼那天，他写下一行"结婚了！"有一次她在日记中写下："吵了一整天，冷战了两天"，他把这则日记画掉，然后使用了一个愉快的意象，在上面写下："好天气！"有时，他给她写信："我们只分开了四十二个小时，但是对我来说，自我看到你站在山顶的松树丛中向我挥手以来，已经过去整整一个星期了……这段时间，我的眼泪流进了我的胡须。我想，这是自从假期结束后我不得不回学校的日子以来，第一个使我哭泣的离别。回望过去，我感谢上帝，他让我仍然保有一些我难以割舍的东西。"

当她生下他们的第一个孩子——一个女儿时，他告诉她，他"很高兴这是一个女儿，但是即使生下的是一只猫，我也会双膝跪地感谢上帝，因为乔安娜终于渡过了她的难关！"在她生完孩子躺在床上休养的那段日子里，他就睡在她房间的床帘后面，因为他的妻子对他比对月嫂更有信心。"因此……我在写字桌前花了一些时间，忙于政治斗争和做计划，并把其余时间用来扮演一名护理员。就我自己看来，我在这两方面都做得相当不错。"

如果妻子或孩子生病了，或者感觉他们可能要生病了，他会马上变得特别紧张，并且六神无主到只能根据他的基督教信仰祈求上帝，让他保佑所有人都身体健康，没有人会去世。"在过去的四天里，亲爱的，"他写信给乔安娜，"自从那个孩子患上猩红热后，我一直感到非常不安。在收到你的最后一封信后，我无法不这么觉得。我想，如果是你生病了，可能还会有一些人出于好心给我写信告诉我。我无法忍受这种不确定性对我的折磨。过去的这几天，各种有可能的可怕结果不停地闪过我的脑海。"当他们乳母的孩子在柏林去世时，他给家里去了三封信，指导他们要如何以最好的方式把这个消息告诉她，这样，噩耗带去的那种震惊才不会对吃奶的孩子产生不好的影响。

他对家人的慈爱也滋长了他的专横。在他留妻子独自待了几个月之后，他不再允许她住在父母家里待产。"你的生活范围要是总局限在赖恩费尔德，那我们很快就会离婚了。我不能，也不愿意这么久都不和你待在一块儿，我们分开的次数已经够多了。"当她给他寄信的时候附上了一封要寄给她朋友的另一封信时，他恳求她下次"措辞再平淡些。我用加粗的字体，在留地址的地方写上'你的伊丽莎白'转至一个新地方即可。不管你多么喜欢她，在信封上你都应该表现得冷淡且礼貌。这是约定俗成的"。

虽然在他追求她的早期，他就已经想训练她，让她能适应外面广阔的大世界，但是当时，对自己能不能回到那个世界这个问题，他自己也没有明确的答案。然而现在，他自己已经回到了那个世界，他却不再关心让她参与他在那里的生活了。他给她写信说道："毫无疑问，这个消息会让你的父亲非常感兴趣，但你是无法理解它的。"在信中，他还将国际政治和家庭事务混在一起，喃喃自语道："当然，如果不再让看护陪着孩子，那么你最好按照你之前所说的去做……国王的演讲中没有掺杂革命派的因素，如果国王坚持这个方向……当然，一切都会保持原样，因为奥地利和其他邦国永远不会屈服于那些法兰克福人……我数不清我洗了多少衣服，我应该把他们叠好的，他们全都高高地堆在我的旅行箱里。原谅我吧，也许星期天我会做这些事情。"在一封又一封的信中，他总说他很快便会回家，却一直没有回去。有一次，她责备他，说他在社交界左右逢源，但她却不得不和父母待在一起过着沉闷孤独的生活。他轻快地回答道："无论如何，我也必须每天参加一次晚宴、吃一次晚餐，而我希望你在你待的地方能做同样的事情。"

大体上来说，他在家庭生活中是宽容的。但如果非要将他的家庭事务展现在公众面前，那么他的品位和他的阶层感情就会使他对此大发雷霆。在长子赫伯特（Herbert）在夫妻俩结婚的第三年出生的时候、在他们一家人一起旅行的时候，他将他的烦恼在给他妹妹的一封可笑的信中发泄了出来："我已经设想过我自己和孩子们在根廷（Genthin）站月台时的场景了。他们都在火车车厢里，不能控制自己的大小便，因而产生出难闻的气味。其他旅行者敏锐地嗅到了这些气味，而乔安娜不好意思当众给孩子喂奶，于是孩子嘶吼着，直到脸都红了……然后再看！我们两夫妻和那两个小'嚎叫者'就只能在斯德丁下了车。昨天，我对所有这些令人讨厌的景象感到非常绝望，以至于我下定决心，准备放弃这次旅行。然后，在当天晚上，乔安娜又动摇了我。她把婴儿抱在怀里，对我使用了所有女性的手段，正是这些手段让我们的种族失去了生活在天堂的特权。她自然成功说服了我，于是我们就回到了原计划的道路上。但在我自己看来，我是一个受到了严重的不公正对待的人。明年，我肯定还得带着三架摇篮、几个看护、一堆褓裸，和很多行李再出来旅行……如果我的职位津贴再多一点儿就好了，毕竟我是个拖家带口的人啊！哪怕就只是想到要带着一群婴儿旅行，途中还要挥霍所剩不多的财产，我就觉得我太倒霉了！"

但是现在，他还是过着节俭的生活，除了对葡萄酒的喜爱之外，不再有其他需要大量花销的追求。看俾斯麦写给他哥哥的信时，谁能相信这是贵族兄弟之间的通信呢："这里的羊毛市场状况与斯德丁的一样……卖家在二十四小时后就会失去维持高价的勇气。在以前行情好的日子里，父亲经常只是在羊毛袋上静静地坐着，一坐就是五天或一周。在开市的前一天，我都只卖到七十三塔勒，按理我应该能卖到七十五塔勒的……在我看来，你卖低了五塔勒。"俾斯麦的手头仍然一直都很紧。预期的七十塔勒未能到账，让他的状况变得愈发困难，于是用来骑乘的马也只能用来套在马车上。舍恩豪森地产的出租将为他带来三千到四千塔勒的收入。"今年到目前为止，为了修整花园已经花费了一百零三塔勒了，而从现在到圣诞节，一定还要支出四十到五十塔勒，甚至更多……"他给妻子寄了一份明确的账目，记录如下："油，8.8塔勒；糖、蔬菜和盐，9.20塔勒。"他估计了一下他的仆人大概要花费他多少钱，然后说这是一个保守估计，因为为他们提供基本生活需求的费用隐藏在花园工匠的薪水之中，而这是因为他们也会消耗花园里的农产品。他还从柏林给她寄来二十二磅茶叶，附言说："如果你想把这些茶叶送一点儿给其他人，那么你就一定要算上运输的花费。"

当他能从他的议员津贴中攒下一些钱，他就很高兴。

当他回家的时候，他的心情就像一个放了假的小学生。"我过着一种洋溢着光辉的闲散生活。抽烟、读书、散步、和孩子们玩耍。我只有在阅读《新普鲁士报》时才研究研究政治……我非常喜欢这种田园诗般的孤独。我躺在草地上，读诗、听音乐、等樱桃成熟。"他的行为举止像一个城镇市民，内心充斥着知识分子那份隐秘的骄傲，仿佛他足有整整十年都没有过过乡下人的生活，就算最近也是如此！

如果回家时只有他孤身一人，那么他只有在前三天才能体会到他曾在工作时期待的家中生活的魅力。家中有奥丁（Odin），一个高个子丹麦人，他祖祖辈辈都没有离开过俾斯麦家族。他很遗憾，他的妻子不在家中，没有看到家中土耳其小麦的长势，"我把手举到最高，它们还要比我的手高三英尺"。他为新种植园里小树的生长而欢欣鼓舞。过了几天，因为乔安娜还在她父母家里和他们住在一起，他就只能将时间花在河堤上，履行他河堤监督官的职责。他先是生气，后来又觉得无聊。尽管乔安娜不同意，但是他一定要将家里的厨娘遣走，因为她实在是太不卫生了，而且还送来大量要清洗的衣物。"厨房简直污秽不堪。再说了，她还是半个疯子。她烧蜡烛，这些蜡烛大概率是我们的。我不知道她把蜡烛放在了哪里，还剩多少支。"很快，所有放松和快乐的感觉都消失了，他因为独身一人而感到非常痛苦。俾斯麦一定要让他的妻子陪在他身边，除非他投入到积极并且卓有成效的工作之中。因此，在十月的那三个星期里，他给她写了成捆的信，往日他所使用的语气反复出现在这些信件之中。在信中，我们能听到他从远处传来的忧虑，他害怕自己再次过上孤独和沉闷的生活。

"我实在是太无聊了，我几乎无法在这里再坚持下去。我强烈地想要提交辞呈（让堤坝自己照顾自己吧），然后去赖恩费尔德……你一定要经常给我写信，哪怕邮费比一百塔勒少不了多少。我总是怕你生病，以我现在的心情，我都可以步行前往波美拉尼亚。我非常想念孩子们，想念老太太和老头儿，但是我想念的还是你，我的宝贝……我再也无法休息了。没有你，舍恩豪森对我又有什么所谓呢？空无一人的卧室，空荡荡的摇篮，雾蒙蒙而又寂静的秋日……这里的一切都毫无生气。我不停地在想，你的下一封来信可能会带来坏消息……在柏林，即使我一个人在那儿，我也能过得不错，因为我整天都很忙，有很多人可以交谈。但是这里足以让一个人发疯。在那些我能够忍受这里的生活的日子里，我肯定完全变了一个人。"然后，他收拾了一个包裹寄给了她。当他做这些事情并且检查包裹里的各项物品的时候，他感觉好了一些："接下来是一条薄纱裙，还有给孩子们的袜子，这都是些非常漂亮的东西……我做这些事情的时候感觉好多了，因为这让我觉得好像我和你在一起一样……我很快乐。然后我又想起了你和我中间隔着的那七十里格，其中的三十五里格还未通铁路。波美拉尼亚东西的距离简直大到可怕……从装订商那里来的书越来越少了……裁缝说，给他的那块料子只能做出五条裤子，我猜第六条可能在他自己身上吧。上帝的恩典与你同在，你最爱的，冯·俾斯麦。"

透过这所有的温暖和温柔，我们看到了一个害怕欢乐时光太短暂，所以一直在被这种恐惧压迫着的神秘男人。他对身边人的鄙视越增长，他对他的妻子和孩子们的依恋就越强烈！在这几周的时间里，他的妻儿都过得十分快乐，但是他始终很担心他们，唯恐他们生病。要是两三天还没有收到他们的信，他便会十分焦虑，"我什么也做不了，只能呆坐在火炉旁盯着跳跃的火焰，脑子里翻来覆去想着可能是你们有人生病了、去世了，还是信寄丢了。然后便开始计划着要出发去找你们，同时诅咒着河堤监督官和审查的工作。"他继续说道："等我回过头来，我才发现我的雪茄早已经燃完了……现在，有史以来我第一次感觉到你和婴儿是我的一部分，而你又是如何占据了我的整个身心的。毫无疑问，这就是为什么我对除了你以外的每个人，包括你母亲，都显得冷漠的原因。如果上帝到来，告诉我我将要失去你，我想到了那时……我应该会深深依附于你的父母，这样你的母亲就可以满心欢喜地抱怨道她被爱围绕到不堪其扰了。"

这个以自我为中心的人如此深地依恋于他最亲近的人，以至于如果失去了他们，他竟然会将他的心交给那些迄今为止对他来说无关紧要的人，以寻求自我保护。他总是在逃避他躁动不安的自我。

他新近皈依的基督教信仰并没有拯救他。在他婚后的头三年，也是他获得宗教信仰的头三年里，上帝只不过是他代替他的爱人寻求帮助时的权威对象。他告诉他的妻子，他总是为他们祈祷，"深夜，当钟敲响两次，我带着最诚挚的心情祈祷我的灵魂得到救赎"。我们能够感觉出，这些话富含着意义。他没有一封信不会将他的妻子和孩子委托给上帝照顾；同时，几乎没有一封信能够提供任何其他事实来证明他是一个信徒。"在我的房间里，在街上，我总在祈祷他不会从我们这里夺走他曾如此仁慈地赐予了我们的东西。"这是他的某个孩子病得很重的时候他说的，这无疑是完全出于真心的。但是，当俾斯麦听到某个自称是基督徒的人对罗伯特·布卢姆（Robert Blum）的处决发出谴责，他会激动地喊道："你错了，你大错特错！如果在我的管控范围内存在着敌人，那么消灭他就是我的责任！"

在一封寄给他岳母的生日贺信中，他使用虔诚者特有的表达方式，分析了将他与信仰分隔开的那道裂缝："如果，在上帝的帮助下，我能把愤怒从心中驱逐出去就好了……但是不管怎么说，也只有上帝的恩典能将我体内存在的两种性格合二为一。并且他烙印在我身上的部分是如此坚固，这部分留了下来，可以帮助我抹杀魔鬼在我身上的印迹。除非这种情况最后能发生，否则我将变得邪恶……毫无疑问，上帝会努力保留他的那部分印迹并且掌管我的身心，以至于我其他的部分只能隐藏在我身体的最深处——虽然魔鬼的部分有时候表现得好像他才是我身心真正的主人一样。"

这种谦卑是他的骄傲所能做出的最大让步。至于他信仰的其他部分，只是他根据自己的家庭情况向上求得的有利力量。有一次，他的妻子不开心了，他恳求她说："你要相信我把你当作我自己的一部分来爱你，不要让任何事情动摇这一点……要是没有你，我恐怕无法取悦上帝。你是我在港口安全地带的锚点，如果你这个锚点不再承载我，那么就只能愿上帝怜悯我的灵魂。"对他来说，和平与信仰、婚姻与祈祷是如此紧密地交织在一起，以至于他立足于其中的一个之上，也要努力灌溉另一个生长的土壤。因此，他希望当他立足于另一部分时，他可以为自己的激情赢得自由。

品位问题也影响了他信仰的虔诚度。正如他只重视女性的虔诚一样，我们也会发现，新教教堂内的会中唱诗令他反感。他写道："我宁愿听美妙的宗教音乐，并由知晓如何为我祈祷的人来唱诗。身穿白袍的牧师被笼罩在蜡烛和熏香的烟雾中，说着拉丁语的弥撒，我觉得这样更好……布鲁塞尔曾经有一个男孩唱诗班，他们唱了一首没有任何管风琴伴奏的赞美诗，不仅走调，还带着非常俗气的柏林口音。"

然而，有时他会希望能够将互相分隔的两个部分——信仰和自由——结合在一起。然后他便陷入一个奇怪的两难境地，因为他试图协调自己的野心、对国家的责任和夫妻之情。有一天，他被召集到马格德堡担任陪审员；在同一天，国王又邀请他参加一个狩猎聚会，他很想去；但是他还答应了他的妻子要去赖恩费尔德看望她。做出好的决议、满足激情、用诡辩讨论信仰，这些需求争先恐后地等着他来完成。我们似乎听到了一个青少年的推论。

"我刚才想用抽签来决定这些事中要去做哪件，但是我不知道当我在做这样幼稚的事情时，我是否应该考虑上帝的意思。最后，我的想法还是偏向了他。这仅仅是因为，从心里最真实的意愿来说，我无法拒绝这个邀请。说实话，我最想来看你，但我不能说这个借口（虽然它和其他借口一样好），因为一名近臣不可以使用这个借口。如果我撒谎，而且最后不得不留在这里，那也算是我活该。如果我说实话，那么不管怎样我也可以说：'我是在实现上帝的旨意。'国王当然就此会想找我谈一谈……我在跟你说过去两个小时我的思绪是如何摇摆不定的；在向你展示我有些时候是如何把自己想象成一个勇敢地执行上帝的诚命并放弃很快再次与你见面的人的。如果我马上要去马格德堡，那我渴望加入狩猎聚会的心情又会像狐狸追逐葡萄一样强烈。现在，我还是一个害怕说出虚假的借口会被揭穿的人。"最后，他还是违背了自己的良心，接受了国王的邀请，同时又默默保留了自己变卦的权利。"此外，"他还写道，"很可能到了星期四，我还没有完成我河堤监督官的工作。"

尽管他试图改变自己犹豫不决的坏习惯，但是在事后他仍然总是在后悔他所做的任何选择。除了野心之外，这还蕴含着他对结果的蔑视，他在青年时期就预见到这些结果是毫无价值的，而这种蔑视随时都在准备被唤醒。如果有什么不对劲，如果有什么激怒了他，他就会立即表达出一种渴望："对政治和议会生活置之不理，和你一起在舍恩豪森安静地生活。生活总是让我想起，在尼朴甫，我亲爱的老父亲曾经是如何带着他的人和猎狗拨开树丛，以浓厚的兴趣注视着狐狸的逃跑路径的——尽管他和我一样知道那里没有狐狸。"

尽管他无法摆脱这种幻灭感，但是俾斯麦永远不会再去放弃他的政治活动。而他所能找到的唯一补偿，唯一能让他摆脱对人和物的蔑视的方法，就是不时地逃避，回到自然和孤独中。这样，他的感情便找到了自由宣泄的途径，他的心意得到了抒发，他的童心再次复苏。他诗兴大发："我坐在蒂尔加滕（Tiergarten）天鹅饲养场旁边的长凳上。这些小天鹅，当我和你一起来到这里的时候还都在小岛上的天鹅蛋里，现在已经长得又灰又肥了。它们正漫不经心地在脏鸭子之间游来游去……枫树的叶子已经变得深红……沙沙作响的黄叶从椴树、桤木和其他树上落下，覆盖了小路……我在这里散步，想起了尼朴甫，想起了在那里射丘鹬和设置陷阱的情景。我还想起那时，尼朴甫的一切都是那么翠绿和清新，我去了那里，带着你一起，亲爱的。"这样的情绪展现出他对一切造物充满着真诚而朴素的同情。在写信告诉她有关木材销售情况的事情后，他突然说了一句话，让我们大吃一惊："我暂且把我们的一小块木头留在了原地，因为我不忍心将它砍掉。"还有些时候，他出去打猎，又突然发现自己无法扣动扳机，"因为在我眼中它们不是猎物，而只是母亲和孩子"。

这些都是他心底深厚感情自发的起起落落，不需要任何教条来指导。一次又一次，他的成年生活与他的青年时代联系在了一起。当他偶然回到他的第一所学校（他在十岁时离开了），他惯常的对学校的怀疑被温柔的遗憾所取代之时，也就是俾斯麦心中的暖流在涌动的时刻。"这个花园原来这么小啊，它以前就是我的整个世界！我不明白，我过去经常在其中跑得气喘吁吁的那个广阔空间现在到底发生了什么。我的小花园里种着蔬菜……我所有未能实现的不切实际的梦想的发源地，以及当时就在木栅栏另一侧的群山和山上的蓝色薄雾……在那些日子里，我是多么渴望去外面的世界闯荡一番啊！那个五花八门的世界，当时它好像就是为我而存在的，那个世界里有森林，有城市，还有各种冒险在等待着我……当我站在花园里时，这些回忆全都涌现在我的脑海里，如果不是乏味的汉斯叫住了我，我一定会落泪的……接着我又想到，对于现在来说，我十分清楚，花园只不过是威廉大街上的一个小地方；在木栅栏之外，也没有什么特别的东西存在……并且我也知道，尼朴甫的德尔恩贝尔格（Dornberg）占地十六英亩，而且我们还有事情要和格拉赫将军详谈。"

第十四章

　　德意志统一的问题在梅特涅（Metternich）的保护下由法兰克福议会按下不表。然而，自解放战争以来，所有德意志爱国者用来取暖的熊熊烈火，仍然在寂静中闪耀，在少数极小的邦国中被暗暗珍藏着，而没有对其大肆鼓吹。这团烈火被令人窒息的层层蒸汽所包围，而这层层蒸汽却是来源于"维也纳政府体系的铅室"。这是第二次，革命的热情已经从巴黎穿越了莱茵河。而令全欧洲惊讶的是，在德意志，它的政治热情竟然也开始蔓延。就是现在，是去创造的时候了，不仅仅要创造自由，也要创造德意志的统一。要不然，就再也没有机会了！

　　从等级森严的政权和领土奴役中争夺自由和统一，是一项了不起的事业。因为各个诸侯、军事阶层、各级官僚和所有权威的行使者都反对自由。对于德意志的统一来说，新德意志化的普鲁士和四分之三非德意志化的奥地利之间的对立是一个障碍。因此，48年的大规模运动，虽然是以丰富的思想为支撑的，虽然是从内部发展起来的，但是随着德意志各个邦国颁布了充满具有欺骗性的自由的宪法，随着君主派与民主派之间、关于大德意志和小德意志问题的争吵，这场运动很快就结束了。然而，在那动荡的两年结束之前，古老的德意志地方偶像已经再次树立了起来。

关于法兰克福国民议会的活动，关于它的德意志权利法案，关于我们第一次国家议会的条例，关于这次会议通过的宪法中的模糊思想和抽象概念，没有新的东西留存下来，只剩下不被执行的羊皮纸上的碎片。从一开始，它就被奥地利和普鲁士的所有其他敌人破坏了。统一德意志的尝试又一次化为泡影。奥地利支持的旧联邦议院已经被重新建立起来。在1850年夏天，议会重新开幕的邀请被正式发出。

普鲁士这边呢？腓特烈·威廉四世拒绝了他的世袭王位，胆怯地躲在他浪漫主义的幻想下寻求着庇护。他对德意志的领导权只剩下北德意志那些中小规模国家组成的岌岌可危的邦联，也就是所谓的联邦。埃尔福特议会在奥地利和俄国的威胁面前就此解散了，而拒绝派代表参加法兰克福联邦议院（1848年7月，此议院经由全体成员一致通过，被解散）无异于对它的挑衅。

但是奥地利新上任的统治者施瓦尔岑贝格（Schwarzenberg）亲王并不容忍任何模棱两可的事情。当黑森的选帝侯因为在他小领土上的行为受到宪法约束因此引入了维也纳的政府体系，从而引起黑森人越来越多的不满之后，施瓦尔岑贝格则通过联邦议院的机构，向他保证会对他提供保护。难道在革命过去才这么一会儿之后，还能响动比这更放肆的挑衅吗？作为联邦（黑森也是这个联邦的一分子）的头领，普鲁士自然发起了抗议。战争似乎一触即发，而普鲁士就是自由的守护者！这会儿，普鲁士几乎在整个德意志都备受欢迎。拉多维茨（Radowitz），将军兼柏林的国务大臣——不是凯撒，只是一个凡人——承担起一切风险。奥地利和巴伐利亚已经让他们自己的武装进入到普鲁士部队的射程范围内。看起来，时间已经到了。对方在针对夺取德意志领导权的战争而衡量他们的军事力量，并且想要扫除旧的德意志联邦。这是在1850年的11月。

俾斯麦，作为后备军团的一名军官，被召集入伍，同时也被要求尽到他作为议会议员的责任。在他去往柏林的路上，一名老村长走到马车前和他说话。这个人参加过解放战争，他问俾斯麦："法国的军队在哪里？"当这位老战士得知这次敌人不是法国人，而是奥地利人时，他感到非常失望。抵达柏林后，俾斯麦第一个拜访的就是军政大臣。从这里，他了解到，普鲁士部队的布局十分分散，一旦战争真的开始，只能向敌人投降。面对这个情况，他做出承诺，在议会召开会议之前，他会尽其所能地向外传播较为温和的观点，因为激进的演讲很可能会轻易引发冲突，然而普鲁士必须争取时间。冯·俾斯麦中尉在军政大臣的批准下，推迟了自己加入军团的时间。

威廉亲王大力支持战争。他对拉多维茨欣赏有加，因为拉多维茨在这个关头辞了职，据说还解开了他的剑扣，将他的剑用力向国王的脚上扔去，并且诅咒国王说："不可能再有人为你服务时会觉得光荣了！"即使总参谋长毛奇（Moltke）也认为，普鲁士的四十万士兵已经准备好去战斗了。"世界上最糟糕的政府无法摧毁这个国家。普鲁士将不惜一切代价地争夺德意志的领袖地位……但可以肯定的是，地球上没有比日耳曼更值得同情的民族了！"在失势之后，临死之前，拉多维茨写下了名为《1900年的景象》的文章，在其中我们可以读到："我看到德意志帝国在逐渐恢复他的力量，而普鲁士就是他的领头羊。失去了阿尔萨斯（Alsace）之后，法国退回到了它原本的边界并且变得不再具有威胁性。"然而，这位已经预见到俾斯麦政策的后果的人，仍把俾斯麦称为"来自普鲁士的邪恶天才。"

为什么俾斯麦会站在和平的一边？难道他相信普鲁士缺乏军事实力吗？也许对他来说，就像对那些保守派的大臣一样，他们犹疑不决的真正原因是他们对自由力量的恐惧。也许他和那些大臣们，还有国王一起，都宁愿与奥地利和反动派达成共识，也不愿接受统一的革命性思想。至于俾斯麦，他持续不断地在为战役预备马匹和靴子，然后又将预备解除，由此来表现他内心的踌躇与游移。他向妻子抱怨说，只是阴谋而非其他任何别的东西才真的在决定七千万人的命运。如果最后维持住了和平，那么也许是他在其中发挥了作用。"战争，在这个关头，完全就是无稽之谈。因为它带来的结果只会是将我们的政府向着革命派靠近几里格而已。"

突然间，他的风格发生了转变。他预计下周要发表一篇演讲，他现在的风格变得和那篇演讲稿一致。他说，如果在没有任何必要的情况下导致了数十万人死亡，这就是犯罪。他忘了（通常他自己的书信风格就是世上最自然的那种）他是在给谁写信，他只是在信上说："这就是普鲁士的结局。如果我们真的要去征服，那么我们就应该为了这些人去征服。每一位帮助我们完成征服的民主党派人士，都会把他的伤口当作未付的报酬展示给国王看。当我想到我的骄傲、我的快乐、我的祖国经历了何等的遭遇时，我无法抑制我的眼泪。忠诚、英勇、高尚的普鲁士人民在面对他们称之为'普鲁士的荣耀'之时，他们是多么陶醉啊！"这位风格以简单平实为主的大师，在他的一生中，从来没有用这样的语气写作过，即使对一个陌生人也是如此，对他的妻子就更没有了。他正在为他的演讲打草稿呢！几天后，当战争再次迫在眉睫，他预备好了他的马匹和武器，以一名为即将到来的战斗感到高兴的骑兵的风范结束了他的信件。有生以来第一次，他在给妻子的信件中署名以"永远属于你"。还有一次他写信给她说：

"我非常期待这场战役能转移我的注意力，而产生这种心情的时间离现在并没有太远。"

"如果我们真的要去征服，那么我们就应该为了这些人去征服。"我们的侠盗俾斯麦之所以反对在普鲁士领导下对抗奥地利、争取德意志统一的战争，其根本原因就在于这句话。几天后，和平终于到来，因为俄国对此施加了压力。而形成这个局面的原因（正如俾斯麦在晚年所解释的那样）是"俄国沙皇喜欢年轻的奥地利皇帝，胜过喜欢普鲁士的国王。"新任代表曼陀菲尔（Manteuffel）到奥洛穆茨（Olmütz）去，告诉施瓦尔岑贝格亲王，普鲁士放弃了统一德意志的领导权。被普鲁士放弃了两年的联邦议院将被重新启用，而奥地利将恢复在法兰克福的统治地位。

整个普鲁士——在这个情况下，我们可以说是普鲁士人民——都被唤醒了。人们普遍要求让曼陀菲尔下台，并呼吁开战。而没有人对国家荣誉的热情高过俾斯麦。他一直将奥地利视为敌人，也一直全心全意服务于普鲁士。现在，在失败之后，他怎么能不憎恨他的对手，他怎么能不渴望消灭他的敌人呢？俾斯麦十分记仇！他永远无法与一个征服者达成协议，只可能与被征服者讲和。

不久，他又得知一个细节，伤害了他的自尊。奥地利亲王现在就被安置在奥洛穆茨一个旅馆的二楼，跟着一大群侍从；而普鲁士代表则住在一楼，带着两个仆人，还必须扮演代表的部下。俾斯麦意识到了施瓦尔岑贝格的意图，这个意图施瓦尔岑贝格曾向他的朋友们吐露过。即，奥地利人首要的目的是要羞辱普鲁士，其次再是摧毁她。

但是接下来又发生了什么呢？俾斯麦，那个战士，已经全副武装了。这又是为了什么呢？在一次精彩的演讲中，他在州议会面前为政府和奥洛穆茨进行了辩护！这是他作为议会代表最后一次，也是最重要的一次演讲。

"为什么现在大国都要发动战争？唯一合理的原因，其实是利己主义，而不是浪漫主义。这也是大国区别于小国的地方……一个政治家很容易吹响战争号角，同时自己却靠着自己的壁炉取暖！一个政治家很容易在这个讲台上敲响大鼓，同时却将是否能取得胜利和是否能获得名誉的决定权留给那些在雪地里流血的火枪手……呜呼哀哉，那些无故发动战争的政治家。发动战争的理由本应该在战争结束后依然保有合理性的呀！战后，你们对这些问题的看法都会有所不同。你们应该有勇气面对那个正在凝视着他农场灰烬的农民，面对那个因受伤而瘫痪了的男人，面对那个失去了孩子的父亲，并对他们说：'你们遭受了太多的苦难，但是现在你和我们一起庆贺吧，因为联邦宪法被保存下来了！'"

在这些嘲讽之后，他又将枪口转向激进派。他说人们已经准备好来谈论普鲁士的荣光，而且，奇怪的是，自由派人士特别喜欢这样做。"但你们又无法将普鲁士军队转变为议会军队，因为他们在3月19日……已经接受了被征服者的角色。它将永远是国王的军队，并且以服从国王的命令为荣。感谢上帝，普鲁士军队不必证明它的勇气……普鲁士首先应该拒绝与民主进行任何可耻的结盟，而我认为普鲁士的荣光也包含在这之中。"然后他继续以奥地利的视角出发来发表演讲。他说奥地利是"一股足够幸运的德意志势力，幸运到可以统治过去被德意志各邦国军队征服的外来民族……我认为奥地利是古老的德意志力量的代表与继承人，因此总是能荣耀地亮出德意志的利剑。"

在三十五岁的年纪，俾斯麦发表了这番演讲，并在结尾诅咒了所有想要为了联邦宪法的利益而让大家流血牺牲的人。也就是说，他代表的是不包含奥地利的德意志王国——这也正是十六年后，他为之让大家同样流血牺牲的王国。就这样，俾斯麦捍卫了普鲁士征服奥洛穆茨的成绩。我们没有找到任何私人文件表明这次演讲只是一次有策略的努力，这个演讲的背后可能隐藏着鼓吹战争和反对奥地利的阴谋。他采取这一步的理由是什么？格拉赫兄弟、曼陀菲尔和勃兰登堡，国王所有的顾问和大臣都反对战争并且站在奥地利那一边。他们的理由是，维也纳是反动派的大本营。俾斯麦必须与他们并肩行动，只要他还想利用他们作为自己前进的手段。现在到了这个时候，通过一番代表了政府和国王利益的精彩演讲，他可以确定已经得到了两方的支持。当时，他主要的目标是赢得一份权力。当这份权利已经掌握在手中以后，他会根据自己的想法，利用这份权利为自己的祖国谋求利益。俾斯麦家族中流传下来的传统的容克情感，和由门肯的血脉带来的新的雄心共同作用，使俾斯麦成为奥洛穆茨的守卫者。

他的盘算是合理的。他的演讲为他开启了一段外交生涯。在这场国家的耻辱危机中，实际上敢于为这种耻辱辩护的人，一定会是在联邦议院代表国家的人。毕竟，联邦议院与奥地利的合作又变得势在必行了。他在两年前就已经制订了计划，当时他说："否极泰来。从现在开始的两三年内，国家机构中一定会为像克莱斯特和我这样的人留出位置。"现在，时机终于来临。发表演讲四周后，他被任命为安哈尔特（Anhalt）的代表。他以惯常的风格写信给他的妻子："到目前为止，我还没有在这件事上做任何努力，只是把它交给了上帝。这个职位对我很有吸引力，那里的公爵是个笨蛋，所以去那里当代表就等于去做公爵。因此，以一个独立公爵的身份对那里进行统治将是一件足够愉悦的事情……还有，哈尔茨山也在那里，我可以去管理塞尔克（Selke）河的整个河谷。"

以前，他在信中从来没有用过"统治"这个词！但是现在他使用这个词就像在用一把锤子出击，声音响彻了他想要建造起来的整片浪漫主义丛林。安哈尔特的计划落空之后，他对下一步犹豫不决，想要知道他应该将他从舍恩豪森带来的马车夫留在身边还是将其解雇，以及是否要将舍恩豪森的地产出售。然后，他以地主的立场开始思考，语带嘲讽地补充说：

"在我看来，出售地产是一个相当鲁莽的做法。尽管我有很多这么做的原因，但是这些原因在上帝看来都是无足轻重的。"

他细数了他党内的朋友们已经获得的职位，并且想要辞去河堤监督官的工作，宣称他"只会担任舍恩豪森、尼朴甫或赖恩费尔德的地方行政长官……如果我们确定会留在舍恩豪森生活，那么我就需要再有一个马车夫。但是要是我被派去别的地方任职，那么我已习惯了希尔德布兰德，有他替我驾车我觉得没有任何问题。"

"任职？"似乎说这些话的人他刚丢失了工作，正在寻找新的谋生手段。但是我们不要忘了，一位土地所有者总是会处于一种轻松的环境中的，他不需要为周围的公众服务，他总是在尽最大努力避免服从任何人。现在，他已经完全卷入了政治活动的滚滚洪流之中，以至于他永远不可能再拥有自己的私人生活。要在舍恩豪森度过没有妻子陪伴的一天，这对他来说是"十分可怕的"，他宁可不去那里，虽然他在那里有重要的事情要处理。他对柏林的生活，尤其是对宫廷生活永远不会感到厌倦，并且在聊到它们的时候滔滔不绝。他又开始跳舞了，尽管他已经多年没有跳过，这些情况让独自生活在赖恩费尔德的乔安娜开始嫉妒。但是很快，他就和她和解了。他还告诉她，一支舞过后，国王曾说："王后在最后的半个小时里一直在盯着你看，你甚至没有注意到！"还有一次，俾斯麦写信给乔安娜，向她描述仙女般美丽的白厅，那里挤满了一千名女士和穿着制服的男人。"坐在走廊里的白色长椅上，置身于棕榈树和喷泉之间，听着音乐，看着下方浮华的喧嚣——这里充满了诗意，并会引起人们的思考。"

事实上，他并没有将魔鬼驱逐出他的身体，而是将其转变为一个宽容的好侍臣。甚至在寄给家里的信中，他也扮演着侍臣的角色。当从圣彼得堡前来的武官向他转达了来自沙皇和皇后的奉承之后，他向他的妻子报告了这件事，还对此添加了以下注释："这一切都很好，但我希望的是，我们俩一起静静地坐在这所房子里，并且这所房子就位于尼朴甫。这样一来，这些东西比国王对我的所有赞美都更令我高兴。"他身在勃兰登堡的国王城堡里，写着城堡里发生的故事，其实这里没有什么在阻止他和她在尼朴甫安静地生活。然而，宫廷生活毕竟是不可掉以轻心的，而俾斯麦内心的梦想得到满足的最好方式是将国王的宫殿带回他自己的家，这样，他就能在家中的一侧处理政治和权力的相关事宜，而在另一侧气定神闲，与乔安娜一起相处。从柏林给乔安娜写信，抱怨他的生活都不能让他停下来休息一会儿，又在结尾说他最不想要的事情就是从永不停歇的状态中被解放出来，这都成了他书信的典型特征。"让你看看我现在的生活吧：星期六，从早上十点到下午五点，一场集会；七点，与海上贸易部的部长开会，要处理很多文件和账目，一直到十点；然后与曼陀菲尔见面，喝茶、谋划，直到深夜。到家之后，先要给我选区的选民写两封信，然后在两点的时候上床睡觉，一直到早上。星期日，六点起床；早上七点到九点，就安哈尔特辖下的贝尔恩布尔格（Bernburg）的代表职位人选问题进行磋商；参加布什塞尔的布道到十一点；与大臣讨论国内事务直到中午；外出拜访到三点；六点开始与戈尔茨（Goltz）商议普鲁士亲王委托给我的一项任务；在书桌上将这件事整理成文至九点。然后与施托尔贝格（Stolberg）见面，再在凌晨一点上床休息。"

终于，在1851年的春天，格拉赫将军劝说国王将俾斯麦派往了法兰克福。格拉赫说这个任命完全是他操纵的结果，所以我们可以推测，他事先已经和他的朋友充分讨论了这个问题，尤其是因为他打算借由俾斯麦的手段，在联邦议院推行他自己的政策——他将俾斯麦视为他政治上的棋子。这个任命，俾斯麦已经盼了好几个月（因为他已经为此暗中走动很多次了）。但是它其实比他预期得更为重要，虽然还远远没能达到他的骄傲所要求的。但是在普鲁士，如果一个人想要努力挤进官僚机构的上层，那么

125

不论这个人能力到底有多强，在"秘密政府"上多下功夫都是必要的。委派谁的建议必须年复一年地上呈，而且在宫廷和内阁中都要有人接应。

现在，他带着极具外交手腕的天真给他的妻子写信，将这次任命描述成一个经过很多人努力之后的偶然结果，就像"捕鸟者亨利"有一天外出捕鸟却收到了一份王位邀请一样。"这里的每个人都在谈论法兰克福的委任。"他刚和乔安娜见完面，回到柏林又马上写信给她。"今天，《福斯报》(*Vossische Zeitung*)上提到了这件事，但是我对此一无所知。"第二天："他们真的打算委任我担起一些外交的职务……此外，我想要一份我能长久干下去的工作，这样我就能和你——我的天使，在某个地方安顿下来……可能这份工作不能满足我的这些愿望……很快我就会放弃一个不能让我享受家庭生活的工作。"他还说，"如果用刀架在我头上，让我接受现状，我想我会不得不无限期地放弃所有舒适的生活，放弃和你、和孩子一块儿安静生活的希望，就像我们在一起的第一个冬天那样。上帝会以对我们的灵魂最好的方式来做出决定……我没有表达过自己的任何愿望，也没有推动事情朝着某一特定的方向发展。"接下来的一天他又说，"我可怜的宝贝，现在我被派去法兰克福的可能性已经很高了，那里没有任何固定的职位，但是会有一份薪水。"

"上帝"在俾斯麦对这件事情的叙述中起到了命运般的作用，而我们可以把这个"上帝"认为是"格拉赫"。他写到的关于房子和家庭，关于他想有一个长期性的职位的渴望，尤其是关于他期望的目标成了他到达委派地之后架在他脖子上的一把"刀"的情况——这些都是真实的，因为就像他在忍受平静生活的同时，一定会渴望着处理公务一样，要是他不怀着对平静生活的向往，他就无法处理他的公务生活。第二天，曼陀菲尔问他是否愿意接受这个任命，他简单地回答了一个"是"。他就这样得到了这个差事，他那长期被压抑的骄傲终于得到了喘息。接着他去面见国王。

"你是个勇敢的人，竟然能像这样，在毫无经验的情况下就接受一个外邦的职位。"

"陛下才是勇敢的，因为您能将这样的职位托付给我。如果我不表现出我值得这份托付，那么陛下您没有义务一直保留我的职位。我自己也不能确定，这项任务是否超出了我的能力范围，在我尝试过之前，我不能确定这一点。但是如果陛下您有足够的勇气来下达指令，我就有勇气服从。"

"很好，那么，我们就来试一试。"

在这次谈话的十三年前，国家政务的大门曾向俾斯麦重新打开。当时，俾斯麦仅仅是跟地方总督的看门人打了声招呼，说他要走了并且不会再回来，就退出了国家政务的体系。现在，他又写信给他的妻子说："你抱怨说，负责这些事务的首脑们找不到我可以做的事。现在，出乎我的意料和愿望，这个突然的任命到来了，并且这个职位目前还是我们外交部门中最重要的职位。"

虽然在这封信中，他透露了他的妻子曾敦促他寻求晋升机会的事实，还说明了她因为迄今为止他没有得到任何任命而感到不安。但是他心平气和地继续说道："我没有主动寻求这个职位。这是上帝的旨意，我必须遵从。我其他的任何事也做不了……拒绝是懦弱的……我虔诚地祈祷，祈祷一位仁慈的上帝正在安排一切事物，不会破坏我们现世的福祉，也不会伤害我的灵魂。"在接下来的几天里，他修正了这些想法，又预备好了一些开始外交生涯时必须携带的物品，比如丝绸外套和几把手枪。他还告诉她，他只需要在这个下属的职位待上几个月，然后便可以成为公使。

此时，乔安娜开始抱怨。"你为什么不开心呢？"他回复道，"在异国他乡当然会很愉快，但是，一想到你和全家人生活在乡村的宁静之中，我就几乎要落泪。因为这种生活现在离我太过遥远，因而也对我有着比以

127

往任何时候都更大的吸引力……明年冬天你就要来我这边迈入这个花花世界，这个想法你一定要习惯。除此之外，我还能通过什么办法让我自己获得温暖呢？很可能在未来的几年里，我只能时不时地休短假回家……我是上帝的士兵，无论他派我去哪里，我都必须去……上帝所做的都是美好的。让我们带着这个想法面对未来……我想家了，十分想念你们所有人，想念绿色的春天，想念乡村的生活。我的心情很沉重。今天……我与格拉赫将军见了面，当他在给我一些谈判和君主的指示时，我透过窗户望向楼下的福斯花园，那里的七叶树花和丁香花在随微风摇摆。我听着夜莺的鸣叫，心想要是我在和你一起站在餐厅的窗户旁望向露台外的景色，那该有多好！我沉迷于这些想法，以至于我都没有跟上格拉赫的话……我昨天晚上收到了你的来信。我觉得很不开心，也很想念你，当我躺在床上，还为此流下了眼泪……我在法兰克福的薪水一开始是三千塔勒。我一定要成为枢密院顾问官——这说来讽刺。上帝一定在惩罚我，因为我曾经大力地辱骂过那些顾问官……我多想把你抱在怀里，哪怕只有一分钟，多想告诉你我有多爱你，为了我曾对你做错的事情我又有多么悔恨啊，亲爱的……对于这突如其来的光荣职位，我的心底感到酸楚，我比以往任何一次都更加渴望你和孩子们……我比以往任何时候都更爱你，亲爱的！"

这些就是盘旋在他脑海中的思想，相互矛盾、相互冲突。他用上帝和加倍的温柔来阻隔良心的痛苦，而这个基督徒现在感受到的这份痛苦来自他已经达到了他的目的。他不能让自己坦率地承认他的目的，尽管这些目的足够合理，它们是完全道德的，也是合时宜的。那么，俾斯麦到底在害怕什么呢？当然，他不害怕权力，更不害怕打仗。也许他是因为看到了官僚体系的阶梯而感到了恐惧，年轻时，只需看它一眼他便会害怕。他害怕这个阶梯，尽管现在他还无法爬到最顶层。他害怕他的上级，害怕被强迫，害怕必须做报告，也害怕必须遵照他长官的指令被召之即来、挥之即去。他的骄傲害怕的是不得不服从。这就是为什么他突然想要回到乡村的宁静生活，而多年来他根本对这种生活不屑一顾。这就是为什么他狂风骤雨般地想要在乔安娜的怀抱中寻求幸福与平静。但是格拉赫近在咫尺，他指导他的学生，催促他迅速启程，虽然他还没有完成他的教学课程。怀着陌生又混杂的情感，这位新上任的外交官在给他妻子的信中添加了以下这则附言：

"从今以后，请将信寄到美因河畔的法兰克福，并且签收人为普鲁士大使馆，皇家枢密院顾问官，冯·俾斯麦。"

第二卷：1852—1862
抗争者

他的天赋，流露在他所说的每一句话里，使我放下戒备，但他从来不值得信任。

——方丹（Fontaine）

第一章

"我发现这里乏味得让人难以置信……这些奥地利人戴着看似善良的面具，不断地搞着阴谋诡计密谋暗算……小邦国的代表们，一般都是老派外交官，就算只是跟你借个火，都觉得有必要采取职业外交姿态；就算只想要一把茅厕的钥匙，也要按照雷根斯堡古板的礼节形式，选好穿搭，字斟句酌……在这种地方我如果想独立自主不受影响，就该去地里除草，或者干脆再次突然回家算了……我感到自己被耽误在这儿了，我的自由也被毫无意义地夺走了。我希望很快会有好转……另外，我不知道我能不能认同我们德意志的政策、能认同到什么程度，除非主要由我进行把控……在我看来，一个成年人在普鲁士外交领域里几乎没法满足其野心，也没法开展任何活动，除非这个人是国王、副军长，或者外交大臣。"

因此，在早期的外交生涯里，俾斯麦的心情始终在不耐烦和厌倦、嘲讽和自大之间徘徊。虽然仅仅用了几周时间，他长久以来的愿望就实现了，他获得了可以影响整个普鲁士的职权——但是他已经说了，他正投身的事务里没什么能让一个成年人施展抱负的；他认为同僚荒谬可笑，而且他还被加之于身的枷锁紧紧地束缚着。如果有人问他，是否愿意再多等十一年，如果有人告诉他，不到1862年他对德意志外交政策根本做不了主，他马上就会退休，回到舍恩豪森的老家。他必然不想只当个副官，但如果是当国王，他欣然愿往。这样的话，德意志联邦的问题就能转瞬得到解决，毫无疑问，也能解决让人猜不透的俾斯麦。

有生以来第一次让他心神不宁的是，如今有个上司凌驾于他之上，他不得不听命于这个上司，但这个上司也必须听命于他自己的上司。"我必须习惯，"在法兰克福的第一天，他给乔安娜的信里写道，"在公务上做一个冷冰冰的、不动声色的人，保持规律的工作，为公务安排固定时间，长久地工作，安于变老，娱乐和跳舞对我来说都结束了，上帝把我放在这个位置上，我必须做个认真履职的人。"他写得如此一本正经。事实上，乔安娜和他自己一样，并不认为他迄今为止工作不认真，也和他自己一样不相信他真的会变成一个不动声色、冷冰冰的人。他还和以前一样，有强烈的激情，性情有点急躁，对已经得到的东西很快就萌生鄙意；他永不知足，哪怕有像浮士德那样来之不易的成果，也会被他的不知足葬送在恶魔手中。

"去年春天，"他在给格拉赫的信中说，"就算德意志联邦委任我当一个最无足轻重的临时代办，让我当个学徒，也是超出我的预期的。"事实上，对他来说，什么事务都比他这最近三年不得不听议员们胡言乱语来得强，他总嘲笑他们。但这些他第一次与之打交道的外交官们，对他来说"比下议院议员们的自命不凡更为荒谬……现在我非常清楚在未来一两年乃至五年里，我们能够促成什么事；甚至我能承诺二十四小时里就把事办成，只要他们能通情达理，一整天都保持理智，别搅和。"在法兰克福那些岁月里，他始终渴望回到柏林的喧嚣中，他才刚赞美过柏林的政治环境好，可真的回到柏林，他又开始生气，因为"议会里的争论毫无价值，并且这里还有能令人气愤的一切荒唐事儿。我发现我真的很向往在联邦大厦里做乏味但彬彬有礼的辩论。"

于是，俾斯麦调整了内心的节奏：不仅是因为他对事物的观察清晰、逻辑思维能力强，这使他解决问题比议会还快；最重要的还是因为他天生的性格让他看不上已经到手的东西。如果他不能战斗，他就会迷失自我。如果他已经征服了世界，他会无聊至死。

他非常担心奥地利人的施压会让腓特烈·威廉最终收回对他大使的任命。对他的敌人来说，这简直太值得高兴了！他写信给格拉赫说："我远非你兄弟所认为的那么有野心，但如果……计划中对我的委任被看成一种党派斗争，那么取消对我的委任，也会被看作一种暗示，暗示权力集团认为我不适合这个职位……这就是为什么我现在反倒真的对这一职位有了野心。"因此他一边对格拉赫兄弟中的一个施压，同时又告诉另一个他对这世界没什么野心，只想当大使。他希望格拉赫兄弟俩都能把自己的话告诉国王。但是在他隐秘的内心里，他对未来已经很有把握了，因为他在给妻子的信中写道："有了这三千塔勒的薪水和我们自己微薄的其他收入，我们就能在这里生活下来，不过削减支出也是迫在眉睫。所以倘若到夏天我还没当上大使，我必得弄清楚他们会不会给我加薪。如果这也实现不了，我可能就得放弃整件事了。"

俾斯麦年仅三十六岁，以前从没为国家服务过，不过，他的朋友说服了摇摆不定的国王，破例让他担任大使，因为他作为副官，本来就是国王的骑士，也因为他的好朋友格拉赫是国王的首席骑士。

他做的第一件事就是置办家具用品，所有事情他都亲力亲为，因为他妻子没什么经验，而且也没跟他在一起。现下他喜欢让自己舒舒服服的，身边被很多东西包围着，跟他年轻时和老年时期一样。作为大使，他的薪水从两万一千塔勒起，他以前从来没有过这么多钱，于是他开始精打细算利用好自己的钱。"一年之前，"他在给哥哥的信中写道，"甚至六个月之前，谁能想到我会花五千基尔德租个大房子，还会请个法国厨师，以便操办国王的生日晚宴！……我已经花了一万到一万两千塔勒布置家居，这还没完，最贵的是金银餐盘、铜器皿、玻璃制品和瓷器。地毯和家具花不了太多。因为这边的人吃饭都是一菜一叉，所以办一次三十人的晚宴至少需要一百套刀叉汤匙……我现在得举办一个能容纳三百人的舞会……工人们和生意人都一心想着挣钱，没用的开支巨大……更别说雇十二个仆人的花销。一半是男仆，一半是女仆！我宁愿雇三十个乡下仆人。"

在这个汲汲营营的社会里，我们完全可以推断，没人能在开始职业生涯时还保持着完全的本真。但俾斯麦在那么多次旅行那么多次进宫廷之后，却还会讨论要用多少副刀叉，或说他的马夫穿着新制服就像一位伯爵——他对哥哥这样说，足以说明俾斯麦成长的环境不太宽裕。东波美拉尼亚的女孩们称呼他是"世界伟人"，可他不过是个二等乡绅，只是突然奉召成为国家的代表。他身上有乡下人的特点，早年奢华，后来变得节俭，想要增加世袭财产，清偿土地田产的负债，获得新财产，为子孙积累森林和村庄产业。这种性格特质一直延续到俾斯麦晚年。有时他觉得厌烦，但通常来说，这些也是力量之源，因为这些事务让他对待公共事务和私人生活都能像经济学家那么严谨仔细，使他从一家之主变为了一国之主。

俾斯麦的这种家族自豪感，也是骤然跻身上流社会的容克贵族身上的典型特征，这种感觉比一位索恩伯爵的自豪感还要重，索恩伯爵会觉得邀请法兰克福那些有钱的生意人参加晚宴有失身份。俾斯麦对他的长官、外交部长曼陀菲尔说："和那些卖我家居用品的生意人的妻子跳方阵舞，我乐在其中，这些彬彬有礼的女士使我忘记了她们丈夫的高额账单让我多不愉快，也忘了她们的丈夫有多让我讨厌。我的女伴是一位绅士的妻子，这位绅士人不错，给我供应雪茄；我旁边女士的舞伴，前天还卖窗帷给我妻子。"俾斯麦的第一要务，同时也是国内政策，那就是发动阶级战争，所有这些行为都与他的性格高度一致。

虽然在其他事情上，哥哥也理解不了他，但在这类问题上，却唯有哥哥能理解俾斯麦。他哥哥就是"变作了勃兰登堡人畜无害地主的俾斯麦"。按照约定，兄弟的财务完全分开，虽然没有证据表明外交官俾斯麦曾经将什么重要事项委托哥哥打理，但他们仍然时不时互相寄送财务情况报告。他现在身属地方政府，却向政府抱怨舍恩豪森的主人要求各种款项的附加费用、河堤等。"我已然收到了舍恩豪森租金的逾期欠款，我现在满脑子都计划着清偿债务，我变得和资本家一样贪婪。"当他和妻子受邀拜访一位公爵，隔天又受邀拜访一位大公，他算计着，这样的短途旅行，带着行李和仆人，加上小费和租车的费用，跟在自己宅子里办一场晚宴派对的花销差不多，随后他列举了他身在其位不得不办的那些晚宴派对。"为了付这些钱，我对钱的事儿必须比从前更上心。我们现在是生活最节俭的时候，因为要弥补去年冬天的亏空。按说7月1日我就又有钱了。"当他要从自己口袋里掏出一千块塔勒来付账，他倍感恼火，这笔钱此前还能记在公账上，于是他变得"在社交应酬上小气多了"。俾斯麦在信中提到了很多关于晚宴的事情。不只在早期的信件中，甚至在六年后的信中也是如此。"说起晚宴，那些切碎的肉对我来说是一个大麻烦！如果我把剩下的肉全都吃掉，那我的肠胃也算完了；但是如果我邀请老老少少的食客来帮我把盛宴上剩下的菜肴都吃掉，我又会喝太多酒，对身体也不好。"

总的来说，他觉得任职大使期间的生活挺单调的。"我的时间，"他写信给岳母说，"从早茶到中午都用于接待来使的拜访，听取政府要员汇报工作……然后我还得出席议会的会议，这些会议会在一点到四点之间结束，然后，直到五点，我就有时间出去兜风，随后去回复一些必须回复的信件……我们吃晚饭时通常有一两个随从陪同，饭后（虽然经常我还没吃完最后一口就被叫走了）通常是一天当中最令人愉快的时间，我躺在大虎皮椅子上放松身心，抽着烟，被乔安娜和孩子们围着，翻看二十页报纸。大约九点或九点半，就来人告诉我们马车在等着了，之后，怀着对社会享乐概念的反思和牢骚，我们还得盛装打扮，扮演好我们在欧洲上流社会中的角色。在那里，乔安娜就和那些上年纪的妇女闲谈，我就和姑娘们跳舞，或者和姑娘们的父亲严肃地聊些无聊的事儿。直到半夜或更晚，我们回到家里，我躺着读书，读到睡着，然后被乔安娜第三次问我是不是打算永远不起床的声音唤醒。"

使馆里有一种无形的舒适，或者叫混乱，因为人们视方便先于礼节。他的老朋友，美国人莫特利在法兰克福拜访他，莫特利说道："这是一所能让人随心所欲的宅子……私人房间都在房子的背面，正对着花园。在这里，人们都很亲密，有年轻的和年老的，有祖父母和孩子们，还有狗，他们在这里吃吃喝喝，抽烟，弹钢琴，还在花园里玩射击，一切都在同时发生。在这里，吃的喝的应有尽有，波特啤酒、苏打水、低浓度啤酒、香槟、勃艮第葡萄酒、干红葡萄酒，永远是打开瓶塞就能喝到；每个人都抽着品质最好的古巴雪茄，想抽的时候就抽。"俾斯麦可以穿着饰有花纹图案的晨衣一直到很晚，甚至到中午，这时他心情一般都很好。当他不得不出门时，却要求样样都得是一流的。"与其要十件被浆过的衬衫，我宁愿要五件质量更好的，两塔勒可买不到一件得体的衬衫。"

这种生活使俾斯麦在某种程度上变得更年轻更有活力了，就像他朋友贝克尔（Becker）的油画里展现出来的那样。由于他把胡子给剃了，他当大使之前那种沉闷的外表已经不复存在，只不过后来又重现了。剃掉胡子是俾斯麦对外交事业的牺牲，尽管他向妻子发誓，在柏林时，如果不是她要求，他才不会剃胡子，但如今他真的剃了，却是因为内塞尔罗德（Nesselrode）的一个暗示，因为俾斯麦即将被引见给沙皇，据说沙皇尼古拉对胡子有偏见。俾斯麦总得坐着，这对他来说挺新鲜，但往往也让他厌烦。他抱怨说"永无止境的晚宴和派对一个接着一个，让我无聊到失神，也浪费我的时间。人们为了拉长就餐时间，要吃下大量复杂的菜肴，我的肝算是废了——更不用说缺少锻炼造成的不良影响。"但是当他的医生建议他早晨五点起床，身上披一块湿布时，俾斯麦又说他宁愿选择"更加自然的死亡方式——如果有的话"。

俾斯麦只能靠骑马和打猎来控制体重。如果因为公务不能打猎，他就会大发雷霆。"毕竟，打猎就是最好的消磨时间的方式；茂密的森林里没有人，也没有电报线，是唯一能让我感到真正舒服的地方，我对乡村生活充满了浓浓的乡愁……年岁渐老，我想拥有一段安静的时光。"俾斯麦请求哥哥帮他找一匹骑用的马。"能驮得动我，还要漂亮，我不在意马有多烈，相反，我正需要激烈的运动。"在订购马匹这事儿上，就能看出他十年来的变化：以前，马匹和女人对他来说都是越野越好，现在这两者他都不想驯服了，而只想策马前行。只有在丹麦的海面上，他才能在暴风雨中的甲板上消磨整晚；只有在匈牙利，才听说他的朋友如何在森林里与强盗格斗——只有在外面的生活里——他才会重新变得充满激情，抱怨着"一个人在乏味的法兰克福永远都体验不到这些。"

事实上，俾斯麦的新工作让他老得很快。当大使那些年，从三十七岁到四十八岁，俾斯麦的精气神儿不断减少。但并不是说他因此就变得随和了，相反，他越来越神经质。他看到了时间的飞逝。虽然在整整十年中，他对普鲁士发生的一切都在唱反调，但他仍然什么都改变不了，他的精力就这样消磨在无休无止的汇报和信件中。"我从不敢相信，"两年后他写道，"我会像在这个地方一样习惯于例行公事……我一直在想，我能在多大程度上克服我对书写的厌恶和天生的懒惰。"考虑到俾斯麦是什么样的人，我们应该意识到，当他谴责自己年少轻浮时，他实际上已经被驯服了，因为他在为期两周的旅行中都没有报纸可看。在法兰克福待了三年后，他也会因为"无事可做"而发牢骚。

毫无疑问，俾斯麦说的"事"指的是崇高的政治事务，不是日常事务，日常事务他就留给下级去做。在联邦议院的会议上，当有人做乏味的演讲时，他就给家人写信打发时间。有一次，他发现他必须下令逮捕一个青年，这青年在政治上已经妥协了。俾斯麦一早就去见他，爬了三段楼梯，还说："你最好尽快去国外！"青年犹豫不决，俾斯麦继续说："你显然不知道我是谁，也许你也没什么钱，这里有些钱给你，你最好赶紧走，穿过边境，不然人们就会说警察办事比外交官利索了。"还有一次，在圣彼得堡，一个罪犯潜逃时在大使馆被认出来，俾斯麦帮这个人逃脱了，还给他提供了乔装的衣物，让他从后门逃走——随后反去责骂警察让罪犯从他们的手底下逃走。这种不合常规的行为在他身上是很少见的，但每当发生这样的事，都可以看作他青年时代冒险经历的回音。

当俾斯麦口述由他人誊写时，他的脑子会转得更快。他的随从说他会穿着绿色的晨衣来回走，说话不假思索，语句直往外冒，还夹杂着评论。觉得合适的时候，他就联络秘书，从半夜到早晨一直不停地口述。作为一个长官，别的不说，他是个直截了当并且很亲切的人。他忍不了秘书"毕恭毕敬卑躬屈膝的态度，待在一起也不舒服。"他邀请秘书们和他一起外出打猎，喝酒。就细节把控来说，俾斯麦令人畏惧。他精心策划一项事务时，总是很难觉得满意。他的两个秘书说到他时用了几乎一模一样的措辞，说俾斯麦把他俩当成油盐不进的学童。当他的命令没有落地执行，他就说："我想你一定为此感到懊悔，因为我很清楚你的观点同我一样，那就是，一个有荣誉感的人要做事，就一定要做好。"类似这样的话，用温和的语气说出来，却会让听的人冷到骨子里。有一次有人搞错了历史事实，他就尖刻又不失礼貌地问道："你是连一页贝克尔写的《世界史》都没读过吗？"

第二章

　　奥地利是主要的对手。俾斯麦憎恨奥地利，在法兰克福体验到哈布斯堡（Hapsburg）家族的傲慢之前，他已经把奥地利当成所有战斗的主要目标。他本来就讨厌奥地利，现在再加上对其的不信任，更加剧了他那与生俱来的敌意。俾斯麦在法兰克福等了十二年，他在外交部的四位长官一个接一个成了他怀疑的对象，因为长官们都占了俾斯麦想坐的位置，于是他的怀疑就落到了每个想占领普鲁士的邦国那里。在他看来，德意志疆域中除了普鲁士的部分，其他的都是外国，尤其是奥地利。奥洛穆茨的花招比条约中的条款更令他难堪。俾斯麦没有为了避免战争而护卫条约，他只想推迟条约成立的时间。毫无疑问，他做出行动的决定时，个人野心也起了作用。

不能身居首位，一开始他就很不满意。无论是作为奥托·冯·俾斯麦，还是作为一个普鲁士人，他都不能接受自己和其他十几个大使紧挨着坐在同一张桌子上，而领袖还不是他。对俾斯麦这位天生的狩猎者来说，占了领袖位子的人就是他的猎物。在自大和狡诈这一块，图恩伯爵（Count Thun）和施瓦尔岑贝格家族的人不相上下。俾斯麦形容他是"穿着短夹克主持会议，夹克的扣子都扣上，掩盖他没穿西装背心的事实，隐隐约约只能看到领带，他就以这种闲谈的腔调办事。"这番话说明作为闯入者的俾斯麦，极度蔑视他所谈论的人；俾斯麦宣称自己是以科学家的冷静态度在观察这个奇怪的样本，这我们可很难信他。"图恩伯爵在俱乐部里玩骰子玩到凌晨四点，跳舞从十点一直跳到五点，中间都不带停的，他显然非常享受，喝了很多冰香槟，不无炫耀地向商贸协会的漂亮女士献殷勤，以此暗示，他非常在意他留给旁人的印象，就像在意他自己是否快乐一样……他是一个混合体……混合着贵族的冷漠和斯拉夫农民的狡诈。小心谨慎有所保留是他最显著的性格特征。"图恩的副手是一位男爵，俾斯麦这样写他："这人有时候是个诗人；挺多愁善感的，看戏很容易流泪；看起来和蔼可亲、乐于助人，酒量不大但喝得不少。"

这种讽刺具有破坏效果、但这并没透露出起初是什么话语和眼神激起了俾斯麦这样的敌意。俾斯麦还只是公使馆的秘书时，首次拜访过图恩。当时陪他一起去的还有另一位柏林官员。奥地利人知道俾斯麦即将被委任为大使，总是尽可能地故意把他排除在谈话之外。离开时，俾斯麦"激动得声音都颤抖了"，对他的同伴说："你看见图恩是怎么对待我的了吗？"两人私交的关系就在这次会面中一锤定音了。后来有一次，图恩接见了成为大使的俾斯麦，图恩坐着，抽着烟，只穿个衬衣（表面看是因为天气太热，所以这么穿）；俾斯麦在第二次拜访图恩时，点了一支烟，图恩大吃一惊。俾斯麦很仔细地确保这事儿第二天就能尽人皆知。

在联邦议院开会期间，俾斯麦在私人信件中写道："我在这个位置真的太难了，因为我暴露在邻近的X和Y呼出来的双重臭气夹击中。你一定忘不了前者的味道，一口不干净的烂牙和他解开外套扣子时腋下散发的狐臭混合在一起的味道。至于另一个，他饭前散发出的味道毫无疑问在告诉别人，他有消化系统紊乱的毛病，吃得太多、动得太少所导致的无可避免的问题。王室的外交官和司法官们天生就是这味儿。"

在法兰克福讨论的所有问题都带有个人色彩，这并不能全说是俾斯麦的错。这是联邦议院氛围的一部分，这里表面看起来一切平等，奥地利只是其中重要的一方；这是近代历史所决定的。三年前普鲁士曾离开这里，宣称要建立一个新的联邦，把奥地利排除在外——现在普鲁士又以一个悔罪者的姿态回到这张桌子上，怎么能指望奥地利代表不想在全世界面前羞辱普鲁士大使呢？奥地利可依靠其他绝大多数邦国的支持，然而普鲁士只能指望北部四小邦国的投票。所有其他邦国都对普鲁士持怀疑态度，因为他们认为普鲁士想征服他们，将他们纳入自己的联邦，并且在时运不济的德意志帮助下贯彻革命观念；但是奥地利强大的国土吸引了所有拥有王位继承资格的人——也就是几乎所有的王储都站在他这边。

因此，除了不断印证此前观点的正确性，俾斯麦在法兰克福还真没发现什么能让他意外的事儿。直到晚年，他还是说奥地利和普鲁士之间的情谊无非是"解放战争余波中的青春美梦……"他是以奥地利的反对者的形象来到法兰克福的，但仍然被奥地利对普鲁士强烈的敌意所深深震撼。他在这里才第一次知道施瓦尔岑贝格亲王关于奥洛穆茨的公文，大意是"是羞辱普鲁士还是高尚地放过它"都取决于施瓦尔岑贝格亲王。这封傲慢自大的公文发了出去，那段时间俾斯麦还在普鲁士的州议会上捍卫了奥洛穆茨的条约。当他看到这些话的时候，他的自尊心会不会让他不可避免地感到愤怒呢？

在抵达法兰克福的前六个星期里，俾斯麦发表意见说："奥地利人现在是，将来也会是赌钱作弊的人。考虑他们压倒一切的野心，以及他们不受任何正确思想指导的内政和外交政策，我觉得他们不可能和我们建立一种坦诚可靠的联盟。"

十一月，俾斯麦用上了第一次反击的机会："图恩伯爵发言中采用了同波萨（Posa）相同的理念，阐述伟大的德意志幻想。我补充一下，与这样的价值观相一致，普鲁士的存在，宗教革命的出现，都是令人遗憾的事实……在欧洲并不存在任何像普鲁士这样的邦国，用他的话说就是'否认腓特烈大帝的遗产'；当我能说服本国采用这样的内政政策之前，必先通过武力解决这些问题。"这两个友好的盟友之间曾产生过这样的对话片段。很多冠冕堂皇的遮羞布被撕碎，我们唯一诧异的就是，俾斯麦的战争竟然又过了十五年才发生。

这些责难被一丝不苟地汇报给维也纳，很自然地增加了这两个大国之间的猜忌。当格拉赫向普鲁士国王大声宣读俾斯麦的来信，柏林的心态也不太好，信中称，他们所有的不幸都是向奥地利屈服造成的，"和我睡一张床的人比陌生人更容易鞭打我，毒害我，勒死我……尤其当这个人还是个残忍无情的懦夫"。图恩伯爵被召回也于事无补，代替他的是一位政治家——此前是奥地利驻柏林大使。

普罗柯什·奥斯腾伯爵（Count Prokesch-Osten）是一个比图恩有意思的人，很熟悉近东事务，很有学识，是一个更好的欧洲人，但他却有其他的特色，使普鲁士大使感到困扰。普罗柯什·奥斯腾经常探访俾斯麦，待的时间太长，跟俾斯麦孩子玩的方式也过于和蔼可亲了，在会议期间又跟俾斯麦交谈得太久了。"在其他方面，我与普罗柯什·奥斯腾的关系比我与图恩伯爵的关系更简单，因为图恩有啥说啥，但普罗柯什·奥斯腾从不说真话。"俾斯麦说，尽管如此，人总是可以从脸上觉察别人真实的状态。不幸的是，普罗柯什粗心大意，竟然把反对普鲁士的文件遗落在他卖掉的书桌里。那是革命文章的草稿，本来要刊登在普鲁士报纸上，这种文章一直都说是民主党派们登的。于是，俾斯麦建议用同样的口径去进攻和防御。如果向维也纳抗议奥地利的策略，使普罗柯什站不住脚，并不是良策。倒不如"让他觉得自己地位不稳，秘密地把这件事告诉我们的盟友，使我们的隐忍看起来于他们有利"。还有一个好办法，就是重印普罗柯什的一些假文章，对外透露这些文章第一次在个人手里被发现，引发政府的怀疑。

俾斯麦自己办起事来很狡猾，但他时刻准备抱怨对手不真诚！但是普罗柯什深谙人性，他对俾斯麦的性格发表了真知灼见："冯·俾斯麦先生说普鲁士是世界的中心，他所代表的是一种摧毁联邦的力量。即使有天使下凡人间，如果他没戴着普鲁士的帽章，俾斯麦也不会让他进来的……他像马基雅维利那么头脑清醒，他太精明、太圆滑，不会轻视任何到手的办法，而且我们必须承认，他从来不是一个半途而废的人……他就是这样不遗余力地试图把联邦议院搞瘫痪……并且，他大肆利用出版媒体，他知道怎么暗示奥地利是罪魁祸首……他对普鲁士使命的重要性如此刻骨铭心，以至于他不止一次对我宣称，普鲁士领导下的德意志统一是绝对必要的。我以前从没遇到过信念如此坚定、对自己的意志如此自信的人。"

俾斯麦承认这种评价是很公正的，这一点也被俾斯麦的后人所认可。如果有人对普鲁士稍有冒犯，他就准备拔枪。一次会议后，维也纳的雷希贝格伯爵（Count Rechberg）发火了，他一定要俾斯麦道歉，还说他们要在波肯海姆区（Bockenheim）附近的树林里交火。对此，俾斯麦静静地回答："为什么要大费周章地走那么远呢？这边公园里有空地儿可以交火。有些普鲁士官员就住在附近，你也能很容易找到几个奥地利人。我只希望你能让我说清楚争吵的起因，因为我不想让我的君主认为我是个蛮横之辈，时刻准备搞武力外交。"于是他开始写报告。雷希贝格明白俾斯麦在愚弄自己，于是撒开手，再也不提这事儿了。

维也纳之旅加深了俾斯麦和奥地利人之间的敌意。德意志关税同盟（German Customs Union），德意志统一的先声，是普鲁士和其他德意志邦国之间最强力的纽带。既然复兴关税同盟的时机已到，奥地利人希望加入关税同盟，以削弱它的政治锋刃。奥地利进入关税同盟，关税制定和政治问题自然都以奥地利马首是瞻了。俾斯麦只同意了一个商业条约，其他都丝毫不肯让步，把这些事儿丢在脑后就离开维也纳自己回家了。这是他第一次取得伟大胜利，因为尽管奥地利用尽阴谋诡计，关税同盟还是重新开启了，并没让奥地利加入。在维也纳和奥芬（布达，Buda），俾斯麦只中意一人，也唯有此一人对他满意，那就是年轻的奥地利皇帝，现年才二十二岁。俾斯麦向奥地利皇帝大声朗读普鲁士国王的来信，信上说普鲁士国王的家族住在马厩的时间比住在霍亨索伦城堡的时间还长，俾斯麦最喜欢的就是这句话。那时候俾斯麦很赞许弗朗茨·约瑟夫（Francis Joseph），说这位皇帝"有血性，有威严，能体恤人，说话坦率，真诚，而且开朗，尤其是在他大笑的时候。"

作为皇帝喜欢的人，这些年来俾斯麦与长官的关系很微妙，他的长官必然不喜欢他。俾斯麦被委派到这个职位上，议院的议长也很不高兴，因为这是格拉赫的同盟策划而来的，曼陀菲尔和他们的关系也不甚友好。俾斯麦在法兰克福作为其下属的八年中，曼陀菲尔一贯心胸狭隘，冷酷无情，狡猾奸诈，有野心，优柔寡断，自由主义。实际上，俾斯麦在领导事务方面常常比曼陀菲尔更有影响力，这种影响力令人不安。曼陀菲尔清楚俾斯麦很可能成为他的继任者，也深知俾斯麦有能力但没耐心，因此他不敢摆长官的架子，也很少和俾斯麦对着干，但有时他会在一些小事上表现出奇怪的执拗，在皇帝那里竟能消解俾斯麦的影响力。有一次，一封来自法兰克福的电报称，某个领事有犯罪嫌疑，行李应该被扣押，曼陀菲尔却邀请他参加宫廷晚宴，还把这件事搞成内阁问题。还有一次，俾斯麦想让法兰克福官邸一个不称职的官员退休，曼陀菲尔也拒绝了。格拉赫把俾斯麦召去柏林，曼陀菲尔还写信尖酸地说让俾斯麦别逗留太久。

但另一方面，俾斯麦却说自己"相比去年懒得多了，因为我勤勉也得不到柏林的回应，也没有任何结果"。尽管俾斯麦和曼陀菲尔的关系表面看是挺好的，他们之间也来往过无数信件，曼陀菲尔还是俾斯麦儿子的教父，但作为长官的曼陀菲尔还是雇了一个知名侦探，设法得到了普鲁士国王、格拉赫和俾斯麦之间往来的信件。几年后，国王通过曼陀菲尔问他的大使俾斯麦是否愿意担任财政大臣，曼陀菲尔自作主张地回复国王："俾斯麦只管当着我的面大笑！"

这许多阴谋的中心是"秘密政府"的领袖利奥波德·冯·格拉赫，他是一名副将，也是国王的朋友，为了强化自己的政党来对抗曼陀菲尔，他确保了对俾斯麦的委任。格拉赫为自身目的去训练俾斯麦，除了俾斯麦，他对接触过的所有人都不屑一顾。他称曼陀菲尔是一个毫无信念的人，是一个不值得信赖的大臣。国王"是一个古怪的人，且不说他难以揣度"——这句话的直白意思是，格拉赫认为国王是疯了。格拉赫阅历丰富、对宗教很虔诚、精通阴谋诡计，比俾斯麦大二十五岁，他把俾斯麦视为自己发掘的人才，俾斯麦也把他当义父，格拉赫根本没意识到，这个义子虽然年纪轻官位小，但很快就会在运用阴谋诡计方面胜过格拉赫，甚至胜过国王和曼陀菲尔。腓特烈·威廉在位期间，俾斯麦对待国王的朋友格拉赫比对其他任何人都要谨慎。但是，威廉成为摄政王后，俾斯麦和格拉赫之间的关系就变得不那么亲密了，因为威廉忍不了格拉赫。

除了格拉赫，俾斯麦给任何人都没有写过这么多、这么重要的信。作为他政治观念的证据，这些信件具有不可估量的价值，正如他写给妻子的信件作为他家庭感情的证据一样宝贵。这些信里有生动的思想和讽刺在闪着光，表达敌意时噼啪作响，还有雷鸣般深远的权力计划。这些信件，其中许多有十二页那么长，通常都由人大声朗读给国王听，因此俾斯麦拥有直接影响君主的手段。而且，信或许比口述更有力量，因为信都是由一位公文大师手写的，并且经过了深思熟虑。起初，俾斯麦在信中称呼格拉赫"阁下"，署名是"最忠实的朋友和仆人"。后来，只称呼格拉赫为"尊敬的朋友"，署名"真诚的朋友"。信中用乡村名代替国名，用莎士比亚的角色名字来称呼某个人，有些信写得趣味横生，有些则完全充斥着恶意的八卦和宫廷生活的奇闻轶事。所有这些信显然不光是为了让格拉赫，也为了让间接收信的国王觉得有意思有趣味。尽管如此，义父还是在留心，不让义子变得过于强大。1854年，国王想任命俾斯麦为部门部长，格拉赫从中阻挠，并且小心翼翼地防止他栽培的人在保守党中获得太大的影响力。在其他情况下，格拉赫以极其令人愉快的方式展示教会风范。当俾斯麦想"为方便公务，雇用一个恶棍"时，格拉赫认为有必要提醒他"使徒警告人，不要作恶，好事才会到来"。在这种紧张的时刻，俾斯麦总是忍气吞声，以免失去这个不可或缺的中间人。对于老角斗士格拉赫，俾斯麦都是用一种虔诚的语气答复的，深入他的心坎：

"我努力……争取……每天和你通信……借着祷告的帮助，顺服上帝的指导，正是上帝任命我担任这个职务。"还写道，"如果我与你失去联系，我将被彻底连根拔起……如果我要愉快地为国王服务，没有与你的亲密信任往来，我就办不成事，我一直是你的战友，不仅在困难时期……在我们的共同原则和活动目标上，没有什么分歧能把我和你分开。"他又在一封信的结尾说："再见。你可以怀疑，星星是火焰，等等（参见《哈姆雷特》），但永远不要怀疑我的爱！"又说："别让任何事情动摇你对我的信心！对国王和你来说，我都是值得信赖的。"后来，当俾斯麦自己也收到这样的信时，他又是如何嘲笑寄信人的动机的呢！

但俾斯麦必须架起通往权力的桥梁；而一个志存高远的人，必须抓住一切可用的手段，确保得到国王的支持，更何况这位国王近乎专制君主。腓特烈·威廉喜欢俾斯麦好多年，他自鸣得意是自己发掘了这位政治家。"他在我身上看到了他自己下、自己孵的蛋。"与此同时，俾斯麦对他来说总是很有用，可以吓唬他的大臣们；或者，如他所说，使曼陀菲尔就范。随着国王精神失常加剧，让俾斯麦欺骗大臣的情况就变得非常常见。他吩咐身边的同盟成员代替曼陀菲尔起草紧急而重要的公文；然后他会把草稿交给法兰克福的俾斯麦；于是，俾斯麦就公务与曼陀菲尔碰头；曼陀菲尔会找一个法国的流亡者，然后等上好几天，直到这个法国人找到最好的法语短语能够"在模糊、模棱两可、可疑和吓人之间保持平衡"。有时，国王会吩咐俾斯麦撰写备忘录，来对抗外交部发出的备忘录。虽然俾斯麦很受腓特烈·威廉喜欢，但他有时也会抱怨腓特烈·威廉的专制，他会说"他的意见极不稳定，在事务上不规范，容易受到幕后之人的影响"。

在法兰克福生活的早期，俾斯麦屡次奉国王或格拉赫之召去柏林。一年之内，他在法兰克福和柏林之间来回走了两千多里格。有时他违背曼陀菲尔的意愿去柏林，因为国王需要他。如果俾斯麦的柏林之行因公务推迟了，腓特烈·威廉不会在他到达时就接待他，但也不许他回去，这种情况时有发生。"这是一种驯化方法，就像在学校里常用的那样，一个学生被开除出班级，然后再被录取。我被关在夏洛滕堡（Charlottenburg）的宫殿里，幸而早餐美味可口，使我更能忍受这种情况。"当国王想任命他为维也纳大使时，俾斯麦回答说，他觉得这等于把他交给了敌人，只有明确命令他去，他才会去，国王说："我不会命令你。你应该自愿去，并请求我的帮助……我让你接受教育，你应当感激涕零，感激我认为你值得我费那么大的劲。"

这就是君主和宠臣之间的典型关系，宠臣还得忍受君主的反复无常！有一次，国王把俾斯麦召到吕根岛，有一份曼陀菲尔撰写的公文，国王不满意，要俾斯麦重新起草。修改后的公文发出去了，俾斯麦的行文得到国王的赞扬，尽管过去几天俾斯麦一直想回到生病的妻子身边，但他仍然趋奉于国王左右。最后，俾斯麦不辞而别，于是国王发了一封电报把公文追回，以此惩罚俾斯麦。国王召回公文，修改了俾斯麦的措辞。当时的普鲁士王国就是这样统治的。

俾斯麦从来不愿高估这些活动的价值。他很清楚，君主们的眷顾是多么靠不住。"现在，我到这儿时，一切都阳光明媚。法庭宽恕了我；大人物奉承我；小人物想从我这里得到些什么，或者想通过我得到些什么。但我不会忘了，这些镀金的荣耀可能在二十四小时内就消失无踪，到那时，在宫廷的节日里，我将有机会看到，这些面孔现在有多好，到时就有多冷漠。"

正因如此，五年后，当俾斯麦在给格拉赫的信里写了几乎相同的话时，毫无疑问俾斯麦也并不感到惊讶："情况发生了变化。要么是国王发现我和所有人一样是个普通人，要么就是有人一直在说我坏话——确实如此，比如……不管怎么说，他不像以前那么经常要见我了，宫廷贵女们的笑容也没有以前那么亲切了，男人们也不再热情地与我握手了。"他换了一种语气接着说，"而你，我最尊敬的朋友，相比而言你没有那种宫廷的小气。如果你对我的信任不比从前了，我求你给我一些别的理由，而不是宫里的宠眷改变的缘故。"

俾斯麦可以用如此细腻的笔触，把一个过气宠臣的挽歌调好，把它调得适合一个虔诚朝臣的耳朵，他如此温柔地从谦虚地责备变为了对哲人的奉承。

第三章

　　沙皇尼古拉（Nicholas）是欧洲最有权势的人。太平光景只在他的庞大帝国里才存在。农奴制只在俄国还保留着，而且显然没有被人们注意到。当匈牙利爆发革命时，沙皇能给年轻的弗朗茨·约瑟夫派来相当多的援军，这是一支足以扭转战局的力量。从那以后，尼古拉倾向于将奥地利皇帝视为属国了。现在是接管君士坦丁堡并瓜分土耳其的时候了，他是第一个将土耳其描述为病夫的人；但是拿破仑①不愿意交出圣墓的钥匙。他想为他叔叔在1812年和1814年的失败报仇雪恨。此外，他还受到了侮辱，因为傲慢的沙皇在给他写信时，没有称呼他为"我的兄弟"，而只称呼他为"我的表弟"。在决定欧洲的命运时，拿破仑还在考虑这种可笑的事。

---

①　在此指拿破仑三世。

1854年初，战争一触即发，一方是俄国，另一方是法国、英国和土耳其的联盟。奥地利害怕俄国在巴尔干地区扩张，已经决定加入西方势力的联盟。普鲁士也在讨论同样的问题。

所有具有自由主义情绪的普鲁士人都想站在西方势力一边，对抗俄国。国王身边也有很多人支持战争，而主战派的领袖就是威廉亲王。曼陀菲尔早已赞成向圣彼得堡发出最后通牒。只有以格拉赫为首的老保守派反对进攻俄国反动大本营的想法，他们说，因为俄国在1818年是普鲁士的盟友。三月，时局最紧张的时候，格拉赫把俾斯麦召回柏林。于是，威廉亲王立即传召他。并非因为威廉亲王喜欢俾斯麦，而是知道俾斯麦对摇摆不定的腓特烈·威廉有很大的影响。此外，威廉亲王和俾斯麦关系还不错，当时他就与曼陀菲尔一起，成为俾斯麦的次子威廉（后来被称为比尔）的教父。

"你看，在你面前有两个相互矛盾的体系，"威廉亲王开始说，"一个以曼陀菲尔为代表，另一个以这里的格拉赫和圣彼得堡的姆恩斯特尔（Münster）为代表。你是新来的，作为仲裁者的角色被国王召见，你的意见将会改变局势，我请求你这样说：'俄国的态度引发整个欧洲的反对，俄国最终会被击败。'"事实上，威廉亲王对他的沙皇侄子有感情，他想对俄国采取强硬路线，以此来恐吓尼古拉，他认为这样一来，尼古拉就会在统一的欧洲面前让步，这样就是得救了。

"我不能那么说，"俾斯麦回答，"我们没有战争的理由，没有什么可以为之战斗的，战争只会激起被征服邻国的痛苦和复仇的渴望。出于对法国的恐惧，或者为了为英国服务，我们应该采取一种印度属国的态度，为了他的英国赞助人的利益而不得不进行战争。"

"问题不在于属国，也不在于恐惧！"亲王喊道，气得脸都红了。在他的声音中，俾斯麦听到了奥古斯塔的语气（俾斯麦认为她是反俄的，反对她的俄国母亲——俾斯麦也反感母亲，这两人在心理方面倒是相呼应）。俾斯麦还认为，奥古斯塔"对所有的外交事务都比对近在国内的事情更感兴趣"。在威廉和奥古斯塔现在居住的科布伦茨（Coblenz），已经形成了一个与无忧宫分庭抗礼的宫廷。

这是威廉亲王和俾斯麦第二次作为对手相遇。四年前，威廉亲王想对奥地利开战，而俾斯麦想去奥洛穆茨和平谈判；威廉亲王认为任命他的对手为法兰克福大使，是向奥地利投降的进一步标志。现在亲王害怕被俄国羞辱，难道他把俾斯麦看作懦夫了吗？"无论如何，"俾斯麦愤怒地写信给曼陀菲尔说，"这个人的政治活动就像个还在上学的小孩儿。"

事实上，这是俾斯麦一生中第一次大规模地参与政治活动。克里米亚战争期间，他成了一名欧洲政治家。他认为，无论普鲁士做什么，最终都会对奥地利有利。因此，他不希望"把我们灵活坚固的护卫舰与奥地利的虫蛀战列舰合作"。巨大危机形成了有利于普鲁士壮大的气候，"只要我们无畏地（甚或无情地）转向……无论如何，随着事态的发展，我们援助的价值将会增加"。只有维也纳承认普鲁士在德国的优势地位，普鲁士才应该支持维也纳，以作为回报。但是这位优柔寡断的国王不知道怎么办才好，他今天同奥地利结成攻守同盟，明天又把拥护这一政策的人免职了，他看见他的弟弟在愤怒地走开，这都是第二次了，他知道柏林人都在说："在无忧宫，他同法国和英国上床睡觉，第二天早晨却和俄国一同起床。"

在接下来的一年里，俾斯麦更广泛地与宫廷断绝了联系，这次也与国王断绝了联系。他没有接受任何特别的委托，就到巴黎去访问，回来的时候觉得，只要形势对普鲁士有利，普鲁士没有理由不与拿破仑携手合作。这个想法引起了无忧宫中人的恐惧。格拉赫写了一些虔诚的信，反对这种"与魔鬼为伍"的行为。国王的嫌弃是显而易见的！俾斯麦第二次访问巴黎，这次是正式访问，并证实了他的观点。

1857年至1861年间，他与拿破仑三世进行了四次亲密交谈，一次比一次更令人吃惊。拿破仑说话太随意了，也许俾斯麦也是如此。他们最后一次会面是在色当（Sedan）。在克里米亚战争中和在巴黎和约签署之后，拿破仑可以将自己视为欧洲的仲裁者，然而出现在他宝座前的普鲁士使者，却似乎是个无足轻重的人。尽管如此，俾斯麦还是受到了热烈的欢迎。皇后很器重他，皇帝和皇后都让他着迷。他说拿破仑是一个非常聪明、非常友好的人。欧仁妮甚至比她的肖像还要美貌得多，最是亲切可亲。他告诉我们，他"非常钦佩她……她真是一个非常了不起的女人，不仅仅是外表"。(关于俾斯麦，欧仁妮说："他比巴黎人还要有礼貌。")俾斯麦在私下和正式场合反复说过这些话，然而他也曾在文章中讥讽地、轻蔑地描写过这个暴发户的崛起，并斥责过最终使拿破仑成为皇帝的那场革命。这都是俾斯麦说过的话，他是一个彻头彻尾的普鲁士人，君主主义者和正统主义者。就是这个人，现在写巴黎和那两个暴发户写得那么炽烈！尽管如此，无论现在还是以后，法国人对俾斯麦来说都是陌生的，但英国人对他来说是性情相投的。虽然巴黎今天使他着迷，但他很快就会发现它的缺点。为什么他不同样对拿破仑皇帝吹毛求疵呢？难道真的就因为拿破仑的礼待，才使他变得如此热情吗？

俾斯麦是个冷酷无情的人。当国内正在进行革命或民主的尝试时，他在议会中所燃起的火焰早已熄灭了。他冷静而清晰地思考着各种力量的相互作用，这使他从原则的支配中解放出来。他知道拿破仑渴望与被征服的俄国结盟；奥地利也在向沙皇示好。普鲁士如果不想被孤立，处于毁灭的危险之中，应该怎么办呢？与法国结盟！法国皇帝退了一步，认可要求莱茵河作为边境是愚蠢的，说他只想在地中海发展。

"法国人善于陆上作战，不擅长海战；也正因如此，法国人希望能以海战征服敌人。普鲁士必须扩张，必须吞并汉诺威、石勒苏益格（Schleswig）和荷尔斯泰因（Holstein），然后成为第二等海上强国，以便联合法国，遏制英国。为了达到这个目的，如果我因为意大利的缘故与奥地利发生冲突，我希望普鲁士能保持善意中立。我希望您就这些问题询问国王的意思。"

俾斯麦说："陛下能向我说出这些声明，我备感高兴：首先，这证明了您对我的信任，其次，毫无疑问，我是唯一敢在回国后守口如瓶的普鲁士外交家，甚至不会向他的君主透露这些声明，因为普鲁士国王陛下根本不可能考虑这样的建议。的确，让国王陛下知道这些建议是不慎重的，因为这可能危及普鲁士与法国的友好谅解关系。"

拿破仑说："那就不只是不慎重了。这是背叛！"

"你会陷入泥潭。"俾斯麦说。拿破仑接受了这个暗示，感谢俾斯麦如此坦诚，并答应他不再提这件事。

俾斯麦第一次在欧洲战场上接受考验，他就将自己的权力展示到了极致。他没有像一个普通的外交家那样回答，说自己没有接到指示，如实报告说了些什么，相反，俾斯麦足够沉着且有胆识和责任感，从一开始就掐了这个外国人干涉德意志事务的计划。他在别人看到火焰之前就把它踩灭了。尽管俾斯麦是奥地利的敌人，他还是这样做了；尽管在普鲁士政治家中，他几乎是唯一一个决心建议与法国皇帝结盟的人！他对自己说："你的状态如此令人怀疑。"这位精明的法国人竟提出了这样轻率的建议，这实在令我们感到惊愕。难道我们可以认为他理解并看透了普鲁士人的新外交政策，他希望以诚相待吗？

如果是这样，他就大错特错了；因为当俾斯麦想恐吓人或虚张声势时，他才坦率，但当他的对手信任他时，他绝不坦率。他这样答复拿破仑，原本是希望对方能够信任他，拿破仑居然真信了。此外，正如他所承诺的，他在报告中隐瞒了细节，但他一回国就把这件事向格拉赫和国王全盘托出。虽然在拿破仑面前，他说自己是唯一一个敢于隐瞒拿破仑的主张的普鲁士人，但在国内，他却是唯一一个有勇气建议国王邀请拿破仑到柏林来的普鲁士人——而此时，《新普鲁士报》正屡屡恶评法国皇帝。在俾斯麦发达的过程中，这位伟大的现实主义者第一次站起来反对波茨坦的浪漫主义者，没有原则的人第一次站起来反对正统主义者；我们第一次看到他从一个他从未宣誓效忠的政党宗旨中解放出来。在与格拉赫长时间的通信中，现在出于实用主义的原因，他要与上司分道扬镳了，这牺牲了他本应献身的基本宗旨，从党派人士转变为政治家，俾斯麦愿意放弃自己过时的判断。

"这个人（拿破仑）当然不会给我留下深刻印象。我几乎没有欣赏别人的能力，也许这是我的弱点，我对别人的缺点比对别人的优点更敏锐……如果你指的是适用于法国及其合法性的原则，我当然同意我完全服从于普鲁士爱国主义。我对法国感兴趣，只是因为它和我的国家息息相关；我们只能与真实存在的法国建立政治联系。在我看来，这个国家不过是政治棋盘上的一枚棋子，一枚必不可少的棋子。我在这盘棋中的唯一任务就是为我的国王和我的国家服务。我对我国外交事务的责任感是这样的，无论是我自己还是别人，我都找不到任何理由对外国势力抱有同情或反感；这样的同情和反感是对国王或国家不忠的端倪……在我看来，即使是国王也无权使国家利益受制于自己对外国人的爱恨感情……"

"我请问您，在欧洲，有哪个内阁比维也纳内阁更天经地义地想阻止普鲁士变强大，更希望削弱普鲁士在德意志的影响力么……至于外国，除了英国和英国人之外，我一生中从未同情过谁，即使在今天，我也没有摆脱对英国的同情。但是人们不会接受我们的友谊；只要能向我证明，这是一项经过周密考虑的合理政策，我就会同样乐于看到我们的军队向法国人、俄国人、英国人或奥地利人开火。"

"这些国家什么时候有过停止革命的迹象？有过什么样的迹象呢？看来，只要我们不再受他们威胁，我们好像就该原谅他们的非法的出身；不过，当他们继续不知悔改，甚至以耻为荣，承认他们的非法根源，我们也不必继续揪他们的原则性错误了……如果我们要为革命寻找一个发源地，我们应该在英国而不是在法国找，除非在德意志或罗马找一个更早的发源地……在现代政治世界中，有多少存在不是植根于革命的土壤呢？想想西班牙、葡萄牙、巴西，所有的美洲共和国、比利时、荷兰、瑞士、希腊、瑞典……英国。甚至就当代德意志统治者的土地而言，部分来自皇帝和帝国……部分来自他们自己的领地，即便这样，都不能建立完全合法的所有权头衔。至于我们自己的国家，不能说我们完全没有利用革命的基础……但是，过去的革命还没有达到规定权利的程度，使人们能够像《浮士德》中的女巫那样说：'我这里有个烧瓶，我自己有时会从里面喝点东西，现在它没有任何邪恶的气味'——然而，我们不够贞洁，禁不住含情的爱抚。"

在这里我们第一次见到政治家俾斯麦。在这封给格拉赫的信中，我们追溯了他政治生涯的基本情况。当他八十二岁时，他仍将持有与他四十二岁时相同的观点。让我们假设，自由党人拥有和政府一样高效的间谍机构，能够得到这封信。当一位左翼议员回忆起几年前这位容克贵族曾痛斥那些靠血腥革命和巷战有所获的地域和王室时，他会对信中词句作何评论呢？"是这样吗？"他会说，"那么，从本质上讲，我们都是革命出身；而重要的不是革命，而是革命发生多久了！人们所说的因上帝的恩典而戴上的冠冕，毕竟不是来自上帝；人民的叛乱和王公的野心，阶级战争和公爵间的较量，强行决定了土地的所有权，并将其发展为财产。时至今日，他们仍在做着同样的事情。那么，为什么霍亨索伦王朝比波拿巴王朝更合法呢？为什么罗曼诺夫王朝的沙皇比萨沃伊王朝的亲王更有统治资格？贵族的特权有什么正当理由？"这是不是发动阶级战争的人第一次说出了关于国王和贵族的真相呢？

绝对不是。对这一切，俾斯麦在七年前就和今天一样清楚了。明天他就要正式否认：就像七年前所否认的那样，那时他在自己的土地上想要巩固自己的阶级特权。这就是他在国内所做的。在国外，他可以随心所欲地按照他认为对自己国家有利的方式行事。在外交事务上，他没有偏见。在国内是教条主义的东西，到了国外就变成了感情用事；在国内被视为国家理性的东西，在国外被嘲笑为浪漫主义。俾斯麦的基本思想是用不同的标准来衡量国内政策和外交政策；我们可以说，正是他，宛如黎塞留，把这种双重标准引入了德意志。一切错误都源自这种分裂，这些错误导致在国内的德意志人憔悴衰弱，在国外，随着俾斯麦权力意识的增长，国家权力也在增长。

这就是俾斯麦影响力的伟大和局限之处。他的意志不受原则和感情的困扰，唯一的目的就是增加自己国家的权力，嘲笑那些推动欧洲和十九世纪前进的思想。当这个战士的意志在国外赢得胜利之时，在国内，他就把国人的权利踩在脚下——这些权利，没有任何政治家能够无害地强夺。任何权利都不能靠强夺来实现平衡，利用反对力量倒是可以实现。无论士兵们是向外国人抑或向德意志人开火，只要认为对普鲁士有用，他都喜闻乐见。日后，只是因为普鲁士反叛者希望以不同于俾斯麦的方式管理土地，俾斯麦就想用军队来对付他们，此时俾斯麦的权力就破灭了。

第四章

　　"这真是一个鲁莽的想法，"当国王把俾斯麦召到上议院时，俾斯麦在给哥哥的信中考虑到了代价，"但这是一个终身任期，这会给我一个强有力的职位，使我对政府产生影响。使用这样的影响力是否有用、是否令人愉快尚有争议，我通常会倾向于否定——尽管有时，出于雄心或爱国的考虑，我愿意不惜代价来换取能够实现我政治计划的机会……只要我能掌舵六个月就好。"不久，俾斯麦就离开了政党，离开了陷入困境的议会厅，拒绝寻求连任，利用在柏林的双重身份，在他的朋友必须投票反对政府或他必须投票反对朋友时，他缺席了。

　　当他在柏林人开的餐馆里遇到一些自由党人时，他就为自己的行为辩解。他在他们的桌子旁坐了一刻钟，然后就满意地说："我确实是破坏了他们的胃口。我抚摸着一个人的脸颊，紧握着另一个人的手，对他们都很友好。看到怒火从他们的眼睛里流露出来，真是令人高兴！"但他与自己的政党关系不好。他宣称自己强烈反对任何违反宪法的行为，因为"宪法不再以任何方式干预政府的工作，而越来越倾向于成为一个容器，统治者用自己的个性来填充的容器。"因此，他修改了策略，甚至在内政方面。他也对从前所称呼的可憎之物给予了正式祝福。实际上他在考虑永远保持反动是否明智，如果这样做唯一的结果是把一些小邦国推向奥地利的怀抱，还不如用自由政策促使这些小邦国与普鲁士友好往来。虽然柏林议会有民主制倾向，俾斯麦认为还是让他们继续讨论德意志为好，这样普鲁士作为德意志王国领袖的观念就会变得喜闻乐见。

因为俾斯麦这个普鲁士人现在开始认为，由普鲁士担任（狭义上的）德意志的领袖是件好事。他的发言富有犬儒主义色彩："尽管我坚决不愿牺牲我祖国的政治权利，但我仍然怀有足够的普鲁士利己主义思想，在涉及汉诺威权利的问题上不那么认真。"大德意志是一个梦，德意志联合会已死或奄奄一息，小邦国的"德意志意志"只不过是一句空话，莱茵邦联又一次隐约出现在地平线上，俾斯麦问格拉赫："你有什么理由相信巴登和达姆施塔特两位大公、符腾堡和巴伐利亚的两位国王准备扮演列奥尼达的角色？你能想象马克思国王在枫丹白露对拿破仑说，法国皇帝只能踩着他的尸体进入德意志或奥地利吗？"

与此同时，他已经熟悉了德意志联邦，因为当他接受这个职位时，他就定好了，必须允许他访问德意志联邦所有的宫廷。在几年之内，他的个人知识已经接近全面。他认识王公们、大臣们、报纸笔杆子和其他阴谋家们——他对这种公共服务形式特别感兴趣。以至于当他在柏林的熙攘嘈杂中写信回家时，也流露出一个快乐单身汉的热忱。

俾斯麦变得喜欢旅行，旅行的次数超出了他的需要，他总是一个人旅行。尽管俾斯麦给妻子的信通常以表达他渴望和妻子在一起为结尾，但他之所以这样写，只不过是因为他如果想保持一种心境的话，就得不断强调。他访问了布鲁塞尔、阿姆斯特丹、哥本哈根、布达佩斯和巴黎。现在，他第一次能够像个大人物一样有钱有名地到处旅行，像个杰出的外国人一样到处受欢迎，他玩得非常开心。当乔安娜与孩子们和她的父母在瑞士时，俾斯麦躺在诺德尼的海岸上，"抽烟，做梦，或者想着因特拉肯"。他最大的乐趣是受邀参加狩猎派对，比如在丹麦或者库尔兰。"如果我明天能打到一头麋鹿，我想我就能有时间去你所在的方向旅行。不过，如果没打着，我就不能走——或者就等到本来要走的时候再走。"

在这样的几周里，俾斯麦的生活乐趣达到了顶峰，因为他觉得自己又年轻了，可以在奥斯坦德愉快地写信："只有意识到自己是男性美的典范，才能使我这样的男人有足够的勇气在全世界女人面前脱光衣服——当然，我对自己在这方面很满意，但我通常更喜欢更遥远的'天堂'……在那里，只有男人穿着我刚才暗示的服装①在洗澡。我忍不了湿答答的破布沾在身上。"还有一次，在七月的夜晚，俾斯麦会在莱茵河上划船，在月光下游到鼠塔，享受冒险的浪漫，他说他愿意每天晚上都这样游泳。之后，他会和同僚坐下来喝莱茵河酒，对卢梭和上帝进行哲学思考。

音乐为俾斯麦提供了另一种放松紧张的方式。他一边抽着烟，一边来回走动，而凯德尔则为他演奏。他喜欢这种方式，但终其一生他都讨厌正式的音乐会。"音乐必须像爱情一样无偿地给予；我忍不了像关禁闭一样坐着听音乐。"他也不喜欢听四重奏——他们身上有太多的束缚。而且他不喜欢变化。只有当演奏者还没有开始演奏，刚要开始与他的乐器交流时，他才会感受到快乐。然后他看到了画面；本质上，他看到的永远

---

① 即一丝不挂。

是他自己，因为当音乐结束后，他会描述他一直在思考的事情，他总是一个行动派。"这就像一个人一生的奋斗和哭泣……如果我经常听到这样的音乐，我就会永远勇敢。"这是他听完《热情奏鸣曲》后说的话。或者在想象中，他看到"克伦威尔的一个骑兵，骑马上战场，马脖子上的缰绳松了，他觉得自己在骑马赴死"。听了门德尔松后他说："这个人真的过得很惨。"听完巴赫的一首前奏曲之后说："这个人开始时有些犹豫，但渐渐地，他打出了一条路，这条路通往坚定而愉快的信仰。"

最后，俾斯麦这个难以揣摩的人总是回归到贝多芬的音乐上来。他说："贝多芬是我的最爱，他最符合我的气魄。"他承认"好的音乐容易驱使我走向两个相反的方向之一：盼望战争，或渴望田园生活"，由此我们可以看到俾斯麦的内心深处。在那些日子里，他在音乐面前恭敬地鞠躬。有一次，当库德尔在演奏时，钢琴家从镜子里看到俾斯麦在他身后走进房间，双手在演奏者的头上伸了几秒钟："然后他坐在窗边，看着窗外朦胧的暮色，而我继续演奏。"这样几秒钟难以言喻的情绪，放松和自我臣服，温柔地自我否定的罕见时刻，是他早年的忧郁的延续，他曾在孤独中体会过忧郁的失神。

只有在罕见的情况下，他才会让自己的青春重新焕发生机。二十年前，他曾在威斯巴登（Wiesbaden）过着放荡不羁的生活。当他再次回到这里时，对那些曾经与他相伴的女人，他似乎没有一丝好感。他只说那是"青春的香槟酒升起的毫无结果的泡沫，所剩只有空空如也。我想知道伊莎贝尔·洛琳和罗素小姐现在在哪里，她们过着怎样的生活……我无法理解，一个人反省自己，却对上帝一无所知，也不愿对上帝有所知，他怎么能忍受自己的生活，而不是死于自卑和无聊……我简直无法理解我过去是如何忍受的。如果我现在必须像以前那样生活，没有上帝，没有你，没有孩子们——我真的找不出任何理由不像脱掉脏衬衫那样放下现在的生活……我的心情就像，一个人在九月晴朗的日子里看着树叶开始变色；健康、振奋，但也有点忧郁，有点想家，想念森林、湖泊和草地，想念你和孩子们，这一切都交织在夕阳和贝多芬的交响乐中。"

宗教信仰和家庭信念如今比以往任何时候都更加紧密地交织在一起。当他害怕没信仰时，他害怕的是过去的孤独。他带着一种奇特的敌意回顾自己的青春岁月，这种敌意帮助他承受岁月的流逝。"我有点害怕四十多岁，"他在给哥哥的信中写道，"到那时，一个人已经越过了山口，正在通往舍恩豪森拱顶的斜坡上。然而，他仍然试图说服自己，生活才刚刚开始，生命的真谛还在前头……要否定自己还年轻的说法是非常难的。当一个人用三写自己的年龄时，即使三后面跟着一个九，仍有某种东西使人觉得自己年轻。人生就像一场巧妙的拔牙，我们以为真正的拉扯还在后面，直到我们惊诧地意识到已经结束了。或者，考虑到我在法兰克福的差事，有个更好的比喻是一顿晚餐：在晚餐上，烤肉和鸡肉出乎意料地提前出现，让客人们脸上露出失望的表情。在一种情况下，是讽刺；在另一种情况下，是自我责备。"俾斯麦试图克制自己，达到忍耐和克制，这与他对生活的强烈渴望相冲突；因为他浮士德的本性使他不可能原谅上帝，原谅生命的核心总是在等待。到目前为止，他所做的一切都毫无价值。规则！那将带来解脱！当俾斯麦四十二岁时，科德尔问他："你不觉得今天生活的波涛比你当学生时拍得更高吗？"俾斯麦想了想，最后回答说："不——如果我可以随心所欲地处理全部的话，我会说'是的'。但是，人在只能依从宗教安慰的主子手底下浪费精力，是一件可怕的事情。"

这种亲密的忏悔，会有其他同类人随之忏悔，不仅暴露了俾斯麦灵魂深处的不安，也揭示了他信仰的性质，俾斯麦总是用忠诚来支撑信仰，这样彼此就可以互相支持。"只有基督教，"大约在这个时候他写道，"才能把帝王从那种生活观念中解救出来，这种观念导致他们，或者他们中的许多人，把上帝赋予他们的职位仅仅看作享乐和独断专行的手段。"俾斯麦就是这样做的，他才刚嘲笑了正统派，证明欧洲所有的政府都有革命的起源，当他碰巧遇到上帝时，他却信了上帝，当上帝碰巧挡了他的路时，他又把上帝打倒了。与虔诚的妻子争吵时，他大胆地说："如果我的敌人饿了，我可能愿意给他吃的；但至于去爱敌人，这样的爱即使存在，也是非常肤浅的。"当他想让新海军发动进攻时，尽管没有真正的理由，他还是用残忍的话来为自己的愿望辩解："在这次进攻中丧生的人，就算现在不死，四十年后也要死的。"

虔信派的路德维希·冯·格拉赫坦率地说，当他看到自己的义子走上这种马基雅维利式的转变时，他感到震惊，并通过他的亲戚克莱斯特-列措警告俾斯麦说："要让俾斯麦保有信仰，不要让他陷入世俗的泥沼。他是用高贵的卡拉拉大理石做成的……他将是世界和撒旦的美味佳肴，说服撒旦松开猎物是很难的……给他念一遍教理问答吧！"然而这些年来，是格拉赫自己一直在教导俾斯麦以世俗政治。

俾斯麦被卷入了一场决斗，此时这位基督教骑士的困境实在难以解决。俾斯麦在议会里的对手，文斯克（Vincke），在演说上把俾斯麦说成是一个靠着图恩伯爵的雪茄取得历史功绩的外交家，说他这人不审慎。俾斯麦反驳说文斯克没有教养。于是，文斯克向他发出了决斗的挑战。在后来的几年里，俾斯麦宣称，这场敌对和决斗的潜在原因是1848年3月关于奥古斯塔恶作剧计划的一些尖刻谈话。那天晚祷时，俾斯麦问了牧师一个奇怪的问题。他问，第二天早上，他是否应该仔细瞄准并开枪。"天气很好，鸟儿在阳光下甜美地歌唱，所以我们一走进树林，我所有阴郁的想法就烟消云散了。"在那里，人们再次试图调解这两位决斗者之间的分歧。原本商定他们每人开两枪；现在减为一枪，如果俾斯麦愿意为自己的言论表示歉意，整个事情就可以平息。决斗者各就各位。"我开枪了，没有感到丝毫愤怒，而且没打中……我不能否认，当我透过烟雾看到，发现我的对手仍然站着时，我绝对不想加入大家的欢呼。让我恼火的是，我们要交换的射击次数减少了，我本应该很高兴继续战斗……但一切都结束了，我们握了握手……好吧，上帝知道他期望从文斯克身上得到什么好处。"

这篇报告里好斗的段落想必是真的（这封信是俾斯麦以虔敬的措辞写给岳母的），充分展示了他的自相矛盾之处：一面是作为斗士和强权人物的俾斯麦，另一面是作为基督徒的俾斯麦。开枪可以，但瞄准却不合乎道德，因此猎人心中不能有愤怒，然而当开枪的烟雾散去，他看到猎物仍毫发无损地站着时，他会极其恼火！但他从未想过为什么自己没受伤呢。互相射击结束后，他质疑上帝为什么放过文斯克，但他却不问问上帝为何让他俾斯麦活下来呢。就像在许多其他事情上一样，在这件事上，很明显，他对对手的恨甚于对自己的爱。

乔安娜花了好些时间才原谅俾斯麦。她像俾斯麦热爱战争一样热爱和平。乔安娜完全不具备从事此类活动的必要品质；她没有野心，不谙世事，身体也不好。她常常生病，而且是在孩子出生后，她夜里还得照顾孩子，一年里还得花上数月时间操心孩子的教育（而她丈夫却疏于管教）。她的眼睛有问题，而且越来越糟。她得去疗养胜地；在旅行时和在社交生活中，事事都得为她提供便利。而且，由于她身体不够强壮，无法独自操持所有家务，俾斯麦就得管理仆人，辞退一些，雇用另一些，负责购置家具和餐具——他倒很乐意以此作为工作上的调剂，早年的经历也使他能够胜任。尽管俾斯麦比乔安娜忙得多，但俾斯麦却更喜好写信，他一次又一次地问乔安娜为何不写信。乔安娜在写信这件事上的态度变化莫测，不知道如何安排时间。

俾斯麦努力去做的一切，及他成功做到的一切，对乔安娜几乎没有什么影响，而且她毫不掩饰对他世俗生活的不满。"要是我们能去舍恩豪森就好了，"在一次危急时刻，她写信给她的朋友克凯德尔，"什么都不管，只管我们自己、我们的孩子、我们的父母和我们真正的朋友——那该是多么令人愉快啊。那样的话，我相信他很快就会再次变得强壮和精神焕发，就像他开始这倒霉、动荡的外交生涯之前那样，这些给他带来的只有坏处，只有烦恼、敌意、厌恶、忘恩负义……要是他能把亲爱的脚上的这无用的喧嚣尘土抖落，摆脱那些琐事，以他那可敬、正直、本质高贵的性格，他根本就不适合在其中扮演任何角色，我就会非常幸福和满足了。但——唉！他不会这么做的，因为他觉得自己有责任服务于心爱的祖国。"

在这封信中，我们不仅发现了乔安娜的清晰虔诚的心愿，但我们也能看出俾斯麦会告诉乔安娜他自己的动机。他的话没有骗人的地方，因为对他来说，还有什么比描绘自己更自然的呢，那种迫在眉睫的道德优越感，为了他自己和他人的利益，宣称其他人，以及他的对手、同僚或者他的长官（他们只是不如他聪明）更狡猾！事实上，从长远来看，他会忍不了狡猾的妻子，狡猾到足以在心理上控制他，或者野心勃勃，想在阴谋游戏中刺激他。当他选择乔安娜·普特卡默尔为妻子时，他很懂得识人。乔安娜很爱他，别无二心。她坦率的天性产生的感受既没有误导她去批判俾斯麦，也没有让她把所爱的男人偶像化。既然她得到了他的心，她就不问他要什么别的了——连天赋都不要了。

俾斯麦发现教乔安娜做必须做的事情是很容易的，但别的就不行了。"而你，我可怜的孩子，必须学会僵硬地坐在客厅里，还得坐得端庄，当你与大人物们交往时，必须得又聪明又睿智"——俾斯麦在早年给乔安娜的信中这样写。乔安娜绝对有必要学会说法语，这势在必行，她还得学骑马。她两样都学会了。但如果俾斯麦发现他要求乔安娜做的事对她来说太难达成了，他就会马上收回他的要求，甚至会因为自己提了这样的要求，对自己发火。"我娶你为的是上帝让我爱你，为的是我内心的需要，在一个充满陌生人的世界里，我可以有个心之安处。在那里，世界的狂风无法让我感到寒冷，我可以在家里的炉边取暖，就像当外面寒冷或暴风雨来临时我总做的那样。"但是俾斯麦身上的外交家性格随时准备向外流露。由于天性正直，当乔安娜热情坦率地写某些特定的人时，俾斯麦说，鉴于她信件内容在邮寄途中可能会被人看到，她应该注意"不要把特定的人写得如此明显，因为对我来说，作为一个男人，我应该对你写的内容负责。此外，你对你所写的人是不公正的。不要写任何你不想让警察看到、任何可能被警察交给国王……或国务大臣的信……别忘了，你在澡堂里对夏洛特说的悄悄话，有可能会在这里或在无忧宫里被呈上，'加热'之后还会被添油加醋"。

乔安娜的初次宫廷觐见比较失败，虽然不是俾斯麦的错，也不是乔安娜的错。俾斯麦应邀乘坐轮船在莱茵河游玩，也带了乔安娜一同前往，乔安娜可能会被介绍给国王和王后；但是"两位陛下完全无视她，尽管在船上共度几小时的总共也没有几个人；王后身体不太好，因此没有多少精力来照顾她，普鲁士王妃故意怠慢她……虽然亲王以最和蔼可亲的方式，试图弥补王妃对我妻子的明显忽视，但她未被破坏的东波美拉尼亚保皇主义思想，却经受不住这样的考验，她差点儿哭出来……你的骑士精神（他在给格拉赫写信）会理解我在说什么，对我妻子受到的这种羞辱，我感觉比我自己身上发生什么事还要感受强烈……当然，我试图让她相信她没有受到任何怠慢，宫廷里的通常礼仪就是这样的。"

当我们读到他对国王的朋友所表达的相当直白的不满时，我们可以重现整个场景。毫无疑问，在回家的路上，乔安娜一定尽力证明这种生活是多么徒劳无益、多么不适合她；我们可以推断，普鲁士王妃的行为一定令人难以忍受的傲慢。俾斯麦在第一个停靠地就坚决离开了皇家轮船，真正的俾斯麦此时就显露出来了。尽管如此，我们还是可以认为，他对才华横溢、出身高贵的女性有自己的想法。在这种女性身边，在这些圈子里，他可能会表现得更值得信赖。

俾斯麦为乔安娜提供了她想要的一切，而且，从以往的经验中，他很懂女人，心细如发。当他写信给身在巴黎的同僚，委托其购买羊绒披肩时，他给出了关于颜色的精确指示。还有一次，他让妹妹去给乔安娜买一件衣服，说这应当是古色云纹、九十英寸的料子，纯白的；还有一把镀金的扇子，用的时候一定会发出轻快的响声（虽然他自己讨厌那种声音）。他在巴黎到处寻找蓝喉鸟，因为乔安娜对这种鸟情有独钟。他甚至非常恭顺地戴上了一条项链，上面挂着她送给他的奖章，"因为如果她发现我并不真的喜欢把这些乱七八糟的东西带在身上，她会很伤心的。"

俾斯麦总是把乔安娜的父母囊括进他的至亲中，总是用最深情的态度说起乔安娜的父亲，俾斯麦很乐意和他们一起待上几个星期，还写了"我们共同组成的七人小国家……在我们的尘世生活中，我们不可能免于烦恼和悲伤，在街上可以冷漠，但在家里要温暖"。

第五章

　　国王的精神状况日益恶化。革命后的十年，腓特烈·威廉的矛盾、反复无常和夸张之处比比皆是，以至于他身边的人常常发现，他连表面的政策连贯性都很难维持。当奥古斯塔的希望升起时，当她摆出自由主义者的姿态时，国王却滔滔不绝地说着革命的恶臭，把想象中皇冠的圆圈称为"污秽和泥土"，把皇冠称为"狗项圈"，一再希望用皇帝的宪章来取代宪法。他对弗朗茨·约瑟夫说："我的存在不过是为了牵着奥地利皇帝的马镫。"在对沙皇的演说中，他说："上帝赐你大陆作为遗产，愿上帝为你保留它。"这样做的结果自然是增加了这两位君主对他的蔑视。

　　直到1858年，他的精神错乱变得如此明显，以至于危及他作为政府首脑的地位。他没有爆发狂乱，只是思维能力消失了，这就足以证明他真的已经疯了很多年了。在关键的那几个星期里，俾斯麦骑马伴在国王左右，他发现有必要抓住主人的马缰。国王甚至忍不了封蜡的气味，烟草的气味让他感到恶心，当他在沙皇的陪同下乘坐一辆封闭的马车旅行时(沙皇是一个吸烟成瘾的人)，他中风晕倒了。于是，宫廷内各党派的斗争变得尖锐起来。国王的追随者希望保持自己的地位，他们希望通过不断更新的代表（临时任命一名"代理"）来治理国家。普鲁士亲王的追随者想要一个摄政王的位子，这能使他们走到台前。

俾斯麦当时恰好在柏林。他对事态的发展并没有感到惊慌，因为他早就预见到了，但俾斯麦通往权力的桥梁已经摇摇欲坠，因为威廉亲王对他的看法是显而易见的。

八年前在奥洛穆茨，四年前在克里米亚战争期间，这位好战亲王的愿望都因俾斯麦的反对而落空。在这两次危机中，俾斯麦对国王施加影响力，使事情的发展方向都与威廉亲王的愿望背道而驰。从那以后，威廉亲王和俾斯麦经常见面。他们相互厌恶，但这从来没有使他们分开，因为政治利益使他们必须得沟通。现在，当国王不省人事地躺在那里时，威廉亲王邀请这位大使一起散步。俾斯麦被亲王问及意见，他说，如果威廉亲王接管政府，最好能接受宪法现状，而不是要求修改。俾斯麦也赞成摄政，因为这样可以稳定局势。我们是否可以假设，不管发生了什么，他都希望成为大臣呢？几乎不可能！他更不认为自己会从法兰克福被召回。巩固新统治者联盟的最佳方式是什么呢？

在威廉的摄政职权被多次延长后，俾斯麦从私人消息的来源处得知，有人建议重新任命疯了的国王统治国家，但要在王后的节制下。俾斯麦迅速找到了当时在巴登的王位继承人威廉亲王，向他透露了这个建议。威廉非常坦率，是个十足的军官，他满意地说道：

"那样的话我就退出。"

"你不如把曼陀菲尔召来，"俾斯麦回答，"把整个阴谋都搞垮！"他知道曼陀菲尔已经知道了这个计划，正在他的乡间别墅里等待结果。亲王派人去叫曼陀菲尔，自从国王中风以来，曼陀菲尔一直为自己的地位不保而害怕，惊恐不安，要俾斯麦陪他去。曼陀菲尔很快就被免了职；1858年秋，威廉亲王受到奥古斯塔的精神鼓舞，宣誓就任摄政王。他任命了一个自由派内阁。俾斯麦的朋友们相信，乔安娜也希望，俾斯麦现在就去辞职。但俾斯麦意识到，他的新主子感激他在关键时刻的付出和贡献，因此他回答，说事情会顺利进行的，因为新宰相卡尔·安东·冯·霍亨索伦（Karl Anton Hohenzollern）亲王是个保守派。"我将留在法兰克福，这使爱说闲话的乌塞多姆（Usedom）女士大为恼火，她自己也想去那儿！"然而，考虑到奥古斯塔的仇恨和威廉的软弱，俾斯麦仍守着自己的退路。

在这个时期，俾斯麦给妹妹写信说"变化是生命的灵魂"，"如果我再次处于与1848年和1849年相同的战斗位置，我希望我能年轻十岁。如果事实证明我不能既是乡绅又是外交家，那么花费丰厚薪水的快乐或负担一刻也不会影响我的选择。我自己有足够的钱来满足我的需要；如果上帝继续赐予我的妻子和孩子们以健康，不管事情的发展如何，我都会说'尽人事听天命'。三十年过去了，我如今是外交官，还是乡绅，都无关紧要；时至今日，有一种有活力又光荣的斗争前景，不受任何官方羁绊——可以说穿着政治的泳裤——对我来说几乎具有同样的魅力，这是一个充满松露、邮件和大十字架的长远前程。'九点钟一切就结束了。'演员说。"当有人说他将被调到圣彼得堡时，俾斯麦写道："从政治角度来说，我认为那里可能时运不好；我很乐意穿着熊皮等待问题的解决，吃鱼子酱，打麋鹿！"

就俾斯麦而言，这些信件既是广告，又是双重保险——而他在等待时机！事实上，他再也不可能做一个舍恩豪森的乡绅了，也没有其他可能了，尽管他屡次发牢骚渴望这种圆满。那一切都结束了。如果他失去目前的职位，他真正考虑的是立即恢复议事厅里的斗争。一切都可能在几年内再次改变。摄政王虽然没有国王那么老，但他已经六十多岁了。就连奥古斯塔也不是长生不老的。目前，她还能劝说丈夫召集她在贵族中的自由派朋友。俾斯麦被革了职，乌塞多姆和他古怪的妻子被送往法兰克福。最后，俾斯麦被"流放"到圣彼得堡。俾斯麦一得知自己的命运，就想提前与摄政王交个底，而且，正如他自己所说，他非常自由地描述了当时的情况："很遗憾，我在法兰克福的八年里，通过我对人和事的了解积累起来的资本，毫无理由地被摧毁了。乌塞多姆伯爵会因为他妻子而在那里寸步难行的。"

"这正是问题的关键，"摄政王说，"乌塞多姆的杰出才能不能在其他地方得到有效利用，因为他的妻子出现在任何一个宫廷都会带来麻烦。"

"看来，"俾斯麦接着说，"我自己也犯了一个错误，没有娶一个不圆滑的女人，因为如果我这样做了，我想我应该和冯·乌塞多姆先生一样，有资格得到一个让我感到自在的职位。"

"我不明白你为什么对这件事如此耿耿于怀。圣彼得堡一直被看作俄国的主要城市，也一直是我们外交部门的主要据点，你应该接受你的任命，这是最高信任的标志。"

"当然，如果殿下这么说，那就没什么可说的了。"

当俾斯麦继续表达对法兰克福前景的担忧时，摄政王回答道：

"你认为我现在迷糊了，该去睡觉了吗？我要做我自己的外交大臣和战争大臣。这些是我完全了解的部门。"

"如今，即使最能干的地方行政长官，也不能没有一个聪明的秘书来管理他的圈子……没有聪明的大臣，殿下是不会感到满意的……以施未林的面相为例。在眉毛以上，他表现出快速集中注意力的能力……但他的前额不够，相学家告诉我们，这个区域主审慎。作为一个政治家，施未林缺乏远见，他更善于破坏而不是建设。"然后俾斯麦开始评述内阁的所有成员。

在俾斯麦和威廉的第一次正式谈话中，我们看到了他们之间的明显分歧。很难说我们最钦佩的是俾斯麦这个人的胆识、机敏或逻辑，还是他把责任推到对手的肩膀，然后斥责对手的娴熟。与此同时，我们也为主子的镇静所动，他以为自己在提拔仆人。

迄今为止，威廉还对形势必要性缺少政治性的领悟；他只有军人的见解。除了漫长的军官生涯之外，他别无所长，纪律严明但心胸狭隘。威廉在各方面都强过他哥哥（他哥哥的幻想计划只能显示出他的无能），威廉更稳重，少幻想，而且具有腓特烈·威廉所缺乏的古老的普鲁士美德。威廉有规律的生活习惯，勤奋到极致，严谨，公正，仁慈，极其虔诚，他待人待己都是个正统主义者。他为人简单而（再说一遍）狭隘。

俾斯麦不具备这些品质。他易怒，爱冒险，容易失望，狡猾、多疑、无情，对他的上帝和国王，他的感情摇摆不定，因为他今天是正统主义者，明天又要成为革命派，他神秘莫测，但有天赋。

这两个人都骄傲、有胆识，只因他俩有相似的个人勇气，才有可能共事。另一方面，他们的骄傲又会使他们产生冲突。威廉骄傲是因为他生在帝王之家，虔诚和对祖先的崇拜使他认为自己比所有接触到的人都要高高在上，尽管他并没有因此高估自己的智力。他的自尊心现在已化作老人的固执，因此他无论如何也不能忍受自己承认他的大臣们是在指导他；他的王权优越感使他无法忍受这一切。俾斯麦总是被他的骄傲驱使着前进，边走边打，时刻保持警惕。而他虽然一点儿也不虚荣，但他总是拿自己和他的伙伴们作比较——总觉得自己更强！因此，威廉不承认是俾斯麦引导了他，而俾斯麦却不断地对自己说，是自己引导了威廉。如果没有这样的彼此保留，这两个人是不可能合作的。

俾斯麦总是想干点什么；比他大二十岁的威廉只想生存和统治。即使在德意志，威廉也不想为普鲁士征服什么；俾斯麦则想借助德意志扩张普鲁士。国王作为王位继承人，一般都是按部就班，但他会在关键时刻变得激动起来，也会狂怒。政治家俾斯麦则总是有一种原始的切分音节奏，他永远在运动，被内心的冲动驱使着前进；但在危急时刻，他却冷若冰霜，目光清晰。因此，在后来的日子里，他拖着沉默寡言的老国王在他的身后走，用自己的天赋竭力为其服务——俾斯麦是一个天才但被奴役的悲剧性人物。

第六章

沙皇亚历山大二世是威廉的外甥，只要后者还活着，这种血缘关系就是两国之间友谊的保障，这两个国家的利益冲突很少像今天这样发生，而且考虑到他们的边界很长，他们有充分的理由保持友好关系。威廉和他的妹妹，孀居的俄国皇后（比他还能干），都有强烈的家庭感情，性格都很单纯。因此，在威廉统治期间，尽管困难重重，两国之间还是有充分的保证不会发生战争。

即便如此，亚历山大二世绝非好相处的人。他现在已经四十岁了，脸上带着一种奇怪的茫然表情。他狂热、残忍、猥琐——他私人房间的墙上挂着淫荡的画作，直到今天才为世人所知。尽管如此，只要他想，他还是很有魅力，很容易打动人。他的野心有时是扮演自由主义者，有时是扮演复仇心切的压迫者。他虽不是军人，却是一个厉害的猎手，因为他本性胆小。因此，可以恰如其分地称他是俄国版的他舅舅腓特烈·威廉四世，一个更有能力，更羸弱的人，但他俩一样歇斯底里。出于怯懦和反复无常，他解放了农奴，同样由于这些原因，他解放农奴和腓特烈·威廉四世授予普鲁士宪法一样，（在很长的岁月里）都是无效的。这位外甥和他舅舅以前一样，很喜欢这位身材魁梧的波美拉尼亚男爵。就亚历山大而言，和腓特烈·威廉一样，把自己与俾斯麦进行对比，产生一种消遣娱乐般的愉快情绪。毫无疑问，俾斯麦的独创性使沙皇感到高兴，沙皇把俾斯麦当作家庭使臣，在朝廷中把他安排在比其他外国人更重要的位置上，接见俾斯麦的时候，沙皇接连不断地抽烟，以示待他与别人不同。这被认为是一种特殊的荣誉，并且让俾斯麦的所有同僚都很嫉妒。

此外，俾斯麦和沙皇之间有一种政治亲缘关系。这位新使臣是保皇党，是奥地利的敌人。在俾斯麦前往圣彼得堡时，拿破仑已开始了计划已久的撒丁岛对奥地利的战争，他与加富尔的联盟条款证明了这一点。再一次，就像五年前克里米亚战争的日子一样，一半德意志人想拿起武器站在"德意志"的奥地利一边，反对所谓的世仇。有人说，拿破仑三世和拿破仑一世一样，想先消灭奥地利，然后再消灭普鲁士。普鲁士必得驻守波河两岸，以拱卫莱茵河，必须占领阿尔萨斯和洛林（Lorraine）以作保障。《新普鲁士报》怒斥这种革命的产物，被摄政王任命为总参谋长的毛奇则建议发动战争。但威廉害怕重蹈父亲的覆辙，也许最后会发现自己像父亲一样，只剩他一个人对抗法国征服者。能不能换个名义重振神圣同盟？他怀着军人的感情，回忆起他在1815年青年时期进入巴黎时的英勇事迹；他让老格拉赫把剑献给他，因为这是又一次攻打法国。

在有名的政治家中，俾斯麦是唯一一个反对战争的人，甚至不惜与自由党观点一致，这些自由党人强烈反对哈布斯堡王朝，同时强烈支持波兰人和意大利人。今天，就像在克里米亚战争时期一样，俾斯麦不想帮助哈布斯堡王朝，他公开说奥地利是"外国"，坚持认为普鲁士至少应保持中立，还说普鲁士最好站在法国一边，说《新普鲁士报》所提倡的观点是"精神错乱"。俾斯麦警告国人，反对扶持普鲁士的敌人。他用精心挑选的措辞向他的哥哥表达了心中的恐惧，"不然我们最后会被奥地利人灌醉，以为我们又回到了1818年。"

六月，当奥地利人在马真塔（Magenta）和苏法利诺（Solferino）被击败时，威廉想要出兵帮助他们，并动员了他的军队。然而，由于双方都害怕一支完整的军队的介入，奥法两国就言归于好了。拿破仑不希望拿他新获得的军事荣誉冒险，弗朗茨·约瑟夫不愿拿他在德意志的地位冒险。因此，双方在七月达成了和平。以摄政王为首的普鲁士人怒不可遏。只有俾斯麦对普鲁士没有参战感到高兴。沙皇对奥地利的失败拍手称快，接见普鲁士新大使俾斯麦时，把他包裹进前所未有的浓烟里。

俾斯麦既受到如此友好的接待，也希望加强普鲁士和俄国之间的联合，他实在是得心应手。他征服了沙皇皇后，把自己变得如此迷人，据他说，一位四岁的公主用俄语说："他是个可爱的人。"但面对一位将军，这位公主就不想理，说："他很臭。"皇后生病了。俾斯麦坐在她的病榻旁，边听边说，从这种友好的闲谈中，他获得的消息比从正式的觐见或间谍那里得到的要多得多。他也知道如何对付戈尔恰科夫（Gorchakoff）这个狡猾、虔诚的老宰相，他在戈尔恰科夫面前扮演恭敬的晚辈，知道如何激起戈尔恰科夫的虚荣心（戈尔恰科夫甚至比大多数外交家还要自负）。除了向主子发牢骚，俾斯麦啥也不干，因为后者还没有提升他在军队里的官阶——因此，在大型阅兵式上，"他的使节站在一众酒糟鼻将军中间，不过是一个肥胖的中尉"；虽然俾斯麦仍常常见到沙皇，但他告诉柏林方面，他现在的目的是"不在冬季宴会上见沙皇。我对参加宴会的差事实在感到不太自在。"

　　时不时地，俾斯麦在圣彼得堡还算满意。一套舒适的住所是他满意的必要条件，甚至在他到达之前就已经在忙着这件事的细节。对住宅的陈设，他花的心思比他的官职还多。他在给妻子的信中说，他打算租下的房子里有几个房间，冬天可以让孩子们晒太阳，从早晨一直晒到中午；他甚至连仆人住处的情况都告诉了她。就像他还是穷容克时一样，他对所有这种小事都有个人兴趣。他妻子还在法兰克福，她要在达姆施塔特（Darmstadt）把某些家具盖上，因为在俄国什么东西都贵。"丝绵混合的样式看起来像丝绸，也许可以用来装饰所有的家具，尤其是我房间里的绿色家具，也可以用来装饰门帘……这个书柜不合适。底座很好，但必须立得高一些。我去看看能不能找到别的家具放在上面。"附言："何必费事让孩子们停止掉乳牙呢？一两年他们就会长出新牙了。"他把旧酒窖里的酒通过波罗的海运到俄国。"谁知道谁会在舍恩豪森喝这些酒呢？"他夸口说。他在涅瓦河上的房子非常大，有点太精致了，有一流的马厩，还有一个私人管家。他为自己订购了"一张大得多的写字台"，以及"又大又粗的牙刷，硬得像石头一样"。收入越多，他就越节俭。他说，薪水三万塔勒，他不得不精打细算；他不举办宴会，如果有客人在午饭时来拜访，他才留客吃午饭；让哥哥从波美拉尼亚给他运来苹果和土豆；让伯恩哈德负责他庄园的灌溉和其他耕种上的琐事；他很高兴能省下他的私人收入。

　　在俄国，一切事物都规模宏大，没有什么比这更让俾斯麦印象深刻的了，尤其是他外出打猎时。作为一个至今仍能猎到熊的国家，俄国从一开始就与俾斯麦性情相投。对俾斯麦来说，比沙皇的友谊更有价值，甚至可能比奥地利在索尔费里诺的失败更有价值的，是"一只被射中的熊，用后腿站立起来，张大嘴巴向我走来。我让它走到离我五十步远的地方，然后朝它胸部开了两枪，它就倒地而死了。我一刻也没有感觉到危险。在我身后站着一个猎人，拿着第二把双管步枪准备上膛……没有什么比原始森林更美好的了。俄国是猎人的天堂。我正在驯养的一只小熊咬了我的手指，我要把它送到赖恩费尔德。为此我要给它配种，把它俩放逐到波美拉尼亚去"。打猎回来后，他给朋友科德尔写了一篇类似的文章，最后武断地说："猎人的生活确实是人类的自然生活。"在熊向他扑来，他毫无恐惧感的时刻，祖辈强盗骑士的血液在他体内涌起。将这事与类似的故事相比较，尽管俾斯麦这样行事，但我们记忆里的他却是个多才多艺的人，在宫廷中可以很好地扮演他的角色，这更使我们感到诧异。

俾斯麦很高兴能送给妹妹一只熊火腿。他为火腿的质量抱歉，并说了一句有趣的话，说火腿"是一只一岁的熊的腿；你可能会觉得太咸，但我只希望肉是嫩的"。当一位大公拜访之后，俾斯麦打开这位贵宾送给他的雪茄礼物，估计每支雪茄值十五个格罗申[①]。三十年后，俾斯麦在回忆录中提到，当他去拜访皇后时，"御厨准备晚餐，给大使馆的其他绅士备两餐，给我备三餐……有一次，所有的餐桌、家具和装饰都在我的住处为我摆好了。第二次，同样是在皇后的餐桌上，也是为我和我的同伴摆好了，但我没和同伴一起吃饭，因为我和为数不多的几个人被特别招待在皇后的病榻边，我的同伴没在。"俄国人的专制腔调对俾斯麦来说很容易学会，有一次他看了四万人列队阅兵，他冷酷地说："非常好的材料，人、马和皮革都是。"

这里的一切都是大规模的。甚至"法兰克福的日常争吵……让位于更大、更有意思的争吵……隔这么远来看，联邦政府的敌意和总统的毒药似乎很幼稚……当我们坐马车回家，'普鲁士大使'这几个字从楼上传来时，俄国人的脸上总是挂着仁慈的微笑，就好像他们刚刚吞下了格外浓烈

---

① 相当于10便镍币。

的伏特加！"广袤无垠、权力和专制给他留下了沉睡俄国的深刻印象。他已经对这个国家产生了同情心。这些新的印象加强了他的亲俄倾向，并影响了他未来的政策。在接下来的三十年里，这一政策经历了频繁的变化，但亲俄主义的趋势没有改变，这是唯一不变的。即使到了晚年，在前面提到的那些趣闻轶事中，他仍继续表现出"俄国与生俱来的活力和坚韧"对他的影响能与欧洲其他国家不相上下，俄国人的气质就依赖于这种力量。

对俾斯麦来说，在俄国这种精神和肉体的双重舒适却被破坏了，他经历了两次空前绝后的不幸之事。他一到圣彼得堡，就发现那里有个使馆秘书，虽然只是二等秘书，但在俾斯麦的前任时期，是这个秘书实际负责事务。此人似乎什么事都知道，什么事都懂；一连几天，他坐着和俾斯麦一边抽烟，一边讨论问题。但是，当俾斯麦想口授一份长篇公文时，秘书说："写别人口述的东西，实在不是我分内之事。"库尔德·冯·斯洛泽（Kurd von Schlzer）先生，既不是天才，也不是政治家。他有很高的文化修养，是一名优秀的官员，眼光敏锐，出身于人文主义家庭，只比他的新长官小两岁。他和俾斯麦有两个共同的品质：勇气和自尊。这就是为什么他立即拒绝让自己成为一台机器。作为俾斯麦的下属，他给了俾斯麦这个典型的俾斯麦式的回答。

在这种不寻常的情况下，长官俾斯麦会怎么做呢？他以前从来没有发生过这种事，在俾斯麦的内心深处，可能更尊重斯洛泽。但俾斯麦身上的哲人特质太少了，而独裁者的特质却太多了，使他无法让事情就此打住。那时，俾斯麦不再给斯洛泽安排事务了，找了一个随从撰写公文，他自己则"像个土耳其总督"，在房间里走来走去。几天后，他让秘书来给他写密信，特意挑了晚上，一般来说这不是办公时间。一小时后，斯洛泽来了，发现他的上司已经在和随员一起工作了，他受到了非常冷淡的接待。于是，斯洛泽把俾斯麦"说了一顿"，并补充说，俾斯麦不习惯这种直截了当的说话方式。后来，一份书面的不封印的诉状通过大使馆送了过来，两天之后，斯洛泽不得不签文件："我请求斯洛泽先生每天十一点到我这里来讨论每日公事。"斯洛泽来了，非常严肃非常骄傲，问俾斯麦："今天要做什么？"没什么事做。俾斯麦有些尴尬地说："我不是那个意思。我只是想在手头有事的时候才请你来。"

俾斯麦现在不愿再争吵了，这两个人中谁会更坚持到底还有待观察。他们之间的所有事务都得到了妥善的处理，"但我没给过他好脸色……我以前从来没有和这样的人打过交道！这让人很不愉快，但与其妥协，还不如忍受"。他们互发怒气冲冲的信件。与此同时，俾斯麦在给宰相，也就是他上司的信中写道："斯洛泽玩忽职守，无礼到让人震惊。"在柏林总部，人们对这位秘书的评价很高，认为俾斯麦是一个危险人物，所以没有采取任何行动。斯洛泽在信件和日记中表达了自己的情绪，一周后他写道："我在一个无情的上司手下被无休止地折磨，他总是认为其他所有人都是懦弱的，他把自己的计划隐藏在黑暗中，或者突然吓唬正在听他说话的人，他不信任任何人——无论如何，这也不让人愉快……我尽量少和他来往……因为一个人必须时刻露出尖牙，否则他就会迷失方向。榨柠檬汁后把柠檬扔掉，这就是他的策略。"斯洛泽还说，这里面有一个阴谋网，"背后还有一个巨大的战士，俾斯麦！我对他太耿直了，以至于他想挑战我。到目前为止，他在外交使团中还没有取得多大进展。"

三周后，斯洛泽写道："每次我走进土耳其总督的房间，我都对自己说：'别软弱！别被他搞得措手不及！'他想演一出和解的喜剧，但我不同意。尽管我充分意识到他那压倒一切的智力，尽管内心有个声音不断地告诉我，他身上有某种我可以称之为'主人'的东西，但我不愿听这个声音。他必须承认他对我不公平。"

又过了一个月他写道："土耳其总督一直在轻轻地拨动琴弦，演奏着悦耳的乐曲。我一直保持着极致的距离感。但他有了变化；他在我背后夸我……也不再批改我的稿件。他病了一个星期了……这让他变得更温和了。"不久之后，在上司的要求下，有一位克罗伊亲王成了大使馆的工作人员，这人很快就表现出他的无能和荒谬可笑。因此，没有什么比"取笑这个人"更能让俾斯麦高兴的了。"但是我一点儿也没高兴，我不会对他表示任何友好，我拒绝了他请我吃午饭的邀请，好几次拒绝了他请我抽雪茄的提议。事实上，除了我之外，大家都怕他，所以他才对我这么生气！"

六个月后，长官俾斯麦得了重病，离开使馆很久了，斯洛泽写信给他的小姨子，为这么长时间没有给她写信而道歉，说："这都是这位土耳其总督的错。他让我心烦意乱，我不想让你知道。"二月，长官俾斯麦写信给斯洛泽，说关于家具和仆人的事情，因为没有其他人有能力处理这些事情。"因此，土耳其总督不得不咬着酸苹果，给我写了一封私人信件……我礼貌地回答了他，并应他的要求送了两次鱼子酱给他。"与此同时，俾斯麦写信给他在柏林的上司，说："我对斯洛泽只有赞扬，所以我完全改变了我对他最初的看法，那是很不合时宜的。"这时距离他们初次见面，已过去了一年时间。

六个月后的夏天，斯洛泽写道："我和俾斯麦相处得很好。在柏林，我听说他在大使馆称赞我，说他已经诚恳地收回了他最初说我的那些话——说他那时身体不好，就被政治上的对立情绪激怒了，也许还受到某些人的影响来针对我……这事儿就算是完结了。政治是另一回事，他就是个魔鬼，可是——他到底想干什么？"过了不久，他写道，"我每天都受俾斯麦的特别邀请与他共进晚餐。我和他再也没有争执过。他是政治的化身，一切都在他体内发酵，驱使着他活动。他想要……在柏林的混乱中恢复秩序，但还不知道如何做到……一个了不起的人，充满了矛盾。"在前往圣彼得堡两年后，俾斯麦写信给柏林，以确保辞退克罗伊（Croy）亲王，并任命斯洛泽为首席秘书。在他寄出这封赞美信之前，他把信念给斯洛泽听。信中写着："从与上级的关系来说，斯洛泽是很难相处的人，起初我和他处得很不愉快，但他在工作中的效率和责任心完全改变了我对他的看法。"

这是俾斯麦一生中独一无二的经历。他几乎再也没有过这么独立的下属，也再没和任何一个跋扈的下属讲过和。这两个人都很惊讶地意识到对手的伟大，俾斯麦承认斯洛泽的才能，斯洛泽承认他的长官是个天才。这两人的正式关系开始闪现磷光；这段经历是两位高贵之人的试炼场，谁也无法在资历和地位面前低头，谁都只能被天才和品格所战胜。因为两个人都是天才，都是性格刚强的人，所以最后两个人都是胜利的，谁都没有输。

第七章

　　七月的一天，在到达圣彼得堡两个月后，新大使俾斯麦在一个过热的练马场骑马，回家时没穿斗篷，腿疼得厉害，请了一位德国医生给他的左腿敷了膏药。夜里，当疼痛加剧时，俾斯麦撕开了膏药，第二天发现有条血管出问题了。让他特别愤怒的是，他找不出"谁是下毒者"——是医生还是药剂师。一位著名的俄国外科医生宣布有必要截肢。"在膝盖以上还是膝盖以下？"病人问。外科医生指着膝盖上方的一个地方。俾斯麦拒绝了手术，尽管他病了，但还是乘船回了柏林。

　　俾斯麦的事业，他毕生的心血都岌岌可危。一条腿的俾斯麦不会被剥夺智慧，但会失去智慧所带来的一切成功，包括他的举止、威严和胆量。就目前的情况而言，除了他那强大的禀赋之外，没有什么救得了他。因为当他病好了一半，在回圣彼得堡的路上，他和他的家人在邻人的乡间别墅里短暂休息时，他突然又被迫躺下了。受损静脉中的一个血块脱落了，一块血栓卡在肺里，有几天他性命垂危，他立了遗嘱。晚年时，俾斯麦写道："我很乐意面对死亡，因为痛苦难以忍受。"但他对宗教只字未提。此时此刻，俾斯麦最后的咆哮是针对官僚主义的，因为他自己是一名高级政府官员，他反对国家以任何形式干预他孩子的监护权。

他在柏林休养了将近六个月，他对政治的关注超过了对医生的关注。威廉把他留在柏林，尽管如果可以的话，摄政王更希望让俾斯麦回到他的岗位上。摄政王害怕俾斯麦会把他卷入战斗之中！然而，尽管俾斯麦不太合心意，但在这即将与自由党斗争的节骨眼上，威廉最后还得靠俾斯麦展示自己的实力，因而他不愿与俾斯麦分开。俾斯麦并不觉得这种夹在中间的立场令人反感。处于事件的中心，他可以因被任命为外交部长而操纵更多关系，而不是光荣地被放逐到涅瓦河。至于漫长的等待，这要归咎于医生。他风趣地给妻子写信说："我坐在这里的阳台岩上，就像罗蕾莱一样，看着施普雷号上的船只通过船闸，但我既不唱歌，也懒得梳头。我自娱自乐地想，我在这个旅馆里老得很，四季更替，一代又一代的旅客和侍者从我身边走过，而我却总是待在这个绿色的小房间里，喂麻雀，掉头发。"

摄政王在等待他哥哥的死亡，同时让施莱尼茨（Schleinitz）当宰相。俾斯麦说施莱尼茨是依附于奥古斯塔的朝臣。威廉以喜剧的方式将施莱尼茨和俾斯麦召集到一起开会，似乎希望在两个极端之间找到一条出路。威廉要求俾斯麦发展他自克里米亚战争以来一直坚持的纲领，即谈到奥地利的无用和普鲁士的强大，以及俄国人的友谊；在规划中，俾斯麦把普鲁士比作一只不敢越过魔法粉笔线的母鸡。然后摄政王让施莱尼茨接着讨论俾斯麦的寓言。于是，这位大臣提醒威廉他父亲的遗嘱，"这根弦总是在威廉的心里引起共鸣"。这根弦反对巴黎，支持哈布斯堡王朝。当施莱尼茨讲完后，威廉毫不停顿地用一篇显然是特意为这个场合准备的演说作了回答，说他坚持这些古老的传统。于是，会议结束了。这一幕是奥古斯塔策划的，她希望向反动派表明其他选择的严重后果。根据俾斯麦的说法，影响她的，与其说是积极的目标，不如说是某些他不喜欢的东西：不喜欢俄国，不喜欢拿破仑，"不喜欢我，因为我性情独立，因为我一次又一次地拒绝把这位贵妇人的观点当作自己的观点摆在她丈夫面前"。

1860年，让俾斯麦远离领导层的并不是奥古斯塔一个人，主要因素是俾斯麦的德意志纲领。前一年的战争再次激起了自由党和1848年思想主导者们的爱国情感。同样，在那个革命的年份里，有无数的演讲，节日，兄弟会。在政治家中，比较先进的人至多是想废除与奥地利的同盟关系，以换取在德意志的支配权，也就是说，他们希望保持德意志联邦的存在。而俾斯麦想要摧毁这个联邦，认为它"是一个弱点，迟早必须用火和剑来弥补，除非在某个有利的机会下，事先能找到治疗方法"。那是一位大使第一次黑白分明地给他的长官写这样的话："用火与剑。"在俾斯麦看来，只有这样，一个统一的德意志才可能存在。不久之后，他宣布："我不愿意看到我们的旗帜上写着'德意志'而不是'普鲁士'，除非我们与其他同胞比以前更加密切和有目的地团结起来；如果……它用得太多，用得太早，这个词就失去了它的魅力。"

与此同时，总体来说，俾斯麦对正统派的背离（现在已经彻底背离）使他与摄政王断绝了关系。这一天，俾斯麦写了一封秘密的告别信，在信中，他向已经势力衰微的格拉赫表达了他所看到的真相："对我来说，无论拿破仑还是圣路易统治那里，法国依然是法国……说到政治算计，当然，其中的区别极为重要；但是……就对与错而言，这种差别对我来说没有意义。我对外交没有内在的责任感……如果你说的是权利与革命的差别、基督教与毫无信仰的差别、上帝与魔鬼的区别，我无法与你争辩。我只能说：'我不同意你的意见，你是在评判我的内心——你管辖范围之外的东西'……我很愿意痛打法国，直到狗来舔血——但我不会带着任何个人仇恨这样做，就像我攻击克罗地亚人、波希米亚人、耶稣会的忏悔者或班贝格人一样。"

这不是俾斯麦在格拉赫显赫时期用的语气，那时格拉赫还是国王的朋友。如今，摄政王不需要格拉赫，俾斯麦的国际现实主义理念已变得更加果断，他的信心也增强了，可以对这位下台的政治家畅所欲言。然而，很快他就忘记了格拉赫，并寻求其他联络人。危机越来越严重，一个接一个，越来越频繁。俾斯麦回到了圣彼得堡。在那里，他从远处观望着事态的发展，又一次感到失望。他兴奋得发狂，做自己的盘算。这个秋天斯洛泽天天和俾斯麦在一起，这是我们从他那里获知的情形：

"我的土耳其总督现在非常兴奋。他在柏林逗留，那里风行的困惑和混乱，使他的血液再次沸腾起来。他似乎幻想着属于他的时刻很快就要到来。施莱尼茨会辞职，然后土耳其总督希望能得到他的机会。最大的问题是，他会适合普鲁士吗？普鲁士人对他的口味吗？在这种狭窄和受限的情况下，突然引入这种火山精神！……他们不喜欢他，表现得好像他不存在一样。因此他我行我素。他不愿在这里定居，不停地抱怨物价上涨；很少见到人，直到十一点或十二点才起床，整天穿着绿色的晨衣坐在那里，从不走动，因此喝得更多了，诅咒奥地利……他跟我谈得很多，坦率得令人难以置信，有趣，断断续续，有革命性，有蔑视理论。想象一下他在威廉大街的样子——雷电交加！最近他说施莱尼茨必须成为内政大臣。'这样国王就可以在伯恩斯托夫（Bernstorff）、普塔伦特斯（Pourtalès）和我之间选一个担任外交大臣了。'土耳其总督自己这么说的。他日日夜夜都梦想着佩戴外交大臣的公文包。"

正如笼中老虎，随时准备跳起来，被栅栏拦住了不能吃人，对以前的娱乐不再感兴趣，见不到人，从不出去打猎，俾斯麦的脑子里总是盘旋着一个大的问题："我何时能掌权？"这才是真正的俾斯麦。这比写给妻子信中的他要真实得多，在信中，他扮演一个备受折磨的基督徒。

最终，在1861年1月，疯子腓特烈·威廉去世，威廉登上了王位。他等了整整一个代际，已经六十三岁了，在他看来，一切都是一团糟。自由党人对他新军事计划的攻击使他心烦意乱，他与妻儿的斗争使他感到厌倦，几乎想退位，让儿子腓特烈（现年三十岁）接管权力。所有的保守派（指整个朝廷）都心惊胆战，因为，如果发生这种情况，受其英国妻子影响很大的腓特烈会立即与自由党人结成联盟。国王的主要支持者是阿尔布雷希特·冯·罗恩（Albrecht von Roon），他是一个正派军人，在威廉的圈子里是最正直的人。他很有男子气概，严肃、谦虚、虔诚，不计较外表和掌声，没有嫉妒心，而且很杰出，按照他的座右铭"做你应该做的，承担你必须承担的"来指导自己生活。就是这样一个人，打造了普鲁士的军力。他强烈反对战争，但在那些习惯从军力角度思考问题的人中间长大，他自己也从这些角度思考问题。这位新登基的国王也是军人出身，当他还是摄政王的时候，他就让罗恩改革军队。也是罗恩让威廉想起了他伟大的祖先，给了国王支持。罗恩建议让大臣在加冕典礼上都宣誓效忠威廉，就像威廉的祖先一样，他们都是专制君主。其他大臣都很软弱，反对这个想法。罗恩认为只有一个人是坚决的，是唯一适合代替施莱尼茨的人，是唯一有毅力坚持宣誓效忠的人，是唯一在立宪国家和冲突时期进行军队改革的人——这个人就是俾斯麦。

国王很想回避这个问题。他最大的让步是任命俾斯麦为内政大臣，因为他需要一个战士和压迫者。但是这个人永远不能担任外交大臣，因为他是一个"波拿巴主义者"。俾斯麦在一封私人信件中对这一指控提出了抗议："如果我被诬告为魔鬼，那至少是条顿人，而不是高卢人吧！"他第一次避免使用"普鲁士"这个词。俾斯麦第一次承认自己是一个德意志人，这样说的时候，他使用了他年轻时取笑过的经典措辞。与此同时，罗恩则把一切可能的重点都放在宣誓效忠上，这是为了建立王室先例。他邀请俾斯麦到柏林，并要求俾斯麦把自己的决定电汇给他，因为"国王非常痛苦。他最亲近的家庭成员都反对他，并建议他接受一种可耻的和平"。俾斯麦在冬天曾渴望得到外交大臣的职位，现在，六个月过去了，他却得到一个大相径庭的岗位，他很失望。他没有打电报，而是小心翼翼地写信给罗恩：

"当我一面想着打山鹬，一面想着妻儿的时候，你的命令'上马'听起来有些不对头。我变得呆滞、迟钝、软弱了，现在我也已经失去了健康的底子。"对俾斯麦来说，宣誓效忠似乎无关紧要。他对内政大臣不感兴趣，因为普鲁士政策在国内太自由，在对外关系上却太保守，而现实恰恰需要反过来。带着这些想法，俾斯麦写下了迄今为止关于德意志人最深刻的一句话："我们几乎和法国人一样虚荣。如果我们能说服自己，我们在国外有声望，我们在国内就几乎什么都能忍受。"他补充说，"我忠于我的君主，即使是在拉文德海姆，但至于其他所有人，我不愿意为他们提起一根指头。这就是我的心情，我担心与我们仁慈国王的想法相去甚远，他很难认为我是一个令人满意的顾问。"随后，俾斯麦突然感到一阵厌恶，他总结道，"如果国王能稍微考虑一下我的想法，那么我将很高兴接受这项工作。"

这种半推半就的拒绝，这种怯懦的语气，与其说是因为生病，不如说是因为固执。俾斯麦的身体很好，可以半夜起来出去打山鹬，由此我们会发现，他的健康是他政治武器库中的武器之一。事实是，他看透了一切，这种极不正式召唤的不确定性，无疑使他感到自己处于相当不体面的处境。当俾斯麦终于来到柏林时，他的宿敌奥古斯塔赢得了这场比赛；国王已经让步了，他满足于一个简单的加冕礼，"长袍已经在二月订好了"。罗恩说："国王比以往任何时候都更听从王后和她随从的号令了。除非他身体变得更有活力，否则一切都将化为泡影，我们将进一步把自己置于议会制和共和国的枷锁之下。"

尽管如此，俾斯麦还是立即前往巴登觐见国王。他到达时，威廉"非常意外，以为我是因为大臣危机才来的"。国王的态度并不友好，直到他确定了这位魔鬼的观点。在这个时候，一名德意志学生试图刺杀威廉，原因是国王没有采取统一德意志的措施。俾斯麦赞同这位刺客的观点，尽管他自己只是用想法向国王开枪。俾斯麦抓住了机会。国王被他的幸免于难和刺客开诚布公的动机深深打动了。俾斯麦向威廉解释了他自己的观点，然后将这些观点体现在一份备忘录中，这份备忘录是俾斯麦在赖恩费尔德避暑期间写的，乔安娜在那里誊抄了这份文件。备忘录包含了俾斯麦思想上一个决定性的、有价值的变化证据，因为它发展出了关于德意志帝国的基本思想：

"普鲁士不能接受在德意志充当一个从属的少数民族……一个联邦，拥有比其他所有邦国更多的权力，必须对共同事务有主导的影响力……为了实现这一目标，在联邦中央权力机构中设立德意志人民的民族代表权，也许是与各邦国联系的唯一手段，从而可以建立一种平衡，以对抗历代分离主义政策的离心倾向。一旦人民代表制……在德意志的每一个州都存在，就不可能把整个德意志的类似制度看作本质上的革命……如果其成员不是由民众直接选举，而是由各个地方议会选举，这样选出的代表的智慧与保守行为也许可以得到保障……下级议会之争将会让位于政治家方式去处置德意志的总体利益。"至于内政，每个邦国都必须保持其权威不受损害。既然奥地利肯定会拒绝这个计划，它就不能通过现有的联邦议院来实施。"一种更有希望的可能性，或许是尝试沿着关税同盟所确立的道路，建立某种其他类型的国家机构。"这些计划的宣布"必须为产生双重效果而设计：首先，让德意志王公们对我们的设计范围感到平静，这样他们就会意识到我们的目标不是简化他们的独立而是保全他们的名位，是他们之间的自愿谅解；第二，消除人民中普遍存在的沮丧情绪，这种情绪是因为普鲁士认为德意志的发展进程会随着现有联邦议院的成立而结束"。

这些关于海关议会将发展成为德意志议会的想法，与俾斯麦1840年的演讲和信件相比，说明他从一个党派成员发展成了一位政治家。现在，俾斯麦想把革命理念变为现实，从而实现德意志人的统一，而在早期，他因革命起源而拒绝了这个理念。"每个人都希望德意志统一，但我不想用这部宪法来实现它。"他大声说道。即使在今天，俾斯麦虽然不想要这部宪法，但他愿意采纳它的主要元素。他认为，它的起源已随时间流逝变得神圣化了，它因此变得合法，"不可能被称为革命"。他甚至承认并宣称，德意志人参与德意志的治理不仅是应当被允许的，而且是必要的，必得以此制衡王公们的嫉妒！

上面引用的这份文件是用法庭文书的文体写的。在俾斯麦同时期写给朋友的一封信中，也同样表现出这种重大转变，信中采用了更有力的俾斯麦式措辞，来反对保守派的纲领："事情已经发展到这样的地步，德意志的王公们（他们把我们的联邦关系当作一个基座，在上面自居为欧洲大国）对主权不符合历史、不信神、无法无天的妄想，将成为保守党娇宠的宠儿……就我而言，我看不出我们为什么要如此挑剔地回避民众代表权的想法，无论是在联邦还是在关税同盟议会……创建一个完全保守的国民议会是有可能的，但会因此得到自由党人的感激。"

发表这些言论十年后，俾斯麦开启了第一个德意志帝国议会。

第八章

　　威廉一世站在圣坛前，他从圣餐桌上拿起王冠，亲手戴在头上。这是一个标志，表明他是从上帝而不是从人民那里得到这个王位的。之后是盛大的检阅部队。辉煌的列车中有一个身穿蓝色制服的伟岸身影。要不是这高个子有满头的头发，常出入宫廷的人会以为这人就是俾斯麦。但当他们走近时，他们才意识到这就是俾斯麦，他大笑着说："在宫里，我考虑得很周到，不仅给自己准备了一套军装，还准备了一顶假发，使伯恩哈德的假发相形见绌。如果没有它，我在户外光着头待上两个小时会很难受。"这就是俾斯麦出席国王加冕典礼时的盛装打扮，十年后，这位国王将加冕为皇帝。在第一次加冕典礼上，国王避开了他的封臣，就像十年后一样。这次的理由是威廉希望避免显得反动。王后的行为对她的丈夫和俾斯麦来说都是非常尴尬的。她比过去几年更有礼貌地面对她的对手。在一个仪式中间，她在国王面前停下来，开始谈论德意志的政策，"国王牵着她的手，想让她停止说话，但这是徒劳的"。

但是，从上帝手中接过王冠，并没有让国王的心平静下来。国事日渐纷乱。年底，进步党在选举中取得胜利。议会拒绝了国王想要的新兵。第二年春天，作为惩罚，自由党内阁被解散，保守党内阁被任命来辅佐罗恩。伯恩斯托夫伯爵是一个聪明而活跃的人，他的见解相当现代，虽然还没有强大到足以开辟新路，但他取代了施莱尼茨，施莱尼茨继续在幕后统治，所以当俾斯麦终于从圣彼得堡被召回时，后者说不久就会有三位外交大臣。黑森选帝侯干了一件蠢事，在他的民众拒绝纳税时，他派陆军队的锁匠去打开民众的钱箱，这就给了别人以干涉的借口。俾斯麦对伯恩斯托夫说："如果你想和黑森开战，让我做你的副部长。在四周内，你将有一场高质量的国内战争。"他已经"强烈反对兄弟战争这种流行的说法"。

在1862年的这个春天，他变得如此渴望行动，以至于他准备接受没有职务的大臣职位。他又一次被国王的决定羞辱了，俾斯麦认为他擅长的是当外交部长，他就是无法胜任其他职位。俾斯麦无法忍受像两年前那样等待，最后他向国王下了最后通牒：要么上任，要么辞职。三小时内他被任命为巴黎特使。这是一系列拉锯战的开端，俾斯麦以辞职威胁国王，迫使国王采取行动。巴黎的那个职位刚刚空缺；伦敦大使馆也是如此，伯恩斯托夫希望能去伦敦。俾斯麦官运不好，为王后所憎恶，被国王视为一个阴险的政治家。然而，当他提出这个最后通牒时，却敢于冒着被勒令辞职的危险。伯恩斯托夫建议不要采取如此冒险的行动，这也正是俾斯麦令人钦佩之处。俾斯麦唯一能依靠的人是罗恩，而罗恩对国王来说是不可或缺的。

在圣彼得堡，俾斯麦一直觉得他这个职位是暂时性的，他在职的三年只度过了一半。他好像是去巴黎游历似的。在任何时候，危机都可能会变得更严重，然后罗恩会派人叫他回去；这就是两个朋友私下的默契。虽然俾斯麦以前还很喜欢巴黎，但现在那里什么也不能使他高兴了。大使馆里闷闷的；法国人是乡巴佬，太喜欢装腔作势，又有太多保留。因为在过去的两年里，他的全部思想都转向了掌权，所以他对其他一切都感到厌烦，有时陷入虚无主义，这使他想起了青年时代最不幸的时期。

"自生病以来，我变得没精打采的，"从圣彼得堡被调任时，俾斯麦在给妹妹的一封信中写道，"我再也没有足够的精力来应付热闹的环境了。三年前，我也许还能成为一个相当有用的国务大臣；现在我觉得自己不过是个生病的马戏团骑手……我愿意去巴黎，或伦敦，或留在这里，没有遗憾，也没有快乐，只要上帝和陛下愿意。这对我来说都是一样的，对我们的政治生活也不会有什么不同……我害怕大臣职位，就像一个人在洗冷水澡前会瑟瑟发抖一样。我宁愿接受任何空缺的职位，或回到法兰克福，甚至伯尔尼，在那里我过得很舒服……万哈根（Varnhagen）"——俾斯麦一直在读万哈根的回忆录——"虚荣而恶毒，但谁不是呢？人与人之间的差异，只取决于生活如何使一个人或另一个人的心性变成熟——果实变得虫蛀，或在阳光下茁壮成长，或在潮湿的天气中受苦；变苦，变甜，或变烂。"

尽管如此，俾斯麦还是没受什么苦。的确，他的妻子、孩子和其他家庭成员都在不断生病遭罪，俾斯麦在给波美拉尼亚，尤其是给他妹妹的信中，表现出了某种温柔的情绪和日渐增多的诚挚之情。当他自己病重之时，他已认识到所有的政治感情都是相对的，并以哈姆雷特的心境写信给妻子："这个世界上除了虚伪和骗局什么都没有。不管最后是高烧还是子弹撕下肉体的面具，它迟早都要被撕下来的。当这种情况发生时，普鲁士人和奥地利人（如果他们的体型相同，比如施雷克和雷希贝格）之间会有太多相似之处，以至于很难区分。蠢人和聪明人，当他们除了骷髅一无所

194

剩之时，看起来就没什么分别了。这样的观点使一个人从特定的爱国主义负担中解脱出来。"

从此以后，当俾斯麦放过了自己（有时甚至也这样对待他虔诚的妻子），在他看来，宗教形式中越来越似是而非的痕迹，就会被前面那种反思、被带有恶魔味道的真理分析得无影无踪。他给家里写信的次数比以前少了，信也短了许多，尽管信中总是充满深情。他只有在描写自然的时候，才会触及事物的核心——那时他就是一个诗人。

当俾斯麦受到命运打击时，会用天意来安慰自己。当外甥死于狩猎时，俾斯麦写信给妹妹："再过二十年，最多三十年，我俩都将摆脱今生的烦恼。到那时，我们的孩子也会和我们现在一样，他们会惊讶地发现，看起来才刚刚开始的生活，已经开始走下坡路了。如果这就是一切，穿衣服脱衣服就不值得了……我们所爱之人的圈子越来越小，直到我们有了孙辈才会扩大。到了我们这个年纪，再也无法结交新朋友来代替死去的人了。"从这些话里，我们也能看出他重视家庭感情胜过重视宗教。

在平凡的生活情绪中，当他既无悲怆也不软弱时，俾斯麦却写出了真相。比如，在参加了一位亲王的葬礼后，他写道："当教堂里挂满黑色的装饰，送殡的人都出去了，我和戈尔恰科夫留在后面。我们在盖着天鹅绒棺盖的棺材旁坐下，聊起了政治……牧师在布道时，引用了《诗篇》第一百零三篇（草，风，消逝）中的诗歌，我们就在那里，规划，筹谋，好像我们不会死一样！"这种沉思的心绪，恰好符合俾斯麦这种天生的自我剖析者，这种心绪在他的基督徒生涯中很少见，还没他年轻时出现得多。从此以后，这种情绪又变得常见起来，因为它们召唤出了真理站在了镜子面前。

现在，俾斯麦带着同样的心情漫步在巴黎的街道上。他在那里还没有安顿好房子；他的妻子没和他一起，他几乎没有什么伙伴，而且他这个阶层的大多数人在仲夏时节都离开了这个城市。由于达不到目标，俾斯麦的不安与日俱增，最后化为对目标的蔑视。他在给罗恩的信中写道："有一种动物，当世界太顺利时，它会在冰上跳舞，我很像拥有那种动物的进取精神一样。"俾斯麦和罗恩讨论了伯恩斯托夫家庭方面的原因，让他推迟了离开的时间。这样，危机可能会被推迟到春天。俾斯麦最后说："也许我们的计划里没考虑陛下。也许陛下永远不会下决心任命我，因为我真的不明白他为什么现在要这么做，毕竟他在过去的六个星期里都没有任命我。"八月，俾斯麦催促罗恩给他一些确切的消息，因为他想知道明年冬天他的写字台摆在哪里——是在伦敦、巴黎还是柏林。罗恩的回答很有特点："国王会理解这种动机的，这动机有可能会奏效，比政治方面的考虑更有效。"

对家的渴望，对固定住所的渴望，使俾斯麦紧张不安，这也影响了他在柏林的朋友们。"我的东西还在圣彼得堡，会被封冻在那里……我的马在柏林附近的乡下；我的家人在波美拉尼亚；我自己在路上……我最希望留在巴黎，但我必须拿得准才行，我费那么大的劲，不是为了只能在巴黎住上几个星期或几个月；我家里的人太多了，搬来搬去不甚方便。"然后俾斯麦继续说，"我准备好接受没有职务的大臣职位了，今天到任都行，但我连这种前景都看不到。"俾斯麦照例给自己留了一条退路，写信给哥哥，大意是说，即使他得到了大臣的职位，也不会长久，然后他要到乡下待一段时间，以便培植苗圃。"我想好了，要在沙地上种橡树，以获取树皮。即使在最糟糕的、砾石最多的荒地上，荷兰人用这种方法每英亩至少能赚二十到三十弗罗林（florin）。"还有一次，俾斯麦写信给哥哥，就像个军官外出了一夜那样："与妻子和孩子分离，昨天吃了太多的杏子，使我感到相当沮丧，我渴望有一个固定的地方，在那里我期待可以安享余年。"

在巴黎的这两个月里，俾斯麦得到的唯一的好处就是在枫丹白露和人聊聊天。和五年前一样，拿破仑扮演着诱惑俾斯麦的角色，只不过这次比以前更急不可耐。拿破仑似乎预感到，这个看起来不久就会掌权的人，是注定要毁灭自己的仇敌，而皇帝似乎希望以某种方式避免这场灾难。当两个人一起在户外散步时，法国人拿破仑出乎意料地对普鲁士人俾斯麦说："你认为国王会愿意与我结盟吗？"

　　"国王对陛下本人怀有最友好的感情，公众对法国的偏见也基本消失了。但是，只有当环境有利，联盟有必要而且有用之时，结盟才会有成效。结盟必须有动机，必须有一个目的。"

　　"这并不完全正确，"皇帝说。"有些国家彼此之间比较友好，有些国家就不那么友好了。鉴于未来的不确定性，有必要将信心引导到一个特定的方向。我并不是在以任何冒险的方式谈论联盟。在我看来，普鲁士和法国之间似乎有共同的利益，这可以为亲密和持久的协约提供要素，除非偏见会造成障碍。试图制造事变将会铸成大错；大事件是自发产生的，我们无法预见它们的趋势和强度。这就是为什么我们必须事先确定，当大事件到来时，我们有能力迎接它们，能够利用它们。"拿破仑发展了这个外交同盟的想法，然后突然站起来说："你无法想象过去这几天奥地利给我提出了多么惊人的条件……维也纳似乎陷入了恐慌。梅特涅曾对我谈到全权，他甚至不敢说他有多大的权力。他说他有权毫无保留地同我讨论一切问题，他拥有的权力是任何君主都不曾给过使者的。这一声明使我感到尴尬。我不知道该怎么回答。他坚持要不惜任何代价和毫无保留地同我商议各种事务。但就我而言，且不说两国的利益冲突，我有一种近乎迷信的恐惧，害怕卷入奥地利的命运之中。"

　　在这次谈话中，使我们感到吃惊的第一件事是皇帝的不礼貌，这与他的一贯作风不同。在这种情况下，在俾斯麦这位以狡猾地假装坦率而闻名的政治家面前，拿破仑表现出了这种不礼貌。人们也许会认为，拿破仑那样说话是由于他的反复无常和轻浮，但是从他的性格和过去的经历看来，这种假设是不成立的。他知道外交家都爱说长道短，所以他不可能凭空捏造梅特涅的提议，他对结盟性质的看法比俾斯麦的看法更准确、更现代。俾斯麦所说的并不是他的真实观点。这仅仅是一个托词。没有什么比他纯洁的拒绝更值得注意的了，在他自己的报告中，俾斯麦将其与约瑟夫拒绝波提乏妻子的求爱进行了比较："他的舌尖上有最不合适的结盟建议。如果我半推半就，他会说得更清楚。"

俾斯麦试图从皇帝那里得到更多的信息，他会甘冒什么风险呢？原则并没有阻碍他，因为他不是正统主义者；而如果俾斯麦把来自强大法国的积极建议带回家，普鲁士皇帝最终可能会愿意讨论这些问题。此外，我们还知道，在他给伯恩斯托夫的信中，他夸大了在同一天的正式报告中所说的，说普鲁士皇帝是"德意志统一计划的坚定支持者，也就是说，他赞成一个小规模统一的德意志，没有奥地利的。正如五年前，当他和我讨论这件事的时候，他希望普鲁士成为一个海上强国，至少是二等海上强国，并说普鲁士必须为此拥有必要的港口。他认为把翡翠湾收紧……是无理取闹"。但是俾斯麦对他的国王却只字未提他是如何答复拿破仑关于奥地利的建议的。俾斯麦在信中只做了笼统的总结：在这种特定条件下与法国结盟是不明智的，但也不愿成为奥地利反对法国的伙伴，因为奥地利永远不会"自愿同意改善我们在德意志的地位，但愿意牺牲威尼斯和莱茵河左岸"。而且，总的来说，"奥地利愿意订立任何条约，只要有助于其在德意志内压倒普鲁士"。

俾斯麦对他的国王保持沉默是值得注意的，因为他很快就认识到这次在枫丹白露公园里的谈话具有深刻的历史意义。显然，比起他要等着退位的大臣们，他对法国皇帝坦诚得多。俾斯麦希望伯恩斯托夫不久后就能成为驻伦敦大使，而自己则能补缺成为威廉大帝的外交大臣，俾斯麦之前的长官变成他的下属。那么，他为什么要把这次几乎史无前例的谈话的全部真相告诉伯恩斯托夫呢？很可能俾斯麦甚至对国王隐瞒了谈话的主旨。虽然他自己对拿破仑皇帝只是泛泛而谈，但我们可以肯定，他从拿破仑那里得到了更多信息。四年后，在普鲁士和奥地利战争期间，当他再次与拿破仑接触时，他可能会提醒皇帝这些事情。

在巴黎这段时间，俾斯麦会见了梯也尔（Thiers），梯也尔是法国反对党的领导人。他还去了趟伦敦。在俄国大使馆的一次晚宴后，据说俾斯麦的坦率让迪斯雷利（Disraeli）和其他一些领袖人物感到震惊——尽管毫无疑问，传统上关于发生什么事的报道必定被认为是虚构的。有人问俾斯麦，如果他上台，他会怎么做。他说："我的首要任务是重组军队。一旦军队足够强大，我就会抓住第一个机会与奥地利算账，解散德意志联合会……在普鲁士的领导下建立一个统一的德意志。"习惯于虚张声势的俾斯麦确信，人们总是相信虚假的恫吓，而恫吓为真时，人们反而从不相信。然而这一次，他失算了，因为在座有一位听众在智力上与他不相上下。迪斯雷利重复了俾斯麦的话，灵光一现，又加上一句："当心那个人，他说到做到！"

德意志问题的矛头指向了普鲁士军队。每一个党派——总共有三个——都希望普鲁士军队站在自己一边。自由党希望将德意志置于普鲁士的领导之下；保守党首先是德意志人，他们不想被普鲁士统治。这种分裂贯穿了人民和社会、宫廷、官场、王室。就像革命时期一样，存在着充斥情感的波浪。

国王是唯一一个听到两个声音在对他说话的人。过去三十年来，他一直致力于军队重组，这是他独特的兴趣所在，也是他很熟悉的议题。自从解放战争以来，尽管这个国家的人口增加了一倍，但军队的制度没有改变，征召入伍的年龄也没变。威廉现在终于掌握了权力，他那摇摆不定的哥哥已经去世了，威廉希望制定一项新的军法，根据这项法律，更多的新兵将服役三年。另一方面，由已婚男子组成的民兵的规模也要缩减。因此，整个军队将保持不变，但实际服役的人数将从四十万增加到七十万，军队将由更年轻的人组成。给年纪较大的人减轻兵役是一种普遍的举措；国王本人也是军人出身，也许他一开始也没想那么多。

但他很快发现，从政治角度来说，他的计划还有其他的解释——它可以从两个方面被攻击。自由党人把民兵看作人民的最后堡垒，自1813年以来就一直是这样。赢得解放战争的是他们的父辈，即字面意义上的"民众"，而不是态度暧昧的贵族，也不是敌视民众的国王。现在看来，沙恩霍斯特当年创建的民兵队伍，要蜕化为国王的军队了。而且，自由党和威廉一样，也想加强军队的力量。他们想要一个统一的德意志，这就是他们赞成两年兵役的原因。他们反对的是增加贵族对军队的影响力，他们反对扩大军官团和军事学院的提议，他们不希望看到中产阶级出身的军官变成民兵。其他的一切都回到了贵族的手中，因为外交官、地方长官和地主都是贵族。但如果军队能作为民众的军队保留下来，就还能留下一些1848年的精神。

罗恩把这场冲突推向了高潮。他是保皇派，远比国王更甚。罗恩在议院宣布，在紧急时刻，王权绝不能依赖于不断变化的多数派和党派演说。因此，他公开表达了自己对宪法的反对，如他所愿，左派掉头自卫。在立宪之前，国王都是按照自己的意志来决定军队的规模的。现在的普鲁士是要成为一个立宪制国家，还是像以前一样成为一个军国主义的国家？没有不想领薪水的士兵！拒绝投票支持三年兵役的军需费用——如果你这样做，议院将被解散。于是，冲突愈演愈烈。

在柏林危机的这几个星期里，俾斯麦每天早上下午都去大西洋的水域游泳，法国海岸以那里浪最大。他在比亚里茨（Biarritz），离西班牙边境很近，远离铁路、信使和德意志报纸。享受着每天的沐浴，他在那里待了几个星期，而不是像他最初打算的那样只待三天。他躺在沙丘上，"抽烟，看海，练习打靶……我已经完全忘记了政治，也不看报纸。"伯恩斯多夫和罗恩的重要信件也跟着他到了比利牛斯山山麓。俾斯麦懒洋洋地躺在沙滩上，喊道："要是没有去柏林的传召就好了！我现在就是海盐和阳光……我在水里待了半个多小时，我觉得我好像能飞，只是我没有翅膀。晚饭后，我们沿着沙滩骑马去了。月光皎洁，退潮了，然后我一个人继续往前走。你看，我已经恢复了往日的活力。"

俾斯麦已经有十多年没有像这几个星期这么快乐了，他觉得快乐，是因为他恋爱了——当然是体面地恋爱，这是一个有严格原则的人应该做的。作为一个了解女人的男人，俾斯麦在每日写给妻子的信中，滔滔不绝地谈论着另一个女人，并把她与他们死去的朋友相提并论，为自己年轻时的爱情增添了新的光彩："躺在开着石楠花的两块岩石之间，谁也看不见我，我望着大海，它在泡沫和阳光中呈现出绿色和白色。在我身边的是最迷人的女人，如果你了解她，你会非常喜欢她的；她让我想起了玛丽·塔登……但她有着非常独特的个性——快乐、聪明、和蔼可亲、漂亮、年轻。"奥尔洛夫（Orloff）王妃，就是俾斯麦在海边度假胜地遇到的，她和她的丈夫构成了尘世间他眼前的景色。随着时间的流逝，俾斯麦越来越喜欢这种景色，而不是野蛮的森林和高耸的悬崖："我的身体好得可笑，我已经达到幸福的极限，即使你不在我身边。"他早睡早起，精神抖擞。晚上，当他坐在敞开的窗前眺望大海时，迷人的俄国女士为他弹奏钢琴；演奏他心爱的贝多芬、肖邦和舒伯特的《冬之夜》。"她是这样的女人：如果你认识她，你就会全心全意爱她。"他们参观了一座灯塔，发现灯塔看守人的妻子快要生孩子了。一种浪漫的幻想攫住了这对恋人。他们将把他们交织在一起的感情传递给未出生的孩子，他们愿意做这孩子的教父教母。事实上，当这个男孩出生时，他被命名为奥托拉弗勒，这是他两人名字的组合。一时间，俾斯麦忘记了自己的结婚纪念日。俄国女人征服了这个经验丰富的男人，他总是容易为外国女人的魅力所迷惑，他再也没有这样激动过了。

现在，在这位漂亮女士的车里，俾斯麦走向了他最大的激情：权力。

在收到许多信件和电报之后，俾斯麦在阿维尼翁收到了一个警告。最后，当他回到巴黎时，就收到了明确的传召，罗恩早在两星期前就跟他打过招呼了。信上写着："迟则生变，速来。"这是1862年9月18日的事。电报的日期是9月17日。9月19日一大早，俾斯麦就在开往柏林的火车上了。他的心情和十五年前一样，在漫长的等待之后，他的农民们拼命地来到舍恩豪森的门口，喊着："冰已经开始破裂了。快来吧，男爵先生！"

进步党在下议院拒绝通过军事法案，除非将服役期限限制在两年。罗恩被他那些懦弱的同僚们逼迫，他回答说，他要再考虑一下这件事，因为这几天他准备作出让步。伯恩斯托夫之所以辞职，是因为如果他拒绝服从议会改为两年兵役，他就要面临在没有议会的情况下进行违宪统治，他不愿面对这种情况。但现在国王有毛奇的支持，因此立场坚定。于是，当一切处于危急关头，罗恩自己负责，主动派人去找那位政治家俾斯麦，让他为这三位将军提供军队。

当在巴黎的俾斯麦接到参战的号令时，在新巴贝尔斯堡（New Babelsburg）的国王正处于极度激动的状态，因为他第二次站在法律和信仰的十字路口之间。由于国王不是个政治家，而是个贵族，他又希望能够回避这个问题，于是他想退位。他一生中最可怕的时刻在此时涌上他的心头：童年时逃到梅梅尔；成年后逃到普法尼塞尔，又逃到伦敦；奥洛穆茨；克里米亚战争的前一天。一切都白费了。9月18日，他派人把他的儿子腓特烈叫来，给儿子看了尚未签署的退位书。这位储君为人太过懦弱，不喜欢也太不愿采取行动，根本无法夺取父亲的王位，他甚至拒绝阅读这份文件，还宣称他不能一即位就从议会撤退。他说，退位只会加剧冲突，右翼政客会在父亲和更自由的儿子之间挑拨离间。俾斯麦的名字突然出现了。

"他是亲法国的党派。"腓特烈说。

"这就是我不想让他当部长的原因。"威廉说。

罗恩再次敦促任命俾斯麦，而伯恩斯多夫支持将军，老威廉被逼得走投无路，喊道：

"他现在不会接受的！他不在这儿，我们无法和他谈这件事。"这是国王为避免不可避免的结局所做的最后努力。二十日清晨，俾斯麦出现了。一位熟人这样描述他刚抵达时的样子："瘦削，健康，晒得黝黑，就像一个骑骆驼穿越沙漠的人。"俾斯麦发现一切都很混乱。他们都有话要对他说，每个人都给他不同的建议。大臣们仍然认为退位迫在眉睫，劝阻国王不要走这一步。储君试图逃离混乱，前往附近的温泉，二十一日派人去找俾斯麦，但发现他什么都不肯说，因为这位大使还没有和国王谈过。国王从腓特烈那里听说了俾斯麦的这次觐见，同一天，罗恩觐见了国王，国王非常不高兴地说：

"真没办法和俾斯麦共事。他都已经去看过我的儿子了！"在这些由俾斯麦亲自记录的话语中，威廉的个性都被表现了出来。国王宁愿退位也不愿屈服于议会，因为他是一名军人。如果他的儿子拒绝接受王位，那就更好了，毕竟威廉宁愿继续掌握他等待已久的权力。但是当他发现他昨天想要召见的那个人——俾斯麦似乎在巴结他的儿子时，国王满腹狐疑。这里面一定有阴谋。罗恩主动召见了俾斯麦。罗恩也有份参与！然而，不幸的是，这个人现在已经到了。威廉无法拒绝见他自己的大使；再让事情随波逐流也没用。再说，其他人都不怎么样，在这个世界上威廉最想要的就是一支新军队。

好吧，让他来吧，让他试一试。我们必须动用现有的武器。

二十二日清晨，俾斯麦进入巴贝尔斯堡国王的书房。国王虽然不像三天前那么想退位了，但他还是把打算退位的事告诉了俾斯麦，并给他看了一份文件，这份文件也给罗恩和腓特烈看了。虽然他完全满足于上帝的恩典，并认为他是从上帝的桌子上拿到这神圣的皇冠，但在现实斗争中，他又变回一位军人，一遍又一遍地说：

"那我就退位吧。"

"除非我能对得起上帝、对得起我的良心和我的臣民，不然我就不当这个国王……我找不到任何愿意执掌我政府的大臣，因此我决定退位。"俾斯麦预料到了这一番话，国王也知道他预料到了，因为大臣们都知道他的意图。特使回答道：

"陛下知道，我从五月起就准备好了。"

俾斯麦按照他一贯的策略，把责任推到别人身上，他暗示说这个别人应该早点召见他。俾斯麦继续说，罗恩必须留任，还必须找到其他大臣。

"你自己是否准备不顾多数人的反对，坚持改组军队呢？"

"是的。"

"那么，在你的帮助下，我有责任尝试继续进行斗争，我不会退位。"

整个谈话的形式向我们表明，在门打开之前，国王已经决定在这位不沮丧、有主见的政治家帮助下继续统治，这样他就可以保持他的荣誉地位。他的问题暗示了他想要的答案，并且还是出于良知的。国王太单纯、太直率——不愿做出戏剧性的姿态，不愿撕毁退位行动，不愿握着新人的手，开启一个新时代。他就像俾斯麦一样，这是俾斯麦一生中第二次用一句话做出一个重大决定。国王邀请俾斯麦去公园散步，并进一步询问他。现在，威廉给俾斯麦看了一份亲笔写的节略，八页，密密地写在一起，涉及所有争论的问题，从对自由党的让步到行政管理的改革。就这样，国王武装了自己，去迎接他那令人敬畏的仆人。这个计划是为了保护威廉不受俾斯麦冒险愚蠢行为的伤害。俾斯麦在浏览文件时推断，这份文件是得到了王后的授意。

于是俾斯麦改变了语气。看不见的敌人的存在感，以及最近的非正式任命给他的安全感，使他恢复了短暂的自信，他在这个危险的联盟中说了第一句话，就同时稳定了自己的政策和权利。他拒绝讨论该计划的细节。

"现在争论的问题不是保守党和自由党之间的问题，而是普鲁士的政体是君主独裁制还是议会制。如果有必要的话，议会制应该经受一段时期的独裁统治。在这方面，纲领只会束缚我们的手脚。在这种情况下，即使陛下命令我做我认为不明智的事情，我也要坦率地向您表达我的意见。但如果您坚持自己的观点，我宁愿和国王一起灭亡，也不愿让陛下在与议会的斗争中陷入困境。"

一种新的腔调——俾斯麦特意选择了这种腔调，因为在这个时刻，他想赢得威廉的信任。然而与此同时，他又立下一个服从的誓言，正是因为他觉得自己有能力不服从。与此同时，我们可以肯定的是，他和魔鬼的想法一样："我要拖着他走过人生的诸多混乱时刻！"

他接受了作为臣仆和军官，也是作为一名外交家的征召。一分钟后，俾斯麦表现出了现实的远见，国王提议将这个现在毫无价值的计划扔进一条干涸的沟渠。于是，俾斯麦注意到了危险，拦住了他。这是俾斯麦作为大臣给国王的第一个建议。之后，他经常会警告威廉要小心干涸的沟渠。

在从巴贝尔斯堡回来的路上，俾斯麦遇到了斯洛泽。对于这个弯弯绕绕才赢得他信任的人，俾斯麦"用一种非常奇怪的语气"说（正如斯洛泽所记述的那样）：

"我想我已经被看管起来了。"

第三卷：1862—1871
缔造者

我们食生命之树则无法不受罚。

——罗恩

第一章

"当我在州议会写这封信给你时，我不得不听……那些幼稚又亢奋的政客们发表愚蠢得令人诧异的演讲，这让我有了几分钟不由自主的闲暇……我当大使的时候，虽然只是政府的办事员，却自觉是绅士；当了大臣却成了奴才……人们虽然聚在这里，但背后动机有所不同；这就是他们争吵的原因……他们互相残杀，这是这类事情的必然结果……这些夸夸其谈的人不能真正地统治普鲁士；我必须对抗他们；他们太缺乏智慧，日子过得太舒服了；他们又愚蠢又傲慢……然而，说他们"愚蠢"（在一般意义上）并不恰当。他们在某种意义上来说相当聪明，对知识一知半解，他们是德意志大学教育的典型产物，他们对政治的了解和我们学生时代一样少——不，是更少！在外国政治这方面，他们有一个算一个，都是小孩儿；在其他事情上，他们一聚在一起，就都成了小孩儿。"

俾斯麦就是这样写信给少年玩伴莫特利的。在他执掌权力的最初几个月里，他的情绪就是这样的。他蔑视这群人，蔑视这群与他作对的空想家，尽管他也毫无保留地承认他们中的个别领袖是有文化的。至于欧洲事务，他觉得自己无疑比他们都高明。与此同时，他不得不持续与自己敏感的荣誉感做斗争；他必须学会不再像以前那样反击。迄今为止，他可以公开攻击他的对手，把他所有的力量投入战斗。当议员时，他在演讲台战斗；而当外交家时，他就在报告和信件中战斗。所以俾斯麦必须对代表们隐瞒他的想法和计划，否则他的计划就会被各国周知，那他就需要新计划了。随着权力的上升，俾斯麦开始变得孤独。

"他开始自己的职业生涯时，是一位乡绅，有温和适中的政治理念，他的见解和学识并不比任何受过教育的人水平更高。在议会，他的名声于1849年和1850年达到了巅峰。在演讲中，他表现得粗暴无情，对轻浮的举止漠不关心，有时诙谐到流于粗俗。然而，他什么时候发表过政治观点呢？"当一家柏林报纸这样迎接他的晋升时，俾斯麦也没有理由感到惊讶了。的确，他在公众眼中没啥存在感，也只有少数新的政治成员知道他在过去十年里为和平所做的一切。虽然他的活动不具有神职特性，却是只有内行才懂的。古斯塔夫·弗莱塔格（Gustav Freytag）在《国家自由主义通讯》（*Grezboten*）中写道："即使是权力再大的人，也会因议院的坚固而沉船。我们可以给冯·俾斯麦先生一年的时间。"费尔南多·佩索阿！诗人先知！他掌权二十八年。

一个当时近距离观察他工作的人质疑他的理智："俾斯麦患有严重的神经紊乱症，"他的一位下属在几周后写道，"在我看来，他有时不能完全对自己的行为负责。"例如，当他向报刊发出指示时，他的思想有如策马疾驰，写的人根本跟不上。柏林的外交家大都倾向于相信"……他活不

209

了多久，因为他从不让自己好受"。

然而，按照俾斯麦的科学的态度，他开始的时候会温和而缓慢，只有在广泛的分析和试验之后才会下决心采取行动，并且要谨慎地推进。不久之前，俾斯麦曾写信给罗恩说，如果他掌权，人们会惊呼："现在要向魔鬼还债了！"他的敌人们料想他会有暴力和愚蠢的举动，俾斯麦决心要让他们的期望落空。他一上任，就收回了1868年的预算，从而向议会提出休战；与老自由党人谈判，给他们内阁中的席位；而他提出建议的方式比内容更让他们吃惊。大使特韦斯顿（Twesten）看不起但并不害怕俾斯麦，在他和俾斯麦的一次长谈中，俾斯麦私下非常严厉地批评了国王，而俾斯麦本应是不假思索支持国王的人。特韦斯顿又怎么对朋友们说呢？自由党人欧特克（Oetker）描述说，第一次拜访俾斯麦时，他本以为会看到"一个卑躬屈膝的容克，一个懒散的运动健将和赌徒；但几分钟之内，我就对俾斯麦形成了完全不同的印象。我所期待的一点痕迹也没有……一个身材魁梧、有力而又轻盈的人来到门口，以最友好的方式向我打招呼，和我握了握手，拉了把椅子给我，带着胜利的微笑说：'好吧，这么说你也不受民主派的欢迎了！'然后他接着说，从他积极反对街垒那些人时开始，时代已经变了——他在法兰克福学到了很多东西"。俾斯麦用比他的来访者"曾说过或写过"的更为激烈的言辞辱骂《新普鲁士报》。

因此，对手们本以为会发现俾斯麦傲慢又保守，但俾斯麦却很巧妙地对付他们。他极为客气，接待他们时，表面极为坦诚。欧特克不是那种在地方俱乐部里谈论政治的小官员或小商人，他是黑森的领袖之一，是一个受过良好教育的律师。大人物俾斯麦在门口迎接欧特克，并为他拉了一把椅子，这让欧特克受宠若惊——不是因为俾斯麦官至首相，而是因为这位和蔼可亲的首相也是普鲁士的容克。在那个年代，傲慢是普鲁士地主士绅的传统风格；俾斯麦被看作这种阶级情感的化身，他却打破一切形式，举止自然，在反对他的人面前抨击自己党派的过分行为，表明他既不因为现在被称为"阁下"而显得僵化，也不像容克那样教条主义。他表明自己是个深谙人情世故的人。他确实是生来如此，不同寻常，但绝不是典型的普鲁士官员。

没有人比斯洛泽更有兴趣关注俾斯麦掌权初期的这些试验，在此期间，他与俾斯麦喝过几次酒。斯洛泽写道："俾斯麦把他的喜剧演得淋漓尽致，试图吓唬国王和所有党派。他把所有人都逗乐了。他试图说服国王在服兵役的期限上让步。对于上议院的议员，他把他提议的反动性说得很暗黑，以为他们肯定会惊慌失措……他有时对下议院的议员采取非常强硬的态度；其他时候，他的行为方式旨在鼓励他们达成协议。至于德意志内阁，俾斯麦让他们相信国王很难控制自己这位新大臣的加富尔主义。有一点是肯定的，那就是，到目前为止，他天才的光辉给人留下了深刻的印象。一个多么优秀的男人啊！"

就目前而言，即使是在俾斯麦非常疲惫的时候，他仍表现出了极大的礼貌。他当上首相还不到一个星期，就趁州议会委员会开会的时机，承认了自己的一些过失。在辩论过程中，他打开雪茄盒，向对手展示了一枝小橄榄枝，他说："我最近在阿维尼翁摘了这个，打算把它作为和平的象征献给民众的党派。然而，我认为这么做的时机尚未到来。"也许有点傲慢，但他好像从橄榄枝之地带回了一些说话的礼貌。过了一会儿，这位技艺超群的人改变了他的语气，宣布新闻界对他的指控（新闻界断言他策划战争是为了转移人们对国内混乱的注意力）是错误的，并继续说：

"的确，尽管我们不主动寻求混乱，但在德意志也很难避免混乱。德意志并不指望普鲁士的自由主义，而是指望它的权力。南德意志诸邦国愿意沉溺于自由主义，因此没有人会把普鲁士的角色分配给他们！普鲁士必须集结兵力，储备起来，等待一个有利的时机，这个时机已经来了又走了好几次。自维也纳会议签订的一系列条约以来，我们的边界设计得就不好，不适于一个健康的政体。当代的重大问题不是通过演讲和多数人的决议来解决的（这是1848年和1849年的错误），只有用铁①和血②才能解决。"

在一张绿色的桌子上，对着十几位议员和几位政府代表，俾斯麦毫无挑衅地说了一段语气温和的独白，表面上是即兴的，但毫无疑问是有备而来的——这就是俾斯麦说出这些话的方式。虽然没有速记员把这些话记下来，但当这些话像野火一样传遍德意志，当媒体和民众改了这句话的韵律，称作"血与铁"，并表现出或真或假的惊恐时，演讲人并没有否认这些话。

尽管如此，俾斯麦还是后悔使用了这两个字。就像十四年前俾斯麦作为议员的第一次冲击一样，他作为首相的第一次出击是竹篮打水一场空。这一次，他同样激怒了每一个人，无论是朋友还是敌人。他的朋友和伯乐——罗恩，在和俾斯麦一起回家的路上说："这样的话简直粗鲁无礼。"罗恩也对他说的话吹毛求疵。"对这个人来说，什么都是儿戏；没有哪个负责任的大臣会这么说，"自由党人写道。俾斯麦自己对一名议员这样解释说，"我的意思是国王需要士兵。我的演讲并不是为了帮德意志问题向前迈进一个阶段。这只是对维也纳和慕尼黑的警告。这绝不是对其他德意志邦国的武力呼吁。'血'只是指'士兵'。我现在才明白，我当初应该更谨慎地用词才对。"俾斯麦这句名言中最引人注目的却是他最后的战术失误。

国王惊恐地读着这些话。国王在巴登被王后批评，王后生日时，国

---

① 即武器。
② 即战争。

王又受亲王和王妃的批评，因此国王对新首相抱有悲观的看法也是很自然的，因为新首相一周前才向他宣誓效忠，他还答应过妻子要严加管束。王室大为震怒。人们议论起了路易十六，还有斯特拉福德（Strafford）和波利尼亚克（Polignac）——而且还是在王后生日那天！节日的欢乐都消失了。在柏林的俾斯麦预见到了他在巴登的讲话将产生的影响，尽管威廉既没给俾斯麦写信也没发电报，但俾斯麦还是知晓国王内心的挣扎。俾斯麦想象看到威廉几天后独自回宫，他的耳朵里充斥着警告和责备。因此现在，俾斯麦开启了秘密旅行以便对付国王，他事先没有向国王和内阁透露，目的是在威廉回到首都之前影响他。俾斯麦出发去见威廉了。

在售票处，自由党人冯·昂鲁（Von Unruh）先生认出了俾斯麦。俾斯麦与昂鲁进入同一个车厢，以征求昂鲁的建议，他们谨慎地讨论了当下的情况，俾斯麦在于特博格下了火车，说要去拜访一个亲戚。然后，俾斯麦在未完工的车站里坐下，"在黑暗中，坐在一辆翻倒的独轮车上"，周围是工人和其他无关的人。当俾斯麦要求乘坐皇家马车时，守卫粗暴地对他说话；他没有说出自己的名字，没有人认识他。这么看来，这个坚持要求人们给予他的阶级以最大尊重的人，似乎并不要求被别人尊重他的官阶。这个主张血与铁的人，这段日子以来全世界第一次谈论、全世界都在辱骂的人，却坐在黑暗中翻倒的独轮车上，等待着他的国王。

在那些传说中的日子里，普鲁士国王仍然乘坐一辆普通的火车旅行。他独自一人坐在灯光昏暗的车厢里。俾斯麦在那里找到了他，国王显然很沮丧。当俾斯麦请求允许他解释情况时，国王打断了他的话，说：

"我很清楚这一切将会如何结束。在剧院广场上，在我的窗户下面，他们会把你的头砍下来，过些时候，再把我的头砍下来！"

俾斯麦在国王的身后看到了奥古斯塔的影子，他很满意地回答："然后呢，陛下？"

"然后，可以确定的是——然后我们就死了！"

"是的，然后我们就死了！既然迟早要死，是不是能有一种更体面的死法？我应该为我的国王和主人的事业而战死。陛下会用自己的血来封住上帝赐予的王权。无论是在断头台上，还是在战场上，只要是为了上帝赐予的权利而牺牲身体和生命，都没有什么区别！陛下千万不要想到路易十六。他活着抑或死了，都是个懦夫，在历史上并不算个杰出人物。不如想想查理一世吧！他为自己的权利而战，战败之后，不动声色地带着国王的气度赴死，他难道没留下一世英名吗？陛下除了战斗别无选择。你不能投降。即使有人身危险，别人逼迫你，你也必须抵抗！"

"我这样讲得越久，国王就越觉得精神振奋，越觉得自己在扮演一个为王国和家园而战的军官……他是普鲁士军官的理想类型，只需一句'听您的命令'就会无私无畏地赴死；但他同时也是这样的人，当必须按照自己的责任行事时，他害怕上级或全世界的批评甚过害怕死亡……他觉得他在展现一种作为军官的勇气。就这样，国王就被引上了一条与他的整个思维方式相适应的道路。几分钟之内，他就恢复了在巴登失去的信心，甚至变得愉快起来了……在我们到达柏林之前，他处于一种愉快的作战心绪之中，正如他向前来迎接他的大臣和官员们坦露出来的那样。"

这一幕是俾斯麦的杰作，即使是在三十年后才被描述出来，其中戏剧性的力量还是赋予了它真实的印记。在这里，他不是在强迫对手投降，也不是在催促他的上级参战；他只是试图哄着刚被激怒的国王认同他的话，即使他自己都对这话有偏见。坐在独轮车上的俾斯麦良心不安。尽管他曾向对手承认，自己在谈论血与铁时犯了错误，但当上首相才一个星期的他，绝对不打算对自己的国王承认同样的错误。这就是为什么他鞭策着自己和国王，使之都有了战斗的想法，而这是他们第一次协商时所缺乏的东西；在俾斯麦的建议下，威廉这种好斗的心态成了将来的筹备力量。

即使这一切都可以归因于俾斯麦这个人天生的精明和谋算，但这也是他内心深处感情的真实表达。从第一次决斗的日子开始，俾斯麦就准备一直战斗到死；在一生中，他也没有一个时刻害怕拿自己的身体去冒险。大臣个人的勇气是一种强有力的暗示，国王可以用自己老军人皮肤上的所有毛孔接收到他的真诚。

当国王虚弱时，这就是俾斯麦总能治好他的灵丹妙药。

第二章

　　"我和殿下合不来，必须得小心翼翼地对待他！"这就是俾斯麦向格拉赫所说的，他在参与政权交替中面对的困难，当时威廉成了摄政王，时间是在俾斯麦被任命为首相之前的四年。俾斯麦是否适合普鲁士，这是一个重大问题，斯洛泽（令俾斯麦爱恨交加）不敢回答得很笃定。国王是唯一个能把普鲁士当成俾斯麦治国目标的普鲁士人。首先，他必须先抓住威廉；现在他必须快速地抱紧威廉。俾斯麦对付威廉，就像一个熟练的情人对付他永远不能完全拿捏的情妇，就像一个发明家对付为他发明提供资金的资本家——因为俾斯麦是一位大师级工匠。在这两个人的挣扎中，谁也离不开谁，在两个性格截然不同的人之间的缄默无言和无声挣扎中，在这种不为权力只为自我征服的斗争中，在这场无休止的王室竞争中，每个战士都有一半优点、一半负担，很难说谁的任务更艰巨。他们会让一个虽有王室血统但人才普通的年长绅士，忍受任用相对年轻的人作为首相，这个年轻人只是个容克，碰巧还是个天才呢；还是会让一个大胆的政治家去容忍一个永远犹豫不决的国王呢，前者会更有难度吗？老资格的骑手总是不信任这匹骁勇善战的马，而这匹马也总是在咬嚼子。

在国王和大臣各执己见地讨论之后，每每都气急败坏地不欢而散，彼此都希望赶紧离开对方。但是当彼此都筋疲力尽时（或者说筋疲力尽更多时候只是一个精明的伎俩），下属告诉君主他打算辞职。君主震惊，会迅速让步。他们之间曾有过几个小时的激烈冲突，这几个小时只在回忆录里留下了微弱的回声。

俾斯麦早在几年前就预见到了这一切，早在他俩中的任何一个上台之前就预见到了。在他担任大使的日子里，他总是把这些计算在内。现在，当他在日常工作中与国王接触时，他用一种宏大的风格来扮演他的角色。总的来说，他对人有深刻的了解，特别是他是一个朝臣的时候，偶尔，他是一名士兵；但他总是必得让自己表现得虔诚奉教，否则他会吓到他那年近七十的国王。即使在这个年纪，国王有时也会突然发怒，他会把公文揉成一团，过后，俾斯麦会微笑着看看这些公文，发现它们的皱褶更有趣，就像一个伟大的肖像画家发现一张脸上的皱纹更有趣一样。对付这些风暴的唯一办法就是保持镇静，而这种素质是俾斯麦最近才具备的。他没有生气，因为他知道他的主人很直率，不像腓特烈·威廉那样是两面派——腓特烈会欺骗他的大臣们，使他们彼此对立。威廉一世无条件地把信任交给了一个愿意承担全部责任的人。

俾斯麦掌权时很了解国王，因此对他来说没有什么暗中埋伏的意外；但是国王对俾斯麦的了解非常缓慢，直到多年过去，他的这位大臣取得了许多成就，他才放下了偏见。国王是不情不愿地进入这段关系的，在最初的几年里，他的亲戚和朋友想尽一切办法来断绝这种关系。一开始，老自由党政客们派了信得过的使者去见国王，恳求罢免这位新大臣。这位老绅士看到人民对他的同情都离他而去，感到很遗憾。早年，当被人唾弃他为"霰弹亲王"时，他曾鄙视过这些同情；如今，在所谓的自由主义时代，他又开始赢得这些同情。在俾斯麦被任命四个月后，国王在一封军官老友的来信中读到："人民忠于陛下，但他们也渴望自己的权利……愿上帝以他的恩典，避免一场可怕误解带来的不幸后果！"

这些话激怒了国王。对立使他更加固执，他在重要的段落下画了两三次线，用年轻人一样的激情回信，他反驳说："我从未停止重复这些话，我对人民的信心是毫不动摇的，因为我知道我的人民信任我！但是我谴责那些想把人民的爱与信任从我这里夺走的人……每个人都知道，那些想这样干的人会无所不用其极……我不是让了四百万吗——不幸！我不是还做了别的让步吗——真不幸！一个人这样滥用他的权利，也就是说，这样削减预算，以致国家的一切工作都受到阻碍，那他就应该进疯人院！宪法哪里说过只有政府才能做出让步，而议员们可以永远不做让步？"

一位国王给一个没有官职的子民写信，能写出这样愤怒的话来，说明他的良心不安搅扰了他很多夜晚。我们可以肯定，这个虔诚的人一直在为他的大臣与上帝搏斗。

在危急时刻，俾斯麦不允许任何信件在他祷告上帝之前就离开他的手发给国王。圣诞节时，国王送他一根手杖，他将其比作亚伦之杖，尽管这个比喻并不恰当。俾斯麦在做出重大决定之前，必先缓慢地向威廉提出这些建议，然后再从他那里抢过来，他总是密切关注国王的情绪。因此，他写信给朋友罗恩说："国王的心属于另一个阵营……国王在感情上是反对我的。"在向罗恩发出动员命令之前，俾斯麦说："非常希望国王明天就能下达最终命令，因为到了濯足节，他的想法又会跟现在不一样了。"几年后俾斯麦说："我又到了穷途末路的地步。我实在承受不住与国王的这种较量了。"

俾斯麦并没有以牙还牙地报复威廉一开始对他的厌恶，他起初就对自己总体占优势很满意。这就是俾斯麦的作风。年轻时，他习惯去考察他遇到的每一个人的体格，年长些后，他又去研究他人的精神品格，以确保他在各方面都优于这个可能的对手。就威廉而言，先是作为亲王，后来成为国王，让威廉相信自己的优越是很容易的事情；而直到他们之间变成了君臣关系，俾斯麦才开始珍惜两种新的感情，如果没有这两种感情，他就永远无法忍受自己所处的位置。俾斯麦开始视国王为他的君主和父亲。刚结婚那会儿，俾斯麦曾写信给他的妻子："我们已宣誓效忠于他的血统。"现在，俾斯麦每天与威廉接触，威廉要求俾斯麦保护他，充当他的盾牌手，这种封建式的忠诚情感就更加宽广了。而且，这种象征性的感情因这位白须长者令人尊敬的外表而有所增强。奥托·冯·俾斯麦在晚年谈到他与时常发脾气的国王之间的关系时，他就像一个父亲的儿子，必须原谅父亲的坏脾气和反复无常，作为儿子只能无可奈何地接受这些。俾斯麦忘了自己年轻时从来没有对亲生父亲表示过这种敬意。

在使国王听从俾斯麦意志的缓慢过程中，俾斯麦逐渐对这样交出权力的人产生了同情，而且在威廉死后，这种同情变成了一种爱，并且俾斯麦为了后代的利益而充分利用这种爱，这与他对威廉二世的恨截然相反。在第一个十年的危机中，当俾斯麦有机会目睹威廉的个人勇气——在战场上的勇气，在后来几次被刺杀时的勇气，他总是被这位倔强的国王所吸引。

威廉唯一害怕的就是"妻子的花式批评"。俾斯麦憎恶那些想要在政治中发挥作用的妇女，尤其憎恶奥古斯塔，在这件事上，没什么能减轻俾斯麦的憎恶。他对王后的厌憎，可以追溯到那个三月在波茨坦仆人大厅里那次决定命运的谈话。主仆之情也不能减少这种厌恶。有时考虑优待女性，俾斯麦会说什么"女士的权益",但这也没有改变俾斯麦的厌恶之情。

他与奥古斯塔的冲突被俾斯麦称为"我一生中最艰难的战斗"。奥古斯塔靠吹枕边风来影响国王,这种影响也是俾斯麦向夫人抱怨的主题。这个奥古斯塔,徒劳地"看着歌德的眼睛",只能在她身份的保护下看向俾斯麦的眼睛。如果她有任何政治观念或政治印象来反对俾斯麦,即使失败也是令人钦佩的,但是除了泛泛的人道主义说辞之外,她没有什么可以反对俾斯麦的东西,这些说辞背后隐藏着她对另外一个1914年的恐惧。她和她的密友们把威廉国王和他的大臣比作路易十六,斯特拉福德,和波利尼亚克,俾斯麦在她眼里就是对她丈夫起作用的恶魔势力的头目。奥古斯塔忘了,在那个三月里,正确的是俾斯麦而不是她。是俾斯麦拒绝加入她的计划,从而为她保住了王冠。相比于支持俾斯麦或把他尊为君主权利的捍卫者,奥古斯塔更愿意把最卑鄙的动机归咎于俾斯麦。

俾斯麦的多疑和厌世常常使他误以为自己受到了迫害。但是,面对奥古斯塔那令人难以忍受的"同谋和反对派政府",俾斯麦忍了二十六年,为此我们当然应该同情他,因为在这里,面对的是女人和王后,这位斗士手无寸铁,只能默默承受她的打击。每当国王受到奥古斯塔的影响时(从专门为此写的信可知,这种影响通常发生在早餐时),俾斯麦就会为国王的情绪追溯根源。在早年,如果俾斯麦敢提及这件事,得到的唯一结果是:"措辞尖锐地否认。国王……绝不相信这是真的,即使事实确实如此。"

当他想影响国王反对王后时,他不得不用大量怪诞的宫廷废话来包装他的苦口良药。1865年,在加施泰因(Gastein),普鲁士正在与奥地利讨论协议。所有其他因素又一次都对俾斯麦的政策不利。这时国王告诉他,他(威廉)刚刚与王后进行了一次秘密通信。俾斯麦回家后,对这种家长里短感到绝望,他预见这可能会破坏他的计划。因此,他坐下来写了一封亲笔信(因为他不能把这么微妙的事情委托给别人处理),一封长长的请求信:

"如果我是因为过于关心陛下的崇高利益，才想到陛下刚刚跟我沟通的事情，那么陛下一定要仁慈地原谅我……我和陛下一样相信王后陛下会严守与您沟通的秘事。但从科布伦茨那里，从血缘上来说，如果有任何消息传到维多利亚女王或王储殿下和王妃殿下那里，或者传到魏玛或巴登处，我所负责严守的秘密如果被泄露了出去，就会引起弗朗茨·约瑟夫皇帝的猜忌，并使整个事业翻船。翻船的结果几乎不可避免地会导致与奥地利交战。

"如果我说我认为陛下会以一种不同的感情和更自由的思想参加对奥地利的战争，这一步的必要性应当是出于事物本质和君主的职责，而不是因为存在足够使其发生的余地，因为过早地宣布解决方案，或会阻止奥地利向陛下提供可接受的最终权宜之计。陛下会认为我错也是错在侍奉您的发心，错就错在我对您崇高人格的热爱。也许我的担心是愚蠢的，即使这有充分依据，陛下也应该选择无视它，我也应该认为上帝在引导陛下的心，不该因此而不履行我的职责或者不乐意履行我的职责了。但是，为了满足我自己的良心，我冒昧地请求陛下命我用电报把信使叫回萨尔茨堡（Salzburg）。可以用紧急的大臣事务作为借口，第二天一大早可以派遣另一个信使，或者可以派同一个信使再去……我对陛下的仁慈充满敬意和信心，即使您不批准我的建议，陛下也会原谅，并将其归功于我为陛下服务的诚实努力——不仅是尽职尽责，而且是为了您崇高的个人满意。"

从一位伟大的政治家认为有必要给国王写这样一封信时起，半个世纪过去了，如果没有这位政治家，这位国王只会成为历史上的一个数字。当我们读到这封信的时候，我们难道不觉得这个朝臣必定是在请求授予他荣誉勋章，或请求赦免吗？在加施泰因这里发生的事涉及写信人长期思考的问题，俾斯麦希望把它们贯彻到底，并且经过长期斗争获得了国王的同意。俾斯麦既非为了上帝和他的良心，不为责任也不为服务的需要，与这些国家事务没有任何关系。他不过是一个伟大的棋手，走了难以捉摸的弯路，把对手逼到墙角，最终将其将死。现在，在最艰难的谈判中，俾斯麦在与他的国王的斗争中疲惫不堪，看到他的工作受到威胁，因为他的计划很可能被宫廷的流言蜚语过早地泄露出去。他必须仔细考虑如何将一个计划从一个王国泄露给另一个王国：如果奥古斯塔把这个秘密告诉了维多利亚王妃，后者可能会把消息传给她的英国母亲，英国女王可能会写信给维也纳或德累斯顿（Dresden），如此一来，这种业余操作或说这种敌意，可能会破坏整个计划。俾斯麦对君王的蔑视日复一日、年复一年，难道我们会感到惊讶吗？令我们吃惊的是，他居然还是一个保皇党！

因为在所有霍亨索伦家族的人中，没有一个支持他的。腓特烈，本来很反对国王的谨小慎微，但受制于他的妻子（其实他在智力方面更优越）；他把优秀的英国思想带到了普鲁士，却缺乏力量和勇气去战斗，让自己的祖国接受这些思想。他只冒过一次险。冲突就变得更加尖锐了。俾斯麦颁布了反对出版自由的法令。王储在妻子的陪同下视察，在但泽（Danzig）举行公众招待会。他鼓起勇气，在市政厅的一次招待会上宣布："我很遗憾，我在政府和人民发生分歧时来到这里，了解到这种分歧的存在，我非常惊讶。我对导致这一切的法令一无所知。我缺席了。我没有参与这些措施。"

读了儿子的演讲（普鲁士所有的报纸都报道了），国王非常愤怒；不是因为他的继承人在煽动，而是因为，作为一个受过训练的军人，他认为军队的基础——服从，正处于危险之中。诚然，他自己十年前也曾陷入过类似的境地；但他没有让自己对腓特烈·威廉的愤怒超出自己房间的四面墙。回想起他在克里米亚战争时期的愚蠢屈服，他现在对公开表示异议的儿子更加愤怒。俾斯麦做了什么？以国王目前的心情，首相可以轻易地说服他羞辱王储。回想一下，贬谪式的调动，甚至关进堡垒，都在国王的职权范围之内——而这些他都想到过。但是首相建议国王原谅儿子。他想要讨好这位法定继承人吗？绝对不是！更有可能的是，俾斯麦认为惩罚会给腓特烈戴上光环！"你和像押沙龙一样的这个年轻人打交道时要小心谨慎，"他向喜欢圣经式表达方式的国王说，"你要谨慎，不要在愤怒中作任何决定。只以国家原因为引导。如果年轻的弗里茨和他的父亲发生争吵，公众的同情会完全站在儿子一边。"通过这些精心挑选的词语，他设法促成了和解。

然而，私下里，王储可以畅所欲言，而且既然他现在比以往任何时候都更憎恨俾斯麦，他就毫不含糊地谴责后者的反民主政策。腓特烈也拒绝再参加部长会议，"因为我坚决反对俾斯麦"。过了不久，当两人再次见面时，俾斯麦问腓特烈为什么不来内阁，几年后，这就是属于他的了。当然王储也可以很好地解释他不同的意见，从而有助于交接。

交接？这让王储如同触电了一样。"他断然拒绝了，因为他相信（在我看来是这样）我希望为自己过渡到为他办事而铺平道路。多年来，我都无法忘记他说话时那种充满敌意的奥林匹斯式的崇高姿态。我仍然能看到（俾斯麦在三十年后这样写的）他后仰的头，他红红的脸，以及他从左肩上斜眼看我的目光。我抑制住自己的愤怒，想到了卡洛斯和阿尔芭，我回答说，我所说的过渡是指朝代……我希望他别想着我盼望有一天能成为他的大臣，我永远不会成为这样的人。他的怒气很快就平息了，他用友好的话结束了交谈。"

我们想象这两人站在冰冷的镶木地板大厅里。他们穿着制服，两个人都佩着剑。对俾斯麦来说，这是一个可怕的时刻，这是对他的骄傲一次可怕的侮辱！在此之前，从来没有人敢越过肩头斜眼看他。但是，他既然想要拔出剑来，就必须放下他的骄傲，必须对自己不喜欢的东西假装乐意。他猜透了对手的心思，于是强迫自己用一种做小伏低的语气说："我永远不会这样的。"

第三章

除了由于血缘关系而怀有敌意的敌人外，俾斯麦还有许多敌人，有的是出于感性的理由反对他，还有一些是因为理性的原因而反对他。后来，他把这些人分为一等、二等和三等敌人。

他只和罗恩一个人是完全合拍的。俾斯麦与任何大臣、将军、朝臣或政党领袖之间都没有真正的信任。从根本上说，他没有参与任何党派。《新普鲁士报》和路德维希·格拉赫对他来说太极端了，他自己也被老牌自由党人视为极端分子。他公开与左派交战。只有对军队"热刺"罗恩，他一直表现出一种有男子气概的友谊，这种友谊不因他们在理性的问题上有分歧而受到影响。有一次，他非常不情愿地给了罗恩六个月假期："没有你的政治威信作支持，我无法继续工作，因为没有人像你这样和国王相处过那么久。"

　　俾斯麦征召乔安娜的朋友、音乐家科德尔与他合作，因为两人彼此信任，但没过几个星期，他们就发生了冲突。科德尔写信给他，建议他在丹麦问题上应确保得到公众舆论的支持，他还说，如果俾斯麦不同意他的意见，看在交情的份上，他愿意回去再当音乐家。第二天早晨，俾斯麦叫他去会面，"声调很低，但显然很激动"，俾斯麦说：

　　"我希望你能告诉我为什么写那封信。如果你认为你能影响我的决定，那么我不妨告诉你，像你这个年纪的人影响不了我的⋯⋯你认识我很久了，很了解我，难道你认为我会像一个下级官员一样，漫不经心地开启这么重大的事项，而没有认清我在上帝面前应该负责的道路吗？我想想都受不了，光是这个念头就让我连续两个晚上睡不着觉。你没有任何理由辞职⋯⋯我要你知道，你把我伤得多么狠！"科德尔请求原谅，并收回了这封信。俾斯麦说："这就把一切都弄清楚了⋯⋯如果你再与我意见相左，就别写信了，直接和我谈⋯⋯"

　　由此可见，俾斯麦很孤独。这个人，和他亲密交往了十五年，认识他的妻子时间更久，现在是他的下属，带着应有的敬意，给出了与事情总体观点相一致的建议。这足以让这位政治家寝食难安，哪怕他对新闻界的一切漫骂都不为所动。"连你也这么想？！"虽然他们之间的关系有所改善，但并没有回到原来的程度。科德尔无法从他那里赢得斯洛泽所赢得的尊重；他不过是个天才助手，是个充满音乐才华的人；他不是俾斯麦在行动中会考虑的因素。

　　总体来说外交部是反对其首脑的，但"这并不会困扰我"。然而，当俾斯麦发现外国使节跟他对着干时，他不得不在一个新领域采取防御措施。驻佛罗伦萨的乌塞多姆和驻巴黎的戈尔茨都想坐上他的位子，他们直接写信给国王，诋毁外交大臣的政策。但是国王忠于他的外交大臣，他没像腓特烈·威廉在类似情况下会做的那样背叛他，而是把信件交给俾斯麦去答复。尽管俾斯麦八年来一直通过给国王和格拉赫寄私人信件反对他自己长官的政策，但因为现在他就是首相兼外交大臣了，他就不能宽容以待了。带着特有的信念，这位天才认为自己凌驾于道德之上；乌塞多姆和戈尔茨所做的与他过去所做的是不同的，他禁止他的大使做他自己当大使时曾做的事情。他禁止这种方式，然而，他亲自把戈尔茨伯爵派到巴黎去，他给对方写的信，是他把打官腔和拉家常结合起来的绝妙例子。他写了一封亲笔信，信上说：

"没人期待报告只反映外交大臣的观点。但你的报告并不是传统意义上的报告。它们更像是向国王推荐反动政策的大臣的演讲……这样的意见冲突可能是有害的，而没什么用，因为它可能会引起犹豫不决和优柔寡断，我认为任何政策都比优柔寡断的政策要好……我很看重你的政治洞察力……同时，我也不把自己当蠢蛋。我准备听你说这是自欺欺人！如果我告诉你，在过去的两个星期里，我一直在按照你报告中提出的建议推进事务，也许你会对我的爱国主义和我的洞察力有更好的看法。"

"当你……多少坦诚点说吧，你打算与现政府和它的政策作对，也就是说，如果可以的话，你就要推翻它？……但我怎么能下定决心向你吐露我内心最深处的想法呢……但我作为外交大臣，如果不损害国家的利益，我与巴黎公使之间的关系就必须绝对开诚布公，直至我政策的最后一个字。每个处在我这个位置上的人都必须克服他与大臣、谋士和朝廷之间的摩擦，以及与神秘势力、内庭、新闻界和外国法庭之间的摩擦，绝不能因为大臣和使节之间的竞争破坏了纪律，让摩擦增多……在这个圣诞节前夕，所有官员都休假了，我很少能写这么长的信——我不会给任何人写四分之一长的信。我这样写，是因为我拿不定主意用你报告中疏远的语气……正式写信给你……如果你想推翻这个部门，你必须在议事厅和新闻界推翻，作为反对党的首领推翻，而不是在你现在的职位上。那样的话，我将以你的格言为指导，即在爱国主义和友谊的冲突中，前者必须是决定性的。我可以向您保证，我的爱国主义是如此强烈和纯粹，以至于无法抗衡爱国主义的友谊仍然是非常诚挚的。"

这是一封可能使收信人缴械投降的信。真诚的愤怒如此巧妙地通过适度的尊重和威胁得到了增强，信中还暗示一个好朋友被伤了心。此外，虽然威胁没有变得大声，但他让对手明白了，如果真的试图推翻写信人，戈尔茨可能不会好过的。由于俾斯麦知道戈尔茨与国王的关系很好，他在官方拒绝的药片外包上糖衣，用这种方式使戈尔茨更多注意到微妙的迹象，让他以为自己受尊重受钦佩。这会令他很高兴，因为这位大使虚荣心很强。这封信（这里只抄录了四分之一）有如此多的艺术性，我们可以一遍又一遍地研究它，就像我们绕着一座古典雕像走一样，而且我们也不得不承认，只要有这样一封信，就足以确立这位写信人作为著名外交家的名声。

其他人则试图通过提辞职来惹恼这位目光敏锐的领袖。石勒苏益格的总督是俾斯麦的老朋友，也是国王的朋友，他请求辞职，理由是他厌倦了外交部在细节问题上无休止的干涉。俾斯麦在回信中写道："我完全愿意向国王提交您让我提出的解除职务请求，但请您注意，如果国王任命您为外交大臣、我为石勒苏益格的长官，我将保证严格执行您的政策……不做任何增加外交部困难的事……在这种情况下，如果我动不动就嚷嚷自己疲惫不堪了，我个人生活早就获得表面的平和了，但我会失去为国王和国家服务才能获得的那种内在的安宁……因此，我请求您接受我用这封信作为我友好信任的表示，但我更愿意跟您当面说清楚。"

这就是那个铁与血的硬汉吗？这是俾斯麦，一个诱惑者。

他对敌人自由党的态度就截然不同，他的语气在轻蔑和讽刺之间变化。就像十九世纪的每一个独裁者一样，俾斯麦希望他这边能保有表面上的正义和合法性。因此，他首先要"解释"他打算违反的、有利于军队的宪法，用一种他可能背地里会嘲笑的方式分开头发，并设法在宪法里三个因素不一致的地方乘虚而入。由于俾斯麦谈到了宪法中没有规定的王权，他实质上是重新建立了专制政府，一个他在1848年3月愤怒地目睹其崩溃的政府。在州议会中，他也坦率地说，这是一种解决困境的办法："既然国家机器不能静止不动，法律冲突很容易变成权力冲突；掌握权力的人就会按照他认为最好的方式行事。"

这句话立刻被曲解为"权力超越正义"——俾斯麦在关键时刻肯定相信这一点，尽管他从来没有蠢到说出这句话。他对这种解释的反驳是："我没有给出任何解决办法。我只是指出了一个事实。"

在如此惊险的跳跃中，他只跳到了深渊的边缘，他希望冲突在这里发生。随后他安排上议院通过未加删节的预算案。随后，下议院即宣布该决定违宪。现在俾斯麦站起来邀请议员们三点钟去宫里。在这里，他宣布国王仍然决定实施改革，并解散了议会。普鲁士所有的报纸都对此叫嚣起来。有些人要求把首相关起来。甚至保守派也认为他应该被免职。毕竟，他们只剩下十一个人了！正如柏林人常说的那样，一辆公共汽车就能把他们装下了。

在六个月之后的下一次会议上，俾斯麦采取了更强硬的措施。与此同时，媒体和演讲中的冲突也加剧了。"他仍穿着平民的服装，"卢修斯（Lucius）这样描述俾斯麦。"他浓密的小胡子仍然是赤褐色的，就像他剩下的头发一样。在大臣的桌旁，他高大的身材显得精力充沛，令人印象深刻。他的姿态、动作和言谈都若无其事，这使他的举止显得有些具有挑衅性。他把右手插在浅色裤子的口袋里，这让我想起了学生决斗中那几秒钟的怒吼声。"他说的话和他的举止一样具有挑衅性。他说得比第一周流利多了，当时他还不确定自己是利用议会统治还是说要反对议会——因为那时，斯洛泽写道："他结结巴巴，每句话都没有头绪，因为他还在试图同时完成两个目标！"

现在他说话趾高气扬："政府将进行它认为必要的任何战争，无论议会是否批准。"还有一次："普鲁士王国的王位继承人在四年前的今天出生，这是一个非凡的巧合，但普鲁士王国尚未完成它的使命。它还没有准备好仅仅作为你们宪法大厦的点缀。"这是他在1月27日发表的讲话。俾斯麦所指的王位继承人就是后来的威廉二世。

在随后的几年里，俾斯麦毫无疑问地证明了自己比现在在这个大厅里与他作对的那些人更加优秀。从此后半个世纪的历史中可以看出这一点——而这半个世纪现在已成为过去。迄今为止，欧洲一直在努力实现的一切，以及已经实现的一切，在世界大战之前和之后的所有土地上发生的，本质上都包含在年轻的普鲁士进步党所宣布的纲领中，该党要求的只不过是一个"君主政体的共和国"，也就是英国的民选政府。他们和其盟友（第一批社会民主党人）就是俾斯麦在上面给莫特利信中描述的那些人，虽然在外交政策上不熟练，但足够有能力。这些自由党人直到昨天还处于专制君主统治之下，国家和文化走在不同的道路上，早期缺少经验历练也是很自然的。他们的成员很有能力，很有文化，但不实际，而且很不幸，他们还缺乏独创性。他们是坐在长凳上目不转睛地盯着未来的空想家，他们面对着一个现实主义者，现实主义者用锐利的眼睛审视着现在，并试图用汲取过去经验的方法来掌握现在。

进步派中最有趣的是魏尔肖（Virchow）。他比俾斯麦小几岁，不同于俾斯麦的高大健壮，魏尔肖在体格方面矮小瘦弱，他出身于中产阶级下层的人文主义圈子，渴望学习，年轻时比俾斯麦更有雄心壮志，也同样善于分析——这就是魏尔肖。如果我们把他在生命第三个十年里所写的信件，与俾斯麦在同一年龄所写、讨论大概相同事项的信进行比较，这位年轻、迅速崛起的医生，这位以科研著称的人，相较于懒散、虚无主义、本质上无所事事的容克，却处于非常不利的地位。对于魏尔肖来说，一切都是模糊的、梦幻的、轻率的；在俾斯麦看来，一切都是经过深思熟虑的。魏尔肖一次又一次向他父亲宣称，他有感情，只是把它们隐藏起来了——他是如此渴望感情。一种强烈的自信不断地被别人不切实际的想法冲走，并在洪水的表面下翻滚。"作为一个科学家，我必然是一个共和主义者，因为自然规律所决定和人类本性所产生的要求，只有在共和国的国家形态中才有可能实现。"（这千真万确，同样的自然法则使他得出了一个令人震惊的结论："我做了成千上万次尸检，但从来没有发现任何灵魂的痕迹。"）

年轻的俾斯麦信里写的都是他所见过、筛选过、通常是被轻视、总是深有感触的人和事，而魏尔肖的信里写的都是流行语。他答应为了保住自己在政府的职位而放弃政治鼓动，这和俾斯麦在1849年三月起义中剃掉胡子来掩饰自己的行为一样合情合理。两人都已三十岁，在政治上已成了业余选手。然而，俾斯麦只是一个二流的农民，而魏尔肖已经是病理解剖学的权威了。而且，他虽然还是个年轻的医生，却因大规模的社会批判而闻名。此后，俾斯麦在内部研究政治长达十五年。在此期间，魏尔肖一直在研究细胞病理学；而且，即使他可能拥有一定程度的政治天赋，但当被一个具有欧洲事务专家知识的人击败时，他也不必感到惊讶。

他们在议会的争论对他们两人都没有好处。我们很惊讶，天才们竟然把自己和同胞的时间浪费在这种愚蠢的事情上。

俾斯麦："难道尊贵的议员不这样认为吗？有一个在专业领域中把解剖学当成次要问题的人，他听了演讲，他对演讲者抱有政治同理心，他个人也对演讲者比较有好感，但在解剖学方面的知识不如议员那么深——在这个听众面前，这样的一个演讲者（他的口才不如这位尊敬的议员）可能会满怀信心地提出一些解剖学上的陈述，其中不准确的地方，只有身为专家的尊贵议员才辩得出，但议员是不是只能在和他一样精通解剖学的人面前才能驳倒演讲者呢？"

魏尔肖："我希望首相能在欧洲外交家当中赢得像我在本行专家中一样备受尊敬的地位。他的政策是莫名其妙的，我们甚至可以说他没有政策……而且，最重要的是，连一点政策迹象都没有。他一点儿也不了解国家的关切。"

俾斯麦："我完全承认这位可敬的议员在他自己专业领域的崇高地位，我承认在这方面他比我强。但是，当这位尊敬的议员离开他自己的领域，未经指示擅自闯入我的领域时，我必须告诉他，在政治问题上，他的意见对我来说无足轻重。先生们，我真的认为，我毫不夸张地说，我对这些事情了解得更透彻。（大笑。）尊敬的议员指责我不了解国家政治。我不用国家这个形容词，把指责还给你。在我看来，这位可敬的议员根本不了解政治。"

两个演员在化妆室里为各自的地位和声望而争吵，都不会比在普鲁士议会上的争论更小肚鸡肠，虽然这场争论的双方是魏尔肖和俾斯麦。还有一次，当魏尔肖对首相的诚信表示怀疑时，俾斯麦向他提出决斗。魏尔肖的回答起初含糊不清。后来，他的一个进步党同伴说他不应该决斗，于是他发出了拒绝信。这一挑战是俾斯麦青春最后的沸腾，那时他已经五十岁了。

当把自己留在幕后时，俾斯麦作为代表的工作就更有成效。西姆森说："这政策是一首偶然所得之诗，写诗的人也并不是诗人。我们可以把冯·俾斯麦先生比作一个走钢丝的人，我们钦佩他，只是因为他不会从钢丝上掉下来。我们对每一个走钢丝的人都给予这样的钦佩，但这并不符合每个人的口味。"俾斯麦："我觉得被召来这里不是为了讨论别人的品位和是否得体的问题。"

这就是他自己对付敌人时的起起伏伏。但是，当他掌控国家机构时，这位经验丰富的人表现得十分平稳。在那里，武力为王。实行独裁统治的可能性似乎是俾斯麦在这场冲突中最令人满意的结果，因为他事实上并不希望，或者说不再希望成为皮尔或奥康奈尔，这是他二十五年前所梦想的。他这样的自信和这样的权力意志，正是一个独裁者所具有的品质。正因如此，在随后几十年的宪政中，他从来没有像在这四年的冲突中这样感到自在。在涉及民众权利的问题上，他毫无顾忌；他的感觉就和他外出猎熊时感觉一样，现在并不比那时更有危机感。他暗自庆幸，在"普鲁士这样一个沉闷的国家"还能有这样的冒险。

此时，枢密院时期的敌人开始来复仇了。在俾斯麦之前，没有哪位政府首脑像他那样，在国家领导层的等级问题上花了那么大的功夫，因为任何不按常理思考的人都被解雇了。他被任命后，立即着手把所有抱持或他怀疑抱持自由主义观点的人从司法部门和行政部门中除名。在开始的四年里，有一千多名官员受到了这样的对待。当进步党成员支持被迫害者的事业时，也轮到了他们自己受迫害。后备军的自由党派军官被荣誉法庭革职。市长、市议员、彩票收票员、银行代理人、公共疫苗接种员被降薪一半。司法官员受到惩罚、减薪，被剥夺了老年津贴。

最后，他开始处理报刊界。按照俄国的风格，他发布了比拿破仑更严格的新闻法令。他不满足于因为某篇违法文章而短期查禁一家报纸，而是会因为它的总体基调而永久查禁它。所有这一切都以道德动机来伪饰，并引用宪法段落来作为支撑，因此"近年来的激情和不自然的兴奋，影响人们原本被党派感情左右的心，如今将让位于一种更加平静和不偏见的情绪"。最后，俾斯麦求助于道德原则和上帝，以此让国王相信这些措施本质上是公正的。同时，为了让乔安娜满意，他很可能也是这么解释的，因为乔安娜的母亲仍然活得很好，而且俾斯麦无疑还记得这位老太太在匈牙利革命前给女儿写的信，也同样记得他自己的回信。他不需要这样的借口来安抚自己的良心。他鄙视很多人，只有掌握了驯服他们的力量，他才会完全满意。

俾斯麦总是更喜欢权力，而非自由。在这件事上，他是一个德意志人，在其他事情上也是如此。

第四章

所有德意志人都为普鲁士的冲突而欢欣鼓舞，尽管它似乎日复一日地强化了政府的势力。反动派小国强调，它们允许就预算问题进行辩论。在萨克森，甚至连贝斯特（Beust）也允许设立一个大众节日来纪念民族之战，因为在普鲁士，这场历史性的斗争只能用军乐队来歌颂。年轻的特雷奇克（Treitschke）被允许发表关于德意志自由的热情演讲，以激怒他在柏林的同事。维也纳对此特别高兴。施梅林（Schmerlingh）扶持了制定宪法的计划；雷希贝格发现了解决德意志问题的办法；一个前革命者，一个"普通公民"，被放任搞出了一个旨在自由与合法性的方案——这个方案会让奥地利和德意志在十分钟内和解。

当看到俄国和普鲁士结盟时，哈布斯堡王朝甚至开始支持革命的波兰人。事实上，1868年初波兰反对沙皇的新起义之所以成功，是因为戈尔恰科夫本人在圣彼得堡领导了波兰的朋友们，也因为西方自由主义思潮的信徒们能够在民族自由的口号背后掩盖他们的恐俄利益。半个欧洲开始谈论缓冲国的问题，甚至拿破仑三世也表现出对自由的热情，因为法国女性喜欢肖邦的情色夜曲。不久，危机变得如此严重，以至于又出现了最后通牒的威胁，就如1854年那样。也许普鲁士掌握着最后的决定权。俾斯麦做了什么？他立即与沙皇签订了军事协定，希望抓住机会把这位当权者拉到自己一边。

"欧洲永远不会允许普鲁士军队援助俄国人。"英国大使对俾斯麦说。

"谁是欧洲？"俾斯麦平静地问。

"很多大国。"

"他们联合起来了吗？"俾斯麦问道。大使哑口无言！十二年来，俾斯麦一直在考虑这个问题。在三次重大危机中，正是这种情况导致了相同或相似的组合体。在上百份备忘录、报告和信件中，他通宵达旦地写下了各种可能的情况。现在，他可以像国际象棋大师一样迅速而自信地发展自己的棋路了。

自由党人在议会上喊道："政府正在把五百平方里的土地交出去经受俄国人发动的恐怖战争！……普鲁士人不能为这样的政策流血！……我们完全没有必要承担这场全欧洲都深恶痛绝的可怕搜捕行动！"当特韦斯顿、瓦尔德克和魏尔肖发表这类讲话时，俾斯麦礼貌地问道："一个独立的波兰会让它的邻居普鲁士拥有但泽和索恩吗……以祖国为代价，为外国做牺牲，这种倾向是德意志特有的政治弊病。"

这里有一个明确的对照。就强权政治而言，俾斯麦是对的。他此刻想做的，与其说是反波兰，不如说是支持俄国。复苏后的波兰很可能与俄国和法国结成危险的联盟。但是，如果普鲁士给予沙皇他需要的帮助，从而解除他对波兰起义的长期恐惧，那么在普鲁士与奥地利算账时，亚历山大会很难选择站在奥地利一边。俾斯麦可以廉价地收买沙皇的友谊。他的决定不需要战争，也不需要流血，只需要一个签名，以及波兰人的仇恨。他收到了一份从华沙寄出的死刑判决书，是用黑白丝带捆扎的棺材寄给他的。另一封来自巴塞罗那："下面签名的革命宣传委员会传唤你到审判台受审。委员会一致判处你死刑，并定于下个月的第一个星期执行。"

俾斯麦无所畏惧。无畏是骑士最好的、永不过时的财产。如果没有这种无畏精神，至少在60年代，他就不可能孤身一人无所畏惧地向着目标一往无前。没有这种无畏精神，就不可能像他那样无视内庭的威胁、国王的猜疑、王后的不利影响、朝廷的恶意、使节的阴谋、外国革命者对他的死刑判决，以及不久之后狂热理想主义者的左轮手枪。即使他所建立的一切都不稳定，即使他所做的一切都是错的，对德意志人来说，他仍然会成为勇敢的平民不可或缺的榜样，一个拥有勇气的典范，俾斯麦那个阶层的首领们和王储们，如果缺乏这种勇气，后续就会灭亡。

在维也纳，人们看重筹谋，在波茨坦，人们看重勇气，人们倾向于把这种新腔调视为虚张声势，当北德意志的兄弟咆哮时，奥地利政治家们决心一笑了之。当他们读到俾斯麦的纲领时，已经在笑了。俾斯麦上任不久就对卡罗伊（Karolyi）说，"我们的关系必然会好转或恶化。普鲁士的愿望是能好转。但如果帝国内阁不让步，我们就必须考虑另一种可能性，并为此做好准备……奥地利可以选择或是放弃目前的反普鲁士政策，或是放弃签订光荣协议的想法。你认为我们处于比你更需要保护的境地。因此，如果你不注意我们的话语和希冀，我们的任务就是说服你你的假设是错误的。"自从腓特烈青年时代以来，还没有一个普鲁士人对哈布斯堡王朝的使节说过这样的话。但卡罗伊实际上是这位充满敌意的代表的崇拜者。此外，他还是个彻头彻尾的匈牙利人，不会引起不必要的争执。因此，他礼貌地回答：

"那我们到哪里去找补偿呢？"

"对你来说，最自然的办法就是把你的重心移到布达佩斯去。"俾斯麦这一巧妙的回击将死了伯爵，因为卡罗伊是一个善良的匈牙利人，一定怀有这样的愿望，只是不敢说出来而已。不久之后，俾斯麦对另一位来自维也纳的大使说："我绝对反对用'自相残杀的战争'这样的说法。我唯一承认的是一种不调和的政策，以牙还牙，毫不留情。"这种言语在维也纳有什么影响呢？他们笑着说："这个人患有严重的神经紊乱症。"

哈布斯堡王朝的计划是又一次重塑德意志邦联。理事会将由五位理事组成，奥地利为主席，普鲁士为副主席。此外，还有一个由德意志议会代表组成的无权议会。俾斯麦以普鲁士退出作为威胁，奥地利居于少数派，于是奥地利又从另一方面重新发起攻势。奥地利此时提议召集所有的王公贵族；他们将在法兰克福坐下来商议；所有人都会因此感到振奋。加施泰因不是适合年长绅士的温泉吗？我们这些王公贵族凭着上帝的恩典，会自己解决问题的。突然，弗朗茨·约瑟夫来看望威廉国王，他是威廉在加施泰因的客人。他建议建立一个由王公贵族组成的帝国议会和一个民众议院。奥地利皇帝邀请普鲁士国王随他参加即将在法兰克福举行的王储宴会，宴会已经邀请了其他王公贵族。老威廉国王似乎想接受，弗朗茨·约瑟夫也很高兴。

可惜，这位恶棍代表不会接受把国王一个人留在实际上是奥地利深山的地方。俾斯麦晚年写道："1868年8月2日，加施泰因，我坐在冷杉树下。我上方是一个长尾山雀的巢，我拿着手表，因为我在计算每分钟有多少只鸟给它们的雏鸟带来毛毛虫或其他食物。当我注视着这些小东西这种有益处的活动时，我注意到，在峡谷对面的席勒广场上，威廉国王正独自坐在一条长凳上。"俾斯麦回到家，发现了国王的一封信，国王邀请他去席勒广场讨论皇帝的来访。"太迟了。如果我少花一点时间研究自然现象，早一点见到国王，国王对皇帝建议的第一印象很可能就会不同。首先，他并没有注意到这个突如其来的邀请……这个短期邀约是很无礼的。也许奥国的提议使他高兴，因为这暗示了王公贵族们很团结……老太后伊丽莎白也劝我去法兰克福。我回答：如果国王决定走这条路，我就去驱奉左右；但回来后我就不当这个代表了。太后似乎对这种前景非常不安，不再试图让国王反对我的观点。我好不容易说服国王不去法兰克福……我想，等我们到达巴登时，我已经说服他了。但在那里我们发现萨克森国王以所有王公贵族的名义再次发出了邀请。我的国王觉得很难站起来反对。他一遍又一遍地重复着：三十个执政亲王——还有一个做信使的国王！……毫不夸张地说，我出了一身汗才说服他拒绝了这个提议。他在沙发上——躺着，突然大哭起来。终于成功地让他承诺拒绝邀请了，我自己却筋疲力尽，几乎站不住了。走出房间时，我摇摇晃晃，又紧张又激动，从外面把门关上时，竟把门把手给弄断了！"在把拒绝信寄往目的地时，俾斯麦打翻了一个上面有玻璃杯的托盘。"我必须打碎什么东西，现在我又能呼吸了！"

这是俾斯麦和威廉之间冲突历史的开端：俾斯麦威胁了太后；这位可敬的君主完全没看出奥地利正在占上风，现在他的头脑渐渐清醒了。当他的代表一边看着长尾山雀，半是博物学家，半是统治者，计算着需要多少蛴螬来滋养这个鸟之国，国王却正和他的奥地利表弟谈话，四个星期后（如果弗朗茨·约瑟夫得逞的话）威廉至多只能成为德意志统治者中的老二。因为他们派一位国王来当信使，老威廉在不得不拒绝时哭了起来。即使是钢铁之人也有歇斯底里的时刻，虽然俾斯麦已经赢了这个把戏，但他必须打碎什么东西才能自由呼吸。一边是君主，另一边是对君主忠心耿耿的代表。现在他们一起开始建立德意志议会，这项工作似乎永远完不成，障碍太多了。

这是奥地利想在德意志保持领导地位的最后一次尝试。随后会发生石勒苏益格-荷尔斯泰因事件——这是一场悲剧开幕之前的讽刺剧。

第五章

　　那时，俾斯麦的睿智在欧洲全无对手。国王和皇帝不能思考，也不能行动。弗朗茨·约瑟夫缺乏经验；拿破仑疲惫不堪；亚历山大太太愚笨；威廉、维多利亚和维克托·伊曼纽尔都是平庸之辈，没有能力执行自己的政策；格莱斯顿（Gladstone）和迪斯雷利都还没达到权力的顶峰；戈尔恰科夫自视过高；以个人风格闻名的加富尔，在俾斯麦走上前台时就去世了。只有普鲁士又出现了另一位政治天才，他的名字叫费尔迪南·拉萨尔（Ferdinand Lassalle）。虽然他背后没有一个重要政党的支持，虽然他是一个革命者，虽然他不能用思想上的亲和也不能用权力来引诱他的强大对手，但他还是很快就赢得了俾斯麦的认可。把俾斯麦和拉萨尔拉到一起的，不是别的，而是天才的吸引力。

无论是在身体上还是精神上，俾斯麦都魁梧壮实，他的头顶是圆的，他是一个经过漫长铺垫才慢慢走上前台的人，他在期待未来几十年中（就像德意志伟大的铜像奠基人一样，他们在人物作品中代表了整整一代人），以现实主义来抑制空想，权衡言辞，准备行动，以偏好去权衡规模而不是权衡思想——这就是现实主义者俾斯麦，他在他快五十岁时才站在他伟大事业的起点。拉萨尔拥有闪米特血统，他纤细优雅，浑身颤抖，像一匹半驯化的阿拉伯战马。他的脑袋又长又窄，两眼闪着光。他刚年过四十，浮躁的职业生涯即将走到尽头。他是一个伟大的画家，他塑造的冲动在令人眼花缭乱的素描中耗尽了。他是一个想象力丰富、思想缜密的人，他从理念的学校逃到行动的世界里，即使在行动的世界里，他也要用雄辩的言语而不是用拳头来战斗。他的眼睛注视着未来。这就是拉萨尔。俾斯麦是在泥土中成长起来的，是他那个阶级的胜者。在经历了冒险的青年时代之后，他又回到了一种传统的生活和经营方式当中，那是他的出身阶层所特有的；作为一个政治家，他不多愁善感，只要对自己有用，他随时准备与每个民族携手合作，也可以与任何国家形式合作。拉萨尔是个犹太人，一个没有国籍的人，他在青年时期奋发向上，与自己的阶级作斗争，与自己的传统起冲突，他的情感本性为他所不属于的国家事业和阶级事业而燃烧。当俾斯麦开始他的职业生涯时，他没有做出任何牺牲；而拉萨尔赌上了一切。俾斯麦的崛起巩固了他的地位；拉萨尔在监狱里失去了自由和健康。俾斯麦在三十二岁时开始按照他与生俱来的方式而生活，而同一时期，拉萨尔二十二岁时，开始在各方面否定他生来所属的那种生活方式。

　　然而，两人都被同一种冲动驱使。犹太社会主义者和波美拉尼亚容克同样会受骄傲、勇气和仇恨的激励而采取行动，在他们两个人身上，这些动机都产生了掌控权力的欲望；两人都不知道恐惧的含义，都无法忍受上级，都没有真正的爱。正如俾斯麦对强大奥地利的憎恨，比对弱小普鲁士的爱更强烈；正如拉萨尔对第四阶层的同情，也不如对第三阶层的厌恶那样强烈。这就是为什么俾斯麦既没有在普鲁士的容克中寻找朋友，也没能在其他地方找到朋友，也就是为什么拉萨尔既没有在从底层爬上来的领袖中寻找朋友，也没能在他们中找到朋友。俾斯麦没有经历过朝臣的日子，拉萨尔也没有经历过民众的生活。他们两人对自己代表阶级的局限性都很愤怒，但他们在讽刺和玩世不恭方面又很相似。

俾斯麦因为自己选择的职业而被迫终身服务：他选择为国王服务，而拉萨尔选择为很多人服务。虽然俾斯麦住在一座坚固的城堡里，但他总能听到头顶上传来一个人的脚步声，而他命中注定要在这个人的指挥下生活。拉萨尔听不到任何人的声音，但他的城堡是用空气建造的，他的神经在未来的风中颤抖，而不是在现实的摩擦中颤抖，而现实的摩擦对俾斯麦的神经有致命的威胁。这两个人都有艺术气质；不过，年长的俾斯麦是在同其他势力下棋，而年轻的拉萨尔则更像是一个考虑自己如何表现的演员。这就是为什么俾斯麦主要受野心的影响，拉萨尔主要受虚荣心的影响。因此，拉萨尔可以沉溺于成功和展望中，他所预见的未来比俾斯麦所能预见的要遥远得多；而俾斯麦想要的更少，但他想要有形的现实，因此他培养了耐心。这就是为什么俾斯麦的寿命是拉萨尔的两倍长，也是为什么拉萨尔的幸福时刻比俾斯麦更多。

他们一见面就看出了对方的价值，此时这种价值还不为世界所知。如果俾斯麦在1868年与魏尔肖的决斗中失败，他的名声也不会比拉多维茨高，而拉多维茨早已被人们遗忘了。拉萨尔虽然比俾斯麦小十岁，但在工作刚开始时，他就在一场决斗中被杀了，他的工作才刚开始就几乎要完蛋了；然而现在，这个名字却为各国千千万万人民所尊崇。他倒下了，在全世界出了名，因为他希望实现一个未来时代的构想；俾斯麦实现了他下一阶段的目标，他的功业仍然是纯粹的德意志的。

使两人走到一起的，是反对资产阶级的斗争。俾斯麦想用权力来反对宪法；拉萨尔想动员民众。俾斯麦手里有武器，他用这些武器强力武装士兵；拉萨尔手下有一些人，这些人徒劳地叫嚷着要武器。他俩本质上都希望能在自己的指挥下实行独裁；他俩都憎恶商品和思想上的自由贸易，同样厌恶自由贸易的捍卫者——自由党人。他们的座右铭都很相似。俾斯麦在1862年9月说："权利问题会轻而易举地变成权力问题。"拉萨尔在1862年4月说："宪法问题主要不是权利问题，而是权力问题。成文宪法只有成为社会中权力关系的一种表达时，才是有价值的，才能持久。"当拉萨尔因为这句话而受到攻击时，他的回答和俾斯麦回答的一样。他说，他并没有把强权置于正义之上。他不是在提出一个伦理假设，而只是记录一个历史事实。拉萨尔和俾斯麦的感情一样，强烈地转向了权力政治，以至于在一出戏中，他让西金根（他自己的形象）宣布：

一切伟大的，一切我们为之奋斗的美好事物——
只有剑才能使它苗壮生长！

如此一来，普鲁士伯爵俾斯麦在上议院赞同拉萨尔，也就不足为奇了。或许《新普鲁士报》应该这样写："虽然自由主义者在他们的处境中既没有刺刀、没有拳头，也没有天才的魅力，但他们是真正的人。"因为在这些日子里，反动派的目的是争取让工人阶级站到他们那一边，引诱工人阶级远离进步分子。一个保守派组织问道："工人阶级成员不支持不为他们做事的政府，我们难道还要感到惊讶吗？"俾斯麦立即采纳了这个主意，他任命一个委员会研究养老金问题，改善工人阶级的生活条件，并建议，"讨论这样一个问题，国家作为雇主，能否在管理工作条件方面，为其他雇主树立榜样"。他接着谈到了解雇工人要提前通知的必要性，工资、分利、工人阶级住房、劳资纠纷仲裁的规定，工人阶级合作分配和相互提供信贷的协会，国家支持的医疗健康俱乐部和工人阶级的人寿保险协会。这就是他当上首相五个月后的社会纲领，这在60年代的欧洲是绝无仅有的。这些措施都与拉萨尔的需求相一致。

俾斯麦不是出于对人民的爱而走向这个方向的；他的灵感来自对中产阶级的仇恨。由于国民否定了他的政策，他努力通过推行社会改革来赢得人民对他观点的支持。州议会里那些有钱雇主们宣称自己是人民的朋友时，拉萨尔却在他的书信和演说中痛斥他们双标，而他这样做，除了首相以外，没有其他人会高兴。当时已经有人宣称，刚刚成立德意志工人总工会的拉萨尔是反动派的工具。洛萨·布赫（Lothar Bucher）警告他说："小心点！在这个节骨眼上，你实际是在帮政府做事。这是先让你把头伸出来，然后再给你一记重拳！"

拉萨尔和俾斯麦一样，是在革命时期长大成人的。这在他性格上留下了不可磨灭的印记。他不属于谨慎，也不问同僚的政治背景，任何敌人的敌人他都会与之联手。拉萨尔，一个社会主义者，竟敢在众目睽睽之下，为了外国事务去接近那个可恶的代表。这两个人在外交政策上的观点一直是一致的，但拉萨尔想要一个统一德意志的时间比俾斯麦更早。他嘲笑那些穿着礼服，在1849年从法兰克福到波茨坦，代表德意志向国王请愿的人，而不是简单利落地宣告德意志的存在。因为他的目光投向了大众而不是王公贵族，所以对他来说，德意志统一是个种族问题，而不是王朝问题。从1850年到1860年的十年间，俾斯麦成了一名议会议员，早在1860年，他就撰写了关于德意志议会的备忘录；与此同时，拉萨尔已经认识到，即使不把君主赶出去，一个统一的德意志也是可能实现的。他和俾斯麦采取了决定性的立场，一致对抗奥匈帝国，因为奥匈帝国的两千六百万非德意志居民是统一德意志的障碍。每个人都有自己通往结论的道路，因为拉萨尔不了解俾斯麦通过他的使节制定的政策；俾斯麦不需要研究拉萨尔向外散发的小册子，就能形成自己对奥地利问题的看法。

拉萨尔对拿破仑的态度与俾斯麦相似。虽然他是拿破仑专制的敌人，但在危急时刻，他宁愿与法国并肩对抗奥地利，也不愿与奥地利对抗法国。拉萨尔在公开场合所写的内容与俾斯麦在私下所写的内容完全相同："如果拿破仑在南方按照民族原则修改欧洲地图，我们也应该在北方这样做；如果他解放意大利，我们就拿下石勒苏益格；这样的话，普鲁士就可以抹去奥洛穆茨的耻辱……如果普鲁士犹豫不决，那只能说明君主制再也没有采取国家行动的能力了。"在这里，他与俾斯麦的唯一不同之处在于，他采取了民族主义手段，这是他作为鼓动者所需要的，而俾斯麦作为外交家则不需要。同时，作为黑格尔和费希特的学生，拉萨尔将他的要求建立在比俾斯麦更哲学的基础上，作为马基雅维利的学生，他需要"德意志民族、形而上的民族，多亏它的整体发展且完全符合它的主客观历史，它被授予了这个伟大的奖赏，即最高的历史荣誉，它能够从简单的纯精神的民族观念中为自己创造一个领土，它能从思想中产生存在。这样的行为就像上帝创造世界一样……这在今天已成为一种宗教，在德意志统一这一通俗而教条的名义下，它鼓舞着每一颗高贵的德意志人的心。在德意志各地的钟楼宣布德意志国家诞生的那一天，我们也将庆祝费希特的真正节日，庆祝他精神与现实的结合！"

俾斯麦很愿意原谅拉萨尔故作姿态的文风。他将原文烂熟于胸，并得出了自己的结论。他还读到了这位新领袖在充满敌意的公开会议上对他的评价："毫无疑问，俾斯麦对宪法事务有非常准确的了解。他的观点与我自己的理论完全一致。他非常清楚，一个国家真正的宪法不是写在纸上的，而是存在于实际的客观环境中。"不久，拉萨尔甚至在莱茵兰的大型会议上公开表示："在法兰克福，进步派与王公们眉来眼去，目的是让俾斯麦感到不安……如果我们不得不与冯·俾斯麦先生互相攻击，即使在攻击过程中，公义也会迫使我们说：'他是一个男人，其他的都是老妇人。'"

俾斯麦还没看完这封告白信，就收到了索林根（Solingen）发来的电报，那里禁止拉萨尔开会："进步派的市长率领十名手持火枪和刺刀的宪兵，在没有法律依据的情况下解散了我召集的工人会议。抗议无效，好不容易才制止了五千人诉诸暴力的行为。紧急请求迅速的法律救济。拉萨尔。"

这封信恰逢其时，因为几天前，俾斯麦打出了对付王公会议的王牌，要求在德意志邦联实行普遍和平等的选举权。首相把申诉信交给了司法当局。拉萨尔探访他以"表示感谢"。然后，在1868年冬天，他拜访了俾斯麦十几次，也许更频繁，每次都进行了长时间的交谈。许多年后，当俾斯麦有意看轻他与拉萨尔的这种政治交往时，他在联邦议会说："作为个人，拉萨尔身上有某种东西极大地吸引了我。他是我所交往过的最有才能、最和蔼可亲的人之一；他野心勃勃，气势恢宏……我们的谈话持续了几个小时，每当谈话结束，我总觉得很意犹未尽……我猜他对我的印象很好，认为我是一个聪明而乐于倾听的人。"

这些对话发生在那个时代最强大的两位德意志政治家之间，他们讨论的是一个重大问题，即德意志是必须以王朝方式统一，还是可以在民众层面统一。他们都放弃了激进派所提出的其他选择。此时，拉萨尔认为德意志共和国是不可能实现的，俾斯麦也不指望建立一个王公联盟，仅此而已。此外，在私下里，他们两人现在都不认为本应赞成的解决方案是理想的。拉萨尔记录了一段他们谈话的片段，其准确性是相当可信的。

俾斯麦："既然你当选的可能性很小，为什么不与保守派联手呢？我们的利益和你们的利益是一致的，你们站在你们的立场上进行斗争，正如我们站在我们的立场上反对资产阶级夺取政权的企图一样。"

拉萨尔："就目前而言，阁下，劳工党和保守党之间的联盟似乎是可能的，但我们沿着这条路应该只能走一小段路，然后应该会比以往任何时候都更加激烈地对立起来。"

俾斯麦："我明白你的意思了。问题是我们当中谁能和魔鬼一起吃樱桃呢？等着瞧吧！"

就事实而言，他们的辩论围绕着拉萨尔纲领中的两点，这两点俾斯麦都想为自身利益去实现。在此之前，他曾写过关于普选权的文章："在一个有君主传统和忠诚情感的国家，普选权将终结自由派资产阶级的影响，并将导向君主代表选举制。在普鲁士，十分之九的民众忠于国王，除了选举的人为机制之外，没有什么能阻止他们表达真实的意见。"俾斯麦认为在普鲁士引入普选还为时过早。如果说他走得太慢，那么拉萨尔就走得太快。后者试图说服俾斯麦不仅要将普选引入德意志（在时机成熟时。因为两人都相信，在重建德意志邦联之前必定有战争），而且要立即通过一项法令引入普鲁士。因此，激进的民主派建议发动一场政变。俾斯麦怀疑时机是否成熟。

拉萨尔在给俾斯麦的信中写道："首先，我责备自己，因为我昨天忘记再一次强调选举的资格必须扩大到所有德意志人。这将是一种巨大的权力工具！真正在道义上征服德意志！就选举技艺而言，昨晚我又读了一遍法国立法史；但我发现它对我们自己的立场没有什么价值。不过，我已经仔细考虑过了，阁下，我现在可以给您想要的东西，一个防止弃权和分散选票的'灵丹妙药'。我一点也不怀疑我建议的有效性。因此，我等着哪天晚上与阁下会面。我紧急请求您找一个不被打扰的晚上。我和阁下有许多问题要讨论，包括选举技巧和其他问题。"

这封措辞半带亲密的信清楚地表明了谁拥有主动权。我们可以推断，一个年轻人正在给一个老人写信，年轻人已年过四十，而老年人还不到五十岁。我们想象着，前一天晚上，俾斯麦坐在扶手椅上，在雪茄烟雾中倾听这位精力充沛客人的话，然后徒劳地想用"灵丹妙药"这样的短语来激怒拉萨尔。从信中可以看出，在这场精神决斗中，两人都乐在其中。事情的发展中断了他们的交往。在刚才引用的那封信写完五天后，普鲁士开始了对丹麦的进攻。拉萨尔更急了：

"我本不想强求，但形势所迫，所以如果我显得强人所难，请一定要原谅我。上星期三我写信给你，说我有你想要的灵丹妙药，而且是最有效的。我想，我们下次谈话将得出明确的结论。既然我认为必须立即得出明确结论，我希望能冒昧地在明早八点半去拜访你。"

这个人多么炽热啊！这件事怎么引诱他了，直到现在他都不敢奢望的东西，如今他却觉得自己离实现这些东西多么近啊！但俾斯麦的战争才刚开始。选举权必须等待！

几周后，拉萨尔因叛国罪受审。他在最高法院面前说："我不只是想推翻宪法；也许我将在不到一年的时间里推翻它。我是可以玩大赌注游戏的！牌就在桌上……因此，我在这个庄严的地方告诉你，也许一年之内，冯·俾斯麦先生就会扮演罗伯特·皮尔的角色，普选和直接选举就会被建立起来！"英国政治家的名字听起来很威严，虽然在公正的法庭上没有人会理解它的意义。拉萨尔对这位难以接近的代表的分析是如此出色，他甚至提到了俾斯麦二十五年前的一封信中奉为典范的那个人，俾斯麦在这封信中为自己不再报效国家做辩护，理由是他在普鲁士永远不能期望能扮演皮尔的角色。除了俾斯麦的几个亲戚外，没人知道这封信。也许写信的人自己都忘了。不过，俾斯麦知道皮尔、奥康奈尔和米拉波在他衰老的脑海里萦绕不去，当他读到这位犹太革命者如何勇敢地为自己辩护、反对政府，以及如何轻而易举读懂他的内心时，他对拉萨尔的尊重必然会有所增加。

俾斯麦在他的两个计划中选择了跟随拉萨尔的脚步。这位社会党人诱劝这位反动代表支持生产合作社，用总额一亿的国家贷款进行扶助，并大规模开办国营企业。拉萨尔的目标是建立一个新的、符合马克思主义的社会主义国家，俾斯麦的目的是通过扩大君主国家的权力来强化君主国家。正如在普选权问题上一样，他们在这里也是用同样的手段来达到不同的目的。许多年以后，俾斯麦说这些方法是"严肃而精明的东西"。不过，眼下他还是很满足地感谢拉萨尔寄给他一本小册子，上面阐述了拉萨尔的思想。

对拉萨尔的虚荣心来说，这意味着太多太多。俾斯麦应该把这本小册子交给国王，这样威廉就能知道"哪个王国还有未来"。拉萨尔现在真是纠缠不清，要求见代表谈谈这件事。这种急迫的语气惹恼了俾斯麦。他并没有断绝与拉萨尔的关系，只是推迟处理此事。因此，自从那年的致命决斗之后，他再也没有见过拉萨尔。

然而，到了春天，拉萨尔却安排接待了西里西亚赤贫的织工派来觐见国王的代表团。这是一件大事，因为在普鲁士从来没有发生过这样的事。当饥肠辘辘的织工们离开他们的听众时，俾斯麦正站在接待室里。他问了他们许多问题，然后说："恐怕你们下星期天的晚餐就吃不到烤鹅了！"可怜的人们站在那里，颤抖着，这就是一群乞丐，他们非常害怕在国王金色宫殿光滑的地板上跌倒。然后首相遇到了他们，说了一些可怕的俏皮话，这些话扩大了彼此的隔阂，而他本可以抓住机会轻轻地跨越这个深渊。即使在拉萨尔位于贝尔维大街上的豪华房间里，到处都是土耳其地毯和大理石半身像，去拜访他的工人也感到尴尬。看到这位煽动家在公共站台上穿着花里胡哨的马甲，他们也不高兴。拉萨尔和他们不是同类。

然而，俾斯麦采取的有力措施限制了官僚的社会特权。他想争取新近成立的工人党站在自己这边，除了拉萨尔之外，他还希望与另外四位社会主义作家的关系也有所进展。洛萨·布赫是一名被流放后又被赦免的抗税者，他成了俾斯麦的报纸《北德意志报》的一名工作人员。布拉斯（Brass）也是如此，他写了一首诗："我们画红色的东西，画得很好，我们是用暴君的血画的！"李卜克内西（Liebknecht）紧随布拉斯的脚步。俾斯麦委托布赫同样邀请卡尔·马克思加入参谋部，马克思拒绝了。李卜克内西很快就摆脱了马克思，因为他意识到布拉斯被腐化了。布赫待了二十年。在这些从敌人阵营中招兵买马的冒险尝试中，我们再次看到了疯狂的容克。

　　再者，俾斯麦是一个国家社会主义者。关于西里西亚织布工人的穷苦情况，当地方长官只听厂主们的说法，且满足于从一个警察嘴里得知厂主们的观点时，俾斯麦愤怒地问他：为什么不采取公正的立场？为什么不从公正的立场出发去正确地理解这些困难的事情？为什么要完全站在厂主利益这边呢？他实际上的确是打算开除这个地方长官，因为这个人缺乏判断力。然后，他任命了一个委员会来研究工资、生活必需品和帮助工人的方案等问题。他们的观点将被"理智的人倾听，这些人将有能力捍卫工人阶级的利益、反对雇主"。与此同时，他诱使国王私下拨付七千塔勒，根据拉萨尔的计划，把这些钱作为建立生产合作社的实验基础，以便因此"获得有关更广泛地应用该原则的可能性、成本和结果的经验"。这个合作社要登记；它要有不受阻碍的活动能力，"这是销售货物所必需的，这将使织工在工资之外获得销售的利润"。就这样，俾斯麦怀着对自由党的仇恨和获得新盟友的希望，成为普鲁士第一个国家社会主义者。

　　那年夏天，拉萨尔出于一种虚假的荣誉感，进行了一场决斗，结果死于一个无业游民的子弹。他的事业暂时没了领导人。一年后，政府宣布反对国家干预社会问题的一切企图时，俾斯麦在报告中插入了以下段落：
"织工的食物主要由土豆汤、盐粥、少量脂肪和菊苣咖啡组成，已经减少到维持生活所必需的最低限度。"由于各方面都可能提出同样迫切的要求，但国家却无能为力，当俾斯麦在报告中读到这些时，他在空白处用粗体字写道：

"那么，因为这种理由，国家就不提供帮助了吗？国家能帮！"用四个字，俾斯麦富有成效的意志力再次震动了牢笼的墙壁，在这个牢笼里，他和他阶级的其他成员，甚至是许多自由党人都被囚禁着。这四个字是他与拉萨尔在那个冬天谈话的回声，拉萨尔当时极力想吸引俾斯麦，谈话中充满了对未来的热忱。

第六章

　　"现在我是这里的代表，是箭筒里的最后一支箭。如果你愿意把斯堪的纳维亚半岛合并成一个帝国，我也会以同样的方式统一德意志。然后我们将建立一个强大到足以统治整个世界的斯堪的纳维亚-德意志联盟。我们拥有同样的宗教和文化，我们语言的差别也不是很大。请告诉你的同胞，如果他们不愿同意我的计划，我则有义务让他们退出行动，以免我在攻击其他地方时，遭人背刺。"

　　在这封令人吃惊的信中，俾斯麦似乎在和他的收件人老朋友开玩笑，这位朋友是个丹麦人，他们有时会在一起打猎。我们可以假设，哥本哈根的收信人布利森（Blixen）男爵把信读了两遍，因为他是丹麦首相，而丹麦人现在有充分的理由关注德意志的政治气候。如果他了解俾斯麦，他一定知道俾斯麦从来都不是个自大狂或梦想家，而是个会筹谋的人，是个现实主义者。毕竟，这个想法绝不像乍一看那么愚蠢。不到五百年前，斯堪的纳维亚三块土地是统一的，他们的统治者来自波美拉尼亚。这封信不只是开玩笑；也许是一种警告。由于俾斯麦从来没把目标定在绝对无法企及的事情上（正因如此，他永远不会像伟大的拿破仑那样给后人留下深刻的印象），所以他今天发出的警告只是因为石勒苏益格–荷尔斯泰因问题。

这两个小小的领土是德意志的眼中钉。在过去的五十年里，石勒苏益格–荷尔斯泰因的氛围一直是德意志对统一渴望程度的指标。由于这两个小国想要保持"永远不分裂"，整个欧洲翻找了四个世纪以前的条约，实际上没人对这些条约感兴趣，甚至石勒苏益格人和荷尔斯泰因人自己也不感兴趣。人们为丹麦国王和荷尔斯泰因大公的男女继承人绞尽脑汁。现在，当国王去世，他的继任者理应在石勒苏益格和荷尔斯泰因及其他地方宣誓效忠新宪法时，敌对的民族主义开始发生冲突。一个来自奥古斯汀堡（Augustenburg）的大公以两百万塔勒的价格出售了自己的领地。这位大人物的儿子发现了契约上的漏洞，于是利用现存的争议，溜回了他祖先的土地。他写了一封以"致我的臣民"为开头的致辞，并宣布自己为石勒苏益格–荷尔斯泰因大公。

强大的普鲁士人就埋伏在附近。俾斯麦很少或根本不关心这两个地区的德意志属性，作为德意志邦联的成员，德意志属性只会增强反普鲁士的力量。但是他非常关心增强普鲁士的实力。虽然他知道如何充分利用一些北方人对德意志统一的热情，但他的核心思想是："怎样才能把大公国领地变成普鲁士的行省？"他对此事的典型总结如下："直到最后，我始终坚信：与丹麦的个体联盟将比现有的联盟更好；一个独立的统治者会比个体联盟更好；与普鲁士联合比一个独立亲王要好。只有事变才能证明哪一个是可以实现的。"作为马基雅维利的信徒，他因此首先与丹麦打交道，然后用奥古斯汀堡对付丹麦，实际上是对付奥地利——他总是希望最终取得胜利。

即使这不是事先周密考虑并计划的结果，无论如何，这也是一串他已经事先把线纺好了的珍珠。当这个问题在1863年年中变得尖锐起来时，当整个德意志都在赞扬年轻的奥古斯汀堡大公决心从外国列强手中夺取德意志土地时，俾斯麦在国家委员会会议上站起来，建议兼并这些领土。国王抬起头说："可是我在大公国领地里没有任何权利。"

"大选帝侯，腓特烈国王，在普鲁士和西里西亚还有权利吗？所有的霍亨索伦王朝都是拓展国家疆土的人。"

国王没有回答，王储举起双手伸向天，好像在怀疑说话人的神志，大臣们默不作声，罗恩也不例外，会议继续进行当天的议事。当俾斯麦翻阅会议记录时，发现没有提到他的建议。秘书解释说，是国王命令漏掉的。陛下本以为冯·俾斯麦先生不希望别人记下他说过的话。"陛下似乎认为我的午餐吃得太好了，这并不明智。他以为我不想再听到我说过的话了，可是我坚持要把我的建议写在会议记录里。"

大约在这个时期，俾斯麦写道："我今天在外交政策上的方法就像我过去常打狙击枪的方法，那时如果没用脚试过，我不会把身体重量放在鲜嫩的草丛上。"有一点是肯定的，那就是，多亏了石勒苏益格事件的起起落落，他得以操纵奥地利——先把奥地利拉到他这边，然后又背离奥地利，最终奥地利退出了联邦。如果没有杜佩（Düppel），格尔利茨（Königgrätz）几乎不可能属于德意志。但这条路是沿着欧洲深渊的边缘走的。他总是一只眼睛注视着强权势力的情绪；而另一只眼睛，像驯狮人的眼睛一样注视着国王。他似乎不止一次输掉了比赛，他自己形容这场比赛就像斯克利夫的一个错综复杂的阴谋。"好运与贤者相爱"，如果这句土耳谚语有道理的话，那么俾斯麦一定是个极贤德的人，因为他几乎总是很幸运，而且从来没有像这次政变这么幸运过。

如果即刻单独进攻丹麦，他就会把奥地利放在后面，把欧洲放在前面。相反，他通知维也纳外交大臣雷切伯格伯爵，他将独自进行所谓的大公国属地解放，这在当时的德意志是最受欢迎的尝试。通过这种威胁，他迫使雷切伯格站到他这边来。然后，有了如此强大的盟友，他忽略了德意志邦联。他现在已经减轻了欧洲的焦虑，欧洲认为两个德意志大国之间固有的敌意可以防止其中任何一方取得压倒性胜利。因此，他一举使奥地利成了他的盟友，欧洲保持中立。世界大战的危险被避免了，因为普鲁士和奥地利联合向丹麦人宣战。这是俾斯麦在战争真正开始之前所写的：

"奥地利试图改造德意志邦联的两个月后，这件事不再被提及时，它应该感到高兴，并且它应该给以前的朋友写封信，与我们的信如出一辙，这难道不是最彻底的胜利吗？今年夏天，我们实现了曾徒徒奋斗了十二年已久的目标。奥地利采纳了我们的纲领，它去年十月还曾公开嘲笑过这个纲领。它宁愿与普鲁士结盟，也不愿与乌兹堡（Würzburg）结盟。它接受我们的援助；如果今天我们背弃奥地利，奥地利政府就会垮台。无论是大规模的还是零星的，维也纳的政策从来没有像现在这样听命于柏林的指挥。法国向我们示好。我们的声音在伦敦和圣彼得堡有了二十年来从未有过的权威性。我们的力量不是建立在议会和报刊上，而必得建立在强权政治上，建立在强有力的手腕上。我们没有足够多和足够持久的力量浪费在虚假战线、空话和奥古斯汀堡……这并不是说我对奥地利有过分的信任。不过我想，现在最好还是让它站在我们这边。至于脱离它的时刻会不会到来，原因又是什么，那就留待将来再说了。"

上述几句话摘自1863年圣诞节俾斯麦写给当时居于巴黎的戈尔茨的一封长信。他在对手面前这样趾高气扬，我们没法认为有什么不妥。同时，他的信也是一种自言自语，也许是一百次自言自语中有意压低的回声，因为当他说"我们"时，他指的是他自己。他感到自己作为政治家的时刻即将来临。再过几天，1864年就要开始了。

与国王的无声斗争开始之前，他同时先要进行一场喧闹的议会辩论。与民主党人的辩论表明，和议会一起执行外交政策是多么困难——除非所有国家都这样做，即使这样，有时也是不可能的。

魏尔肖："我们必须告诉国王，危险迫在眉睫。首相在相对较短时间内采取了这么多不同的立场……在没有指南针的情况下，他快速驶入了纷繁复杂的异国大海……他没有指导原则……这是他的弱点……他对发自人心的问题全无了解……并且，他以暴力行为损害了德意志和普鲁士最神圣的利益。他被交给了邪恶之人，他将永远无法从其魔掌中逃脱。"

俾斯麦："如今，一个三百五十人的议会用最后的手段都指导不了一个大国的政策，没法给政府规定一个必须贯彻到底的纲领……一群并非行家里手的政治家，把棋盘上的每一步棋都看作是棋局的结束。因此，他对目标的幻想是不断变化的……政治不是一门精确的科学……我不害怕民主，如果我害怕，我应该放弃这个游戏。（一名议员嚎叫：'一场游戏！一场游戏！'）如果议院拒绝投票给预算案，我们必须把方案带到有预算的地方去。"因此，众议院拒绝了战争贷款的提议。议会被解散了，一年内不再开会。

现在冲突达到了顶峰，对立就像火星子一样从他身上迸出来：最神圣的利益；没有指南针、没有知识的政治外行；原则；棋局！魏尔肖，一个科学家，一个无神论者，把他的敌人交给了魔鬼，而我们本以为应是信基督教的政治家会对科学家用这种做法，这一事实恢复了对话中天然的幽默感，这种幽默感原本隐藏在庄重的措辞之后。

当俾斯麦在议院强调王权时，他试图用议院吓唬国王，他说只有强有力的外交政策——实际上就是战争，才能让反对军队改革的人闭嘴。他还对柏林的卡罗伊施了魔咒，并告诉维也纳的雷希贝格，德意志民族情绪中有革命趋势，以此让他感到害怕。然而，在维也纳的帝国议会上，人们更了解情况，那里的一名代表嘲笑雷希贝格对此事的报告，说："我们将与受到全世界谴责的普鲁士内阁携手作战！俾斯麦的胜利让其他国家的人保持了清醒！在普鲁士，他们公开宣布需要扩张疆土。它还没消化掉偷来的西里西亚领土，就伸出爪子去抓公国，而我们居然派团乐队去为普鲁士进行曲奏乐！我们弹什么曲子好呢？"

普鲁士国王一方面受到俾斯麦的敦促，另一方面又受到他最亲近之人的警告，他犹豫了。他看着猎物，害怕抓住它。他严肃地问他的大臣："你不也是德意志人吗？"俾斯麦陷入绝望的时刻到来了。"我有一种预感，"他在给罗恩的信中写道，"国王反对革命，这事儿算是大势已去了，因为国王把信任更多地给了他的反对者，而不是他的臣仆。如上帝所愿。此后二三十年里，这对我们来说将是一个无关紧要的问题，但对我们的孩子来说却不是……如上帝所愿……如果没有奇迹，这场游戏就会输，我们将难辞其咎。他知道普鲁士还能存在多久。如果普鲁士走到了终点，上帝知道，我会感到难过的。"因此，俾斯麦谈到了游戏的输赢，并不断地呼唤上帝的名字，他只有在陷入极大的困境时才会提到上帝。

当俾斯麦最终说服威廉国王和弗朗茨·约瑟夫皇帝发动战争时，他仍然不确定这片外国土地到底是为谁而征服的。他也许还会发现，尽管身不由己，他正在发动一场所谓的"正义战争"，这场战争只会解放公国，只会给德意志邦联增添助益。即使第一枪已经打响了，外交家俾斯麦也不会保持沉默。他匆匆给罗恩发了一封短信："在F.地的两个连队兵力是不是太少了？……如果炮兵不能控制前述的海峡，我们的连队就会掉进捕鼠笼。我们在荷尔斯泰因有多余的士兵，为什么不更强力地占领这个岛呢？请原谅我把这些关于军事问题的意见发给你。"如果罗恩给他政治建议，俾斯麦会说什么？但他的责任比任何将军都要重大。这场战争是他策划的，这是他大胆的冒险。

不到三个月，杜佩的壕沟就被攻占了，直到阿尔森（Alsen）的整个国家都被占领，伦敦呼吁开会停战。俾斯麦的眼睛总是注视着巴黎，他对拿破仑作出语焉不详地承诺。要是法国现在保持安静就好了！目前，他只能和其他人一起拥护奥古斯汀堡大公的主张。他搜寻发黄的文件来支持这个有价值的主张，求助于律师的手段，迫使大公给予普鲁士足够的权利，使大公从一开始就无力回天。

伦敦会议上的分歧一有扩大，事情变得可能了，俾斯麦就再次传唤大公到柏林，设法使大公与国王及王储度过了一天，在午夜时分与大公面谈（这也是一种建议的方法）。新的要求是：公国不能成为自由主义鼓动者的避难所。大公迄今为止毫不犹豫地同意了所有的规定（因为他唯一的愿望就是当政），现在他觉得通过与威廉和腓特烈的会谈，自己的地位得到了巩固。大公第一次表达了自己的意见。他说，按照"宪法"的规定，他必须求得臣民们同意全数条件才行。这个傻瓜是不是在国王的宴席上喝了太多香槟？在他已经同意的合约上附加条款，然后使合约变得毫无价值。俾斯麦下定了决心。这些领土将归普鲁士所有。他立即发挥自己的聪明才智，证明所有奥古斯汀堡的权利都是无效的。他也许是享受这种情况的奇异可笑之处，因为他写道："我从政时间越长，在对人类进行推测时就会越缺少信任。"

战争第二阶段只在七月花了几个星期的时间，却给普奥联盟两国带来了明确的胜利。领土掌握在他们手中，唯一的难题就是如何处置这些领土。他们在申布伦宫（Schönbrunn）的宫殿里进行了一次会面。两位统治者与俾斯麦和雷希贝格围坐在一起。四个盟友为自己的成功而面带微笑。威廉国王良心不安，也许雷希贝格也是如此，因为他太简单、太直率，不会用这样的政策。但是弗朗茨·约瑟夫和俾斯麦的想法都很简单，他们都决心要欺骗对方。

俾斯麦："既然历史召唤我们组建起政治共同体，如果我们团结一致，接管德意志的领导权，在王朝和政治上，对人对己都更有裨益，我们只要联合一天，领导权就会在我们手里一天……倘若我们共同获得的是意大利而不是荷尔斯泰因，倘若伦巴第由我们这两个大国支配，我就决不会试图劝说我的国王，让我们的愿望与联盟的愿望相悖。"

弗朗茨·约瑟夫："那么，公国是要成为行省，还是说普鲁士仅仅是要在公国获得某些权利？"

短暂停顿之后，国王什么也没说。

俾斯麦："我很高兴陛下在我尊贵的君主面前问我这个问题。我希望我现在能知晓他的观点。"

威廉犹豫地说："我对大公国领地没有任何权利，也不能要求任何权利。"

多么壮观的场面啊！两个君主不知道如何处理征服来的土地，这些土地是代表强加给他们的，他们的军事指挥官用剑赢得了胜利。他们相互之间表现出猜疑，这种猜疑只能用宫廷里冠冕堂皇的话来表达，直到年纪大一点的国王在一种深刻的道德困惑中说自己没有权利，从而否认了他自己的代表，因为代表刚刚暗示的意思正相反。带着虚伪的友好，君主们互相称呼"你"，"陛下"和"阁下"此起彼伏。这次讨论以盛在金银盘子里的早餐结束，失望的代表试图用哈布斯堡酒窖里的上等葡萄酒来淹没他的烦恼。

第七章

丹麦战争并没有解决内部冲突，不料冲突还愈演愈烈。代表们拒绝为军队改革投赞成票，政府却宣称军队改革很成功，而自由党不费吹灰之力地证明了，改革才刚刚开始。根本问题是将来统治国家的到底是强权还是公义？普鲁士在前方打了胜仗，这个问题仍然不确定。1865年1月，当人民代表再次在议事厅开会时，俾斯麦显得极其彬彬有礼，相比斗争当时，俾斯麦在得胜后挖苦人的情况都变少了。然而，自由主义者不能放任自流。"政府，"他们大声疾呼，"只是顺应了民意的趋势！"俾斯麦反问他们："如果你们拒绝第一次借款让我们征服了杜佩和阿尔森，那么，先生们，我希望你们拒绝这次借款将催生出一支普鲁士海军。"

辩论还在继续，盟国之间的争端也在继续。奥地利不希望被征服的领土成为普鲁士的领土，而是希望让公国成为德意志邦联中的国家。维也纳新任外交大臣门斯多夫（Mensdorff）伯爵——与其说是政治家，不如说是贵族，他感情细腻，是个乐观主义者——尽管彬彬有礼，但和十年前在法兰克福的图恩伯爵一样，他也是个阴谋家。"瞧，"俾斯麦对柏林的卡罗伊说，"我们站在公国面前，就像两位客人面对一场令人赞叹的宴会；其中一个没胃口吃，却还严禁另一个饥肠辘辘的人吃。既然如此，我们等着吧，直到那一刻来临，目前我们处得还挺好。"

到了夏天，维也纳的不安加重了，以至于与普鲁士的决裂似乎迫在眉睫。俾斯麦的脉搏加快了。第一次战争的目标，他为之工作了十五年，似乎就要实现了。"现在是开战的有利时机，"他在政府会议上带着一种搞科研的人一般的冷静说，"但大臣们无法建议采取这样的步骤。这个决心只能来自国王的自由信念。"

威廉摆脱了一场手足之争的噩梦。他再次前往加施泰因，命俾斯麦与仇敌朋友重归于好。这是在1865年8月，在申布伦宫会谈一年之后，也是王公会议两年之后。现在"结构上的裂缝被抹掉了"，战利品也被瓜分了。奥地利将得到荷尔斯泰因和劳恩堡（Lauenburg），普鲁士将得到石勒苏益格，这两块领土的主权将由奥地利和普鲁士共享。奥古斯汀堡大公被撤换，而欧洲国家们，半是取笑半是生气地问道："不是说永远不可分割吗？"俾斯麦说："那是我最后一次玩十五点，我玩得太莽撞了。所有人都大吃一惊。布洛姆（Blome）伯爵曾说过，了解一个人性格最好的方法就是和他们玩十五点，我想我应该让他看看我的性格！我损失了几百个银币，本来我是有权报销这些钱的，这是我公费的一部分。我成功地骗过了他，因为他相信我会冒险，其实我不会，于是他就让步了。"在签署协议之后，有人猜测俾斯麦会对布洛姆说："嗯，我从来没想过我会找到一个愿意签署这份文件的奥地利外交官！"当时，奥地利正处于内部动荡的状态中，在列强中也没有盟友；因此，她签署了一份对普鲁士极为有利的文件。最后，当奥地利以二百五十万丹麦塔勒的价格将劳恩堡公国卖给普鲁士时，俾斯麦非常高兴："由于这笔交易，奥地利在公众心目中的地位下降了。买方不同凡响，卖方要价低到离谱，被人瞧不起！"

在第一次"国家扩张"之后，国王封俾斯麦为伯爵。丹麦战争结束后，威廉授予这位大臣黑鹰勋章，俾斯麦在给夫人的信中表达了他的真实情感："更令我高兴的是，国王热情地拥抱了我。"对他来说，威廉能给他的最高荣誉也都没啥了不起的，但新贵族头衔就是另外一回事了。在他继承的品格中，家族感情是最强烈的，授爵使他感到心满意足。他总是骄傲地看着悬挂在舍恩豪森墙上的俾斯麦家族祖先的画像。他以出身为傲，他曾说过，俾斯麦家族的人在边疆地带比霍亨索伦家的人活得长。在他的容克同辈和熟人中，有许多人佩戴更杰出的徽章，当野心驱使他走向高位时，他总是想到这些特权人物的面庞。他还有个次要的动机，就是希望自己在家族成员面前能好好表现。事实上，有爵贵族是很傲慢的，他们看不起那些仅仅是乡绅的人。

他自己不需要什么徽章。他就是俾斯麦，一个已经在欧洲享有盛誉的人。但是，他妻子是个波美拉尼亚乡绅的女儿，原本在上流社会受到轻视，现在可以自称为伯爵夫人了，他的儿子们和孙子们可以自称为俾斯麦伯爵，这对他来说是非常重要的。这给容克带来的满足感，超过了他过去所获得的所有头衔和职位，也超过了女王和王后的友谊所能带来的满足感。他的至亲至爱，他在这个世界上唯一关心的人，都得到了升迁。此时，俾斯麦已经五十岁了。二十五岁辞去公职时，他在给朋友的一封信中勾画了自己的未来，他写道："如果羊毛市场上有人叫我'男爵先生'，我就给他便宜三塔勒。"

当他读到威廉国王为授予他这个头衔所作的亲切说明时，他不禁在心里嘲笑国王的傲慢。两年来，他一直带着这位不情愿的君主一步一步地前进，但现在这位老人说这次征服是"我统治国家的成果，你一直以伟大而卓越的恭谨来遵循我的统治……你亲爱的国王，威廉"。

与此同时，算账的日子越来越近了。随着战争的迫近，俾斯麦更频繁更严密地监视着拿破仑。法国皇帝和他所统治的国家，对德意志这两个敌对势力之间的和解持怀疑态度，因为他们长期以来的不和一直令欧洲感到高兴。事实上，英国已经开始考虑组建一个强大的联盟来对抗统一的德意志。在俾斯麦看来，要想知道拿破仑的真实想法，唯一的办法就是亲自面谈。刚刚在加施泰因和一位皇帝谈过话的俾斯麦，急忙从那个矿泉疗养地跑到另一个疗养地，比亚里茨，在那里对另一位皇帝施咒。事实上，这感觉几乎就像进入了一个敌对国家。他住在尤格萨尼（Eugéni）皇家别墅附近，拿破仑在那里建立了他的夏宫。俾斯麦放出消息说，这次不寻常的旅行是为了照顾他身体不好的夫人。只有乔安娜相信这一点，她写道："一开始我非常沮丧，因为我责备自己，我让可怜的俾斯麦付出了如此多的代价，却无望从这次旅行中得到什么好处！……在我看来，我在洪堡（Homburg）会过得更好。"这些天真的话表明，在刚结婚的几个年头以后，俾斯麦已不再向夫人谈及他的政治目标了。

去年，他独自一人在比亚里茨时不是更快活吗？在与丹麦签订和约后，他到比斯卡扬（Biscayan）海岸做了一次短暂的拜访。当时皇帝不在那里，他妻子也没和他一起。他唯一的同伴，还是迷人的奥尔洛夫夫人和她的丈夫，他和他们一起洗澡、骑马，享受音乐的魅力。在罗恩的号声把他从比亚里茨召来之后的两年里，他见过这位漂亮的俄国女士五六次。在信中，她被简称为凯西（Kathi），这个名字不会使人联想到俄国贵族夫人。现在，欢乐的时光又开始了。他两次写信给夫人，用一种似乎与他本性完全不同的白日梦的语气："亲爱的，我在这里真就像在梦里一样。

我面前是大海，凯西正在楼上练习贝多芬，我们整个夏天都没有过这样的天气，家里没有一滴墨水！……如果他们给我发什么快信，我就跑到比利牛斯山去。毕竟，我不该买卢本（Lubben），而该买伊休（Ishoux）或者达克斯附近的一些土地。我想到在巴登，甚至在巴黎，我们不得不生火，而在这里，太阳却让我们把大衣和花呢脱在一边；我想到昨天我们是怎样在月光下的岸边躺到十点钟，今天我们又是如何在户外吃早餐——我必须说，上帝在气候方面对南方非常仁慈……我焦急地等待着你的消息。"

当这个德意志人和外国人在一起时，当他仰慕的漂亮女人陪他在海边闲逛了一个星期又一个星期；当他能享受到在故国森林里无法享受到的乐趣时，他的心情变得轻松愉快。遥远的地平线；灿烂的日子；晴朗、碧蓝的天空；闪闪发光的海洋；阳光更灿烂；女人的衣服更艳丽；更生动活泼的语言——这是一个德意志人的梦想。

然而，这一次，他的妻子和女儿（她们都生病了）陪伴着他，俄国女士不在，当他的脑海里充满了沉重的计划时，海岸就有了不同的样子。著名作家普罗斯佩·梅里美（Prosper Mérimée）正在比亚里茨。作为一个外国人，他比许多德意志人更了解俾斯麦的性格，他写道："俾斯麦比德意志人更机智，他是身为外交家的洪堡（Hunburg）……他是一个非常有礼貌的德意志人。虽然他看起来完全没有啥天分，但他其实非常聪明。"作家一年后又写道："这位伟人准备得如此充分，我们找他吵架是不明智的。我们将不得不在他手中咽下许多耻辱，直到我们也有了燧发枪。"人们不得不钦佩政治家的艺术，甚至超过钦佩这位文学家的艺术。俾斯麦是一位瞬息万变的艺术家。只要一刹那，他就能改变他想要为之效劳的国家的面貌。他能以同样的方式欺骗皇帝吗？

他们在靠近大海的露台上溜达来溜达去。俾斯麦强壮、健康，拥有一种敏锐和探索的目光。他大步前进，每次他们转弯时，他都会小心地移动到皇帝的左侧。拿破仑脸色蜡黄，身体佝偻，虽然他只比俾斯麦年长几岁，但他已经过早地衰老了。他走路的步子很窄，眼神里流露出不安。那只叫尼禄（Nero）的狗跟在他们后面。任何一个能预见五年后这两个人将会开战的人，从他们的长相上就能推断出战争的结果。

但是，如果一个人只是听他们说话，就会一直怀疑是否真的会开战。这两人都不想打仗。由于膀胱疾病而衰弱的皇帝，最怕的就是一场新的战争，而在他的全盛时期，他希望"每隔几年就有一场积极的战役"。如果他现在必须战斗，他宁愿在地中海沿岸或威尼斯作战，以便为意大利，或为代表流行趋势的民族自由事业而战——同时为自己赢得一点权力！这样，法国人的愿望就能在现实和理想层面都得到满足了。由于这些目标只有与奥地利开战才能实现，皇帝认为支持普鲁士对他有利。他要向普鲁士提出什么要求来报答它这不可估量的贡献呢？

拿破仑会要求什么？俾斯麦反复问自己这个问题。他不能割让任何德意志领土，而法国人对奥地利也没有兴趣。因此，他谈到比利时时，由于拿破仑很保守，他以魔鬼式的简洁总结了当时的局势："很难把外国领土提供给任何不想要的人。"接着他又谈到法属瑞士，还有德意志在莱茵河上的领土，还有特里夫斯（Treves）和兰多（Landau）。这两个人走来走去，俾斯麦的言下之意是："我们不能把领地拱手送你，但如果你把哪块领地占了，我们也不会妨碍你。"皇帝也对并吞一事未置一词。他笼统地说："不管是从哪种农奴制中解放出来的，我们都应该欢迎一个更伟大的普鲁士。"

"一个有抱负的普鲁士，"俾斯麦同样含糊地回答，"会把法国的友谊看得极为重要；灰心丧气的普鲁士将不得不寻求与法国结盟。此外，我们不能去创造大事件，我们只能任其成熟。"

皇帝说："一旦情况需要更密切、更亲密的协约，你的王室国王就可以满怀信任地来找我了。"

他没有再向前推进，俾斯麦也不能再向前推进，因为威廉国王严禁任何结盟的言论。俾斯麦会向国王报告整个谈话吗？他只会讲述他认为合适的部分，而且只会使用国王能理解的话讲述。俾斯麦一掌权，很快就变得不坦率了。他只透露听者所能理解的东西。他对待国王的方式就像对其他人一样，他不认为威廉国王已经准备好与哈布斯堡王朝开战了。"我的总体印象是，目前法国宫廷的气氛完全对我们有利。"因此，他在报告中使用了模棱两可的话术，这些话术与刚刚记录下来的谈话是相符的。透过面纱，我们看到了他灵魂中的闪电。我们看到这位政治家是如何无视他的人民、他的国王、欧洲的意愿，企图对他的德意志同胞发动战争；我们看到他是如何用半个承诺来安抚伟大而雄心勃勃的法国。

既然他和拿破仑都有意欺骗对方，那么在比亚里茨会议上究竟谁被骗了就不得而知了。1870年炮兵的胜利结束了这两人之间的决斗，虽然并没有决出胜负。

第八章

60年代中期，普鲁士人俾斯麦开始成为德意志人。

无论现在抑或更早时，我并不是说驱使他前进的不是在联邦内部打败奥地利这个愿望，在这件事上，仇恨和自我主张同样比爱和对秩序的渴望更强烈。把普鲁士放在奥地利的位置上，与他的对手作战并征服他们——这些才是俾斯麦天性中最基本的冲动，而不是什么"德意志人的想法"。在那些日子里，自由党人否认俾斯麦与他们有同样的信仰，他们是对的，对他们来说，德意志已经成为一种宗教。当时，俾斯麦并不觉得德意志人与莱茵兰和巴伐利亚人的亲缘关系，比与维也纳人和萨尔茨堡人的亲缘关系更紧密。他为什么要费心把边境那边的德意志人分类呢？今天，就像十年前他写信给格拉赫时一样，如果他的总体政策就是想要一步接一步地完成他的行动，那么他就准备战胜这些民族中的任何一个。几个月后，他会面不改色地看到撒克逊人、黑森人和汉诺威人在他的战争中成千上万地倒下。他们都是异国人。只有普鲁士才是他的祖国、他的家园。

德意志人有一种特殊的爱国形式，这是由德意志的历史决定的，这种爱国形式在俾斯麦看来，与其说是狭隘，不如说是宽广。因为，正如他晚年所宣称的那样，德意志人忠于他出生地的王朝，在很大程度上，他只是热爱这土地的一角。因此，俾斯麦的感情主要给予了波美拉尼亚。普鲁士是一块偶然征服的土地，当时，普鲁士领土很窄，结构太大，不合逻辑，无法激发国家感情。科隆和梅梅尔之间没有共同感情。然而，俾斯麦是少数几个下定决心热爱普鲁士的人之一——不管它是什么样子，原因是皇室的征服对他来说是一种教条，而种族血统的问题无论如何都不重要。作为普鲁士国王的臣子，作为勃兰登堡的骑士，他唯一关心的是普鲁士的扩张。他宁愿像前几个世纪那样，为了扩大普鲁士而征服德意志的王公们，也不愿为德意志邦联的问题而烦恼。他想要成为"第一"，这个"第一"只能在内部才能实现。这就是他植根于血脉中的逻辑！但他聪明才智中的邪恶因素，他对历史的渊博知识，他对现实的清晰认识压倒了这些愿望，尽管这些愿望是很自然的。他把目光集中在可以实现的目标上，而忽略掉仅是想要实现的东西，在战胜奥地利之后，他决心要确保普鲁士独力成为德意志的领袖。诚然，普鲁士的领土还会再增加几个省市，但征服已不再是他的目标。

一种新的野心在他心中苏醒。科德尔是一位值得信赖的证人，十年前俾斯麦曾对他说："我唯一感兴趣的是普鲁士的王冠。"现在他记下了这句话："我最大的抱负是把德意志人合并成一个国家！"十年前，当坚定的党员俾斯麦成为一名外交家时，他抛弃了一些反动的偏见，开始考虑领土大小问题，而不是操心道德问题。现在，当他从普鲁士公使变成德意志政治家时，他开始从德意志领土的角度来考虑问题。他的天性就是从王室角度考虑问题，而不是从部族角度去思考。无论是现在还是以后，他都无法摆脱那种原始的观念。这就是为什么俾斯麦只是他所在时代里最伟大的政治家，而从没能成为一位先知。

在目前的紧要关头，他为奥地利的艰难处境而高兴。奥地利发现，管理遥远的荷尔斯泰因省与管理殖民地一样困难。它想把荷尔斯泰因卖给普鲁士，把威尼斯卖给拿破仑，要价四百万里拉。既然它不敢这么做，它就允许奥古斯汀堡大公在荷尔斯泰因重新开始进行煽动，而这样又违反了《加施泰因条约》，因为该条约赋予普鲁士在两个公国以共同发言权。现在俾斯麦可以向他的国王证明普鲁士的权利受到了侵犯；现在他可以鞭策腓特烈·威廉了。他以惊人的坦率说出了他的谋划。他对法国使节贝内代蒂（Benedetti）说："国王的本质是这样的，如果我要诱使他主张一项权利，我必须向他证明别人正在争夺它。当有人胆敢对他的权利设限时。他就会有充沛的决心。"他发了一份正式投诉文件到维也纳。维也纳发回来一个愤怒的答复。1866年2月，枢密院在柏林开会。国王坚定地说："我们不希望挑起战争，但我们绝不能在战争面前退缩。"大臣们都同意，只有王储不同意。国王说："公国的所有权值得我们发动一场战争。我们必须谈判和等待。我想要和平，但我决心在必要时发动战争，因为我认为这场战争是正义的，因为我已经向上帝祈祷，让上帝向我展示正确的道路。"十八个月前，在申布伦宫，上帝已经向他明确表示了，他在公国没有任何权利；对他而言，如今德意志邦联和奥地利的权利已成为过去。

俾斯麦燃起了希望。他与王储发生争执，争执"变得尖酸刻薄"。当天晚上，在向一位秘书口授完后，俾斯麦坐在窗边，向凯德尔转达了自己的意见："如果门斯多夫恢复旧政策，我们必须在他面前夸耀一些德意志的文化历史和精神。石勒苏益格问题和德意志问题是如此紧密地联系在一起，如果打起来，我们必须一起解决。德意志议会将控制住其余的中小国家。"然后，停顿了一下说，"如果，也许，存在着一个厄菲阿尔特（Ephialtes），伟大的德意志运动将粉碎他和他的主人！"然后，莫特利"迅速站起来，离开了房间"。这就是俾斯麦式的解决方式。他慢慢地、一部分一部分地思考，然后，一个历史的类比突然跃入他的脑海，从过去跳到现在。他用它碾压对手，然后通过跳起来，他表达了隐藏在他心中的决心。

随着战争的临近，他把这个决心付诸行动。独裁统治变得更加僵化。只要代表们还是想说什么就说什么，这个国家的气氛就不会成熟，不会产生伟大的决心。因此，公诉人必须对自由主义者滥用言论自由权提起诉讼，并任命两名值得信赖的助理法官来处理此事。州议会上议员们勃然大怒："你们可以用普鲁士国家所授予的一切荣誉勋章来装饰你们的法官。你们的勋章掩盖不了这些伤痕，那是人们损害自身荣誉留下的伤痕，他们无法向同代或后代人隐瞒。唉，他们也伤害了祖国的荣誉……这样的诉讼引起了一种悲观情绪，这对国家是一种危险。甚至那些安静的人也开始认为未来只能是复仇的时代。"就这样，作为被起诉对象之一的特韦斯顿在讲坛上发出雷霆之声，在战争前夕，他演讲的结束语直指革命。

俾斯麦回答说："这样一来，我们就应该使议会成为比最高法院还高的上诉法院。通过这种方式，我们应该赋予议员们高于其他公民的特权——最富想象力的容克做梦也想不到的他的同阶层成员会享有的一种特权！如果你一意孤行，代表们就有权发出最粗鲁的侮辱和诽谤！"这场冲突已经无法解决。然而，只有这样的冲突，才能使国王支持一个战斗的大臣。议会解散了。俾斯麦对形势感到满意。

下一步是拿捏住法兰西和意大利。国王现在必须给拿破仑写一封信，当时他们约定，在情况危急时必须写这么一封信。大使会把一切都告诉拿破仑，写信的时机已到。戈尔茨对皇帝说："我们不只想要公国。我们想要的是在普鲁士的领导下建立北德意志联盟（North German Union）。"

皇帝同意保持中立。但由于他对普鲁士的进一步计划持怀疑态度，于是他宣布，如果普鲁士进一步扩张，他将要求获得莱茵河上的某些领土。俾斯麦小心翼翼地进行谈判。他派他特别信任的布利希吕德尔前往巴黎。布利希吕德尔将俾斯麦的期冀传达给罗斯柴尔德（Rothschild），罗斯柴尔德再将其传达给皇帝。因此，俾斯麦利用私人关系，甚至利用犹太人办事。不久之后，梯也尔在内阁谈到北德意志统一的迫切性，并说法兰西的优势只能靠德意志的分裂来维持。全场响起了暴风雨般的掌声。拿破仑惊慌了。因此接下来，他考虑奥地利在西里西亚（Silesia）不该因为损失了石勒苏益格而得到补偿，以免普鲁士变得过于强大。内阁一个接一个，议会会议一场接一场，都在讨论努力开拓新疆域的议题。人们在密电上忙来忙去，密电内容都与战后列强的要求有关，但这场战争可能永远也不会发生。

在这个关键时刻，当一位意大利将军出现在柏林时，俾斯麦认为，让维也纳知道普鲁士与佛罗伦萨就秘密条约进行谈判是有利的，这样奥地利人就可以发出刺耳的抗议。这些对他来说会有用，可以激励国王采取行动。为了达到这个目的，他把自己的计划告诉了弗兰格尔（Wrangel），而弗兰格尔的习惯就是迅速泄露一切机密。俾斯麦对意大利将军说："希望我能令国王同意这场战争，但我不能做出保证。"虽然所有在柏林的外国人都警告意大利将军要提防俾斯麦的诡计，但身在佛罗伦萨的人没有理解错误，当维也纳的抱怨如预料般接踵而至时，意大利决定与普鲁士结盟。一旦普鲁士人入侵波希米亚（Bohemia），意大利人就会入侵威尼西亚（Venetia），这张兑换账单三个月后到期。俾斯麦，这位德意志保皇党人，对于想要外国军队支援他同德意志哈布斯堡王朝作战这件事，丝毫不会觉得不安。

现在，当他的盟友终于准备签字时，威廉国王却拒绝了！俾斯麦的精神崩溃了。"前天，"罗恩写道，"我们的朋友俾斯麦，白天黑夜都被他繁重的工作搞得筋疲力尽……遭受了剧烈的胃痛，因此情绪非常低落，他非常易怒和不安……直到今天，我还是很担心，因为我知道什么正濒临险境，在这个时刻，他最需要的是他所有的精神力量不受身体疾病的干扰。"在这几周里，俾斯麦和罗恩都在认真考虑辞职的可能性。最后，罗恩恢复了信心，并说服了他的朋友往前走。"你从自己的经历中知道生活是什么样的，"俾斯麦在给一个熟人的信中写道，"你知道正在发生的事情，它的任务，它的匮乏，没时间也没精力……不要以为我是沮丧才这样写。我相信应该开战，但不知道我会否看到开战，我常常感到疲惫不堪。"这样的语气在这位斗士身上是很不寻常的：因为这些话充满哲理，却饱含着放弃和疲惫的情绪。

当俾斯麦的敌人在他周围包围住他时，他又重新焕发了活力。现在，大多数保守派已经抛弃了他的事业。在他们看来，攻击合法的哈布斯堡统治者似乎是不可能的。在他们眼中，那个十六年前反抗拉多维茨的人已经成为第二个拉多维茨。路德维希·格拉赫，他以前的朋友和庇护者，晚上坐在炉边，喝着苏打水，抽着雪茄，用上帝的诅咒威胁他。当格拉赫在《新普鲁士报》上攻击俾斯麦的政策时，俾斯麦勃然大怒："我不是个急性子，并不急于把国家卷入战争！"这就是俾斯麦对虔信派的老教徒粗鲁的回应。"在这件事上，我必须我行我素。我是在与上帝单独交流时想出来的，没有和我的同伴商量。"他"直率、苍白、狂热，没一句中听的话"。当格拉赫说他希望这些政治问题上的分歧不会影响他们的友谊时，俾斯麦沉默了。在这里，沉默意味着拒绝。俾斯麦再也没有和格拉赫说过话。

同时，王储夫妇也都在运作，奥古斯塔比谁都忙；他们竭尽全力反对战争，也就是反对俾斯麦。一位友好的公爵从奥地利大臣那里获得了和平的信件，以便呈送国王。最忠诚的臣属送了很多信和代表团给威廉国王，最忠诚的臣属是指：查尔斯亲王（Prince Charles）、森夫特-皮尔斯查（Senfft-Pilsach）、博德尔施文格、格拉赫，以及所有虔诚的信徒。就连神圣同盟也像幽灵一样从坟墓里冒了出来。到处洋溢着欢腾的气氛。只有一个人在混乱中保持沉默。当俾斯麦的战争号角吹响时，毛奇宣称有关奥地利军事力量的报道被严重夸大了。然而，俾斯麦继续尽其所能诱使奥地利采取攻势，他确信国王不会先动手——因为威廉害怕他的妻子。根据俾斯麦的说法，奥古斯塔在那些日子里的策略是如此明确地反民族的，以至于"当波希米亚边境已经开始战斗时，柏林正在王后陛下的庇护下……进行非常可疑的谈判"。

皇太子妃的行为更恶劣，她三月底给身在伦敦的母亲信中写道，"我亲爱的母亲，有件很重要的事你应该知道，因为国王想让弗里茨（Fritz）给你写信，那个坏人气得发狂……这根本不行，会干扰他的计划，是不必要的干涉……总而言之，他当时确实很生气，现在……他在尽他所能阻止其他任何形式的干扰。我想你应该知道这一点，所以我才直接给你写信，虽然这看起来像是阴谋诡计，是我最讨厌的。"这不是阴谋，这是叛国，即使维多利亚公主仍是一个英国女人，她也应该从英国大臣的传统中吸取教训，他们一直拒绝让外来亲王们干涉他们的事务。

俾斯麦极度亢奋。据目击者记载，有时，他在吃饭时捂着额头，低声说："我想我们都要疯了！"

德意志的王公贵族会怎么做呢？其他德意志的贵族会接受自己被普鲁士领导吗？现在，他预感到这样的好运气，就采取了最出人意料的手段，以便影响公众舆论，使其朝着他想要的方向发展。他向德意志邦联提议召集德意志代表大会，代表由直接普选产生！拉萨尔死了，但在这里，他的一个伟大思想复活了。"鉴于当时那种情况的需要，"俾斯麦晚年写道，"还要和国外巨大的困难做斗争，如果需要求助于革命手段，我应该毫不犹豫，只要我能吓唬住外国那些君主制国家，让他们不要染指我们国家的事务，我就应当乐意采取普选权（当时自由主义最有力的手段）这一解决方法……在这样一场生死攸关的战斗中，人不会太仔细地审视自己使用的武器。唯一的问题是，怎样才能成功，怎样才能确保其他大国不插手？"

十八年前，反对普选的议员冯·俾斯麦-舍恩豪森曾说过："一磅肉和一磅人骨头是没有标准可以把他们放在一起比较的！"文克也曾高声回敬："灵魂可以！"

现在，俾斯麦带着这一晴天霹雳，向德意志宣战。笑声回荡起来！他，一个以独裁者身份，在没有预算的情况下，违宪地统治了自己国土四年之久的人——竟敢以一项被普遍认为是恐惧所致的提议来嘲弄德意志人！如果当时王储的话被公开，人们一定会欢呼雀跃："俾斯麦对最神圣的事情都是不敬的。一个好战的大臣解决不了德意志的问题。"就连王储也不知道，这个人在1860年的巴登斯备忘录中，曾建议国王召集德意志议会！"不是这样的，"特雷奇克是这么写的，半个德意志的人都为他鼓掌，"不是为满足迫切需要而召唤出来的魂灵，而是由于普鲁士严格的宪法制度已经准备成熟，因此得到普鲁士民族坚定意志的支持，并得到德意志人民欢欣鼓舞的赞同——这才是这个国家多年来珍视的理念应该进入现实中政治舞台的方式！……举国上下都惊呆了，因为普鲁士的政策突然发生了逆转！"

德意志人的感情压倒了理智！当德意志的空想家们在说教，高呼"不要这样！"的时候，俾斯麦控制住了他感情上对议会的厌恶，他完全是受理性指引的。

但是，这种普遍的否定在他的耳朵里，并不像维也纳对和平的呼吁那样令人震惊。在那方面，也发生了突然的转变，和平得到了支持。维也纳有一项共同裁军的建议。由于神经紧张，俾斯麦病得很重，只能用文字与国王交流。然后维托里奥·埃马努埃莱（Victor Emmanuel）决定出征，在拿破仑的庇护下出征。作为回应，奥地利不仅动员了迎战意大利军队所必需的军团，而且动员了整个奥地利军队，因为它早就知道这个秘密条约。听到这个消息，俾斯麦很快恢复了健康，并指责维也纳是"骗子"。在枢密院，国王现在的立场比以往任何时候都更加强硬，再刺激他一点，他就会一跃而起。

"陛下请放心，试图以任何紧急方式影响您在战争与和平问题上做出至高无上的决定，都是违背我的感情的，甚至可以说是违背我的信仰的。为了祖国的福祉，我愿意让全能的上帝来引导陛下的心，我更愿意祈祷，而不是建议。但我无法掩饰我的信念，如果我们现在保持和平，战争的危险将再次发生，也许就在几个月后，会在更为不利的条件下。和平只有在双方都愿意的情况下才能持久……一个陛下最忠实的仆人，十六年来对奥地利政策烂熟于心的人，不会怀疑，在维也纳，对普鲁士的敌意已成为国家政策的主要动机，我几乎可以说是唯一的动机。一旦维也纳内阁发现情况比现在有利，这个动机就会积极地发挥作用。奥地利的第一个努力将是塑造意大利和法兰西的环境，使之变得更有利。"

再强调一次：祈祷、上帝和宗教信仰必须得用上，这样国王才能被动员起来。俾斯麦一针见血。他让国王想起了在奥洛穆茨的那些日子，十六年前，他曾和现在的国王为奥洛穆茨的问题争吵过。老威廉想到可能会再次被击败，就感到不寒而栗。他写道："你可以告诉……曼陀菲尔说，如果一个普鲁士人现在在我耳边低语奥洛穆茨，我马上就退位！"

最后，到了五月初，国王下了动员令，虽然这还不意味着开战了。奥古斯塔表示抗议，离开了柏林。王储是一名高级军官，他宣称这场自相残杀的战争是没有正当理由的，很可能会导致恶果，西里西亚和莱茵兰（Rhineland）很可能会失守。出生在巴伐利亚的王太后勃然大怒。甚至一些年纪较大的军官——听父亲讲过"万国之战"的故事的那帮人，他们也持反对态度。现在，当俾斯麦和国王都同意发动战争时，他们被孤立了。

"我知道，"国王对收信人说，"他们都反对我。他们每一个人都反对！但我将亲自拔刀冲锋陷阵，宁死也不愿让普鲁士让步！"俾斯麦同时宣称："我知道大家都憎恶我……命运就像人们的看法一样变幻无常。我押上了我的头作为赌注，我要玩完这个游戏，即使它把我送上断头台！无论是普鲁士还是德意志，都不可能保持过去的样子。而且，为了成为它们必须成为的样子，它们将不得不沿着这条路前进。没有别的路可走。"

是的，他的性命危在旦夕。一名暗杀者埋伏在那里等着他，只要这位令人憎恶的（他病了）大臣再次出现在公众面前，他就出手。五月七日，俾斯麦自生病以来第一次离开家，去见国王，当时他正沿着菩提树下大街的中央小巷走回来。听到附近有两三声枪响，他迅速转身，看到一个年轻人又要开枪了。俾斯麦扑向他，一只手抓住攻击者的右手腕，另一只手抓住他的喉咙。但暗杀者和他想杀的人一样坚决，把左轮手枪从右手拿到左手，又近距离开了两枪。一枪打偏了，灼伤了俾斯麦的外衣，另一枪显然打中了。俾斯麦使出全力，继续抓住暗杀者的喉咙，最后有个路人在两名士兵的帮助下抓住了这个人。俾斯麦惊讶地发现，虽然有点儿疼，但他走路没问题，所以他步行回了家。乔安娜和一些客人在桌旁等他。

他悄无声息地走进书房，仔细检查了他的衣服，然后给国王写了一份简短的报告。之后，他走到妻子身边，亲吻她的额头："不要惊慌，亲爱的，有人想开枪打我，但感谢上帝的恩典，我没有受伤。"在饭桌上，他把这个故事讲得好像是一次外出打猎的冒险："作为一个老猎人，我对自己说：'最后两枪一定打中了，我已经是个死人了。'尽管如此，我还是安然无恙地走回家了。回家后我检查了一下。我的大衣、外套、马甲和衬衫上都有洞，但子弹从我的丝绸背心外面滑过，没伤到皮肤。我的一根肋骨有点疼，好像被击中了，但很快就没事了。野兽身上有时会发生这样的事：一根肋骨被子弹击中后会有弹性地弯曲。人们事后可以看到被击中的地方，因为有几

275

根毛发被擦掉了。我想我这根肋骨也是这样弯曲的。也可能是因为左轮手枪的枪口压在了我的外衣上，所以子弹没有发挥出全部威力。"

他以科学研究者的冷静讲述了他的故事，没有解释他刚刚用他坚定的勇气，用攻击暗杀者的方式救了自己的命。俾斯麦在这个时刻能够泰然自若地举起酒杯，完全是由于他扼住暗杀者喉咙的那种天生之力。不久，国王前来拥抱他的大臣，亲王们百感交集地出现了。一群人开始聚集在房子前面。俾斯麦走上阳台，他妻子在旁边。他一直是普鲁士人最痛恨的人，从来没有一群人为他鼓掌。今天，因为一名民主党人刺杀他却没能成功，民主党人就对他报以长久热烈的欢呼。他说了几句话，接着就高喊："国王万岁！"第二天，暗杀者在监狱里自杀了，他的名字叫科恩-布林德（Cohen-Blind），是图宾根的一名学生，有一半英国血统，他曾希望杀死人民的敌人，来防止战争的发生。毫无疑问，俾斯麦很遗憾不能自己复仇了。如果他的骨头真像他的精神一样坚硬而缺乏弹性，如果他倒下了，普鲁士和奥地利之间的政治斗争可能会加剧一时，但德意志战争就不会发生了。这不是一场人民战争，它甚至不是一场内阁制造的战争，这是一个大臣的战争，他拖着内阁、国王、将军们跟在他后面。如果他只是在这几个星期里因病不能行动，罗恩告诉我们，"在我看来，这将意味着普鲁士人将再次输掉柯林（Kollin）战役"。

根据凯德尔的说法，在敌对党派试图暗杀俾斯麦之后，俾斯麦"感觉自己是上帝选中的工具，尽管他没有用语言表达这种想法。"凯德尔是个敏锐的观察者，他每天都看到这位大臣，我们不能不信他说的。俾斯麦已经处于致命的危险之中，就在战争之前，他还不知道这场战争何时结束，而这场战争就是他自己发动的。他以一种在他看来是奇迹的方式从这种危险中幸存下来，甚至连俾斯麦的现实主义也一度失败了，他幻想这是上帝的手指在起作用。

第九章

　　从理想主义者向人民公敌开了最后一枪，到现实主义者向他的德意志同胞们开了第一枪，中间隔了五个星期。"赔偿！"德意志军队还没来得及激动，巴黎就惊呼起来。受到梯也尔猛烈攻击的拿破仑开始后悔自己的政策。也许他仍然相信俾斯麦通过大使或多或少地透露给他的那句话："如果只有我可以独力决定的话，我也许愿意为了正义事业而犯一点小小的叛国罪，而且，因为我与其说是一个德意志人，不如说是一个普鲁士人，所以我愿意把摩泽尔以南的一小块莱茵领土割让给法兰西。但是你看，国王是不会允许我这样做的。"在这几个星期里，俾斯麦幽默地把自己比作一个驯狮者，把拿破仑比作一个英国人，这个英国人"夜晚出现在狮笼前，一动不动地等待着野兽吃掉驯服者的时刻到来"。

两三年后，当不知情的国王对某些消息感到震惊时，俾斯麦承认这些消息确有其事："尽管这样一来我的个人政策陷入了不利的境地……我只能制止拿破仑的政策，通过不断让贝内代蒂和意大利人明白，我自己准备放弃道德路线，但我仁慈的君主不愿意，他们必须给我时间来说服陛下。陛下很清楚，我从来没有做过这种事……法兰西人相信我正在努力做这件事，这对我们非常有用。"

在最后几个星期里，各色人等仍然试图影响国王，反对俾斯麦。老心腹的警告信纷至沓来。贝特曼-霍尔韦格（Bethmann-Hollweg）的孙子后来也给这位国王的孙子提出了类似的建议，他甚至否认邪恶的俾斯麦可以被视为真正的普鲁士人："只要这个人站在陛下身边，得到陛下的信任，就不可能达成谅解——因为这个人的行动，使所有其他国家都不再信任陛下……现在是最后一刻，一旦掷出血淋淋的骰子，一切就太迟了。"写信人不知道十二点的钟已经敲响了，国王也不知道自己在艰难前行。因为在六月初，当奥地利人召集各阶层人等来到荷尔斯泰因的庄园时，俾斯麦终于能够指责他们违背信仰。威廉国王愤怒了！"奥地利的背信弃义伴随着谎言，谎言伴随着违背信仰，"国王在回应一位教会亲王的警告时惊呼道，"我在祈祷中与上帝搏斗，以了解他的旨意。我一步步地把普鲁士的荣誉放在我眼前，我是凭良心行事的！"这位善良的国王确实相信他所说的话，尽管贝特曼-霍尔韦格在与同一位德意志上帝磋商后，确信德意志的荣誉正在受到玷污。在南方，虽然仪式有所不同，但多瑙河上的士绅们也祈求同一个神灵保护他们的哈布斯堡荣誉。

俾斯麦的工作不堪重负，有一天早上他不安地打开圣经寻找一个神谕，偶然发现以下段落（《诗篇》，第九篇，2，3，4）："我要因你欢喜快乐，我要歌颂你的名，至高者啊。我的仇敌退去的时候，他们一见你的面，就扑倒灭亡。因你为我申冤，为我辩屈。你坐在宝座上，按公义审判。"乔安娜丝毫不会讶异于丈夫被这句话"安慰到并充满新希望"。即使是记录这一事件的凯德尔，没有问问他自己：在同一个早晨，门斯多夫在舞厅广场（Ballhausplatz）或贝斯特在布吕尔露台（Brühlschen Terrasse）是否没有在练习占卜？是否没有发现同样的话语？是否没有同样真诚地相信上帝站在他们一边？但没人注意到，这位善良的基督徒（丢勒的骑士，死亡，魔鬼，全都合而为一体）在寻求神明认可的同时，如何与一位匈牙利将军讨论召集匈牙利同谋军团的可能性，以对抗匈牙利合法统治者，或者俾斯麦实际上说服了他自己的主人威廉国王宽恕他与1848年革命者联手的行为。

当波希米亚被普鲁士入侵时，俾斯麦煽动捷克人叛国。他发布了一份公告："致光荣的波希米亚王国的居民，"他们确信，一旦取得胜利，"也许时机将对波希米亚人和摩拉维亚人（Moravians）有利，这样，他们就能像匈牙利人一样，实现自己国家的愿望。"

与此同时，大多数德意志的王公贵族已经拿起武器站在奥地利一边。普鲁士退出德意志邦联。普鲁士向选侯国黑森、拿骚（Nassau）、汉诺威和萨克森的统治者发出最后通牒，限他们二十四小时内做出决定。在这些日子里，俾斯麦邀请一位从巴黎来的记者共进晚餐，他以前并不认识这位记者。俾斯麦和记者进行了长谈，他谈吐风趣，谈论起巴黎的往事，摆出一副自信的姿态，他的客人在当晚加急发往巴黎的电报中描绘了这一情形。发出最后通牒的当晚，在英国特使的陪同下，俾斯麦在外交部的花园里走来走去。他谈到了阿提拉（Attila），好像今天晚上就要为德意志找到他。"毕竟，在你们下议院，阿提拉是一个比约翰·布莱特（John Bright）先生更伟大的人！"十二点的钟声敲响了。俾斯麦拿出表看了看，说："此时我军正进入汉诺威和黑森，战斗变得严峻起来。也许普鲁士会打败仗，你们放心，我们一定会勇敢战斗。如果我们打了败仗，我就不会回来了。我会在最后的猛攻中倒下。人只能死一次，如果被征服了，还不如去死。"

两个星期后，北方的一切都解决了。现在，自从胜利的消息传来，人们的心境开始有了变化。刺杀首相的行动发生后，本来没什么动静。那个实施暗杀的理想主义者的尸体被秘密地用月桂装饰着——如果俾斯麦倒在菩提树下，是不会有人装饰他的尸身的。还有人卖一些漫画，画的是一个像威廉·退尔那样骄傲的复仇者向俾斯麦开枪，只是由于魔鬼的介入，他没有成功，魔鬼插在中间，喊道："他是属于我的！"现在，六个星期过去了，人群拥向宫殿前，为威廉欢呼，三月中，威廉不得不从这座宫殿逃到哈弗尔河的一个小岛上。国王站在罗恩和俾斯麦旁边，感谢他的臣民。当俾斯麦乘马车回家时，人们想把马从他的车上解下来，自己给他拉车。然后，成千上万的人聚集在他的房子前，一个善意的人喊道："向在外交战场上做出英勇事迹的将军致敬！"俾斯麦和他的妻子站在窗前，对人们讲话，然后不揣冒昧地说："很明显，国王终究是对的！"雷声响起，他最后的话被天空中的雷声淹没了。他喊道："天堂也在向我们鸣炮致敬！"这种自吹自擂很快就传遍了首都，街上的人更了解俾斯麦了。这比任何宣传都更可信地证明了他的观点。

俾斯麦从未谋求过获得民众的好感，今天他更可以蔑视这种行为了。他在寻找更安全的解决冲突的理由。他决定重新举行选举，在第一枪打响三天后，他召见了两名反对党领导人。最近由于俾斯麦的唆使，在下议院发表演说而被起诉的特韦斯顿，现在来拜访他的敌人；我们可以肯定，他这样做是为了享受普鲁士人在国家处于危难之时的服从情绪——尽管他等了许多个小时，但他的骄傲丝毫没有减弱。俾斯麦与他讨论了新形势，也与自由党人昂鲁进行了交谈。与昂鲁的谈话发生在花园里，两人在夏夜的凉爽时分来回踱步——俾斯麦白天没时间。昂鲁指出，该宣言没有提及恢复宪政。于是俾斯麦激动地说：

"人们认为我无所不能！很少有人能意识到我面临怎样的困难！我说服不了国王去做我想做的每件事。我们认为这是理所当然的。然后国王说：'这个公告和宪法一样糟糕。按照它的意思，战争结束后，他们可能会裁撤我的军队！我才不要呢！'"

这不仅仅是借口，因为俾斯麦与这位反对者和反保皇党人坦率地谈论国王，表明他在与威廉争夺的境况中仍有许多艰难之处。

昂鲁："我们今天的情况类似于七年战争之前的普鲁士……虽然我是很尊重国王的……"

俾斯麦："是同样的情况，只不过没有腓特烈大帝！同意！不过，我们必须充分利用它……我很自豪我能说服一位普鲁士国王采取召集德意志议会这样的行动。但是这样的政策不能通过演讲和决议来实现。必须由五十万士兵来决定……普鲁士与匈牙利、鲁塞尼亚（Ruthenia）和斯洛伐克（Slovenská）的战争不是同室操戈！"

昂鲁："每个人都很惊讶，国旗竟然还飘扬在宫殿上空。"

俾斯麦："有几次我问过国王，他打算什么时候下令开战，他都粗暴地回答说他自己会决定。所以说，你看，我不能一直随心所欲地安排事情。国王快七十岁了，王后又跟我作对！"

昂鲁："如果我们前线遭受挫折，会发生什么？"

俾斯麦："那样的话，国王会退位。"

这些"爆炸性"的回答，显示了一个游泳者跳入水中后的所有狂野冲动，现在最重要的就是到达更远的彼岸。这就是俾斯麦回答如此简短的原因。在这半小时内，他三次泄露了国王的心境。他非常清楚，第二天早上昂鲁会把他说过的话传出去。他也知道在战斗中失败意味着什么，以及国王退位对他意味着什么。当王储跟他谈到可能发生的灾难时，他同样凶狠地回答：“我被吊死又有什么关系？只要刽子手的绳索能把你的王位牢牢固定在新德意志就行了！”

出发三天后，俾斯麦和国王到了格尔利茨附近的山顶上。当读到关于这场战役的记载时，最让我们后人感动的，是被打败的指挥官贝内德克（Benedeck）的命运，弗兰茨皇帝对他开了如此卑鄙的玩笑。由于王储所指挥的军团适时介入，这场战役的结果是有利于普鲁士的。凯德尔写道：“俾斯麦骑在一匹巨大的栗色大马上。身披一件灰色斗篷，大眼在钢盔下闪闪发光，那是一个奇妙的景象，让我想起我儿时听过关于冰冻的北方巨人的故事。”神话里的英雄消失了，一个有人类感情的人出现了，俾斯麦骑行在破碎的尸体中间，低声对凯德尔说：“想到赫伯特有一天可能会像这样躺在那里，我心里就很难受。”

在不断爆炸的弹壳中，俾斯麦徒劳地恳求将军把国王赶出火线。罗恩回答，说国王想骑到哪就骑到哪。“将军们都是迷信的受害者，作为士兵，他们不能向国王谈论危险，而且，因为我是少校，我也是一名军官，他们把我送到国王那里……十名铁甲骑兵和十五匹马组成的小队就在近旁，鲜血淋漓的。”俾斯麦飞奔到国王面前，说：“如果陛下在这里被击倒，我们胜利的喜悦就荡然无存了。我恳切地请求您从战场上退下来吧！”国王慢慢地向左边移动，进入了一条穿过狭窄通道的路，敌人的枪很快就被挡在一座山顶后面了。他七十岁了，已经有五十多年没参加过战斗了。毫无疑问，当俾斯麦劝说国王脱离险境时，他的心情是五味杂陈的。他可能想到了已故国王腓特烈·威廉的胆怯，如果威廉失败了，他的心思就会转向他的继任者。毫无疑问，他想到了上帝，因为在战争结束后，他给妻子的信中写到国王，笔触平静优美：“我宁愿他这样，也好过他太过谨小慎微。”

当敌人开始让步时，俾斯麦骑马到毛奇面前问道：“我们抓住了手帕的一角，你知道手帕有多长吗？"

"不太知道，至少有三个军团，也许是整个敌军。"

在普鲁士取得胜利后，一位副官说了一句话，令人钦佩地概括了俾斯麦的全部境况："阁下，现在，您是一位伟人……如果王储接应得太晚，你现在就是最大的恶棍了！"俾斯麦没觉得这话有何不妥，他放声大笑。

第十章

　　普鲁士胜利的消息在第二天早上传到罗马时，梵蒂冈的国务大臣惊呼"世界末日到了！"从那时起，普鲁士就成了强盗维托里奥·埃马努埃莱亲王的盟友，在与他一起战胜了教皇陛下之后，就陷入了深深的罪恶之中。战斗那天，消息传来之前，普鲁士有一百四十名保守派议员当选。第二天，俾斯麦与王储就和平问题进行了会谈，君主的诏令是要和解。"至于其余的，我们将建立北德意志联邦，作为德意志统一道路上的一步。"这个计划在俾斯麦头脑中很清晰，他请求王位继承人帮他执行这个计划。这两个人都深深动容了，因为他们齐心协力，不顾自己的意愿，完成了一项伟大的事业。这一时刻的奇迹使他们走到一起，他们之间有一种默契的和解，王储接受了俾斯麦的晚宴邀请，多年来这是俾斯麦第一次邀请他。

俾斯麦现在有机会看到民众的真面目了，他在舍恩豪森时就几乎对民众一无所知。他怎样看待民众呢？"我们的人民都很出色。他们是那么勇敢、安静、听话、有秩序。他们空着肚子、湿着衣服，睡在潮湿的地上（他们睡得真少），但他们对每个人都很友好，不掠夺，不焚烧，他们在力所能及的范围内支付账单，吃发霉的面包。对上帝的敬畏必定深深扎根在我们普通民众的心中，否则他们就不会做这些事。"这是他写给妻子的话。这些话是完全真实的，是直接观察得来的结果。他仿佛是在谈论他的农民，就像一位善良的绅士最是要求农民服从和自我牺牲，他认为那些令他惊奇的美德只能是敬畏上帝的结果，在普鲁士人中，没有别的说法可以解释。他真的被感动了，但在他和平民百姓之间确实没有桥梁。然而，虽然他是首相，但他并不要求别人特别关心自己。在格尔利茨战役之后的第一个晚上，他的住宿条件"比粪堆好一点"。那是在荷里奇（Horic），他周围全是伤员。最后，有个公爵或者别人发现了首相，才把他带到好一点的住处。

他与将军们的关系让他的脾气很暴躁。他很难忍受这些人发号施令，但他却不得不保持沉默。在这些夜晚，有人叫醒他，告诉他国王要在凌晨四点骑马出去看一场小规模的战斗，他从床上愤怒地喊道："这一定是因为将军们不恰当的热情过度了！他们想安排一场小规模的后卫战斗，以便向国王炫耀，这就是为什么我被剥夺了必不可少的睡眠！"他与军队的斗争就以这个滑稽的开场白开始了。胜利之后，他立即写信给妻子："只要我们的要求不过分，只要我们不觉得自己已经征服了世界，我们就能获得和平，这种麻烦是值得的。但是，我们容易高兴，也同样容易沮丧，我没有得到感谢的任务是拿水往发酵的酒上浇，并提醒人们，我们并非孤立地生活在欧洲，那里还有另外三个憎恨和嫉妒我们的势力！"

当他对欧洲正在说什么保持警惕时，将军们正在挥动军刀向维也纳进军。战争会议正在切尔纳霍拉（Czernahora）召开。俾斯麦来得相当晚。国王告诉了他这个消息。重机枪预计将在两周内到达。然后军队会向维也纳进发。俾斯麦颤抖着说："两个星期！"他不过是个少校，他的肩章并不光彩夺目，不存在红线问题。俾斯麦坐在那里看着地图，（将军们不无讽刺地听他说话）建议不要轰炸维也纳。最好去普雷斯堡（Pressburg），在那里渡过多瑙河。这样，敌人面对东部时就会处于不利地位，不然他们就会撤退到匈牙利，不战而弃维也纳。国王要来地图，看了看，然后支持俾斯麦的建议。"虽然不情不愿，但他们接受了这个计划……我最关心的是避免任何会损害我们与奥地利未来关系的事情，任何会引起耻辱记忆的事情……就像很久以前割让领土一样，普鲁士军队的胜利进入，对奥地利人的自尊心是一个可怕的打击……那时我就已经毫不怀疑，像腓特烈大帝一样，我们将不得不在随后的战争中保卫这次战役所得……在对奥战争之后，从历史的角度来看，与法兰西之间的战争成为不可避免的事情了。"

几天后，在另一次战争会议上——这次是在布伦（Brünn）——会议再次提出了在维也纳谈和的提议。俾斯麦当着国王的面平静地说："如果敌军放弃维也纳，撤回匈牙利，我们也必须追击。一旦我们渡过多瑙河，我们正确的策略应该是留在右岸，因为在这条浩浩荡荡的河段上，我们不能骑马前进。但是，一旦我们过了河，就会与后方失去联系。那么最好的办法将是向君士坦丁堡进军，建立一个新的拜占庭帝国，让普鲁士听天由命吧！"

俾斯麦的睿智中有一份耀眼的冷漠，很少会这么直接。他独力发起了这场战争，独力实施了这场战争，可是一旦一场战役取得胜利，他就拒绝继续推进。他突然缩短了行程，因为在地平线上，他看到了另一场战争，一场无论他愿不愿意都会被迫参加的战争。战斗结束十天后，他下定了决心。与奥地利和谈，不赔款、不并吞。把将军们吸引到维也纳来的仅仅是他们内心的冲动。如果陆军少校俾斯麦找到了更好的办法，那并不是因为他作为战略家比将军们更好，而是因为他是个政治家，而非战略家。同时，他还必须在不得罪身具军人本能的国王的前提下，贯彻自己的计划。事实上，当威廉的将军们告诉他俾斯麦少校是多么没有精气神时，威廉不太高兴。于是，政治家俾斯麦只得自食其力，尝试另一种方法，并努力用讽刺来巩固他在上次军事会议上赢得的地位，那是他用模棱两可的话赢来的。

因为法兰西人已经在向俾斯麦施压了。格尔利茨战役前夕，维也纳向拿破仑皇帝提出，如果他能阻止意大利人的进攻，就把威尼斯送给他。皇帝没有与其他列强一起进行干涉，而是单枪匹马地谈判；在普鲁士的波希米亚总部，他提议以和平的名义进行斡旋。俾斯麦深吸一口气！他迅速接受了和谈；不向奥地利索取任何东西；通过戈尔茨在巴黎解决德意志问题。如俾斯麦所说，他准备"向这个高卢人立下一个汉尼拔式的誓言"。贝内代蒂被笨手笨脚的哨兵放了过去，他突然出现，站在俾斯麦床边。一个名副其实的幽灵！现在德意志开始与巴黎交换电报。危险似乎已经被克服了，因为超越列强是俾斯麦的目标。这时，一个他没预料到的势力介入了。普鲁士国王！

没错，威廉参加这场战役"只为防御"。现在尝到了胜利的滋味，加上将军们的催促，这位和平之君对土地产生了兴趣。虽然没有俾斯麦的笔，没有人会拔出剑来，但国王愤怒地宣布：笔不能摧毁剑所赢得的东西。通过作为调解人的拿破仑，他要求得到石勒苏益格－荷尔斯泰因，普鲁士在德意志的领导权、战争赔偿，敌对统治者（包括萨克森国王）退位，还要吞并所有这些领土。那是威廉射向巴黎的箭。但是俾斯麦又从自己的箭筒里抽出了第二支箭。他要求大使报告这些要求在枫丹白露所引起的影响。"我相信，如果我能把条件控制在合理范围内，我们就可以与皇帝达成协议，达成对我们来说合适的协议。"

拿破仑在大臣们的逼迫下，"动摇了，甚至崩溃了"。该怎么办呢？他犯了一个错误。奥地利和萨克森必须保留，法兰西怒斥德意志帝国的建立。因此，最重要的是保持南方与北方的分离，哪怕只是表面上的分离。与此同时，沙皇也想参与其中，并提议召开国会。这意味着他也想要分一杯羹。这位伟大的俾斯麦医生曾希望控制住的传染病，已经开始蔓延——兼并的热潮席卷了欧洲所有的内阁。与此同时，另一种感染性疾病在普鲁士军队中爆发了。也许霍乱将决定这场迫在眉睫的大战的结局。

与奥地利谈和。不是明天，而是今天！胜利绝不能再因为数平方英里的面积和数百万金钱的争端而受到威胁。"任何阻碍迅速解决问题，以期获得微小利益的行为，都将违背我的建议。"贝内代蒂再次说道。他开始说起莱茵河左岸。征服者没有攻击，而是编织战网。俾斯麦采用的不是铁腕手段，而是英明的决策。"目前我不能接受正式宣言，但我们可以讨论任何你想讨论的事情。法兰西完全正确。我们必须寻求实现这一理念的手段。既然胜利的普鲁士不能割让领土，我们就必须看看能不能对莱茵河畔的普法尔茨（Rhenish Palatinate）做点什么。对法兰西来说，最简单的办法就是盯着比利时。"贝内代蒂高兴地打电报到巴黎，劝说让步。双方达成了协议。1866年7月27日，米库洛夫（Nikolsburg）城堡召开战争会议。一切准备就绪。唯一剩下的就是争取威廉国王了。

"在考虑了各种情况之后，我决定把接受奥地利提出的和约作为内阁事项。这是一个艰难的处境。将军们不愿在胜利情况下停手，在那些日子里，国王不断受到他军事顾问的影响。比起我的建议，他更愿听从他们的建议……我并不比任何人更能预见到未来将如何发展，以及后世会怎么评价；但我是在场唯一一个依法有责任表示有观点、发表观点，并提倡某种观点的人……我知道，在总参谋部，我被称为奎斯特堡（Questenberg），将我认定为是华伦斯坦阵营的帝国战争委员会成员，这让我很不舒服。"

这是俾斯麦一生中最关键的时刻。不是战争会议，而是会议之前的日子，他不得不在孤独中做出他的决定，形成他的历史责任感。就是在那时，他第一次，实际上也是唯一一次，完全独立了。四年后，在凡尔赛宫，有太多其他因素起作用，他无法完全自主决定。然而，在奥地利的事务中，他孤军奋战。而且，当他的时间被谈判占据时（因为所有事情都须经他之手），他晚上躺在床上睡不着，考虑该怎么做才最好。如果他要让位于国王和将军们，他可以通过提交一份报告来保护自己，并且在需要的时候通过提交辞呈，在国家和后代面前挽回他的声誉。但如果他坚持我行我素，那他就得独自为所做的一切负责，仿佛他是一个绝对的君主。他知道，在这种情况下，只有成功才能保证他得到宽恕。

此时，俾斯麦病了，因此他不能穿着蓝色军服，佩剑示人。他只得穿着便服待在自己的房间里，当国王和将军们在清晨的空气中刚刚骑马归来，到他面前时，他只能在闷热的病房里接待他们。尽管如此，他还是大胆地坚持自己的观点，并阐述了所有的理由。士兵们想前进，国王同意了，俾斯麦被孤立了。"我的神经承受不了这么多日日夜夜的紧张。我默默地站起来，走进旁边我的卧室里，突然失声痛哭。这时，我听到隔壁房间的战争委员会成员散去了。"

他上一次如此激动是在十七年前，那是在议会上讲话的时候。那一次，他对大家说的最后一句话是："如果沿着这条新路，真的能抵达一个统一的德意志祖国……那么，我对新秩序缔造者致谢的时刻就会来临……但是现在它还远未可及……"十七年来，俾斯麦一直在努力解决这个问题。他一会儿近距离观察，一会儿从远处观察。他解开结，打好结，又解开；他从不在意识形态上瞄准某个单一思想，甚至也不以理想主义的眼光瞄准某个单一思想；他总是不顾一切地努力，用嘲弄和讽刺，用建议和逻辑，去破坏奥地利土地上的绊脚石——在这块土地上存在着七种语言。今天，绊脚石被挪开了，道路打开了。仇恨这个破坏性的因素已经足够多了；现在是开始重建的时刻了。

他的国王又一次挡了道。十七年前，国王禁止他镇压革命，他提出要从舍恩豪森领导他的农民反抗革命，还说要利用比这支象征性的军队强大得多的东西：他坚定的意志之力。那个时代的统治者是个懦夫，已经疯了，已经死了，走了。威廉取代了他兄长的位置，他既不是疯子，也不是懦夫，尽管他不想战斗。他勉强加入的这场战争刚刚取得成功，国王就被征服的欲望攫住了，不愿开始建设工作。俾斯麦坐在那里，面对着他们，他是一个年老病弱的平民，而无论是国王还是将军们，没有人能在他身上辨认出他是一位"新秩序的缔造者"，而他们应该感谢这位缔造者。他没有爆发激烈的抗议，他没有威胁要辞职。他默默地走开了，独自一人，远离对手的耳目，像十七年前一样泪流满面。城堡里有谁能理解这一幕的戏剧张力，谁能理解一个堪称古典悲剧的人。

但这不是流露感情的好时机。国王不知所措，站起身来，他的将军们跟着他走出了房间。俾斯麦在他的卧房里，呜咽不止，听着他们离去的声音，他知道这意味着什么。他振作精神，开始写公文。他再一次详细阐述了影响他的原因，并附上了一个请求：如果国王不能如他所愿，就请允许他辞职。第二天，当他拿着这份公文去见国王时，他在接待室里听到了关于霍乱蔓延的最新报告，他预见到八月份匈牙利将会肆虐，那时水会短缺，熟透的水果会过剩，所以他的政治理由得到了军事和卫生方面考量的助力。得到召见后，俾斯麦向国王表示：受到严重损害的奥地利将很快与法兰西甚至俄国联合起来，以报复普鲁士；奥地利的毁灭将造成一个缺口，并将为新的革命发展开辟道路。他表明普鲁士不需要德属奥地利。"奥地利与普鲁士的合并不会成功。维也纳不能作为柏林的附属国来治理……我们必须尽快解决问题，以免法兰西有时间对奥地利施加进一步的外交影响。"

国王说，这些理由是不够的。他坚持奥地利必须割让西里西亚，而且普鲁士必须从其他德意志邦国夺取部分领土。大臣搪塞了所有这些要求，警告威廉不要破坏那几个邦国，也不要听不值得信赖的盟友，说什么要报复的话。但国王只是一名军官，仅此而已。最本质的一点是，他不愿让军队的胜利就这么停下来。由于他找不到反对俾斯麦的理由，他挺起胸膛，大声说：

"不能让主犯逍遥法外！那些被他引入歧途的人可能更容易逃脱惩罚。"

俾斯麦回答："我们的任务不是进行审判。我们关心的是德意志的政策。奥地利与普鲁士的较量，不比普鲁士与奥地利的较量更值得惩罚。我们的任务是实现普鲁士国王领导下的德意志民族统一，或者迈出第一步。"这三句话以其超越国家的正义性，以其建设性的洞察力，令俾斯麦再也无法超越自己，他再也没有说过这么好的话。八百万德意志人生活在这片土地上已有十个世纪，他和我们今天一样清楚，把他们阻挡在这片领土之外意味着什么。俾斯麦是否也意识到，这样一来，他就开始分裂奥地利了——分裂他未来还要非常依赖的奥地利。无论如何，他最热切的愿望是治愈创伤。他既不想兼并土地，也不想要赔款。他唯一的愿望是在盟国之间建立一个合理的联盟，他宣布要放弃对炮兵的依赖，他将审慎看得比强权更重。在米库洛夫，也只有在这里，俾斯麦才接近了20世纪的政治思想。

但是，他对面的这个人却出生在18世纪。威廉听不懂俾斯麦的话，变得很激动，"我都没法继续解释下去了，离开房间时，我以为他已经拒绝了我的请求。"俾斯麦的第一个想法是加入他的军团，成为一名军官，就这样手握宝剑，继续他认为愚蠢的战争。这至少可以表明，他并不缺乏勇气。当他回到自己房间时，他"心想，从离地面四层楼的窗户跳下去是不是更好；当我听到门开的声音时，我都没有回头，虽然我猜到进来的人一定是王储，我在回房间的路上经过他的房间。我感觉到他的手放在我的肩膀上，他说：'你知道我反对战争。你认为有必要打这场仗，你要为此负责。如果您现在确信打仗的目的已经实现，必须进行和谈了，我愿意支持你，在同我父亲谈话时我会支持你的意见。'"

不到半小时后，腓特烈以同样平静的心情回来了，他说："我们争执得很厉害，但我父亲已经同意了。"这种给予对手的事业以支持的做法，给王储带来了荣誉，也显示了国王很依赖他的首相。因为在俾斯麦陈述理由的奏章旁边，威廉写下了愤怒的评论："既然我的首相在面对敌人时离开了我，既然这里没人能取代他的位置，我已经和我的儿子讨论了这件事。由于他与首相意见一致。令我遗憾的是，在我的军队取得如此辉煌的胜利之后，我不得不咬这个酸苹果，接受如此可耻的和平。"

这就像一出喜剧。这位老绅士想继续跳舞，但他的医生不让他跳，还威胁说不再给他治疗了。由于老人找不到其他医生，他别无选择，只能接受儿子的建议。他向管弦乐队点了点头，音乐停止了。

第十一章

　　米库洛夫危机发生一周后，在从布拉格开往柏林的火车上，君臣二人之间爆发了一场新的斗争。既然俾斯麦不让国王向国外的敌人复仇，那么国王至少要向国内的敌人复仇。与俾斯麦长久对抗的所有极端反动派现在都拥向司令部，他们宣称推翻宪法，或至少修改宪法的时机已经到来。为数不多的自由党人在近期选举中获胜，现在是时候给他们拔牙了。保守党的代表们等待着国王，并督促他采取行动。

　　俾斯麦总结道："在这种情况下，所有对胜利不满的德意志人都将远离专制的普鲁士，新省份将加入反对派，我们本应发动一场征服普鲁士的战争，但普鲁士的国家政策也会被挑断脚筋，无法前进。"回家路上，俾斯麦怀着这样深远的考虑，试图说服国王现在正是强调宪法的时候，而且，按照英国的习俗，在做出违反宪法的行为之后，现在也是民众议会得到豁免的时候。

豁免？辩解？打了胜仗之后，还会有人要求他做这些吗？难道国王不会把他的大臣看成懦夫吗？"我一刻也不能承认我做错了什么！"俾斯麦大叫道，又一次变成一个道德家，没看出来这是个笑话。大臣耐心地着手工作，以证明这仅仅意味着"现在这种情况下，承认政府和国王事情办得没问题。所谓要求就是要求承认这一点。"这是一种颠倒的说法，但这是国王能理解的一种表达。时间紧迫。明天，他必须把这句话加进国王的讲话中。"我们的谈话持续了几个小时，我非常疲惫，因为我必须小心翼翼地说话。隔间里有三个人，国王、王储和我……王储公开说不支持我，虽然他面部表情说明他和我想得一样，这让我对他父亲的态度更加坚定了……最后，虽然不太情愿，国王还是让步了。"

战线发生了变化。四个星期前，王储还是俾斯麦的敌人和国王的反对者。现在腓特烈不会再说那么多反对豁免的话了，因为他父亲知道他是一个自由党人，但是他向昨天的敌人打了个手势，从而敦促俾斯麦坚定立场。不久之后，大臣在议会上说："我们要和平。我们将与你们合作解决眼前的任务。在这方面，我绝不把履行宪法的承诺排除在外。"现在，俾斯麦平生第一次听到各方都强烈地表示赞同。在宏伟的思维曲线中，他继续说："当前的政策问题仍然没有得到解决。可以说，军队的辉煌成就只是增加了我们的赌注。我们的损失比以前更大……可以肯定的是，我们在欧洲几乎找不到任何一个国家，愿意为了德意志来建立这种新的、普遍的生活方式……因此，先生们，我们的任务是确保整个国家的统一，既要实质性的统一，也要表面上的统一……我请求你们把目光转向外面，不要忘记我们肩并肩站在一起，一致对外是多么必要。"这话掷地有声！豁免案以多数票通过。这意味着议会放弃了对政府违法行为的弹劾权。

甚至一些自由党领袖，比如拉斯克和文克，也投票赞成豁免。俾斯麦已经预见到了这一点，他竭力分裂自由党人。那些在这一场合支持他的自由党人，从此组成了国家自由党。但在这个节骨眼上，激进派和国王一样缺乏幽默感。瓦尔德克（Waldeck）说："我们抗议你们否定我们一直为之奋斗的目标！"魏尔肖说："让我们小心地避免对胜利的盲目崇拜！"那么，政治真的只不过是实用哲学吗？俾斯麦将其描述为可能性的艺术。如果在这种艺术中，没有什么比成功更成功，那么政治就意味着对必胜原则的崇拜。格尔利茨的枪炮给俾斯麦带来的助益，不仅仅是解决了权力与自由之间的争端。副官骑马来到俾斯麦面前对他说："如果王储接应得太晚，你现在就成了最大的恶棍了！"人们对成功的盲目崇拜不正是从那时开始的吗？

直到十年后，当这些斗争已经成为历史，俾斯麦才在魏尔肖面前承认："我非常尊重当时的民众议会所采取的坚决行动——一些他们认为是正确的行动。那时你不可能知道这一政策的目的是什么，我也不确定它的结果是什么……即使我能告诉你，你可能也会回答：'比起外交政策，我们更看重宪法的权利。'因此，我绝不想责备任何人——至少现在是这样，尽管在一时冲动下，我有时可能也会责备别人。"

现在，州议会的风向也变了。无论是在议院还是在朝廷，所有的保守党人都愤怒地宣称，因为和约还没有签署，国家必须吞并更多土地。现在，在德意志的最后时刻，国王想夺回他的大臣在奥地利时从他手中夺走的东西。一年前国王在申布伦宫还宣称自己在石勒苏益格没有任何权利，三个月前还虔诚地祈求上帝批准战争，现在却因为胜利而恢复了活力，以至于他竟对罗恩说："这使我想立刻发动一场新的战争！"东西两省之间的鸿沟终于要填上了！我们必须用汉诺威和选侯国黑森来使我们的领地得以"圆满"。既然符腾堡人已经吞并了小小的霍亨索伦公国，我们就必须把他们北部的一小块领土划归普鲁士。安斯巴赫（Ansbach）和拜罗伊特

（Bayreuth）本来是属于我们祖先的，我们必须不惜一切代价拿回来！

俾斯麦拒绝了其中一半要求，尽管他的本意不是反对国王。巴登人来到柏林的土地市场，来证明一个伟大的巴伐利亚可以阻碍德意志统一。巴登人说，维护永久和平的唯一办法是在南部各邦国之间建立一种平衡——这意味着普鲁士割一块巴伐利亚的土地给巴登，实现巴登领土的扩张。巴登来的人刚走，黑森人就来了，他们要求割一块巴伐利亚的领土，以补偿黑森出让的土地。当这位使臣抱怨，说如果普鲁士要求得到洪堡，查尔斯王妃（Princess Charles）①会哭，保皇党人俾斯麦惊呼道："如果我们身在柏林，却要为王妃们的眼泪而烦恼，我们就什么也得不到了！"

俾斯麦在与南方各邦国打交道时尤为彬彬有礼。他把他们视为将来统领范围中的可人儿，先和他们亲热亲热。俾斯麦想把巴伐利亚占为己有。"我不关心感情和家庭要求。我也不想扮演复仇女神的角色；国王把这件事留给他的大臣去做好了——管理公众礼拜和教育的大臣！"起初，他要求巴伐利亚部长赔款并割让土地。在让巴伐利亚人心灰意冷之后，他说："你们可以在非常轻松的条件下获得和平，根本不需要割让任何土地。"

"那么，是什么条件呢？"

"立即签订攻防同盟。"俾斯麦告诉我们，一听这么说，巴伐利亚人拥抱了他，哭了起来。他在其他南方各州中也取得了同样的成功。俾斯麦从这些私人谈话和只有两三个人看到的文件中得到了回报。当他把这些文件锁在保险柜里时，他尝到了幸福的滋味。

西边的天空中，天气看起来预示着危险。谁也不知道暴风雨还要多久才会来临。1866年8月，当拿破仑的态度突然变得尖刻，要求恢复1814年

---

① 指的是爱丽丝公主（Princess Alice），因为她嫁给了黑森的路德维希四世公爵（Ludwig Ⅳ, Grand Duke of Hesse），故名。

划定的边境线时，俾斯麦改变了对贝内代蒂说话的语气：

"如果你坚持这个要求，我们将采取一切手段反击。我们不仅要向整个德意志民族呼吁，而且要不惜任何代价谈和，把德意志南部让给奥地利，甚至还要重新接受联邦议会。然后，我们将联合用兵，带着八十万人向莱茵河进军，夺取阿尔萨斯。我们两军都已动员了起来；但你们的军队还没有。你最好考虑一下后果！"他这样威胁了法兰西人。然而，在1866年夏天的几星期里，这种平衡是如此不稳定，以至于巴伐利亚首相霍亨洛厄认为，俾斯麦提议（还有其他提议）："把巴伐利亚普法尔茨的一部分土地割让给拿破仑。国王不同意。如果他不让步，普鲁士和法兰西之间就会爆发战争。"然后法兰西从另一个方向推进，努力与普鲁士结盟，以消灭比利时。就连戈尔茨也赞成这种做法。九月初，他在柏林花了整整一个星期讨论这件事。俾斯麦到处游走。如果不是他有不祥的预感，预感到新的拿破仑王朝不稳定，也许他会同意这个建议。无论如何，俾斯麦希望这些提议落实到纸面上，并要求贝内代蒂起草一份条约，让法兰西确保自己拥有比利时。在事情极端难办的时候，他会从保险柜里拿出这份文件。

就这样，他玩弄这个法兰西人于股掌之中，一直到各方在布拉格签订了和平条约，北德意志联邦成立。因为奥地利打了败仗，在和平条约中，奥地利不仅要承认普鲁士将把三个德意志公国纳入版图，承认解散德意志邦联，还要承认在美因北部形成一个新的联盟；此外，奥地利必须同意"这条线以南的国家应加入一个联盟，这个联盟与北德意志联邦的民族巩固，应留给两个联盟自行达成谅解，且南部联盟应当具有国际地位。"

这就是米库洛夫好战政治家的目的——不要兼并也不要赔偿。"奥地利是外国。"他在十二年前写道。现在奥地利必须在全世界面前承认，奥地利对德意志来说是外国。

战后，国王想奖励他的大臣。俾斯麦已经是一个伯爵了，他还能要什么呢？将军军衔和四十万塔勒——就像"动员"被用作"战争"的委婉说法，"赔偿"被用作"开脱"的委婉说法一样，这笔钱也被冠以"赠予"的名头。这份礼物来得非常恰逢其时，虽然俾斯麦此刻还不能享受这份礼物，因为他快病倒了。九月的一天，当军队在民众的欢呼中回到首都时，俾斯麦骑马走在国王身边。威廉和他的将军们晒得黝黑，看上去比出发时更年轻；但身穿铁骑制服的俾斯麦面色苍白，痛苦不堪："仿佛过早从病床上爬起来了似的。"他意识到自己身体虚弱，抱怨自己感到筋疲力尽，他说："对我来说，最好的选择就是递交辞呈。我应该这样做，因为我意识到我已经为我的国家做出了一定的贡献，我应该把这种想法留在身后。我怀疑我是否还有能力去做剩下的事情。"

"去里维埃拉（Riviera）过冬吧，你会在那里恢复体力的。"凯德尔建议。

"波美拉尼亚的女人快要生孩子时有句谚语：'现在我必须面对危险。'明年春天，人们的兴奋劲儿可能已经过去了。除非我马上走，把这件事交给别人去办，不然我就只好自己干下去了。我也不知道可以推荐谁做我的接班人。只要我的精神恢复了，我必须再次全力以赴。我要去波罗的海的海岸待上几星期。"

一进入柏林，他就走了。在普特布斯（Putbus），他病倒在一家旅店里，几个朋友把他接进了他们的家里。乔安娜急忙赶到他身边，她发现他处于一种沉闷而忧郁的状态，就像他静脉炎发作时一样痛苦。她写道："政治使他既忧郁又愤怒。但如果他保持安静，凝视着蓝天或绿色的田野，翻看带图的书籍，他和这副身子骨就相安无事。"

他不得不躺在沙发上，远离家乡，如果有人提到他的事情，他就会哭或诅咒。就在这个国家开始钦佩俾斯麦，钦佩他的计划并赢得了这场胜利，就在所有人都准备祝贺他的时候，他却已经为国辛劳到动弹不得，除了翻阅带有插图的报章杂志之外，什么都干不了！

第十一章

在1866年9月的一个下午，当俾斯麦身体好转并回到家中以后，他向拉萨尔的朋友洛萨·布赫口述了德意志新宪法。布赫用整晚润色了文风。第二天人们要在枢密院讨论宪法，并尽快交给邦国大使们。"稿子刚印完，在开会时送来的有些稿子还是湿的。"北德意志联邦的这部宪法，在第一届联邦议会或随后的1871年几乎没有什么改变，直到1918年，它还一直是德意志帝国的宪法，沿用了五十年。经过十年的深思熟虑之后，它的缔造者俾斯麦用了五个小时就口述完成了。这部宪法反映了他的治国思想，可以说是他灵魂的写照。这是俾斯麦的宪法，除了俾斯麦是一个德意志人之外，宪法没有提到德意志人——这意味着俾斯麦是一个个人主义者。

因此，这部宪法实际上是为了加强君主政体，而不是为了人民。这是自上而下革命的胜利，在过去的四年里，他一直在推进这种对抗人民的革命，在接下来的半个世纪里，他击败了反对他革命的敌人。也许德意志人民当时还没有成熟到可以自治，但这一点的影响不像五十年后的影响那么大。唯一可以肯定的是，指导俾斯麦作出决定的并不是这样一种信念。让他采取行动的，是他对民众和民众领袖的极度蔑视，还有他对民主的厌恶。

在他身上，这种厌恶和蔑视，并不是因为他喜爱或者崇拜仁慈的权力。从本质上说，他并不信任头戴王冠之人的智慧，也不相信一个民选首脑的智慧。他的自尊和厌世，使他在一切日常生活事务和一切国家事务中都与民众的决定背道而驰。由于他很难与人协作，因此他总想独当一面；又因为他有充分理由相信，在这个国家中，他自己的智力是很高的，所以他认为自己比任何人都知道得更多。这些基本情感——诸如骄傲、仇恨和勇气，是俾斯麦希望独自承担责任和反对共同决策的决定性因素。这些动机合力导致他拒绝采用议会政府负责的制度来治理新国家，而议会制政府是所有自由党人要求的现代统治形式。由于他（当时有充分的理由）只能把国家的权力揽到自己身上，这个专横的人把别人不愿承担的所有责任都自己承担了。这位建筑大师在设计他的城堡时，就好像他自己将永远是城堡的主人一样。因此，他很像拉萨尔，因为拉萨尔也是这样过分强调个人因素，使他的组织不能发挥作用的。

俾斯麦的计划是将联邦参议院和北德意志联邦议会作为对手。在联邦参议院中，"君主的主权得到了无可争议的表达"。就像在过去的德意志邦联一样，他们的使节要坐在以联邦首相为首的联邦参议院，而联邦首相"只不过是普鲁士外交大臣的信差"。通过这种手段，俾斯麦能够确保那些不愿臣服法兰克福皇帝或不愿在法兰克福王国合并其至高无上地位的亲王们，总体上能成为新王国的君主——尽管这只是掩盖了普鲁士真正至高无上的地位。立法权和行政权表面上被交给了联邦参议院，但实际上仍掌握在普鲁士手中。有了这样的装备、这样滴水不漏和坚固的装甲，国家之船就可以骄傲地、不涉险地进入议会的海洋。

那个时代的精神与他的计划是对立的。那些投靠老对手的人组成了新党派，他们希望新的联邦中不会像普鲁士那样有两条战线，而应该是人民和政府的统一；应该有王国的大臣对议会负责。这个想法最令他厌恶。"在这样的政府的方案下，没人会负责的。犯了任何错，大臣就会被一种看不见的力量扇耳光。在这个神秘的……组织中有一种力量，就像秘密法庭（Vehmgericht）的力量，总是令人无法避免去依赖它。"

就这样，俾斯麦，一个彻头彻尾的斗士，一个至今仍绝对大权独揽的人，开始体验强加之于他身上的议会制度。毫无疑问，他知道他将不得不面对什么样的斗争，尽管他几乎不知道他会以什么样的心态结束这一经历。因为只有国王对自己的才智没有估计过高，且允许有才能的政治家指导他的情况下，这个制度才能发挥作用（即便如此，它也很难发挥作用）。如果国家出现傲慢的国王和缺乏独立性的首相，在这样的宪法下，统一的国家将会徒劳地寻求权利，统治者和被统治者会相互将死。俾斯麦预见到了这一切，但他必须做出选择。要么今天保证自己的权力，要么明天保证他的接班人不会无能为力。他不能两者都保证。如果他像罗恩一样爱国家，甚至爱王冠，他在面对这种选项时，就会像一个考虑继承人的国王那样做出选择。但是，作为一个随时可能被免职的官员，他有必要保护自己的权利（他认为这对国家是最好的），不受各方反复无常的影响。他只得认为，国王的摇摆不定，尽管会引起种种麻烦，但比联邦议会的摇摆不定危险性还要小一些。

的确，有人曾试图反抗他。为了使宪法具有现代国家权威的外观，他们在宪法中加入了一个程序，大意是："联邦主席的法令和处置应以联邦的名义发布，只有在联邦主席签署后才有效，联邦主席因此承担了对它们的责任。"在谁面前承担责任？联邦议会？联邦参议院？国王？最高司法法院？人们所有关于这件事的询问都被联邦议会忽略了。俾斯麦哈哈大笑，为了填补他这位普鲁士主理人与任何一位联邦主席之间的差距，他决定任命自己为主席，代替萨维尼，萨维尼是一个非常优秀的人，不可能被邮差兼主席的职位所欺骗。联邦主席与普鲁士首相合而为一——这是俾斯麦利用敌人的批评为自己谋利的权宜之计，因为此时联邦诸国的所有官员在逻辑上都依赖于联邦主席，所有的官员都成了他的官吏。

就这样，俾斯麦成了唯一责任人。至于俾斯麦该对谁负责，谁也说不清楚——大概是对上帝。的确，在接下来的二十三年里，他也成为帝国议会里所有对抗行为的焦点，那些对抗行为都是针对他的。为什么联邦议会会接受俾斯麦的方案？如果议会愿意，它完全可以拒绝！大多数议员准备投票给有利他们薪水的提案：只有五十三票是投给控制议会代表权，投给民众政治的。我们的党，民众党，和德意志工人总联合会一样，明确要求"把德意志统一成一个民主形式的国家；没有世袭的中央权力机构；没有普鲁士统治下的小德意志；没有奥地利统治下的大德意志。"

由于这部宪法不像普鲁士宪法那样是从上面强加的，而是由民众投票产生的，"人民"本身对其重大后果负有历史责任。

联邦议会确实是通过普遍和平等的选举产生的；实际上，是无记名投票，虽然俾斯麦反对这种做法，反对的理由令人吃惊，说因为这有悖于德意志人坦率的性格。拉萨尔虽然影响了俾斯麦，令俾斯麦接受了普选首次成为切实存在的政治问题，但他已经去世了。拉萨尔输掉了两人心照不宣的赌约，因为事实上，俾斯麦的希望集中在君主制的普鲁士上。民主派预见到了这一点，但他们不能放弃他们为之奋斗已久的普选权，否则就会使自己显得可笑。俾斯麦说："如果普选不起作用，那我们必须废除它。"而且，不顾大多数人的意愿，他排除了向联邦议员支付薪水的提议，因为他希望支持联邦议会中财产所发挥的影响力。仅仅因为罗恩和毛奇的军队实现了他的政策，他的多数自由党对手就站到了他这边来，他很看不起那些人。只有十九名自由主义者投票反对他的宪法，认为它"有缺陷，会限制和危害人民的权利"。在议会中，与这些顽固不化的少数人一起投票的，还有代表拉萨尔理念的社会民主党人。自从"铁与血的政策"胜利以来，宪法、邦国和人民权利已经退居次要地位；由于德意志在没有奥地利的情况下实现了统一，像格拉赫这样的老保守派已经退居二线。

最强大的政党是新成立的国家自由党。它的双重名称表达了两个世界之间的妥协。普鲁士议会的成员拉斯克、特韦斯顿、福肯贝克（Forkenbeck）和昂鲁，以及来自汉诺威的本尼格森（Bennigsen）是政党领导人；重工业和船主为其提供资金；教授们为它提供准则。俾斯麦清点了首脑人数，在几个正式事务上让步，并且他高兴地看到，新国家的灵魂在联邦参议院中是无所不能的。因为虽然他在四十三票中只能掌控十七票，但他在联邦参议院的权力远远超过哈布斯堡王朝在德意志所拥有的权力。俾斯麦在给罗恩的信中写道："普鲁士国王统治德意志的形式，在我看来从来就不是什么重要的事情；但为使普鲁士有实权，实实在在地统治，我已经把上帝赐予我的所有精力都投入进去了。"

俾斯麦希望加强这三者的权力：国王，首相和军队。在新的联邦议会中，斗争从过去州议会中停止的地方开始了：代表大会有权拒绝为军队拨款。事实上，这场争论在州议会上也变得激烈起来："当一个人为实现如今摆在你面前的这个目标艰苦奋斗了五年，当一个人献出了一生中最美好的时光，还为此牺牲了自己的健康……那么，对所有这些斗争知之甚少的先生们，在这里如此行事……我只能推荐他们去读《亨利四世》

（*King Henry IV.*）的第一场戏，戏里说了，当一个朝臣来找哈利·珀西（Harry Percy）要一些俘虏时，哈利·珀西是什么感觉，还有，当霍茨珀（Hotspur）受伤疲倦时，关于枪支和内心创伤的冗长讨论使他感到厌烦。"然后，议员们要求联邦议会应当有投票表决权，如果承认这一权利，就意味着他们有权决定军队的规模，俾斯麦在演讲台上愤怒地说："如果一个在格尔利茨战役中受伤残疾的人问你，这场激烈战斗的结果是什么，你会怎么回答？你会对他说：'哦，好吧，就德意志的统一而言，这还没有成功，但无疑迟早会成功的……然而，我们已经确定了下议院表决军队供给的权利，这种权利将逐年危害普鲁士军队的生存……这就是为什么我们要在普雷斯堡城墙外与奥地利皇帝角力！'"

十六年前，冯·俾斯麦–舍恩豪森代表站在同一个演讲台上，抗议对奥战争，而因为奥洛穆茨的耻辱，所有自由主义者都疾声呼吁开战。这时，俾斯麦喊道："打了这样一场仗之后……你们有没有胆量对一个因战争而伤残的人、一个失去孩子的父亲，对他们说：'你们遭受了巨大的痛苦，但来和我们一起快活吧；因为联邦宪法得救了！'"当然，现在的议会中，一定有人听过俾斯麦那时说的话，他们会提醒首相以前说过的话，他们说："拉多维茨想要的，就是一个普鲁士统治下的德意志联盟，把奥地利排除在外，这正是十六年后所实现的，而俾斯麦当时既不是伯爵，也不是国家官员，在那些日子里，他曾不公正地嘲笑'演说家的发言里充满了豪言壮语，他的神秘措辞，他的冗长演讲，就像马赛克装饰'，现在，实际上，除了重复拉多维茨的演讲之外，他也没有什么更好的事情可做了？"因为他前些日子反对战争，以及他最近才促成的战争，目的都是一样的，都是为了一个新的德意志宪法；对那些在格尔利茨战争中受伤的人来说，假如会发生战争的话，则俾斯麦的内阁战争带来的安慰并没比拉多维茨战争给伤员带来的安慰更好。

因为，即使到现在，德意志还没有实现统一。德意志南部的民主党确实在努力争取统一，但每一个德意志亲王似乎都对联合的想法充满敌意。唯一的例外是巴登斯（Badenese）的统治者，他是威廉国王的女婿。当俾斯麦召集南德意志人参加关税同盟议会时，他们全都怒不可遏，认为这"一定是建立德意志帝国的初步阶段"；当巴伐利亚使节为他君主的普鲁士对手欢呼时，君主总是一脸苦笑。当时的巴伐利亚领导人克洛德维格·霍亨洛厄（Chlodwig Hohenlohe）亲王记录了这一事件，他反对巴伐利亚加入联邦的想法；巴伐利亚宫廷和巴伐利亚社会也是如此。巴伐利亚信奉天主教，但北部新教不是他们唯一的反对理由。由于"维特尔斯巴赫（Wittelsbach）家族的历史地位"，巴伐利亚所要的不过是德意志的"国家联邦"①，它宁愿与奥地利联合，也不愿与普鲁士联合。格尔利茨战争之后，霍亨洛厄在谈到普鲁士和法兰西之间可能发生战争时，他写道："在这种情况下，巴伐利亚和奥地利将站在法兰西一边作战。"甚至到了1870年初，符腾堡"宁愿成为法兰西的，也不愿成为普鲁士的"，但在这里，相反的动机在起作用。符腾堡人希望他们的军队效仿瑞士模式成为民兵，这样"就不会被误用为屠杀人民的武器"。与此同时，俄罗斯出生的符腾堡女王正在密谋反对普鲁士。但最能体现德意志情怀的君主是黑森的大公。1868年秋，这位贵族在大臣达尔维克（Dalwigk）的支持下，通知斯特拉斯堡（Straßburg）总督，现在是法兰西进攻普鲁士的时候了。与此同时，大公提议把莱茵河以西的黑森港给拿破仑，条件是拿破仑牺牲巴登作为给他的适当补偿。

俾斯麦在等待时机。事态发展将决定一切。在恰当的时机，他会赢回诸邦、国家和人民。直到1870年春天，他还对符腾堡大使说："从战略上

_____

① federation of States，不是"联邦国家"（federal State）。

考虑，与南方联盟不会强化我们的力量；从政治上讲，我们也不需要与南方联合。很难说谁是普鲁士最大的敌人，是你们的排他主义者，还是你的民主党人……对健全的政治家来说，先出现的事情就是必要的事情；令人满意的事情随后才会出现……当我为鹿放置诱饵时，我不会向第一只闻着味儿来的母鹿开枪，而是等到整个鹿群都聚集起来，我才开枪。"

第十三章

　　近十年来，特别是近十个月来，俾斯麦的目光一直注视着法兰西。这是唯一能够阻挡他和他目标的力量。这位外交家的野心是在不征服法兰西的情况下统一德意志，因为没有什么比他在上次战争中阻止法兰西的干涉艺术更令他自豪的了。诚然，由于他性子暴烈，在他看来战争似乎是"人类的自然状态"；但是，他之所以得出了只能在容克帮助下进行统治的结论，不是因为他敌视平民，同样的，他喜欢危险运动和野生丛林，喜欢决斗和演习，也没有让他变得无时无刻都想把战争作为提高民族素质的手段。在他被引用的一万句书面或口头的句子中，没有一句说因为战争使年轻人变得坚强，所以他赞美战争。在他关于战争的信件中，他从来没有提到过战争的伟大，而只提到了战争的严峻性。此外，由于俾斯麦曾在波希米亚亲眼见证过战争，他对战争也变得反感起来——现在他的儿子们都长大成人，他就更加反感战争了。他一再强调（不仅对他希望安抚的外国人，而且对他自己的密友）战场的景象，尤其是医院的景象，使他变得更加谨慎。

改变这种看法的另一个因素是，他越来越意识到自己的所作所为。随着他在欧洲名气越来越大，他犬儒主义包围的圈子越广，他就越不愿意高看军官们的战略战术。"人们比我想象的要愚蠢得多！"这是他担任首相头几个月后的总结。因为他从不知道恐惧——在这一点上他和齐格弗里德（Siegfried）很像，甚至更像哈根（Hagen）——他无畏地把战争放在他的药箱里，并决定如果没有其他药管用，就用这种最强的毒药。俾斯麦超凡的智慧和勇气，使他在德意志人中变得独一无二。

而且，由于他对征服法兰西毫无兴趣，所以对他来说，在外交领域亲自击败法兰西，似乎比在战场上让毛奇打败法兰西更有吸引力。他屡次认为，在某些时期，战争是可以避免的。1866年年底，他在州议会上回顾说："即使能打胜仗，与法兰西开战对我们也没有任何好处。拿破仑皇帝在这一点上与以前的法兰西皇帝不同，他以自己的智慧认识到，和平与相互信任符合两国的利益；他们天生不需要互相争斗，而是作为友好邻居，并肩走在进步的道路上……法兰西不想让德意志在奥地利领导下统一起来，成为一个有压倒性优势的力量……一个拥有七千五百万人口的帝国，一个延伸到莱茵河的奥地利——甚至一个延伸到莱茵河的法兰西——都无法与德意志抗衡……只有脱离了奥地利的德意志，才可能减少导致与法兰西敌对的触发点……我认为，如果法兰西能敏锐地判断自己的利益，他是同样不愿看到普鲁士政权和奥地利政权消失的。"十年前，俾斯麦在枫丹白露公园同拿破仑谈话时就说："你会陷入泥潭的。"

五年来，俾斯麦一直在谈论比利时，用以掌控拿破仑。当他觉得自己有足够的力量时，他建议拿破仑皇帝把卢森堡作为第三等的比利时，因为这个法兰西人对普鲁士的发展越来越担心，他现在只关心土地——无论是在尼斯、布鲁塞尔、特里夫斯、兰多还是卢森堡，这都是无关紧要的。拿破仑的主张皆是基于他对声威的渴望，关于这一点，最好的证明不就是他啥都不挑吗？他并没有坚决要求得到法兰西最需要的东西，而是优柔寡断地想要抓住他眼前喜欢的东西。俾斯麦在提供比利时方面尤其慷慨。现在，德意志邦联已经解散，他可以同样自由地把卢森堡送给拿破仑，并急忙宣布普鲁士对于占领卢森堡的权利已经丧失。在他看来，让荷兰国王（通过继承和交换）统治卢森堡三十年之久的君主，以几百万法郎的价格把这个小国家卖给拿破仑，似乎是满足法兰西最便宜、最方便的办法。俾斯麦向贝内代蒂暗示说："赶快签署购地契约，然后通知我们。"他想把既成事实摆在联邦议会面前。

这个计划的消息一传出，就在全德意志掀起了一场喧嚣，就像石勒苏益格-荷尔斯泰因事件所引起的那样。"这块土地本质上属于德意志，绝不能落入我们的世仇的魔掌。"总参谋部也想开战，因为法兰西还没准备。俾斯麦阻止了这场战争。他通过发表与南方各州的攻防同盟来警告他的对手。与此同时，他利用了荷兰国王的恐惧，他绝不会向荷兰国王解释清楚自己的想法是什么。当一位机智的匈牙利将军突然把话题转向对法兰西开战的前景时，俾斯麦也不会让自己感到惊慌。"我仍然记得，当他意识到他的秘密想法被我知道时，他的眼睛是如何闪烁的。他保持了自我，他控制着自己，我真的很佩服他，他和蔼地说：'我绝对不想与法兰西开战。'"然后俾斯麦让匈牙利人请求拿破仑召回贝内代蒂。"此外，陛下从我与贝内代蒂讨论的条约草案中知道了我对比利时的看法。至于卢森堡，我不会问该国的大多数人是否站在法兰西一边，我只会说：'拿去吧！'"当匈牙利人在杜伊勒里宫（Tuileries）讲述这件事时，拿破仑皇帝说：'我完全能理解他为什么讨厌贝内代蒂了，他给我们太多的承诺了。

而且，俾斯麦喜欢慷他人之慨。'"

俾斯麦希望避免与法兰西开战。在与一名议员的谈话中，他这样说："我不能把战争看作是绝对不可避免的，因为我看不出对我们或对法兰西来说，有什么重大利益是只能通过武力来解决的……除非是为了国家荣誉（不要与所谓的威望混为一谈），或者是为了国家最重要的利益，否则任何人都没有理由发动战争。任何政治家都没有权利仅仅因为他个人认为在特定时间内战争在所难免，就去发动战争。如果外交大臣总是必须跟随他们的君主或他们的军事指挥官进入战场，那么历史上记录的战争就会少一些。我自己也上过战场，更糟糕的是，我还上过部队医院。我看到年轻人在那里死去。当我从这些窗户往外看时，我看到许多跛子沿着威廉大街走来走去。这样一个可怜的家伙，当他走过的时候，抬头望着外交部，心想：'要不是坐在那里的那个人发动邪恶的战争，我现在还四肢健全、身体健康。'如果我不得不责备自己是出于什么无聊的理由，或是出于野心，或是为了追求国家的荣誉而把国家卷入战争，我就永远不会好过了。"

在写字台上，或者在晚上工作结束时，他的心腹凯德尔也记录了类似的对话。这些都是真话；比讲坛上那些精心策划的话语更深刻。在这样的时刻，没人谈论上帝或国王的时候，我们可以洞察人心深处：我们看到棋手的算计如何搅乱人心，控制人心；我们很可能会想象，在天文台一个安静而孤独的房间里，我们正站在一台地震仪前，它那永不损坏的指针正在记录着地球内部的震动。荷兰国王害怕这种地下的震动，就把法兰西人的提议透露了出来。德意志人的兴奋之情愈演愈烈。每个人都在谈论即将做出的割让。4月1日，贝内代蒂早晨去拜访俾斯麦，祝贺他的生日。特使想"进行一次重要的交流"，但俾斯麦打断了他的话，他说：

"我现在没时间处理公事。我必须去议会回答有关卢森堡的质询。如果你愿意和我一起去，我将告诉你我回答的实质内容。我不同意中断谈判，因为那将意味着与法兰西决裂。如果我得到出让领土的正式通知，我就不得不在议会上宣布。好了，我们到了，我该进去了。大人有什么急件要交给我吗？"未卜先知的俾斯麦笑了。

在议会里，本尼格森正用一场铿锵有力的爱国演讲为自己赢得声誉。为了在法兰西面前展示德意志民族运动的力量，他小心翼翼地宣称他与俾斯麦肩并肩站在一起。他的结论如下："普鲁士政府是否如联邦议会一致希望的那样，决心与普鲁士的联邦盟友一起，永远维护卢森堡大公国与德意志其他地区的联盟？尤其是保卫普鲁士占领卢森堡要塞的权利？"这无非是一个修辞性的提问，因为这句话之后，他又向所有各方发出了一个令人吃惊的声明。俾斯麦站起来发表了他最聪明的演讲之一。今天他可以变得很受欢迎。没有比这更容易的事了。他只需要吹响国家荣誉的号角，所有人都会簇拥在他周围。这就意味着战争。相反，面对激动的议会，他敢于扮演谨小慎微而非铁腕之人：

"考虑到法兰西民族的感情，并适当考虑到普鲁士政府与相邻大国政府之间的和平友好关系……对这个向国王陛下的政府所提的问题，我不予回答。"接着是一阵令人惊讶的沉默。"国王陛下的政府没有理由认为，已经做出了关于这片领土未来命运的决定。当然，政府无法确切知道情况正好相反，这也是事实；不知道这样的决定，还有没有做出，也许不会近在咫尺。"

那天晚上，当荷兰国王得知这篇演说的主旨时，他撤销了签署出让卢森堡协议的承诺，病重的拿破仑惊恐地退缩了，欧洲的内阁像被打扰的蜂箱一样嗡嗡作响，密电自由交换，有人正在制定入侵计划。最后，沙皇提议召开一次会议（这是他应对一切困难的解决方案）。会议在伦敦举行。卢森堡被宣布为中立领土，奉会议指示将其堡垒夷为平地。在巴黎，人们徒劳地试图将发生的事情描述为普鲁士的撤退，而在柏林，人们则说是法兰西的撤退。

麻烦已成定局。双方的脾气都很坏，三年后，他们会因为争端起冲突。

　　从现在起，拿破仑完全是俾斯麦的敌人了。他第二次觉得自己被骗了。他开始积极地与佛罗伦萨和维也纳进行谈判。这三个大国因为都厌恶普鲁士才走到一起。从1867年到1870年，政治家们越来越紧张，总参谋部加倍筹备——就像1914年战争前一样。在刚提到的冲突结束后，人为仇恨的火焰从巴黎蔓延到边境。我说"人为的"，是因为法兰西民族作为一个整体，并不比德意志人少爱好和平。直到现在，俾斯麦才向德意志媒体发出了这个口号。报纸必须"更粗鲁，更具威胁性和侵略性……兜里装着左轮手枪，手指按在扳机上，我们必须密切监视可疑邻居的手。他必须知道，只要他吐的口水越过我们的边界，我们就毫不犹豫地立即开枪，意图就是杀人。"

　　在俾斯麦身上，这种反对法兰西的尖锐语气是前所未有的。到目前为止，他只对奥地利说过这样的话。上面引用的文件是俾斯麦给国务秘书的指示，下面写着："你们似乎都睡着了！"我们由此可以推断，俾斯麦睡不着，心情很不好。

　　从卢森堡这许多谈判开始，俾斯麦就预判到战争即将到来。1868年，他对一位来访者说，拿破仑的情况不稳定，这将使战争变得不可避免，可能会在大约两年内爆发。与此同时，对另一位来访者，他透露了他乐见不可避免的战争，其根本动机是："只有通过武力才能实现大多数德意志人更广泛的联盟——如果没有，那么如果有共同的危险，也会激起他们的愤怒。"随后，他又一次改变了立场。在与朋友凯瑟林的私下谈话中，他描述了上次战争给他留下的可怕印象。在一段预言性的总结中，他说："总之，如果普鲁士战胜了法兰西，又能有什么结果呢？假设我们真的赢得了阿尔萨斯，我们就必须守住战争成果，还要永远占领斯特拉斯堡。这是一个不可能的局面，因为法兰西人最终会找到新盟友——那就有我们难受的时候了！"

"当我以辞职相威胁时,老绅士开始抽泣,流下眼泪,说:'现在你也想抛弃我!我到底该怎么办呢?'"就这样,在与素昧平生的卡尔·舒尔茨(Karl Schurz)的谈话中,俾斯麦描述了他和国王的关系。毫无疑问他是有用意的。他想让美国人都知道他不可或缺这一事实。为了达到这个目的,他牺牲了王室的尊严。为了让这话在萨克森传播开来,俾斯麦对萨克森大臣说:"虽然我的主人很有责任感,但他没什么文化。他的父亲只满足于为大儿子提供一个令人满意的教育。由于这个原因,威廉国王在重要事务上没有自己的意见;他依赖别人的建议——他从各个方面寻求建议。"与此同时,本尼格森在一封私人信件中写道,除了罗恩以外,俾斯麦看不起所有大臣。"国王和俾斯麦对彼此的敌意多于友谊。俾斯麦和王位继承人的关系极其冷淡。"

"敌意"一词是错误的。俾斯麦已经习惯了国王;而且,更难的是,已经让国王习惯了他。通过强迫国王取得成功,他驯服了他唯一必须容忍的力量。虽然他起初是驮着皇家骑士的马,但现在他已经成了骑士。说起那场七周战争,他有充分的理由说:"当时我使劲地用马刺,冒着危险迫使那匹老赛马跳起来。"在1869年初,俾斯麦强迫国王免了乌塞多姆的职位。他怀疑乌塞多姆可能是自己的接班人——因为乌塞多姆是共济会会员,国王与他联系密切。

"我的唯一动力是我力量和健康都不够,无法履行陛下所要求的服务……我得用上我的全部精力,才能完成全部职责,即使这样,还是幸得陛下愿意让我自己选择合作者,我得以充分感知您高贵的信任,以及由此得来的行事便利。"他的失望"因为所处环境而日益增长,因为陛下对每一个仆人都给予崇高的仁慈,但面对严格的服务需求,就有人需要弥补他人不称职造成的后果……我在仕宦生涯中所做的种种斗争,使我被位高权重的人所不喜,也被有影响力的人所不喜……陛下将对这一弱点给予适当的体谅,因为这是我钟爱陛下本人的结果(尽管是病态的)……我不觉得我会长命百岁,我担心我的体质会倾向于像先皇那样的结局。我没有权利要求陛下在公务上体谅我身体虚弱"。

这是一篇杰作!我们从他对这件事的叙述中得知,在寄信之前的几天里,他一直在练习一种"闭门罢工",但毫无结果。然后他寄出了这封信,在信中他列举了国王的所有过错。他说,出于个人原因,威廉偏爱那些干扰他(俾斯麦)工作的人,让他广受厌恶。这样一来,他就失去了身体和精神上的力量,最终会像已故的国王一样被逼疯。只有一件事能让他解脱:行动自由!

善良的国王吓坏了:"你怎么能认为我会答应你的要求呢?我最大的

幸福就是和你共处，并且和你的关系越来越密切。你怎么这么多疑，一个意见上的分歧就能让你走到如此极端的地步……在普鲁士的历史上，您名字的地位比其他任何政治家都高。难道我要让这位政治家离开我吗？绝对不会！休息和祈祷会解决你所有的困难。你最忠实的朋友，威廉。""朋友"这个词被画了三道线。乌塞多姆被扔到海里去了，国王不得不解雇他的共济会兄弟（freemason），国王的情绪是很激烈的，这一点体现在，国王弥补了乌塞多姆的薪俸，又从个人财产里拿出钱给他补偿差额。事实上，威廉非常羞愧，因此在第二封信中大胆地说："我相信，即使是你，也不认为我会对那些人的声音充耳不闻。那些是在重要时刻确信转向我的人。"当他接着问道，他和俾斯麦一样感到疲倦，是否有权放弃他的王位时，俾斯麦在页边的空白处写道："不！但是要诚心诚意地接受自己在三千万人中看不到的东西，要相信一个大臣正式向你保证的话！"国王第一次签下这么优美的措辞："你永远心怀感激的威廉国王。"

俾斯麦现在和王储相处得相当好。这场胜利缓和了两人的尖锐性格。尽管俾斯麦没有接受，腓特烈的自由党人密友邓克尔还是起草了一部宪法；而民族自由党人也在角逐大臣职位。但是维多利亚王妃比她的丈夫更烈性、更傲慢，她抓住了餐桌上谈话的机会，对这位大臣发起了猛烈攻击——尽管她的语气是"开玩笑并且很亲切"的。

"看来很清楚，俾斯麦伯爵，您的野心是要当国王，或者至少当一个共和国的总统！"俾斯麦十分严肃地对这种调侃作了如下答复：

"我不会成为一个好的共和党人。按照我的家族传统，我需要一个君主来维护我尘世的幸福。但是，感谢上帝，我并没有被迫像一个国王一样，靠别人的供养来生活。也许我个人的信念不会被普遍传承。虽然国王可能会不再存在。但我认为保皇党不会消失。如果国王没了，下一代可能是共和党人。"三种想法，每一种都是矛刺，最后一种是致命的，因为他告诉那位女士，她的丈夫缺乏一个国王应有的所有品质。

如果说这种天才的闪现——天生外交家的特征——从此开始频繁出现了，那只是因为从此以后，每个人都把俾斯麦对他说过的话写在纸上了。卡尔·舒尔茨，1848年的革命者，一个在美国谋生的难民，二十年后作为美国将军回到柏林，他心中充满种种偏见。就他个人来说，他必然很珍惜这位容克，虽然他是一个不屈的人，但当他遇到俾斯麦时，却被俾斯麦征服了。"他滔滔不绝的演讲，他闪烁的智慧，他的笑声（有时让人很愉快地被感染，有时是辛辣地讽刺），他从愉快幽默到深情的突然转变，他对自己讲故事的才能感到高兴，他行事节奏很猛烈——在这一切的背后，是他有着强势的个性。"第二天晚些时候，舒尔茨应俾斯麦之邀共进晚餐。其他客人都是乏味的老律师。他们离开时，俾斯麦要求他留下来。现在，俾斯麦变得亲切了，问他关于美国的情况。

首相的外交妙招之一，就是善用自己的健康状况。如果他希望表现得软弱无力、没有影响力、不感兴趣，他把自己表现得衰弱不堪。在一次检阅中，他当着几十个人的面说："我觉得病得很厉害。我吃不了，喝不了，不能笑，不能抽烟，不能工作；我的神经完蛋了……我的前额没有脑子，只剩下一团浆糊了。"在保皇党人当中，他扮演忠诚的臣民。他对一位宪法学教授说，如果霍亨索伦王朝用他们的权力来对付顽抗的贵族，"那么我的家族就属于在易北河左岸的那一部分贵族，会与他们并肩作战，来迫使易北河右岸的贵族服从"——尽管事实恰恰相反。

当斯图加特（Stuttgart）的政治家来见他时，他摆出一副民主党人的样子，在餐桌上大谈义务兵役的好处，说："我也是我母亲宠坏的宝贝，被逼着扛枪，有时睡在稻草上，这对我有很大的好处。当一个农民能说出'我曾经站在乡绅旁边的队伍里！'这样的话时，你简直难以相信它的影响有多大！此外，这对军官团来说也是一件极好的事。在普通官兵中有这么多有文化的人，军官就得埋头苦干了。"在这位来自符腾堡的人面前，他想给义务兵役制披上民主的外衣。其实事实是这样：虽然他讨厌在部队服役，但他从来不是他母亲宠坏的宝贝，除了外出打猎自娱自乐之外，他也从来没有睡过稻草。

罗恩那时候说："他相信他可以用外交辩证法和善意的精明来赢得每个人，从而牵着每个人的鼻子走。他和保守党人谈保守主义，和自由党人谈自由主义。这样，他要么对他所有同僚表现出一种高高在上的蔑视，要么就是沉溺于难以置信的幻想之中，简直让我害怕。他希望，无论现在还是将来，他都能成为所有人的一切。这是因为他感到，一旦他把手收回，他已经开始建造的大厦就会在世人的嘲笑中倒塌。而事实和他想得差不离；但是，为了目的就可以不择手段吗？"这就是俾斯麦密友的不安所在，罗恩是个钢铁般的人，对他来说，责任就如上帝一般。罗恩在他召唤出来的幽灵面前战栗。

虽然俾斯麦通过他个人的变化，计算他所说的每句话的作用（即使在私下），但他对名声却漠不关心，并且一生都保持这种态度。他不关心名声，因为他鄙视名声；他算计言语的影响，因为这种影响对他的政策很重要。既然他没有虚荣心，他觉得"在每个火车站都被人盯着看，好像我是一个日本人"，或者在维也纳人民公园里，每个人都盯着他看，"好像我是一只注定要进动物园的新河马"，这都是令人讨厌的事。在他看来，头衔和徽章都是可笑的。在他的公文中，他去掉了某些惯常的繁文缛节，也懒得掩饰自己的这种原创。有一次，他和另外两个大臣一起被召见，他一到就问副官："另外两个骗子还没到吗？"在宫廷舞会上，一开始，他觉得跳舞很有趣，但不久，国王禁止王妃们选择他作为舞伴，国王说："人们已经责备我任命了一个轻浮的人做首相了。"有一次，他的红鹰绶带不停地滑下来。他让一个朝廷官员把它系好，别人替他系的时候，他克制着自己的不耐烦，指着其中一位亲王说："徽章对这样的绅士来说是合宜的。我想他们生下来皮肤上就有吸盘，吸盘能把这些东西固定在自己的位置上。"

当《喧声》讽刺他是一个猎人时，他愤怒地对霍亨洛厄说："我不介意他们攻击我的政策。这只会让我一笑了之。但打猎却开不得玩笑。这是一件严肃的事情！"虽然他的妻子生性节俭，但他不允许她扮演一个节俭的乡下女人——至少在她泡温泉的时候不允许。他喜欢嘲笑官场生活的繁文缛节；然而，无论他走到哪里（在议会和家里，因为在其他地方人们很少能见到他），他都表现出天生贵族的沉着样。只有对他的密友，其实大多数是亲戚，以及对着他的秘书时，他才会表现出他的神经质，以便这些人有机会向后代讲述这些。

他在欧洲已经享有盛誉。柏林的外交家称他为"大巫师"和"萨拉斯特罗"。人们在外国首都所写的信件和回忆录里，都写满了他的名字。梅里美一遍又一遍地写着这件事或那件事会发生，"除非俾斯麦先生另有决定"。左拉描绘了俾斯麦在杜伊勒里宫作客时的一幅精彩画面："组织推手萨卡德（Saccard）得意扬扬地大步走过大厅，与他的情妇（他与皇帝共享一个情妇）手挽着手，后面跟着她的丈夫——而俾斯麦伯爵，他是一个爱开玩笑的大块头，正和一些客人玩得很开心，他突然大笑起来，眼睛疑惑地盯着这令人讨厌的三人组。"

这个时期，他的名声要比后来的名声更加真实。人们认为他是不讲道德的伟人，他的坦率与狡诈交织在一起，令评论者惊叹不已。本尼格森在谈到卢森堡事件时说："他以最不寻常的方式欺骗了法兰西人。""外交是世界上最虚伪的事情之一，但像俾斯麦那样，以如此出色的欺骗能力和如此惊人的能量，为德意志的利益而发挥作用，我们说不钦佩是不可能的。"那个时代的外交家们虽然不把他看作英雄，却经常互相自由谈论、写信，说起他的政治操作："俾斯麦在加施泰因说，'我们最不想做的就是把德意志的奥地利并入德意志的领土。我们更有可能想到荷兰'。几个月后，从柏林调到伦敦的荷兰特使告诉我，俾斯麦向他保证，没有人会考虑荷兰，考虑说德语的奥地利省的可能性更大。"

事实是，俾斯麦从来没有想要这俩当中的任何一个。他想要的是让他的邻居和对手不安，从而使他们感到害怕。他从学生时代起就已经开始这么做了。很有可能，上面记录的这两件事都是他有意要散播出去的，因为它们确实也被散播出去了。无论谁在场，他都毫不犹豫地使用他词汇中最猛烈的谩骂字眼。他特别喜欢把对手说成是恶棍。心情好时，他会说一个或另一个——这表示还是相当友好的——"他是个愚蠢的白痴！"他现在在这些事情上给自己自由，这是他骄傲和厌世的必然结果，这对他来说是一种乐趣。也许，俾斯麦一生中最愉快的时刻，就是他可以随心所欲地谈论任何人，甚至是谈论国王的时候。

古斯塔夫·弗莱塔格的观点充满敌意，但值得注意："俾斯麦只可能出现在一个从黑夜进入白昼的时代……在浪漫主义者和审美主义者之间，是一个由旅行爱好者组成的狭窄文化阶层，优雅型的容克……在我看来，俾斯麦……是一个从这个没有思想的时期姗姗来迟的幸存者。他最值得注意的特点是缺乏敬畏，倾向于反复无常地以个人标准判断一切，同时又有一种新鲜而鲁莽的生命力的发端。这就是他不会成为一个学派创始人的原因。他的缺点并不是我们这个时代独有的缺点……除非俾斯麦想离开，否则现任国王是不会离开他的；默默生闷气也于事无补……一个对自己不那么自信的人，一个更任性的人，一个出身不那么显赫的人，这样爬上了最高位，他就能通过鲁莽和真正崇高的品质，把自己与普鲁士的荣耀和伟大联系起来，以至于任何人攻击他，都等于在攻击整个国家。"

当时在全世界看来，他是多么反常啊！虽然许多人都认为他具有弗莱塔格所说的崇高品格，而且这些品格对国家是有益的，但总的来说，在这个时代（他的伟大党派斗争前后），他与所有政党和所有阶层都疏远了——尤其疏远了他自己的政党和自己的阶层。他的公开露面，也就是他的演讲（国民就是从这些演讲中才对他形成一种印象）会不可避免地使他与大家疏远。"你想要的我也想要，但我想要的方式不同，"这或多或少是他在新的联邦议会上敢说的话，"如果我不以这样或那样的方式对抗你们的反对，你就会得出我对这件事漠不关心的结论。我想你应该感到高兴，因为我从来没有表现出这样的冷漠。"（群情激动。）当议员们再一次敦促他接受巴登作为北德意志联邦的一员时，他说："先生们，不要如此急切地向前推进，走向更远的阶段。暂时满足于享受你所拥有的，不要贪图你所没有的……我可能错了，你也可能错了。我所能告诉你的就是我和你不一样，我将根据我对形势的看法采取行动。"

以这种方式对待人民代表的人，就会在同僚中扮演独裁者的角色。因为俾斯麦认为北德意志联邦是他自己的杰作，他声称自己有权利统治它，同时也有权利统治普鲁士。在那些日子里，他最亲密的朋友们已经开始抱怨："自从罗恩辞职以来，奥托的独裁已经变得令人难以忍受，他连一点微小的否定都忍不了了。"罗恩只是暂时辞职，他批评俾斯麦："他在会上太傲慢了，几乎垄断了谈话，似乎被旧的错误所纠缠，认为利用智识的灵敏……他可以解决处境中的所有困难……在政治上，我属于保守的反对派，因为我不满足于眼睛被束缚，被违背我意愿的人引导，天知道会走向何方。现在和以前一样，俾斯麦忽视了他最忠实、最肯奉献的朋友，毫不犹豫地对他们粗鲁无礼。"副国务大臣蒂勒（Thiele）写道："长官和往常一样固执己见，总是发牢骚，有时在他还没充分了解情况时就去干预微不足道的事，有时在重要的事上固执地拒绝任何干涉。没关系！如果他的健康恢复到让人满意的程度，我们就可以自信地问：'给欧洲定的价格是多少？’”

　　既然大家都惧怕这个暴君，就连最微不足道的决定，也没有人敢去做——这使他勃然大怒。“你很难相信，”乔安娜从乡村写给凯德尔的信中说（我们正在听她丈夫说话），“俾斯麦有多愤怒，因为那种孩子气的焦虑让柏林的人们不用承担任何责任，他们把每件小事都交给他批准或决定……你很了解我们国家的伟大舵手；知道什么使他困扰和烦恼。”当时俾斯麦不在柏林，如果一切都不完全如他所愿，他就写道：“我很遗憾，我在第二部分的陈述收效甚微。在我看来，我很少麻烦这些先生，强迫一个病人三次回到这样的事情上，真是近乎蔑视了。”

　　他就这么变成一个独唱者，扮演一个明星角色时，合唱队就变得沉默了。没人愿意和这个最有权势、最有意思的德意志人共事。甚至在新的德意志帝国准备就绪之前，知识分子中的德意志人几乎都不由自主地退出了，既没有纲领，也没有明确的反对意图。无论是在信件中，还是在谈话中，我们从来没发现有什么杰出的知识分子被称作俾斯麦的客人。如果其中一些文件在特雷奇克手中，如果斯皮尔哈根（Spielhagen）的新小说里提到了，或者弗里茨·罗伊特（Fritz Reuter）因为他所写的书被感谢了——很多年里也就只有这些而已。即使是埃卡特（Eckart），一个精明的观察者，他第一次拜访这座房子时发现，那里的客人只有容克，尽管客人们在其他地方经常是俾斯麦的对手，但他们称呼俾斯麦为“你”。埃卡特问道：“我们如何解释这些人构成了德意志第一人的亲密伙伴，构成了惯常的同伴，为什么这个国家的知识领袖们对这个房子很陌生，或者只在极少数场合才来？”

　　如今，俾斯麦与之畅谈的谈话对象只有犹太人。他说拉萨尔是最聪明的人之一，即使他们一直聊到深夜，俾斯麦也不愿和他分开。布利希吕德尔，俾斯麦聘请的秘密代理人，经常出入俾斯麦家，他获得了俾斯麦财产管理的委托书，并在首相的授意下被提升为世袭贵族。在很多年里，有位叫科恩（Cohen）的医生，既是俾斯麦的朋友也是他的医生，这种关系一直持续到科恩去世。因此，俾斯麦把自己的健康和财产都托付给了犹太人。"对我来说，与西姆森的交往是一种真正的快乐……他是个有天分的人。当他来看我时，他最是令人愉快——我的大多数访客可都不能这么形容。他充满了真正的爱国主义；他是一个高贵的容器，其中倾注了最崇高的情感。"在俾斯麦写的所有文字中，再也没有可以与这比肩的描述了。然而，二十年前，作为埃尔福特议会的秘书，他曾嘲笑过这个西姆森："如果我父亲看到我在这里给一个犹太教授当书记员，他会在坟墓里辗转反侧的。"在一次争执中，西姆森称这位大臣为"绳舞者"。俾斯麦当然没有忘记这些事情。后来，他对迪斯雷利赞不绝口。我们不禁要问：他为什么如此看重布利希吕德尔，而不是汉斯曼（Hansemann），他看重科恩，而不是弗里克斯（Frerichs），看重拉萨尔，而不是李卜克内西，看重西姆森而不是里希特（Richter），看重迪斯雷利而不是索尔兹伯里（Salisbury）？

到那时，俾斯麦早已抛弃了反犹主义，也抛弃了他年轻时的其他反动偏见。即使在最隐秘的情况下，他似乎也从未对犹太人表达过任何敌意，尽管我们很难怀疑——我们有理由这么做——他所在阶层的传统偏见在某种程度上一定会坚持到最后。在他发表反对接纳犹太人担任国家公职的演讲二十年后，正是他实行了一项解放犹太人的法律，他坚持认为，由于普鲁士没有国教，政府不能在这类问题上偏袒任何一方。在联邦议会上，他称赞犹太人"在处理国家事务上有特殊的能力和智慧"；私下里，他谈到尊重父母、婚姻忠诚和仁慈是犹太人至高无上的美德。他提倡贵族和犹太人通婚，他提到了利纳家族（Lynars）、斯特鲁姆家族（Stirums）、库塞罗家族（Kusserows）和其他家族，在这些家族中，与犹太人通婚"生下了非常睿智，优秀的人……相反，如果一匹德意志血统的基督教种马与一匹犹太母马结合，那就更好了。货币必须自由流通，不存在劣等种族这一说。在这件事上，我不知该怎么劝我自己的儿子"。晚年，他用以下警句总结了犹太人的社会和生物学价值："犹太人的血液与各种德意志血统的融合带来了某种火花，其价值不容低估。"

实际上，他对下述这些人的态度都很冷漠：基督徒和犹太人、大臣和政党领袖、本国的亲王和外邦的亲王。即使在他的老朋友中，他也只对罗恩保有一定程度的亲切。1869年，这两位朋友互相抓着衣领，只要谁表现出任何想逃跑的迹象，他们就把对方拉回办公室，这种方式虽然有些滑稽，却令人感动。罗恩以其特有的严肃态度，从表面上理解了前面说的首相辞职之事，他写道："我尊敬的朋友，自从我昨晚和你分开后，我一直在考虑你和你的决定。这让我无法安宁。你的信一定要写得留有退路……你要记住，你昨天收到的国王的信是真实可信的……请适当考虑这样一个事实，即信中任何显得不可信的话语，都只是廉价的假羞愧，它无法承认任何错误，也许，鉴于写信人的地位，他不能——承认错误和决心改进。你真的不能烧了你的船……如果这样做，你会毁了你在国家面前的地位，欧洲可就笑了……人们会说，你辞职是因为你对自己的工作已经绝望了。这就不用我多说了吧。你足够坚定不移且忠诚的朋友……"

罗恩不为国王的行为辩护，却为国王找寻这么做的理由，这是多么惊人的高贵品格啊！从历史角度来看，他的洞见是多么准确啊！他的含蓄是多么令人印象深刻！几个月后，罗恩本人因俾斯麦在海军问题上反对他而感到屈辱，真心诚意地想辞职——很认真，但没什么用——俾斯麦从瓦尔津（Varzin）给他写信警告说："1862年9月，我们做了交易，我毫不犹豫地与你握手时，我当然想到了尼朴甫。但没想到，在一起光荣作战了七年之后，我们在海军问题上可能会有严重的分歧……你应该从世俗角度来解读八月十四日的口号……最重要的是，在我看来，这个问题还没那么要紧，不足以证明你应当在上帝和祖国的眼皮底下放弃国王（国王现年七十三岁了），也不足以让你辞职，给包括我在内的同僚们蒙上阴影。"这里的每一个字都意在激发收件人的责任感和他的虔诚。非常自私，带有典型的俾斯麦风格，从头到尾都把责任推到罗恩身上，多年前罗恩曾把俾斯麦从平静中拉进热闹的生活里，而他现在辞职将对写这封信的俾斯麦很不利。

四十八小时后，这个不久前还在极力强调责任和自制重要性的人，这个像牧师一样写信的人，坐在同一张桌子旁，给罗恩写了这封愤怒的信："没有人有权要求我牺牲我的健康、我的生命，甚至我诚信和决断明智的名声，去做一些突发奇想的事。我已经三十六个小时没有睡觉了，我整晚都在吐胆汁，虽然用冷敷包裹着，我的头还是像火一样灼烧。这一切都足以让我抓狂！请一定原谅我这么激动，但文件上有你的签名……然而……我不相信你真的……彻底调查了这件事。如果我们驾驶的马车要翻车，无论如何，我想让人们知道我没有责任……也许我们俩的脾气都太暴躁，不能再同舟共济了。一个人的心灵和良知得像羊皮纸那么坚韧，才能承受得住！"这是发生了什么事？是国王在与柏林的大臣们讨论之后，建立了一个国外同盟，还是说国王宣布他想缔结这样一个同盟？是不是国王解散了联邦议会，撤回了俾斯麦的建议，还是说他罢免了一位大臣呢？

其实是首相曾建议任命一位来自汉诺威的邮政官员担任邮政总局局长，内阁拒绝接受这一建议。

第十五章

"我吃完早饭，看完报纸，就穿着猎靴在森林里溜达，爬山，涉水过沼泽地，学地理，规划苗圃。一到家，我就给马套上鞍，然后……继续做同样的工作……这里有茂密的矮树丛，还有大量砍伐的木材、荒地、苗圃、溪流、沼地、石楠地、金雀花、狍子、刺猬、山毛榉和橡树的灌木丛，还有其他我喜欢的东西，当我倾听鸽子、苍鹭和黑鸢的三重奏，或佃户们抱怨母野猪搞破坏时，我怎么才能向你描绘这一切呢？"

他是在瓦尔津写的这封信，这个地方离赖恩费尔德不远。俾斯麦第一次探访这里时，漫步在庄园中，他感到因为他所做的斗争和取得的胜利，国家已经给了他丰厚的回报。唯一奇怪的是，他把钱用来买地了。几年后，他宣称："奖赏不该是给钱，在很长一段时间里，我觉得很难接受，尽管最后我还是对诱惑屈服了。更糟的是，这不是国王给我的，而是议会给我的。我不想从和我激烈争吵了这么多年的人那里拿钱。"自由党人当时提议，不该给罗恩和俾斯麦两位大臣赏钱，他们说，战争赔偿已经让他们占尽好处。尽管如此，俾斯麦还是接受了这笔钱，这表明，随着年龄的增长，他对财富和家族产业的兴趣越来越大——尽管就他的私人事务而言，他从来不是一个善于经商的人。无论如何，他缺乏时间和必要的专注力，无法通过明智的投资来增加他的私产。

对金钱的渴望与他的自尊心相冲突。在斗争开始时，州议会决定，要没收国家大臣的私产，以确保他们退还违宪的赔偿，俾斯麦曾考虑过把他的财产转给他的兄长。"新王登基时没收我的财产，这绝非不可能的事，这会给人一种我很焦虑、在钱财方面很尴尬的印象，我不愿别人对我有这种印象，把财产让与我兄长是为避免这种情况。此外，我在上议院有席位也是因为我拥有尼朴甫的所有权。"尽管他反对这种让与，尽管失去上议院席位会被公之于众，引发尖刻的评论，但他肯定还是想这么办。此时他实际上已经把庄园给了兄长，并给出了这种引人注目的理由："我总想在那里度过晚年，我很难抛弃这个想法。然而，我是一个迷信的人，有些考虑促使我卖掉……考虑我的经济状况，或我孩子们的经济状况，我对你的要价不能比对陌生人的要价低多少。"神秘的动机！有一点是肯定的，那就是这笔买卖当时没有成交。

现在，四年过去了，由于州议会让他做了一些以前被视作不端的事，因此给了他一大笔钱，他变得富有以后，还是急忙摆脱了尼朴甫。虽然他在那里度过了整个青年时代——从两岁到二十八岁。很久以前，当他第一次出租这个地方时，他难道没有感到无比悔恨吗？即使是现在，当他从瓦尔津骑马过来时，他会说："他们从来不让我清静清静，尽管我对那里的树比对人想说的话还多。"直到老年，这个他童年的家都将是他的天堂。

尽管如此，他还是立刻从瓦尔津写信给他的兄长，说想马上卖掉尼朴甫；"最好是卖给菲利普或你，但也不能比市场价便宜多少。"他没有多说他迷信的事，也没有多说他对土地和房子的亲密依恋，他对舍恩豪森和尼朴甫表达过这种依恋。

不错，他喜欢瓦尔津的森林；但对他来说，它们永远不会像其他森林那么重要。瓦尔津的房子也比不上舍恩豪森的豪宅。凯瑟林住在那里时，是这样描述的："它的外观像个医院。也就是说，它有两个长翼。总体来说，它很普通，有很多窗户，既不像城堡，也不像罗马别墅。"由于森林不能带来任何收入，所以他必须创办蒸汽锯木厂和造纸厂。"这些要花费十万塔勒，但是每一棵冷杉树都可以变成大量纸张，日复一日。"一个曾经热爱大自然的人，现在变得多么实际啊！变成一个政治经济学家，一个家长！

因为闲不下来，必须一直工作，所以在第一次来这里时，他就着手让森林和瓦尔津的房子变得生机勃勃。"从舍恩豪森把红色眼镜、雕花椅子、一两个可以上锁的写字台，还有剩下的床都送过来……桌子可以从柏林搬过来，替代我在书房里放的一张翻盖桌。我们为什么还得给陛下的房间添置家具呢？现在我要出去兜风，去看森林，看鹿群，看阳光……我不能写太多了。墨水刺激我的神经……快来吧，让孩子们跟着你。我想在科斯林（Köslin）应该有床吧。除了你自己的女仆，不要再带别的女仆了。也许你甚至不需要女仆，因为这里有一个年轻的洗衣女工，她在布门塔尔（Bumenthal）的洗衣店工作三年了……因此，你不必带厨子或女佣，除非你自己需要。送一些厚的深绿布料来做窗帘和玻璃门的内帘，这样我们就可以有一点隐私了。我想，在你来之前，我不大可能再去柏林了。告诉别人，我病得很重，虽然正在好转，但是我不想旅行，因为我可能会失去我已经得到的东西。快来吧。"

这就是俾斯麦最快活的时期。他远离了公务。他在等妻子到来，没有客人，没有电报，只有猎场看守人、马和护林人，账上的钱相当令人满意。在这种情况下，他觉得生活很愉快，也许可以持续一整周。然后，想办公的欲望又一次攫住了他；或者，如果这未能唤醒他，习惯的诱惑也开始起作用，他又想行动和指挥别人了。即使隐退在乡下，他也没有摆脱权力欲。他指着邻居的地产，说了具有深刻象征意义的话："每天晚上，我都被想吞并那块土地的渴望所淹没；第二天早上，我又可以平静地看着它了。"俾斯麦的激情和节制，他政策的所有节奏，都包含在这句话里了。

在乡下，他比以往任何时候都更深刻地感受到客人们有多蠢。当然，如果他愿意，他可以召集德意志最聪明的人。但除非有政府大臣、秘书或政党领袖来见他，否则他只能"坐在十几个亲戚中间，其中三个是聋子，其他人就得大喊大叫，好让他们听到。人们总是异口同声地叫嚷。然而，"写信的人说，"他对他们非常和蔼可亲，他们都很高兴，直到十点半才回家。"有时凯瑟林会过来，然后"我们一起坐在行军床上……在愉快的交谈中，我们听着冯·凯德尔先生为我们演奏的音乐"。

俾斯麦经常过度劳累，以至于他向凯德尔承认，他发现即使接待年轻时的朋友凯瑟林，他也很疲劳，他期待客人离开。

他现在，以及永远最喜欢的都是莫特利。俾斯麦把他的爱给了这个开朗、坦率的美国人，给了这个在各方面都很精明、很有教养的人，说明他渴望通过凝视一个性格更平和的人来平息自己天性里的不安。国王和乔安娜都不能做到这一点，但尽管他蔑视所有人，但还是对他俩有特别的尊重。只不过国王和乔安娜都缺乏新鲜感、刺激的个性和主动性。妻子过于温柔，缺乏经验。威廉又老又笨。虽然他们天性比较安静，但他们不能给他带来安宁。莫特利是宁静的化身，有男子气概，与世无争，自然而又卓越，忠诚于俾斯麦却对他没有任何要求。最重要的是，莫特利比他认识的任何人都更独立。在一群恶毒和愚蠢的人中间，莫特利是一个他可以依靠的人，他是俾斯麦的朋友。俾斯麦给任何人写信，都不像给莫特利写信，他用这样的措辞写了十年又十年——俾斯麦的做法是让人们等待答复，即使是他最亲近的人，他一次又一次地用下面这种特点给莫特利写信，通常是用德语，但有时（就像这里）是用英语：

"杰克，我亲爱的——你到底在哪里？你在干吗，一行字也不给我写？我像个黑奴一样从早到晚地工作，而你却无所事事——与其靠着墙看着自己的脚，那墙的颜色只有上帝知道，你还不如给我写封信。我不能定期写信的，有时五天里我连一刻钟散步的时间都找不出来。可是你，懒惰的老伙计，是什么使你想不起你的老朋友呢？就在我刚要上床睡觉这一刻，我的目光与你肖像中的目光相遇，我压缩了甜蜜的恢复剂——睡眠，为的是让你想起友谊地久天长。你为什么从不来柏林？你到这里，还不到一个美国人从维也纳出发度假旅程的四分之一那么远，我和妻子能在这闷闷不乐的生活中再见到你该是多么高兴啊。你什么时候能来？什么时候会来？我发誓我会抽出时间和你一起去老洛吉尔（Logier）的住处看看，和你一起去杰罗特（Gerolt）酒吧喝一瓶酒，在那里，他们曾不许你把你纤细的腿放在椅子上。别管政治了，来见我吧。我保证，联合旗帜将在我们的房子上方飘扬，谈话和最好的白葡萄酒能诅咒叛乱分子。别忘了老朋友，也别忘了他们的妻子，因为我妻子几乎和我一样热切地希望见到你，或者至少尽快看到你写的信。做个好人吧，到这里来，或者写信来。你的俾斯麦。那首老歌正萦绕于我脑际，'在美好的殖民地时代'。"

他的朋友莫特利被任命为美国驻伦敦大使，因此近在咫尺，俾斯麦从瓦尔津写信给他："你应该把你的小屋搬到波美拉尼亚的森林里，让我们高兴高兴。对于像你这样的海上旅行者来说，这只不过就是过去从柏林到哥廷根的路程。你挽着你妻子的胳膊，一起坐上马车，二十分钟后到达车站，三十小时后到达柏林，从那里再走半天的路程……那就太棒了。我妻子、女儿、我自己和我的儿子都会高兴得发疯，我们都会和以前一样快乐……我被这个想法迷住了，如果你拒绝，我肯定会生病，这将对政局产生非常不利的影响。你亲爱的朋友。"

他把自己真心的爱给了莫特利。他对妻子和孩子的感情中夹杂着作为一家之主的嫉妒，而他对这个美国人的爱是没有理由和目的的。两个人之间的亲密友谊始于俾斯麦十七岁时，他对这位美国人的爱持续了四十年。显然，莫特利对他来说必然意味着一种原始渴望得到了满足，就像泽尔特（Zelter）对于歌德一样。在俾斯麦看来，莫特利在男人中，好比女人中的马尔万妮——和谐又聪明。他是一个谨慎之人，同时又经验丰富、思想严肃。这位典型的德意志人在一个年轻后辈中找到了他最重要的朋友，这绝非偶然。

乔安娜病了。在冲突期间，她害怕丈夫被谋杀，这让她没时间好好休息。他常常说她"失眠，心悸，情绪低落"。俾斯麦送她自己去一个又一个水疗中心，无时无刻不为她和自己紧张。到了四十岁，她给孩子们写信自称"你的老妈妈"。等年轻人长大了，摆脱了孩童时期容易生的病，她就开始像母亲一样照顾丈夫。在后半生，乔安娜唯一关心的就是照顾他的健康，减轻他的烦恼，照顾他，保护他。她放弃了一切——她的愿望，她的爱好，她自己的意见；她从不冒险给俾斯麦出主意；俾斯麦在格尔利茨时，她甚至没有冒险写信给他说出自己的愿望，而是间接地通过她的朋友凯德尔询问俾斯麦，她是否能来维也纳，"进入"那个城市。凯德尔认为把乔安娜的询问传达给令人敬畏的首领不太明智。就这样，她在爱情中抹去了自己。有一次，俾斯麦和乔安娜在凯瑟林的陪同下外出远足，俾斯麦问她是否想再开远一点还是往回走，她回答："你看怎么好就怎么办。除了你的意愿，我别无他愿。"当俾斯麦在瓦尔津身体不适时，乔安娜"除了早餐和晚餐的短暂间歇之外，都日夜不间断地陪着他，她很安静，读书或工作，或为他做点什么。说话对她来说都是一种折磨，我急得半死。"

孩子们也都很顺从。他们不冒险，也无所求。当俾斯麦埋怨玛丽至少应该写封信时，当他得知玛丽这个十六岁女孩认为写信很困难时，他很快就屈服了。他年轻时的痛苦回忆萦绕在脑海中，导致他溺爱孩子。这位最成功的人心怀怨恨，长期不信任这个世界，在他对凯瑟林说不打算让儿子们接受为国家服务的教育时，这一点就被揭露出来了，"因为他们最终不会得着什么好的回报，还不得不在这个世上背负他们的十字架"。在米库洛夫，当他知道整个德意志都在期待时，他在小儿子生日那天给小儿子写了一封信，这封信以政治新闻开头。不久，他就意识到自己身兼政治家和教育家的双重身份，身处两难境地，因为他说："在政治上，如果一个人有许多对手，他必须首先用击倒的方式除掉强者，然后剥去弱者的皮——这在个体生活中被认为是一种卑鄙的行为。"他希望儿子们身体健康、精力充沛。如果他曾经表扬过他们的话，那也是表扬他们的身体素质。一个年轻的客人"惊讶地看到俾斯麦和孩子们吃了那么多，简直像狮子和他的幼崽！"

他自己的健康完全取决于他的大脑神经，他的大脑神经继而又取决于事情的进展。他的治疗方法和他的生命一样猛烈，就像他从不带伞、不穿雨鞋，总是坐敞篷马车一样，生病时，不需要医生，他自己当医生。布兰肯堡从瓦尔津写信道："如果他继续像以前那样不健康地生活，他的病将会被证明是无法治愈的。他起得很晚，起来后就在森林里游逛，像个护林人，然后一直游逛到五点钟。他在五六点或七点钟开始吃晚餐（一顿大餐！），然后打半个小时台球。那之后，他去做极其重要的工作，直到十点或十一点。他以熟悉的冷餐结束一天的工作，由于消化不良，他自然睡不着……他几乎是在含泪诉说自己的烦恼，说一切都出了差错，但他却不给我插话的机会……他这样刺激自己的结果是严重的消化不良。"在一件与汉诺威财政有关的事情上，当他以仅仅五票的优势得手时，他"深感震惊，并立即开始感到脚痛、吐胆汁和面部疼痛"。罗恩徒劳地警告他："我认为你必须有足够的自制力来掌控你天性中的放纵，并强迫自己过一种有价值的、德意志家长式的、有节制的生活！你一定能做到这一点！"罗恩，这位值得信赖的伙伴，甚至敢于说"必须"这个词。说了也白说！

俾斯麦天生易怒，他在日常公务摩擦中比在罕见的重大决策时刻更痛苦。在加施泰因，连续下了两三天的雨，他就抱怨那里的空气就像洗衣房一样。旅店附近的瀑布让他心烦意乱。每当身在山区，他都因视野狭窄而苦恼。当他妻子写信诉说孩子们刮了牙，他回答："你让我非常担心，我很不安！"黑森的一位领袖向他询问黑森的未来。于是，"他的脸，并不英俊，还很富有表现力，被思想中的风暴搞得抽搐起来……他沉默着，若有所思，坐立不安，一会儿拿着铅笔，一会儿拿着裁纸刀。有那么一会儿，他的嘴角露出相当愉快的微笑，但很快就消失了。他的脸上呈现出一种真正的恶魔面容，他皱起了浓密的眉毛。"

虽然俾斯麦身体因此而衰老，虽然他的生活方式背叛了岁月的流逝（尽管他有天生的精力与时间搏斗），但他倾向于回归他青年时期的怀疑态度。他迈着巨大的步伐回到了第一阶段的怀疑主义，几乎没有保留他受宗教信仰启发时的正式姿态。当一位虔诚的邻居指责他不择手段时，他在一封长长的圣诞信中，以一个基督徒的态度回复说："我完全愿意承认，我应该比现在更频繁地去教堂……我不去教堂，与其说是没时间，不如说是担心我的健康——尤其是在冬天……谁要是说我是一个无耻的政治家，那就是冤枉我了，在这个问题上，还是先问问自己的良心吧。"俾斯麦得知一位军官在他的纹章上用了一句古老的索布语（Wendish）格言"永不忏悔，永不宽恕"时，他很高兴。如果宽恕和忏悔是基督教的两大支柱，那我们听说这件事后，也只能微微一笑。俾斯麦的评论是："很久以前，我就发现这个原则在实际生活中是最有用的！"在对奥战争开始前几天，他在给朋友的信中写了下面这句魔鬼般的话："骰子已经掷出，我们满怀信心地展望未来，但我们决不能忘记，全能的上帝是反复无常的！"

今天，和很久以前一样，他把他的保皇党观念加在他的基督教准则之上，就像一个人把盾牌挂在树上，在树荫下扎营一样。俾斯麦的自尊心如此之强，他要么灭亡，要么革命，除非他不断暗示自己，说王权有神圣的起源。他在晚宴上当着一大群人的面说，"如果我不再是基督徒，我就不会多为国王服务哪怕一个小时……我的财产足够生活，我会对我在世界上的地位感到满意，不会再需要国王了……头衔和官职对我没有吸引力。我坚信死后有来生，这就是为什么我是一个保皇党，不然如果我遵从本性，我应该是一个共和党人。的确，我是一个彻底的共和派！除了我坚定的宗教信仰之外，没什么能令我在过去十年中坚定不移……如果没有宗教的奇异基础，我早就让宫廷下地狱了！"在场有人反驳，说很多人侍奉国王仅仅是为了国家。俾斯麦接着说："在我们当中，这种为了国家和国王而自我否定、自我牺牲的行为，是父辈和祖辈信仰的残余——这种信仰已经发生了变化，变得模糊但还有效，不再是信仰，但毕竟还算是信念。我多么高兴能退隐啊！我喜欢乡村生活，喜欢森林和自然。如果把我和上帝的关系拿掉，我明天就会收拾好箱子，动身去瓦尔津种燕麦。既然这样，国王又算得了什么！如果不是上帝的命令，我为什么要臣服于霍亨索伦王朝呢？他们来自一个斯瓦比亚（Swabian）家族，这个家族并不比我的家族好多少，我也不特别关心他们的福祉。我应该比雅各比更糟，他是共和国的总统，所以可以忍受……在许多方面，他会是一个更通情达理的人，而且花费肯定更少。"

俾斯麦曾在许多场合提出过这样的思想，但他从来没有像在这里一样贬低它，述说这种思想的荒谬。通过将国家意识描述为宗教信仰的最后残余，他使一种普遍的责任感变得稳定，而他认为任何个人都不具备这种责任感。正如他发现历史上所有伟人，还有与他同时代的所有伟人，他们哪怕最微不足道的行为都存有个人动机一样，他自己也完全是被野心和权力的意志引诱到政治舞台上，被驱使着为国家服务，被提升到政治权力的最高位上。他天性中的自然力量引导他走上这条道路，他不像路德那样是出于对上帝的谦卑而走上这条道路，不像罗恩，是出于热心帮助君王而从政，也不像施泰因（Stein），是出于对德意志的责任感而走上这条路。

鉴于俾斯麦宣称自己是共和党人，我们必须假设，如果他出生在莫特利的国度，他的革命情绪会促使他立志当总统。他的自尊心使他希望看到自己的国家、自己的阶层、自己的家庭处于光荣的地位。为了达到这些目的，他需要为一个斯瓦比亚家族服务，一个祖先比俾斯麦家族更能干或更幸运的家族；他必须服从那些在智力和气质、热情和天才方面都不如他的人，这有赖于他信仰的自我暗示才有可能做到，他才能够相信这个加冕的家族是在上帝的恩典下统治。

若非如此，当他宣称自己是泛神论者并嘲笑基督教时，我们该如何解释他年轻时的容克心境呢？为什么不信教的贵族憎恶以温和共和为目标的自由主义者，而信教的大臣今天却愿意在自由主义者的帮助下治理国家呢？如果俾斯麦是上帝的敌人，那么，遵循他自造的逻辑，他至少也应该是国王的敌人。今天，如果他是上帝的仆人，他应该尊重君主政体。他尊重君主制吗？有人问他王公贵族们应该学什么，他秘密地回答："一个王公贵族真的应该接受波斯式的教育，也就是说，他必须学会骑马和打仗。除此之外，如果他想对自己的职业进行专门研究，那么他必须学会如何长时间站立、如何对每一个陌生人说些令人愉快的话，以及如何撒谎。他从不需要说出令人不快的真理，因为那是他的大臣们的事。我们的国王不知道如何说谎。无论他什么时候说谎，我们总是从一开始就能看出来。"

现在听听他是怎么谈论皇室的！"如果我和国王一起去莱茨林根（Letzlingen）打猎，那是在一片曾经属于我们家族的森林里。三百年前，霍亨索伦王朝从我们这里抢走了勃格斯托尔（Burgstall），仅仅因为那里是一个很好的狩猎场，因为当时那里的森林是现在的两倍。除了是个好猎场之外，它曾经还很有价值；而今天，它已经值几百万了。它被武力夺走，这是对我们合法权利的蔑视。当时的主人因为不愿意放弃这块土地就被关了起来，吃咸味食物，没什么喝的。我们得到的赔偿金还不到土地价值的四分之一。"在这里，我们了解了俾斯麦对神恩信仰的本质，这种信仰使霍亨索伦王朝凌驾于他之上。

当我们看出他是一个记仇的人，就算是了解了这个人。他喜欢恰如其分地引用魔鬼的话。他熟记《浮士德》第一部分中的长篇章，而且背诵得很熟。俾斯麦做出了这样卓越的文学评判："只要你问我，我就给你歌德作品的四分之三！至于其余的，四十卷中的七八卷，我愿意用它们在荒岛上消磨时间。"然后他把歌德描述成一个熟练的裁缝："'没有仇恨，将自己与世界隔绝的人是幸福的；没有仇恨，有一个知心的朋友，可以和他一起享受事物'——一个能这样写作的人是一个熟练的裁缝！你想想看，'没有仇恨'，总有一个人紧紧地贴在你的怀里！"在另一个场合，凯瑟林的女儿热情地谈论悲剧，想象自己扮演英雄角色是多么令人愉快，他以特有的直率评论道："你真的喜欢像华伦斯坦一样，在一个肮脏的酒馆里，被一个流氓谋杀吗？"凯德尔谈到了恐惧和同情心。于是，俾斯麦"愤怒地"回答："是的，我的恐惧和同情心是如此强烈，以至于我在剧院里总是准备掐住坏人的喉咙！"人文主义者凯德尔执着于戏里的"成功观念"。于是，俾斯麦开始谈起烤鹅，问道："你知道波罗的海各省的人是配土豆吃鹅还是配苹果吃鹅吗？我更喜欢配土豆吃。"

他现在只有在读书或工作时才听音乐作为陪衬。后来当上了帝国宰相，他就完全不听音乐了，因为音乐让他睡不好觉。

总的说来，他灵魂的根本基调，越发像一个浪子。随着他的成功越来越多，随着他开始获得几乎做梦也没想过的权力，他内心的不安也在增加。就像他期待着实现自己的愿望，把自己从这些浮士德式的感情中解放出来，而现在却发现自己比开始时更不抱有幻想了。"浮士德抱怨他胸中有两个灵魂；但我却有一大群灵魂，他们还彼此争吵。就好像他们在一个共和国里一样……他们说的话我大部分都说出来了，但还有整块地方，我从来不让别人看一眼。"这些话是他和两个下属（其中一个完全不同情他）一起驾马车时说的，与其说是表达孤独，不如说是表达不满，因为如果是因为孤独的话，他会把这些话藏在心里。在庆典日，他比较坦率地给他最亲近的人写信说："这种生活的不安简直让人无法忍受……这不是一个正经乡绅所能过的生活……我怀念那些安静的日子，怀念那些我能主宰自己的时间的日子，怀念那些（现在我常常这样想）我更快乐的日子——尽管我骑着老凯勒布时，我很清楚地记得那句'骑士身后坐着黑色的忧虑'完全适用于我。"他怨恨自己对自己的天性无能为力，在他姐姐的银婚之际，在写给她的一封信中，俾斯麦将这种怨恨的语气表达得最为清楚：

"我本想再次和你谈谈感想……关于人生的虚无缥缈和短暂易逝。要过很久，我们才会失去生活即将开始的幻想，而我们又花了很长时间为这个开始做准备，所以我们需要银婚这样的里程碑来提醒我们回顾过去，清楚地看到我们走过了多长时间的旅程，经过了多少好的和坏的驿站。我总觉得目前的处境比以往任何时候都更让人不舒服，为了达到一个更好的境地，我应该永不停息地努力前进，这是否证明了我们的不足……抑或仅仅是我自己的错误？我衷心地希望你……欢度佳节，心情愉快，甚至想要大声招呼驿站的车夫说：'开慢点，朋友。'我自己对上帝非常不知感恩，因为我从来没感到满足过，尽管知道我有很多理由应该感到满足，当我想到妻子和孩子，尤其是我妹妹，以及我在公共服务和私人生活中努力争取的那么多其他东西——没有珍惜获得这些所带来的满足感。"

　　这种残酷的分析，如此精妙地延展，最后化为一种悲哀！在这些讽刺中，他的手法是多么巧妙啊！他一生的功绩是多么含蓄地被压缩进了一句话里啊！然而，俾斯麦在这里却被他自己的笔冷静地剖析了，暴露了这位永恒的游荡者。所有的胜利，所有的斗争，二十年不间断战斗的伟大成果，都被描述为不舒服的驿站，他从这里向前推进，去寻找更好的！

第十六章

　　拿破仑不想打仗，但他又需要打仗。我们很难知道法兰西想要什么，不知道法兰西的野心是否与德意志的统一不相容，而德意志的统一显然近在咫尺了。也许人们对这件事没有普遍的感觉，因为在七月里，人们所表现出来的义愤就只局限于巴黎。示威活动只在首都的几条街道上举行，甚至这些示威活动也是由服务政府的某些报刊组织的。唯一能明确表明法兰西人民感情的迹象是五月的公民投票，在这次投票中，尽管有压力和贿赂，却只有七百万票投给了拿破仑，而一百五十万票是反对他的，还有三百万人在投票中弃权了，以此表示敌意。因为按照流行的口径，拿破仑的统治应该是致力于维护法兰西的光荣和伟大，所以反对的选民和弃权的选民表达了他们希望继续实行劳动与和平政策的愿望。法兰西民族生性安静、爱好享乐，只有在杰出领袖或迫切需求的刺激之下才会产生激情，显然他们无意与任何人起争端。对一个征服者来说，这种情绪是危险的，因为如果他希望保住自己的地位，就必须在公众面前大放异彩。人们普遍希望和平与共和。皇帝把赌注押在了胜利的机会上，尽管他病得很重，面对失败的可能，他怕得浑身发抖。

在卢森堡争端之后，拿破仑认为战争不可避免，俾斯麦很难在这场纠纷之后立即阻止战争。拿破仑与意大利和奥地利达成了和解。1870年春，在与一位奥地利大公磋商后，拿破仑起草了一份联合作战计划，以对抗普鲁士。同时，他任命格拉蒙（Gramont）公爵为外交大臣，因为虽然他本人讨厌格拉蒙，但皇后和宫廷里的反普鲁士人坚持这一任命。据说，1866年，当格拉蒙想要进攻普鲁士时，俾斯麦说："格拉蒙是个白痴。"这句话传到了他的耳朵里，他发誓要报复。就这样，内阁战争的一切准备就绪。万事俱备，只缺少一个开战的借口。借口很快就有了！

西班牙人赶走了他们的女王。白费功夫地到处找新统治者，随后转向了德意志，德意志王族为半个欧洲提供了国王。霍亨索伦王朝刚为罗马尼亚提供了一个国王，西班牙来询问霍亨索伦王朝旁支。威廉国王是一家之主，得他点头才行，但他反对。然而，俾斯麦的方针是尽可能多地开辟新的道路。如果认为俾斯麦的直接目的是与法兰西决裂，那就太愚蠢了。我们最多只能说，他认为让霍亨索伦王朝的人坐上马德里的王位比绥靖巴黎更有利，外交上的胜利总比在西班牙建立霍亨索伦王朝要好，达成谅解又比外交上的胜利来得好。因为他既没有开战的理由，也没有开战的愿望（例如，为了夺取阿尔萨斯），虽然他看到战争的发生实际上是为了德意志的统一，并准备在这个基础上坚决接受战争，但他没有为自己找任何借口，他确信法兰西会在西班牙问题上找到充分的借口。即使是现在，他的主要决心仍是等待时机。

因此，1869年5月，在西班牙正式提议之前，贝内代蒂宣布，如果一个霍亨索伦王朝的人接受西班牙王位，一场一级严重的冲突将迫在眉睫，俾斯麦避免去说服国王拒绝西班牙的提议。他将整个事件视为家庭事务，让王室旁支可以随心所欲。他不会做出正式承诺，因为他想让对手提心吊胆。俾斯麦很快意识到这是一个棘手的问题。他怎样才能说服已经反对接受罗马尼亚提议的国王，转而支持西班牙的提议呢？

"如果德意志能把西班牙人从火烧眉毛的无政府危机状态中救出来，西班牙人应该会非常感激德意志。至于我们同法兰西的关系，在法兰西另一边有一个国家，我们可以依靠它的同情，法兰西也必须考虑到和它的感情，这将是一件极好的事情。"此外，该计划将为普鲁士节省一两个军团。正是这两个军团决定了国王的心意。

俾斯麦知道这一步可能会引发战争。他准备冒这个险。因为他只是为了普鲁士的权力而工作，且只是为达到政治目的而工作（因为今天他对阿尔萨斯不太关心，就像1866年他对奥地利的西里西亚不太关心一样），因为他现在和任何时候都不想为普鲁士征服德意志或其他国家的土地，而像以前一样，只想确保自己在德意志的政治领导权——所以他准备与拿破仑作战，就像他以前准备与弗朗茨·约瑟夫作战一样。现在要统一德意志，就像当时要组建北德意志联邦一样，这些当权者只会勉强同意。一个德意志政治家把他的同胞团结在一起，这个合理愿望甚至违背了当权者的意愿，是两次战争的决定性原因。在德意志并不存在阿尔萨斯问题，在法兰西也不存在莱茵河左岸问题；这些"问题"都是双方几个爱吹牛的人杜撰出来的，他们想让爱好和平的人自相残杀。维也纳和巴黎的政客们有权阻止他们的边境附近形成一个统一大国，正如德意志亲王们必须为这样的统一而努力——尽管他们的努力断断续续，而且按照大相径庭的计划在进行。俾斯麦在米库洛夫的警句，大意是奥地利打普鲁士的战争并不比普鲁士打奥地利的战争更不道德，这个警句也完全适用于法兰西战争。只要欧洲还痴迷于大国和联盟的领导及霸权，其他国家就不会允许任何一个国家实现统一，从而获得更大的权力，除非以战争为代价。

俾斯麦的目标永远是能够做什么，而不仅仅是想要做什么，由于德意志人的分裂和敌意，他成了相互冲突动机的牺牲品。如果他是巴伐利亚人，他会以他强大的意志阻碍普鲁士统治下任何形式的统一。但作为一个普鲁士人，他想要这样一个统一，并被他的骄傲所驱使——作为一个人的骄傲、阶层的骄傲、民族的骄傲。同时，作为一名政治家，他认识到，从普通德意志人的观点来看，他的愿望是合理的。这种柏拉图式的承认与他的自然欲望联系在一起，使这种欲望在道德上合乎情理，也更容易匹配他的历史情愫，这种情愫是指他施加在南方各邦国之上的强制力，但他没有承认过这种强制力的存在。如果这个国家真的"只有在普遍的愤怒中才能得到巩固"，那么除了外国干涉，还有什么能更轻易地激发这种愤怒呢？这就是心理迂回战术，使威胁法兰西的政策对分析人士俾斯麦来说变得合意，这场他所不求的战争对政治家俾斯麦来说似乎变得可取。

在西班牙事件中，他嗅到了将事态推向高潮的可能性。他知道有许多障碍需要克服，这激发了他的外交热情。现在，他派了两名代理人去西班牙，布赫和一名军官，在各方已半数放弃那个提议时，又重新提了起来。这是秘密进行的，因为俾斯麦想让拿破仑面对既成事实，一旦有人提出反对意见，就把皇帝置于错误的境地。西班牙是一个独立国家！为什么她不能想去哪儿找国王就去哪儿找国王？西班牙送出了正式提议。西格马林根（Sigmaringen）的霍亨索伦旁支背着威廉接受了。最后，不情不愿地，"经过激烈的内部斗争，普鲁士国王同意了"。

然后，就在正式宣布这个消息前不久，这件事在巴黎传开了。火上浇油一般，在一篇半官方的文章中，格拉蒙引发了一场狂啸，很快就被巴黎新闻界的猎犬捕捉到了。报纸带着愤怒，或真或假地表达了"对选择一位德意志国王的惊讶"。实际上，格拉蒙知道俾斯麦说了他的坏话，就想当众给这位普鲁士首相一记耳光，让全世界都看到。

俾斯麦在瓦尔津自在地休息。盛夏时节曾下过霜，他在给妻子的信中这样描述道："我一直在吃梭鱼和羊肉，今天吃梭鱼和小牛肉，还有芦笋，我们这儿的芦笋比柏林的好。霜冻把瓦尔德肯（Waldecken）的小山毛榉都冻僵了，把许多橡树苗都冻黑了，你的玫瑰花掉得更糟了。霜冻过后，有六株或八株枝干已经没了生命迹象。黑麦也成片成片地遭了殃，但作为波美拉尼亚安慰品的土豆似乎逃过一劫。我不得不在忧郁的孤独中吃饭，在炎热的天气里爬山，我脑子里想的只有格拉茨（Grätz）啤酒。唉，一点都没了！牛蒡果也没有了……除了布雷斯劳（Breslau）啤酒，我没有什么可依靠的了；但布雷斯劳啤酒里有艾草，所以不适合经常喝。晚饭后，我穿过公园和保护区，看到了四只狍子，其中三只是雄性……你在白荒原上的桤木林场长得很好，但受到了霜冻的影响。松树下的黑色土地被三英尺高的开花灌木染成了白色，像盛开的桃金娘（我附上了一个样本）——一种景天属植物，在波美拉尼亚被称为"猪殃殃（Schwiene-Pors）"——还有野生迷迭香……我十点钟上床睡觉。"

不久之后（因为这时炸弹在巴黎爆炸了），俾斯麦在自己的房间里踱来踱去，口述他想要刊登出去的话，以回应巴黎引起的骚动。他口述了"成堆的文章笔记和详细的随笔"。在正式讲话中，要安静地陈述一切；但在半官方半私人的言论中，就要严厉对待法兰西的傲慢。"看来这位正在煽动谣言的皇后，一定是想看到一场新的西班牙王位继承战……法兰西人就像一个暴怒的马来人，在街上横冲直撞，口吐白沫，手里拿着克力士剑，见谁捅谁……"7月7日，他宣读了前一天格拉蒙在众议院发表的讲话："我们并不认为，因为尊重邻国的权利，我们就有义务容忍外国势力把它的一位王子安放在查理五世的王位上，继而扰乱我们在欧洲权力的平衡，危及法兰西的利益和荣誉。如果发生这种情况，我们将毫不犹豫、毫不软弱地履行我们的职责！"（雷鸣般的掌声！）俾斯麦读到这些话时，对凯德尔说："看起来好像要打仗了！除非下定决心，不然格拉蒙不会这么说的……只要我们能立即进攻法兰西，胜利就十拿九稳！不幸的是，由于种种原因——我们做不到。"

就在这一天，按照格拉蒙的指示，法兰西特使请求威廉国王的接见。这个过程是符合秩序的，因为俾斯麦拒绝通过普通官方渠道来处理家族问题。

国王正处于一种谄媚的幽默之中。这位老好人不希望有人打扰他在埃姆斯（Ems）避暑；他和贝内代蒂讨论了问题，而没像俾斯麦希望的那样，硬生生把他打发走。九日，国王觉得这事儿透露着不祥的感觉，他告诉法兰西特使，作为霍亨索伦家族的首领，他准备建议堂兄退出王位继承。他派遣一名副官前往西格马林根。威廉在给王后的信中写道："我向上帝祈祷，希望霍亨索伦王朝能从善如流！"当俾斯麦在瓦尔津得知这个消息时，他愤怒地喊道："国王开始退缩了！"他觉得自己被辜负了，威廉的举动会被解读为普鲁士在投降。俾斯麦立即打电报请求觐见国王，直到十一日他才得到答复。等待了可怕的一天！十二日，俾斯麦和凯德尔在去柏林的路上，因为必须经过首都。经过十个小时的路程，他驾马车来到外交部，有人递给他一份电报，他亢奋得发狂，还没下车就把电报拆开了。在这封电报中，电报上说贝内代蒂在埃姆斯做了进一步尝试，国王又给了一个礼貌的答复。俾斯麦匆忙邀请毛奇和罗恩共进晚餐，他俩很快就加入了俾斯麦。他们正吃饭的时候，又来了一封电报，大意是霍亨索伦家族继承西班牙王位的愿景已经收回了。

俾斯麦回忆说："我的第一个想法是辞职……我认为这种被迫屈服

是对德意志的羞辱，对此我不会负任何正式的责任……我非常沮丧，因为我看不出有什么办法可以弥补这种胆怯的政策对我们国家的地位造成的伤害，除非我故意挑起一场争端……因此，我放弃了去埃姆斯的念头，我请伯爵去那里，向陛下说明我的看法……由于他愿意亲自处理国家事务，亲自负责，他把自己的路推到了一个与他不匹配的境地……我尊贵的主人……有一种强烈的倾向，即使不由自己决定重大问题，至少也要参与其中，以至于他无法正确使用藏身于人后的策略……这个错误很大程度上要归咎于王后在邻近的科布伦茨镇对他施加的影响。国王已经七十三岁了，是个好静的人，不愿在新的战争中拿1866年的荣誉冒险。当他不再受裙带关系影响时，一种荣誉感……一直在他身上占主导地位……王后有女性的胆怯的毛病，缺乏民族情感，国王对女性有骑士情怀，所以抵抗她这种影响的能力被削弱了。"

俾斯麦对普鲁士国王和王后这些苛责的话，是在这件事发生二十年之后说的。他不像格拉蒙那样，在政治斗争失败时写这些话（格拉蒙描述同一天时充满了对皇帝和朝廷的指责），而是在伟大事迹和伟大胜利可以平复心中感情时才说出来，这种感情是因为国王缺乏荣誉感、王后缺乏民族情感而在他心中激起的。他的怨恨很持久，因为他对国王在这件"家事"上竟然独断专行而感到愤怒。俾斯麦当晚写信回家，说自己很快就会回来，但会不会以大臣的身份回来，他也说不好。

怀着骄傲和仇恨之情，俾斯麦失眠数小时，盘算计划了一整晚！十三日上午，俾斯麦得到了消息，不是来自埃姆斯，而是来自俄国大使馆，得知巴黎仍不满意。真是松了一口气！现在，在与英国大使的谈话中，俾斯麦可以摆出义愤填膺的姿态，说："如果巴黎提出任何进一步的要求，世界将会看到法兰西真正想要的是一场复仇之战。我们坚决不容忍任何侮辱，而是会接受挑战……我们不能被动地看着法兰西在军事准备方面超过我们……我们需要可靠的保证来抵御突然袭击的危险！除非格拉蒙收回威胁性言论，否则普鲁士将不得不要求得到满足。"

事情已经出了岔子。现在俾斯麦又把一切都安排妥当了。他那目光短浅、双目失明、完全不如他的对手，把王牌交到了他的手里。昨天，当俾斯麦正在路上，霍亨索伦王朝的亲王宣布放弃西班牙王位之时，格拉蒙主动发电报给贝内代蒂，请他提请普鲁士国王，正式宣布霍亨索伦王朝放弃王位这件事。与此同时，格拉蒙敦促普鲁士驻巴黎大使维特写信给威廉国王，说拿破仑要他写一封信，声明普鲁士不会做任何损害法兰西利益和尊严的事。格拉蒙希望当他拥有这两样东西之时，这些文件在他的档案袋里，他就能在议会里赢得辉煌的胜利。那天晚上，在圣克鲁（Saint-Cloud），他表现得既愤怒又兴奋。四天前，病入膏肓的拿破仑皇帝拒绝接受顾问们建议的手术，因为他担心手术会致命。三年后，他不得不接受这个手术。如果他当下做了手术，他可能会死在刀下，但许多人可能不会死在战场上了。

当俾斯麦听到格拉蒙向自己的大使提出的建议时，他非常愤怒，因为后者认为只要礼貌地劝阻就足够了。维特（Werther）立即被召回。身在埃姆斯的国王收到了一封威胁性的电报，俾斯麦在电报中宣称，如果威廉再次接见贝内代蒂，他就辞职。下午，毛奇和罗恩来和俾斯麦一起吃饭。对这些昨天对他来说还象征着战争的将军们，俾斯麦又抱怨了一番，并宣布了辞职的打算。罗恩说，这等于是退缩了，而士兵必须坚守岗位。俾斯麦挺直了身子，回答："你们作为军人，必须服从命令，不能像一个负责任的首相那样行事。我不可能为了政治而牺牲我的荣誉感。"紧接着，国王从埃姆斯送来了一份新的密码电报，电报来自阿伯肯（Abeken）：

"国王陛下写信给我：'贝内代蒂伯爵在散步时跟我搭话，非常迫切要求我——这是最后一次——授权他立即发电报，说我保证今后也不会再同意霍亨索伦家族人的候选资格。最后我还是严厉地拒绝了他，因为一个人不可以，也不可能无限期地做出这样的承诺。我很自然地告诉他，到目前为止我还没有收到任何消息，而且，由于他从巴黎和马德里得到消息的时间比我晚，所以他可以再次很清楚地认识到，我国政府与这件事没有任何关系。'从那以后，国王陛下收到了查尔斯·安东尼（Charles Anthony）亲王的一封急件。因为国王陛下已经告诉贝内代蒂伯爵他在等待消息，陛下考虑到上述的强硬要求，根据尤伦堡伯爵（Count Eulenburg）和我的建议，决定不再接见贝内代蒂伯爵，而是通过副官告诉他，陛下已经从公爵那里得到了贝内代蒂得自巴黎的消息，所以没什么话要对大使说了。对于要不要把贝内代蒂的新要求和国王的拒绝立即通知我们的使臣和新闻界，国王陛下交由阁下自行决定。"

剥去了宫廷文风的外衣，这封电报的措辞表达出强烈的愤慨。尤伦堡的建议，对俾斯麦指令的遵循，是最后一根救命稻草！作为俾斯麦的大使，尤伦堡向国王报告了联邦主席的愤怒，报告了毛奇和罗恩的情绪，毫不掩饰首相对国王行为感到非常羞愧的事实——最重要的是，俾斯麦拒绝来埃姆斯，还发了威胁性的电报！在法兰西人看来，国王虽然"相当严厉"，但表面上是彬彬有礼的。私下里他们一定都发泄了怒气——因为如果挑剔的阿贝肯（Abeken）（一个连苍蝇都不会伤害，更不会对公爵无礼的人）能正式说出"苛刻的要求"和"拒绝"，我们可以推断，他在会议上用的措辞要激烈得多。因为连一个副官都能告诉一位大国使节，说国王不会再接见他了，也没有什么话要对他说了。最后，也许是在尤伦堡或某个副官的唆使下，这位老绅士突然想到，应当立即把这一拒绝消息以最尖锐的方式——通过大使馆和报界——公布于众。正如在1862年，当俾斯麦从杰特博格（Jüterbog）返回柏林时（但这一次是通过一个中间人），俾斯麦又一次让他的国王主人意识到，国王作为一名军官已经被磨炼出了勇气，必须尽量减少犹豫不决。

在俾斯麦的餐桌上，这封电报一开始就令人感到沉重。两位将军都没了胃口。他们"不吃不喝。在反复审查文件时，我仔细考虑了其中所写的国王陛下的授权……我向毛奇提了几个问题，问他对我们的军事准备情况有什么看法，考虑到迫在眉睫的战争危险，需要多长时间才能做好准备。"毛奇回答，说迅速爆发比推迟爆发对普鲁士更有利。于是，俾斯麦拿起他怪兽似的笔，当着客人的面，写下了如下密电：

"霍亨索伦世袭王爵放弃所有西班牙王位继承权的消息，被西班牙王室正式告知法兰西政府后，法兰西驻埃姆斯大使又向国王提出了进一步的要求，要求国王授权大使给巴黎发电报，说国王陛下保证，他将永远不同意恢复霍亨索伦的候选人资格。于是，国王陛下拒绝再接见法兰西大使，并吩咐当值副官说，国王陛下没什么要跟大使沟通的了。"

公文中并没有引入任何新词语。它只是被编辑了一下。有些话被删掉了，但没有新增什么。就连"对大使没什么可说的"这句直白的话，也被改成了"没什么要沟通的"这种更客气的话术。是国王说要把这篇电报向使节和报界发表（这一步很可能会产生惊人的效果），这是俾斯麦建议的，就是命令他照办。刚才重新编辑过电报的俾斯麦，可以在想象中听到它的法语译文，可以想象卖巴黎报刊的小贩在大街上喊出他的"拒绝"。然而，俾斯麦并没伪造什么，只是压缩了行文而已。一个长而不成形的气球，由于含气量太小，不能上升到空中，把空的部分绑起来；现在剩下的是一个圆鼓鼓的气球，很快就会升到空中，被成千上万的眼睛看到。按照这样的编辑方式，这封电报仅体现了俾斯麦对法兰西人正当的答复，从而迫使法兰西人在战争或投降之间做出选择。尽管李卜克内西后来称这一公文是"史无前例的罪行"，但这一罪行并非俾斯麦所为。罪行在于，社会和政府的形式就是这样的，允许两三个人在不征求人民意见的情况下就能发动战争。

此外，俾斯麦想让威廉来不及反应。当他做出这个闪电般的决定时，他正想着国王，就像他一生中遇到的类似事件一样，这是对他多年思考的恰当总结。俾斯麦希望趁热打铁，因为明天或者后天，国王的妻子或者国王的儿子，都会发言，说要主张和平。事实上，俾斯麦发表这封公文就使得战争不可避免了，甚至不用请示他的主人了。我们从第二封电报中得知，国王在很短的一段时间内是好战的，这封电报是在第一份电报向世界发出后才发出的。第二封电报显示，国王第三次拒绝接见贝内代蒂，拒绝的措辞如下："陛下今天上午所说的是陛下对这件事的最后一句话，陛下只能提醒你他之前做过的声明。"这就证实了，俾斯麦编辑过第一份电报。

俾斯麦的行动是合逻辑的，因为最高统帅已经宣布了有利时机，而且最近几年的事态发展表明，如果要建立一个真正的德意志——战争是不可避免的。作为一个揣测人心的行家，俾斯麦知道他的成功很大程度上取决于欧洲的心境，所以他抓住了这个最佳时机；因为，不仅在实质上，而且在形式上，他似乎都是受到挑战的一方。如果在我们后代看来，一个民族未来的统一是值得为之奋斗的，那么我们的法兰西邻居在道德上的困境实在是再糟糕不过的了，因为他们为了阻止德意志统一而希望进行的战争，实际上是被迫发起的。

然而，最重要的是，那天下午，俾斯麦找到了一个动机和一个局面，使最后一个亲法的巴伐利亚人和最后一个反普鲁士的符腾堡人都愤怒了起来。三天后，无数民众口口相传地编造了一个传说，说和平的老国王早晨在温泉散步，而邪恶的法兰西人埋伏在灌木丛中，像暗杀者一样伺机而动。这一切，在编辑那份将在午夜前向欧洲各国首都开火的电报时，俾斯麦那双有预言能力的眼睛在一瞬间已经看到了。

第十七章

　　一周后，两国国王在柏林和巴黎同时发表讲话，向全世界宣布：敌人迫使自己的国家出剑。支持我们祖先正义事业的上帝，也将支持我们的正义事业，等等。两国议会都咬牙切齿地要求他们的选民拿起武器，为他们的议员代表投钱——但其实他们并不真正了解敌人，甚至不憎恨敌人。在七月间，两国近代史上第一次出现了某些反战小团体，而不是大的群众组织。一份从巴黎发出的《致各国工人呼吁书》中写道："在全体工人看来，为了恢复权力平衡或支持一个王朝而发动战争，只能是罪恶的愚蠢行为。"许多演说和宣言也发出了同样的声音。萨克森和巴伐利亚立法议会的言论回响在莱茵河对岸。只有在普鲁士，没有人敢这样说话。社会主义演说家在那里所能做的就是把法兰西人拉到自己的羽翼下进行保护，对抗拿破仑，从而向皇帝开战。接着是国际劳工总委员会宣布工人必须参加德意志的防御战，但必得抵制任何将其扩大为进攻战争的企图。

法兰西人是进攻方的印象影响了议会中的激进派。在巴黎，在梯也尔和甘贝塔（Gambetta）发表了激烈的演讲后，有十个人拒绝投票进行战争筹款。在柏林，李卜克内西和倍倍尔（Bebel）投了弃权票，因为他们希望能避免为俾斯麦或拿破仑的政策辩护。在社会民主党内部，有人对这种态度提出了批评。起初，在一份社会主义党派的报刊上，我们读到："拿破仑的胜利将意味着整个欧洲工人的失败，以及德意志的彻底分裂……我们的利益要求是消灭拿破仑，因为这与法兰西人民的利益是一致的。"三天后，同一份报刊上刊登了："让德意志的专制政治和法兰西的专制政治在赏金猎人的陪伴下争论到底吧。我们无产者与这场战争毫无关系。"第二天，这份报刊发表了一份口径大相径庭的宣言。人们甚至开始谈论"李卜克内西式的君主制"，尽管李卜克内西拒绝投票为战争筹款。

带着欧洲人的宽广视野，卡尔·马克思（Karl Marx）在战争初期写信给恩格斯说："演唱《马赛曲》是拙劣的模仿，就像整个第二帝国……在普鲁士，没有必要耍这种恶作剧：俾斯麦在右，施蒂伯（Stieber，警察局长）在左，威廉一世唱的'耶稣，我的信心和希望'是德意志的马赛曲。这位市侩的德意志人似乎非常高兴，因为他现在有机会自由地发挥自己天生的奴性了。谁能想到，1848年以后二十二年，德意志的国家战争竟有这样的理论呢？"但是，这两个流亡者之间的谈话在当时还没有得到回音！

欧洲同情法兰西，因为每个人都害怕普鲁士。为了按照他想要的方式塑造英国舆论，俾斯麦向《泰晤士报》（Times）发送了一份卢森堡问题磋商草案的副本，那是他在卢森堡谈判时期从贝内代蒂那里得到的草案中，拿破仑同意统一德意志的提议，条件是他可以自由地吞并比利时。贝内代蒂正式答复说，这是俾斯麦的主意，文件是根据俾斯麦的口述写成的。俾斯麦辩驳，说他曾多次同拿破仑讨论过这个问题，即使他现在没有公布这个文件，皇帝在完成了军事准备之后，面对一个没有武装的欧洲，在一百万士兵的帮助下，也肯定会提议以比利时为代价来实现其愿望——正如俾斯麦本人在1866年第一枪打响之前所提议的那样。

贝内代蒂的主要观点是合理的；如果欧洲人相信他的话，那只能说明人们意识到俾斯麦做事狡猾。"这件事只有一样好处，"恩格斯写道，"现在，所有的家丑都要公布于众，俾斯麦和波拿巴之间的诡计也要告终了。"

当时在德意志没人知道（直到1926年维多利亚女王的信件出版时，事实才被曝光），人们对俾斯麦的盲目仇恨是如何导致的，不仅是出生于英国的普鲁士维多利亚王妃，还有她的丈夫，都参与了反对祖国的阴谋。战争结束后，王储访问了英国，维多利亚女王在她的日记中写道：

"奥斯本（Osborne），1871年7月31日——非常晴朗的一天。在帐篷里吃早餐。后来见到了善良的腓特烈，和他聊起了战争。他是那么公正、温柔、正直，他最怕俾斯麦，说他无疑是精力充沛、聪明伶俐的，但是他人并不善良、无原则、专横，他实际上就是皇帝，这是腓特烈的父亲所不悦的，但他没办法。至于俾斯麦公布的条约，据说是由贝内代蒂提议的，腓特烈认为这既是俾斯麦的提议，也是拿破仑皇帝的提议。他觉得他们生活在火山上，如果有一天俾斯麦试图向英国开战，他也不会感到惊讶。"霍亨索伦王朝的继承人就是这么感激俾斯麦的，六个月前俾斯麦刚刚为他赢得了梦寐以求的帝国王冠。

如同1866年那样，只要俾斯麦的枪炮看起来证明了他的方针正确，即使举枪瞄准的人不是他，大家也都转而赞成他的政策。这次也像格尔利茨战役之后的那个晚上，在第一次战斗一结束，那个军官就可以借用符合这个新情景的话说："打了胜仗，你就是伟人；但是，如果敌人已经渡过莱茵河，你现在就是最大的浑蛋了！"

这一次，政治家俾斯麦也不得不在几周内进行干预。色当战役结束后的晚上，不悦的温普芬（Wimpffen）恳求毛奇饶恕法兰西军队，并敦促他以宽宏大量赢得法兰西人民时，俾斯麦打断了他的话："人们可以指望一位亲王的感激，但不能指望一个国民的感激，尤其是法兰西国民的感激。在法兰西，没有永久的关系。政府和朝代不断更替，现存的政府不受其前任承诺的约束。法兰西人是一个爱嫉妒的民族，他们把我们在格尔利茨战役的胜利看成一个错误，虽然这对他们并没有伤害。怎么能指望他们宽宏大量，让他们原谅我们在色当的所为呢！"普鲁士要求法兰西全军无条件投降，不留武器，不留军旗。

俾斯麦以这样的严酷手段开始了他反对法兰西共和国的政策（他预见到明天就会有一个共和国），而在未来六个月的谈判中，他也会保持同样苛刻的态度。他的政策是无情的，是一种征服者的政策，与他在米库洛夫推行的政策大不相同。他的理由之一是巴黎政府的反复无常，刚才已经说过了，其他理由还会接踵而来。这一政策导致他吞并洛林，并产生了不可估量的后果。

九月二日清晨，俾斯麦被拿破仑召见，两人在路上遇见了，皇帝在骑马军官们的包围下，"我把左轮手枪扣上，当我发现自己独自面对他和那六个军官时，我可能不由自主地瞥了一眼我那支手枪。也许我本能地把手移向它，我想皇帝注意到了，因为他脸色发白"。在这一瞬间，这两个人的性格和他们会面的性质用一句隽语就概括了。胜利者突然发现自己面对着他的敌人，一对六，并自然而然地抓住他的左轮手枪，他随身携带手枪以备不时之需；被征服的人，在他的马车里，注意到这个动作，脸色变得苍白。两个人都很清楚不会开枪，但他们做出了本能的反应，好像随时都可能开枪一样。

除了这个前奏，两人在路边一间简陋茅屋里的对话，倒是无关紧要。俾斯麦是一个骑士，又是一个谨慎的人，后来把这次谈话称作"沙龙舞会的谈话"，在交谈中，他同意皇帝的观点，即他们都不想打仗，这话说得太晚了。在这个时刻，我们伟大的憎恨者并没有体验到他在其他情况下所享受到的那种复仇的快感。和他谈话的人可怜地哀叹自己的无能，那不是格拉蒙，而是拿破仑。十三年前，俾斯麦曾说他无足轻重，但性格很善良。俾斯麦从未憎恨过拿破仑，有时他也害怕这位皇帝，但又总是试图赢得他的好感。现在，他看待那位被击败的对手，很可能会像男人看待一个被追求了很久、终于被征服了的女人一样，他对这个女人唯一的感觉就是同情。

实际上，这个被俘的皇帝对俾斯麦来说是一个负担。战斗结束的那个晚上，拿破仑投降后，他突然灵光一闪说："现在我们必须等待很长时间才能实现和平。"事态的发展使他非常不安，他很想按照格尔利茨战役之后的路线走下去，避免任何进一步的军事行动，只满足于把法兰西已被占领的那部分当作棋子。因为敌军已被歼灭、俘虏或完全包围；这个群龙无首的国家将四分五裂，并将屈服于自身的软弱。如果当时俾斯麦像四年前那样实行这个想法，他就能给自己在米库洛夫的治国之道加冕。但是，如果说阻止国王和将军们凯旋进入维也纳是很困难的，那么说服他们放弃进入巴黎更是不可能的。总参谋部已经对平民的这种愚蠢行为做好了准备，平民也知道，从格尔利茨战役时代起，俾斯麦被提升为将军的军衔，其实毫无意义。俾斯麦登上开往前线的火车时，他无意中听到波德别尔斯基（Podbielski）说："这次我们采取了预防措施，俾斯麦不能为所欲为了！"

最重要的是，现在迫使俾斯麦采取行动的，是整个德意志民族的号召。格尔利茨战役之后，德意志担心维也纳被占领，更甚于想自己占领维也纳。现在，德意志媒体要求吞并阿尔萨斯，"以保证将来不受我们世仇的攻击"。

在德意志，只有社会主义者宣称战争已经随着拿破仑的倒台而结束了。九月四日，法兰西共和国在巴黎宣告成立。五日，在德意志的群众集会上，人们都表达了对这个共和国的同情。从此以后，工人阶级的报纸在每期报纸的标题上都用大写字母写着："和法兰西实现公正的和平！不要吞并！惩罚波拿巴和他的同党！"卡尔·马克思撰写的一份宣言在德意志各地流传，预言吞并阿尔萨斯将导致"两国结下不共戴天之仇，只会带来暂时休战，而不是真的和平"。于是，某个后方指挥将军中的严格教官派人逮捕了党委会的成员，并把他们戴上镣铐送到了堡垒中。约翰·雅各比（Johann Jacoby）曾在格尔利茨发表演讲，谴责兼并的想法，他同样被捕了，此时坚定的民主派受到了极大震动。马克思早在八月中旬就写道，"对阿尔萨斯-洛林的渴望，似乎在两个阶层中占上风，即普鲁士秘密顾问团，以及德意志南部酒后才壮胆的爱国者。割地会是可怕的灾难，很可能分裂欧洲，更确切地说是分裂德意志——一分为二……普鲁士人也许已经从他们自己的历史中学到了，想让被打败的对手保证永远不发动报复战争，是不能通过瓜分领土等办法来实现的。"起初，俾斯麦似乎也有同样的想法。

战争爆发时，俾斯麦在议会演讲中坚称："德意志人民，还有法兰西人民，他们都在享受并渴望基督教文明和日益繁荣的幸福，他们被召唤着进行比血腥的军备竞争更有益健康的竞争。法兰西统治者为了个人利益和激情，故意进行误导，他们知道如何利用我们伟大邻邦正当而敏感的自尊心。"在战争第一天，俾斯麦对敌人，同时也对欧洲这样说。世界上没有任何一个公民能比俾斯麦说得更清楚、更有尊严。从来没有哪个政治家能如此清楚地区分一个国家和它的政府。也许俾斯麦在紧要关头，唯一没有考虑到的，就是拿破仑的统治和人格会崩溃得如此迅速。如果他确实意识到了这种可能性的迫近，他肯定是忘记了，或者没有意识到这可能给他的一些同胞造成的印象。

更有甚者，八月中旬，当威廉国王踏上法兰西土地时，俾斯麦宣读如下谕旨："拿破仑皇帝从海路和陆路袭击了德意志民族，而德意志民族从前渴望、现在仍然渴望与法兰西人民和平共处……"与此同时，腓特烈·查尔斯发布了一项军令："从来没有人问过法兰西人民是否希望与邻国进行血腥的战争，两国之间没有任何敌对的理由。"

但现在发生了什么？在这些宣言发布五周后，第一位共和派外交部长进入征服者的司令部，要求在国民议会选举期间停战，难道儒勒·法夫尔（Jules Favre）没有充分理由希望，把拿破仑和法兰西人民区别对待不仅仅是一句空话吗？难道两国的反战者不能指望法兰西人通过推翻以前好战的政府，通过把他们的反对者扶植为政权——突然且彻底地把帝国变为共和国，表现出和平情绪而得到承认吗？梯也尔和法夫尔在关键时刻不是谴责了战争吗？他们和他们的朋友不是拒绝为战争拨款投票吗？他们现在不是已经成了共和国的领袖了吗？

可惜，理论并不总是能成为现实，而六场战役的胜利也起到了作用。就是这个俾斯麦，他在议会演讲中对伟大的邻国表示同情，因为邻国被那些追求个人利益的人误导了，就是这个俾斯麦，他在八月中旬的宣言中还说，德意志人仍然希望与法兰西人和平共处，现在他向使臣发出两份通告，宣布整个德意志民族对征服战争负有责任。当法夫尔向他解释说，法兰西人已经驱逐了他们的战争皇帝，他们想要和平，并提供赔偿，俾斯麦反驳皇后欧仁妮（Eugénie）派来的大胆大使说：

"我们不关心你们政府的体制。如果我们发现复辟拿破仑对我们有利，我们将把他带回巴黎……如果我能确信你的政策就是法兰西的政策，我就会劝说国王撤退，不要一块土地，也不要一分钱。但你所代表的不过是微不足道的少数。我们不能从你们或任何可能接替你们的政府那里得到保证。我们必须考虑我们自己未来的安全，我们会要求得到整个阿尔萨斯，连同洛林的一部分和整个梅斯（Metz）。"

巴黎律师儒勒·法夫尔站在那儿，脸色苍白，大胡子乱蓬蓬的。他拿起"满是灰尘的大衣和皱巴巴的帽子"，说："我们一寸领土和一块堡垒的砖石都不会让出！"然而他喜欢愤怒的俾斯麦。他说这位德意志政治家"气宇不凡且待人严厉，但他的严厉被一种自然的、近乎仁慈的单纯所缓和。他礼貌而严肃地接待了我，没有任何矫揉造作或生硬，很快就表现出一种仁慈和坦率的态度，而且自始至终都保持着这种态度"。

俾斯麦的情绪变化产生了决定性的结果，并在此后半个世纪里造成了灾难性的后果。他的情绪确实发生了变化，因为接下来几个月里发生的事情表明，尽管有那么多将军反对，他还是可以让这位性情平和的国王顺从他的意愿。俾斯麦要求法兰西割让阿尔萨斯和洛林，用这种办法来拱卫德意志的领土，必须以此而不是其他方式来保证和平，这表明他的理解一定是受了蒙蔽。就在一年前，在与凯瑟林的密谈中，他说：

"再说，假如普鲁士战胜了法兰西，结果会怎样呢？即使我们赢得了阿尔萨斯，我们也必须保卫我们的胜利，让斯特拉斯堡永远有驻军。这会是一个不可能实现的局面，因为法兰西人最终会找到新的盟友——到那时，我们可能会陷入困境！"

这是马克思思想的另一个版本：这是暂时休战，而不是永久和平！俾斯麦已经预见到战争即将来临，而且很高兴看到这一点，因为在那些日子里，他想从战争中得到的唯一收获就是建立德意志帝国。俾斯麦的思想和愿望，从来不会仅仅因为邻居不安宁而去反对邻居。在五十五年的时间里，已经有一半法兰西人忘了德意志人上一次的入侵。普鲁士的扩张才使法兰西人心烦意乱了四年。在过去的二十年里，俾斯麦在任何一次纪念日或演讲中，在任何一封私人信件或谈话中，都没有表达过这样的动机。他从来没有说过什么"世仇"。他并不爱法兰西人——但他爱谁呢？现在，他突然发现战争的目的之一是保卫一个王国，而这个王国只能通过这场战争才得以存在，任何人读了他最后的宣言，都想不到会是这样的方式。他对外政策的基本趋势完全颠倒了。在一瞬间，建筑师俾斯麦变成了征服者。

欧洲问道，既然他们自己愿意，为什么这些领土不该成为中立国呢？俾斯麦后来在议会上回答："让他们成为中立国的话，就会出现一个从北海延伸到瑞士阿尔卑斯山的中立国链条，将使我们无法在陆地上攻击法兰西……我们是习惯尊重条约和中立的（注意听，注意听！）……法兰西就会有一条保护带来抵抗我们；但是，只要我们的海军还不能对付法兰西海军，我们就不该依赖其保护我们不受海上攻击。这是一个原因，虽然只是次要的原因。"主要原因是比利时和瑞士确实希望成为独立和中立的国家；而阿尔萨斯和洛林则不然。"我们只能预料到，那些将长期留在这些领土上的强大的法兰西人——这些人由于他们的利益、同情和记忆而与法兰西联系在一起——在发生新的法德战争时，会影响这个中立国……再次依附于法兰西……因此，我们没有别的办法，只能把这些地区及其要塞全部纳入德意志的控制之下，使它们成为德意志抵御法兰西的强大堡垒，并把法兰西未来进攻的起点移到几天路程以外的地方。

"实现这一想法的第一个障碍是……当地居民的敌意……那里有一百五十万日耳曼人，他们被赋予了日耳曼人的所有优点，当他们作为一个国家的成员生活时，他们还有其他优点，但不是这些：他们的品质给了他们的特权和地位……是的，每个民族都想拥有自己独特的优越感，这是日耳曼人性格的一部分，尤其是面对最近的邻国时。比如阿尔萨斯人或洛林人，只要他是法兰西人，他的背后就是辉煌的巴黎和统一伟大的法兰西。他让日耳曼人感到"巴黎是我的"……这种敌意确实存在，这是事实……我们有责任用耐心来克服它。我们德意志人有很多办法。总的来说，我们的做法是统治，有时不如法兰西政治家娴熟，但从长远来看，比法兰西政治家更仁慈、更人道（笑声）……但是，我们不应过于得意地认为战争的结局已近在眼前，就德意志人的情绪而言，不应认为阿尔萨斯的情况很快就会像图林根（Thuringia）一样。"

通过所有这些合理而公正的考虑，俾斯麦流露出政治家的谨慎和关切。如果在胜利和谈之后，他敢于告诉他的同胞。说要战争的战利品，他别无选择，只能拿走它们。这给了我们另一个证据，证明他是经过深思熟虑才拿了这些战利品的。那么，他为什么要拿呢？几年后，他将向新省份的代表保证，阿尔萨斯和洛林是他勉强吞并的，只是在军事首领的压力下才这么做的。

首先要从军队及其领导人的情绪中找到原因。打过大仗，损失惨重；敌人准备不足，再也守不住自己的堡垒；诸侯将相都陶醉在胜利之中。除此之外，俾斯麦已经对他傲慢的邻邦产生了明确的敌意，这些邻邦不会容忍莱茵河对岸有一支与他们实力相当的力量。最后，还有德意志民族主义的考虑。他觉得德意志太容易受到法兰西的攻击，因为符腾堡国王曾经向他解释说，就南德意志而言，德意志在这方面的弱点将成为统一的永久障碍。俾斯麦在议会中这样阐述这件事："在魏森堡（Weissenburg）附近插入德意志的那一角阿尔萨斯，真正将德意志南部与德意志北部分开，其效果比美因河的政治分界线更强。"但这种现实主义的考虑只涉及阿尔萨斯，而且不超过该省的那一部分。

此外，俾斯麦自己也嘲笑那些泛德意志用语，这些用语是战线后方的国家用来煽动道德热情之火的。"我们想要的是堡垒。阿尔萨斯原来是德意志人的这一说法是教授们的发明。"他知道大选帝侯对路易十四的态度是失去阿尔萨斯的主要原因,因此霍亨索伦王朝对这个省的主张非常少。他也很快意识到吞并洛林的危险性,因为他早在九月六日就说:"我不想吞并洛林,但将军们认为梅斯是不可或缺的,因为它代表了十二万人的兵力价值。"不久后,他对一位英国外交官说:"我们不想要阿尔萨斯或洛林。法兰西可以在一定条件下得到这些省份,使它不能利用它们作为平台来对我们发动战争。我们必须拥有斯特拉斯堡和梅斯。"

但是,俾斯麦迫使自己接受吞并的必要性,其最深远的理由,看起来非常冒险,那就是他打算建立统一的德意志帝国。在他看来,人们僵化的思想只有在"共同愤怒"的影响下才会变得灵活和柔韧。现在联合起来的德意志人有了共同的保障,就是这块共有的领土。他深信,当德意志北部和德意志南部必须携手共同培育这片新土地时,联合的必要性就会变得显而易见。

就在色当战役发生那天,俾斯麦的心腹德尔布吕克(Delbrück)创造了这句隽语:"从帝国领地(德意志帝国的阿尔萨斯省和洛林省)中将诞生出帝国(德意志帝国)。"

第十八章

　　俾斯麦以主宰一切的平静向他的帝国进军。第一场战役中，普鲁士人与巴伐利亚人被屠杀，尸横遍野。这场战役之后，人们开始在柏林的报纸上写道，威廉必须成为皇帝，俾斯麦告诉巴伐利亚特使，他对这种言论感到愤慨，没人想过要限制巴伐利亚的独立。"恰恰相反，我们将永远感激我们光荣的盟友。没有必要寻求或实现德意志的统一，因为它已经存在了。"在接下来的三个月里，他推行的政策将是，一个实力雄厚的组织允许较小的组织寻求联合。当他派德尔布吕克去德累斯顿时，他只是接受了那个地区发起的建议。他对符腾堡的人说："我们正在等你们出价。"他决心倾听所有声音，然后按照他认为最好的方式去推进。

　　事实上，当我们国家的个人主义者试图团结在一起时，每个人都有不同的计划。所有部落，所有阶层，所有党派，最后是所有不同的"哲学"，都在发生冲突，他们每个人都坚决地认为，如果德意志按照别人的配方才能存在，就不应该有德意志。普鲁士民族主义者希望建立一个由霍亨索伦王朝进行至高统治的德意志诸侯国联邦；自由主义者只想要一个人民至上的德意志；国王对皇帝和帝国置若罔闻，他的目标只是起草联合军队的条约；王储要的是帝国，要他的王室表兄弟们臣服于皇帝的权威；只有在巴登，亲王和人民都希望建立一个普鲁士统治下的帝国；在巴伐利亚，政府希望建立一个包括奥地利在内的南德意志联邦，但是巴伐利亚的大城镇则希望加入北德意志联邦，而国王则希望不存在任何形式的联邦；在符腾堡，王后密谋反对普鲁士，而自由党人只想加入一个民主的北德意志；在黑森，有权有势的大臣为德意志帝国提出了一部宪法，但这并不是他自己想要的，他之所以提出，是因为他知道首相也不想要，而且他的提议会引起普遍的混乱。最后，他们都去了凡尔赛，因为俾斯麦正坐在火炉旁，准备着"瓶子里的小矮人"。

普鲁士王储似乎是来自未来的人，因此从某种意义上说，他是最重要的人物，因为第一个皇帝已经七十四岁了。自战争爆发以来，腓特烈和俾斯麦之间就存在着严重分歧。王储对新帝国抱有浪漫的王朝民主梦想。他希望普鲁士并入德意志。德意志的王公贵族们除了头衔、权利、荣誉和上院席位之外，其他什么也得不到。霍亨索伦王朝将拥有皇权和基本权力；政府由一个对帝国议会负责的帝国部门管理。早在八月中旬，在德军进攻之时，王储就把这个计划告诉了心腹古斯塔夫·弗莱塔格，当时两人正在一个叫孚日的村庄里聚会。"他被强烈地感动了，眼睛闪闪发光，他说：'我一定要当皇帝！'"弗莱塔格接着说，"我失望地看着他。他把自己裹在将军的披风里，披风像皇室的斗篷一样包裹着他高大的身材。他戴上了霍亨索伦王朝的金项链（他在营地里通常不戴这条项链），骄傲地在村里的草地上踱来踱去。显然，他脑子里充满了帝国思想的重要性，他为自己想象中的角色打扮好了。"

王储的朋友弗莱塔格是一位文人,虽然徒劳但警告了即将发生的所有危险,他预言如下:"霍亨索伦王朝简单的蓝色制服最终将成为过去的记忆……随着社会福利的普遍提高,在军官的团体里,要维持旧律和简朴已经很困难了。只有在我们统治者继续树立好榜样的情况下,未来才有可能维持……而且,正如前车之鉴,一种卑躬屈膝的精神将在人民中蔓延开来,一种谄媚的精神将与我们古老的普鲁士的忠诚完全不相符……每一个趋向极端的运动都会唤起它的对立面,在我们这个世纪,有一股强大的民主浪潮在涌动。如果有一天,由于巨大灾难和统治不善,分歧在人民中蔓延开来,那么即使是统治家族中最可敬的人也将处于极大的危险之中。我们的王侯们已经像舞台上的演员一样,在热烈的掌声中,被花束所淹没,面对着热情观众的赞许,而隐藏在活板门下面的恶魔却在等待着,它们将毁灭一切辉煌!"

王储让弗莱塔格发表了自己的意见,在这场精彩预言结束时,他突然喊道:"现在,你听我说!"对如此引人注目的警告,他的回答是什么?不过是:威廉国王被拿破仑问及,在巴黎展览会上,哪一位君主应该有优先权——是俄国沙皇还是普鲁士国王,他回答说,沙皇必须有优先权。"霍亨索伦家族的人不会再说这种话了!这话将不再适用于任何霍亨索伦家族的人!"这就是王储狂热的结论。弗莱塔格说:"这些话,使我看透了他的内心。他充满君主的骄傲,所以我觉得再多说一句劝阻的话也没什么用了。"十几个类似的场景使这位文人确信,这样的感情在这位贵族心中占据着不受限制的地位。

色当战役后,王储在与俾斯麦的谈话中提出了帝国问题,但俾斯麦闪烁其词。他们一到凡尔赛宫,路易十四富丽堂皇的公寓就在腓特烈·威廉四世的侄子心中激起了"这将是庆祝皇帝和帝国重建的好地方"的念头。然而,他很快就听天由命了:"事实上,在此之前,我不得不承认,'我们伟大的政治家'俾斯麦伯爵从未对德意志问题有过真正的热情……当我发现，即使我们取得了这样的胜利……都没能唤醒他心中神圣的火焰，除了屈服于不可避免之事以外，还剩下什么？为王室服务的普鲁士官员永远无法超越柏林人的狭隘主义……悲哉，那些甚至不能从我们这个强大时代学习真理的人、没什么能教导他的人、永远学不到智慧的人！"

这是普鲁士王位继承人在他的日记中吐露的对普鲁士首相的评价，当时德意志帝国即将建立。这位大政治家的伟大之处，被这样用引号嘲弄，说他是"为王室服务的普鲁士官员"。腓特烈真倒霉，因为他没从德意志战争中吸取任何教训。腓特烈在1870年10月的意见和他1871年8月轻率的行为清楚地证明了这个王朝在逐步衰落。与儿子相比，善良的老国王似乎是个英雄。

不久之后，王储与这位政治家发生了私人冲突。腓特烈坚持认为，俾斯麦必须迫使南方各邦国的统治者最终下定决心，必须威胁他们，从而促成一个联盟。"我们向各邦表明我们的决心，不会发生任何危险。如果我们以合适的态度坚决地对付他们，你们就会发现，你们还没有充分认识到自己的力量！"

俾斯麦："我们在战场上与我们的盟友并肩作战，光是有这个原因，我们就不能威胁他们。威胁只会把他们逼进奥地利的怀抱。"

腓特烈："有什么关系？没什么比在场的大多数王公贵族宣布帝国成立、宣布一部宪法更简单的了！所有国王都必须屈服于这种压力！"

俾斯麦："做这种事，我们连威廉国王也劝不动的。"

腓特烈："阁下，如果您不想劝，你当然劝不动国王了。"

俾斯麦："现在我们必须把德意志问题的发展留给时间。"

腓特烈："对我来说，既然我代表未来，我就不能对这种犹豫漠不关心！"

俾斯麦："王储最好不要表达这样的观点。"

腓特烈："我以最强烈的方式抗议你以这种方式闭上我的嘴。除了国王陛下，没人有权告诉我该说什么不该说什么！"

俾斯麦："如果王储命令我，我将按照他的指示行事。"

腓特烈："我没有命令给俾斯麦伯爵，我反对他的言论！"

俾斯麦："我随时准备让位，给任何一个你认为比我更适合处理事务的人。"

王储完全有资格批评。他没有理由保证服从俾斯麦的意志。父亲把权力交给了一个与王储治国理念背道而驰的人。因为部分资产阶级想要一个更加独立的德意志，所以王位继承人没有理由不希望得到同样的东西。然而，他的治国理念应该是个人经验的结果、应该是个人感受、应该是他自己的宗教信仰。实际上，这些思想是被某个比他更聪明的人灌输到他的脑子里的。布料的总体设计不是他，这是一块蓝色的英国布料，是他非常仰慕的妻子设计的，她的祖国自然也让他很上心。但它从头到尾都是一条紫色的普鲁士线、帝国的线。这条线索是腓特烈自己引入的。尽管霍亨索伦王朝希望，按照英国人的方式，承认并让他的人民参与政事，与此同时，他又决心将他自己的阶级成员，即王公贵族们变为附属，并把他们参与政事的权力转化为有名无实的虚衔和形式。

腓特烈想统治，想穿上紫袍，戴上皇冠，想要他的妻子分享这些荣誉，但他并不想成为政府首脑。然而，这本该成为他的座右铭。他的傲慢在于，他把其他德意志国王们贬到反叛贵族的地位，让他们被威胁。当他告诉俾斯麦，说俾斯麦低估了自己的力量时，我们听到了俾斯麦自己从未听过的责备，我们忍不住想笑。这位军官从来没想到，当打算用从他们那里获得的力量来反对他们时，他其实是在背叛战友。他这种背信弃义的行为，与他父亲大不相同。俾斯麦这个容克，过去曾嘲笑过"德意志的王公贵族们狂妄自大到不信上帝、不遵法律"，但也比这位假民主派要高尚得多。他很乐意把他们全部废掉，就像汉诺威和拿骚的统治者被罢黜一样——不是为了虚衔，而是为了实际权力，他决不允许任何议会侵犯这种权力。在这样的时刻，当人的性格暴露出来时，这个瞬间变得很"精彩"，不是在炮击和攻击方面——因为我们说的不是军队的暴力，这是无法与强大的智慧策略相媲美的。

　　尽管如此，天才仍在逆时代之风而行，而这位继承者，一个懦夫，却被时代之风驱使着前进！因为正是这位王储在新年前夜恰如其分地总结道："此刻，我们似乎既不被爱戴，也不被尊重，而只是被畏惧。人们认为我们会犯下任何罪行，对我们的不信任不断增加。这不仅仅是这场战争的结果——俾斯麦所发现并实践了多年的理论，即铁与血的理论，让我们到了这个地步。如果到处都是仇恨和不信任，那么权力、好战的名声和辉煌又有什么用呢？……俾斯麦使我们变得伟大和强大，但他也剥夺了我们的朋友、世界的同情和我们内心的安宁。我仍然坚定地相信，没有血和铁，德意志完全可以取得道德上的胜利，只要用正当的理由，完全可以变得统一、自由和强大……这位勇猛的容克，一个暴力之人，却另有看法。1864年，他用争吵和钩心斗角的方法，使一项正当事业难以取得胜利。1866年，他打败了奥地利但没有统一德意志……要抵制对粗暴武力和外在成功的盲目崇拜是多么困难；开化人心是多么困难；把雄心壮志和竞争热情引向美好健康的目标是多么困难啊！"

　　这些话适合于正义的阿里斯提德（Aristides），或者亚伯拉罕·林肯（Abraham Lincoln）。它们是弗莱塔格或李卜克内西此时此地可以说的话。但这些话不应该从军队领袖的嘴里说出来，这位领袖的陆军元帅中有像布卢门撒尔（Blumenthal）这样的人，王储想要挟他的贵族同胞和盟友屈服，他不愿征求人民的意见，而只是提议宣布宪法，然后威严而迷人地穿着貂皮大衣——像他在乡村草地上排练的那样。此外，他还不了解最近十年的历史，因为除非公国归普鲁士所有，不然为什么丹麦战争是一项"正义事业"呢？为了保护奥地利，他还曾亲自支持俾斯麦在米库洛夫的要求，为什么奥地利还是战败了？北德意志联邦的总理，由于铁与血的政策，最终促成了南方的加入，为什么还要延缓南方的加入呢？毫无疑问，德意志的统一是可以不借助武力而实现的！但这样一来，王朝至少会丧失权力，留给这位新年前夜评论家的，就只有他的二十二名王室表兄弟也穿戴着的貂皮了。这位贵族命好，因为他父亲幸存其中的父权时代，使他免于经受实践的考验，并使他能够戴着未经考验的理想主义者的光环载入史册！

在这位反马基雅维利者的身旁，这位伟大的现实主义者毅然大踏步地朝着他治国之道的目标前进。民主派的王储希望在军中"宣布"宪法。反动派首相想的是召集整个德意志联邦议会前往凡尔赛；虽然这最初看来只不过是对犹豫不决的亲王们的一种威胁，但俾斯麦是一个把威胁付诸实践的人；事实上，他已经分配了王公贵族们在宫殿里的住处。与此同时，南方四国的公使们来来去去。然而，巴伐利亚州反对草案中的二十二点。俾斯麦顽固不改。公使们回到慕尼黑。一切都像以前一样停滞不前。

现在，俾斯麦假装建议单独与巴登和符腾堡达成协议，巴登十分愿意，因为巴伐利亚寻求扩张，要求牺牲掉巴登斯-普法尔茨（Badenese Palatinate）。于是邮政、铁路、电报都开始发声！德意志不同领土上的军队都希望有不同的军服，德意志的统一几乎要因为领子的颜色而被毁了！一位巴登的大臣这样评价俾斯麦："他对诸邦国的利益表现出了最奇妙的温柔情感，没有充分的理由不会侵犯这些利益。当德意志帝国的更高利益需要时，他又准备无视巴伐利亚最重要的利益。"既然他想要建立帝国，他就在制服和诸如此类的琐事上让步了。统一达成了，除了巴伐利亚，一切似乎都准备好了，谈判各方都希望签字。这时，符腾堡王后出面干预，她是俄国人。在一位迷人男爵的施压下，她让意志薄弱的丈夫发电报表示反对，说最好等一等巴伐利亚。表面平静的俾斯麦和密友在一起时，表现出了他的愤怒，他生病了，还在考虑要不要动员德意志南部的群众反对他们的政府。

现在，巴伐利亚人又竖起了他们的羽冠。两周后，当他们再次亮相时，俾斯麦不得不做出更多让步。宪法规定成立外交委员会，由巴伐利亚担任主席。巴伐利亚的邮政、铁路和电报应当独立，和平时期的巴伐利亚军队也是如此。最后，慕尼黑在啤酒和烈酒的征税问题上取得了成功，俾斯麦也终于得到了他想要的——"满意的巴伐利亚，签署了协议"。

这个十一月的晚上，会议结束后，俾斯麦手拿酒杯，走进沙龙，坐在他的同僚中说："巴伐利亚条约已经处理好了，也已经签署了。德意志统一实现了，皇帝将统治天下。这是一件大事。报界不会满意的；而任何按惯常方式书写历史的人……都会说：'那个愚蠢的傻瓜本可以要求更多，因为他们将不得不让步。'这样一个历史学家关于'不得不'的看法可能是正确的。但是，如果一个人'不得不'，条约还有什么用呢？我知道他们离开时是很满意的。这个条约有它的缺点，但它却因此更加牢固。条约欠缺的，将来可以弥补……我认为这是近年来最重要的成就之一。"

然后他继续以怀疑的口吻谈论巴伐利亚国王。一向忠诚的阿贝肯说："但他是一个很好的人！"

俾斯麦诧异地望着他说："大家都是好人。"

在大功告成前夕，俾斯麦就这样直率地讲述了事情是如何解决的。但是，当他再多坐一会儿，喝着香槟，总是沉浸在深思熟虑之中，不顾听众是谁，他毫不犹豫地说："我将在七十一岁时死去。"他是从计算中推断出这一点的，而在场的人无法理解这种计算的原理。

"你不能那么快就死！太早了！我们必须驱逐死亡天使。"

"不，"俾斯麦平静地说，"会是在1886年。我还有十六年的时间。这是一个神秘的数字。"

第十九章

在凡尔赛宫进行他的现实主义工作时，俾斯麦偶尔会受到历史情绪的影响。有一次他说："我们今天生活在一个奇妙的世界里，凡是过去用脚站立的，现在都用头站立。也许教皇不久就会住进德意志的新教城镇里，联邦议会将搬到凡尔赛宫，卡塞尔（Cassel）将有一个立法机构，加里波第（Garibaldi）会是一名法兰西将军，会有教皇佐阿夫兵（papal Zouaves）与他并肩作战！"当人们期待着一个路易国王时，他说："我从来没想过我会成为特里亚农（Trianon）家族的管家。拿破仑、路易十四对此事会作何感想呢？"

总体而言，这五个月来俾斯麦的生活都是在琐事上度过的。他的情绪被记录在数百次谈话中，表明他处于相当沮丧的心境。当有人问他如何享受这段时期时，他唯一的回答是："在政治生活中，没有一个高峰可以让人满意地回顾过去。我不知道今天播下的这一切会有什么结果。"他又一次承认自己置身于浮士德和魔鬼之间。总的来说，他谈话中的烦恼和敌意更多，多过崇高的情感和智慧。吃饭时，总是他一个人在说话。当他把今天和明天的事情说完了，把他自己生活中的趣闻轶事也讲完了，他的话题几乎总是转到打猎、旅行、烹饪和葡萄酒上。对于全德意志都在讨论的文化和政治问题，他几乎只字不提，也没有提到过勒南（Renan）和施特劳斯（Strauss）之间的书信往来。蘑菇和鱼、烤肉和香肠、梅克多葡萄酒和戴德斯海姆葡萄酒、香槟和甜酒——这些被提的频率表明它们在俾斯麦的日常生活中扮演着多么重要的角色。他不仅需要很多，也要很精细，在这些事情上，我们也看到他的本性是力量和胆量的危险混合。

当被邀请与国王共进晚餐时，俾斯麦会吃饱了再去，或回家再大吃一顿，因为"我们在国王的餐桌上吃的是清淡食物。当我注意到肉排的数量时，我只给自己拿一块，因为我担心如果我拿两块，其他客人会挨饿，因为每人只提供一块。除非我吃饱喝足了，否则我签不了一个满意的合约！这是我职业的一部分。所以我更喜欢在家里吃饭"。当国王的一个副官在场时，他说过好几次这些话。在晚宴上，他表现出民族主义情绪，宣称："法兰西野兔不能与波美拉尼亚野兔相提并论。法兰西野兔没有野味，和我们的完全不同，有可爱的石楠和百里香的味道……在我家里，我们都是老饕。如果有很多人像我们一样胃口好，这个国家就会破产，我就得移民了。"

俾斯麦继续抱怨，说他睡不着。吃了一顿丰盛的晚餐后，他得到午夜才能睡，睡一会儿，但通常在一点钟左右醒来。"我开始想各种各样的事，特别是当我受到什么伤害的时候……然后我写信，发快件——不用起床，就在脑子里写。多年前，当我刚成为政府大臣时，我常常夜里起床，把它们写下来。早上再读一遍，它们就像是最粗俗的陈词滥调——配得上那位尊贵的X殿下。我真想去睡觉，可我忍不住要写。有什么东西在我心里不由自主地思索着和猜测着。"对他来说，早上睡到很晚是很有必要的。没有人敢在十点或十一点之前喊醒他，因此他就会错过军事报告。

他的生活已经够不健康的了，现在连马都很少骑了。他唯一的锻炼（只要他脚不疼）就是在夜晚独自在高围墙环绕的花园里散步。有一次，他看到一架梯子靠在墙上——"我立刻产生了一种无法抗拒的欲望，想爬到墙头上。那里会有岗哨吗？最后我和那个站岗的人谈了谈，问他是否认为我们应该到巴黎去。"他出门时不佩剑。"我总是带着我的左轮手枪，因为，虽然我很乐意在必要时被暗杀，但我不希望没报仇就死！"事实上，他在法兰西是非常受人憎恨的，在进攻的过程中，曾有人密谋刺杀他。他在给妻子的信中写道："这里的人似乎把我当成了某种喜欢血腥的猎犬。老妇人一听到我的名字，就跪下来求我饶她一命。跟我比起来，匈奴大帝简直就是羔羊。"

俾斯麦过去那种异想天开的心情，现在很少再出现了。这样的心情只有一条记录。他写道："我今天逃离了我的烦恼，在柔和的秋风中，沿着路易十四那条又长又直的大道疾驰而去。经过沙沙作响的树叶、修剪过的树篱、宁静的池塘和大理石雕刻的神像。除了约瑟夫在我身后疾驰时佩刀的铿锵声外，我身边没有别人。当一个人独自在异国他乡时，我带着秋天自然会有的思乡病沉思着。我又想起了童年的记忆，想起了那些已不复存在的修剪过的树篱。"他在凡尔赛宫过着表面比柏林平静得多的生活，但在巴黎之外的地方却找不到这种幻想的心绪的迹象。

战役一开始，他就向儿子们发出命令说："如果你们中的任何一个受伤了，先给我所在的皇家总部打电报……没通知我之前，不要通知你们的母亲！"八月，当他和国王在一起时，马尔-拉-图尔（Mars-la-Tours）

战役结束后的一个晚上，一个军官走过来，低声向也在那里的毛奇报告了情况。毛奇将军显得很惊慌。俾斯麦立刻说："事情与我有关吗？"

军官说："在第一批龙骑兵卫队最后一次进攻中，赫伯特·俾斯麦伯爵倒下了，比尔伯爵受了致命伤。"

"消息从何而来？"

"从指挥第十军的将军那里得来的。"

于是，他把马备好，二话不说就骑着马走了，在同胞的陪同下，遍寻了战地医院。晚上，他发现比尔没有任何问题，因为这个小伙子只是被马扔了出去，但是赫伯特被长矛刺伤了。自从在俄国生病之后，这几个小时的搜寻是俾斯麦最痛苦的经历。如果他发现就像他担心的那样，儿子们死了，他的生命力就会耗尽，就像他的腿被截肢了一样。战争一结束，他就会死。没有儿子的生活对他来说似乎是漫无目的的。他在工作中永远得不到补偿。虽然他很少为他们的成长而烦恼，但他的骑士情怀需要确定性，这种确定性来自他有男性继承人，正如他的厌世使他需要一个爱的对象，正如他的血统需要一个永久的保证一样。

因此，在战争期间，俾斯麦比平时更多地想到儿子们。在凡尔赛宫，他管理普鲁士王国的同时，也继续打理瓦尔津。他给妻子写了一封信，随后又打电报让人延迟送信，因为他得知妻子已经离开赖恩费尔德，他担心这封信会被他的岳父（八十岁的老人）打开拿给牧师看，从而被报界发现。在这封信里，他担心比尔会不会太冷，于是问妻子孩子们有没有足够的保暖内衣。虽然他小心翼翼地避免向国王提及此事，但他还是为儿子们不久前才刚获得当之无愧的铁十字勋章而感到恼火。圣诞节时，赫伯特伤愈后，俾斯麦送给这个年轻人一把好剑，但也留心不再让他奉命上前线——这是罗恩提出的防范措施，他的儿子就在战争中牺牲了。当我们听说与国王一道在格拉沃洛特（Gravelotte）时，俾斯麦不再镇定，因为知道儿子们正处于战争中心，当我们听说"他弯腰站着，通常不动声色的脸很受震动"时，我们确信首相加速和平到来的政治愿望因自己的父爱而加强了。

在这多重影响的压力下，这个对一切负责的人的神经受到了折磨，他的下属也因他的神经受到了折磨。有一次，他在一份文件空白处用铅笔写的一些评论，在送去印刷之前没有按规定涂上墨水，他对枢密院成员大发脾气："你们没把办公室保持得井井有条。我们不是来游玩的。如果你们想在困境中丢下我不管，把我逼疯，那你们选的不是时候，因为我是很难被取代的。"在餐桌上，他自说自话，一个男爵打断了他。他尖刻地说："别人说话时，插嘴是不对的。你让我很生气。你想说什么等我说完再说。"即使是可敬的阿贝肯也向他妻子抱怨说："最糟糕的是，当别人告诉他一些必须让他知道的简单事实时，他却不听……他经常不回答，或者回答完全不相关的问题。他不注意我在说什么，只想着他想对我说什么。这种情况经常发生……他就是故意的。"与此同时，俾斯麦自己还感到被误解被憎恨了。他向妻子抱怨："厌恶和仇恨的冰冷泥沼越来越高，一直升到人的心里；一个人交不到新朋友；老朋友要么死了，要么愤然退避；而从上面来的寒意就会增加，因为这对君主们来说是很自然的，即使是最优秀的君主也是如此……我被冻僵了，我渴望和你在一起，和你单独住在乡下。"

在司令部，他只在与外国人打交道时才会表现得谨慎。他向一位美国将军保证，他自己从青年时代起就"完全倾向于共和主义"，但由于家庭的影响而偏离了这一方向——德意志还没有发展到成为共和国的程度。他经常与《泰晤士报》的记者交谈，从报人那里获得的东西往往比报人从他那里得到的还要多。当他听说《新自由报》（*Neue Freie Presse*）的代表在布赫的住处时，他就不请自来了。这位记者是一个波美拉尼亚贵族，1848

年被判处死刑，不过后来减刑为六年监禁。这里有一个俾斯麦需要争取的对手。俾斯麦的第一步是假装认识这个人，尽管他以前从未见过他。然后他接着说："我们年龄相仿，你保养得好极了。"

"我可以告诉你一个保持年轻的好方法，"科尔文（Corvin）愉快地回答，"你只需要在监狱里待上六年就行！"

这把俾斯麦逗乐了。他友好地向科尔文问起各种亲戚的情况。然后他做了如下的类比：

"你和我在几乎相同的环境中长大。和你一样，在我很小的时候，我的自由主义倾向引起了家里的警惕；和你一样，我很小时就对统一德意志的想法充满了热情，但对1848年许多领导人的无能感到厌恶。青年时期的人更有激情。到了某个特定的高度，党派的色彩就变得混沌了。此外，如你所知，一个人永远无法完全摆脱自己的容克遗风……你知道命运是怎么安排的。同样的感情把你带进了监狱，把我带到了今天所处的位置。"

记者诧异地听着。用扭曲的比较和错误的推论来引诱政治对手，这是多么完美的艺术啊。他欢迎科尔文做容克同伴，并同样通过暗示他们在年轻时的相似之处来奉承记者，还说到他自己早期的自由主义倾向，这是多么巧妙啊！俾斯麦达到了目的，因为科尔文告诉我们，首相的亲切感、同情心和鉴赏力给他留下了深刻的印象。

俾斯麦在凡尔赛的敌人可分为穿常服的人和穿军服的人，分为官僚和亲王。与他关系尚可的只有法兰西人。斯托施（Stosch）在司令部写道："我从未见过有人怨恨其他人能像今天他们怨恨俾斯麦这样强烈，他现在正毫不留情地试图实现自己的想法。"他与总参谋部的关系尤其不好。"这些军人的忘恩负义很是可恶，"他惊呼，"他们明知我在联邦议会一向为他们竭尽全力！他们会看到他们给我带来了多大的改变。我参加战争时是一个虔诚的军队利益捍卫者，但我回国时将是一个彻底的议会议员；

我的下一个预算案就要来了——它们会发现那里面没有一寸武器！"几年后，他谈到了针对他的"军队人士针对他的抵制"；而实际上，军队里的人尽其所能不让俾斯麦参与他们的讨论，只要可以，就趁他睡觉时讨论问题。《泰晤士报》的记者罗素（Russell）"通常比我更了解他们的计划和行动，所以我发现他是一个有用的信息来源。"总参谋部仔细记录了联邦主席的亲信，密切关注任何一个可能公开或私下向他提供消息的人。俾斯麦被将军们精明地监视着，仿佛他是一个不值得信赖的中立者。军队对统管事务的政治家隐瞒行动，因为行动的进程一定程度上决定了他的计划，之所以采取这种愚蠢的政策，有两个原因。第一个原因无非是出于嫉妒他的权力。第二个原因则是不满他一意孤行，要把一切决定权掌握在自己手中的专制意志。曼陀菲尔说："一个政治家竟然比军队的领导人有更大的影响力，这太可怕了！"

十年前，俾斯麦不得不听任自己对手边的事务都不享有发言权，甚至这些事情的发展还会违背他自己的意愿。他本想把国王一直置于自己监视之下，但他不得不让国王与将军们不在他视线以外保持，而那些将军往往能在政治和军事事务上对威廉施加影响。他的傲慢，他的独裁，他以自身智慧决定所有事情的习惯，让他反抗这种孤立，也正是这些品质让将军们想要孤立他。当军人们批评俾斯麦的和平政策和帝国政策时，他要让他们知道，他公开谴责他们的作战行为。"我们最高军事统帅的战略是纸上谈兵的战略，赢得所有胜利的是普通士兵。我们之所以取得胜利，是因为我们士兵的身体比法兰西士兵强壮，他们能更好地行军前进，更有耐心，被更强烈的责任感所激励，在进攻时更有斗志。如果普鲁士士兵在麦克马洪（MacMahon）手下，如果法兰西士兵在阿尔文斯莱本（Alvensleben）手下，胜利就会倒转过来。"在饭桌上，他指责施泰因梅茨（Steinmetz）和阿尔文斯莱本。他邀请尤伦堡进入营地，"这样我就能在这些穿制服的人中看到一个志趣相投的人"。有一次，他生病了，在一个温度过高的房间里，他向瓦尔德西（Waldersee）抱怨说："他们对我隐瞒了重要行动，我只能通过偶然的机会了解到对我来说最重要的事。"有人告诉我们，当他说这句话时，"他的眼睛变得越来越大；脸上冒出了汗珠。他抽着一支很浓的雪茄，而且，从瓶子里我可以看出，他一直在喝烈酒"。

他直截了当地告诉霍亨洛厄亲王，色当战役后，军队做的一切都是错的。"我当然是一个没有多大智慧和能力的人！不过，有一件事我确实明白，那就是战略。我们没有把全部兵力集中在阿贡（Argonne）森林里等待敌人进攻，而是愚蠢地不知道为何直接向巴黎进攻。我抗议，但毛奇不听劝告。"在巴黎围城战中，俾斯麦最激烈的对手是毛奇，两人之间多年来不断滋长的反感终于找到了宣泄口。

年轻时——在一个人们认为还可以随心所欲地塑造自己的年纪——这两个人的对比就显而易见。俾斯麦只有肌肉、肉体和意志；毛奇全是骨头、轮廓和思想。二十多岁时，俾斯麦写着充满傲慢和自我分析的讽刺信件，毛奇在一本自传体小说中这样描述自己："金发环绕着一张相当苍白但非常富于表情的脸，虽不能说这张脸漂亮，但却因极其严肃和高贵的面部特征而看起来很有生气。他仪态优雅，他的五官只因他内心变化而有所动。他就像一条深深的河流，在光滑的水面下，水不停地滚滚向前，只有在碰到岩石的地方才会迸发出汹涌的泡沫。"俾斯麦的灵魂却一直飘忽不定，即使在年轻时，也已经像一个风暴翻腾的大海了。

毛奇对每个人都和蔼可亲，像罗恩一样积极，虽然毛奇更冷静，他在所有事上都很温和，近乎隐身，从不需要用工作来平息内心的不安，因为他在工作和休息时都同样平静。他谨言慎行，不是因为他深沉，也不是因为厌世，而仅仅是因为他没有抱怨的机会，没有利己主义的冲动驱使他说话，也没有任何需要他巧舌如簧地掩饰的东西。他沉默既不是傲慢，也不是忧郁所致。他沉默只是因为他宁愿旁观，也不愿参与其中；因为，当他真的拿了一手牌时，他不需要观众。即使在他游乐、睡觉、喝酒和读书的时候，他都有一种平和的气质、一种晨间的自然之感。他喜欢庄园而不喜欢森林，无论是给国王写报告、锯倒树木，还是嫁接，他都要亲手完成所有工作。他没有孩子；总是想着别人；用不着仆人；一个小说家，一个莫扎特的爱好者，一个外国诗歌译者——这就是毛奇。如果我们把他的每个特点都颠倒过来，我们就会得到一个精确的俾斯麦的形象。

　　毛奇没有祖国这一事实使这种对立更加强烈。他是一个德意志人，正如波拿巴是一个法兰西人一样。不错，他是德意志人；但是，当这位未来的将军还是一个五岁的孩子时，他父亲就加入了丹麦国籍，而年轻的毛奇回到他的德意志祖国时，已经是一名二十二岁的丹麦中尉了。四十年后，他对丹麦发动了一场战争，他的情绪并不比一个大炮手更激动，他把枪口对准了他曾发誓要保卫的丹麦英雄、国旗和军队。他考虑的是数字，而俾斯麦考虑的是重要性；在公务上，他完全是一名行家，而俾斯麦则完全是一个名人；这就是为什么毛奇在这方面为自己的行为辩护要比俾斯麦为自己射杀德意志人的决心辩护要容易得多。对毛奇来说，他的行动，他的进攻路线，都是命中注定的。另一方面，俾斯麦做出决定，从而使自己承担责任。毛奇喜欢旅行，在异国他乡待了很多年，四十多岁时，他娶了一个年轻得可以做他女儿的英国女人。他的外貌、性格和生活方式都不像德意志人。如果偶然的机会使他成为俄国军队的中尉，他在那里就会像现在一样感到自在，不久他就用他所得的赏赐买下了西里西亚庄园。在俄国，就像在普鲁士一样，他的战略天才（所有才能和职业中最具国际性的部分）会使他在他的职业中处于领先地位。

　　这种性格和行为上完全的相悖，这种温和和沉默寡言，不能不使他与俾斯麦更不合拍，就像俾斯麦和他不合拍一样。他们唯一的共同之处，就是彼此都对对方怀有最深的猜疑。毛奇无法理解一个人怎么能生活得如此狂暴，俾斯麦也无法理解一个人怎么能生活得如此平静。正因如此，他们两个人从来没有对对方说过友好的话——就像罗恩经常对两个人说的那种话。今天，当他们必须一起工作时，发生摩擦的机会就增加了。色当战役结束后的晚上，毛奇邀请疲惫的俾斯麦下马，和他一起坐马车。两人一起驱车离开时，部队向他们的领导人毛奇热烈欢呼。俾斯麦说："真奇怪，他们这么快就认出了我！"此时此刻，毛奇保留了自己的意见。几天后，他笑着讲述了这件事。

十月，首相抱怨将军没把他的声明听进去，"看起来越来越像一只猛禽"，而另一些人则形容将军看起来"近乎童贞"。

当人们讨论巴黎是否应该被轰炸的问题，当"插嘴的英国人道主义者和君主的妻子们"宣称，与其用枪逼迫法兰西首都屈服，不如饿死它来得更为仁慈。当几个星期过去，从巴黎发来的报告反复出现，只说"没有消息"时——政治家开始发抖，就像他在米库洛夫时那样，唯恐中立国介入。现在他的愤怒集中在毛奇身上，因为毛奇说过，如果包围了大城市，就可以不费吹灰之力地让它们投降。

这一理论激怒了俾斯麦，后来也被战略大师们所抛弃了。俾斯麦向布卢门撒尔激烈地抱怨国王和毛奇，他愤怒地说："他们不让我知情，对我非常无礼……战争一结束，我就辞职。我再也不能忍受被这样轻蔑地对待了。这事儿使我病得厉害，如果不结束它，我就要死了。我一向反对在巴黎的战略投入，我认为这是一个很大的错误。我最希望的是恢复拿破仑和他的军队，因为他是一个病人，不再是威胁……国王不会听的。战争开始时，我是保皇党，但战争结束后，我不会是保皇党了。"他对本尼格森说："我不会再待下去了。如果这种停止作战的情况继续下去，我将和我的马夫一起前往德意志边境！"与此同时，毛奇向王储抱怨俾斯麦，说俾斯麦"既想决定民事问题，还想决定军事问题，但不听取负责任的专家意见。此外，俾斯麦伯爵向总参谋部提出了一些关于秘密战略的问题，我好几次不得不拒绝回答。我是国王的军事顾问，不能让俾斯麦伯爵的意见改变我的目的"。

十二月中旬，俾斯麦采取了他最喜欢的方法。他继续罢工，整整一个星期都不露面，让一个记者对这场争吵有足够的了解，然后把消息寄给美国。直到轰炸方案已被最终决定，他才再次出现。王储随后邀请俾斯麦和毛奇共进晚餐，以实现和解。腓特烈不得不一次又一次地插话，把谈话引到平静的水面上，因为俾斯麦抓住机会严厉批评了从色当之战以来的军事行动。

在司令部，在将军们旁边，德意志的王公贵族们让俾斯麦感到绝望。战争爆发八天后，他在给妻子的信中愤愤地写道："这些皇家围观者占据了所有最佳位置，以至于罗恩和我发现我们的工作受到了阻碍，并且剥夺了我们最好的下属的空间；以便皇室殿下和他们的仆人，马匹和副官，可以舒适地居住。是可忍，孰不可忍。"在前进过程中，他想尽一切办法避开他们。如果他在觐见国王时不得不与他们相遇，他事后向他的同僚描述了整个场景："王公贵族太多了，都没有普通人的立锥之地了……这样一个脑袋空空的傻瓜，胡言乱语地说着话……虽然我是他的联邦主席，但他却自以为是！……某个市长前来表示敬意：'很高兴见到您，市长先生！您这个地方主要做什么营生？生产烟草和袜子吗？……'在国王的餐桌上……他们把我安排在巴伐利亚亲王和魏玛大公之间，谈话单调得令人难以忍受。"

他最大的烦恼之一就是这位大公。"既然谈判正在进行中，"魏玛大公对俾斯麦说，"作为联邦主席，我希望你能给我必要的情报，这样我就能尽可能多地把我喜欢的信息传递给俄国了。"这正是俾斯麦希望避免的，他鞠躬，带着含蓄的讽刺说："只要我的大公希望做的事情，我不会让它做不成。"后来，当大公派了一位大臣来见他时，俾斯麦说，他很惊讶这位仁慈的元首会这样要求他浪费时间和健康。科堡亲王给他写了一封长达十二页关于德意志政策的信，俾斯麦告诉这位亲王，在所有建议中，只有一项尚未实施，而这一例外确实不值得讨论。

魏玛大公给妻子发电报，以威廉国王的口吻说，"我的军队勇敢地战斗了"，电报经俾斯麦之手。他深夜把秘书叫来，给秘书看电报，以便把这愚蠢的事情传到国外。当萨克森梅宁根大公为了私人目的，过度使用已经超载的电报时，俾斯麦就给这位小君主发了一个消息，大意是说，如果不是与国家相关的事务，就不允许使用战场电报来发送消息，但这位君主似乎没有什么比森林托儿所、合唱队女孩和马匹交易更重要的电报了。科堡亲王在这方面甚至更糟。黑森选侯是另一位德意志爱国者，他在七月曾希望保留独立决断的自由，在十一月写信说，如果他们能保证他在凯旋进入巴黎时不必骑马参加游行，他就会来凡尔赛。

还有一次，俾斯麦在王宫接见了所有德意志的王公贵族："他们的殿下簇拥着我，就像乌鸦围着猫头鹰……而且每只都在炫耀，因为它们比别人多得了我两三分钟的空闲时间……最后，有人告诉他们，在隔壁房间的某个地方，有从前加冕所用的椅子剩下的一条腿，或椅背，于是他们都走开了，去看这个稀奇事儿，我抓住机会逃跑了。"有一次，在俾斯麦自己的住处，因为巴登大公来了，他被从晚餐中叫出去，十分钟后他愤怒地回来，说："太糟糕了，他们连吃饭的时候都不让我独处。他们最后会追到我的卧室里去！在柏林，人们来之前会先写信通知我。为什么在这里他们就不能这样做呢？……谁不先通知就来，我就把他逮捕起来。这样的烦恼没完没了！我吃饭时，只要有什么东西让我发脾气，我就会吐胆汁。他们好像以为我是为他们而出现在这里的！"

这样的喜剧场面之后，在这个"保皇党"表现出蔑视王公贵族之后，有一种辛酸重现，那就是天生独裁者却注定要臣服于他人的悲叹。十一月的一个晚上，在与德意志南部的大使们进行了长时间磋商之后，俾斯麦很晚才来到沙龙，叫人拿了啤酒，叹了口气，然后说："哦，亲爱的，我刚刚又在想我以前经常想的事。如果我能有五分钟时间说：'这个可以做，那个不可以！'该有多好啊！如果我不再用因为和所以来折磨自己，不用在最简单的事情上证明和讨价还价，该多好啊！面对腓特烈那样的人，我浪费的时间要少得多，他们本身就是士兵，对事态的发展有所了解，而且自己担任国务大臣。在这方面，拿破仑很像腓特烈。但在这里，一个人只能永远说话和恳求！"过了一会儿，俾斯麦又说："这一切让我喘不过气来！……哦，要成为一个伯爵领主！我相信我应该懂得怎样严肃起来——可我不是个伯爵领主！"

俾斯麦处境的谜团，他人生的悲剧，在此可以用这个疲惫之人的几句抱怨来概括，这些抱怨还是在晚上喝啤酒时说的。他生来就是要统领他人的，但被任命侍奉他人。因此，这个世界似乎是一个令人遗憾的地方。他想做的事，他应该做的事，似乎都在他的掌握之中，但当他伸出手时，一位亲王从上面放下了一堵玻璃墙，政治家被隔离开，不得不在外面等待。

啊，要成为一个伯爵领主！

第二十章

"现在的处境和去年九月不一样了。如果你还说'我们连堡垒的一块石头也不会出让',那就没必要讨论了。"这是俾斯麦对儒勒·法夫尔说的第一句话。儒勒·法夫尔在一月底第二次拜访俾斯麦,当时德军已经围攻巴黎三个月了。他接着说:"自从我上次见到你以来,你的头发白多了。不管怎样,你来得太晚了。门后,拿破仑派来的新大使在那里等着。我将与他磋商……我为什么要和你谈?我为什么要假装你们共和国是合法的?说到底,无非是几个反叛者!等你们的皇帝回来,他就有权把你们当作叛徒枪毙了。"

法夫尔说:"然后就会有内战和无政府状态。"

俾斯麦说:"你确定?再说,我看不出你们的内战会给我们德意志人带来什么伤害。"

法夫尔说："难道你不怕把我们推向绝望的境地吗？不怕使我们的抵抗更加激烈吗？"

俾斯麦："你们的抵抗！……你们没有权利——请仔细听我说——在人和上帝面前，为了军事名声这种可怜的东西，你们没有权利让一个人口超过两百万的城市陷入饥荒！……不要谈抵抗。在这种情况下的抵抗是一种犯罪。"他转向那扇门，正如他告诉法夫尔的那样，拿破仑的大使应该在门后等候。

法夫尔："我们还没有吗！我们已经遭受了那么多灾难，不要把忍受波拿巴的耻辱再强加给法兰西！"

五分钟以后，割让和战争赔款的基本条款就谈妥了。接下来是晚餐，所有人都在关注这位从饥饿的首都来的使节到底能吃多少。现在开始讨论条约初稿。俾斯麦递给法夫尔一支雪茄，法兰西人拒绝了。

"你犯了一个错误，"德意志政治家说，"当人们开始一场可能变得尖酸刻薄的谈话时，最好吸点烟。吸烟的人都不愿意把雪茄掉在地上，因此他们避免剧烈的身体动作。此外，吸烟可以舒缓我们的情绪。蓝色烟气从烟草燃烧的雪茄中冒出，会让我们产生一种魅力，使我们更加随和。眼睛被占用了，手有事可做，气味令人愉快，人们在吸烟时会很快乐。"说完这番话后不久，他开始为加里波第而激动起来，那位陪同法夫尔的法兰西伯爵微笑着递给他一支雪茄。这次谈话的故事，就是这位法兰西伯爵讲述给我们听的。

俾斯麦可以完美掌控局面，还能保持始终如一的礼貌，关于后者，法兰西人是后来才承认的。当然，他玩弄他们就像猫玩弄老鼠一样，但在这伙人中，他采用高卢人的机智是为了迷惑他的对手——因为他几乎和他们一样渴望和平。如果是和英国人谈判，他的语气就会大不相同。后来，当梯也尔与他面谈，并发表了精彩演说时，俾斯麦要求六十亿法郎赔款。于是梯也尔喊道："这是一种侮辱！"俾斯麦立即开始说德语，还说他必须派人去请一个翻译："我对你们的语言知之甚少，听不懂梯也尔先生的最后几句话。"当他们再次开始讨论实际细节时，俾斯麦又回过头来说法语。

"作为一个搞政治的人，"法夫尔说，"他的能力几乎是不可思议的。他只考虑实际存在的东西；他的目光只盯着切实可行的解决方案……他能听懂每一个想法，神经灵敏，总是不能控制自己的冲动。我惊叹于，有时他太体贴，有时又太无情……他从来没有欺骗过我。他的严厉常常伤害我、激怒我，但无论大事小事，我总觉得他是正直而精确的。"

与国王和将军们的长时间磋商阻碍了谈判。各种未经授命的人献计献策，奥古斯塔一马当先。俾斯麦说："我完全了解这些无耻的阴谋。在我的请求下，国王给她写了一封很长的信，这样她就不会急着再写信了！"他想用从巴黎征收的两亿法郎来偿还1866年从德意志亲王（现在普鲁士的盟友）那里勒索来的钱——国王拒绝了。除了俾斯麦，所有人都坚持让法兰西割让战略要地。最后，他同意向贝尔福（Belfort）索要阿尔萨斯，向梅斯索要洛林的一部分。他之所以同意这一点，只是因为毛奇坚持认为割占法兰西领土对德意志的安全来说不可或缺。他还要求六十亿法郎作为赔款，德意志军队进入巴黎。他把要求减到五十亿法郎，这个数目是与1807年普鲁士支付的人均赔款成比例的。这个数字是由他召见的布利希吕德尔计算出来的。最后，他让对手在交出贝尔福和同意德意志军队进入巴黎之间做出选择。因此，法兰西人立即决定接受屈辱来拯救战略要地，这一决定与法兰西人给人留下的一贯的性格特征是不太相符的。

当所有人都欢欣鼓舞时，这位政治家仍持怀疑态度。他对这次兼并感到不安，并对王储说："因为考虑到我们军队的意见，我才同意保留梅斯。此外，国王还发表了一些言论，让我认为他为了确保获得这座堡垒，会倾向于继续战争。"他在给妻子的信中写道："就我个人的政治观点而言，我们已经获得了比我们实际所需更多的东西……我必须倾听来自上层和下层的声音，倾听那些缺乏远见之人的声音。我们正在占领……梅斯，其中又包含一些极其难以消化的元素。"

与梯也尔和法夫尔的问题最终解决后，俾斯麦松了一口气。在过去几天里，他一直饱受严重的神经疼痛之苦，现在疼痛消失了。他走进军官们等候的房间，并吹响了结束战争的号角。晚上，他邀请巴伐利亚大使和布利希吕德尔与他共进晚餐：团结和资金的象征。当他们走后，他要求来点音乐，他已经很久没能听音乐了。他首先想让凯德尔演奏的是《霍恩弗里德伯格进行曲》。

第二天，梯也尔来签署协议时，这位遭到重击的首相已经重新变成了冷静的历史学家。他看着胜利者说："顺便说一句，正是我们成就了你们的统一。"

这一杆击中要害。俾斯麦精明地看了看这位博学的法兰西人，心满意足地回答了一个词："也许吧。"[①]

经过斗争和阴谋，谎言和诡计，漫长的谈判，这段简短的对话将我们从数字和利益的气氛中提升到精神的纯净空气中。这两个邻居争论的整个问题是，一方不愿另一方实现统一，而另一方不拿起武器是无法实现统一的。德意志的民族进步依赖于德意志和法兰西之间的国际敌意——在所有带着弹片、附有理由的轰炸之后，这些基本事实突然出现在人们的视野中，两个战斗人员中比较幸运的那个人并不否认这些事实。梯也尔的年纪比俾斯麦大得多，也是一个聪明人。德意志人不希望对法兰西人态度粗

---

① 此处为法语。

暴,也不希望法兰西人认为自己缺乏见识。然而,俾斯麦更不希望的是,通过承认什么,从而把自己置于梯也尔的操控之下,因为梯也尔以后可以在议事厅的讲坛上获得意想不到的新荣誉。俾斯麦在一瞬间看到了这一切,权衡和计算之后,知道了如何摆脱困境。他带着天才般的自信,回答道:"也许吧。"

到了十一月底,德意志统一的预备工作已经安排好,唯一缺少的就是王冠。在这件事上,人们继续着一场所有人反对所有人的斗争,堕落成一场闹剧,这是自第一任凯撒三次拒绝王冠以来,欧洲帝国史上从未有过的闹剧。所有持开明观点的人都反对建立帝国的想法。就连弗莱塔格也反对称帝,他说,这将是"一种虚假理想主义的复兴"。所有的德意志君主和大部分德意志低级统治者也同样出于嫉妒而集体反对。最重要的是,剧中主角也厌恶。十年前,他亲手为自己加冕,难道是为了让现在的亲王们,最后是民众们,再给他戴上第二顶王冠吗?这顶王冠,他的亲兄长是拒绝了的,说那是一顶有污秽和泥土的王冠。"我是普鲁士人,"威廉国王想起了他的祖先和他七十四岁的年纪,决心抵制任何这样的篡夺。他惊呼:"我在意这头衔作什么,这不就跟一个人在化装舞会上一样吗?"国王原本是一名军官。俾斯麦带着狡黠的幽默,只能回答:"陛下肯定不想永远保持中立,仅仅做一个元首吧?"

这位谦虚的国王直到新年前夜才对儿子说:"最让我反感、厌恶的事,就是称号问题。我不禁想起,德意志更大的统一问题是王兄的主要目的,还有那顶——纸做的——王冠是如何送给我兄长的,感谢上帝,他没有接受它!……然而,我是一个怀着普鲁士之心的人,我看到曾经光荣的称号要退居幕后,而要把位置让给一个……整整一个世纪以来都由普鲁士敌人把持着的称号!……命运在密谋着与我作对。"

一千年前,查理曼(Charlemagne)的感受和威廉现在的感受一样,因为当教皇给他加冕时，查理曼感到很惊讶，很不情愿，他后来说："尽管那天是一个重要节日，他起先反对，声明未经教皇建议，那天他就不会进入教堂。"

俾斯麦本人一直是一个现实主义者，起初他反对这种"帝制"的想法。直到十月，他还对王储谈起旧普鲁士宫廷更伟大的光荣。但他逐渐对帝国思想产生了好感，认识到皇帝的头衔会促进统一和中央集权。

德意志家族中赞成建立帝国的比例很可观；巴登大公也是如此；最重要的是，普鲁士王储也是如此。对于后者，弗莱塔格（此时与王储进行过频繁而亲密的交谈）说："对腓特烈来说，为自己和皇太子妃提供一顶新王冠和一件新武器是非常严肃的问题。我的意思是说，建立一种新的德意志架构，他是这种架构的首要创始人，也是主要推动力。"当第一届德意志帝国议会开幕时，在腓特烈的安排下，萨克森家族皇帝的古代加冕椅被引入了这场现代仪式——这使代表们大为惊讶。

但是普鲁士国王的儿子和女婿现在都没有资格提出这个建议。这个提议必须出自这位最有权势的德意志国王之口——他坐在梦想的城堡里，陶醉在音乐中，像洛亨格林（Lohengrin）一样，在贝壳环绕的海面上航行。他表弟巴登行文优美的信件仍然没有得到回复，因为路易国王对皇帝或帝国都没用。直到有人告诉他，他可能会住在特里亚农一座更漂亮的宫殿里，他才注意到发生了什么，并派他的大侍从前往战争所在地，要求在巴黎以外的地方提供住所和马厩。

俾斯麦牢牢地抓住了首席侍从霍恩施泰因伯爵（Count Holnstein）。在经历了这么多的波折之后，他的计划是否会因为一个国王不接受皇位，另一个国王也不提供皇位而遭到挫败呢？他写了三封最为才华横溢的信，"当时就在那里，在一张餐桌上，食物刚刚被清理干净，写在比吸墨纸好不了多少的纸上，写得很勉强"。他向路易国王（一个我行我素的纯良之人）表明，如果普鲁士国王在巴伐利亚境内施加任何影响，都将是无法容忍的。然而，一个德意志皇帝将不仅仅是巴伐利亚的邻居，一个属于不同阶层的邻居，而是一个同胞。因此，路易国王只能向德意志皇帝让步，而不能向普鲁士国王让步。如果这个论点不能令人信服，还有一个更有力的论点。难道（俾斯麦心想）维特尔斯巴赫家族和俾斯麦家族之间无法结成联盟吗？三百年前曾有过这样的联盟。因此，在同个信封的第二封信里，他感谢国王"在巴伐利亚王朝一代人的时间里向我祖先表达过非同寻常的友善，当时维特尔巴赫在勃兰登堡的玛赤地区进行统治"。

在这封信中，我们有一个针对国王的论证和一个针对个人的论证。如果路易国王写信，他会怎么回答呢？如果他提出的建议与俾斯麦的建议不同，如果他做了什么事引起威廉国王对王朝的敏感，那就全白费了，因为普鲁士国王只是在等一个拒绝的借口。在俾斯麦看来，威廉也"没有摆脱在其他王朝面前炫耀自己优越性的欲望……他更关心的是强调普鲁士王权至高无上的威望，而不是让帝国头衔得到认可。"

因此，俾斯麦必须扮演神经科医生的角色，给他两个不同的病人开同样的药，但以不同的方式给药。他做了一件最聪明的事。在把信寄给路易国王时，他谦卑地附上了他建议路易国王给威廉国王回信的草稿（"陛下只要抄写就行了"）。首席侍从带着这三封信回去了。但路易国王身体不适，在霍恩施万高（Hohenschwangau），他只想听亨利国王的故事，足有瓦格纳的三幕戏那么长，而不想听到关于威廉皇帝的故事，再说，他还牙痛。尽管如此，霍恩施泰因还是设法继续推进他的工作。路易国王把这封信读了两遍，正如俾斯麦所算计的那样，他十分受宠若惊。他让侍从拿来墨水和纸张，然后在床上迅速坐起来，没征求任何大臣的意见，他写了请求书，请求书是被发出请求的君主让代理人替他听写的。霍恩施泰因赶紧带着它回凡尔赛。

在凡尔赛，人们正在庆祝一个公主的生日。一位巴伐利亚亲王"在宴会开始前，接受了一项非常愉快的任务，将这封信交给了国王"——"国书？俾斯麦必须先读一下，因为这属于他的职权范围。"因此，晚餐后，威廉国王将这封信交给了俾斯麦，要他大声念给自己和腓特烈听。于是，俾斯麦用严肃的神态和优美的语气，念他自己写的信。收信人会怎么看呢？威廉不必理会远在他乡的寄信人的感情。这里没有外人，所以老绅士愤怒地叫道："来得不是时候！"腓特烈告诉我们，威廉国王"因为这封信的内容而心烦意乱，非常沮丧"。威廉在没发现是密谋的情况下让腓特烈和俾斯麦都出去了。在房间外面，王储觉得他内心最深处的愿望可能能实现了，于是与俾斯麦握了手。那天晚上，他在日记中写道："今天皇帝和帝国已经不可挽回地重建了。现在……没有皇帝的麻烦时代结束了。这场小动乱，足以保证这一点。"

　　起初，被选中的皇帝消极抵抗。没人敢和他谈论新冠冕的事。他不愿与这件事有任何关系。但一切都准备好了，现在连国民都可以说"我完全同意"了。这部喜剧的第二幕是在帝国议会上演的。一个议员奉命问询德意志人民是否应该有一个至高无上的君主。于是，德尔布吕克"以一种刺耳的声音，大声朗读了巴伐利亚国王的国书……看起来好像不幸的德意志帝国王冠是包在一张报纸里，被他从裤子的口袋里拿出来的。"俾斯麦说："这部帝国喜剧应该有一个更好的舞台监督、一个更有效的场景布置。"

　　尽管如此，联邦议会的三十名代表还是被邀请到凡尔赛宫来，不是为了皇帝的王冠，而是来致辞的。与此同时，巴伐利亚议会表现出强烈的拒绝同意签订条约的倾向。威廉国王对"劝进代表团"非常愤怒。当天晚上，代表团到达凡尔赛时，威廉国王宣布，除非所有亲王的要求都以白纸黑字的方式正式提交给他，否则他不会接见，"因为如果不这样的话，重建皇帝和帝国的建议就会显得像是议会提出的。而不是各邦国的亲王们提出的。"据王储说，朝廷的绅士们公然问："这些家伙到底为什么要到这里来？"司令部的警察局长施蒂伯在给妻子的信中写道："宫廷那一方和军队那一方都表现得很冷淡，我在这里代表了德意志人民。"由于施蒂伯以前是一名共产主义者，所以他很有必要地加上一句："非常时期！"

最后结果是，国王必须接见联邦议会的代表，但亲王和将军们直到仪式开始前一小时才决定出席，因此接待事宜被临时安排在了警察局。王储抱怨道："真不幸，精美的大理石楼梯今天没派上用场。"令人尊敬的西姆森发表了讲话。他可能还记得二十一年前他对已故国王——威廉的兄长所做的演讲，当时他同样劝进，但令他惊讶的是，已故国王拒绝了他。接着，西姆森宣读了一份致辞，其中写道："北德意志联邦议会与德意志执政的亲王一致向陛下提出请求接受德意志帝国的王冠，使统一事业变得神圣。"国王的回答令他的法律身份和他的演说一样"模糊不清"。威廉说："只有在德意志亲王和自由城邦一致的声音中，只有在德意志民族及其代表的愿望与诸侯的愿望完全一致的情况下，我才能承认上帝的召唤，我才能满怀信心地追随上帝的祝福。"就这样，亲王们发声了，而臣民只有愿望，于是"污秽和泥土"就被镀金了。在这个场合，德意志有两个犹太人代表，因为西姆森读到的是拉斯克写的，国王后来说："我确实要感谢拉斯克先生劝我当皇帝！"就在帝国刚成立的这几天，倍倍尔和李卜克内西以叛国罪被逮捕。他们曾公开批评新宪法的形式，并联合其他六人拒绝给新的战争预算进行投票，理由是他们正在支持的是一场侵略战争。逮捕的目的是将社会主义领袖排除在竞选活动之外。

老绅士还得演第三幕，这比其他几幕更让人难受。1月18日，内务总管办公室发出了以下邀请："加冕庆典将于中午在凡尔赛宫的玻璃画廊举行，届时将进行简短的祈祷，然后发布公告。"同样值得注意的是，这张请柬是用德语写的，而且里面的"玻璃画廊"这个词是从法语翻译过来的，请柬上没有提到谁来主持这个宴会。前一天，这位国王还拒绝成为"德意志皇帝"（German emperor），宣称他的既定目标是成为"德意志的皇帝"（emperor of Germany），或者根本不做皇帝。虽然徒劳，但俾斯麦试图说服他，"德意志的皇帝"一词意味着领土主权，并引用了俄国皇帝的例子，没人称他为俄国的皇帝。国王反驳了这一说法，他反对的理由是说这是翻译错了。俾斯麦给他看了一个银币，上面说腓特烈是普鲁士人民的国王（Rex Borussorum），而不是普鲁士的国王（Rex Borussiae）。然后他又回到他自己那封信的措辞上，那封信是巴伐利亚国王抄写送给普鲁士国王的。从此谈话转到皇帝和国王、奥地利大公和大公的相对地位上。他谈到普鲁士国王在那会见皇帝的亭子，他还准备了大量历史上的事例，向威廉表明，明天的仪式肯定不是意味着普鲁士国王的登基。老绅士越来越生气了，他喊道："不管这些事情在过去是怎样发生的。今天的情况该由我来决定！奥地利大公……地位一直都高于普鲁士亲王，今后也将如此！"

突然，他开始抽泣和流泪，哀叹"他的绝望处境，因为他明天将不得不告别亲爱的老普鲁士。在一阵激动的情绪中，他大声喊道：'我儿子完全赞成新秩序，而我却丝毫不愿意朝这个方向前进，只想紧紧依偎着普鲁士！'……最后，他勃然大怒，中断了讨论，并宣布他再也不想听到关于明天庆典的任何消息。"这是普鲁士末代国王不祥的喊叫。这声叫喊出自这样一个人：他在德军进攻时，曾把行军床搭在罗斯柴尔德家族宫殿的华丽卧室里，把浴室当书房。这个人：当别人说他是一位老兵英雄时，他会勃然大怒；当人们提到霍亨索伦的鹰时，他生气地说霍亨索伦的盾徽上没有鹰。1848年，威廉曾希望退位以拯救他的兄长；1862年，他也曾希望以退位来保全自己在军队斗争中的声誉；现在，1871年，他第三次想要退位，"把一切交给弗里茨"，因为他所有的感情都集中在普鲁士，因为他以一个预言家的眼光看来，害怕这个自负的新头衔。

"在这一幕之后，"王储写道，"我觉得很不舒服，不得不吃药。后来我才知道国王晚上不会出现在茶桌上。"第二天会发生什么事呢？谁也不知道。但是内务总管的职位比国王的权势更大，威廉作为一名普鲁士老军官所经受的训练，使他不由自主地服从了。第二天早晨，在王储的现场统筹下，政要们出现在镜厅，六十名旗手，六百名军官，还有一些士官，紧随其后的是德意志执政的君王——威廉国王。由于没人知道他打算以何种象征成为皇帝，所以最重要的一点，即亲王们的位置，必须由他现场即兴发挥。他办得很隆重，而且有骑士般的谦逊。随后，他以直截了当的方式，这样描述这件事：

"我没为军队的位置而烦恼；我也不知道横幅会设置在哪儿。他们想为我立王座，但我禁止了，我希望全程都留在圣坛前的亲王们中间。当我看到我的旗帜和军旗被挂在大殿上时，我很自然地走到那里，因为我的旗帜在哪里，我也必须在哪里。高台阶上挤满了人，亲王们几乎没地方坐了，他们不得不站在我下面。因此，我让他们先爬上去，并心满意足地命令把第一卫兵团的旗（我参军时就进了这个团）、我自己的近卫步兵第一团的旗和后备军团的旗（我担任这个营的指挥官已经很久了）立即挂在我身后。我本想站在圣坛前，在那里宣誓庄严的新誓词，但被高台上的旗帜挡住了。我唯一的遗憾是那里没挂所有警卫团的旗帜！"

当王座被圣坛推到一边，圣坛被彩旗推到一边，新皇帝叫他的表兄弟们站在和他一样高的地方，军旗把他们分开时，牧师没有按事前的准备作简短的祈祷，而是痛斥路易十四，并发表了一篇关于1月18日的演说，说到"普鲁士式的自我崇拜"并激怒了俾斯麦。随后首相走上前来，宣读了公告，其内容如下："我们，奉上帝恩典的普鲁士国王威廉，在德意志亲王和自由城邦一致呼吁下，恢复已经中断了六十多年的帝国尊严，重建帝国并接管这样的威严……特此通告，因为我们认为响应德意志诸侯和自由城邦的号召，并接受德意志帝国的头衔，是我们对整个祖国的责任。"这份致辞是"致德意志人民"的，但人民只不过是听众，只是个被动的角色，而联邦议会根本没有被提及。就这样，在十九世纪后半叶，德意志的王公贵族们郑重地向世人宣告，他们选择了一位皇帝，就像他们以前在中世纪所做的那样，并将这一事实告知了他们忠实的臣民。

　　"当俾斯麦说出第一句话时……他的胸脯因兴奋而起伏，脸色苍白，耳朵没有血色，几乎是透明的。"这是当时在场的一位医生所作的描述，首相在面对历史做出了如此危险的拐角时很可能是大受震动的。然而，王储对这件事给出了不同的描述，他说俾斯麦是"公事公办，没有一丝温暖或严肃的情绪"。谈到宣言颁布后的掌声，腓特烈说："这一刻非常感人。我在皇帝面前屈膝，吻了他的手，然后他把我扶起来，激动地拥抱了我。我无法描述我当时的心情。"尽管如此，王储并没有被深深感动，他可以看到他行为的影响，他还说"甚至旗手也表现出明显的情绪"。

　　这位老君主很快就振作了起来，因为他不太喜欢这种戏剧般的行为。他离开了高台，他脚步和目光的方向表明，他是在朝那些取得如此巨大成就的人走去。将军们站在最前面一排，就在亲王们旁边。在两组人中间的位置，有一个身影，首相笔直地站在那里，手里仍然拿着宣言，等待着——接下来必须进行的握手是一种象征，俾斯麦永远不会像腓特烈那样屈膝。他以行动表示敬意，而不是以崇拜来表示敬意，用紧张而不是散漫来致敬。可以肯定，他一定期待在成百上千的观者面前，威廉会默默对他表示感谢。然而，在经历了这一切之后，他仍然不了解他年迈的主人。威廉根本就不想当皇帝，即使当皇帝，他也不想当德意志皇帝，而是德意志的皇帝。首相破坏了他在庆典中的所有乐趣！因此，威廉无视了这个冒犯他的人，悄悄走过，都没有看向俾斯麦，只把手递给了将军们。

这是威廉一世一生中最脆弱的时刻，威廉一世深知这个人用他开创性的思维促成了这一切，但是他并不因为向他表示了公开的忽略而感到脆弱。脆弱是因为他让一个老人的固执压倒了天性中适者生存的意识。这是他最脆弱的时刻，因为在这个庄严的场合，在所有王公贵族和旗手面前，在所有记者和将军面前（他们中的大多数人是首相的敌人，或是因为嫉妒而厌恶他，或至少是拥有八卦之心的人，明天就会把消息传到国外），他表明了他喜欢谁、不能忍受谁。由于首相独自站在那里，站在有象征意义的孤立位置之上，在场任何一个人都不可能忽视这种侮辱。今天，皇帝故意的怠慢被大厅里的一百面镜子反射出来；明天，这一幕将在成千上万的想象中重现。

俾斯麦不动声色地接受了这一侮辱，只是把它记录下来，说这对政治关系没有影响，几天后"我们逐渐发现自己又回到了原来的位置上"。国王（让我们暂且用这个来称呼他，这个称呼更好，俾斯麦一直都这么称呼国王）接受了强加给他的皇权。他奉行节俭，当发回提交给他的公文时，他会把公文信封套上再发。就在这天晚上，国王履行日常职责时，翻阅了俾斯麦呈送的关于当天事项的公文。他看了信封上的几个字："联邦宰相致帝国皇帝陛下"——他在"联邦（Federal）"两个字上划了一圈，又在上面写上了"帝国（Imperial）"两个字。

德意志帝国就这样慎重地、简陋地、毫不张扬地开始了。

罗恩一直没参加称帝仪式，他在给妻子的信中写道："我曾希望成功安置了皇权这个结果能让俾斯麦暂时满意。不幸的是，事实并非如此。"俾斯麦写信对乔安娜说："原谅我这么久没有给你写信，但这个帝国的诞生是一件极其困难的事，国王在这种时候会有奇怪的渴望，就像女人在把自己无法保留的东西交给世界之前一样。而我，不得不扮演助产士，常常觉得生下来的就像一颗即将爆炸的炸弹，会把整个建筑夷为平地。"仪式结束后的两天晚上，当饭桌上有人就"德意志皇帝""德意志的皇帝"和类似的事发生争执时，俾斯麦沉默了一会儿。最后，他问道：

"你们中有人碰巧知道香肠的拉丁文吗？是Farcimen？还是Farcimentum？——我不知道到底什么更适合我！"[①]

---

① 原文为拉丁语，"Nescio quid mihi magis farcimentum esset！"

第四卷：1872—1888
统治者

俾斯麦使德意志伟大，使德意志人渺小

——G. 冯·本生（Bunsen）

第一章

　　"俾斯麦·舍恩豪森伯爵将在帝国议会开会期间，从4月2日起每周六晚上九点在家中接待某某议员"。

　　这项邀请在北德意志帝国议会开幕后首次发出，在人民代表中引起了不安。他们中的一些人对这一创新感到高兴，另一些人则强烈反对。西姆森说："当然，我们必须穿晚礼服以保持场合的庄重。但俾斯麦既不想要晚礼服也不想要庄重。他的目的是建立一种每周一次的政治交易所，在十分钟内，在客厅的角落里，就可以解决那些需要在帝国议会中提出问题的事情。"

　　就他自己而言，他早就接受了邀请。他很少去宫廷，通常更喜欢穿一件长外套，领带在衣领下几乎看不见；或者穿一件由各种制服碎片拼凑而成的衣服，这让毛奇发笑。他渐渐变老，习惯了随心所欲。他的贵族骄傲使他更喜欢做主人而不是客人。他讨厌向任何人表示感谢。考虑到这些再加上商业头脑和对施加个人影响机会的渴望，促使他每周都邀请他的主要敌人到他的屋檐下聚会。

在战争的十年里，俾斯麦认为魏尔肖和邓克（Duncker）比拿破仑或弗朗茨·约瑟夫更怀有敌意。现在，当他掌权的第二个十年，即和平的十年开始时，整个帝国议会都与他对立。俾斯麦独自一人面对数百个敌人的事实激发了他的战斗欲望。他并不满足于仅仅把敌人关起来并拿走钥匙。他渴望公开的对立，若无可抱怨之事，他便不得安宁，即便他是个专制君主，也会找出引发摩擦的缘由。在接下来的二十年里，我们会看到俾斯麦总是不满，总是抱怨。我们也会明白，这种持续不断的摩擦感正是保持斗士生命力紧绷的原因。不断更新的内部冲突给予他应对外部敌手的决心。

这种不知疲倦的好斗性是对他所犯错误更深刻的解释。因为俾斯麦的厌世情绪随着年岁增长，他从不肯对对手的地位或才能做出任何让步，他越来越倾向于发号施令而不是协商，时代精神正在经历的变化便从他眼前隐去，他对除自己之外的其他人以及除自己所属阶层之外的其他阶层的合理想法和愿望视而不见。在对外关系中，他从不低估对手——没有优势兵力、重型火炮或更强大的联盟支持，他从不冒险采取行动。但在国内事务中，现在他开始进行危险的冒险。因为他的违宪政权获得了成功，他对新旧对手充满蔑视，而这些对手最终将推翻他。罗恩的大炮、毛奇的燧发枪以及顺从的普鲁士人的纪律，迫使欧洲容忍了俾斯麦将强权置于正义之上的行为。最终，他自己的人民向他复仇，因为他将强权置于精神之上。

他将自己的性格投射到他的国家，成功地使帝国议会成为他的敌人而不是他手中的工具。他一个接一个地疏远所有党派，以至于同时代的漫画家将他描绘成了吞食自己孩子的克洛诺斯。他以无情的现实主义建立或破坏联盟，这种无情与他在外交事务中时不时发现必须具备的如出一辙。随着时间的推移，他使国内所有的阶层都不再信任他，因为每过五年，当选举到来时，他就会与另一个阶层的人们作对。他在整个欧洲大陆施展才能，最终赢得了某种敬重。然而在国内，他的专制政策却激怒了普通民众，他们无法理解他在外交事务上的高超技巧。在外交事务中，他可以独自与大国对弈，默默无声，只对年迈的国王负责，而国王也被他拖着前行。在国内，每一项措施都必须先提出，然后加以辩护；他常常仅仅因为对这个或那个领导人的厌恶而拒绝向帝国议会做出让步，就如同帝国议会因为讨厌他而拒绝屈从于他的意志一样。一个人可以是独裁者，也可以是议员，但不能两者皆是。

在周六的晚上，宰相官邸的大房间里挤满了民众代表。一些反对党的成员也被吸引而来，一方面是被他们强大的对手的魅力所吸引，另一方面也是被主人提供的异常丰盛的食物所吸引，这些食物是一种政治上的镇静剂。他以极度的礼貌欢迎客人，有时还会刻意讲究礼仪。他认识每一个人，尽管他不一定总能记住他们的名字，这让他得以说，他的眼睛像现代步枪一样精准，而他的记忆力却像火石枪一样缓慢而不确定。除了进门时的问候，没有其他形式的礼节。没有人被介绍。你可以走到慕尼黑啤酒桶前，自己打开龙头，倒上一大杯。在这些轻松随意的聚会上，女士们很少出现。随着午夜的临近，通常会看到主人在自言自语，成为一大圈人的中心，讲述过去的轶事，在那些有望在合适的时机达到他现有高度的人当中，他总是摆出一副明星表演者的姿态。

看他坐在那里，半躺在一张长椅上，右手拿着一个巨大的日耳曼式的烟斗，周围是一成不变的杂乱报纸，像一个独唱者面对着合唱团。他审视地凝视着客人的眼睛，特别留意他的主要对手。因为，即使他穿着军装上衣，他也没有武器，所以他最好有一些可靠的护卫。那两只大丹麦犬总是在附近。他的手边总是有两只大丹麦犬，时刻保持警惕，准备随时投入战斗状态。"在这些议会晚会上，当他们的主人款待一百多名敌人时，它们更是高度戒备。"一位家族友人写道，"在这些场合，他吃喝随意，当他要烟斗时，看起来就像一位在门徒中的族长。"

聚集在这里的人有着各不相同的头脑，这也赋予了他们各不相同的命运。

有一个身材修长、行动敏捷的人。他的脸红红的，留着黑胡子。他的额头很高，几乎谢顶了。他有一双聪慧的眼睛，表情友好而严肃，人们可能会把他当成一位人文主义者，但他的一些手势以及脸上一道宽宽的伤疤表明他是一名军官且出身名门之人。事实上，他集这三种身份于一身——鲁道夫·冯·本尼格森，他是那个时代最优秀、最能干的人之一。他内敛而有男子气概，像罗恩一样品德高尚、忠诚，虽然他不会低估自己的能力，却自然而谦逊。他似乎是为领导整个国家而生的。然而，在关键时刻，他犹豫着是否要进入内阁，他的一生致力于领导一个政党，在这个政党中，他扮演着天生的调停者的角色，以他罕见且通常正式的演说、在委员会中的勤勉工作以及与所有同事的持续交往来促进党的活动。这个政党本身是一个中间党派，即民族自由党，而他本人的立场也处于两个极端之间。

俾斯麦认为他过于软弱，对他的审美情感和缺乏激情排斥。俾斯麦认为本尼格森是一个德意志理想主义者、一个想得多做得少的人，他是正确的。即使在七十岁的时候，本尼格森还会再次坐在哥廷根的学生中间学习。他是下萨克森一位将军的儿子，他的家族和俾斯麦的家族一样古老，所以宰相对他怀有一定的敬意。他为了德意志而放弃了自己的家乡汉诺威，却并不热爱普鲁士，而将汉诺威并入普鲁士的俾斯麦能够理解这一点。有时，俾斯麦甚至会称呼本尼格森为"尊敬的朋友"。本尼格森领导着一个政党，当这个政党不再听命于他时，也不会无条件地与他决裂——这是俾斯麦永远无法理解的事情。当这种情况发生时，他会称本尼格森是个愚蠢的家伙。

紧挨着他的那个人性格更粗犷、更冷静。修长结实的身材显示出更坚定的意志，凌乱花白的头发让他显得桀骜不驯。威廉·冯·卡多夫（Wilhelm von Kardorff）和俾斯麦一样好斗、骄傲而粗鲁。他比宰相年轻，不戴眼镜的时候，他灰蓝色的眼睛像俾斯麦的一样敏锐而犀利。但是当我们看着他被晒黑的面容时，我们的目光会被他那蓝白色的鼻子吸引——那是一个假鼻子，因为他在一次学生决斗中失去了自己的鼻子。

他的气质和才能引起了俾斯麦的注意，而正是他保持独立的决心使他没有落入俾斯麦的掌控之中。保持独立，他就能和俾斯麦保持友好关系；当其他容克贵族等待新的希望的曙光时，他会继续忠于他朋友的家族。卡多夫比他那个阶层的大多数人的思维更活跃，他坐在右翼政党中间，经常冒险进入更自由的氛围中；在经济事务上，他坚持易北河以东盛行的观念，并在推动俾斯麦采取保护关税政策方面发挥了作用。

在这些德意志贵族中间站着一个犹太人，一个身材瘦削、肤色黝黑、面容有点尖的人。爱德华·拉斯克（Eduard Lasker）和本尼格森同岁，和本尼格森一样，他在家族庄园生活时学会了骑马和击剑。小时候，他在波森（Posen）的一个小镇上学习《塔木德》，还把席勒的《世界的瓜分》（*Teilung der Erde*）翻译成了希伯来文。难怪，作为一个更出色的律师、更聪明的人、激进派的领袖，他很快就成了本尼格森的竞争对手。作为批评家、辩论家和演说家，他胜过本尼格森。他的理想是建立一个立宪国家，而本尼格森倾向于民族国家的理想。他有社会主义倾向，但并不比本尼格森缺乏爱国精神。他的目标十分具体，欲望十分有限。他的性情专横，因此与俾斯麦不合拍——此外，俾斯麦更喜欢让围绕在自己身边的人是胖乎乎且性格随和的人，而不是那些瘦弱并且满怀渴望的人。

一个和拉斯克同种族且属于同一政党的人，正带着苍白的面容和怀疑的神情听他讲话。路德维希·班贝格（Ludwig Bamberger）渐渐老去，他的胸很窄，但肩膀很圆。如今看着他消瘦憔悴的样子，没人会相信他在1848年那些日子里曾如此活跃，也没人会相信他曾是一个以体力过人而闻名的人。你会觉得这样一个人在实际生活中扮演的角色一定很微不足道，而他的热情一定主要是在言辞上。但在那些日子里，尽管患有肺痨，路德维希·班贝格却被内心的火焰驱使着加入了激进派的行列。因为他的所作所为，他不得不逃离普鲁士，还曾想过前往美国，最后他留在了伦敦，和富有的亲戚一起生活。二十六岁时，他在他们的银行里成为一名初级助理，变得富有起来，在战争爆发前搬到了巴黎，在那里，他漂泊的心灵找到了停泊之处，他被法兰西人的机智、法兰西的风格、法兰西式的讽刺以及这座光明之城的优雅女子所吸引。在那里，作为艺术赞助人，所有的社交圈子都向他敞开。

从那以后，这个曾经在生活中扮演如此活跃角色的人，开始把生活视为一场表演，只有在心情好的时候，他自己才偶尔会在舞台上露面。一个无家可归的人、在所有文明中都受到欢迎的客人，他说法语和说母语一样流利，也能用法语写作，因此他敏锐的观察力和参与才能在巴黎得到充分发挥。大赦后回到德意志，他成为一名民族自由党人，在战争期间保持着近乎中立的姿态，并在一封私人信件中说："在巴黎，天主教浪漫主义之花绽放；在凡尔赛，在德意志指挥部，激进主义突然开始盛行。巴黎是正在被攻占的巴士底狱，法夫尔和甘贝塔代表着合法性，而威廉和俾斯麦则代表着革命。"尽管如此，他还是被召到了德意志指挥部，因为俾斯麦能向他请教一些银行业方面的专业知识。班贝格冷静地将俾斯麦描述为"斯图亚特（Stuart）骑士、普鲁士中尉、德意志封建大贵族和西班牙式的堂吉诃德的混合体"。无论是当时还是以后，他都能认识到宰相的伟大，尽管俾斯麦无法容忍他。

这里还有一个人，宰相对他的恨意远甚于对班贝格的恨意，那是一个留着胡子的人，还很年轻，很少露面。我们可以肯定，俾斯麦今晚将难以入眠，因为欧根·里希特站在人群稍远处，透过眼镜敏锐且具有批判性地注视着他。里希特拥有健康、青春和战斗的热情——这种组合让年长的人嫉妒。他对事实有着不可思议的了解，廉洁奉公，毫不妥协地坚持自己的原则。在冲突的那些年里，他作为俾斯麦的受害者之一受到了磨炼。他因写信谴责警察的专横措施而被解除了地区管理员的职务，又被剥夺了市长的职位和收入，于是他成了一名记者，并反对拉萨尔，因为拉萨尔与俾斯麦进行过谈判。他对公益事业充满热情，他追求的不是自己的目标，也不是权力，而只是正义事业的进步。因此，他密切关注着拉萨尔，现在又密切关注着俾斯麦。他既不会在容克贵族阶级面前卑躬屈膝，也不会在这个特定的容克贵族的显赫地位面前屈服。这就是为什么当里希特在议会开始发言时，俾斯麦会离开大厅。第二天早餐时，当他读到里希特攻击的言论——也许是对军队预算的批评，有数据支持并伴有揭露的内容——俾斯麦会立即驱车前往帝国议会进行反击："不幸的是，里希特先生总是生活在房子里和报纸中，对实际生活知之甚少。这个民主党的独裁者靠夸大其词和制造恐慌而兴起。他的演讲中总是隐藏着讽刺。"于是，里希特以伤人的平静回应道："帝国宰相是否意识到……？"

或许在这位客人的背后，帝国宰相现在看到了另外两个人的身影若隐若现。他们像班柯（Banquo）的鬼魂一样只是若隐若现的影子，而不是以血肉之躯出现的——因为在他们和俾斯麦之间不可能有具体的辩论，只有两个冲突且不可调和的世界无声而愤怒地争斗——两种截然相反的世界观的冲突。要么是我，要么是你，因为"我们"是不可能的。然而，这些影子中的一个，威廉·李卜克内西，可以像俾斯麦一样追溯自己家族好几代的祖先，当他这样做的时候，他可以追溯到一个比俾斯麦自己那些强盗骑士祖先更像俾斯麦的人——路德。此外，他可以追溯到许多德意志学者，作为他们的后代，李卜克内西成了一名学生和学生会成员。早年成为孤儿，经过艰苦的青年时期，如果他追随自己阶级的其他人的脚步，那么对这个有抱负的年轻人来说，生活本来会很容易。但他的头脑中有一个理想主义的念头，他想要全人类的幸福，而不仅仅是他自己阶级的幸福。因此，二十岁时，他作为共产主义者被流放。苏黎世，巴黎，1848年，巴登起义，就这样，二十二岁时他举起了共和国的旗帜，只是侥幸逃脱了和他的同盟者一起被枪毙的命运——就像七十年后他的儿子为了建立共和国而被谋杀一样。

这样的人过着怎样的生活啊！总是面对充满敌意的法官、冷酷无情的监狱看守，被关在狭窄的牢房里，只有在流放中才是自由的。然而他们的使命在他们的祖国，他们对祖国的热爱并不亚于正统主义者。毫无疑问，俾斯麦的亲戚们在四十年的斗争中也有许多忧虑要忍受，我们也听到了这位天生的统治者在被要求服务时的哀叹；然而，他的物质生活状况却一年比一年好。他拥有森林和城堡；可以享用适合他好胃口的丰盛餐桌，且国王和国家竞相向他赠送礼物和荣誉。现在，听听李卜克内西骄傲地对他的法官们说的话："如果在取得前所未有的成功之后，我仍然是一个穷人，我为这个事实感到自豪。"事实上，当他在十二年流放后回到德意志时，他在物质财富上很贫穷，照亮他生活的只会是精神上的事物，不是财富，也不是权力，单单只是信仰。

如果，俾斯麦和李卜克内西，这两个对彼此一无所知的人相遇在某个遥远土地上的森林小路之中，他们很快就会和睦相处。他们俩都喜欢树，对树上的鸟有很多了解。而且，如果我们说到德意志，那么他们也都热爱自己的国家。不需要多长时间，我们的这位现实主义者很快就会认出这个煽动者，这位愤世嫉俗的人很快就能辨别出这个信仰者，这位算计者很快就能感知到这个梦想者——如果道路狭窄，那么谁都不会给对方让路，谁也不会掉头往回走。他们会大打出手，因为本质上他们都是独裁者。

奥古斯特·倍倍尔则不是一个独断专行的人。在他的先辈中没有革命者也没有人文主义者。从他的出身来看，他应该是顺从的，因为他出生在一个堡垒里，是一名士官的儿子。他本应是秩序的捍卫者，只是对知识的渴望驱使着这个车工学徒加入了工人教育协会。一旦到了那里，他清晰的头脑很快就让他明白为什么他和像他一样的人处境如此艰难。愤怒让他畅所欲言，他激励着他的同志们，进入了帝国议会，同时还试图继续他的手工技艺。是俾斯麦给了他继续学习的机会。他被判处监禁在一个堡垒中（由于他出生在一个堡垒里，所以这并没有让他感到惊慌），在那里，他遇到了作为狱友的、比他年长许多的李卜克内西。从这位同伴那里，他学到了他在激情的驱使下已经为之奋斗，并且已经为此失去自由的事业的理论基础。李卜克内西和倍倍尔在监狱里苦熬了两年，这段时间足够让倍倍尔熟悉卡尔·马克思的学说，因为李卜克内西在伦敦时，就拜在了马克思的门下。

人民之子比学者之子更实际、更具可塑性，他的想法更坚定、更清晰，他的批判能力比现在与他结伴的这个人更简单、更通俗。他们结下了不朽的友谊。他们是信仰上的兄弟，是自我牺牲的兄弟，是愿意拿自己的自由和健康冒险的兄弟。倍倍尔从事久坐不动的工作已经五年多了，他有时会患上神经性失眠。他说："当这种情况发生时，我常常想起俾斯麦，他也患有失眠和神经痛。"

在俾斯麦那里，阴影消散，客人们与主人握手道别后离去。整个晚上都粘在扶手椅上的一个小身影从椅子上站了起来。现在他站着，看起来像个小矮人。他迈着小碎步走上前，面对着主人：小矮人站在巨人面前。大个子的手可以捏碎小个子的手，但小矮人的手也许能用魔力制服巨人的手。然而，他们友好地握手告别。但是，在分别的时刻，巨人为了从小矮人那里引出预言还是开了口。这个小矮人就是温德霍斯特（Windthorst）。他那可怜的、萎缩的身体上顶着一个大脑袋。他有一张大嘴巴，很少张开说话。他透过厚厚的眼镜，从凹陷的灰色眼睛里茫然地凝视着前方。俾斯麦低头看着这个小个子，他的右手插在长长的黑大衣的胸口处，看着智慧的光芒在温德霍斯特的脸上闪现；当这个小个子回答时，他用坚定而有点刺耳的声音回应俾斯麦过高过细的语调。

　　由于这个小个子视力不好，他加倍锻炼了自己的听力和记忆力。在帝国议会里，他能辨认出每一个在讲坛上发言的人的声音，甚至还会插话。当他自己发言时，由于不能看笔记，他把所有要点都牢记在脑子里，最后肯定能成功地让对手看起来很可笑。他的父亲与祖先们有很多都是律师，他也充分利用了他是律师的儿子和继承人这一优势。他身材矮小以及天生身体虚弱，这反而促使他训练自己的头脑，以弥补身体上的不足。因此，年轻的温德霍斯特在哥廷根勤奋学习，吃饭只花几个铜币，严格节制；而与此同时正是在同一个地方，年轻的俾斯麦凭着自己的体力和高昂的精神，把他穷困父亲的钱花在了放荡的生活上。结果，温德霍斯特三十岁时就已经当上了高等法院的法官，而俾斯麦还在试图用狂欢作乐和经常导致灾难的马术壮举来打动波美拉尼亚的伯爵夫人。

　　根据他朋友们的说法，温德霍斯特是一个有宗教信仰的人，虽然从不偏执，但他有着非常敏锐的幽默感，不会扮演先知的角色。在争论中，他的讽刺会变得尖刻，甚至在思考自己的独特之处时也不会加以克制。他会拿自己的"矮小"、自己的"丑陋"开玩笑，说起这些的时候会调皮地笑。他喜欢轻音乐。他倾向于跟女人开玩笑，言语间带着过去畸形小丑特有的那种放肆，但他没有驼背人传统的恶意，只是表现出对人类弱点的一种万无一失的理解——不过他不像俾斯麦那样轻视这些弱点。也许他和宰相一样有着强烈的自尊心。在他领导的政党中，他被认为是专制的。他倾向于把自己看作一个政治家，但正如他的一个朋友所说，与其说他是一个政治家，不如说他是一个议会议员。在局部范围内，作为一个战术家，他是无与伦比的。他几乎是非物质的，不需要像俾斯麦那样以个人勇气的形式来保护一个几乎不存在的身体；但正因为他性格本质上的精神化，他似乎天生就是为智力力量充当顾问的人。他谨慎得过分，几乎从不写信，即使写了也会恳求收信人立即烧掉。由于他不戴风帽，所以他不需要谦逊，他可以成为一个斗士而不必假装拥有预言的能力。当帝国议会开会期间，他不得不在柏林度过星期天，每个星期天早上他都会去圣海德维希教堂（Hedwigskirche），然后去拜访布利希吕德尔（Bleichröder）。这位极其世俗的信仰捍卫者度过休息日的方式很有特点。他从不试图谋取任何私利。

温德霍斯特是唯一一个在个人层面征服了俾斯麦的人，这也是为什么被征服的这位霸主始终无法从失败中恢复过来。"仇恨，"俾斯麦说，"作为生活中的一种刺激因素，其重要性不亚于爱。有两个人对我来说不可或缺，一个是我的妻子，另一个是温德霍斯特。"

第二章

第三次胜利之后，威胁的阴云在天空中聚集。俾斯麦不时能看到即将到来的危险，并相信自己能够避免它们。二十年前，普鲁士国王曾说过，只有"当最需要刺刀时"，俾斯麦才有可能担任宰相。十年前，现任国王不顾疑虑任命了他，希望有一个强有力的人来管理国内事务。俾斯麦利用他的独裁统治在国外赢得了三次胜利。这样一个人回到他的起点，并觉得自己有足够的力量在国内扮演独裁者的角色，我们有必要感到惊讶吗？他这样做的尝试失败了，我们有必要感到惊讶吗？他为自己独立于所有教条理论而自豪，却没有认识到没有统一的人生观的危险性。他轻蔑地俯视着众多与他对立的政党，却没有注意到没有一个政党支持他。这位伟大的建筑师刚从战场上归来，没有基本的社会学思想，实际上没有能力把自己的国家治理得井井有条。

他绝对的自信是他失败的一个更深层次的原因。只要他从国家的角度思考问题，俾斯麦面对的就是与他同类的对手，作为一个棋手，他总是确保自己有足够的力量以智战胜或摧毁他的对手。但在国内事务中，在游戏开始之前，他就确信自己在知识、精力和技能方面都胜过对手。在边境之外是大国，必须争取它们；而在国内只有小人物，他们不敢回嘴。在国外，他身处那些有资格成为德意志对手的势均力敌者之中；在国内，他比任何人都知道得更多。如果作为主人的他选择指出国家走向伟大的道路，那么没有人敢提出更好的途径。关于德意志在欧洲的静态问题，他是一位艺术家；而当欧洲的社会问题在德意志显现时，他则是一个独裁者。他习惯于考虑重要性而非观念，考虑身着制服的力量而非平民服装的力量，他不会做出任何让步，在国内事务中，他坚定地秉持着绝对统治权。

他的第一次冲突发生在他与教会之间。

有一天，在凡尔赛，美因茨的主教与宰相相对而坐，一个戴着风帽的容克贵族与身着军装的路德派容克相对。这位高级教士希望将某些保护罗马天主教会的条款纳入帝国宪法。由于未能如愿，他将话题转向了教义问题。

"阁下知道，人死后，天主教徒的前景比其他任何信仰的人都要光明。"

沉默，然后是一个微笑。

"但也许，按照您的思维方式，一个天主教徒不能得救？"

现在这位新教徒开始说起他的寓言。

"一个天主教平信徒，当然可以。但对于一个神职人员，我很怀疑。他犯了亵渎圣灵的罪，《圣经》的经文会谴责他。"

主教以一个讽刺的鞠躬回应这个玩笑。两位身着奇装异服的政治家，一个打扮成将军，另一个打扮成主教，微笑着相互对视，但在戏谑的微笑之下，俾斯麦的反天主教情绪正在愤怒地涌动。那时，他想邀请现在受到"强盗国王"威胁的教皇到科隆或富尔达，他相信"除了让德意志人近距离地看到教皇世俗的一面这个方法之外，再也没有什么能更有效地让他们清醒，再也没有什么能更快地让他们获得启蒙了。"

在这件事以及其他事情上，我们可以看出俾斯麦缺乏对道德力量的理解。他对历史有着深刻的认识，但我们可以看出他在教会历史方面的知识存在漏洞。

然而，在这里，我们真正关心的并不是文化斗争，即天主教文化与世俗国家文化这两种相互竞争的文化之间的斗争。俾斯麦是在为权力而战，而不是为了那些在过去二十年里他根据情况随意改变的理念。此外，在所有不涉及成本的事情上他都很宽容。当他与教会斗争时，他是将其作为一种权力来对抗的，而不是作为一种特定文化类型的代表，只有在教会威胁到他的国家的实力时，他才会成为教会的敌人。二十年前在法兰克福的时候，他就已经预见到这场斗争的到来，宣称"与天主教阵营中的征服欲做斗争"是不可避免的。自从奥地利签订了宗教间的协约以来，他一直认为普鲁士的一些敌人总是存在于那个阵营中。在他掌权之后，实际上（正如他所知道的），他在梵蒂冈被描述为"魔鬼的化身"。后来温德霍斯特说："文化斗争始于柯尼希格雷茨（Königgrätz）战役。"事实上，在那个时候，身着教士长袍的普鲁士异教徒，尤其是柏林的一位宫廷牧师，曾经说过并写下："欧洲，包括土耳其在内，都必须接受福音！"

但是直到梵蒂冈大公会议（Vatican Council）在罗马召开，危机才到来，这次会议再次集中了天主教欧洲的所有力量。1870年7月中旬，战争刚刚开始，教皇无误论的教义就被宣布了，这既影响了俾斯麦的感情，也影响了他的盘算。对他来说，任何人自称无误都是不可容忍的。为什么，他甚至不相信奥托·冯·俾斯麦是无误的！所有信奉一种宗教的德意志人都应该依赖于一种外国力量，这是荒谬的。当他准备前往法兰西时，他警告德意志的主教们不要同意，也警告教皇不要使用强制手段。同时，他尽一切可能施加了反面的影响，希望能保护德意志免受这种新的危险。如果这个新教条被接受，那么"相对于政府，主教们将成为掌管外国最高统治权的公职人员"。

于是，在这场战争仍在进行的时候，温德霍斯特的朋友们成立了中央党，作为一个战斗性的天主教政党。俾斯麦未能建立一个德意志天主教会，便迅速采取了攻势。科隆大主教禁止波恩的学生去听自由派神学家的讲座。俾斯麦宣布这一宣告无效。因为他正在建设帝国，在这样做的过程中，他将教会争端污蔑为对帝国的攻击，并坚称罗马是帝国所有敌人的集结地。当他回到国内时，他发现这个新党已经聚集了五十七个人，所有心怀不满的人都围绕着这个党。

一个比俾斯麦冷静得多的人很可能也会被激怒。二十年来，他一直在思考自己的工作。八年来，他一直在为此而奋斗。最终，在紧张的几个星期里，他不顾逆风，将他的船引向港口。现在，他疲惫不堪、饱经风霜，神经高度紧张，回到国内与人民商议。他发现了什么呢？一群充满敌意的代表，因宗教信仰而团结在一起，他们的首领远在德意志之外，必然对新的路德教皇帝怀有敌意，因为他是为旧的使徒皇帝哀悼的人。这位刚刚就自己的作品的易逝性发表了证词的宰相心中的怀疑论者，必然会看到这个团体挥舞着一把看不见的锤子，将这一费力打造的结构击碎。在这样的时刻，谁会期望一个性情急躁的人保持公正呢？决心保护自己的作品，心中仍然充满战场的斗志。这位神枪手错误地估计了距离，瞄准几个德意志天主教徒开枪，却没有对罗马这个大国造成严重伤害。这位征服者的好战情绪和这位建筑师的焦虑解释了这位现实主义者的错误观念，解释了他对天主教联盟反对他的年轻帝国时他感到的恐惧。

不仅这个政党与他对立。在国内,所有被剥夺权利的人、归尔甫派(Guelphs)、波兰人和阿尔萨斯人都联合起来。在国外,奥地利人和法兰西人也加入了他的反对者行列。与帝国同样年轻且与欧洲同样虚弱的社会民主主义与中央党达成了共识。在所有"帝国之敌"中,中央党仅仅是"第一个走上战场的"。混乱只会变得更加混乱,因为德意志大学的一些神学家(甚至包括霍亨洛厄的红衣主教)反对教皇无误论的教义;因为巴伐利亚的天主教国王支持他们的抗议;因为德意志中央党一开始就受到罗马的指责。一些实际上与这件事毫无关系但感到屈辱的领导人也加入了这场争斗——比如萨维尼(Savigny),几年前俾斯麦曾挫败了他的野心。

尽管怒不可遏,但俾斯麦从不会被自己的偏见和情绪逼迫自己做出决定。在计算出自己想做的事情的政治后果之前,他不会采取行动。他认为通过开展这场运动,他或许能够强化新意大利的反教权倾向,并使意大利与法兰西决裂;他或许能够加强德意志与俄国之间的联系,因为俄国总体上对罗马怀有敌意,尤其对作为波兰叛乱煽动者的罗马天主教牧师充满敌意。在国内,这项政策将使王储变得友好,并消除自由派对宪法的不满,因为王储和自由派人士受理性主义哲学的指导,他们最喜欢的就是与教会做斗争。

五月,签署和平协议之后,俾斯麦立即以一种让人想起军营节奏的激烈程度展开了他的行动。"德意志政府,"他在一份半官方声明中写道,"将在不久的将来不得不决定采取攻势……三百年前,德意志的民族情感在德意志比罗马天主教的情感更强烈。如今更是如此……罗马不再是世界的中心,而德意志的王冠仍然戴在德意志王室的头上,而非西班牙人的头上。"此时,俾斯麦并非无条件地希望政教分离,他所想要的只是"对天主教会的侵略采取强硬的防御态度"。为了推行这项政策,他在帝国首先发布了"讲道坛条款（pulpit paragraphs）"，规定在讲道坛上提及任何国家事务都属于犯罪行为，可处以监禁。很快，他就被这场运动的势头推动着向前，以至于在一两年内，他在普鲁士发布了具有重大影响的"五月法令（May laws）"。他废除了公共礼拜和教育部门中的天主教事务处，并从宪法中删除了保护教会的条款。他干预主教辖区的管理以及学校里的宗教教育；将耶稣会及类似修会逐出帝国；强制实行民事婚姻；以流放、罚款、监禁或囚禁于要塞等方式威胁宗教狂热分子；没收他们的收入；使许多教区失去牧师；在主教与牧师、牧师与平信徒之间播下不和的种子；使家庭成员之间产生分歧；强行让神职人员、平信徒、学生和妇女开始争论良心问题。由此产生了一种情感和利益的混乱状态。以一种他从未预料到的方式，他自己最强烈的威胁如今变成了现实："我将撼动冥域！"

"你们不必担心，"他向对手喊道，"我们无论是在身体上还是在精神上都不会去卡诺萨（Canossa）！"他将会为自己的话感到后悔，这些话很快就传遍了德意志并越过了阿尔卑斯山！一位教会的亲王将德意志政府比作一个不知道河水深度就踏入河流的人，而这个人在向前走的时候，会遇到意想不到的深渊。另一个人将俾斯麦描述为"破坏之蟒"。温德霍斯特人想起早期基督徒所遭受的迫害。普鲁士的主教们宣称他们反对"异教国家的原则"。教皇禁止德意志天主教徒服从新法律。俾斯麦全副武装地站在讲坛上，带着不同寻常的激动情绪说道：

"我们所关心的斗争……并非普鲁士新教王朝与天主教会之间的斗争；我们所关心的也不是信仰与无信仰之间的斗争。这里所涉及的是一场权力之争，一场如同人类历史一样古老的权力之争，一场君主与神职人员之间的权力之争。这场权力之争早在我们的救世主降临人世之前很久就已经开始了；在奥利斯，阿伽门农不得不与预言家们进行的权力之争，这场斗争让他失去了女儿并延误了希腊人的出征；这场权力之争贯穿了整个德

412

意志历史……在中世纪，当崇高的斯瓦比亚皇室的最后一位代表在法兰西征服者的斧头下死于断头台时，这场斗争有了结果，这个法兰西人正与当时的教皇结盟。考虑到时代习俗的变化，我们差点又陷入了类似的斗争结果。如果与梵蒂冈法令的颁布同时发生的法兰西征服战争取得成功，谁知道历史将如何记载德意志的教会领地，又会如何记载‘上帝通过法兰西人成就之事’呢？”

就这样，一贯惜字如金的俾斯麦五次向听众怒吼“权力之争”这个词，如此坦率地揭示了他的真实动机，以至于他用一个精彩的类比歪曲了历史形势。这里不存在文化问题，那么，为什么还要说“文化斗争”呢？

出于截然不同的动机，俾斯麦最老的敌人和最新的盟友魏尔肖为同样的事业进行辩护——魏尔肖引入了“文化斗争”这个词，他是从拉萨尔那里借用的这个词。魏尔肖说：“新教的倾向，在自由研究的精神下，为人类在各个方向开拓了更广阔的视野，并激励我们积极从事独立的工作。尽你们最大的努力引领你们的主教走向更大的自由，引领你们的官员进行更独立的活动，那么一切都会不同……你们必须反对这个非德意志的罗马体制……如果你们认为你们有权将信仰的领域扩展到感官的、现世的事物上……那么我们就完了，那么你们就会破坏德意志发展的整个进程！”

自由与科学？刚才我们不是还在谈论权力之争吗？如今，就像十年前一样，两个不同的世界——魏尔肖和俾斯麦，在一场化装舞会的时间里（通过将政治活动伪装成智慧这种怪诞的跳跃）暂时和解，并一起跳舞。现在，好争辩的马林克罗特（Mallinckrodt），中央党的领导人之一，站了起来，把这个没有灵魂的病理学家击退。

“那么，新教徒更大的智慧力量体现在哪里呢？也许体现在这样一个事实中，即他们内部存在着绝望的混乱，因为每个人对什么是正确的都有自己的看法！……对我们来说，一个基本的命题是，教会是真理的承载者……当教会做出决定时，天主教徒必须承认这是真实的。在这里，我们的权威原则和你们的个人判断原则之间存在着简单的区别。这就是为什么，在十九个世纪之后，我们仍然坚定地团结在一起，并且在世界上一如既往地强大，而你们却只能悲伤地看着你们大厦的石块崩塌！"当帝国宰相读到这篇演讲时，他会怎么想呢？他难道不觉得自己与这个对手的联系比与自己的盟友更紧密吗？这位天主教演说家抓住了俾斯麦自己的节奏、俾斯麦自己的风格，并对魏尔肖发出怒吼，其言辞与这位病理学家在早些时候的一场争论中不得不从俾斯麦自己口中听到的话极为相似。

这些斗士们巧妙地战斗着，他们在文化斗争中的演讲构成了德意志政治辩论的高潮，但温德霍斯特总是赢得胜利。当俾斯麦再次把他斥为一个愤怒的归尔甫派支持者，警告中央党不要追随这个对帝国怀有敌意的领导人，并嘲讽地谈到汉诺威基督徒的谦逊和冷静时，温德霍斯特回应道："我有很多缺点，但在议会辩论中表现出的激情不在其中。在这里，我的脉搏每分钟跳六十下，就像在议会大厦外一样。此外，我尊敬的对手指责中央党是因为我这个小人物属于它。这对我来说是一种赞美，还是一种责备呢？"

当温德霍斯特说俾斯麦想把国家权力的优势转移到议会时，俾斯麦紧张地握住面前桌子上的玻璃杯，急忙喝了几大口水。温德霍斯特接着说："如果教会被赶出我们的学校，谁来承担宗教教育的任务呢？国家有能力承担这个任务吗？它有执行这个任务的手段吗？如果是这样，我请求你让我看看你们新的国家教义问答！它要么是一个异教国家、一个无神论国家，要么它自己就是地球上的上帝。"此刻，俾斯麦既不想也不能回答；他只是带着个人的恼怒回应道："我在为普鲁士的君主制原则长期服务的岁月里已经给出了我的证明。我相信来自梅彭（Meppen）的这位尊敬的议员也会有类似的经历在等待着他。"

第二天，当他回击时，用的是激烈的谩骂：“你言辞中所带的油，不是用来治愈伤口的那种，而是用来助长愤怒之火的那种。我很少听说来自梅彭的这位尊敬的议员有过劝说或调解的倾向……如果这位尊敬的议员能决定我在上帝的恩典中应得的份额，那么愿我所信仰的上帝保佑我，使我免受当时我将面临的厄运……如果你们拒绝归尔甫派的领导，你们将更容易与国家和平相处。只有在国家中充满不和与革命时，归尔甫派的希望才能实现。”

温德霍斯特当场回应道：“我什么都不是，我也做不了什么。但是你们，先生们，显然想把我变成什么人物……我不会说我对宰相对我的攻击有什么想法，因为我服从议会议长的权威，而似乎议员们并不都是如此。然而，我不会在任何人面前退缩。这位尊敬的先生问我是否仍然忠于汉诺威王室。这种忠诚会持续到我死，世界上没有任何东西，甚至有权势的德意志宰相也不能改变我的感情。根据《圣经》的话，我相信我作为一个臣民已经尽职尽责地履行了我的职责……当有人把秘密计划归咎于中央党时，当有人试图通过怀疑一名议员来恐吓中央党时，我们就已经在朝着一种压制言论自由的恐怖统治接近了。让我向这位尊敬的先生保证，在幸运的时候支持君主制原则很容易，但在艰难的时候就不那么容易了，那时的服从都是被迫的！”

温德霍斯特就这样出色地进行着战斗。随后，他揭示了这场力量与精神之争的核心：“这位尊敬的先生在实现他的观点方面更成功，因为他比我有更多的士兵和更多的财产……一个有两百万士兵支持的人在推行他的外交政策时几乎没有什么困难！”俾斯麦在温德霍斯特讲话的时候离开了议会，温德霍斯特微笑着向他射出一箭：“在这样的攻击下，亲自接受回应是一种骑士风度……我本应该非常珍视在德意志人面前与我尊敬的对手交谈的荣幸。”就这样，大卫骄傲而灵活、机智而激烈地向歌利亚的头上投掷石块。

但他无法命中目标。俾斯麦很快就认识到他在这个宗教问题上犯了一个错误。他利用好争吵的庇护九世（Pius）的去世和善于外交的利奥十三世（Leo XⅢ）的即位，进行了一次隐秘的撤退，并把他自己下令发起的这场运动的责任推到了他的下属身上。在国内事务中，他突然放弃了这场斗争。直到1878年底，安德拉西（Andrassy）写道："每当俾斯麦谈到教皇时，他的眼睛就会变得充血，他的话听起来像是诅咒。他称教皇是所有国家的危险，是一个欧洲必须抵制的革命者和无政府主义者——如果还有哪个亲王想在他的王位上安稳地坐着的话。"不久之后，他认识到罗马是不可战胜的。于是，他把所有的责任都归咎于他的公共礼拜和教育大臣法尔克（Falk）。在与符腾堡代表米特纳赫特（Mittnacht）的谈话中，他用精彩的比喻愉快地调侃道："国家就像一个宪兵，手里拿着剑，在轻脚轻手的牧师后面追赶。"他宣称，当关于民事婚姻的法律颁布时，他正在瓦尔津。他非常正式地对萨克森的代表弗里森（Friesen）说道：

"这场斗争是违背我的计划进行的。我只是想在政治上与中央党斗争。整个天主教徒群体被激怒并不是我的错。我曾反对过这个计划……但是坎普豪森（Camphausen）和法尔克威胁要辞职，所以我不得不让步。现在我后悔自己在签署这些法律之前连读都没有读过它们，因为里面有太多的荒唐之处……我希望你能好心地告诉你的国王，他不应该让我为普鲁士在过去两年里发生的事情负责。"

这就是这个人的言论，而仅仅在一年前，他还曾煽动他一半的同胞去对抗另一半同胞，他说："是那个不会犯错的教皇在威胁国家！他随心所欲地攫取任何世俗的权力……宣布我们的法律无效，征税……总之，在普鲁士，没有人像这个外国人一样强大！"

他以为德累斯顿早就忘记了他的话，但他错了。欧洲记得这些话，而罗马尤其记得。人们也没有忘记，二十五年前他曾在州议会中高呼："我希望我能活着看到我们这个时代的愚人船在基督教会的礁石上撞得粉碎！"当老格拉赫提醒他在信仰虔信派时期说过的话时，俾斯麦冷静地回答说他指的是新教的教会。罗马的预言师们只能微笑。庇护九世，在去世前不久，把他的大敌描述为新教的菲利普，并说出了以下预言："最终，一块巨石将从山坡上滚落下来，砸碎这个巨人！"

第三章

1848年3月18日，威廉在面对革命爆发时逃离了柏林。1871年3月17日，二十三年后，他作为胜利的皇帝进入柏林，受到人们的欢呼。第二天，巴黎公社宣告成立，而在整个德意志，民众都宣称他们对这场民众起义表示同情。俾斯麦惊慌起来："这又让我度过了一个不眠之夜。"倍倍尔是第一届帝国议会中唯一的社会主义者（在胜利后立即当选），在和平协议签署两周后，他在议会上发言说："巴黎公社只是一场前哨战！用不了多少年，巴黎公社的口号——'向宫殿开战，给茅屋以和平！'将成为全欧洲无产阶级的战斗口号！"（引起哄堂大笑。）倍倍尔接着呼吁阿尔萨斯人和洛林人参与德意志的自由斗争，这样，欧洲各国人民获得自决权的那一天终将到来，而这一权利只有在共和国中才能实现。于是俾斯麦说："你们不必担心我会回应最后一位发言者。你们所有人都会同意我的观点，即他的发言在这个议会中无须回应！"然而，后来他把倍倍尔的演讲描述为一道突然照亮局势的闪光。国家和社会处于危险之中，必须进行自我防卫，这个敌人必须被消灭。

在拉萨尔去世很久之后，俾斯麦一直与他的继任者保持联系，并且从未完全忘记拉萨尔的国家社会主义思想。现在，在巴黎公社之后，他放弃了社会主义。按照他的盘算，他不再需要自由主义的对应物。因此，他的政策是通过新的保护财产的法律，并且他想用监禁来惩罚每一次社会主义演讲。当帝国议会拒绝他的提议时，他发出警告："社会民主主义已经取得了巨大的进步……几年之内，资产阶级将大声要求采取惩罚措施。"在下一次选举之后，年轻的社会民主党在帝国议会中有了十二名代表，他呼吁用上帝悬在人类头顶的惩戒之杖作为补救措施。他完全不理解这种新的思想潮流，他谈到"乌托邦式的胡言乱语，那些相信烤鸽子会飞进他们嘴里的人的想法"，并提议用"新鲜空气和阳光"来治疗这种"犯罪的疯狂"。他未能成功地采取强制手段反对社会主义者，因为帝国议会害怕通过针对特定社会群体的特殊法律。

现在，一声枪响打破了这种紧张的局势。

1878年5月，一名男子向正在乘车出行的八十岁的皇帝开枪。这名刺杀未遂的刺客是一个穷困潦倒的学生，一个不良分子，他已被社会民主党开除。当消息传到俾斯麦那里时，他猛拍桌子，喊道："现在我们抓住他们了！"

"社会主义者，阁下？"

"不，是自由党人！"

他瞬间就想出了对策。今天，对威廉遇刺事件的兴奋情绪一定会影响自由党人投票通过一项特殊法律。这样，就有可能最终摆脱自由党人。

既然文化斗争已被搁置一边，他们就不再有必要了。就在同一天，他要求司法大臣起草新法律。第二天，法律草案被送交给各部门的大臣们。十天后，这项期待已久的措施（仓促拼凑而成，包含许多技术错误）被提交给帝国议会。提出这项法律的借口是："只有我们能够突破宪法在对个人和政党的保护方面过于教条的所谓基本法律所设置的障碍，我们才能有效地打击社会民主主义。"皇帝遇刺二十天后，除了保守派之外，整个帝国议会都否决了这项法律。本尼格森预言，如果这项法律获得通过，将会出现比公开的阴谋更危险的秘密阴谋，而且受到特殊法律攻击的阶层将会非常愤怒。"否则，守法的人们会说：'如果有产阶级采取这样的手段，如果成千上万的公民得不到法律的保护，那我们为什么还要尊重法律呢？'"本尼格森继续说道，这样的法律必然会引起广泛的动荡。里希特也持同样的观点，他宣称特殊法律会给一些原本无足轻重的人戴上殉道者的光环。

三周后，从菩提树下大街（Unter den Linden）的一扇窗户里射出了第二枪。这一次，年迈的君主乘坐马车经过时受了重伤。行刺事件发生三个小时后，枢密院顾问官冯·蒂德曼（Von Tiedemann）在弗雷德里希斯鲁公园（Friedrichsruh Park）把这个消息带给了俾斯麦亲王。"最后，我看到他在他的大丹麦犬的陪伴下，在阳光下缓缓地穿过草地。我向他走去，他心情愉快，告诉我他刚才在哪里散步，以及新鲜空气对他有多大好处。"

"有一些重要的电报来了。"

"它们那么紧急，以至于我们在这乡下也要为它们操心吗？"

"很不幸，它们确实紧急。又有人企图刺杀皇帝，这一次子弹击中了目标。皇帝受了重伤。"

俾斯麦突然站住了。他用橡木手杖用力地敲击地面，深吸一口气，说道："那样的话，我们就解散帝国议会！"

他迅速穿过公园向房子走去，蒂德曼一边走一边向他讲述细节。一进屋，他就下令为他返回柏林做准备。

没有人会看到比今天的奥托·冯·俾斯麦更高兴的时候。以他自己的方式，他喜欢这位十六年前让他掌权并使他的才能得以充分发挥的老君主。他常常因为老人的固执而感到不安和抱怨，但他不像轻视其他人那样轻视威廉。无论如何，他像一个早已掌控事务的儿子容忍年迈父亲的坏脾气一样容忍着皇帝的反复无常。对他自己来说，俾斯麦希望能长期任职；因此他希望他的主人长寿。王储是他的对手。也许明天腓特烈就会成为国王，那时俾斯麦的时代就结束了。人们可能会认为，出于感情和自身利益，他一开始会询问伤者的情况。

但俾斯麦首先是一个斗士，一个充满仇恨的人。他在夜里仇恨，白天盘算，总是盯着他的敌人，而且总是盯着新的敌人。什么？这个由他建立起来的帝国议会要否决他的计划？这些里希特、温德霍斯特、拉斯克和本尼格森，他们强大到足以阻止他去打击扰乱秩序者和窃取财产者吗？就在最近，这些"空谈家"把武器从他手中打掉了！不管这一枪是谁开的，这都是一次救命的射击。他还不知道这个不知名的刺客属于哪个阶级或哪个政党，他对伤口的严重程度一无所知，也不知道一个八十岁的老人是否能从这次受伤中恢复过来。他只知道，皇帝被刺客所伤，对他来说就像在战场上取得胜利一样宝贵，在选举中对他来说价值巨大！现在我们可以打倒我们所有的国内敌人了！我们要解散帝国议会！

九天后，帝国议会被解散了。在这几周内，对皇帝的第二次暗杀尝试为俾斯麦带来了新的大多数人的支持。

当这位政治家得知开枪的人是个疯子，从未加入过任何政党，并且（在他因自伤而死之前）宣称他不想在离开这个世界时没有一个伟人相伴时，他会在乎什么呢？让报纸上充斥着诺比林（Nobiling）的供词和他的犯罪故事。日复一日地向全德意志发电报报道阴谋和发现的故事！在柏林宣布戒严状态！"最明智的做法将是促成不可避免的冲突，强力镇压正在兴起的势力，然后，当公众完全警觉时，在帝国议会通过严厉的法律。"就这样，过了一代人的一半时间后，这位无法无天的大臣又回到了他当初出发的地方。"血与铁"在国外取得了成功。现在它们要在国内强制取得成功。王储反对这些措施。他在父亲丧失行为能力期间代理政务，他不想以一场血腥屠杀开始他的统治。所有的自由党人都希望皇帝死去，希望儿子继位，但腓特烈不敢公开反对例外法律，因为表面上，这条法律是为了保护他父亲的生命而提出的。王储内心的矛盾也在加剧。

他父亲的生命得以延续，王储内心的情感冲突加剧了。接着，意想不到的事情发生了。老人康复了。唯一救了他的是那顶头盔，那天他一反常态地戴着它。现在，尽管历经三场战争却成为胜利者的他，把自己这把老骨头展示到了世人面前。这是普通人能够理解的事情。这位曾经遭人憎恨的统治者变得格外受欢迎。康复后，他从床上起来，幽默地宣称诺比林对他的治疗比医生们更有效，因为他真正想要的是放血治疗。整个德意志都欢欣鼓舞，甚至俾斯麦也发现他的主人比很长一段时间以来都更加愉快和充满活力。俾斯麦、德意志人民、王储和他的妻子，甚至整个欧洲，都开始意识到威廉注定要像神话中的国王一样享受辉煌的晚年，占据几个世纪以来没有任何统治者拥有过的浪漫地位。就这样，这一枪发挥了作用。俾斯麦抓住这个时机，冒险进行了他最危险的行动。

在暗杀未遂后的选举中，在选举期间，俾斯麦不断修改口号，左翼力量大大削弱，而保守的右翼则变得更加强大。现在，这位主人可以迫使帝国议会通过他的特殊法律，他趁机使其条款比以往任何时候都更加严格。他像过去一样再次向自由党人怒吼，接受温德霍斯特的帮助（温德霍斯特微笑着宣布教会政策的破产），他改变立场，能够交替利用中央党和民族自由党来确保多数席位。根据这项新法律的条款，该法律最初实施两年，然后又延长了四年，当局有权主动镇压和惩罚所有旨在"推翻公共秩序"的活动。印刷商、书商、小酒馆老板可能会被驱逐或逮捕，任何人仅仅因为宣扬社会主义学说就可能被流放，社会主义者被剥夺了新闻自由和公众集会的权利，每个地区的行政长官都可以在他所管辖的地区宣布戒严状态。

在对这项措施的辩论中，新世纪的轮廓不时地显现出来，仿佛被夏日的闪电照亮。俾斯麦，完全是一个容克和神圣同盟的代表，仿佛他从未接近过拿破仑，向社会主义者怒吼道："当你们向人们做出辉煌的承诺，轻蔑而嘲讽地向他们保证他们迄今为止所认为神圣的一切都是谎言……对上帝的信仰、对我们君主的信仰、爱国主义、家庭纽带、财产、遗产、收入……当你们把这一切从他们那里夺走时，要让相对无知的人跟着浮士德说'诅咒希望，诅咒信仰，尤其诅咒忍耐'并不难……那么，对于这样一个人来说，除了疯狂地追求感官享受之外，还有什么能让此刻的他与生活和解呢？……如果我们不得不在一个强盗社会的暴政下生存，生存将失去所有价值！"

这是倍倍尔的回答："试图把一个疯子的行为作为一场早有准备的反动政变的契机，甚至在对皇帝遇刺事件的司法调查还未结束时就决心这么做……一个政党谴责各种形式的谋杀，同时又认为经济和政治的发展独立于个人的意愿之上，决心追究这样一个政党的责任——这样的企图是会受到良心谴责的……我们的目标不是废除财产，而是确保财产得到更公正的分配，以造福所有人。"然后，令德意志感到震惊的是，他揭露了拉萨尔与俾斯麦交往的细节。

现在，一个充满仇恨和腐败、充斥着间谍活动和蛮横的残酷行动的时期开始了。在全国范围内，到处都在入户搜查、逮捕和流放。尽管他曾向民族自由党人郑重承诺，只有在"万不得已的情况下"他才会宣布戒严状态并下驱逐令，但是四周后，俾斯麦还是宣布柏林及周边地区进入戒严状态，并将六十七名社会主义领导人逐出了柏林。当自由城市汉堡的选举结果不合他意时，那里也同样宣布进入戒严状态。不久，对一千五百人判处总计超过一千年的监禁刑期。在几周内，帝国境内有两百个社团被取缔，二百五十本书籍或小册子被查禁。在六个月内，这个数字上升到了六百，同时成千上万的人失去了生计。倍倍尔将这些事件与中世纪的情况相提并论是有道理的："我们这些有相同思想的人被剥夺了生计，遭到辱骂和诽谤，被描述为没有名誉和无法无天的人。当局希望挑起混乱……这些充满血腥攻击和冒犯君主的日子是现代德意志历史上最悲惨的日子之一。"

本尼格森的警告应验了。在无数次秘密会议中，在森林里和采石场中，领导人与他们的追随者商议。他们在公开或私人会议上与在瑞士的同胞们会面。"俾斯麦不安分和具有破坏性的活动正中我们的下怀。"倍倍尔写信给恩格斯说。李卜克内西在议会上带着胜利的口吻说道："社会主义法律是将我们党团结在一起的铁箍，保护温和派和激进派不致分裂。播下这颗种子的人将收获苦果。无论如何，我们将取得胜利。让他们使出最恶劣的手段吧，因为这将对我们有利。他们的活动越疯狂，他们完蛋得就越快！"

第四章

当俾斯麦成为伯爵时，他对家族财富的增加表示欢迎，同时还狡黠地看了一眼那些不愿意相信他们这个阶层能出天才的容克同僚们。当从法兰西回来后，国王封他为亲王时，他感到惊慌。他已经下定决心劝说他的君主不要采取这一举措，但他却被打了个措手不及。国王以亲王之礼接见了他，整个王室（所有成员都对俾斯麦怀有敌意）都向他表示祝贺，所以他在这件事情上别无选择。当腓特烈·查理亲王指责他忘恩负义时，他对这位军官给出了一个精彩的回答："我一直觉得自己是个贵族。"

为什么俾斯麦害怕他的新身份呢？"一个家境殷实的人可以以伯爵的身份生活，但一个亲王必须富有。这种身份的提升给我的生活方式带来了极其不适应的变化。此外，这真的很可惜，我原本还希望能建立一个最古老的伯爵家族呢！"这些话他是私下里说的。国王在某一方面试图满足他的愿望，把汉堡附近的萨克森森林赏赐给他，这片森林有三万英亩，价值三百万塔勒。威廉既不能理解也无法平息俾斯麦对古老贵族身份的骄傲。他肯定还记得不久前在凡尔赛时自己的心态，在那里，类似的情感，对自己祖先类似的敬意，曾让他害怕身份的提升。

如果俾斯麦将他主人荣耀的那一刻，与他自己这个仆人享受类似荣耀的这一刻进行比较，他就会认识到他自己也被和国王一样深刻的疑虑所激励——被对他自己阶层成员的恐惧所激励。巴伐利亚和萨克森的国王们还能平静地忍受他们霍亨索伦表亲那前所未有的崛起多久呢？波美拉尼亚和勃兰登堡的容克们还能容忍他们舍恩豪森表亲那前所未有的崛起多久呢？他们的竞争意识不会增强吗？在这两种情况下，难道不会发现嫉妒会催生政治阴谋吗？那些亲爱的亲戚们的嫉妒，他们把真正源于自己缺乏才能的事情归咎于厄运，这将证明那些与俾斯麦家族脱离关系的成员在历史的法庭面前使自己蒙羞的最内在动机，而不是满足于享受从他们当中崛起的这位天才人物荣耀的反射。

政治敌意加剧了紧张局势，导致了一道裂缝的产生。而本来，友善的情感是可以防止这种事情发生的。这些普鲁士的容克，都是些在智力和意志力方面无法与俾斯麦匹敌的保守派，并最终与他分道扬镳。于是，最后一个大政党脱离了这个国家的元首，这损害了它自己的利益，因为这为俾斯麦与自由党人进行合作提供了便利，而这一合作对于俾斯麦来说是极为不自然的。容克们扮演了一个受到了冒犯的妻子的角色，当她的丈夫表现出重新焕发的幽默感时，她为了威胁他而远离他，从而导致他到别处去寻找乐趣，而如果她顺从一些，本可以阻止这种情况发生。

早在1868年，俾斯麦就警告过他的政党，说：不可否认，时不时地依靠一个并非完全令该党满意的团体的帮助是必要的，否则"政府将不得不进行策略谋划并与违反宪法的人达成协议……从而成为一个软弱的联合内阁"。罗恩本人是一个顽固的保守派，他抱怨"一些保守派的嫉妒和恶意的傲慢"。这个政党最终必须认识到，它今天的观点和目标必须与冲突时期大不相同。这个政党必须成为一个保守进步党，必须放弃仅仅充当刹车的愿望。

现在，表亲俾斯麦成了亲王和独裁者，裂痕越来越大。"让开，我来。"俾斯麦说。在上述斗争结束很久之后写的回忆录中，他把阿尼姆和戈尔茨列为二等对手。他说，三等对手包括"我自己所属阶层的土地贵族的成员们，他们心怀不满，因为在我不同寻常的生涯中，我超越了土地贵族所拥有的平等的传统观念——这种观念更具波兰特色，而非德意志特色。如果我只是从一个乡绅晋升为大臣，或许还可以被原谅，但违背我意愿授予给我的封地和亲王头衔，则是不可原谅的。我被称为'阁下'的这个成就还在可接受的范围内，但是我成为'殿下'却引发了尖锐的批评……现在的情况是，我不被以前的朋友和之前的同阶层伙伴喜欢，如果我自己的情绪中有任何部分能为其提供合理性的话，我也许能更好地忍受这种情况"。他对自己阶层人的心理的洞察力无人能及。早在1872年，其中一个波美拉尼亚容克写道："我们要让俾斯麦变得渺小，以至于他不得不从任何一个忠厚诚实的波美拉尼亚乡绅手中讨食！"

麻烦始于教会争端，在这场争端中，路德派虔诚主义者是教皇的热情拥护者。俾斯麦因与无神论者魏尔肖结盟反对教会而被怀疑是无神论者。为了自我辩护，他不得不在议会上以在他身上很少见的态度为"新教的教化"说好话，将之称为"这场斗争最主要和最深刻的原因，也是一个与我们的灵魂和我们的救赎密切相关的原因"。在这次对俾斯麦的攻击中，年长的人并不是态度最尖刻的那批人。当老格拉赫说："俾斯麦对我很不好，但我仍然爱他！"我们听到的是他发自内心的声音。森夫特-皮尔斯查，俾斯麦的另一位虔诚教派的赞助人，在现在半是礼貌半是预言地警告宰相时，表现得像一个正直的人，他这样告诫他："阁下应该在谦卑中振作起来，应该在上帝那里振作起来。上帝如此爱你，以至于为你舍弃了生命，甚至在今天还向你伸出他被刺穿的双手。如果阁下继续顽固地抵制上帝的警告，他会让你看到他的作为是持久的，你伟大而出色的事业将会受损，而你无疑将会受到他的审判。"

这种事情让骑士穿上铠甲。俾斯麦一读到这些话就激烈地回应道："如果我能确定你的警告之声也会针对站在你附近、反对国王陛下政府的那些人，同时也针对那些我们的救世主的谦卑（你提醒得很好）对他们来说已经变得如此陌生，以至于在愤怒、傲慢的自负和异教的党派之见中，他们认为将自己树立为国家和教会的主人是他们的职责的那些人，那么我会很高兴……我怀着真诚的悔悟，继续每日工作，无须阁下的劝勉。但当我敬畏上帝、热爱上帝，忠诚地为我的国王服务并竭尽全力时，我那些波美拉尼亚的反对者以及我的罗马天主教反对者所特有的对上帝话语的伪善滥用，不会动摇我对基督的信仰。请阁下小心，以免你自己的傲慢给你带来你警告我的上帝的审判。"最后，俾斯麦建议他的通信者思考以下经文："耶和华啊，求你起来！我的神啊，求你救我！因为你打了我一切仇敌的腮骨，敲碎了恶人的牙齿。救恩属于耶和华。愿您赐福给你的百姓。细拉！"

俾斯麦的基督教信仰在这篇《圣经》狂想曲中咽下了最后一口气。

他年轻的敌人直截了当地朝着他们的目标前进。他们对十字架的唯一利用就是在《新普鲁士报》的标志下战斗，俾斯麦曾是该报的创始人之一。正如宰相在他的回忆录中告诉我们的，这份报纸"在基督教的十字架标志下，以'与上帝一起为国王和祖国'为座右铭，多年来已经不再代表保守派，而且与基督教更加脱节了"。1872年，在《新普鲁士报》和《帝国钟声》（Reichsglocke）（容克们专门为攻击俾斯麦而创办）上开始了针对宰相的名誉和正直的诽谤运动。"德尔布吕克-坎普豪森-布利希吕德尔时代（The Delbrück-Camphausen-Bleichröder Era）"是第一批匿名文章的名称——按照法律由某个临时工作人员署名。真正的作者是冯·洛特（von Loë）男爵———位与俾斯麦发生过争吵的外交官。

"我提议下一期的《帝国钟声》应该为宰相出一期特刊。在我看来，从心理医学的角度出发，在这一系列文章中，首先强调严肃的一面，然后再强调滑稽的一面，这一点非常重要。关键是，首先要让他的消化系统几天都不得安宁，而这只能通过强烈的情绪激动来实现。"与此同时，曼陀菲尔家族的一个人写信给另一个人，也就是俾斯麦曾经的上司和对手，他最近在上议院发言反对宰相："你不需要去温泉疗养地接受任何治疗就能成为宰相。"这些先生们在幕后就是这种腔调。在台前，在已发表的文章中，他们写道：

"有理由相信，在俾斯麦亲王成为普鲁士代表之前，他就与财政界的高层圈子有密切联系。冯·布利希吕德尔先生与亲王之间的亲密关系，至少可以间接追溯到亲王担任大臣之前的时期——那时，靠着给普鲁士使节的微薄津贴，又没有可观的私人财产，他却能在圣彼得堡、巴黎和法兰克福代表他的君主。这种关系肯定在财政事务上为俾斯麦亲王提供了很好的建议……当然，亲王和其他人一样，有权要求我们在没有证据证明他出于不良动机行事之前，只赋予他良好的动机。然而，不可否认的是，这位有权势的政治家给予了那些疑似掠夺人民的人以恩惠……目前的政府几乎犯了所有的错误，仅仅是为了掩盖它与柏林金融家们的不光彩关系。"冯·洛特男爵写道，1870年7月，也就是宣战的前一天，他在部里见到了布利希吕德尔："我们很难想象冯·布利希吕德尔先生和冯·俾斯麦先生聚在一起是为了谈论天气。我不知道那天冯·布利希吕德尔先生是买了还是卖了证券，总之，是在对战争还是和平进行投机。不过，我毫不怀疑冯·布利希吕德尔先生和冯·俾斯麦先生之间的友谊对后者有利——我是说，在智力方面有利。"

此外，据说俾斯麦把政府订单给了一个叫贝伦德（Behrend）的犹太人，他是俾斯麦在瓦尔津的造纸厂的租户。某个冯·普特卡默尔上尉写道，俾斯麦之所以颁布关于东波美拉尼亚封地的法律，只是为了确保他妻子能继承普特卡默尔家的一块封地。

还能更刻薄一些吗？俾斯麦所属阶层的人把这个让他们相形见绌的伟人描述成一个粗俗的金融阴谋家，在公司大肆扩张时期给他造成极大伤害，并且在任何情况下都把犹太人作为他们谩骂的焦点。最重要的是，他们伤害了自己的国家，因为欧洲对这些腐败指控感到欣喜。虽然这个阶层的人在一个对投机活动过于狂热的时代里，很容易便使用了犹太银行的服务（因为犹太人是聪明的金融家），但是也正是这同一批人，会在外国人眼前诋毁犹太人，并宣称俾斯麦——作为带领民族向前的动力——实际上要为这些金融投机的丑恶现象负责，"因为腐败已经达到了惊人的程度……我们生活在一个邪恶的政权下，它的名字叫俾斯麦"。只有最后这句话是可以将发言者带上法庭的。这篇反犹文章的作者为了逃避牢狱之灾而逃走了，此后在瑞士继续写作。

如果这样的诽谤针对的是温德霍斯特，那只会引起一笑。因为虽然他也不时地会见布利希吕德尔，但是温德霍斯特至死都是一个穷人。而另一方面，俾斯麦却决心利用他的天赋和权力为自己谋取个人利益。他经常提到英国国民给予他们的政治家的巨额馈赠，认为只有靠这样的馈赠，他作为亲王的地位才能得到有尊严的维持，并且在三十年的掌权期间，他积累了巨额财富。

然而，他是一个非常精明的人，不会为了获取财富而危及他作为宰相的地位或拿他的个人声誉冒险，即使这样可以让他拥有数百万财富。他做了什么呢？作为一位政治天才，他找到了一条既能实现目标又无须承担任何风险的唯一途径。在他的帝国的银行家中，他挑选出那个他认为最勇敢、最正直的人，通过偶尔的业务交谈让这个人对他感恩戴德，同时通过一个签名，给予他的朋友一份全权委托书，来确保自己的财产尽可能地大幅增长。

因为他在这方面的所作所为，尤其是在那个公司大肆扩张的时期，当时每个想发财的人都在监视着其他人，所以人们对他普遍怀有敌意。在那些正在积累财富的贵族中，流传着关于"德意志帝国的第一政治家将其财产的管理权全权委托给了一位大银行家，而这位银行家是一位伟大的犹太金融家，这对国家的总体福利构成了危险"的说法。毛奇和其他将军们试图通过间接的方式让俾斯麦与布利希吕德尔分开。老熟人写信警告他："我忍不住要告诉殿下，现在有一个俏皮话在流传，说布利希吕德尔是政府的合伙人……老普鲁士的诚实受到了诋毁……因为一个公司发起人在高位受到优待。"俾斯麦不听任何劝告。当有人写信警告皇帝时，俾斯麦安排布利希吕德尔去皇帝的庄园拜访威廉。此外，皇帝自己的财产在另一位"犹太金融家"的手中也像俾斯麦的财产一样蓬勃发展。

"在我看来，"俾斯麦在晚年说，"我对布利希吕德尔和他的儿子们的亏欠是毫无疑问的。他是我的银行家。说我曾经给他任何政治内幕消息让他能够为自己或为我进行有利可图的交易是错误的。的确，在1866年他为我提供了进行战争的资金，而其他人都不愿意提供。在这件事情上，我欠他一份恩情。作为一个有责任感的人，我甚至不能让一个犹太人说我利用了他，然后又不酬谢他做出的贡献。作为一名政治家，我只能对他保有高度的敬重。"在这里，回顾往事，我们看到了感激与自我牺牲之间的相互联系。

在最初的十年里，俾斯麦亲自关注自己某些财务上的细节，因为他告诉我们，直到1877年他才卖掉了他最后的外国证券。"当我得知舒瓦洛夫（Shuvaloff）被任命为驻伦敦大使时，我度过了一个不眠之夜，在那个晚上，我推断，如果俄国人在这个时候把他们最聪明的人派走，那么他们十有八九会犯一些错误。因此，第二天我指示布利希吕德尔卖掉我的俄国国债。后来，他称赞我在这件事情上的先见之明。"

从那以后，他不再购买外国证券，因为他希望能够在不考虑个人经济利益的情况下与欧洲下一盘棋。无论是在那时还是在其他任何时候，俾斯麦（不像荷尔斯泰因和后来的其他人那样）都没有根据证券交易所的价格来指导自己在商业事务或政治事务中的行动。当然，随着时间的推移，他有更多的理由对布利希吕德尔的管理感到满意。的确，他在瓦尔津的造纸厂为某些国家的物资供应提交了投标，他的租户获得了订单，因为瓦尔津的投标是最低的。这并没有给俾斯麦带来任何个人利益。冯·普特卡默尔上尉对他的指控也没有丝毫根据。

因此，在帝国议会中，凭借他的全权委托书提供的安全庇护，他能够以致命的准确性回击他的敌人。"如果像《新普鲁士报》这样的报纸……敢于对世界上身处高位的人进行最可耻和虚假的诽谤，这种诽谤以一种巧妙的方式让进行诽谤的人免于受到法律上的控告，却给人留下了这个或那个部门的部长行为不端的印象——我们又一次面对了这种可耻的诽谤，我们都应该团结起来反对这种诽谤，任何人都不应该通过订阅这样的报纸而间接参与提出这样的指控……每一个订阅这份报纸的人都是……传播报纸中的谎言和诽谤的同谋。"

然而，他的容克同伴们违抗了他。四十六个拥有最古老姓氏的人，随后又有几百名牧师加入，在《新普鲁士报》上宣称自己是君主制和保守主义旗帜的忠诚拥护者，决心不抛弃他们的报纸。"如果帝国宰相怀疑我们基督教情感的真实性，我们不屑与他争论，就如同我们不屑在荣誉和道德问题上接受他的建议一样。"这份声明由一些有着诸如韦德尔（Wedel）、齐策维茨（Zitzewitz）、马尔维茨（Marwitz）、谢尔-托斯（Seherr-Toss）和戈特贝格（Gottberg）等姓氏的人签署；同样还有俾斯麦最老的朋友和表亲布兰肯堡和克莱斯特-雷措。最后，"怀着深深的悲痛"，老塔登-特里格拉夫也签了名。

那些在年轻的俾斯麦冒险的青年时期支持过他的人，在他晚年成熟的时候却表现出对他的敌意，此时，作为帝国中最有权势的人，他对他们进行了抨击。他在《帝国公报》（*Reichsanzeiger*）上刊登了这份"声明者"的名单，从而宣告对他个人的攻击就是对国家的敌对行为。这次事件之后，俾斯麦多年来与他所属的阶层断绝了关系。

以阶层为傲的容克俾斯麦比作为政治家的俾斯麦受到的伤害更严重。他对任何一个签名者个人都没有特别的感情，但是，作为一个指挥官，他把这个群体、他们所属的阶层视为他的幕僚，并且认为他们背叛了他。他的自尊心受到了伤害。"当与那些一直被视为与自己平等的人……突然断绝交往，其动机更多是出于个人而非物质原因，是出于恶意而非真诚。而且，如果说到他们的真诚的话，当涉事的大臣被迄今为止所有的朋友抵制、被视为敌人并因此被孤立时，他们的动机也就变得极其粗俗了……因为这种攻击必然会加剧他公务上的麻烦，扰乱他的神经，破坏他的习惯……在我这个年纪，并且像我一样确信自己已经活不了多久了，失去我所有的老朋友并且断绝我所有的旧关系让我深感痛苦、感到沮丧。再加上还要为妻子的事情操心，这种关系上的断绝对我来说无异于彻底的孤独。"

他的愤怒使他在每一个敌人身上都能找到最卑劣的动机。当他在一位密友的陪伴下，审视那些投票反对他的教会法的容克们的名单时，他用他的粗铅笔在上面打钩，并发表了如下一段类似华伦斯坦的独白："戈特贝格？他心情不好是因为他还没被任命为地方行政长官。罗森贝格（Rosenberg）投票反对我，我那么多次将他从危险的境况中救出来过。格鲁纳（Gruner）？我曾使他的野心受挫。普特卡默尔？这个人从未从教会那里得到任何东西，他想通过搞宗派活动和投反对票来表明他和我一样优秀。这些家伙生气是因为我被封为亲王,还因为我没有邀请他们吃饭!我了解我的波美拉尼亚邻居们!"

他对莫里茨·布兰肯堡感到特别愤怒。因为布兰肯堡首先拒绝过一个内阁的职位,然后他又不经意地传播了一些令人误解的言论。这些言论发生在一次有关可转让股票的谈话中——另一方的签名者后来在法庭上将这些言论公开重复了一次。如此热烈开始的友谊就这样结束了,玛丽·冯·塔登的爱与死之歌也以这样的方式结束。它们在一些闲言碎语中告终:据说布利希吕德尔为帝国宰相买了一些证券,但实际上根本没有这件事。

俾斯麦和冯·克莱斯特-雷措之间也出现了无法挽回的裂痕。冯·克莱斯特-雷措是乔安娜的亲戚,在州议会的日子里,他是俾斯麦的忠实伙伴,这个有着苦行倾向的小个子男人和俾斯麦同时成为内阁职位的候选人,后来还成了俾斯麦女儿的教父,他过去常写信给俾斯麦,称他为"我亲爱的俾斯麦",而俾斯麦也长期耐心地忍受着他的宗教劝诫。现在他们在上议院愤怒地对视。当他们在演讲中相互抨击时,他们或许会想起二十五年前的日子,那时他们会私下里互相排练他们下一次反对民主党派的演讲。宰相邀请他的朋友再来见他一次,希望能说服克莱斯特-雷措。在这最后的会面中,克莱斯特拒绝让步,而俾斯麦使用他的餐刀,就好像在切割桌上的布一样,然后他站起身来,向他曾经的朋友道别。不久之后,俾斯麦在议会上嘲讽地谈到他的这个朋友,说:"前面的发言者在神学研究上花了很多时间,毫无疑问,他在某个时候会思考这样一个问题,即如果他改信天主教,这对他的灵魂是否有利。"

后来,克莱斯特又做了一次和解的尝试,在宰相银婚之际送给他一首诗。但是俾斯麦甚至禁止他的妻子给克莱斯特写信,并且在大庭广众之下告诉他的仆人:"如果克莱斯特先生来访,就说我不在家。"

第五章

在六十岁的时候，俾斯麦带着一种苦涩与狂喜交织的复杂心情，更加坚定了他二十多岁时就已采取的厌世态度。他对卢修斯说："当我晚上躺在床上无法入睡时，我常常在脑海中反复思考三十年前别人对我犯下的、未得到补偿的过错。一想到这些我就怒火中烧，半梦半醒之间，我梦想着报复。例如，我想到我们在普拉曼学校受到的恶劣待遇，他们过去常常拿着剑把我们刺醒。"一个在五十年后，半梦半醒之间还会扑向老师喉咙的人，是一个会将天生的敌意珍藏起来直到它们变成强烈的复仇渴望的人。正如敏锐的观察家本生对他的评价，他"比大多数暴君更倾向于仇恨和报复，在小事上也很狭隘"。

现在他对所有与他想法不同的人进行迫害。在70年代，每一个冒犯者都被起诉。他专门印制了指控他人诽谤罪时需要使用的表格，他称之为"恐怖统治"。很少有人敢反抗他。甚至蒙森（Mommsen），虽然被指控诽谤，却也软弱到否认在一次选举演讲中说了被指控的那些话。于是俾斯麦能够在他的对手面前耀武扬威，说："也许指控是个错误，但是既然蒙森在这件事上表现得如此卑劣，以至于撒谎，那么我们实际上已经赢了这一回合。"

当《喧声》的编辑——一个他私下里喜欢开玩笑的人，发表了一篇针对他的无害的讽刺文章时，他突然起诉了这个记者并把他关进了监狱。在与一位俄国政治家的谈话中，俾斯麦令人惊讶地承认："确实，有时愤怒会占上风，更糟糕的是，它常常会压倒我的更好的判断力。"当拉斯克在美国去世，美国国会通过了一项正式决议，向德意志人民表示了同情，并指示将该决议电告宰相时，他拒绝将对他已故对手的这份敬意转达给帝国议会，而是把它送回了华盛顿。他如此多疑，以至于有一次当他在宰相府的花园里散步，看到一个地窖里有灯光时，他突然停下来问道："那里的灯光是干什么的？那里没有人住。你认为那是一个伪造钱币的窝点吗？"

如果一个人与他意见不同，他只能想到两个原因：恶意或者谋求职位。确实，法院、大使馆和政府部门成了越来越危险的阴谋的中心。当他在晚年撰写回忆录时，所有章节中最长的是题为"阴谋"的那一章。阿尼姆事件是其中最著名的一个。

人们怎么能不同情可怜阿尼姆呢？那个俾斯麦年轻时的伙伴，那个精明的外交官虚荣、做作、歇斯底里、反复无常且胆小懦弱，他是客厅里的一只狮子，一个演奏钢琴的高手，自他娶了富人家小姐起，他就野心勃勃，他是一个演员，倾向于假装谨慎，喜欢引用马基雅维利的话，能使用多种语言滔滔不绝地说话。有一天晚上，当酒劲上头时，阿尼姆向俾斯麦吐露心声："我把在我的职业生涯中领先于我的每一个人都视为我的敌人，并按照相应的办法对付他们。但只要他是我的上级，我就会小心地不表现出来！"俾斯麦是他的上司，认为他是一个有才能的人，先把他派到罗马教廷担任大使，后来又让他担任驻巴黎大使。与此同时，他成了伯爵，因此他的晋升比其他人都要快。他毫不怀疑自己会成为宰相，因此讨好奥古斯塔皇后。皇后把阿尼姆视为天主教徒和法兰西人的朋友，并赞赏他是一个出色的健谈者——如果俾斯麦愿意的话，他也可以成为这样的人，尽管他从未想在奥古斯塔面前出风头。由于俾斯麦在法兰西支持共和国，并且不希望看到那个国家通过君主制的复辟而强大起来，但宫廷向来支持正统主义者。所以在宫廷圈子里（像平常一样），大家的意见都与他相悖。因此，在巴黎，阿尼姆反对着梯也尔和其他共和党人，并写私人信件影响威廉皇帝。单纯而无私的君主把这些信件交给了宰相，就像早些时候他把戈尔茨的信件交出来一样。

俾斯麦立即决定了阿尼姆的命运，当阿尼姆来到柏林时他不见他，离开了首都，也不回复阿尼姆的信件。与此同时，皇帝多次接见这位大使，公开表示要弥补宰相对他的忽视。阿尼姆愚蠢到认为在德意志帝国他可以与皇帝一起对抗俾斯麦。他以他对他们共同上级的明确不满为理由，请求辞职，但皇帝拒绝了。根据阿尼姆对这件事的描述，威廉皇帝说："亲王没有什么不对的，只是他心里怀有一丝怨恨，而这是他的主要特点。很遗憾，我不得不这样评价这样一个优秀的人。"阿尼姆觉得自己的地位因为这次谈话而得到了加强，现在他冒险进入狮子的巢穴进行一次谈话，他和俾斯麦都记录了这次谈话。

根据阿尼姆的说法，俾斯麦开始"以一种伤人的、宽容而平静的优越感的语气"说话。然后，在回答阿尼姆关于宰相为什么迫害他的问题时，俾斯麦爆发出一连串的指责。"八个月来，你损害了我的健康，扰乱了我的心境！你在与皇后密谋！除非你自己坐到这张桌子前，否则你永远不会罢休。到那时，你也会看到这一切是多么徒劳！"

很少有什么时候我们能像此刻这样清楚地看到俾斯麦内心的幽暗深处，掌控权力的欲望诱使他做出了如此不寻常的坦白，他作为一名统治者，（口不择言地）向那个渴望取代他的人揭示了他所处地位的所有无价值之处。

阿尼姆没有跳起来把辞职信扔到他的上司面前，而是用温和的语气抱怨道：

"殿下不再信任我了吗？"

接着，俾斯麦"用木然的眼神"看着他，回答："一点儿也不！"

阿尼姆伸出手，说："你不愿意和我握手道别吗？"

"在我自己的家里，我不会拒绝和你握手，但我请你不要在其他任何地方主动和我握手。"

这次会面之后，俾斯麦觉得向威廉皇帝提出那个曾经的选择题变得更容易了："他或者我。"他用威胁的语气写道，他不会为了赢得他主人的信任而"与一个从本性上来说如此不值得信任的大使进行争斗"。他接着说："我怀疑（在这件事上我不是一个人这么想）他的公务活动有时是受他的个人利益所驱使。要证明这样的说法并不容易，但既然怀疑已经进入我的脑海，我发现我很难再对这位高级官员执行指令的方式负责。"

据说阿尼姆故意拖延了与法兰西战争赔款支付有关的某些谈判，其明确目的是给他与赫希（Hirsch）男爵参与的某些投机活动创造机会。在俾斯麦和阿尼姆之间，这里有一种荒唐的相似之处，他们两个都是波美拉尼亚容克，都是帝国的主要公仆，在商业事务中都由一个被封为贵族的犹太人指导。他们相互之间的指控也有相似之处，他们都指责对方为了私利而损害国家利益；因为阿尼姆，尽管他的名字没有出现，但他是攻击俾斯麦的容克团体中的一员。这两项诽谤都未经证实，也都无法证实，但它们的措辞实际上是一样的。只有更强大的一方才能使他的指控成立。

威廉皇帝最多只同意让他的大使领半薪。这不符合俾斯麦的心意，他更担心在柏林自由搞阴谋的阿尼姆，而不是在巴黎的阿尼姆。因此，他把他的对手流放到君士坦丁堡担任大使。于是阿尼姆犯了一个错误。他没有辞职以便于能够自由地加入上议院中与宰相作对的那个政党，而是向他心怀敌意的上司屈服了。于是，这位上司在接下来的几个月里用最具侮辱性的官方急件对他进行痛斥："我必须要求你更多地尊重我的指示，同时更少地……遵循你自己的政治观点，而不是像你的报告和你的公职行为迄今为止所表现的那样。"现在阿尼姆匿名印刷了一些文件，这些文件旨在证明他自己的远见卓识，并将之与俾斯麦洞察力的缺乏形成对比；而他自己如此短视，以至于忽略了被发现的必然性。俾斯麦的敌人落入了他的手中，一切尽在他的掌握之中。皇后再也不能保护阿尼姆了。宰相可以以违反公务职责为由解雇他。到目前为止，这场斗争一直是两个对手之间的斗争，较弱的一方由于他的愚蠢而使较强的一方轻易获胜。

然后俾斯麦表现出了他的残忍，这种残忍是如此明显，以至于"阿尼姆事件"使半个国家的人都对胜利者表示反对。他同时代的人和后人都不能原谅宰相想要消灭一个他已经完全战胜了的敌人。当阿尼姆的继任者从巴黎报告说某些文件不见了时，阿尼姆声称它们是私人文件，拒绝交出。他辉煌的职业生涯毁于一旦。他曾希望成为宰相，现在却只是一个领退休金的官员。他依靠他高贵的保护人和他的高贵出身，违抗他全能的对手，而对手于是依法有权立即逮捕这个违法者。在以挪用官方文件的罪名被指控并受审后，阿尼姆被判处九个月监禁，然后逃往了瑞士。俾斯麦让阿尼姆接受公开审判的原因是他希望这个案子能一劳永逸地在法庭上解决，从而阻止"秘密泄露"的零星之火。他说皇帝比他自己更关心这件事，想要确保这件事不要拖延下去。私下里，他对阿尼姆提出建议，让他请求赦免。

　　此时阿尼姆已失去理智。在流亡中，他出版了愚蠢且毫无根据的小册子。于是又有了一场新的审判，在这场审判中，违法者被指控叛国、侮辱皇帝和诽谤俾斯麦，虽然本人未到庭，但仍然被判处五年苦役，并且还被合法地宣布为行为不端。四年后，他正要采取措施在帝国法院为自己开脱，但是在他能启程前往德意志之前在尼斯去世了，带着"行为不端"的名声，作为一个无家可归的人。

　　在这场审判中，公众第一次也是最后一次看见了一个以躲避公众视线为职业的人。荷尔斯泰因男爵，俾斯麦在圣彼得堡结识的人，被宰相雇用为驻巴黎大使馆的间谍。他的真正任务是监视阿尼姆。他是阿尼姆的对手，并给俾斯麦发送关于阿尼姆的秘密报告。宰相就是通过这个方法，得到了关于阿尼姆对宰相职位的渴望的确切信息。俾斯麦让荷尔斯泰因在法庭上做证，而这种公开露面，这种对他职业性质的揭露，对这个间谍极其有害。荷尔斯泰因自己告诉我们，这就是他开始憎恨俾斯麦的原因，这种憎恨现在不能表露出来，但在以后的岁月里，却对世界历史产生了极为重要的影响。

第六章

在与俾斯麦有接触的人当中，只有一个人的能力结合了忠诚与批评、友谊与独立判断这些品质。这个人就是罗恩。即使他与俾斯麦的友谊也在70年代的风暴中受到威胁，而挽救它的唯一因素是罗恩的骑士风度。带着那种总是旨在为国王和国家服务，对自己的利益、地位和党派意识漠不关心的人的严肃心情，罗恩意识到国内事务中正在酝酿风暴。早在1872年，他就写道："1866年的成功，或者更确切地说，与这些成功相联系的幻想，即政治对立从此将得到调和的错误印象，是首先绊倒我们的东西……1870年的英勇飞跃也没有挽救局势。事实上，那一年的胜利所带来的陶醉延缓了我们恢复清醒的时间，因此我们更加摇摇晃晃地跌入了深渊。"

然而，当几乎所有俾斯麦的老伙伴都转而反对他时，罗恩坚定地与俾斯麦并肩站在一起。没有什么能诱使罗恩签署那份声明，尽管布兰肯堡是他的侄子，并且几十年来一直是他的政治密友。他对国家的热爱比当时任何一个普鲁士人都更强烈，再加上他相信俾斯麦是一个比他更伟大的人，这足以使他摆脱嫉妒。他比其他容克更精明、更和善，对权力感到满足，他并不羞于承认自己只是第二号人物。他习惯于把自己说成是把俾斯麦抬起来的盾牌。

　　也许正是这种对宰相的崇敬实际上使罗恩与他的朋友疏远了。正是因为他如此钦佩俾斯麦，所以当出现摩擦时，罗恩决定辞职。国王所有的老臣仆都走了，只剩下这两个人，他对罗恩的决定感到震惊，并尽一切努力劝他留下。俾斯麦用更好的方式，成功做到了这件事。凭借着天才的一招，他把最后一个忠诚的人留在了身边，同时也卸下了自己的一些负担。他通过将罗恩提升到普鲁士首相的职位来缓解罗恩对公职的厌倦，从而在与保守派的斗争最激烈的时候，将责任从自己转移到了罗恩身上。这一切都是在一瞬间完成的，就在收到罗恩的来信后不久。1872年除夕，他匆忙赶回柏林解决问题。同一天，在离开之前，他写信给他的朋友说他自己身体不适，不能再像以前那样处理事务了：

　　"只要国王下令，我很乐意继续担任外交大臣为他服务……我不能把我在欧洲政策事务方面二十年的经验成果以及外国宫廷的信任传递给任何人。但是一个大国中最强大的国家的外交事务需要负责此事的人全神贯注，一个大帝国的外交大臣同时负责国内事务是前所未有的反常现象。我的职业是一个会树敌很多而不会赢得新朋友的职业。相反，如果一个人十年如一日地坚定无畏地走自己的路，他就会失去老朋友……在国内事务方面，由于保守党的背弃，我失去了我想要的平台……因为过度劳累我已经没有什么精力了。坐在马鞍上的国王，直到一匹勇猛的马累垮了才会意识到他一直在骑一匹烈马。懒惰的人反而更持久。"这就是为什么他只希望担任宰相和外交大臣的职位。

"在我目前沮丧的情绪中，我不能再为陛下那些我不能赞同的愿望……承担起责任了。与我作对的那些事物对我的影响太大了，自去年春天以来，由于保守派令人遗憾的傲慢和政治上的无能，我对这场斗争的乐趣已经消失了。与保守派一起，什么也做不了……我也不想再做任何事去挑战他们……考虑到这些，我将在明天向陛下针对我的部分工作提交辞呈……如果上帝赐予了我们生命，那么我们应该十分高兴地去记住我们作为老朋友一起工作的那些美好岁月……我们的友谊是诚恳且永恒的。"

于是，俾斯麦以宏大的风格将实际上是出于冷酷政治算计的计策粉饰为内心冲动的部分冷却。不久他就告诉亲信们他很快会回来，只是在等待新的召唤。然而，罗恩成了他的道德囚徒。新的普鲁士首相罗恩只任职了九个月，因为在俾斯麦手下工作已很困难，在他旁边工作更是不可能。宰相分割了自己的权力。作为首相，若他想以帝国首相的身份做些什么，就得征得另一个人的许可。俾斯麦就像是帝国，而罗恩只是普鲁士。所有那些只有通过个人联合、角色融合才能避免的摩擦，以及帝国宪法的所有根本缺陷，现在都暴露出来，并对其的制定者进行报复。

时间来到1878年2月。容克们的诽谤运动正处于高潮。他们发现了老瓦格纳（Wagener），俾斯麦的亲信，曾经是一名记者，现在是一名枢密院顾问官，并且参与了腐败行为。他们试图证明俾斯麦是知情的。俾斯麦在罗恩和其他人面前发泄对这件事的愤怒。两个朋友都变得激动起来。俾斯麦觉得罗恩在为他辩护方面做得不够，并且毫不掩饰他的恼怒。晚上，他惊讶地收到了下面这封信：

"毫不犹豫地认识到你在很多方面的优越性，我一直……努力与殿下保持最好的关系。即使在今天，当你的言辞语气让事情变得非常困难的时候，我也努力避免决裂。显然，你的'暴躁'低估了我！……也许为了我们双方的利益，避免将来发生类似的冲突会更好。因此，记住把我们联系在一起这么多年的友谊纽带，以及我们共同工作的十年。我恳请殿下放心，只要你以合适的方式召唤我，让我采取行动，你就可以一直完全依靠我。但是，如果你对我的公职行为提出抗议或实际指责，只有当你愿意承担我'暴躁脾气'所带来的所有风险时，你才能这样做。我肯定不会用我衰老的力量和微弱的影响力来对抗你，我既不愚蠢，也没有自负到那种程度。这一点是肯定的！但同样肯定的是，我不能再允许你在完全误解我的性格的情况下，以如此不体谅和敌对的方式对待我，实际上就好像我是一个顽固不化或玩忽职守的下属——我从来不是，也永远不会是。"他接着请求俾斯麦把他的信看作一种尝试，"要让殿下完全了解我对我们相互关系的看法，以及让我们的关系得以继续下去的必要条件。我希望再给你一个证明（无论我们是否分开），证明我是多么高兴能继续和你做老朋友，罗恩。"

难道在德语世界中，还有一封由一个天赋稍逊的人写给一个天赋更高的人的比这更精彩的信吗？这是由受伤的友谊和受挫的骄傲导致的结果。收信人除了赶紧去找写信人，用亲切的握手和友好的目光回应他，还能做什么呢？俾斯麦自己写过很多愤怒的信，但从未收到过这样一封信，他采取了一种力道不足的中间路线，写道：

"亲爱的罗恩，我很遗憾你给我写了这么一封冷淡的信，因为我觉得我不得不忍受你比我今天更强烈的爆发，或者说我很快就忘记了这些。此外，就今天而言，我的印象是，愤怒的传染性爆发在你身上比在我身上开始得更早。我认为你无法像一个老朋友应该做的那样完全设身处地地为我着想，而如果你以如此卑劣的方式受到公然攻击，我应该会努力设身处地为你着想……当我的荣誉和正直受到公然攻击时，我觉得自己肯定会得到同事们的热切同情……也许你有太多事情要做，以至于没有时间和精力去体谅另一个人的个人感受。据我所知，事实是，我的同事中没有一个人、没有一家报纸、没有一个朋友在我面对这种不应有的严重侮辱时自愿采取任何行动来支持我……我不得不采取官方的方式来获得友谊和个人感情未能给予我的帮助……

"无论如何，我的情绪没有你想象得那么专横。它们只是一个同事的情绪，当他遭受严重而不应有的屈辱时、在他有充分理由期待友好帮助的地方却遇到了出于商业考虑的愤怒拒绝时会发作的情绪……对我耐心一点，回忆我们一起工作的十年，更要回忆我们在更早时候的交往。你不需要长时间保持耐心。我将用上帝留给我的最后一点精力为我的名誉而战……在那之后，我不会再给你任何理由，通过像今天这样的谈话和信件，让你认为我们长久的友谊受到了威胁，我希望在我的公职生涯结束后，这份友谊还能继续。"

罗恩，首相，住在离宰相很近的地方。也许从他的窗户他可以看到俾斯麦在花园里走来走去，在收到这封信后冷静下来。当罗恩读到这个无与伦比的利己主义者的保证时，他怎么能不微笑呢？这个利己主义者宣称自己总是愿意为朋友辩护，并说无论如何他很快就要辞职了。罗恩比俾斯麦善良得多，他原谅了俾斯麦反复的指责，尽管他是一名军官，却忘记了他在证人面前受到了侮辱，而这些证人肯定会不遗余力地把宰相如何责骂首相的事情告诉所有人。罗恩拿起笔和纸，开始写他的信："亲爱的俾斯麦。"

罗恩以前从未以这样的称呼开始给俾斯麦写信。最多他写过"尊敬的朋友"，通常根本没有称呼，因为罗恩无法下定决心用友善的态度回应俾斯麦平常对他使用的称呼"亲爱的罗恩"，因为这后一种称呼看起来太过于热情，或者说包含着太多的要求。于是，罗恩第一次也是最后一次以"亲爱的俾斯麦"来称呼他，试图弥补昨天信中用的"殿下"——这表明

445

他对昨天还以"殿下"称呼从而保持距离的这个人怀有爱意。他充满爱意又不失尊严地继续写道，亲自描述了昨天的场景：

"虽然我昨天确实不得不给你写一封'冷淡的信'，但你一定知道，当我这样做的时候我非常难过。你一定明白我对你是多么敬重。你一定要记得，因为我对你有这样的感情，所以我每天都有机会为你冲锋陷阵，而且无论何时何地遇到对你的敌意，我都会勇敢地抓住这些机会。这就是为什么你认为我会冷漠地不顾你的荣誉和声誉、对你不热心让我深受伤害……昨天，你在信中还加上了严重而无端的威胁。我表示惊讶，不敢相信你竟然这样对我发火，结果却导致了你又一次无端地对我的热情表示出巨大的不信任，以及你又一次开始怒气冲冲地怀疑我对你的同情……

"昨天的事和过去的事就到此为止吧！你说我对你应该有耐心……你很了解我，知道我总是努力以《圣经》的教诲'你们各人的重担要互相担当'来指导自己。但我只是一个软弱的凡人，当我被我最敬重和热爱的人误解并认为自己被他虐待时，我就觉得这超出了我的承受范围……你也必须体谅我，当你无端地把怒火发泄在我身上时，不要指望我只是一个沉默的靶子。至于你说的我需要对你保有耐心的时间不会太长，我想告诉你的是，我衷心祝愿也衷心希望，在我长眠于墓地之后，你还能继续引导我们国家的命运，为它带来普遍的优势地位。"

这就是我们的贵族罗恩给他的朋友写的信。

但是情况并没有好转。摩擦仍在继续，由于罗恩不惜一切代价希望继续和俾斯麦做朋友，他在秋天辞职了。他写信给他的侄子，说他本可以和俾斯麦一起对抗自由潮流，但"同时与两者对抗，超出了我的能力"。罗恩给俾斯麦写信，用充满男子气概的话语放弃说："让我再次衷心地向你呼喊'前进，勇敢的英雄！大胆向前！'我将在我的有生之年继续这样做，也许我的生命即将结束；无论我是在舞台上还是在观众席上，我都将继续这样做。"

俾斯麦的回答也同样精彩。当他不想要达到什么潜在的目的，并且没有不信任对方的时候，这位宰相知道如何读懂人心。他没有低估自己所遭受的损失："在公共生活中，我坚守岗位，我世俗的主人不给我退路。那就这样吧。国王的旗帜在前进。无论生病还是健康，我将继续高举我的封建领主的旗帜，坚定地对抗我那些搞宗派活动的表亲，就像对抗教皇、土耳其人和法兰西人一样。如果我累垮了，那我也是为了目标而筋疲力尽，任何审计部门都会认可这笔开支。你的离开会让我感到孤独，因为在所有的大臣中，你是唯一一有一颗善良之心的人……在黄色的会议室里，没有人能填补你过去常坐在沙发上的那个空位，当我看着你的位置时，我会想：'我曾经有一个伙伴。'"这首由两个男声组成的伟大二重唱记录了旧世界普鲁士的终结。十一年前，这两个人一起出发去斩杀民主之龙。一时间，这两位骑士似乎做得太成功了。他们一次又一次地把长枪投向时代精神，直到最后它高呼"万岁"然后倒下。但是现在这条龙又复活了，有三个头，而不是一个，从深渊中咆哮而出。仅靠这位勇士孤立无援的力量，足以将这个怪物从世界上清除吗？

俾斯麦很少向任何人敞开心扉。现在，罗恩离开后，它很快又关闭了。再次，目的和利益决定了他所有的行动。六个月后，俾斯麦（他曾竭尽全力阻止罗恩退休）说罗恩的虚荣心是所有错误的根源，罗恩一意孤行，而坎普豪森则通情达理得多，罗恩在最后阶段是个懒散的人。另一方面，还有六年宁静的晚年时光在前面等着他的罗恩，远远地珍藏着他朋友的形象。在俾斯麦再次威胁要辞职后，罗恩对他的侄子说："当普罗米修斯从天上取来火种时，他不得不忍受锁链和老鹰……他的野心超过了他的能力！没有人能摘下生命之树的果实而不受惩罚。如果他现在不惜一切代价退隐到安逸的乡村生活中，他就要……从自己的头上摘下那顶桂冠。"

当他知道死亡即将来临的时候，罗恩前往柏林，在王宫对面的一家旅馆住下，每天早晨看着国旗升起，接受来自对面的询问和礼物，最后，在他去世的前一天，八十二岁的国王看望了七十六岁的陆军元帅。他们坐在那里，这两个非常实在的老人——在责任感方面他们是男人，在虔诚方面他们是孩子——谈论过去的战斗，当威廉离开时，他抬头看了看罗恩，说："向我的老战友们问好。在那里你会见到他们中的很多人！"

阿尔布雷希特·冯·罗恩就这样去世了。

第七章

"如果我们对一头牛说'呵',它就向右转,如果我们说'嘿',它就向左转,但是这个老人既听不懂'嘿',也听不懂'呵'!"这是俾斯麦在威廉生命的最后十年里表达他对国王的个人看法时的哀叹。从俾斯麦六十岁、威廉八十岁的时候起,他们的关系就开始逐渐恶化。一个才智非凡的政治家,因在欧洲取得的成功而自满,被主人的百次让步所宠坏,在公共事务中是一个彻头彻尾的独裁者——这样一个人怎么能保持耐心和礼貌呢?这样一个人怎么能忍受必须请求和乞求的活动形式呢?一个头脑迟钝但正直的老绅士,被王权意识抬得太高,被发号施令的习惯所宠坏——这样一个人怎么能保持耐心和礼貌呢?这样一个人怎么能同意俾斯麦扮演独裁者的要求呢?

诚然，在他的信件中，俾斯麦充满了形式上的尊重，并且从不遗漏宫廷礼仪所要求的以及在历史舞台上的人所应有的华丽辞藻。事实上，在议会上，他小心翼翼地表现出（正如目击者告诉我们的）"一种类似于宫廷语言的恭敬顺从"。当国王因此亲切友好地回复他时，威廉的感情表现是完全真诚的，就像俾斯麦被授予亲王爵位时他的眼泪是真诚的一样。威廉国王也从不表现出嫉妒。他竭尽全力为他的大臣的名声增光，他的官方信件中充满了感激之词："我对你的感激将超越我的生命，你永远感恩的国王和朋友。"当一个平民在与一位王妃结婚前要被封为贵族时，国王首先征求俾斯麦的同意，因为这个候选人曾经拒绝为俾斯麦的健康干杯。"无论如何，"威廉说，"为了让两个相爱的人幸福，如果你反对我这样做，我绝对不会同意这个请求！"反过来，俾斯麦以天才那不言而喻的骄傲，不断地向所有人赞美他主人的勤奋和责任感——这些品质在皇帝的前任和继任者身上表现得不那么明显，但是在威廉身上却日夜不停地在展现着。

　　然而，向几十位大臣、代表、与政治无关的偶然到访者，甚至向陌生人，以一种如此直白的方式交谈，这暴露了俾斯麦想要故意重复他话语的意图——虽然当他觉得时机合适时，他会立即否认他的话。

　　"国王现在被赞扬的那些事情，是我费了很大力气强迫他去做的……和他的交往变得越来越困难。随着年岁增长和身体的日益虚弱，他缺乏决断力变得更加让人无法忍受。"面对霍亨洛厄时他说："他不再知道自己签了什么，当他听说发生了这样或那样他认为自己没有被告知的事情时，有时会非常生气！"对符腾堡代表冯·米特纳赫特说："虽然我的国王在1866年就曾想退位，但我把他扛在肩上送上了皇位。现在他认为自己比他的大臣更了解一切，并且想自己管理一切。"面对管理的花园负责人布斯，俾斯麦嘴里叼着烟斗简洁地说："他是一个好官员，对女士们很有礼貌！"当这个外国人回应，说作为威廉亲王时，皇帝在州议会发表过精彩的演讲，俾斯麦说："那些演讲都是为他准备好的。他一点也没有雄辩的能力，尽管他有时对他的将军们说得还不错！……他在忠诚和可信赖方面非常出色。但仅仅有这些质量对我来说是不够的。我要确定的是他会支持我。"

鉴于这些赞美之词，当俾斯麦发现他的主人不可信赖时，他自然非常生气。他总是能知道国王说了他什么坏话。"在这种情况下他总是威胁要辞职，"冯·霍亨洛厄先生说，"因为他决心要按自己的方式行事！"俾斯麦得意地讲述，他的一份书面辞职信曾被老威廉揉成一团，国王在边上愤怒地写了一个词："绝不！"当这两个人在这之后第一次见面时，国王动情地对他的仆人说："你想给我的晚年带来耻辱吗？你想抛弃我，这是一种不忠的行为！"还有一次，俾斯麦说他有可能要申请辞职，并以此作为对国王的威胁，因为他要去休假。同时他还要求他的主人在他回来之前不要处理这件事。这意味着国王要默默等待五个月之久。这让老绅士喘不过气来："你一定要原谅我当我试着向你描述你的信时让我感受到的折磨！有一件事情我必须问你！既然你自己写信给我，说你希望我对你信的内容保密，那么也允许我恳求你，请你让送信人也发誓会对这些信件保持缄默……你深感不安的w。"

然而这位国王每周都会读《帝国钟声》。虽然俾斯麦在他的回忆录中通常会掩饰他与威廉之间关系的不融洽之处，但他抱怨皇帝读《帝国钟声》——一份为诽谤宰相而创办的报纸。当三个人被提名担任高级官员时，俾斯麦抗议国王竟然公开表达对他的敌人的善意，在谈到其中一个被提名者时写道："这个人引起公众注意的唯一原因是多年来他一直对我怀有敌意。他既没有才能也没有功绩。在外交部，由于他的无能——在重要时刻几乎总是犯蠢，所以他是个讨厌的人。从那以后，也就是十五年前，他除了因为太过自负所以认为自己被误解并一直为此感到忧郁，并带着这种忧郁通过演讲、写文章来反对我以外，什么也没做。"

此外，俾斯麦非常清楚如何报复主人给他带来的屈辱，尽管总是带着朝臣应有的尊重。1874年，当国王抱怨议会中一篇演讲稿中某一句话的措辞过于严重时，在瓦尔津的俾斯麦宣称，如果对措辞做哪怕最轻微的改动，他就不会来柏林参加帝国议会的开幕会。霍亨洛厄想要告诉国王，俾斯麦作为一个作者的虚荣心太强，以至于他不会接受这样的修改。霍亨洛厄也如此执行了他的想法。"从这段话中也许能推断出，"这位非常激动的老绅士说，"我们想再次对法兰西开战！……我一点也不想听到这样的话……我太老了。而且我担心俾斯麦会逐渐把我卷入另一场战争！"当霍亨洛厄礼貌地否认任何这样的推断时，威廉捋了捋胡子，回答："在这件事上，我不能同意俾斯麦亲王的意见。如果你能把我的观点告诉亲王，我会很高兴的。"这样，主人和仆人就可以通过中间人互相讲心里话，以免发生人身冲突。这位老绅士当然没有得到他想要的修改。

"我们无能为力，"王储说，"如果俾斯麦向我父亲提议与加里波第结盟，甚至与马志尼结盟，我父亲一开始会绝望地在房间里跑来跑去，叫嚷着：'俾斯麦，你到底想让我做什么？'然后他会站在房间中央一动不动，接着说：'不过，如果你真的认为这对国家利益不可或缺，那我终究也找不出反对的理由。'"我们不难理解为什么一位地位很高的柏林官员会在一封私人信件中幽默地把俾斯麦称为卡拉卡拉。我们也能理解，在一次争执之后，这位老绅士为何会在俾斯麦的煽动下，在1878年新年时给他写一封感人的信。随后，俾斯麦立刻告诉一位自由党人（有意让消息传播出去），那封亲笔信是以草稿的形式交给他的，而他只是在一两个地方改了下拼写方式。俾斯麦以魔鬼的口吻补充道："我改了那些地方真是有点可惜，因为现在这个公文看起来不那么真实了。"

很少有人会在这些事情上讲真话。昂鲁有一次冒险这么做了，他对俾斯麦说，历史会把这件事记在皇帝的功劳簿上，"他不仅留用了一个比普鲁士历任国王所任用过的大臣都更令人讨厌的大臣，而且实际上还无条件地听从这位大臣的建议。"俾斯麦对昂鲁的话一点也不生气，他的回答堪称经典："你说得对。国王们就是能十分敏锐地知晓什么事情是对他们自己有利的。"

不管有谁在场，他都毫不犹豫地出卖他的老主人。卢修斯描述了1875年俾斯麦在一个众人聚集的场合是如何说的："有时候我们会收到亲笔急件，回复这些急件得花上整整几周的时间。皇帝不抽烟，不看报纸，只看公文和急件，要是他能有耐心一些就好了……如果我碰巧给出一个尖锐的回答，他就会脸色苍白，然后说：'我知道我受年老体弱之苦，但我活得这么久也不是我的错！'自然，那种话会让我感到恼火。"或者俾斯麦向他的医生讲述宫廷中必须使用的冗长而正式的语言："我不能直白地说'陛下在胡说八道'，或者'陛下对政治的了解还不如一个十四、十五岁的学生！'一切都必须用礼貌的措辞来表达。人们不知道和一个老古董相处十八年是一件多么艰难的事。如果我没有一直把辞职当作威胁像一把手枪一样握在我手中，这么长时间的相处简直是不可能的。"

当他的密友卢修斯赞扬威廉国王时，俾斯麦恶狠狠地回答："所有的君主都有同样的方法来利用他们最能干和最忠诚的顾问。我们的国王一定是从腓特烈大帝那里学到了这个方法。他很冷漠，像石头一样冷酷，对我没有一点感激之情，只是因为他认为我还对他有用才把我留在他的手下。"

与奥古斯塔的不和在70年代达到了顶点。皇后和她的顾问、宫廷司库施莱尼茨，支持所有那些写文章或者密谋反对俾斯麦的人，不管他们是天主教徒还是容克。俾斯麦一与自由党人联手，奥古斯塔就变成了反自由党人。战争结束时，当她加入进入柏林的凯旋仪式时，人们不知道（即使在今天也几乎没有意识到）她为了推迟这个盛大的庆祝活动在多么忙碌地活动着。皇后当时在一个温泉疗养地接受治疗，她把一切都拖延了六周。延迟这种大规模活动的时间如此之久，这让国家花费了数百万塔勒。这有点疯狂！

她在国内对议会议员和政府大臣的态度，以及在国外对当权亲王们的态度，对国内外的帝国政策都造成了很大的损害，并使宰相陷入了最令人烦恼的斗争中。他同时向他的两个密友抱怨道：“她给外国统治者写亲笔信，表面上是在她丈夫的鼓动下。她与我的政策背道而驰、与法兰西大使亲密交往、并听从他和温德霍斯特的建议。她的阴谋近乎是叛国的……她让人给她写信，然后在早餐时把信放在皇帝面前——之后我就会收到威廉皇帝令人不快的便条。如果这种事情继续下去，我就辞职，然后我就能直截了当地说出我的想法了。”

她对法兰西大使——一位贵族——渴望获得阿尔萨斯和洛林的希望表示支持。作为法语读者，她有一个狡猾的无赖充当她的间谍。她对奇怪的异国人以及天主教牧师特别青睐。施莱尼茨，“一个反对宰相的人”，持续在告诉她阿尼姆、温德霍斯特以及不满的容克们对俾斯麦的所有想法。结果，反俾斯麦圈子受到鼓舞，希望最终能把这个永远的宰相赶下台。俾斯麦发现《帝国钟声》的宣传被安排在了宫廷司库办公室。“中间人是一个领头的下属，他为施莱尼茨夫人削羽毛笔，把写字台整理得井井有条。皇后一直让我感受到她的不满。她的直接下属——宫廷的最高官员——对我非常无礼，以至于我不得不向陛下书面投诉。”

一天早上，当他去请求皇帝给予中央党特别关照时，他在陛下的床边发现了奥古斯塔（皇帝卧病在床）“穿着一件晨衣，这让我推断出她是在我通报之后下来的。当我表示希望单独和陛下谈话时，她走了，不过只是走到门外，而且没有随手关门。她继续走动，故意弄出声响，让我明白她在听我说每一个字"。那天晚上有一个舞会。俾斯麦恳求她不要提出相互矛盾的建议，以免损害她丈夫的健康。"我这一出乎意料的举动，完全违背了宫廷的传统，却产生了显著的效果。在奥古斯塔皇后生命的最后十年里，我从未见过她在这个场合如此美丽。她挺直身子，眼睛炯炯有神，我以前从未见过，以后也从未见过。她打断了谈话，毫不客气地离开了我，后来我从一位侍臣那里听到，她说：'我们仁慈的宰相今天极不仁慈。'"

在俾斯麦以如此高超的笔触所描述的这两个场景中，她都鲜明地展现出了自己的个性。早上，她充满猜疑地挑衅，行为极其不得体，仅仅是为了确保自己能在政府事务中插上一手，哪怕只是在门后。晚上，她展现出女王般的尊严，这产生了一种振奋人心的效果，重新点燃了她三代以来都备受赞誉的个人魅力。俾斯麦内心最殷切的愿望就是她死去，这难道让人惊讶吗？"两种制度中必须有一个走到尽头，"他既愤怒又幽默地喊道，"要么是婚姻制度，要么是君主制度，两者同时存在是不可能的！但既然我们需要君主制度，我们就必须结束婚姻制度！"在更为严肃的情绪中，他对卢修斯说："当某个事情经过一整夜的讨论被安排好，第二天早餐桌上一切就都被推翻了……要是皇帝是个鳏夫就好了！"

当俾斯麦达到权力巅峰时，他的保皇主义已经消亡。他几乎完全失去了保皇派所必须依赖的信念。内部圈子里的布赫和布希（Busch）告诉我们，宰相当初草拟过一篇文章，其中谈到了他威胁要辞职的事情。他故意安排在英国发表这篇文章，以便能在德意志报纸上转载，从而影响国王让他顺从自己的意愿。在这篇文章中，提到了宰相的"保皇主义情感和对国王的忠诚"，布希告诉我们，"两位预言者互相咧嘴一笑。"他带着一种自卑的情绪向米特纳赫特抱怨道："在位的君主们有时给他们的大臣们制造的麻烦足以让一个人成为共和主义者……在他们的私人信件中，他们谈论他们的大臣就好像这些大臣不过是一些庄园管家！"他嘲讽地写到某位国务秘书，说这位先生甚至会用宫廷生活中恰当的谄媚措辞来谈论荷马史诗中的英雄："令人怀念的赫克托王子殿下。"在1880年，俾斯麦私下里这样总结这件事："我不是专制主义者。一个当了几年国务大臣的人怎么可能是呢？一个人不仅要和君主打交道，还要和他的妻子，也许还有他的情妇，以及整个宫廷里的那群人打交道……宫廷里的贵族们满脑子都是微不足道的肤浅的想法，而旧贵族的成员们则极其傲慢，只以他们的家谱为荣。"

他直白地对大臣肖尔茨（Scholz）说："我上任时带着对君主制的深厚感情和对国王的崇敬。让我难过的是，我发现这份感情和崇敬越来越少了！"接着是那句尖刻的警句，"我看到过三个国王赤身裸体的景象，这景象并不总是令人愉快的！"

第八章

　　这位独裁者迈着沉重的步伐、专横地横跨他的帝国。人们现在开始称他为"铁血宰相"（Iron Chancellor），这是在无意中开的玩笑——因为在国内事务中他的手段很强硬，在这方面国人不希望他是这样的，而在对外关系中他仍然是所有外交家中最灵活的。无论如何，现在有了一个能发号施令的人来领导事务，目前德意志人别无所求。由于他不信任任何人，不认为其他人有智慧或忠诚，所以他有充分的理由相信自己的精明，并且怀疑每一个接近他的有能力的人都是他潜在的对手——因此，他有全部的理由变得越来越独裁，想要把所有的权力都握在自己手里。然而，同样是这种利己主义，他"天生讨厌笔、墨水和纸"，他对人的厌恶和对树的喜爱，他对枢密院顾问官们及其所有行事方式的强烈反感，激发了他对休息、乡村生活和长时间休假的渴望。他一次想要离开长达五个月之久，在此期间，他在柏林的下属们要自行负责处理相关事务。但如果他们擅自采取行动，那可就倒霉了！没有人比罗恩更明白这一点，在他担任首相之前，他曾写道：

"于是瓦尔津的隐士就出现了，他想自己做所有的事情，却又下达了最严格的禁令，绝不允许任何人打扰他……除非他全力以赴为帝国提供一个上议院和必不可少的大臣们，否则未来的历史会对他做出不利的评判……你不能永远靠自己亲自动手来解决问题，不管你的手多么灵巧有力，嘴巴多么能说会道、牙齿多么锋利……他可信赖的朋友太少了，他听了太多敌人的话了，而在这些敌人中，崇拜他的那些人又是最恶劣的……正因为我自己对他十分敬重，所以我才想在很多方面改变他。"很快所有人都看到了同样的事情。拉斯克抱怨，说俾斯麦再也不能容忍任何大臣了，他需要的只是各部门的部长。我们又读到："德意志希望由俾斯麦来统治，即使他去了瓦尔津并声称生病了，这种愿望也没有停止。"德意志可以忍受俾斯麦的统治力度稍微小一点儿，但不愿由另一个人来统治。

首先，他对大臣和亲王们实行独裁统治；其次，他对帝国议会的统治更加严厉了，当他对官员们实行统治时，这种统治达到了顶峰。即使是在位的公爵，如果不准时也不会被他接见，甚至国王也会遭到拒绝。一位大国公爵约好晚上九点见面。八点四十五分，正在工作的俾斯麦把他的制服外套拿来穿上了。九点一刻，他又穿上了他在家工作时习惯穿的那件旧外套，告诉正在听写的蒂德曼："在位的君主不要以为我会等他超过一刻钟。"就在这时，那位大国公爵来了，大门都敞开了。蒂德曼记录说，俾斯麦在听到的时候正走来走去，然后迅速坐在写字台前，假装沉浸在公文之中。然后，大臣带着深深的敬意说："我已经完全放弃了期待殿下今晚来访的荣幸，因为现在已经九点二十分了。"他这样做是为了让王公们遵守规矩，但也有其他原因。他让枢密院知道他做了什么，因为他很清楚外交部是八卦的温床。当萨克森国王不期而至时，守门人——一个老派的普鲁士人——问道："他有预约吗？没有？那我就不能让他进来了。"于是国王开车离开了，随后接受了他们提出的道歉。

如果他不喜欢大臣和使节，或者想避免表态，他可能会连续几周都不见他们。卢修斯和蒂德曼讲述了所有必须采用的手段，以便在他不情愿的时候让他接受一份通报或做出一个决定。我们可能会觉得自己在读关于全俄国独裁者的宫廷回忆录。一流的才智之士自然越来越不愿意进入这样一个看似内阁的地方。因此，找到大臣变得越来越困难。当他引诱人们接受大臣的职位后，他很快就想摆脱他们。出于这个原因，一位机智的伯爵把他比作唐璜，说宰相先是哄骗漂亮的女孩直到赢得她们，一旦拥有她们就抛弃她们。他对大臣的尊重很少能持续两年以上——实际上，他很少能让一个大臣任职超过那个时间。这并不是不自然的，因为他的心情，正如他自己所描述的那样："如果我想喝一勺汤，我必须先征得八个傻瓜的同意！"然而，如果被羞辱的同事投了敌，他会痛斥他们的忘恩负义，因为他才是把他们在默默无闻的时期挑选出来的那个人。

每个来访者都使他厌烦，但是只有他在滔滔不绝时还能接受。"任何想和我说话的人，必须在二十分钟内把话说完。大多数使节待得太久了，因为他们总是想窃取一些信息，然后放进他们的报告里。"即使是最高级的官员，即使是那些私人朋友，也不能未经邀请和预约就去看他，尽管他应该在他的乡间别墅里。事实上，当他在瓦尔津的时候，威廉皇帝自己再也无权派遣一个可能不受欢迎的人去找他。霍亨洛厄亲王，巴黎的使节，谒见皇帝，皇帝说："霍亨洛厄最好到瓦尔津去。"这相当于命令。霍亨洛厄亲王回答，说除非俾斯麦请他去，否则他不能去。皇帝和亲王默默地对峙了一会儿，然后宽容的君主让步了。但如果俾斯麦有话要对皇帝说，他就会毫不犹豫地把这个霍亨洛厄从瓦尔津送到君主那里去。

他建立独裁统治的方式之一就是拿自己的健康当工具。当他处于穷途末路时，他就会生病，这种病部分是真实的，部分是政治性的。他接着说，他的健康状况使他有必要退休。《喧声》对此进行评论，并模仿海涅的口吻说道：

用我巨大的痛苦

我交了一点税！

他一再提出的辞职，不仅仅是基于他所宣称的他的健康状况受到了损坏：健康状况不佳其实是对国事的一种谴责，而且在大多数情况下实际上是皇帝的责任。就在霍亨洛厄在瓦尔津找到他的那一天，俾斯麦"其实，看上去状态很不错"，但是俾斯麦却让霍亨洛厄转告皇帝，他（俾斯麦）仍然病得很重，神经很不安，"因为皇帝对我太不体谅，让我很恼火"。

但是宰相希望帝国议会给予他自己没有给予这个组织的体贴。1879年，当俾斯麦对拉斯克进行人身攻击时，议长轻轻摇铃。俾斯麦停止了他的激烈言辞，说道："摇铃干什么？大厅里很安静！"之后，他对卢修斯说："我作为帝国的最高官员在这里，不受议长的约束。他没有权利打断我，甚至不能用铃声警告我。如果他那样做，我们就离解散议会更近一步了！"于是他把所有矛头都引向自己，他的战斗欲望随着他对对手的蔑视而增长。当里克特（Rickert）对政府进行详尽的攻击时，俾斯麦拔出了他的剑，隐喻地说："是的，先生们，你们攻击我们的立法、我们的作为、政府的政策。在这些攻击中你们真正针对的是谁？除了我还能是谁？……我不会让你们以攻击国家为借口向我做出这样的侮辱，同时还不要求还击！"

在同一次会议中，他改变了主旨，从保护声誉转向竞技，因为他对里希特说："如果可以这么说的话，仅仅作为一个运动员，我在这里都不能不保护自己免受这样的攻击！"另一天，他处于一种自负和谦虚之间的情绪中。拉斯克说没有人能做所有的事情。俾斯麦把这看作对自己能力的挑战，回应道："在我看来，你的阿尔瓦（Alva）能做的，查理也能做，仅此而已！"（他故意错误引用席勒的诗句："而查理能做更多！"而这显然对自己不利）他很少提及自己的历史，但有一次他在帝国议会宣称："我曾经与整个欧洲抗衡。你们不是我第一个要对付的人！"在这样的时刻，即使是他最凶恶的敌人也很难不颤抖。他们知道他说的是实话。

在这些日子里，他越来越觉得自己是掌握治国之术的大师。为了教导帝国议会中的空想家们，他说："政治不像教授们倾向于认为的那样是一门科学，它是一门艺术。它和雕塑、绘画一样不是一门科学。一个人可能是一个能干的批评家，而不是一个艺术家。即使是所有批评家中的大师莱辛也绝不会去雕刻一座拉奥孔雕像。"在这样的冲突之后，当他心情恶劣地来到餐桌旁时，在头三四道菜之后，他那严峻的幽默感会再次表现出来。

这些反复无常（他的独裁统治因此而加剧）尤其与他自己的地位的安全有关。在这件事情上，俾斯麦确实很像一头狮子，这头狮子似乎时不时地放走一只被捕获的野兽，却在最后一刻又用巨大的爪子把它抓住。1880年4月，他非常愤怒，因为普鲁士在联邦参议院中第一次被否决。早在十点钟，他就派人去叫蒂德曼，并指示立即在《北德意志报》上宣布他即将辞职。尽管有人提出相反的建议，他还是让人把通知送去，并起草了他的辞职信。在做这件事的时候，他去花园里散步；每走一圈，他就往窗户里看一眼，并给蒂德曼更严厉的指示。几位联邦亲王和他们的代表将被追究责任。在报纸付印前不久，蒂德曼催促他等到早上。"不！"与此同时，占据四张对开纸的辞职信正在由四个职员誊写，因为这是唯一能在四点半之前把它交到皇帝手中的方法。当钟敲响十二点半的钟声时，一名骑马的信使把信送往王宫。一刻钟后，俾斯麦坐下来吃饭。他刚开始吃饭，就派人送去一个口信，说辞职信不要送出去了。蒂德曼急忙上楼，说半小时前就已经送走了。当然他可以看看能不能从副官那里拿回来这封辞职信，但不幸的是，这份通知已经被送达给了报纸，并且皇帝还会读到它。"哦，好吧，让事情顺其自然吧！他经常给我找麻烦，现在也轮到我给他找点事儿了！"

当俾斯麦的宰相职位受到威胁时，他就会弄出这样的闹剧。在外交政策上，即使是在不太重要的事情上，他也不会凭一时冲动而不是凭理智行事。如果他的一个下属在这样的事情上凭冲动行事，他会大发雷霆，但是对于他自己的职位，他可以装傻，因为他是不可替代的。卢修斯和蒂德曼，两个议员，他让其中一个当了国务大臣，另一个当了帝国宰相办公室的主任，只有他们两个人的机智和精力使他们能够连续多年在俾斯麦手下工作。后来，肖尔茨出任财政大臣也获得了同样的成功。

布希和布赫是很有趣的人。他们比俾斯麦年轻一点，两人都曾是革命者。后来他们成了著名的记者，并进入了公职部门。布希聪明而不择手段，圆滑而浅薄。在广泛游历之后，他成了《边境信使报》（Grenzboten）的编辑，并引起了俾斯麦的注意。他在普法战争前得宠，但战后却被不光彩地赶走了。然后，通过近乎勒索的不正当手段，他又一次使自己变得不可或缺，并再次被俾斯麦任用，但是俾斯麦对他甚是忌惮，甚至反过来比布希对宰相的忌惮更多。作为一名记者，他是个行家，能够看到、听到并记录下所发生的一切。他的日记为理解俾斯麦提供了宝贵的材料，而俾斯麦本人也不得不承认其中令人不快的事实。

与这个结实、快活、狡猾而又开朗的人形成对照的是，洛塔尔·布赫是一个神秘的人物。他起初是一名律师，是州议会中四十九名激进议员之一，他被判处监禁并逃到了伦敦。他在伦敦度过了十年，那是孤独而贫困的十年，是流亡中的马克思的邻居。在大赦后他回到德意志，拉萨尔将他介绍给俾斯麦。他现在已经快五十岁了，仍然没有任何维持基本生活的手段，同时又厌倦了革命分子生活的不确定性。条件对俾斯麦是有利的，他发现很容易收买布赫手上那支有力量的笔。正当威廉·李卜克内西开始进入他职业生涯中最艰苦的阶段时，外交部的大门向他在伦敦相遇的旧相识——布赫——打开了，而这扇门通向的是一条持续晋升的大道。如果他按照别人的指示去做事情，停止公开发表自己的观点，那么他光荣的升职便指日可待。

布赫是个其貌不扬、身材瘦小的人，当他能暂时摆脱公务的烦扰时，他就会远离人群和报纸，带着一个绿色的收集盒在树林中漫步，盒子里装着草或苔藓的标本。他认识所有的鸟，他是个老单身汉，供养着他的妹妹，吃得很少，也不喝烈酒。一旦他再次为俾斯麦效力，对他来说白天和黑夜就没什么分别了。如果他去看戏，他得让主人知道他的座位号，以便有需要时能把他找回来。他是个精明的思想家，文笔流畅，写了无数的英文文章、法文笔记和德意志法律草案。他做任何主人吩咐给他的事，因为他已把灵魂卖给了主人——尽管他并不喜欢俾斯麦。因为他不再有自己的主见，所以他甚至能给俾斯麦提出改进建议，而且能从俾斯麦的表情看出批评是否成功。他对俾斯麦来说是无价之宝，俾斯麦从来没有对其他人说过："一颗真正的珍珠！他是我忠实的朋友，常常还是我的批评者。"另一方面，俾斯麦曾把忠诚而尽职的阿贝肯称作他的苦力。

对他所有的顾问，俾斯麦要求他们说话要简洁，写作要平实。像蒂德曼和布赫这样说话简洁明了，总能在一夜之间完成任务的人，俾斯麦从没对他们表现得不耐烦过。说话不能感情用事，写作不能用最高级。在这些事情上，俾斯麦确立了黄金法则："措辞越简单，印象就越深刻。"还有："无论情况多么复杂，其核心都能在寥寥数语中被揭示出来。"在他手下工作的人必须能够在十分钟内就一份包含一百多个段落的法律草案做出报告。"当然，为此进行的前期准备工作需要花费好几个小时。"当他想了解一个经济问题时，一份长达五页对开纸的报告就太长了。

他完全能够接受反驳，并且在初听时的震惊过后还能加以利用。我们必须理解这个神经质的人的真实性格，他绝非"铁石心肠"。当他神经紧张激动的时候，他会像其他人捻胡子一样拧着他浓密的眉毛。在这种时候，蒂德曼的公文包里总是有一份关于某个简单事情的文件随时备用。"如果我走进房间，发现他带着一副厌世的表情向窗外张望，而且看到他有拧眉毛的倾向，我就会就某个无关紧要的话题简短地向他汇报一下。然后他通常会说：'你觉得怎么好就怎么处理吧。还有别的事吗？'"蒂德曼就会退下。第二天早上，当上司心情愉快地起床后，他会耐心地听汇报，一两个小时都不嫌长。

因为俾斯麦早上容易睡懒觉，所以他的公务工作要到中午才开始。他从十二点一直忙到六点，然后从九点一直忙到午夜以后。他明显是个夜猫子，以至于他希望议会的会议像英国那样开得很晚。"晚上的时候人会更有效率：话说得更好，也更容易和解。而在早晨，人似乎只是在等着别人说点什么好去攻击。"

但是当他自己精力充沛、心情愉快的时候，就像很多神经质的人在这种情况下一样，他会要求下属做出非凡的表现。一份重要的草案必须在一个小时内写好，而在这一个小时里，工作人员比平常要忙出十倍。"宰相府里的仆人也忙得团团转。所有事情都必须以最快的速度完成……即使是最坚强的神经在这种压力下也容易崩溃。"尽管如此，告诉我们这些的蒂德曼也说："他从来没有以任何方式对我粗暴无礼过……除了绅士之间通常的语气之外，我想不起来他曾用其他任何语气和我说过话。相反，他非常有礼貌，在这方面为其他大臣树立了榜样。当然，必须小心处理，不让他感到不耐烦和紧张。下属们非常害怕这位上司。他们知道他会因为最微不足道的疏忽而责备他们，他们在这位雷神面前战战兢兢。"

在他那间宽敞但陈设简陋、由一盏高大的银灯照明的书房里，他会半躺着听人读报告，然后迅速做出决定。在六年里，蒂德曼不记得他在这方面有过哪怕一刻的犹豫。当他口述时，他会在房间里来回踱步，他的话语像从讲坛上发言时一样滔滔不绝。会有长时间的停顿，然后是一连串的话语。他常常会口述两三个几乎同义的表达方式，之后从中选择一个。"由于他不能容忍任何打断（这会让他没有思路），所以很难跟上他。在1877年年底，他向我口述了一份给皇帝的报告，一幅自宪法制定以来我们所有党派关系发展的政治画卷。口述持续了五个小时，没有停顿。他说话比平时快，我很难把他说的要点记下来。房间里很热，我担心自己会抽筋。我迅速拿定主意，脱掉外套，穿着衬衫袖子继续写。俾斯麦亲王惊讶地看了我一眼，但片刻之后他会意地点点头，继续不停顿地口述。当我把我的笔记整理成一份整洁的副本（有一百五十页的大页纸）……我惊讶地发现整个文章的发展脉络是多么令人钦佩……这是一个非常直接的叙述，没有任何重复或离题。"

因此，在他的公务工作中，他同时表现出专制和体贴；在其他事情上，他也表现出同样的一丝不苟和个人礼貌的结合。由于他既没有耐心，也没有时间给他的衣服量尺寸，他的裁缝只好用眼睛给他量尺寸。如果结果不令人满意，这个可怜的人就会收到这样一封信："你以前给我做过合身的衣服，但你似乎已经失去了做这件事的技巧，而且你显然认为随着年龄的增长，我变得更小更瘦了——但是这很少发生……从1870年以来，你给我送来的东西我穿着就不合适；我也没有想到，像你这样的工作，一般来说，执行起来都会很精巧，但是你做起来竟会连人类身体的自然发展都甚少注意。"这就是这位伟大的设计师在有机会责备一位优秀的下属时所表现出的尖刻的态度。

当他和他的同辈交往时，他的自尊心总是很脆弱。当然，他的同事对他来说是不可容忍的，因此他对待他们比对待那些无法为自己辩护的议员更糟糕。几位部长形容他为"不可接近的高傲"，并说他对待他们就像对待下属一样。冯·斯托施，海军部部长。他写道："他让我坐下。他和我一起完成了我的工作，就像一位校长对待一个愚蠢而顽固的学生一样……每当我想插句话时，他就对我厉声呵斥，我什么也做不了，只能忍住不说话，任凭他做什么。"这样，半个小时后，一个人就会永远失去俾斯麦的尊重。尤伦堡作为大臣受到了不公正的对待，他提出了尖锐的抗议。然后，从那位有权势的人那里挤出了以下几句话："从您的来信中，我得到的印象是，您受到了冤枉。我必须请求您的原谅，虽然我不应该为此负责，但是我也能允许它发生。"一代又一代，这封信将一直被收信人的家庭珍藏着。其他一些大臣，在与俾斯麦建立了友好关系之后，得到了提拔，但过一段时间后，他们总是发现自己与他的关系不好，失去了他们的职位，收到私人和官方的辱骂信，最后成为他们曾经的朋友的公开敌人——因为俾斯麦希望人们感谢他，而他从不感谢任何人。

他确实很少表示感激。在这些难得的情况下，他也会做一些独特的事情。1870年战争结束后，他骑马穿过勃兰登堡门，在皇帝身后，在毛奇和罗恩之间，他看见宰相办公室的工作人员站在一个特殊的平台上，于是他从挂在马鞍上的三个月桂花冠中抓起了一个，扔给了他的部属。

第九章

1860年一个冬天的晚上，在圣彼得堡的大使馆里，长官斯洛泽、克罗伊、小荷尔斯泰因和孩子们的家庭教师都围坐在火炉旁。谈话转向灵魂的不朽上，荷尔斯泰因试图证明，唯一能保证不朽的是死后的名声。俾斯麦伸手去拿挂在壁炉架上的那杯酒，说："让我告诉你，冯·荷尔斯泰因先生，对我来说，这杯梅克多葡萄酒的价值要超过贝克尔《世界史》的任意三十页。"

这种对名声的蔑视，同样也发生在他的学生时代和晚年。这是他的一个显著特点——也许这是他与拿破仑最明显的区别，拿破仑要不是对普鲁塔克的崇拜和对荣誉的渴望，他将永远是一个无足轻重的人。贝克尔的《世界史》在70年代更新了一版，而且俾斯麦在这本书里占据了大概三十页的篇幅，但是他对此真的不在乎。他知道自己的能力。他拥有一本卡莱尔（Carlisle）的作品，在其中，他把这位作家谈到政治天才的所有段落都加了两道下划线。在卡莱尔八十岁生日的时候，俾斯麦向他表达了对他的尊重，这是宰相从未对任何德意志天才表示过的尊重。我们应该记得，五十年前卡莱尔收到过一位更伟大的德意志人写来的类似的信。

同时代人的赞许使俾斯麦感到冷淡。由于他鄙视同伴，他们的赞赏使他感到不快。在帝国议会上，当里希特指责俾斯麦对经济学一无所知时，俾斯麦在说他可以平静地等待同胞们的判断之后，又小心翼翼地补充说："我不会谈论子孙后代——这对我来说太情绪化了。"每当一大群人聚集在帝国议会前，想看他坐车来的时候，他总是很恼火。他说，他非常清楚，作为一个受人憎恨的宰相，他的面目该是什么样子。人们对他恨之入骨，恨不得朝他吐口水。现在，很显然，他必须学会如何戴上另一种表情。威廉邀请他参加系旗仪式，其中一面旗子上画的是俾斯麦的盾形纹章和名字，但他拒绝了邀请，因为他去那个仪式，最有指望得到的仅仅是感冒。当皇帝给他送去特意订制的钻石，并附上一句感人的话："这是我能给你的最好的装饰，这是专门为你打造的。"他在家里说："一桶莱茵葡萄酒或一匹好马会让我更高兴。"

俾斯麦的很多画像能够让他感到开心。当他看到自己被隐喻地描绘成一个白色的和平天使，穿着低胸装，头顶上戴着勿忘我的花环和桂冠时，他对自己具有的这份"超越性的可能"感到惊讶。为他树立的第一个纪念碑使他不愉快。他直截了当地告诉这个国家，他不喜欢这种表达感激的方式，"当我走过我在科隆的雕像时，我不知道该走哪条路……当我在基斯辛根散步时，我发现最讨厌的就是遇到一种僵化的我的形象。"

他是一个现实主义者，这就是名声不能使他激动的原因。他并不能用名声做什么。但另一方面，对他有用的舆论是值得培养的。正因为如此，他才更加玩世不恭地编造俾斯麦的传奇，因为他自己完全不受这一传奇对同时代人的影响。那些不能忍受自己的纪念碑的人喜欢记录自己的事迹和奇事，因为这是有益的宣传。叙贝尔受威廉一世委托写一部关于德意志帝国成立的著作。档案是开放给历史学家的，但布赫首先要筛选文件，而且必须只让叙贝尔看到那些"不危险"的文件。经过这样的筛选，七卷书很快就变得一文不值了。以西结（Hesekiel），布希和其他人必须将他们的书以文稿的形式提交给他。在这些校样中，他删去不受欢迎的段落，提了一些补充的建议，并批评他认为作者做得不够的段落。他甚至给以西结精心挑选了一些私人信件，其中一些写于1870年，已经在1877年出版了。

他出现在公众面前的每一个细节都经过仔细考虑，考虑的着眼点在于其政治影响力。他曾在宫廷里痛斥皇后的总管大臣，因为这位大臣没有恰当地问候他；在穿越奥地利的铁路旅行中，他会把他的火车车厢里的百叶窗拉下来，以免在危急时刻，人群的欢呼会使他的维也纳同事感到不高兴。

在运用新闻媒体方面，从来没有人能与俾斯麦相比。他的下属不分昼夜（字面意思）都要为媒体工作，准备——建议——总结——反驳。他对药剂的使用剂量表现出极大的精通；他要把他想要传达给公众的消息，从德意志的偏僻角落或外国的一个首都送到柏林，使公众对表面上没有偏见的声音印象深刻。在他自己的书房里，他把关于自己的最惊人的发现口述出来，然后就像从斯德哥尔摩送到波茨坦一样，向全世界公布。所有这些事情都做得如此熟练，以至于连他最忠实的蒂德曼都总结道，俾斯麦"与其说是浮士德，不如说是魔鬼"。1872年，当阿尼姆得到奥古斯塔的支持时，在瓦尔津的俾斯麦向布希口授了一篇关于"一位流亡夫人要求更换宰相职位的愿望"的文章。当他想讨论奥地利的问题时，他让布赫偶尔扮演《科隆报》（*Kölnische Zeitung*）的记者，从波美拉尼亚的斯托尔普

（Stolp）偶然得到了信息并且发送回国。

在1874年，当教会的争论达到顶峰时，又有人企图射杀他。几个月前，他曾轻蔑地对帝国议会说："在我的政治生涯中，我很荣幸有很多敌人。你可以从加隆河到维斯瓦河，从贝尔特到台伯河，你可以在我们德意志河流的河岸、奥得河和莱茵河的河岸上随便看看，你会发现，此时此刻，我是这个国家最强大的人，（我可以自豪地说）是这个国家最令人讨厌的人。"但他不知道，当时有个比利时的铜匠提议把俾斯麦的人头送到巴黎大主教那里，因为俾斯麦正在向罗马出兵，而且这个狂热分子还说："我准备杀掉这个怪物，如果您相信上帝会原谅我，如果您愿意给我六万法郎，那么我将在一年之内结束这个怪物他那该死的生命。"

几个月后，在基辛根（Kissingen），一个年轻人向坐在车里正在出门的俾斯麦开了一枪。宰相只是手指受了点轻伤。那个准刺客宣称自己是中央党成员。俾斯麦很高兴。首先，几个牧师被逮捕，因为他们被认为协助抢劫马车。接着，一场新闻宣传运动开始了，这件事持续了六个月，并且在帝国议会达到了顶峰。在这里，一位中央党成员很不明智地说："一个半疯的人向俾斯麦亲王开枪，于是德意志民族的大部分思考者都变得神志不清了。"这给了俾斯麦一次机会，让他做了一次精心准备的演说。

"我刚才跟他说话的那个人，他的才能是完全正常的。事实上，我们有医学证据证明这一点。我能理解这位可敬的议员非常不愿意让我们相信他与这样一个人有任何共同之处……当然，即使在他的灵魂深处，他也从来没有萌生过这样一个愿望：'要是这位宰相出什么意外就好了！'我敢肯定，他绝对不会有这样的想法。尽管如此，虽然你可以随意否定这个刺客，但是他仍然抓住你的衣襟，说他属于你的政治派别！（轰动）我告诉你的不过是历史事实……这位名叫库尔曼（Kullmann）的人这样回答了我的问题：'因为教会的法律，我想杀了你……你伤害了我的政党！'（大笑）对于我在证人面前提出的下一个问题，他说：‘我指的是帝国议会中的中央党。’在这个节骨眼上，巴列斯特伦（Ballestrem）伯爵喊道：‘可耻！’根据我们对俾斯麦性情的了解，我们可以确信，他首先产生的冲动一定是从讲坛上走下来，把伯爵打倒在地。但他只是满足地皱起眉头，平静地说：‘‘可耻’是一种厌恶和轻蔑的表达，请不要以为我没有这些感觉。但我太有礼貌了，不能将这些感觉表达出来。”

别人这次谋害他的企图在很长时间内都盘旋在他脑子里。我们完全可以认为，在他的职业生涯中，这是他唯一一次在认真考虑退休的可能性。他非常激动地告诉本尼格森他要辞职。他曾两次遭到枪击，警察不断警告他，他回应道：“我要让另一位宰相成为天主教徒的目标。到四月一日我就六十岁了，那时我就要退休了，重新过上乡村绅士的生活。”他的妻子和女儿早就敦促他采取这一行动，现在他自己也有同样的想法。

在这十年里，乔安娜对他的影响已经消失了。她不但没有安抚他，反而加剧了他所有的仇恨。据我们所知，在长达十年的时间里，她一次也没有努力想要去避免或弥合他们两人之间的裂痕。她爱他，因此她几乎恨所有的人，因为几乎所有的人都是他的敌人。这就是为什么她一年比一年更有激情。在她年老的时候，尤伦堡看到她在为丈夫辩护时打碎了一个玻璃杯。她只去过一次议会。她不忍心再去一次。在他谈到一次议会的状况时，她惊呼道：“我应该抓起椅子腿去砸他们！”她对克里斯皮（Crispi）说：“你说得对，我的丈夫确实是个好人。”但是克里斯皮嘲弄地笑着回答：“你会发现，不是每个人都同意你的看法。”

他还得时不时地给她一点警告。有一次，当她要去集市时，他对她说：“不要在国王离开后留下来，我不喜欢你在人群中待太久。”她表达感情的方式是如此简单，以至于当一些著名的外国人在餐桌上做客时，她会帮他解开领带。他对她的喜爱有增无减，尽管他经常在夏天一周又一周地远离她。结婚三四十年后，他继续给她写信："亲爱的……我向你致以爱的问候。"或者他会从弗雷德里希斯鲁发来电报："没有马和我的妻子，我不想再待在这里了。我们明天再来。"柏林的生活现在比过去更使她高兴，当她要在瓦尔津待上一段时间时，她的一位朋友说："王妃一想到这里，就会不寒而栗，因为那里绝对的孤独让她心烦意乱。"

关于这个粗野而且没有精神生活的家庭有很多记录，它们都很一致，但是却在我们的脑海里留下了非常奇怪的印象。俾斯麦不仅是他那个时代最有权势的人，而且是最负盛名的德意志人——年轻时，他饱经人情冷暖，直到今天，在私人生活中遇到他的人都称赞他是一个健谈的人、一个很会讲故事的人——为什么他要把自己的生活过得如此缺乏精神滋养？如果我们对他的所作所为一无所知，我们就会认为他是那个时代最没有精神的人。

只要有舒适的椅子，他所住的房间怎样布置，他完全不在乎。美学这些东西对他没有吸引力。当有人告诉他，罗恩的新家具很可爱时，他回答说："认为好家具很重要的人往往吃得很差。"丑陋的家具；墙上贴着丑陋的墙纸，挂着被灯光照亮的颂词；红木椅子上铺着绉缎，颜色相互冲突——饭后，在这些不和谐的装饰之中，我们的大人物或坐或半斜倚在客人中间的长椅上。他穿着一件花呢大衣，纽扣一直扣到喉部；用一条长长的白颈链代替衣领，因为他不喜欢衣领的束缚；躺在他脚边的是大丹麦犬；手里拿着一支长烟斗；报纸一看完就扔在地上，到处都是。尤伦堡是这所房子多年的常客，他说："在这个地方，只有国内的人来此交往。俾斯麦的家庭生活到最后都一直维持着乡下人那种粗鲁和不那么富裕的方式。"这里几乎总是有客人：他的一些合作者；儿子们带来的一些年轻官员；亲属——大部分都是直系亲缘；在葡萄酒、啤酒和白兰地中，一切都很粗野。"这就是本世纪最杰出的外交家在客厅里的场景！"这里的氛围就像烟草议会一样。但是，经常有穿着华丽衣服的女郎出现，为现场增添了优雅。"

这里的环境很适合谈话，即使亲王在讲一件轶事或发表一些政治评论，谈话也不能说是智力上的，而是一段不断被打断的独白。在所有的相关记录中，总是反复出现俾斯麦对历史时刻的评述。埃姆斯信件的派送、刺杀他的企图、凡尔赛。这些话题一直出现，持续了一个又一个十年。那些描述这些场景的人都一致认为，俾斯麦最有趣的评述总是一次又一次地被他的一个儿子打断、被一个消息打断，或者被一顿饭打断。根据俾斯麦自己对女儿婚礼的描述，他邀请了一大群人参加婚礼，主人们"就像两个在紧闭的灯笼里的苍蝇，径自打断流程，把一切都弄得一团糟"。

要问在1870年到1890年的二十年里，有哪些著名的德意志知识分子经常光顾俾斯麦的房子是没有用的——因为实际上一个也没有。唯一的例外是林道兄弟（Lindau，他们对俾斯麦很有用）、库尔提乌斯（Curtius）和威尔登布鲁赫（Wildenbruch）。我可以列出一长串名单，这些人都是当时柏林社会中的主要人物，但从未进过他俾斯麦的门槛：海泽、斯托姆、威尔布兰特、布兰德斯、易卜生、比约恩森、门泽尔、克林格、勃拉姆斯、亥姆霍兹、杜波-雷蒙、兰根贝克、罗伯特·科赫、赫尔曼·格里姆、埃里希·施密特、舍勒、罗登伯格、兰克、冯塔内。这份名单不包括俾斯麦的对手，如魏尔肖。当朗格恩把荷尔德林的《亥伯龙》带给乔安娜王妃，她读完后说："我们当时真的笑得很开心！"

这种反常现象与俾斯麦早期信件中提到的对莎士比亚、歌德、席勒和拜伦的深刻见解并不矛盾。我们从这些事件、从数以百计的谈话记录中可以看到的这个男人，知识分子的角色出现得太少太少。他的心中充满了计划，他的心愿是参加到一场又一场的斗争之中。虽然为了他的健康，也因为他是一个独裁者，他想避免与对他的目标没有任何帮助的人交往。这些人不能帮助他完成他的事业，他们不代表任何党派，甚至对他都没有怀有敌意。

这样做的后果是严重的。一个人三十年来什么也不读（只是偶尔看一下海涅和拜伦、乌兰德和吕克特的诗句），除了自己国家的一切政治运动以外任何事情都不关心，从长远来看，他统治这个国家的方式将变得越来越不明智，他将又一次身处德意志但无法理解国家的情报，会误解世界经济、教会和社会主义这三大欧洲运动，他将试图通过财政举措、利用这些运动、徒劳地来为统治者谋取利益。年迈的国王，虽然他的能力有限，却比俾斯麦看到和听到了更多当时的问题，尽管俾斯麦有抓住并迅速阐述餐桌上的谈话中最重要的因素的能力。

俾斯麦继承了家族懒惰的习性，这与他贪图安逸的天性结合在了一起。他的神经总是绷得很紧，当他想放松的时候，就以牺牲乡下的智力生活为代价。无论如何，他会主动置身事外，因为在那个时代，德意志有学问的人在与军官和高级官员打交道时，仍然极尽庄重之能事。以下是那些熟知历史的人对俾斯麦的看法。

布兰德斯："俾斯麦对德意志来说是一个好人物，尽管他绝不是全人类的恩人。他对德意志人的贡献，就像一副极好的特别坚固的眼镜对一个近视眼的人的贡献一样：对病人来说，他能得到这副眼镜是件好事，但要是他本来就应该需要这副眼镜，这就是一个巨大的不幸。"

布克哈特（1877年）："他的退位和回归给人的印象是他不知道该做什么。他在国内政策的所有重要问题上都犯了一个相当严重的错误……很有可能，一旦欧洲爆发大战（比如即将到来的土耳其战争），他会再次定下基调。但他已无力治理国内的混乱局面。"

冯塔内（1881年）："在人民中，反对俾斯麦的风暴正在逐渐酝酿；在上层圈子中，风暴已经持续了很长时间。威胁他地位的与其说是他的措施，不如说是他的疑心病。他是一个伟大的天才，但只是一个气量狭小的人。"1898年，他又说："我们要一次又一次地提醒自己，如果我们要避免被这些尖锐的矛盾所击溃，我们就必须认识到他工作的伟大之处。他是可以想象得到的最有趣的人物——我想不出比这更有趣的了。但我最反感的是他一贯以来就习惯于欺骗别人。他想征服一切的愿望简直是灾难性的。"1895年，他还说："俾斯麦是超人和狡猾的欺骗者的结合体……一个不会伤害一只苍蝇的英雄和清白的人，他在我心中激起了一种最复杂的感情，使我无法对他产生一种纯粹且全心全意的钦佩。而他缺少的正是让一个人物得以变得伟大的东西。"

然而，俾斯麦本人对历史学家的看法非常深刻："历史学家有两种。他们中的一些人澄清了过去的水，这样我们就可以看到最底部。另一些则使这些水变得更浑浊。泰恩属于前者，叙贝尔属于后者。"尽管叙贝尔赞扬过他、泰纳攻击过他，俾斯麦还是这么说了。他批判性的洞察力使他能够认出本世纪最伟大的人物。他说："历史学家总是透过自己的眼镜看问题。我之所以将卡莱尔抬得如此之高，是因为他懂得如何进入别人的灵魂。"

第十章

　　弗雷德里希斯鲁的乡间住房曾经是一家旅馆。汉堡的好市民星期天到萨克森瓦尔德去游玩，他们习惯在俾斯麦担任宰相期间的许多日子和几乎整个生命的最后十年里，在这里吃饭和睡觉。从舍恩豪森到瓦尔津，从瓦尔津到弗雷德里希斯鲁，俾斯麦的住所越来越不像城堡或宫殿了，虽然主人的地位从乡绅升到男爵，再从男爵升到了亲王。他为什么不愿意在他的这片新森林里为自己建造一座富丽堂皇的大厦呢？为什么他毫不费力地把这个地方伪装成旅馆，把门牌号留在房间的门上呢？既然他以他的祖先而自豪，为什么他就不愿意花钱并费心去美化他的家族宅邸呢？他的记忆常常会回到尼朴甫（那是他唯一爱过的地方），他已经离开了尼朴甫，但这家人可以重新唤回它。他出生的地方——舍恩豪森——仍然是属于他自己的。当他搬到汉堡附近居住时，这里似乎与他格格不入。瓦尔津和弗雷德里希斯鲁一样是一个狂野而浪漫的地方，那里的房子破烂不堪，但还不错。他的夏天分别在这两处庄园度过。

俾斯麦对家乡的爱仅限于波美拉尼亚。他对自然美的感情在这北方的景色中流露出来。森林就是他的家，不管他在匈牙利，在俄国，还是在丹麦。他一向热爱森林，他很快就像热爱瓦尔津周围那片著名的森林一样热爱萨克森瓦尔德了。只有在森林里，俾斯麦才从他生活目的的束缚中摆脱了出来，年老时和年轻时一样，他在森林中找到了可以满足他的想象力和诗意倾向的地方。

"我爱大树，它们是祖先……如果我不像现在这样热爱树木，我不知道我怎么活下去——喜欢大自然是上帝的礼物，如果一个人没有得到这份礼物，那就无法得到它……我倾向于不信任任何不爱自然的人……当我酣睡时，我梦见年轻的种植园，春天里是嫩绿的，被雨水淋湿的……然后醒来神清气爽……在这里，人们可以驱车数小时穿过森林，在长椅上闲坐，凝视着绿林，不用思考，也不会觉得乏味。"然而，有时候，他确实在森林里思考，因为他在另一个场合说："我是独自在森林里时做出最重要的决定的。"

只有在树林里，俾斯麦的厌世主义才会失去他的目标，使得他不那么讨厌他目之所及的一切。他顶多会因为砍树的错误而大发雷霆。或者，如果在森林的边缘，他看到一个农夫在咒骂他的马，无情地鞭打它们，他就会下马，用马鞭抽打那个家伙。他会和掌管林务的负责人讨论每棵树："你说什么？这棵树的树顶枯萎了吗？我自己的头顶也是光秃秃的！"他摘下帽子，露出他的秃头。也许没有比他和他的儿子们在弗雷德里希斯鲁森林里射击枯萎的树梢来欺骗他们自己的护林人更吸引人的描述了。他，俾斯麦，在他的命令面前，所有人都会发抖，但是他为了从他自己的仆人手中拯救他最喜欢的树木，他还是玩了这个把戏。他现在几乎不出去打猎了，因为他不想伤害鹿。一位访客在餐桌上询问他不打猎的原因，他简单地说他不喜欢吃自己的猎物，但他还是会放任他的客人在他的树林里打猎。

然而，在他的观点中几乎没有任何浪漫主义的东西。有的只是一种对细节的简单思考，一种充满爱的、不加批判的思考。他说在弗雷德里希斯鲁戴眼镜，因为那里的一切都使他感兴趣，而在柏林没有什么使他感兴趣。在他七十岁的时候，他给他的妻子写了一封现实主义、田园诗般的信：

"这里很可爱，虽然紫丁香比柏林晚三天开花，橡树的生长速度比柏林晚六天。黑刺李和柏林一样同时绽放……这里没有夜莺，但有无数的白喉鸟、椋鸟之类的。尤其是布谷鸟的叫声，这是我离开柏林之前从未听到过的。我问：'有几只？'那个拍马屁的人回答：'十二只。'但最后两只身体相当虚弱！磨坊的水流像平常的莱茵瀑布，非常可爱。那里曾经是个天然的沼泽，泥土和水混合在一起，但是他们花了一点儿钱，让这个沼泽向后移动了一百步，这样就有了更大面积清澈的水。磨坊里的磨转动得很好，但雨淋得到处都是。玉米还在长须……黑麦长得太稀疏了，大麦需要更多的雨水；农民抱怨……新的鱼塘好极了，新的种植园又像以前一样得到深耕了！……愿上帝保佑你很快就会好起来的！"

在树林里，俾斯麦变得公正了。在瓦尔津，当有人报告说有人偷猎时，只要有一点怀疑，他就在客人的陪同下驱车去看那个嫌疑犯，把那个人骂上山头、骂下山谷。当他回到家时，他叫来了护林员，护林员告诉他，被主人责骂的嫌疑犯老人没有枪，并且他的儿子已经在前线阵亡了。俾斯麦很担心，沉默了几分钟，然后说："开饭还得等一会儿。先生们，请你们跟我一起坐车回去。"当他到达目的地时，老人没有出来。俾斯麦从车厢里下来，带着他的客人进来，请求原谅这一不公正的指控。俾斯麦一次又一次地对他的部下不公正，但像这种事从来没有在记录中出现过。俾斯麦对这个不能为自己辩护的可怜人的荣誉怀有一种温柔的感情。他请求对方原谅的举动深深地影响了所有的旁观者——同时，他也减轻了自己在类似事件中的良心不安。毫无疑问，在他大发雷霆之后，他很容易带着懊悔的心情重新考虑事情。在夜深人静的时候，他可能会思考他对国务大臣、宰相府的仆人、护林员和王公贵族们的不公，思考的时间比他的受害者可能相信的要长得多，也比他自己可能承认的要久得多。

他在弗雷德里希斯鲁一直保持到晚年的一个习惯，就是以一种正式的，甚至是隆重的方式接待客人。国务大臣、邻邦的乡绅、牧师的妻子、魏玛的王妃——他们无一不形容他在家门口对他们的接待是尊贵而有骑士风度的。和别人握手时，他总是小心翼翼地先脱下手套。然而，在室内，在天花板很高、窗户又宽又低的房间里，客人们必须接受不拘一格的家庭生活。在散落的酒杯、烟灰缸和照片之间，在有支票本的桌子旁，你啜饮着各种各样的啤酒。当屋子里安静下来的时候，他给妻子写信："阿德尔海德（Adelheid）在读意大利语，赫伯特在旁边写作，泰拉斯（Tyras）在啃一根巨大的骨头，茶壶在唱歌。"蒂德曼有一次在那里工作了好几个星期，当快到中午他下楼时，通常在周围只能发现王妃一个人，"她在这个时间以前就已经起床了。"俾斯麦在一点钟左右出现，一边吃午饭一边听蒂德曼的报告。午饭后，他通常带着儿子或女儿出去骑马两三个小时，或赛马，或让马小跑，蒂德曼随时准备着笔记本，因为最重要的事情往往是在骑马时解决的。在最后的半个小时里，他们通常以很快的速度骑行。自从最近发生了针对财政大臣的暗杀事件之后，总有侦探在现场监视，其中一名侦探一直跟随他的脚步。俾斯麦只好忍着，即使在他的乡间别墅里也要为他拥有的权力有所牺牲。六点钟吃晚饭。"总是四道菜，有香槟、普通葡萄酒和波特酒……看着他面对着一盘鹅内脏或者小龙虾是一种愉快的感觉。他说，盘子每转一圈，小龙虾就变小一点，这是他们的一个特点。"晚饭后，大家搬到大客厅去，所有人都围在壁炉旁。"这是一天中最有趣的时刻。在那里他透露了他的秘密思想……他对自己的过去的讲述是无穷无尽的……快到九点时，他去了书房，现在，对我来说，一天的工作开始了。到午夜，一切都必须完成。十二点半的时候，茶点端上来了，他要和王妃一起吃茶吃上一个钟头。"

这种宁静的森林生活被打破了，不仅因为他总有需要紧急处理的公务，而且因为他的支出不断增加，收入不断减少而产生的烦恼。在柏林，他领着一万八千塔勒的薪水，但他说他需要的花销比五万塔勒还要多，他抱怨他的头衔和他的封地所带来的开支。"在我第一次得到封地之前，我过得很好；从那以后，瓦尔津把所有的东西都吃光了。除了我的薪水和舍恩豪森的租金，我没有任何其他收入……所有的租金都花在了这里，而且不够用。毫无疑问，问题会在未来得到解决……新的封地（弗雷德里希斯鲁）……能算得上很大一笔财富，可是到目前为止，它给我带来的只是八万五千塔勒的花费，我需要这笔钱在庄园的中央买一块地，那是唯一可以安顿下来的地方，除非你愿意住在森林中一个简陋的狩猎小屋里。"一次又一次，他向他的兄弟抱怨，说瓦尔津庄稼的收成几乎一文不值，萨克森瓦尔德的木材也不能为他赚到钱，而且，现在他不得不乘坐特等客车旅行，这让他的旅行花费比以前多得多。"我必须支付所有的维修费用，既然很不幸我已经成为一个亲王，那么我就必须以一个亲王的方式付钱给另一个人……过去，想到我的儿子们会成为富裕的乡绅，我是很高兴的，但我不愿意把他们想象成贫穷的亲王。"

他以八万塔勒的价格把瓦尔津的造纸厂租给了一个制造商。他从易北河岸边的一家火药厂得到一万二千塔勒，每年他还能从弗雷德里希斯鲁进账三万四千塔勒。"要是我不是亲王，那么这是一笔可观的收入。我想我永远也适应不了这种尊贵的身份。"这时，乔安娜走了进来，当着客人的面，对微笑着的丈夫抱怨，说在过去的一个小时里，她一直在试图解释家庭账本上十一马克五十芬尼的亏空。

在俾斯麦七十岁寿辰之际，德意志各地都在为纪念他而募捐，表面上的理由是要拨出一笔钱供宰相支配，"用于国家事物"。成百上千的小资产者捐出自己的一点资产，成千上万的体力劳动者在雇主的催促下捐钱；最终，这次募捐总计筹得的金额超过二百五十万马克。在俾斯麦亲自推动下做出的一项正式决定中，国王提到"已拨出一百二十万马克供你支配，用于公共事务。按照您的要求，我现在很高兴地授权您接管上述款项以及今后可能带来的任何款项，并请您在适当的时候告诉我您对这笔钱的使用情况"。

在与受益人进一步交谈后，委员会以一百五十万马克的价格购买了舍恩豪森的房产。在俾斯麦的生日那天，拉蒂博（Ratibor）公爵把这些没有抵押的地契交给了他："这些地产以前是属于俾斯麦家族的，但随着时间的推移已被转让了。"

这一安排引起了大家的震惊。最初的一百二十万马克是以现金支付给俾斯麦的，尽管受益人用这笔钱来为高等教学职位的候选人设立奖学金，但是所谓的这个国家帮助其领导人重新获得他的祖产的说辞似乎没有什么可信度。这些财产从来没有"丢失"过，而且人们认为，亲王完全有能力通过他前两次被赠予的封地，买回那些早已被他的祖先处置掉的土地。

"在公众中，"卢修斯写道，"对这件事有一定程度的反感。很多人认为他应该做些虔诚的事情建立起一些基础。"但俾斯麦再一次以英国人为例为自己辩护，英国人一向对他们的民族英雄给予慷慨得多的奖赏。他忘记了，或者没有意识到，那些为证言捐款的穷人的失望，他们相信这些钱将用于某种基金会。尽管他的容克同僚在70年代对他的指责是站不住脚的，但他在这种场合的行为无疑损害了他的声誉。

这是俾斯麦生命中的一个污点。

在他的乡村隐居处，他总是试图安抚自己的神经，恢复健康，但由于他在饮食方面的不慎重，总是做不到这一点。当他的医生给他开了一个无效的食谱时，卢修斯告诉我们，在喝完汤之后，他只吃了一条丰满的鳟鱼、一些烤小牛肉和三个大海鸥蛋，并喝了大量的勃艮第葡萄酒。因为他相信他只有在喝了啤酒之后才能入睡，所以他吃了大量的鱼子酱和其他辛辣的食物来解渴。在俾斯麦抱怨消化不良、食欲不振、神经痛的时候，他的客人霍亨洛厄告诉我们，俾斯麦一顿接一顿地大吃大喝：汤、鳗鱼、冷肉、对虾、龙虾、烟熏肉、生火腿、烤肉、布丁。当有人称赞他健康的外表时，他回答："我希望我看起来像病了一样但是身体能感觉好一点……没有人同情我，这是我的不幸！我的前额部位有一种压迫感，我觉得我的头骨里除了果冻什么都没有……血液是一种很奇特的液体，我们的神经是一种更奇特的维持生命的线条，我们这些可怜的生物在它的末端踢来踢去。"

他的问题的根源在于专制。"到目前为止，"他说，"我一直习惯于管理我所有的医生，现在终于有一个人来管我了。"那时，他已经六十八岁了。他易怒又麻木，头痛、脸痛、失眠、绞痛、腿肿、静脉曲张。他体重二百四十七磅，他的医生认为他得了胃癌和肝癌，无可救药。比尔的医生朋友恩斯特·施维尼格（Ernst Schweninger）在瓦尔津看望了宰相，当其他家庭成员询问他的意见时，他说："如果亲王继续他的老一套，我认为他还能活着的时间不会超过六个月。"当听到这一让人震惊的意见后，俾斯麦自己也询问了建议。唯一的答案是："我不会喊口号。这样的疾病我医治不了。"这给俾斯麦留下了深刻的印象，因为以前从来没有人这样对他说话。这真是一个厉害的人！

然后，在柏林，这位有能力的医生，开始了一个疗程的治疗，但是病人似乎不相信他。他让宰相早上八点起床，用哑铃锻炼；一整天，让病人除了鲱鱼什么都不吃。当俾斯麦喊道："你一定是疯了！"施维尼格回答道："好吧，殿下，你最好叫个兽医来！"于是施维尼格告辞了。这一高压手段帮助他在俾斯麦面前确立了权威，俾斯麦屈服了。到现在为止，新医生已经有两个星期不离开病人的家了。食物和饮料、起床和睡觉、工作和睡觉，都被精心监督着。在这一时期结束时，情况有了明显的改善。施维尼格第一次离开了他的家。接着，病人立刻点了"三份脱脂牛奶"。他有剧烈的胃痛，接着是黄疸，并前往弗雷德里希斯鲁。在那里，医生再次严密地监视着他，后来在基辛根和加施泰因，他一天也没有离开过。几个月后，病人身体健康，并承认他可以重新投到工作之中了。

通过支配他而不是让自己被他支配，施维尼格救了俾斯麦的命。如果在其他领域，其他德意志人也冒险走上同样的道路，他们可能也会发现，宰相并不总是那么难以驾驭。

第十一章

在这些晚年的岁月里，这个曾经一直处于不满状态的人什么时候享受过生活？

当他看着他的孩子们，他可以原谅他们的一切，可以允许他们做一切，除了他们的人身自由；他极偶尔地与年轻时的朋友见面；他爱喝酒。在做以上这些事情时，他享受着生活。相比起彰显身份的徽章，他对美酒的喜爱多得多。我们从他的一个极端决定（皇帝对此非常失望——事实证明）中可以看出：他把自己所有的俄国定制品都熔化成了一个银锭。他说，每个人都注定要消费一定数量的酒和烟草。"我的薪水是十万支雪茄和五千瓶香槟酒。"当一名审计员大笑时，他计算了一下自己的消耗量。

他的老朋友凯瑟林，现在很少来了。"凯瑟林是我唯一有理由对他的聪明才智产生惧怕的人。"这句措辞特别的赞扬说明他有点冷漠。凯瑟林意识到了这一点,在整整十年的时间里,他都没有来这个国家拜访他,他说:"俾斯麦已经成为一个当权者。如果我偶然遇见他,他仍是我最忠实、最和蔼可亲的朋友。不过,去找他倒未必是一件愉快的事,因为他的时间已经太宝贵了。"

莫特利来访的日子仍然是俾斯麦最快乐的日子。1872年夏天,时隔八年,这位美国人终于来到了这里。"我非常高兴,"俾斯麦写道,"看到你的笔迹。在打开信之前,我确信信中一定会保证你将会来访。万分欢迎你……你能自由安排的第一天来找我们是最好的。"他继续向他的朋友详细介绍了他必须乘坐的火车,以便到达柏林并从那里前往瓦尔津。莫特利待了一个星期。俾斯麦每天和他待在一起十四个小时,他从来没有和别人有过如此密切的交往。

"他现在变成一个矮胖子了,"莫特利在给家里的信中说,"他的脸看起来更饱经风霜了,但还是像以前一样富有表现力和力量。他看起来像个巨人,但他的身体有些虚弱,他凌晨四五点前从不睡觉。饭后,俾斯麦和我在树林里走了很长一段路,他一直以最简单、最有趣、最滑稽的方式谈论着这些漫长岁月里发生的各种事情,但谈论这些事情就像普通人谈论日常事务一样——一点也不做作。事实上,他是如此单纯,如此放任自由,以至于人们不得不一直对自己说:'这是伟大的俾斯麦——仍然在世的人中最伟大的人。'……他是我见过的最不装腔作势的人,无论地位高低……当然,没有比他更不受影响的人,也没有比他更和蔼可亲的人了。"在这最后一次拜访中(因为莫特利只剩下一两年的生命了),我们再一次看到俾斯麦受到了一个能干、自由、快乐、一无所求的人的影响。我们再次认识到,为什么俾斯麦所在阶层的人,为什么他的妻子、儿子、兄弟,为什么罗恩和他其他杰出的合作者,都不能给这颗不安的心带来这

么多的安慰、这么饱满的精神。这些帮助只能来自一个遥远共和国的儿子，一个遥远大陆的代表，

俾斯麦现在唯一的朋友是不会说话的动物。随着他对人类的误解越来越深，他对他的狗越来越喜爱，狗对于他来说，甚至成了比他的妻子更亲密、更忠实的伙伴。在所有的谈话和日记中，在计划、决定和命令中，在威廉大街上，在森林里，在阴暗的日子里，在光明的日子里，它们都隐约出现。我们总是能看到这些铁灰色或黑色的猎狗的脑袋，它们和它们的主人很像，因为它们也很大、很紧张，大胆而危险。好几只狗在去世之后被埋在了瓦尔津的公园里，其中八只被埋葬在一个很好的地点，躺在他最喜欢的马旁边。因为他的这些狗对他没有什么需要，从不反抗他的意志，总是沉默寡言，但似乎什么都懂，他年迈的心越来越被它们吸引住了。"我喜欢狗，它们从来不想让伤害它们的人付出代价。"说这些话时俾斯麦已经很老了，这些话中揭示出的他的本性比他喜欢的东西显示出的他的本性还要多。

当年轻的丽贝卡（Rebecca）不听话时，他把她当作一个被宠坏的女孩，嘲笑她的狡猾和媚态。当弗洛拉（Flora）"在房间里跑来跑去"，或者当苏丹（Sultan）打断他的谈话时，没有人敢阻止它们。当一个正式的谈话使他不安时，他会抚摸着他膝盖旁边的野兽柔软的脖子来安抚他的神经。在弗雷德里希斯鲁，它们在他的桌子下面耐心地等待着，它们的大脑袋垂在前爪上，眼睛一直盯着它们的主人。他一站起来，抓住他的橡木手杖，它们就聚集在他周围，摇着尾巴，因为它们知道他现在要去树林里散步。如果乔安娜抱怨室内装潢商把窗帘做得太长，俾斯麦亲王会说这是一件好事，因为现在狗有柔软的东西可以躺在上面了。当他拿不准是在加施泰因度过夏天还是留在家里时，这件事最终由苏丹决定——它生病了，不能旅行。和他住在一起的品味高雅的贵族们在餐桌上，看到主人端来大块的肉并把它们扔给房间另一头的狗时，他们感到厌恶。

在官场生活中，俾斯麦像利用其他一切一样，利用他的这些亲信，以加强他所施展的魅力——这种魅力是一种天赋，但同时也被他加以润色。他知道，当他站起来迎接客人的时候，当两个大个子丹麦犬同时跳起来，站在危险的政治家的两侧时，这会产生怎样的效果。他也相信它们的直觉，说它们比马聪明得多。当苏丹和一个新管家交上朋友时，它先是对这个人嗤之以鼻，然后把头靠在新认识的人的膝盖上，俾斯麦立刻接受了狗的评估。"我非常尊重我的狗对人类性格的了解。它判断得比我更快，也更彻底……祝贺你！"

俾斯麦永远无法原谅他的国家对待狗的态度。俄国沙皇很喜欢狗，在与他的叔叔威廉的谈话中，沙皇赞扬了他刚刚认识的泰拉斯（Tyras），皇帝礼貌地说他想看看这只动物。"泰拉斯是被送来的，它表现得令人钦佩。于是皇帝说：'一条好狗。可惜他的耳朵被剪掉了，就像所有的哈巴狗一样！'"这场对话真是一场灾难！

苏丹是摩洛哥亲王送来的礼物，是所有狗中最好的。人们只能叫它"苏尔特"；否则，它的主人说，和土耳其之间的纠纷就会发生。此外，它根本就没有任何东方血统。一天晚上，再次拜访瓦尔津时，苏丹被戴上了铁链，"它不习惯铁链，于是它咬断了链子，啃穿了固定铁链的两英寸厚的木头，所以碎片上沾满了它嘴里的血"。它挣脱了束缚，向森林里走去。从那以后它一直逍遥法外。它还在附近什么地方，我希望我们能再找到它。比尔和菲利普骑马到处找它，回来时浑身湿透了。后记："荣根（Jungens）刚回来，浑身湿透了。苏尔特变成了狼，靠吃小鹿为生，它必须被枪毙。"

最后，苏丹回到家，和它的主人做了五年的朋友，有时相当狂野，经常受到惩罚，但通常都能得到溺爱了。然而，这只野兽的结局是悲惨的。蒂德曼记录如下：

"这些秋日里，亲王的情绪对我来说很新鲜……从早到晚都兴高采烈，随时准备开玩笑。昨天，当我们正在喝咖啡的时候，突然传来苏丹失踪的消息，因为它在邻村有一段恋情，亲王以为他又去拜访它的爱人了。亲王听到消息很生气，并宣布他会给苏丹一顿响亮的鞭打。为了继续工作到下班时间，我们回到了自己的房间。然后，快十一点的时候，楼下传来了声音。有人来告诉我们苏丹刚回来，快要死了。"

"楼下发生了一件非常令人痛心的事。亲王坐在地板上，把垂死的动物的头放在他的腿上。他低声对苏丹说了几句亲热的话，并试图在我们面前掩藏自己的眼泪……不顾赫伯特的催促，他在那里坐了很长时间，然后站了一会儿，但又回来了。狗死后，亲王说：'古老的德意志人有一种仁慈的宗教，他们相信死后会在天堂的狩猎场遇见所有曾经陪伴他们的好猎犬。真希望我能相信这个。'他回到自己的房间，那天晚上只出来了一会儿——为了跟我们道晚安……"

"今天我们的房子里笼罩着悲痛的氛围。我们都低声说话。亲王一夜没有合眼，他一想到自己在狗死前不久还鞭打过它，就一直感到痛苦。虽然今天早上的尸检显示苏丹死于心力衰竭，但他仍然自责。早饭后我们骑马出去了，亲王说话很简短。他找到了他忠实的老朋友上次陪伴他走过的路，我们就这样在倾盆大雨中让马小跑着往前走。有一次，当我在他身边骑行时，他说，像他那样把一颗心交给一只动物是非常错误的，但他在世界上从未有过比这更珍贵的东西，他同意亨利亲王的说法：'我本可以做得更好！'然后他用马刺催马前行，策马疾驰了很长一段路，所以当我们回到家时，骑手和马都在冒热气。"

四天后："他仍然无法从狗的死中走出来，为不久之前惩罚了这个野兽而耿耿于怀，他继续自我折磨地把这认为是这出悲剧的根源。他痛恨自己的脾气，说他很残忍，伤害每一个与他接触的人。然后他又责备自己不该把一头野兽的死放在心上。"

关于俾斯麦的一生中，没有记录过其他类似的事件，而且这也不会发生在除他以外的任何人的一生中。这件事带着一种传奇的色彩，但与他神秘的性格保持一致。

这条狗是由一位东方君主送来的，为的是让德意志帝国的宰相承担起一项责任，这让我们觉得这条狗似乎具有某种神奇的力量。在这只野兽桀骜不驯的青年时期，他不愿忍受锁链，通过啃断锁链连着的木头来释放自己，然后在森林里自由自在地生活，通过追逐猎物来喂养自己。它是它主人的真实写照，以犬类的方式复制了疯狂容克的特征，从而取悦了它的主人。这两者相处时，就像一个不守规矩的孙子和一个严格的祖父之间一样，有一些场景是不可避免的——直到最后，这个野生动物在一次冒险中失去了它的生命。

因此，被抛弃的主人对自己曾经虐待了他如此深爱的野兽这件事充满了悔恨。也许是他害死了它？也许对一头不会说话的野兽给予如此多的爱是一种罪过？他所信奉的基督教信仰允许这样的事情发生吗？也许以前的德意志人更优秀？我们难道忘了，在他信教的日子里，他怎样引用那个拒绝受洗的异教徒首领的例子，说他宁愿回到他那些不信教的祖先那里去吗？但是，如果基督教的上帝想用这一打击来警告他，使他犯其他的罪，比如愤怒和自私，上帝又会怎么做呢？想到过去的岁月和其他国家，想到战争和计谋，想到胜利和征服，在这些哀悼的日子里，他无法不联想到那些被他辱骂、伤害，甚至像这条狗一样被他逼死过的人——这些人也许忘不了他使这些人所遭受的鞭打。在他的想象中，他所战胜的敌人排着队一列列在他面前走过。他钢铁般的意志被击溃了，他质疑起这些大规模运动的目的。但是当他从噩梦中恢复过来，重新开始生活、重新投入战斗时，这一切只会留下一个现实：那只忠实的猎犬，他一生的伴侣，就被埋在山顶上的其他猎犬旁边。那里现在已经有九座坟墓了。

第十二章

"事实上，我的性情是爱幻想和多愁善感的。给我画画像的人都犯了一个错误，因为他们总会给我配上一个粗暴的表情。"（俾斯麦画像的典型演变可以分别在1834年、1859年、1866年、1889年和1894年的肖像画中看到。）

在前一句话中，他确实描述了他本性的一个方面。年轻时，他有时习惯用拜伦式的腔调来表达他的厌世情绪；虽然他在中年时充满了战斗的欲望，但在老年时他却容易忧郁。令他沮丧的是，他年轻时的预感应验了。浮士德在孜孜不倦地努力，而魔鬼在不知疲倦地玩世不恭，他们二者时刻警惕着对方，使他自己都认为他的成就毫无价值。如果一个愚蠢的老师想让他年轻的学生从主观层面相信一切努力都是徒劳的，他可以把俾斯麦作为一个经典的例子。但在他的随行人员中，没有一个人能理解和尊重这些情绪。乔安娜对卢修斯说：

"一周前，当他的仆人海因里希（Heinrich）开枪自杀时，奥托几乎失去了理智，无法入睡，无时无刻不在想着这出悲剧……在这种情况下，我们会做各种傻事，用他的狗等方式，希望能分散他的注意力。"因此，被误解的俾斯麦不得不生活在那些爱他的人中间。不管他们做了什么，在命运的安排下黑暗的想法还是会出现。有一天，在他六十二岁、正处于权力顶峰的时候，他默默地思考了一会儿生命的空虚，然后向几个旁听者陈述了自己的想法：

"整件事给我带来的快乐和满足是多么少啊。没人因此爱我。我没有使任何人幸福，无论是我自己，还是我亲爱的人。"旁听者表示不同意，但是他不予理会，继续说道，"恰恰相反，我使许多人不快乐。要不是我，那三场大战绝不会发生，八万人不会丧生，父母和寡妇也无所哀悼……至于这些事，我已经与上帝算清了。从我的所作所为中，我得到的快乐很少，甚至根本没有；相反，我收获的只是许多忧虑和烦恼。"这并不是他唯一一次说出这样的话。荷尔斯泰因和布赫记录了许多类似的情况。通过这些话语，我们再一次看到了路德式的精神，它主动承担责任而不是逃避责任，同样我们还看到新贵的自命不凡、以自我为中心的性格，而这种性格是像国王或罗恩那样真正的普鲁士人所无法理解的。

有时，这种厌世的情绪表现在政治领域，其中还带着点儿自豪。1877年，在有二十多个或者更多听众在场时，他在一个晚上举行的议会中说："当一个人打猎打了一天，在这一天的早些时候，他可以对着任何他遇见的猎物开枪，并准备好在极难走的路上步行数英里，就为了猎到一只野鸟，但当他跋涉了一整天，已经满载，并且离家已经很近的时候——他饥肠辘辘、口渴难耐、筋疲力尽——那么他满脑子想的只有休息。他不会为了打猎一对鹧鸪再多走一步路。但是，假如有人来告诉他，在森林深处有一头野猪，那么我们就会看到，这个疲惫的人（如果他流着猎人的血液）就会忘记他的疲劳，在树林里四处走动，直到找到他的猎物。至于我，我从天亮起就一直在打猎；天晚了，我累了，打野兔和鹧鸪还是让别人去打吧。但如果见到野猪，那就是另一回事了。"

在这样一种厌世情绪之后，当他往日的玩世不恭重新觉醒时，他就会变得相当开朗。当他心中真正的魔鬼出现，他会在森林里向他最亲密的朋友吐露："年轻的时候，我曾认为自己够聪明的，但现在我确信没有人能对事情有真正的掌控能力，没有人是真正强大或伟大的。当我听到别人称赞我有智慧、有远见，对世界有重大影响时，我总觉得好笑。当别人在猜测明天是天晴还是下雨的时候，一个处于我这种处境的人，就必须做出决定，坚定地说明天一定会下雨或者会放晴，并按照这个决定行事。如果猜对了，那么整个世界都会惊呼：'多么睿智，多么有先见之明！'但如果他犯了错误，那么所有的老妇人都会用扫帚打他。如果我其他的什么也没学到，至少我学会了谦虚！"

他就是这样对他的朋友莫特利说的，这些话也像他生气时对他的敌人阿尼姆所说的话一样，充满了虚无主义。这些都是一个极端利己主义者的自白，他仍然选择不去夸耀个人的功绩，他在事业的巅峰时期和早年一样是一个宿命论者，而现在，他经由迂回且险恶的道路，保持了一种谦虚，而这种谦虚不过是一个愤世嫉俗者的假面具。

在这样的时刻，他皱着的眉头又变得平展了，冒险家的精神又一次显露出来。在这种时候，他会羡慕一个过着冒险生活的底层人。有一次，他们在参加瓦尔津的租户举行的一个小宴会，有吉卜赛人的声音从敞开的门里传出来，他们就给他送去一杯酒，现在那个吉卜赛人进来了，手里拿着竖琴，像俾斯麦对国王那样鞠了一躬，唱了一首歌颂青春和爱情的歌，向亲王敬了酒，然后唱着歌离开了。乔安娜问他们怎样才能帮助他过上有秩序的生活。俾斯麦回答说："你不能不让这样一个底层的人做这种事。他对自由的热爱远远超过了他对有序生活的渴望，远远超过了他对我们日常所说的幸福的渴望。"他沉默着，望着那离去的吉卜赛人，仿佛那人是他逝去的青春的象征，他说："的确，这是一种令人羡慕的状态、一种令人羡慕的生活。"

尽管如此，他仍然坚持着自己的生活，"就像每个普通人一样"。在其中一个"里程碑"上，他告诉哥哥他对这件事的感受："我们地球生物生命的最后几年过得越来越快，就像一块落下的石头在加速下落……我不能说我对这种日益加快的生活感到满意，因为，虽然我清楚地意识到每一天都可能是我的最后一天，但我觉得这种想法并不愉快。我喜欢生活。这并不是因为外在的成功使我满足并且吸引着我，而是因为与妻子和孩子分离的想法对我来说是可怕的……我在职业生涯中运气不错，但在私人生活中就不那么幸运了……但是，家庭的和平和福利、我孩子们的精神与身体的健康，是主要靠上帝保佑我的事情，也是我最热切地祈祷他能一直保佑我的事情。只要这些事情能维持，我就没有什么值得抱怨的。"

他让他的这些孩子过得轻松自在，而孩子们则表现出了俾斯麦式的利己主义。他的一个家庭朋友形容他的女儿"古怪，而不是迷人"，随着岁月的流逝，她的外表变得更加笨拙，内心变得更加愚蠢。她性情乖张，爱嘲弄人，同时又不讲究实际，很不整洁，以至于尤伦堡到达她和她年轻的丈夫兰索（Rautzau）刚刚离开的公使馆时，发现他们的床周围有十来张藤椅，上面放着三块吃了一半的蛋糕，到处都是鸟窝、豚鼠和纸板盒。俾斯麦向他的女友斯皮岑伯格（Spitzemberg）吐露了他对于玛丽的看法，他认为她脑子里只有她的丈夫、她的孩子和她最亲的亲戚，几乎没有其他人。她本质上是懒惰的，这就是问题所在。斯皮岑伯格回应说他的女儿没有与他共同的兴趣是一件遗憾的事，俾斯麦回答说："我的妻子也是如此。但这也有好的一面。因为我在家里会进入一种完全不同的氛围。"

两个儿子都曾做过父亲的助手，后来就只剩赫伯特了。赫伯特虽然没有他那么有天赋，但比他更勤奋。比尔虽有天赋，却很懒。比尔和他的表姐妹结婚了，但赫伯特却不被允许和他意气相投的人结婚。他们俩都是酗酒者，死得很早，大约五十岁就去世了。在奥托到来之前，俾斯麦家族从来没有一个天才。在门肯家族中，唯一有名望的人是奥托的祖父。现在，在奥托·冯·俾斯麦的天赋闪现之后，孩子们身上与他相似的复合性性格很快就衰退了，他们似乎从父亲那里只继承了缺乏自我节制的性格，而从母亲那里也丝毫没有继承自我牺牲的能力。

孩子们似乎从来没有把一个在智力或外貌上有突出表现的人带回到他们父母家里来过。的确，大儿子曾经试过一次，但因为与他父亲的某些偏见背道而驰，经过一场激烈的争论之后，儿子被打败了。

从政治上讲，他与保守派之间的裂痕早已愈合，除了对过去的仇恨的记忆之外，什么都没留下。赫伯特在70年代末爱上了卡罗拉斯（Carolath）王妃，并与这位与丈夫或多或少分居的夫人发生了关系。她想要离婚、想要成为赫伯特的妻子，她更渴望（毫无疑问）成为俾斯麦的儿媳。她甚至愿意皈依新教。因为她是一个非常漂亮的女人，而且她自己出身高贵〔伊丽莎白是哈茨菲尔德-特拉亨伯格（Hatzfeldt-Trachenberg）亲王的女儿〕，所以离婚是可以原谅的。而大家也认为，一个性格温顺的父亲，把现年已经三十岁的儿子培养到能继承他的地位和官职的程度，在面对这件事情的时候很可能不会反对。

但伊丽莎白有两个姐妹，其中一个嫁给了冯·洛特将军，另一个嫁给了冯·施莱尼茨，也就是宫廷的司库——这两人都是反俾斯麦派的首领。施莱尼茨多年来一直是奥古斯塔的密友，而洛特是诽谤俾斯麦的头领容克之一的兄弟。这些人能够成为赫伯特的连襟吗？在这种情况下，他们必须被邀请参加婚礼，也许随后还会被邀请参加洗礼。难道他的家族要和这些可恨的家族勾结在一起吗？在这些家族的宅邸里，所有的不满者都在谈论俾斯麦家族的丑事，并把矛头对准宰相。难道要在这些房子里，放任诽谤滋长，让嫉妒发展成危险的阴谋？这段恋情的背后难道没有隐藏着阴谋吗？报复心和不信任，仇恨和谨慎，促使他禁止这桩婚事。

与此同时，为了赫伯特，这位女士已经采取了离婚的举措。报纸上全是流言蜚语，她和她的亲戚几乎都吵架了。她具有的浪漫和多情，比她的宫廷亲戚认为合适具备的要更多，她租了位于威尼斯的摩德纳宫（Palazzo Modena），当我们对比了她写给赫伯特的信和赫伯特给她的信，我们可以看到，她的行事是出于算计，而他则是出于感情。他也许已经充满了激情，但他的恐惧要大于他的激情，而这份恐惧与敬重的对象都是那位强者——即他的父亲。

"五月初"——赫伯特在那位女士宣布离婚后写信给菲利普·尤伦堡——"我要去威尼斯，看看我们之间是否有可能做一些安排，使我们还能忍受这样的生活……当我回来的时候，我将面对我的父亲并做出最后的尝试。我现在的感觉是，这是一个生死攸关的问题，只有上帝知道会发生什么！我现在面对的情况似乎是，我完全无法将自己剩余的生命献给王妃了。"

两天后，他在给友人的信中写道："我父亲热泪盈眶地向我保证，如果我和你结婚，那他绝对不会活下去。他说，他已经受够了生活。他对我寄予的希望是他在所有战斗中唯一的安慰。如果这些希望现在要落空，那他就完蛋了。我猜想他在和另外三四个人的谈话中透露了更多的不快和焦虑……两位医生告诉我，我母亲的情况很危险……而且任何强烈的情感上的干扰对她来说都是不可承受的。另一方面，可怜的王妃一场病刚刚好，她孤身一人，满心期待着我们结婚，如果有人告诉她我们不可能结婚，她可能又会病倒……如果我自杀了，我就会使王妃的处境更加困难，也会给所有爱我的人带来极大的痛苦。"

又过了两天，他又写道："我父亲宣称，他的名字因为一桩婚事要与哈茨菲尔德、卡罗拉斯、洛特等人联系在一起，这与他的名誉不符。如果这些事情还被传与一个女人有关，那么她永远不可能成为他的儿媳妇。他说，我必须想到，我的名字并不仅仅代表我自己，任何能对我的名字产生影响的事情同样也影响着他本人和我的兄弟们。他'张牙舞爪'地反对我的提议！在那些诽谤性的言论见报之后，王妃写信给我说，除了我们结婚，没有其他的办法了。如果没有这些文章，她是不会想要这门婚事的！而我的父亲持有非常不同的观点……

"与此同时，我被禁止离开军队，因此未经允许我不能结婚（直到十个月后才有法律上的可能性）。此外，我必须记住，我无法提供给王妃任何东西，因为根据最近经皇帝批准修改的长子继承权法的规定，一个儿子娶了一个离婚的女人，他就被剥夺了继承权。既然我父亲除了可供继承的两大庄园之外一无所有，我就没有任何遗产了……我不知道这有多大关系，因为无论如何，婚后我活不了多久，因为与父母不和会把我带进坟墓。但是，如果我在婚后不久就去世了，那么王妃将会失去卡罗拉斯亲王支付给她的一半费用——这是合同的条款——那样她就没有足够的钱来生活了。看来已经没有办法摆脱困境了，而且考虑到我父亲现在对王妃的怨恨，我认为他不会给我任何零用钱。他说如果王妃以他的名字命名，他会自杀的。我无法用言语来形容和我父亲的谈话对我的打击有多大。我永远也忘不了，我永远也忘不了我父亲因为我曾经那么难过。"

一周后："王妃写信来……提醒我《圣经》里的那句话：'因此，人要离开父母与妻子联合，二人成为一体。'……我去威尼斯的旅行是不可能保密的。王妃的亲戚们（我很遗憾地说，他们中有些人相当不择手段）会设法把这个消息公布出来。他们和卡罗拉斯一家一样，渴望这桩婚姻，哪怕只是出于经济原因——这样他们就不会再负有责任了。尤其是卡罗拉斯亲王……如果这桩婚事成型，他将会省下很多费用。有关此事的第一篇报纸文章是由他的家庭律师撰写的……我父亲说，如果我一定要去威尼斯，他会和我一起去。他说比起整个帝国、他的一切事务和他的生活，他更关心的是他自己的财产和阻止这桩婚事。无论发生什么事，他都不会让我一个人去，因为他想和王妃谈谈……和我父亲的这些谈话使我心烦意乱，我什么都不适合。我再也不会有一天的快乐……关于我和王妃的关系，多年来一直有流言蜚语；现在，报纸上的喧嚣已经把她彻底地许给了我，我认为，为了名声，我也应该娶她为妻，尽管我对她的爱已经消失了。我的父亲和我不一样，但我不能有其他的看法，然而我觉得我应该为了我的父母牺牲我的名声！我怎么可能熬过这些苦难呢？"

　　找不到摆脱困境的办法。最后，伊丽莎白断绝了这段关系，让赫伯特知道她鄙视他，并（通过中间人）告诉他，她过得很好。赫伯特被这一击击得粉碎。"我觉得十分沮丧，因为我背叛了一份信任——这份信任是我自愿促成的……我为所发生的一切自责，并对自己感到厌恶……我的余生在我面前展开，就像一条没有尽头的白杨树大道，路上只有平坦、布满沙尘的荒地。我疲倦地沿着这条路走着，虽然我很清楚它将永远和现在一样。"

　　因此，到最后，赫伯特是唯一的受害者，也是唯一能在这些浪漫情书的读者之中唤起同情心的人。在过去，他的父亲曾先后向几个女人许诺过婚姻，但在清醒的日子到来时，每一次都毁约了。也从来没有哪怕一次有任何人强迫他父亲让他尝试着履行那些诺言，因为他父亲当时只不过是一个二十出头的贵族冒险家，没有钱，也没有地位。现在，他把自己的儿子卷入了类似的情况，而这位儿子必须为此付出代价。

当然，说赫伯特不应该让事情发展到这样的地步是很容易的，但除了实际采取的办法之外，很难提出任何其他办法来摆脱这种混乱。赫伯特被他父亲威胁的面孔吓倒了。

这位女士的行为很典型。她促成自己的离婚，以迫使她位高权重的朋友和她结婚。她尽了最大的努力强迫他去威尼斯和她团聚，因为她相信这会引起丑闻，使他别无选择，只能承认他们的结合是合法的，最后她使用了《圣经》的权威。她既不喜欢茅屋里的婚恋，也不喜欢河畔别墅里的非婚恋。她不仅要赫伯特，还要他的姓氏和财产。当她发现自己计算错误时，她立即抛弃了旧爱，开始（或重新开始）与新伴侣的爱情生活。

在她身后，则是那些期待着这次恋情的人，他们还在尽他们最大的努力来加剧混乱：一个想要逃避不得不照顾他妻子的丈夫；有帮手帮他们随时准备在报纸上写一些下流文章的姐妹们。他们精心策划，想要煽动丑闻的火焰，并促进王妃与一个他们厌恶的家族的结合。他们都能从这场婚姻中获益。他们会赚到钱，因为如果他们结婚了，他们就不用再给他们朝三暮四的妹妹以金钱资助了。他们将获得权力，因为独裁者将不得不与他们携手，为他们的儿子找到一席之地。不仅如此，他们还有更大胆的希望。也许他会被这一击压碎；也许他会把辞职的威胁付诸行动。在这种情况下，伊丽莎白所取得的成就将超过《帝国钟声》在其存在的所有岁月中所取得的成就。就像童话故事中美丽的王妃一样，她将杀死古老的龙，并将自豪地站在胜利者的位置，用她的一只小脚踩在可怕的怪物的头骨上。

但这条老谋深算的巨龙已经有一千年的历史了，他知道敌人所有的诡计，对所有的祸患都有解药，还有可靠的盔甲，让他得以利用所有武器的锋刃。曾经，他坚持自己的立场，对抗欧洲的所有大国，征服它们，或迫使它们结盟。难道他现在要被一个甚至不富有且轻佻的女人打败吗？精明的外交家玩了一场巧妙的游戏，并取得了胜利。

我们该如何理解赫伯特的行为？他是一个软弱的人，对父亲的恐惧和对老人的尊敬压制了他。此外，他不喜欢被剥夺继承权，也缺乏独立谋生的能力和意愿。首先，在两个令人生畏的场景中，俾斯麦扮演了一个严肃的父亲：他将辞职，将停止引导国家这艘大船，甚至将自杀，除非他的儿子屈服；与此同时，他动员了医生，让他们宣称这些痛苦带来的将是母亲的死亡。在另一个场景中，宰相成了赫伯特的行政长官，他的下属在没有上级同意的情况下不能结婚。最后，俾斯麦以土地所有者、大地产所有者的身份开始工作。他急忙去见皇帝，皇帝曾经把这些地产赐给了他，现在又被要求修改地契，这样赫伯特（如果不服从的话）将终身贫困，只得依靠这位美丽女士的第一任丈夫提供的赡养费生活。

这还不是全部！俾斯麦的青年时代已经过去许多年了，但在青年时代，他在这些事情上有很多经验，他知道一个人在中世纪宫殿里的一夜——在情妇怀里度过的一夜——可以许下多少诺言。这就是赫伯特绝不能去威尼斯的原因——或者，如果赫伯特去，奥托父亲必须和他一起去。他的儿子也是一名外交家，同时也是一名研究公共舆论的学者。他知道嘲讽之箭是多么致命。如果一群低级文人在老俾斯麦乘一艘狭长小船疾驰去营救赫伯特这件事上大做文章的话；如果讽刺诗讲述的是父与子还有那位女士之间发生的故事的话；如果摄影师用他们的相机，漫画家用他们的铅笔……那么他将永远被欧洲人耻笑。

然而，赫伯特的箭袋里还剩下一支箭。他一次又一次地坚持说他有道义上的责任。

如果没有这段恋情，王妃就不会经历离婚的耻辱。俾斯麦这个老角斗士，面对对方的每次进攻都有招架之力。他说，这个离过婚的人一直都不是一个品行端正的女人。今天她的名字和赫伯特的名字连在一起，可能昨天这个名字又与另一个人的名字结合在一起，明天也可能再与另一个人的名字结合在一起。事实上，这个名字并不值得捍卫。至于他自己，父亲坚持说，他不希望俾斯麦的名字与洛特或施莱尼茨的名字联系在一起。如果把荣誉放在天平上，俾斯麦一家人的荣誉更重。

激情？良心的痛苦？长子的荣誉感？年轻人超越了这些烦恼，前进吧！

第十三章

　　1877年秋天，在基辛根疗养期间，俾斯麦向儿子口述了以下文字：
"一家法兰西报纸最近说我患上了'联盟噩梦'。德意志政府部长们在未
来很长一段时间——或许永远——都有充分的理由被这种噩梦侵扰。西方
列强很容易在奥地利的加入下联合起来反对我们，但或许更危险的是俄
国、奥地利和法兰西之间的联盟。如果这三个大国中的两个结成亲密关
系，这将为第三个大国提供机会，让它可以随时对我们施加非常明显的压
力。"由于担心这种可能性，他多年来一直在考虑一种普遍适用的政治局
势，"在这种局势中，除了法兰西以外的所有大国都需要我们，并且借由
它们之间的关系，也为它们提供了最好的理由，让它们放弃联合起来反对
我们这一做法。"

这就是他作为宰相基本的政策理念。它源于三个方面的考虑：德意志的情况、欧洲的嫉妒和强国的利益冲突。作为一个现实主义者和国际象棋玩家，他从这些前提中得出结论。他知道如何区分理想和必要性。尽管他自视甚高，他也不希望吞并更多的村庄，因为祖国所处的位置并不有利。而且，既然祖国是他的权力来源和目标，它就绝对不能被统治世界的梦想所危及。尽管如此，他也承认大国联合起来反对德意志的可能性，因此他竭尽全力阻止雄心勃勃的英国人加入俄国人的武装，并阻止雄心勃勃的法兰西人加入奥地利农民的共同事业。

在外部世界，没有人相信他。英国女王的信件、俄国政治家的报告、法兰西煽动者的演讲，这些都对俾斯麦的和平意愿表示怀疑。对"征服者"表示恐惧和仇恨的言论堆积如山。世界就是这样看待他的。难道他不是那个在七年内三次发动战争，打破欧洲和平，并且使所有这些战争都以吞并告终的人吗？他难道不是在欧洲的心脏地带建立了一个庞然大物吗？三个世纪以来，德意志种族之间的分裂为所有邻国提供了多少分化他们的机会呀。他在自己的土地上用鲜血和钢铁取得了胜利，然后又在国外取得了胜利——如果不是通过不断地征服，他如何维持这种通过武力创造的拿破仑式社会结构的完整性？他自己的人民都称他为铁血宰相！

他自己的人民对他的本性知之甚少，这导致了某种错误，而从长远来看，这种错误对德意志的名声造成了灾难性的影响。只要看一眼他的性格，看一眼这个复杂性格展现出的各种情绪，就足以消除这些偏见。对他的电报、信件和谈话的研究从文献证据方面提供了更合理的观点。对他担任宰相的二十年进行一般性调查，证明了这种观点的准确性。在晚年，他经常问自己，如果没有这三场战争，德意志统一是否可能实现。当他在回忆录中写下1849年的事件时，他并没有质疑这种可能性。至少可以肯定，他发动这些战争不是为了征服，只能说，他的胜利为他带来了征服这一偶

502

然的结果。他就像一个被宠坏的幸运儿，在由雄心壮志指引的道路上，他找到了女人，并乐于拥有她们——并不挑剔。

他发动战争从来不是为了征服。他攻打丹麦不是为了征服石勒苏益格，而只是为了在普鲁士的航帆上吹起民族主义的东风。他第二次发动战争，不是为了征服黑森和汉诺威，而是为了排挤奥地利。发动第三次战争的原因，不是吞并阿尔萨斯的渴望，而是在对法兰西行使否决权表示反对。胜利比他所希望的更快、更彻底。在获得这些胜利之后，他坐在地图前，接受了幸运赐予他的一切。

俾斯麦在他的专业领域内是一位如此伟大的大师，以至于他从不把弓拉得太满。的确，他的得分从不低于他的目标，但也从不高过他的目标。在外交事务中，他对距离的判断从未出错。我们尽力解释了为什么这种距离感在国内事务中失败。"外交事务对我来说本身就是目的，比世界上任何其他事情都重要。"他在1866年如是说。幸运的是，当他需要战争时，他总是能找到战争，但他从未滥用自己的优势地位来实现征服。二十年来，他维护了欧洲的和平，子孙后代不能不为此称赞他——无论这能够在多大程度上证明他在其他方面的功劳。

但是，如果说他维持了二十年的欧洲和平，那也不是出于人道主义动机，也不是因为他害怕失去声望。他之所以这样做，只是坚信欧洲将不再满足于扮演中立旁观者的角色，可能会形成反对德意志的联盟，这种危险在1869年使他愿意在理论上放弃吞并阿尔萨斯。1871年以后，俾斯麦对法兰西的处理变成一种政治家般的态度，这让他退回到了米库洛夫。"我们有必要让法兰西保持和平。如果法兰西不愿与我们保持和平，我们必须阻止它找到盟友。只要法兰西没有盟友，法兰西就对我们来说并不危险；只要欧洲的大君主国团结在一起，任何共和国对他们来说就都不危险。另一方面，法兰西共和国将发现很难找到一个君主制盟友来反对我们。"

他用这些话告诉我们，他为什么必须阻止反德联盟的成立，并必须努力建立起一个联盟，而德意志必须是其中一员。从1850年到1870年，俾斯麦希望普鲁士保持孤立，这样，在发生大危机时，它就可以为自己的援助开出高价。现在，它变成了强大的德意志，他希望结盟。那时他很软弱，因此想独自站在一旁；现在，当他强大时，他想要寻找朋友。即使在他自己的时代已经过去之后，他的基本思想仍然是正确的。

"维护和平符合我们的利益，因为我们的大陆邻国渴望（其中一些是秘密的，一些是官方承认的）某些只能通过战争来实现的愿望……我们发展成为一个大国的事实引起了恐惧，我们必须通过光荣并和平地利用我们的影响力这一方式来消除这种恐惧……尊重其他国家的权利……对德意志帝国来说很容易……一方面这是由于德意志人本身拥有的性格，另一方面是由于（我们没有功劳）我们不需要任何领土上的扩张，并且如果不增强我们领土的离心力，我们也无法实现这种扩张。我的理想一直是，在我们能够拥有的边界内建立统一之后，我们再去赢得大国的……信任。我也希望，德意志的政策，在经历了短暂的伤害——即国家的分裂之后，已经得到了改善，现在应该是和平和公正的……当考虑那些只能通过战争解决的国际争端时，我从来不倾向于用学生决斗的标准来处理它们。"

我们从蒂德曼那里得知，在70年代，俾斯麦曾多次提到自己是一个欧洲人。从广义上讲，他的外交政策实际上就是欧洲的，因为他的发言从来都没有带以民族主义的色彩，他总不相信，甚至也从来不说他的人民才是被选中的人。他完全摆脱了低级的爱国主义。他对一个代表团说："我一直认为阿尔萨斯人是法兰西民族的精英。他们有最好的士兵，在我看来，拥有两个民族的某些优点是他们的特殊价值。如果我能把每个法兰西女人都嫁给一个德意志男人，我就能培育出一个相当有效率的种族。"他希望在梯也尔生日那天向他送上美好的祝福，但是他首先询问了那个法兰西人，从俾斯麦那里传来这样一个消息是否会有损于他的声望；当梯也尔去世时，俾斯麦请朋友们喝酒来纪念这位法兰西政治家。1875年，他很有可能再次拿起武器反抗法兰西，因为此时法兰西正在进行军事准备——在边境另一边，复仇的呼声响起。但他粉碎了可能引起一场火灾的小火花，他说："仅仅为了防止法兰西再次得到喘息便进攻她，这一行为是可憎的。这种攻击会给英国提供一个再好不过的借口，让他们得以大声疾呼人道主义口号，而且会促使俄国从缘于两国皇帝之间的个人友谊达成的政策转变为体现粗暴的国家利益的政策，因为此时……在涅瓦河（Neva）上已经有人怀疑是我们允许事情发展到现在这样的程度且又不干涉事情的进展，这样做是否明智！"

1875年春天，包围德意志的1915年协议①一时之间似乎已初露端倪。教会争端只是一个借口。弗朗茨·约瑟夫，维托里奥·埃马努埃莱，还有利奥波德二世决定拥护罗马天主教的事业。戈尔恰科夫眼光盯着巴尔干半岛，倾向于同法兰西人达成谅解。即使是英国，出于对德意志的不满，也乐意向俄国伸出友谊之手。俾斯麦的整个体制岌岌可危，这似乎是第一次他有可能经历外交上的失败。那么他做了什么呢？首先，他发表了一篇文章《战争在望吗？》，使每家工厂都转动起来。在罗马，在伦敦，在任何地方，外交家们由于对俾斯麦的仇恨，都站在了俄国宰相这一边。戈尔恰科夫在巴尔干半岛向英国人屈服了一点点，然后在沙皇的陪同下前往柏林，要么是为了缓解，要么是为了加剧这场危机。俾斯麦心平气和地接见了他，并向戈尔恰科夫展示了他最近提交的辞呈。在辞呈中他说他生病了，没有他这个国家是可以继续运转下去的，因为一切都很平静。俾斯麦也对沙皇说了类似的话，而沙皇很高兴，因为不用被迫应战了。

---

① 即英法俄三国结盟的建立。

于是，这个俄国人——也是一个虚荣而狡猾的老人——就这样被他的学生欺骗了。他最后一次获得名望的机会已经消失了，为了挽救他所剩无几的名声，他给他身处各国首都的代表们发了一封电报（不是用密码），上面写着："现在和平是确定的。"这封信是为了表明戈尔恰科夫战胜了俾斯麦，为了表明俄国祖国克服了战斗的狂热，也是为了告诉欧洲，俄国和戈尔恰科夫把爱好和平的法兰西从欧洲的邪恶天才——俾斯麦的贪婪中救了出来！

俾斯麦勃然大怒，根据他自己的叙述，他立即对俄国人说了些不容争议的事实："你没有权利从背后跳到朋友的肩膀上，也没有权利以牺牲他为代价上演一出马戏！……即使你想在巴黎赢得名望，你也不应该因此而干扰我们与俄国的关系！如果你愿意，我将有一些在柏林铸造的五法郎的作品，上面刻着：'戈尔恰科夫保佑法兰西。'或者我们可以在德意志驻巴黎大使馆建一个剧院，在那里，用信号烟火，把你介绍给法兰西公众，你可以带上相同的献词，穿着白色的衣服并戴上翅膀作为一个守护天使出现！"我们可以理解，戈尔恰科夫对这样的挑衅感到不安。可以更加确定的是，这场争吵在俾斯麦的脑海中留下了深刻的印象，而且很快造成了具有世界意义的后果。

的确，沙皇没有等通报就立即去见了俾斯麦，并且用了以下这句话当作谈话的开场白："首先让我们向您保证，我从不相信德意志好战的说法！"俾斯麦则告诉我们，在另一个场合，沙皇实际上这样评价他的宰相："就让他沉浸在他那衰老的虚荣心中吧！"然而，俾斯麦似乎在戈尔恰科夫那里遭受了外交上的失败。而且，他处于一种有着清白的政治良知的特殊境地——他永远不会忘记这一刻。俾斯麦暂时没有反驳对手的声明，而他的对手则到处宣称他得到了沙皇的认可，但是俾斯麦把这件事深深记在了脑海里。鉴于到了老年，他还会因想起五十年前在学校时遭受的

"未报之仇"而辗转难眠，所以我们完全可以相信，在他权力巅峰时遭受这样的侮辱会激发他复仇的决心。

仅仅一年之后，他便面临着支持俄国还是支持奥地利的抉择。1875年夏天，上次危机刚过，巴尔干地区反抗土耳其人的新起义使奥地利和俄国之间相互猜忌的加剧。现在，事情的走向取决于俾斯麦的决定。和平刚刚到来之时，他曾试图通过组建三国联盟来使巴尔干地区的这两个对手陷入瘫痪。"我没想过要干预，"他私下说道，"那可能会引发一场欧洲战争……如果我支持其中一方，法兰西就会立即支持另一方……我揪着两只强大的纹章兽的项圈，让它们分开是出于两个原因：首先，以免它们相互撕咬得粉碎；其次，以免它们达成共识而侵犯我们的利益。"在帝国议会中，他用以下话语来使同样的观点显得通俗易懂："只要我看不出有什么理由能够认为德意志的利益牵涉其中，只要我在其中看不见任何利益值得我们——请原谅我的直言不讳——拿一个波美拉尼亚火枪手健全的骨头去冒险，那么我就反对德意志需要以任何方式积极参与这些事务的想法。"

没有人比俾斯麦更清楚这个三国联盟的不确定性。他非常怀疑自己是否能够无限期地让那两只纹章兽保持分离。这个联盟唯一具有道德分量的地方在于，三位皇帝都因反对共和主义和民主而联合起来，而且他们宁愿彼此达成协议，也不愿被他们都深恶痛绝的东西推翻。这就是为什么在70年代，俾斯麦赞成组建东方三国联盟，并使其最终成立，尽管在50年代他曾破坏过同一个联盟。在沙皇和奥匈帝国皇帝那里，王朝保护自身安全的意愿比他们对征服者的嫉妒更强烈；但如今，一个可怕的敌人的幽灵并不存在，所以也就不存在什么东西可以将现在这个联盟巩固成他们父辈时代那样的神圣同盟。

在这个不同寻常的三角婚姻中，德意志就像是年轻的丈夫，而两位更年长些的妻子（俄国和奥匈帝国）在争夺他的青睐。这两个国家都爱争吵，这让德意志很难做到公正对待。"如果俄国和奥匈帝国发生冲突时我们保持中立，战败的一方将永远不会原谅我们，"俾斯麦当时对霍亨洛厄说，"如果奥匈帝国被彻底打败，对我们没有好处。当然我们可以吞并德意志奥地利，但我们拿斯拉夫人和匈牙利人怎么办呢？公众舆论不会允许我们与奥匈帝国作战。如果奥匈帝国灭亡，俄国将对我们构成严重威胁，只有借助奥匈帝国的帮助我们才能制衡俄国。"不久之后，俾斯麦在这件事上的观点就会经受一场危险的考验。

1876年春天，戈尔恰科夫不得不忍受俾斯麦的特使告知他，他去年在柏林的戏剧性举动已经在德意志引发了针对俄国的"不信任和不确定"。戈尔恰科夫滔滔不绝却虚伪地回应说，如果俾斯麦仍被说成他的学生，那也只是在拉斐尔是佩鲁基诺的学生那种意义上的[①]。他一边说着漂亮话，一边在外交领域带着更多敌意来阴谋算计俾斯麦。他知道他的对手身陷于何种两难境地，所以他突然强行提出了这个问题。1876年秋，他从里瓦的亚（Livadia）通过德意志军队随行官向柏林发送了一份调查报告。如果俄国和奥地利发生战争，德意志会保持中立吗？戈尔恰科夫是一位过于狡诈的外交家，他提出了这样一个直率的问题之前，不可能没有考虑过这种直率可能带来的后果。俾斯麦在瓦尔津接到了这封信，首先就采取了主动行动。他采用了非同一般的强调，指示外交部回应"说德意志不知道戈尔恰科夫为什么提出这个问题，或者如果他得到这个问题，他将如何利用这个问题，以此打发走这个轻率的提问者……这一询问既不正当，时机也不对，明显是一个阴谋"。他愤怒地宣称："整件事就是想让我们签一张空白支票，俄国会把它填好金额，然后兑换现金对付奥地利和英国。"

按照惯例，俾斯麦用算术的计算方式来测试个人的情绪。他知道戈尔

---

① 只是早期曾受其影响，现在已经青出于蓝。

恰科夫询问的真正目的。俄国人想知道奥地利是否会被分裂。如果俾斯麦说"不"，那是因为他预见到泛斯拉夫主义洪流的兴起，它在席卷整个东欧之后，将使德意志沦为附属国。最好让沙皇思考一下：长期以来，俾斯麦的政策一直是让俄国、奥地利和英国——位于东欧的三个主要对手——保持相互紧张的状态，让每个国家都想得到德意志的支持。现在他想阻止世界大战的爆发，并把俄国的军事力量转移到巴尔干半岛去。因此，当有人再追问他一个明确的答案时，他回答，说如果他的两个朋友认为应该争吵，那么他就可以无动于衷地看着，但如果他们中的任何一个人受到严重伤害，不再能维持强国的地位，那么他会非常后悔。

现在，戈尔恰科夫可以向他的主人提供有力的证据，证明俾斯麦是横亘在俄国人和他们希望在圣索菲亚大教堂的圆顶上重新竖起十字架的愿望之间的主要障碍。中了俾斯麦的计的沙皇，于是放弃了攻击弗朗茨·约瑟夫的念头。相反，他在扎库皮（Reichstadt）会见了他的兄弟皇帝，并对巴尔干半岛的问题达成暂时的和解。奥地利将拿到波斯尼亚（Bosnia）这片领土，作为保持中立的条件。于是，危险的暴风雨转向东南方。1877年春天，俄国人出发前往君士坦丁堡——路上他们将在达达尼尔海峡（Dardanelles）与英国船只狭路相逢，并遭遇更多的困难。事实上，其他势力将他与金角湾（Golden Horn）阻隔开来，所以他只得签订《圣斯特法诺条约》（*the treaty of San Stefano*）以此"打破力量的平衡"。

戈尔恰科夫在对俾斯麦的答复中说："要解决的问题既不是德意志的，也不是俄国的，而是欧洲的。"宰相在旁边写了一张纸条："欧洲是谁？"十年前，当英国特使在威胁俾斯麦时，俾斯麦曾用过同样的三个词，既富含意味又半开着玩笑。"我总是发现，当政治家们想要向其他强国要求一些他们不敢以自己的义名义要求的东西时，他们就经常把'欧洲'这个词挂在嘴边。"这句话在当时的情境下是完全正确的，也是他对戈尔恰科夫的询问的默认答复。

在圣彼得堡有一个人，他看待问题时真正具有欧洲的视野，他的心灵倾倒于老戈尔恰科夫所不了解的人文主义情感。随着《圣斯特法诺条约》缔结以来，土耳其人开始被逐渐逐出欧洲，保加利亚的疆域也在逐渐扩大——这使得奥地利感到自己在某种程度上已经被俄国包围，英国变得不安，第二次也是更可怕的大战似乎一触即发。这时俾斯麦的老朋友彼得·舒瓦洛夫伯爵赶到宰相那里，请求他进行调解。俾斯麦当时住在弗雷德里希斯鲁，遭受着带状疱疹和神经炎带来的痛苦，而且脸部疼得连刮胡子都困难。尽管如此，他还是接待了这位俄国人——而且一开始，他拒绝了来访者的请求。

再一次，就像在兼并阿尔萨斯和洛林之前一样，他政治直觉的第一反应是准确无误的。几个月前，当德意志首次提出半官方的调解提议时，他断然拒绝了，他说："我们很难相信，另一个国家的调解会以这样一种不给俄国造成压力的方式达成。但如果施加了这种压力，却只会让俄国更难屈服……鉴于我们的边界与俄国的边界相距甚远，我们与这个帝国之间的关系远比与整个土耳其的关系更重要。我们一定要下定决心拒绝实施调解，从而不在非必要的情况下扰乱这些关系。"后来，也没有证据表明他在晚年认为这种干涉是他职业生涯中最大的错误，而且这种说法听起来也并不真实。关于这件事，我们确实知道的是，他的第一反应就是拒绝调解方案，但舒瓦洛夫坚持不懈。第二天，沙皇（当然是在舒瓦洛夫的唆使下）发来急件，亚历山大亲自请求俾斯麦进行调解，说他将把这一调解行为视为对宰相忠诚的证明。俾斯麦该怎么办？不久前，他刚写信给德意志驻圣彼得堡大使："一位君主，而且是一位像亚历山大皇帝这样与我们如此亲近的君主，您和我必须认为他是……永远正确的——就像对待一位女士一样。"

此外，威廉皇帝遇刺一事使《社会党人法》（Anti-socialist Law）被通过的可能性大大增加。俾斯麦认为，《社会党人法》的通过可以巩固他在国内的地位。他可能还被自己对老戈恰科夫的怨恨情绪所影响，因为如果召开议会，主席极有可能是俾斯麦担任，而老戈恰科夫则不得不忍受坐在他下位的煎熬。因此，就像在凡尔赛宫一样，他在已经说过"不"的地方最终说了"是"，从而违背了他本性中的一种基本冲动。下定决心后，他在二十五分钟内向他的儿子口授了柏林会议的议程。

"我们将扮演诚实的中间人的角色。"俾斯麦对公众说。布利希吕德尔读到这句话时，若有所思地摇了摇头，在长久以来经验的教育下，他满腹狐疑地回应："没有诚实的中间人这种东西。"

第十四章

1870年的7月13日，俾斯麦收到了一封从埃姆斯发来的电报；1874年的7月13日，库尔曼用左轮手枪打伤了他；柏林会议于1878年的6月18日召开，而在7月13日，俾斯麦签署了这次会议最后达成的"柏林条约"。十三这个数字（像对星期五一样，他对这个数字有一种迷信的恐惧）曾两次在噩运的外表下给他带来好运。问题是，在这个不祥的日期开始和结束的会议，虽然达成了一个看似辉煌成功的结果，但最终是否会给他带来危害？从表面上看，在他的职业生涯中，没有哪一个时刻比这一刻更辉煌、更成功的了。在他官邸的圆顶大厅里，他以欧洲主席的身份，站在马蹄形大桌的中央，欢迎各个大国的政治家们。几十年来，从来没有过这样的聚会。俾斯麦的大白胡子（因为他还是无法刮胡子）使他显得很像一个封建宗法制度下的大家长，但是各种各样的情况——他的疾病、用一门外语履行主席职责的必要性，整项工作的可疑性——使他感到不安，因此他"相当紧张"。在大会开幕时，他绝对是无法不关心这些问题的。

在这张马蹄形桌子旁坐着二十位著名的政治家，他们分别来自七个不同的国家。俾斯麦的右边坐着君主制国家的代表，那不是一位吉卜赛人吗？他今天扮演着匈牙利将军的角色。他瘦削、窄小的五官看起来有些不协调，鼻子和耳朵很大，嘴巴很感官，他留着短胡子，总体上看，他有点老派、不讲礼貌。这是安德拉西（Andrassy）伯爵，一个对问题理解得很快而又解决得很慢的人。安德拉西旁边是奥地利驻柏林的常驻使节卡罗伊伯爵，因为即使是与奥地利的战争也不能让他离开他的岗位超过几个星期。奥匈帝国代表团的第三位成员是海默勒（Haymerle）男爵，维也纳人，从他的鼻子到他用来记笔记用的铅笔，他的一切都非常尖锐。

俾斯麦左边的那个人，看上去像快乐的英国人，随和而欢快，其实是法兰西的领袖，虽然名字和出身都是英国人，但是比起外国大臣更像是一位考古学家，他就是沃丁顿（Waddington）。坐在他旁边的，圣瓦利埃（Vallier）伯爵，一个难以取悦的家伙，时任法兰西驻柏林大使，确实比前一位更能代表他的国家。法兰西的第三位代表是德斯普雷兹（Desprez），一个看上去很有学问的人，半是宫廷侍从，半是牧师。

远东人在这里做什么？那个看起来很狡猾的小个子一定是日本人吧？不是，那是科尔蒂（Corti）伯爵，他比他的邻座劳尼（Launey）伯爵更聪明，两者都是意大利的代表。紧挨着坐着的是一个戴着土耳其毡帽的蓝眼睛德意志雇佣兵。这张桌子上的一切似乎都颠三倒四，正适合用来告诉人们，关于种族和民族的一切传统观念是多么愚蠢。这个英俊的条顿人叫作阿里帕夏（Ali Pasha），现在是一位大将军，尽管他年轻时候在马格德堡活动时用的是另一个名字。后来，作为船上一个逃跑的侍者，他又（据说）成了大维齐尔阿里的宠臣，并且自此以后这位大维齐尔一直都是他的保护人。在我们现在看到的这次会议的两个月后，他充满危险的职业生涯将被阿尔巴尼亚人的短见所终结。另一位土耳其代表，卡西奥多里帕夏（Catheodory Pasha），有着优美的鼻子、紧闭的嘴唇，苍白而矜持，出生在近东，是希腊贵族的后裔。

接下来右手边这位，紧挨着维也纳男爵的又是谁呢？他是德意志代表团的另一位成员吗？不，那是奥多·罗素（Odo Russel）勋爵，英国的驻柏林大使，一个看上去很严肃但很和善的人，他动作敏捷，而且相当粗野。在罗素旁边坐着一个长着大胡子、高额头的人，那就是索尔兹伯里勋爵，一个研究东方问题的专家。我们的目光不会停留在他身上，如果我们见到了第三位英国代表，因为这位也许是这场会议上最引人注目的一个人物。他的外表很难透露出他的国籍。我们看到他时绝不会把他认作英国人。早年间，在迪斯雷利（Disraeli）成为比肯斯菲尔德伯爵之前，当他主要还是一位小说家的时候，他看起来像是一个典型的英俊的犹太青年。现在，他看起来一半像魔鬼，一半像音乐家。他有着大鼻子、下垂的嘴角、翘起的胡子，高高的额头被卷曲的头发遮挡，他就像伦勃朗笔下的一位文人。现在，他年迈体衰，只能拄着拐杖艰难地走向座位。从外表看，没人会想到他就是那个曾经让维多利亚女王深深迷恋的人。

像迪斯雷利一样著名的戈尔恰科夫在哪里？他就在那里，那个蜷曲着的男人。他八十岁了，不像威廉皇帝还能如年轻的中尉那般站得笔直。他患有严重的痛风，被抬到了他的座位上。仔细观察，我们发现他的脸不像身体那样萎缩。他的嘴唇看上去仍然性感，他的脸颊是软的，只有鼻子是尖的。当这个有一半德意志血统的人环视房间时，他让我们想起了斯皮茨韦格（Spitzweg）画的一个德意志怪人，他看起来似乎是一个贪图享乐的人，而不是一个阴谋家：事实上，他两者都是。他已经说服他的主人让他坐上这个桌子，尽管俄国代表团的最终决定并不由他给出，而是取决于俄国驻柏林大使保罗·德·奥布里尔（Paul d'Oubril）。然而，俄国事务的真正指挥者也不是这两个人中的任何一个，而是会议的发起人彼得·舒瓦洛夫伯爵，他看起来像一个法兰西元帅，聪明，有骑士精神，是一个无与伦比的谈判者。

一开始，对手们剑拔弩张。虽然会议主席在德意志的领土上用法语发表了开幕词，但迪斯雷利用英语发言，带有牛津口音，在场的几乎没有人能听懂。随后，戈尔恰科夫没有使用俄语（正如俾斯麦所期望的），而是用法语进行回复，说了些不是"回答"的话，长篇大论，让主席感到厌烦。主席一边听，一边在一张纸上写着："吧啦吧啦，吧啦吧，吧啦……吧。"在此之后，他们都去邻近房间稍事歇息，在那里，博尔夏特（Borchardt）取得了"二十次会议中最成功的一次"。

甚至在大会开幕前，俾斯麦就已经很恼火了，因为当他对所有的代表进行回访时，他们都"以一种粗俗的方式接待他，并且都让他觉得无聊透顶"。随后，他用狡猾的挖苦来取笑他的客人。在接下来的会议上，他试图让会议按照自己的方式来进行。当索尔兹伯里提出一个新的议案，他用全会场都能听得见的声音说："再来一个！"在希腊人做报告之后，他说："他不理会反对意见，但他急于用紧张的不耐烦禁止每一个人发表意见，以此让所有人感受到他权威、等级的分量。"此外，尽管他讲一口流利的法语，但他的用词却有节奏，这和他讲德语时一样——会根据他的精神状态讲得或快或慢。"我很少在早上六点之前睡觉，常常要到八点才睡，而且只会睡一两个小时。中午之前，我不会接待任何人。你可以想象到开会时我处于什么样的状态，每次开会前，我都会喝上三四杯浓烈的波特葡萄酒，以便让我的血液运转起来，否则我什么也干不成。"尽管如此，根据所有记录来看，他的主席工作是令人称赞的，他的介入和指导是最有效的。

他自己最初倾向于信任的会议成员只有安德拉西和罗素。他试图发现"罗素隐藏起来的一个缺点，因为没有一个英国人能像他看起来那么完美，而他又是一个能精通所有语言的人。"结果却是徒劳的。他想让索尔兹伯里勋爵每天在德意志教官的手下待上半个小时，教他更好地控制自己。他把阿里视为变节者，对他态度冷淡，几乎可以说是没有礼貌的。对他的敌人戈尔恰科夫，他表现出讽刺般的喜爱。有一次，当这位老先生拜访它时，俾斯麦想把它从椅子上扶起来，而俾斯麦的宠物却把这个动作当作攻击的信号。俾斯麦对着那只狗大吼一声，但是由于那位俄国人一直没有注意到那只狗，还以为俾斯麦突然要向他报仇，于是惊恐地离开了。当俾斯麦在晚上讲述这一事件时，他补充了一个同样喜欢狗的政治家的话："泰拉斯还没有得到适当的训练。他不知道该咬谁。如果他知道，他会咬土耳其人的。"

出席这次会议的三位著名冒险家——船上侍者、小说家和俾斯麦——彼此之间有着截然不同的互动反应。"我希望我能知道比肯斯菲尔德是否想要发动战争，"俾斯麦在第一个晚上说道。没人知道！大家普遍感觉这位英国首相正在权衡利弊。他心存疑虑；给他画肖像的维尔纳（Werner）不懂英语；但迪斯雷利在能够多次确认这一事实之前是不会满意的。然而，这位老人的幽默感使他能够从一些以他的人格、名字和犹太血统为笑料的柏林式诙谐话语中找到乐趣。其中一个笑话是这样的：当一名军官在巡逻时问迪兹①（Dizzy），门前的哨兵是在为谁站岗时，哨兵回答："先生，是为了B.A.科恩菲尔德②（B.A.Cohnfeld）。"

---

① 指代迪斯雷利。
② 这里是利用谐音调侃迪斯雷利的名字和犹太身份。

如果俾斯麦讨厌犹太人的话，那么迪斯雷利身上的一切，尤其是这位英国人喜欢雄辩的习惯，本应是让俾斯麦反感的。但是在两人进行了几次交谈之后，俾斯麦对迪斯雷利的喜爱超过了对其他人的喜爱，并且后来他说："他和我们共度了几个晚上。由于他身体不太好，只有没有其他客人的时候他才会来。这样我就和他变得亲密起来。虽然他写过如此离奇的小说，但他是一个很容易打交道的人。一刻钟内就能确切知道他的意图。他已经明确自己能做到什么程度，经过简短的讨论我们就能把事情解决。"直到迪斯雷利去世，俾斯麦都和他保持着友好的关系，尽管在会议之后，迪斯雷利在《恩底弥翁》（*Endymion*）将俾斯麦当作费罗尔伯爵，略显批判性地对他作了一番描写——这发生在莫特利写关于俾斯麦的小说四十年之后。

俾斯麦似乎只和布利希吕德尔谈正事。"和平的胜算为66比34，或者也许是70比30。"他在第一个晚上对后者说道。布利希吕德尔举办了"一场盛大的非正式晚宴，席间使用了很多音乐伴奏"。王储邀请大家在万湖（Wannsee）参加水上聚会，在聚会上，几乎所有参加会议的成员都险些在一场风暴中溺水。因此，他们去了无忧宫。根据霍亨洛厄的报告得知，在那里，与会代表们"在用餐前发现了许多洗手盆，但这么多陶器制品中只有一个不是用来洗手的。在这些洗手盆周围，整个欧洲又都团结在了一起。"

柏林会议讨论的问题早就过时了，细节无趣。唯一重要的问题是三个竞争者在近东的竞争。俄国和英国之间的竞争在保加利亚问题上达到了顶峰。当俄国人不肯让步，而比肯斯菲尔德已经预订好了他的专列的时间时，俾斯麦（从舒瓦洛夫那里得知俄国的弱点）说服英国人做了一个小让步，并且让俄国人做了一个大让步。就这样，在以牺牲与俄国的友谊为代价之后，和平得到了维护，而从此以后，人们总会说"俾斯麦让俄国受到了羞辱"。

会议上讨论的正式主题，除了普遍的错误认知，即必须保护基督徒免受异教徒的侵害之外，就是把小国当作棋子的这盘象棋应该怎么走的问题。

他们划分了所谓的利益范围，但是对于这些地区的地理情况，比起德意志这位调解人，英国和俄国的政治家对其所知并不多。例如，当土耳其的一个区被划分给新保加利亚，他们随后便发现，这个地区远在巴尔干半岛的丘陵地带之外，于是英国认为自己已经让步太多，希望分割的区域能往回有所缩减。"经过长时间的搜索，"霍亨洛厄写道，"我们发现了一块可以从俄国人手中夺取的小区域——一个山脊……虽然我们都不知道这是否是一个合理的边界……这些地图既不准确，又相互矛盾。"四个星期后，条约已经签署，但是那时，甚至连巴尔干半岛中的墓地的安宁都无法保证……保加利亚已经成立；塞尔维亚、罗马尼亚和黑山已经"独立"；希腊的疆域已经扩大；多瑙河将在欧洲委员会的管理下保持中立；海峡仍然是封闭的；波斯尼亚和黑塞哥维那，虽然仍然属于土耳其，但是将被奥地利占领并管理。这一条约将成为数十年以后紧张局势的源头，尽管它在沙皇与奥地利皇帝达成协议的前一年已被秘密安排好了。没有一项规定在制定时考虑了种族问题，甚至都没有遵循当地居住者的愿望。塞尔维亚人被分裂到四个不同的国家之中，巴尔干人则被分到了三个；伊斯兰国家的边界被推后了，但是土耳其人仍留在欧洲。一张薄薄的羊皮纸就遮盖了一堆未解决的问题。

德意志本来没有什么想要直接争取的利益，却通过这次会议间接地损失了巨大的利益。它与俄国的友谊严重动摇，与英国的友谊也没有建立起来。俾斯麦找到了失败的个人原因："在会议之前，我们已经在很大程度上与沙皇达成了和解。我们达成一致，我应该同意俄国的所有愿望，作为回报，沙皇答应让舒瓦洛夫取代戈尔恰科夫……戈尔恰科夫一定听到了这种和解的风声，因为在会议上，他提出的政策中为俄国争取利益的部分越来越少，所以我不得不告诉舒瓦洛夫，我不能表现得比俄国自己还俄国……"后来，当戈尔恰科夫向沙皇作报告时，他说："我们之所以在这次会议上取得如此贫瘠的成果，全拜俾斯麦所赐。"于是我们看到，沙皇回应说："很好，那么！你将继续担任宰相一职！"可以肯定的是，沙皇一定认为自己在外交斗争中被那位"诚实的中间人"欺骗了。他把这次会议称为"在俾斯麦领导下对抗俄国的欧洲联盟"，并且认定舒瓦洛夫就是被俾斯麦亲王骗了。

柏林会议为巴尔干半岛的动荡和列强之间的纷争铺平了道路。这些纠纷很快便显现了出来。

第十五章

"亲爱的叔叔，承蒙您一直以来的友谊，我希望您能允许我坦率地对您讲述一件令我十分不安的事。在过去一段时间里，德意志的外交官员一直毫无理由地对俄国表现出敌意，这完全不符合一个多世纪以来指导我们两国政府的政策，也与我们这么多年来一致的共同利益传统相冲突。对于我来说，我对您的友谊没有改变，而我希望它在您身上也一样。然而这个世界需要用实际行动来判断……土耳其人，在你们的朋友英国人和奥地利人的支持下……一直在给保加利亚人制造一些麻烦。现在，大多数的欧洲委员必须做出决定了。在几乎所有事情上，法兰西和意大利都是支持我们的，而德意志人似乎遵循着要始终支持奥地利人的观点这个指令行事，而奥地利对我们的敌意是全方位的……"

"您必须原谅我，但我认为我有必要提请您注意这一事件对我们友好关系造成的不幸后果。我们两国的新闻媒体已经开始把我们卷入其中……我完全明白，与奥地利保持良好关系对您来说非常重要，但是我看不出德意志牺牲俄国的利益有什么好处。当事关大国之间的利益，并且其中一个大国在1870年向另一个大国施予了对后者来说永远不会忘记的恩惠时，一个真正伟大的政治家被个人的屈辱所影响，这么做到底值得不值得呢？如果不是情况如此严重，以至于我无法再向您隐瞒我的恐惧，并且想要以此避免对我们两国造成的重大后果，我本不该这么冒昧地提请您注意这件事。愿上帝赐予你们光明，避免这场灾难！"

1879年8月，当威廉读了沙皇的这封长信，他并没有和写信人一样意识到其中所涉及的问题的严重性。在过去的百年间，这份友谊和这两个盟友的利益曾不断因摩擦而受到干扰，但最后事情都被平息了下来。俾斯麦有一句格言：德意志和俄国是天生的朋友。大家也对这一点是如此深信不疑，以至于即使在柏林会议之后，大家也不认为新闻报道会影响到沙皇和德意志皇帝之间的政治感情，也不可能引起俾斯麦在棋盘上有什么举动。

两国之间的共同边界范围是如此之广，而他们之间就此却没有过任何可能成为战争借口的争端。由于这些原因，在过去的二十五年里，俾斯麦一直是俄国坚实的朋友，即使在局势危急的时候也不例外。此外，自1871年以来，法兰西一直希望与俄国结盟，想要从两条战线上进攻德意志。这就是为什么在过去的八年里，俾斯麦的政策充当的是俄国和奥地利两个帝国之间的调停人，防止两只"纹章兽"互相撕裂，同时小心翼翼地避免站在任何一方的身边。不久前，俾斯麦对米特纳赫特说："如果我们要支持奥地利，那么俄国将成为我们不可再达成和解的敌人，并将与法兰西结成同盟。"

德意志驻圣彼得堡大使的最后一份报告提到了沙皇对上述信中所提到

的误解的抱怨，同时补充说沙皇在一次晚宴上对德意志军队说了一些客气话，并为德意志军队干了杯。几个月来，俾斯麦对俄国有了新的想法，并且与他的匈牙利朋友安德拉西走得更近了，他邀请他到加施泰因去见他。虽然戈尔恰科夫的权力纯粹是形式上的，但报复老人的欲望可能是促成这一举动的动机。俾斯麦对俄国的敌意开始于戈尔恰科夫像上面描述的那样羞辱他的时候。柏林会议之后，俄国的忘恩负义加剧了他对俄国的不信任。造成敌意的另一个原因是俄国军队的增加，以及反德意志的战争部长的影响力的不断增强。现在，沙皇的信对于俾斯麦的怒火来说无异于火上浇油。他急忙去见安德拉西。

他从加施泰因写了一封关于沙皇的信给他的主人，信的措辞十分严厉，自从收到那封来自埃姆斯的信件以来，他还从来没有使用过如此强烈的语气来在信中谈论任何外邦国家。"沙皇对友谊的保证根本没什么重要，考虑到他话语中传达出的毫不掩饰的威胁……在陛下拒绝将您的政策服从于俄国的情况下。在君主之间……这种语言永远都是关系破裂的先兆，除非这种破裂被某些条约所阻碍。君主之间的礼貌惯例通常禁止使用比这更强烈的语言，即使是有意发动战争，如果陛下以同样的语气回答，我们可能很快就会发现自己已经与俄国开战了。"

俾斯麦接着描述这位俄国战争部长是一个戴着面具的虚无主义者，他的意图可能是通过让俄国卷入战争来为一个共和国的建立铺平道路。1870年之时，俄国之所以自我克制，是因为受到奥地利的压力。普鲁士对俄国提供的便利被列举了出来，然后俾斯麦得出了他的结论，他说，到目前为止，他一直主张与俄国和解，因为在他看来，这是更安全的道路。然而，他说："我们与奥地利的共同点比与俄国多得多。血缘关系、共同的记忆、德语和匈牙利的利益，所有这些因素将使与奥地利的结盟在德意志变得更受欢迎，而且也许这也会比与俄国的结盟更持久。另一方面，王朝之间的关系和与沙皇亚历山大的个人友谊使天平向俄国倾斜。既然与俄国结盟的优势受到了威胁，那么在我看来，我们应该尽最大努力与奥地利建立友好关系。"

威廉皇帝惊慌地读着这些话，当他发现俾斯麦想要去维也纳时，他更加惊慌了。然而，威廉皇帝表现出不同寻常的冷静，并回答："我绝对不会同意这个行动，因为俄国会立即认为我这样做相当于断绝关系！"

几天后，他收到俾斯麦的一封信，信中描述了他与安德拉西的谈话。而安德拉西提出了一个方案，建议德意志与奥地利建立起防御联盟，作为免遭俄国进攻的保护措施。我们这位老绅士感到非常害怕，他主动联系沙皇，协商他自己和亚历山大在俄国边境的一个城镇会面的相关事宜，以便讨论沙皇的那封来信。俾斯麦对这次会面的想法很生气，他写了一篇长篇的声明（整整十页印刷用纸）向他的主人阐述他的新政策。他谈到了戈尔恰科夫的嫉妒，谈到了亚历山大发出的威胁信，谈到了七年战争时期存在的那种联盟的危险。另一方面，正如他在米库洛夫时指出的，奥地利和德意志之间存在着一个可以追溯到一千年前的共同社会。而且德意志和奥地利可以联合起来彼此保护，而不需要承担责任，俾斯麦以惯常的辞职威胁告终，说任何其他的政策他都无法执行。

皇帝回信给他，寄给他一封自己与沙皇对话的亲笔信。其中存在着误会，沙皇无意威胁，完全是搞错了。俾斯麦更愿意把这封信当作君主交往之间的惯例，因为信中然后还谈到了威廉故去的父亲，并表示安慰，还谈到了深厚的友谊。这一切，都和与奥地利人的结盟毫无关系！然而，俾斯麦，为了建立上述那样的联盟一直在持续制定着详细计划，现在又开始给他的主人从加施泰因寄信，几乎每天一封，内容全是关于欧洲政治的独白。最后，在九月，他写道：

"我们的安全依赖于俄国，这对我们来说是一个不可预料的因素。另一方面，奥地利并没有那么不可预料，因为奥地利的立场与其组成部分的性质，让她需要的欧洲的支持和德意志需要的一样多。因此，就算俄国已经走投无路，也没有获得欧洲的支持，它也能安然无恙，因为没有支持并不意味着它的帝国有崩塌的危险。在奥匈帝国内部，人民及其代表对此事有话要说，这些人民首先是渴望和平的……但是在俄国，公开敌视德意志并向德意志开战的政策，对沙皇的国内地位是没有威胁的，因此，这样的政策随时都可能被采纳……奥地利需要我们，而俄国不需要。也许，在所有的强国中，奥地利是内部条件最健全的国家，皇室的统治在各民族之间坚实地建立起来了。但就俄国而言，没有人知道革命的种子会不会突然在那个庞大的帝国内部爆发。"

迄今为止，俾斯麦认为的，或者至少是坚持认为的，与这些观点恰恰相反。俄国是反对革命的铜像，而奥地利的稳定却因为帝国的各民族相互间的嫉妒而遭到破坏。现在，俾斯麦告诉我们，奥地利是一个模范帝国。而俄国是革命的焦点！这就是他试图说服自己和国王的理由。但真正的意图可以从字里行间读出。奥地利是弱国，需要我们；俄国是强国，不需要我们，这也正是俄国是威胁的原因。俾斯麦习惯于统治，他作为大臣（这意味着必须与其他大臣在工作时相互合作）更喜欢在他的内阁里有他能统治的人。难道现在他要接受具有威胁性的沙皇成为他的朋友吗？最重要的是，令他远离俄国的是这个国家对平等权的大胆要求——无论在政治上、家庭生活中还是在部长级会议上，他从来都不能够忍受这一要求。但是安德拉西这个匈牙利人就不一样，他只是渴望取悦那位拥有权势的德意志人，渴望在比自己强大的人的保护下生活。

然而皇帝很顽固。威廉已经八十二岁了，在过去的十七年里，他一直接受着俾斯麦的指导。为什么现在他要证明自己的坚定呢？他对荣誉的渴望是强烈的，他想到了父亲的遗产，在工作中想到了家族情感，并且习惯和意向都在此发挥了作用。作为他侄子的沙皇诚挚地道了歉，这足以抹平他们所有的分歧。"在这种信念的驱使下，我认为，基于合理的理由，我不可能同意帝国宰相的命令……我陷入了可怕的两难境地……我宁愿在现在这个场面下退位，把统治位移交给我的儿子，也不愿意违背我最善意的信念并且对俄国做出背信弃义的举动……如果亲王愿意再与安德拉西伯爵谈论将来可能发生的某些不测，那就这样吧。但是现在不会有联盟，我不会让其成立。亲王自己以前也曾对我们通过联盟来束缚我们行动的想法表示反对……有些时候，他还说奥地利不值得信任。"

这位老绅士在感到不安时记忆力就会运转得很好。俾斯麦的回复触及越来越广泛的问题。显然，他的心思在建设性工作上。我们毫不怀疑，他的脑子里想的都是比说服国王更重要的事。现在他抱怨自己的健康受损，说他无法忍受这样的摩擦；除非结盟，否则他将辞职。"如果我有足够好的运气，在关键性的政治问题上能与殿下分享共同的决定，那么我也许还能继续为皇帝效力……我的健康仍然在受到与发生在米库洛夫和凡尔赛的摩擦类似的事情的影响。今天，我的力量已经降到最低点，我简直无法想象在这样的条件下处理日常事务。到十九日，就到了我忍受这种类似的挣扎的第十七个年头了，这么些年这种挣扎一直没有间断过。我相信在这段时间我已经……完成了我的工作职责……如果情况没有改变，从现在起八天或十天内，我将一定将我正式的辞呈向上递交——根据帝国的法律，这意味着，我将卸下我的工作。"

俾斯麦提到了他迫在眉睫的辞职的大概日期，这只会激怒皇帝，他反复重申，如果俾斯麦辞职，他也将决意退位。

这样就加快了从柏林到加施泰因、从加施泰因到柏林的信件的传送速度。每位老人都告诉对方，如果对方继续固执己见，自己将不再履职。几乎每一天，宰相都让国务大臣向他传送电报，随时告知他皇帝当天的情绪。另一方面，皇帝询问霍亨洛厄："我猜宰相应该很生我的气吧？"皇帝不知道如何对付这个俾斯麦，因为这个人总是自发地撰写最重要的国家公文。于是他写信给宰相：

"在我们将要……与奥地利结成联盟来对抗俄国的节骨眼上，一想到我们应该在表面上对俄国表现出友好的姿态，我就非常感动。就你而言，你已经如此坚定地在朝着这样的意图努力，以至于你不仅与安德拉西伯爵讨论你的整个计划，而且你甚至允许他向他的皇帝谈论这件事，而那位皇帝则立即接受了这个想法……但是，请你设身处地地为我想一想，不管是好的时候还是坏的时候，我都会去拜访我的那位私人朋友，他也是我的亲戚、我的盟友。这样一来，我们便可以厘清他信中那些仓促且被误解的段落，而且我们会就此进行讨论以达成一个令人满意的结果。与此同时，现在，我将与这位君主建立起敌对关系，这意味着在他的背后，我的行为将与我的言论相悖？……然而，我不会，也一定不会认可你面对安德拉西和他的主人已经采取的行动。因此，你可以在维也纳讨论我们与俄国之间的不和可能最终加剧到关系破裂之后，有可能产生的不测……但是我无法真心地授予你权力，让你缔结任何形式的协议、结合，甚至联盟……你忠诚的伙伴，威廉。"

两个不同的世界在这里对话：旧普鲁士和新帝国，骑士和外交家，良知和精明。但魔鬼拥有更强大的手段来达到他的目的。巴黎的霍亨洛厄，维也纳的罗伊斯（Reuss），柏林的毛奇，内阁委员会的所有大臣，都必须支持他的政策。整个内阁都威胁要辞职，皇帝发现自己被包围了。在这件事情上，我们既不能钦佩俾斯麦的政策，也不能钦佩他的策略。我们的钦佩只留给这位年迈的皇帝。

俾斯麦如何前往维也纳，完成最后的谈判，缔结同盟直至只差签字这一步骤；他如何害怕垮台，向皇帝递交了一份挑衅的报告，先是到柏林，然后到斯德丁，最后到巴登；皇帝是如何为了个人的荣誉（因为他无法再维持他的政策）一步一步地进行战斗，试图在一项针对俄国的条约中删除俄国的名字，并最终放弃了这场博弈——所有这些，看起来像是一部德意志传奇。

"在过去的四个星期里，"这位被征服的君主写道，"我一直在反对于维也纳签署的一项规定，这项规定与我的道德感和责任感相抵触。然而，昨天夜里，我用尽了我所有的反对方法，我最终只能接受，条件是要在备忘录中与俄国沟通采取这一行动的动机。我所有的道德力量都被击溃了。我不知道我将来会怎么样！亚历山大沙皇认为我欺骗了他，因为我按照俾斯麦亲王的口述给他写了信，并口头声明我做这些都是出于'维护我们祖先的百年基业'这一意图。"我们可以想象这位老人，十八世纪的最后的幸存者之一，在写下这篇感叹诗时，心里怀想的场景，是六十五年前，在拿破仑刚被送往易北河之前，他是如何与现任沙皇的祖父亚历山大结伴去往巴黎的。

现在他的政策是正确的，虽然他不能强制地让它施行。并不是说他比宰相看得更清楚！但他承受着道德和传统的压力，这支撑着他的信念，让他一直坚信与俄国之间的王朝联盟在本质上是正确的，如果要破坏这个联盟一定会让他感到痛苦。而且联盟的瓦解也不可能不给国家带来危险。正因为他年纪这么大，正因为他的思想比关节更坚固，所以，比起其他的事情，他在这个事情上能更清楚地看到其中涉及的重大问题。在随后的数十年里，没有人能比他更尖锐地批评俾斯麦想要与奥地利站在一边的决定，在当时，也没有人能像他那么清晰地指出这个问题。他在宰相寄给他的一封信的页边写下了这些批注：

"为什么我们应该用我们全部的力量去支持奥地利对抗俄国，同时又满足于当法兰西进攻我们时奥地利能够保持中立？如果我们计划支持奥地利去对抗俄国，那么奥地利也应该帮助我们来对抗法兰西……这是不平等的！拟议中的条约将不可避免地将俄国推入法兰西的怀抱，这将助长法兰西人复仇的渴望。法兰西还能指望什么情况能比将德意志和奥地利这两个国家夹在两个劲敌之间对它更好呢？……这就是为什么三国联盟应当维持，而不应当为了一个二国同盟而使其破裂……一旦这个计划中的条约被公之于众，或一旦有人怀疑这个条约将被签订，那么法兰西和俄国就一定不会不联合起来！"

俾斯麦仔细考虑并拒绝了上述这些与其计划相违背的每一条建议。他对自己政策做出的每一个明显改变的根本动机似乎是依靠情绪而不是计算，而且主要的冲动就是情绪。卡尔·马克思在当时给恩格斯的一封信中针对这一行为做出的评论，不过是俾斯麦自己对戈尔恰科夫所说的话的翻版。马克思是这么说的："俾斯麦做的最具他个人特色的事情就是他对俄国敌对态度的产生方式。他想推翻戈尔恰科夫，让舒瓦洛夫上台。既然他没有得逞，那接下来发生的就只能顺其自然了。敌人就这样出现了！……同时，东方的乌云对他来说是可以利用的：又一次，他变成了不可或缺的人……他强硬的军事预算将在下次帝国议会上被重申，也许它将成为永久的议题。"

这次要的原因还是情绪。俾斯麦以前从未把民众的赞成当作结盟的动机，也不把民众的反对当作取消联盟的动机。现在，他却一而再再而三地提到公众的意见。事实上，南部德意志很高兴，而且几乎帝国议会中的所有党派都赞成他的政策。他一直期待着这种景象，因为他议会中的大多数人的立场都没有那么坚定。

改变政策的第三个原因是他喜怒无常的性格。他对卢修斯说："与独裁者、半野蛮民族和被占领的民族之间结盟是危险的，但是在与相对弱小的国家，比如奥地利结盟时，却可以享受到很多好处。"还有一次，他对卢修斯说："如果我非得选，那我选择奥地利。这个国家是一个由宪法管理的和平国家，还位于德意志的射程之内。但是我们可够不着俄国。"在此之前，俾斯麦什么时候不愿意和独裁者结盟了？在此之前，他什么时候认为与一个宪政国家建立关系是更可取的了？奥地利比俄国更和平这件事情发生多久了？这些都只是俾斯麦向自己和他人隐藏促使他如此选择的更深层原因的自我暗示。俾斯麦本人的独裁倾向表明他希望有一个"相对弱小"并且"处于德意志的射程范围内"的盟友——尤其是当盟友的国务大臣是一个善于融通的下属时。

这些情绪的流淌，这些在一位只有在进行很仔细的计算时才伟大的政治家的头脑中留下的阴影，是他改变政策的主要决定因素，这些因素坚定地支持着他的行动，最终使他做出了这个决定。他最后做出的选择与他的旧原则互相冲突，他选择奥地利的想法是灾难性的。他所取得的成就是微不足道的，因为虽然他获得了保护让他得以对抗一个强权，但是他与这个强权之间的友谊是他迄今为止都可以获得的，而且现在他却与这个强权却变得疏远了。同时，他也丝毫没有达到他所期望的结果。

因为俾斯麦的目的不只是获得一个简单的加强保险，这份加强保险威胁着要摧毁旧三国联盟提供的保障，但是也没有在原有的位置提出新的保障方案。他曾希望与奥地利结成一个综合性的联盟，这个联盟甚至将被纳入两国的宪法中。在这方面，情绪也是主要的动机。他想要重建被时间摧毁的，他想要完成那些未完成的，他想要建立一个疆域更辽阔的德意志。60年代的那位冷酷的计算者难道消失了吗？俾斯麦是否已经忘记了，是什么原因让他将800万日耳曼人驱逐出德意志帝国？是因为他害怕将数以百万计的非德意志人囊括在德意志这片领土之上，也是因为他想退出与哈布斯堡家族的竞争啊。竞争已经结束，但是外邦民族却留了下来。可以非常确定的是，破坏了奥地利势力的那个人现在又开始寻求与奥地利结成联盟，其原因则是奥地利的弱小。

命运就是如此曲折：敌人回到了他的受害者身边；他与被他摧毁了势力的国家结成了联盟；他娶了一个在其年轻时被他遗弃了的年迈女人。交易另一方表现出来的渴求必定会使他停下脚步吧？弗朗茨·约瑟夫，柯尼希格雷茨那场战役剥夺了他一半的权威，却又在这场战争十三年以后，亲自来拜访了当时的胜利者。但是皇帝和他的大臣安德拉西都顽固地拒绝加入俾斯麦提议的那种联盟。这个正在维也纳拜访的人已经摧毁了奄奄一息的德意志联邦，而被征服者也不想召唤这个联邦的幽灵。俾斯麦想把欧洲大陆的重心向西转移，但奥地利的目光锁定在了东方——在必要时，她会把目光投向比俾斯麦计划更远的西方。而安德拉西直截了当地拒绝代表阿尔萨斯与德意志并肩作战，所以老威廉（嗅到危险的味道）惊叫道："这是不平等的！"俾斯麦生平第一次达成了一项付出大于回报的交易。

反对德意志的情绪在圣彼得堡聚集起了它的力量。当对复仇的渴望使法兰西人向俄国寻求支持时，他们会把信任寄托在东方的胡桃夹子上，因为当胡桃夹子玩偶某一边的下巴被掏空时，它能更容易地夹碎放在它中间的胡桃。俾斯麦唤醒了一个危险的幽灵，在日后将需要花八年的时间来安放它。在他卸任之后的时代里，这个幽灵的威胁将再次出现。

在做出选择之前，他在几篇写下的独白中总结了利弊：他说，从物质上来说，俄国将是更强大的盟友，与之相关的还有君主间的友谊、自我保护的本能，这些因素之间没有任何冲突。随后，他又指出了奥地利的弱点："匈牙利人、斯拉夫人他们的民意总是飘忽不定，人群中还有一批天主教信徒……奥地利的皇室家族也受到告解神父的影响。奥地利和法兰西还有可能重新建立起亲密关系，因为他们都有罗马天主教作为基础。"他也提到了波兰问题（他在回忆录中也提到了这个问题），他认为如果德意志和奥地利结成军事同盟，那么波兰的未来将成为一个复杂的问题。他将他的观点做了如下总结："没有一个联盟将是永久稳定的：无论是与俄国的王朝联盟，还是德意志人与匈牙利人之间基于民众同理心结成的联盟。建立反德联盟的建立是让人害怕的，而这种恐惧将如噩梦般持续存在。"1880年，他写道："我们希望，也需要与俄国保持和平，即使这将被证明是不可能的。因为俄国攻击我们奥地利，那么就会有一场仅仅为了对抗俄国而发动的战争，或者对抗的是与法兰西和意大利结盟的俄国——这场战争很可能会产生严重后果，即使我们被证明是胜利者，我们获得的东西也不会让我们付出的代价变得值得。"

当他开始着手与奥地利建立联盟，世界大战的幽灵就笼罩着俾斯麦。没有任何东西能让这个幽灵消失。

第十六章

　　俾斯麦对奥地利的选择是决定性的。它决定了欧洲政治的日后进程，包括三国同盟的形成。今天，在那场大灾难之后，动荡和危机对我们来说已经没有什么意义了。既然前文已经详细地分析并阐述了奥地利同盟形成过程中起作用的动机和反动机，认为它们是行动、目的和情绪的结果，那么就没有必要对80年代所发生的事情再进行粗略的调查了。俾斯麦重建了欧洲东部，他放弃了选择的自由。俄国与他疏远了，他与英国恢复邦交的努力也失败了。

　　在这些方面的失败又给他带来了幸运。由于英国拒绝成为任何反法兰西联盟的一方，沙皇作为英国的敌人，被吸引到了德意志列强那一边。新三国同盟的主要关注点在于在巴尔干半岛共享利益。沙皇在近东自由地与英国作战，通过在这方面帮助亚历山大实现了他的愿望之后，俾斯麦得以推迟俄国与法兰西的和解。1881年成立的联盟于1884年被更新。这一次，德意志、奥地利和意大利组成了三国同盟。它的目标是阻止意大利与法兰西的联合，尽管俾斯麦并没有在认真地寻求意大利的帮助，但是他仍然对"一个意大利鼓手会带着三色旗出现在阿尔卑斯山山顶"充满期待。三国同盟的另一个目标是消除它两个成员之间的致命敌意。

但俾斯麦认为这些目标都不是最重要的。它们都从属于维护和平这一主要目标。在80年代的危机中，就像在上个十年里一样，俾斯麦从来都不想要战争，而且有两三次他动用了自己所有的影响力去维护和平。回想过去，他再一次列举了所有削弱哈布斯堡帝国的因素：种族的混杂、罗马天主教的影响、泛斯拉夫主义、波斯尼亚、塞尔维亚、波兰问题、捷克问题和特伦托（trentino）问题。他预言，这些因素每一个都是"会造成问题的点，不仅是对奥地利，也会造成全欧洲的危机，而只有当德意志帝国已经与奥地利结成一个牢固的联盟时，德意志才会受到这些危机的影响……认为三国同盟在未来的不幸时期仍然有其稳固的基础，这一看法是不明智的。"在同盟关系一开始和随后的几年里，俾斯麦一次又一次地拒绝在巴尔干半岛上为奥地利提供来自德意志的帮助，并且他也在小心翼翼地避免与俄国发生龃龉。只有在这些规定下，只要俾斯麦是他们的精神领袖，三国同盟才可能一直存续。他那个时代关系松散的联盟并不危险。在他的继任者手中，当一个联盟受到尼伯龙根式的忠诚观念的启发时，这个联盟也就到头了。

俾斯麦在世界大战之前的危机中会如何行动，可以从他在面对80年代危机时的行动中推断出来。1885年，三国同盟因为在保加利亚问题上的分歧而瓦解［俾斯麦与奥地利、意大利、罗马利亚结盟，而俄国人则想要赶走巴滕堡（Battenberg）的统治者，自己治理保加利亚］，维也纳人突然要求德意志在巴尔干问题上帮助他们。俾斯麦断然拒绝了：他只会维持现状，如果奥地利人想要扩张领土，那是他们的事情，他们自己也应该承担起相应的风险！"如果俄国公然反抗条约赋予他们的义务，发动了任何侵略，或采取了任何挑衅行为，那么我们准备动用我们的一切力量支持奥地利。但如果奥地利在事先没有与我们达成一致的情况下入侵了塞尔维亚，并与俄国之间爆发了战争，我们也并不准备将此事作为向俄国开战的契机上呈给德意志。"这简直就是1914年7月将会产生的景象！

这些危机重燃了他的不安，他对军事大臣说："如果我们还没拿到钱来进行新的军事准备，我将去把钱偷来，那时我在监狱里睡得都能比现在更安宁。"

在这之前，1881年初，沙皇亚历山大二世被暗杀了。他的儿子亚历山大三世变得更难以接近，虽然他并不反对德意志。由此，在1885年事件之后，新沙皇不愿继续三国同盟，于是俾斯麦再次改变战线，在1887年初提议与俄国结盟。在与奥地利达成和议八年后，他又准备重新回他的初恋——俄国——身边。尽管如此，与奥地利的联盟仍然存在，它的受欢迎程度并没有减少。德意志与奥地利的德意志人结成联盟的渴望十分强烈，这种冲动也十分自然，以至于他们都没有考虑到，南方帝国的居民只有少部分才有日耳曼血统，而在奥地利统治下生活和战斗的大多数百姓和大多数士兵，他们属于其他种族，说着其他的语言，并且像法兰西人一样并不愿意对德意志表示出友好。

同时，保罗·舒瓦洛夫伯爵（彼得伯爵的弟弟）已经成为俄国东方政策的负责人。他告知俾斯麦，如果沙皇能掌控海峡，那么德意志就可以派一个普鲁士的长官前往巴黎。俾斯麦现在也渴望同俄国签订条约，就像八年前安德拉西渴望同德意志签订条约一样。这两份条约都是再保险，只是目的却截然不同。这个新的俄国同盟是为了保护德意志对抗法兰西。

他的目的纯粹是防御。他从来不想削弱法兰西作为一个大国的地位。与之大相径庭，因为他考虑过格莱斯顿（Gladstone）促成英俄联盟的可能性。这将迫使德意志投入法兰西的怀抱，而他希望确保无论在任何情况下都能得到法兰西或俄国的支持。"即使法兰西向我们进攻，我们也决不会考虑去摧毁一个像法兰西那般由四千万有天赋且自立的人口组成的民族。一百年来，组成了欧洲大半个东部的三个大帝国一直在徒劳地试图摧毁波兰民族——这个民族比法兰西民族的活力要弱得太多……但是，如果法兰西仍然强大，或者它在短暂的恢复之后再次变得强大，那么我们将永远把它视为一个可怕的邻居，那么在下一次战争中，就算我们取得了胜利，我们也必须善待她，就像我们在1866年战争后对待奥地利那样。如果我有时在帝国议会中发表了不同的看法，那只是为了通过吓唬潜在的敌人来维持和平。如果战争不可能避免，那么，在我们取得第一次胜利之后，我们就必须向法兰西提供宽厚的条件来维持住和平。另一方面，如果我们被打败了，我们很难想象，面对胜利的法兰西共和国将国家边界向她自己进一步推进时，俄国会感到高兴。"

1887年5月，与法兰西的战争似乎迫在眉睫。俾斯麦抓住这个机会，催促舒瓦洛夫达成协议，这时这位老巫师给了他一个惊喜。他在俄国人面前公开了他在1879年同奥地利人缔结的秘密反俄同盟。俄国谈判代表看到了那份白纸黑字的文件，这表明他的伙伴时刻准备着通过暗中与另一个盟友进行交易来保护自己——这份被披露的文件，虽然让莫斯科人看到了俾斯麦低劣的道德，但并没有破坏掉俾斯麦的游戏，相反对他目前的计划是有利的。亚历山大三世比威廉一世更年轻、更冷酷，他的话就是保证。舒瓦洛夫获得俾斯麦的授权，允许俄国向博斯普鲁斯海峡（Bosphorus）进军，并在保加利亚获得了行动的自由。作为回报，他承诺一旦法兰西进攻德意志，俄国将保持中立。

俾斯麦很满意，因为他现在可以缔结一个旧式条约，一个他付出多少就得到多少回报的条约。俄国人也完全有理由感到高兴。德意志发誓要维持巴尔干半岛的现状，即维持对俄国有利、对奥地利不利的局面。俄国现在也不必担心德意志和奥地利会合谋对抗它；如果奥地利进攻俄国，德意志将仁慈地保持中立。里瓦的亚被遗忘了，俄国可以随心所欲地对抗奥地利了。在战争开始的关键时刻，谁能说出哪一方才是真正的侵略者呢？

存在于所有欧洲同盟条约的这种可笑的基础，以及关于"无端进攻""征服战争"和"防御战役"的没完没了的夸夸其谈，使得条约一条又一条地全都变得模糊不清。与此同时，这些条约的秘密又褪去了他们的道德力量。俾斯麦企图用圣彼得堡的义务来保护自己不受维也纳人的欺骗，用奥地利人的恐惧来保护自己不受莫斯科阴谋的欺骗，这种表里不一的方法比起潜藏在欧洲所有秘密条约之下的诡计，毫不逊色。然而，俾斯麦预见到有可能出现这种责备，所以他这样为自己辩护：

"恰恰相反，我认为奥地利皇帝想要这样的结果。即使我在这个问题上弄错了……奥地利人的不信任所造成的后果，和沙皇亚历山大缺乏同样的信任所造成的后果比起来，前者的危险也要小得多，因为我们与奥地利人的关系有着非常广泛的基础，不会被一个多疑的君主在心中产生的少许的怀疑所破坏……如果俄国的事情泄露出去，也不会对我们造成任何伤害。实际上，我不应该感到抱歉。此外，我认为这不会让奥地利皇帝感到不安……他会知道，我们唯一的目的就是把法俄同盟的到来再推迟三年。"

写上述这几句话的俾斯麦是马基雅维利学派的一位大师。他的意图是让这两个不安分的邻居都失去行动的动力，通过他们对强大的第三方怀有的恐惧来遏制他们的竞争。他想把他的两只"纹章兽"分开，几乎就紧跟着在那之后，萨克森-科堡-哥达（Saxe-Coburg-Gotha）的费尔迪南亲王被选举成为保加利亚的统治者，他发现有必要说服他的俄国盟友，告诉他们这不是战争的原因，按照条约来看，这并不算奥地利的"攻击"。——万一秘密泄露了呢？那就更好了！然后弗朗茨·约瑟夫会明白俾斯麦对他的怀疑只会持续三年。另一方面，他在一篇精心准备的最后演讲中对沙皇说："如果我们未能防范泛斯拉夫主义可能带来的风险，那么就说明我们太不尊重俄国强大的军事实力了！"

因此，在对俄条约的两页对折纸中，俾斯麦同时处理了四种危险。如果他不根除这些问题，他至少会在几年内将其最小化。俄国，由于它把目光转向了拜占庭，所以不再威胁我们的东部边界；奥地利被警告不要在巴尔干半岛冒险；法兰西和俄国被分隔开；英国更对俄国感到不安，因此不得不寻求德意志的友谊。这是世界各国以自己为棋子进行博弈的时代结束时一场精彩的棋局。

俾斯麦的愿望是争取到英国。他说这是他最后十年公务生涯中主要的努力方向。在"东方三国同盟"中，他促成了，或者至少是大力推动了联盟的成立，他试图恢复英国和三国联盟之间的友好关系，因为这样一来，英国、意大利和奥地利就可以保证地中海维持现状。早在1882年，他就意识到在与英国结盟的道路上有很大的困难。"与英国人进行秘密谈话是不可能的，因为英国的国务大臣们在任何时候都有可能会向议会泄露秘密。此外，这种联盟的稳定性也没有保证，毕竟在英国负责这些事情的不是君主，而是不断更换的内阁。所以，很难与英国达成值得信赖的和解并同时将这样的理解建立在牢固的基础上，除非当着全欧洲的面放肆宣扬。"上述这些话出自俾斯麦写给腓特烈亲王的信，俾斯麦想让他相信民主政府有其固有的缺点。显然，公开行动不符合俾斯麦的政策，如果随着时间的推移，他认为有必要和议会分享他的外交政策，那么这种分享也从来不是毫无保留的。

在他80年代及更早以前与英国接洽的过程中，他表现出带有同情的理解，这是政治家和诗人的共通之处。他也小心地采用了详细且沉着的节奏，这也正是英国和梵蒂冈策略的特点。俾斯麦在这类事上从未如此谨慎过，因为早在三十年前他就在信里说过他对英国有好感，"但是这些人不允许我们去爱他们"。1879年秋，当他与皇帝就奥地利联盟问题的争执还在继续时，他接洽了伦敦，但很快就放弃了，好像他的探索不再吸引他了一样。总之，当时，英国是格莱斯顿当权，因此情况也是不容乐观的。

1885年，索尔兹伯里勋爵再次上任，俾斯麦抓住机会在非洲获得一两个立足之地。他没有发动舰队就解决了这个问题，或者至少可以说没有开火。这是他"五个飞球不落地"游戏的其中之一；但是详细地对它进行叙述是多余的，因为德意志的全球政策不再是殖民主义。作为一名政治家，俾斯麦在这些谈判中表现出色，因为他通过向他人灌输自己在其位时的焦虑，控制了这个年轻帝国的扩张冲动。俾斯麦从未想过让德意志尝试着与英国竞争世界帝国的地位，因为他发现英国人是比日耳曼人厉害得多的殖民者，毕竟英国的地理位置对其殖民势力的维持与增强是大有裨益的。二十年后帝国建立，他的外交政策由一个基本理念指引：不要"更多土地"，而是要"更多安全"。因为在面对不利条件下仍然要维持住新大国的势力，他持续不断地感受到的焦虑使他的骄傲蒙上了阴影。同时他鼓励法兰西去建立一个伟大的殖民帝国（这只是为了转移法兰西人的注意力，不让他们惦记着收复阿尔萨斯），他认为必须拒绝举帝国之力支持德意志帝国主义的开拓者的方案，或者至少给予他们的支持仅仅是谨慎并且有限制的。我们已经看到，他并不倾向于让白人吞并非日耳曼血统占有的领土。他也同样小心翼翼地避免吞并有色人种，因为他认为这将给德意志带来更多的风险而不是收益。在俾斯麦看来，德意志的未来并不取决于海洋。

和一个非洲人讨论艾敏帕夏（Emin Pasha）问题时，他说："这个风险对我来说太大了。你的非洲地图非常好，但我的非洲地图位于欧洲。那里有俄国，另一边是法兰西，我们在中间：那是我的非洲地图。"尽管如此，在80年代，他在欧洲的个人威望是如此之高，以至于当英国首先表示反对德意志人占领非洲西南部时，他骄傲地对他的英国同事说：

"如果我们真的打算建立殖民地，那么正当英国政府在开普殖民地（Cape Colony）对殖民政府赋予同样权力的时候，格兰维尔（Granville）勋爵怎么能够质疑我们有没有权利这样做呢？这种天真的自私是对我们的民族感情的一种侮辱，我希望阁下能让格兰维尔勋爵注意这一点……我们将很乐意知道为什么我们在想要拥有殖民权时会被拒绝，因为英国已经在尽最大的可能来实行这种权利了……提出了与平等和独立国家的原则相违背的理论和主张，还是采用如此傲慢的方式提出来的，我们对英国的信心被动摇了。"

然而，当整个欧洲的形势，尤其是德意志的处境，在1887年年末变得阴沉，当威廉皇帝已经到达九十高龄而王储又在忍受绝症的侵袭之时，俾斯麦总结了他的特使和他的儿子与英国人进行的长时间谈话中包含的想法。他用法语向索尔兹伯里勋爵写信，阐述了德意志同盟政策的基本原则，同时又暗示英国如果愿意与德意志携手合作，一定会取得不错的结果。

"我们的军队是由各个阶层的人组成的，他们彼此不分贵贱……前几个世纪的战争是王朝的情感或者君主突发奇想的野心带来的结果，现在已经变得不可能了……因此，我们的军事力量首先必须用来自卫，而且只有在国家相信抵挡攻击是必需的情况下才能开始行动……德意志帝国……不能再对反德意志同盟建立的这个问题置之不理。让我们假设，奥地利被征服了、被削弱了，或者对我们怀有敌意了，在这种情况下，我们在欧洲大陆上就会变得孤立，要面对俄国和法兰西，还有这两个强国建立起联盟的未来前景……奥地利，就像德意志和现在的英国一样，属于满意的、富裕的一方……因此属于爱好和平，也维护和平的势力。奥地利和英国已经直接承认了德意志帝国的现状，并且没有兴趣看到帝国的衰落。但法兰西和俄国似乎对我们构成威胁……"

"只要我们不确定我们是否会被那些与我们利益相同的列强所抛弃，那么除了捍卫友好国家的独立之外，没有一位德意志皇帝会采取任何其他政策。那些友好势力和我们一样……对欧洲现有的政治状况感到满意。因此，我们要避免与普鲁士的战争，只要这种回避符合我们的荣誉和我们的安全，只要没有发生什么事能够影响奥匈帝国的独立，因为它作为一个大国的存续是我们的首要需要。我们的愿望是，那些想要保护东方的友好势力（这种兴趣不是由我们共享的）应该，通过联合起来……变得足够强大并且迫使俄国人收起他们的武器——要么就是在裂隙已经无可避免的情况下对俄国发起有效的反抗。只要没有危及德意志的利益，那么我们将保持中立，但是也没有理由假设每一位德意志皇帝都愿意为了推翻或削弱那些我们所依赖的力量，而对俄国提供军队支持。"

在那些年里，俾斯麦一再以这样的条件向索尔兹伯里提出建立联盟的邀请。然而，这位英国首相不想束缚住自己的双手。德意志的最终目标阻碍了这一进程。索尔兹伯里准备加入一个反对俄国的联盟，而不愿意加入一个直接反对法兰西的联盟。他因此延迟了这个问题的解决时间。而他对赫伯特·俾斯麦的回复则夹杂着自豪与酸楚：

"不幸的是，我们不再生活在皮特（Pitt）父子的时代了。当时贵族掌权，我们可以追求积极的政策，例如维也纳会议之后制定的那些——那些政策让英国成为欧洲列强中最富有和最受尊敬的国家。现在是民主统治，我们有了一个政党制度，它使每一个英国政府都直接依赖于民众的喜好。这一代人可以只从不断发生的事件中吸取教训。"

第
十
七
章

"只要我掌握权力，我就会一直斗争下去。"这位七十二岁的宰相朝
着违背他意愿的帝国议会如是威胁道。

他与他的两个敌人讲和了。首先，他逐渐与中央党达成了协议，撤
回了他针对中央党成员的大部分举措，并在帝国议会上以一个情绪高昂的
警告结束了这场斗争："我们会将我们的武器放在竞技场的地上，但我们
永远不会把它们拿走。"1879年冬，温德霍斯特再次出现在俾斯麦的议会
晚会上，并受到热烈欢迎。新教皇给皇帝和俾斯麦都写了信。几年后，他
将册封这位现代的路德为基督骑士团的骑士。那枚大徽章上刻有拉丁文铭
文。俾斯麦读着信笑了。《喧声》报道："普特卡默尔去了罗马，请求圣
父对俾斯麦施加影响，让他能支持新拼写的使用。"

俾斯麦与保守主义者的和解同样也是投机主义的做法，并且在无意的情况下与他与中央党的和解相关。在1877年的选举中，保守党获得了胜利，而民族自由党则遭遇了失败。因此，俾斯麦赞成两党分离。他想让本尼格森这个相对容易驾驭的政治家进入内阁，以便孤立性格更加执拗的拉斯克。然而，本尼格森意识到他只是被俾斯麦利用了，他不愿意危及自己的地位，并要求将他党的另外两名成员也纳入内阁。由于这一约定，计划失败了。于是，虽然俾斯麦本来想把本尼格森任命为自己的同事，但还是立即抛弃了他："要是我与本尼格森或者米克尔（Miquel）这种完全依赖于舆论的无能政治家在一起，那我什么也做不了。他们比四年级的孩子好不了多少！"

在实行了十四年的自由贸易政策后，俾斯麦于1879年实行了保护性关税。这一政策促使或加速了他回到他青年时代所属的政治党派之中。对他来说，保护只是提高国家权力的一种手段。他认为，通过接管铁路，并借由间接税收来减轻财产所带来的负担，帝国的实力将得到加强。他急于开征新税，但遗憾地得知，由于法兰西支付了战争赔款，国家现在有了3900万的盈余。他说："政府最好还是财政赤字，这样才好开征新税。"虽然这些赋税对第四阶层的压力最大，但这并不妨碍他对"大众奢侈品"征税——烟草、啤酒、糖、咖啡和石油。"保护工业和农业"：纵观整个德意志帝国，这还是第一次出现这样的口号。俾斯麦制定新关税政策的理由也是十分具有他的个人特点的：

"自由贸易是一个值得怀有善心的德意志的热心人追求的理想；它可能在未来的某一天实现。在所有这些问题上，我都以科学为指导，就像在涉及生物有机体行为的其他问题上对科学的态度一样。医学还没有解决这些谜题……同样的道理也适用于处理政务问题。抽象的科学教条使我感到厌烦。我通过日常生活的经验来判断……根据我的感觉，既然曾经我们的关税太低了……我们在失血……那么我们必须为德意志人的身体注入新鲜血液。"

他仍然说，"根据我的感觉"，就像二十五年前一样。他把经验与科学对立起来，嘲笑理智上的思考单纯只是一种"热情"。事实上，俾斯麦想要废除帝国议会控制预算的特权。今天，像以前一样，他想通过征收所得税来为帝国筹集尽可能多的资金。一项保守的计划！

两年后，选民给出了他们的答案。超过一百名自由党派人士和一百名中央党派人士回到了他们的议席之上，因为他们都承诺要反对经济政策的变化。多数人反对宰相！"对于俾斯麦本人，对于我们的人民，对于外部世界，"古斯塔夫·弗莱塔格在当时的一封私人信件中写道，"选举是一个征兆。他们的结果表明，对一个把自己的形象和名号强加给国家的人来说，服从他的统治并不是无条件的，而且这种统治权正在接近尾声……他的统治技艺已经失去了很大一部分效用。人们现在已经获得了对这种狮子、狼和狐狸的混合物的相当精确的了解，这些动物构成了这个戏剧性的形象。德意志人后来才慢慢地认识到，按照德意志人的习惯，他们把一切伟大和善良的东西都归究于这个人，但这个人并不具备一个正直且善良的人所应有的品质……他该退休了，但他太庞大太肥胖又太过精明。"

帝国建立十年、斗争开始二十年之后，俾斯麦与民族的斗争重新开始。每一次提案新的立法，他都必须培养一批新的占人群大多数的支持者。他被迫依赖于一个多变的联合体制，就像他在外交政策上所做的那样。他对任何形式的反对都发出最有力的诅咒，中央党、阿尔萨斯人、波兰人、社会主义者——他们都是帝国的敌人！听他在讲坛上发言，对所有人来说他都像是一个恢复了活力的斗士。在1880年，他说："我生活过，爱过，也战斗过。我不再拒绝平静的生活。唯一能让我坚守岗位的是皇帝的意愿，因为我不能在我的皇帝如此衰老之时离他而去。"一年后，当选举情况对他不利时，他说："我将死在这种不和的裂缝之中。也许，如果上帝愿意，就在此时此刻，当我无法再活下去的时候，把我带走。良马会在倒下之前一直向前奔跑。我一度想过辞职……我想最好还是告诉你们，我已经完全放弃了这种想法。我在这里！我要留下！除了皇帝的旨意，再也没有什么能让我下马。注意到谁可能会为我的退休感到高兴，这可以帮助我下定决心坚守在岗位上……这就是为什么我决定，只要我还有一丝力气，就继续为祖国服务。"

一年之后他又说："除了责任感，还有什么能让我坚守岗位？这份工作没有多少乐趣。早些时候，我喜欢这份工作，开始时满怀着急切和希望。只有很少的希望最后被实现了。那时我身体很好；现在，我生病了。那时我还年轻；现在，我老了。是什么让我坚守岗位？你以为我喜欢站在这里吗，就像一个白嘴鸦射手小屋前的装饰，总是被鸟啄，却无法对受到的侮辱和嘲笑进行报复？……如果国王允许我退休，我将非常高兴地向你们告别——先生们，永别了！"

他这样表达他的愤怒和恨意。他的话如瀑布般滔滔不绝；他的发言毫无修饰，没有使用煽情的措辞；他的演讲时间很长，富有攻击性，他眼里闪着光，就像在愤怒地看着听众，他出言不逊，让对手一时之间喘不过气来。然后，他拿起他的公文包，背对着大会，离开了。他们看着他宽阔的身躯、身着蓝色黄领的制服在门后消失，他的敌人即使在憎恶他的时候也尊敬着他。就他而言，他对敌人的蔑视与日俱增。

有时，他会以自己的方式狂热吟唱。那么他的话听起来就像先知的劝诫，或者像讽刺的放弃。"我不能否认，"他在帝国议会上说，"在过去的二十年里，总有人把我们德意志的历史和条顿人的神相提并论，而我一直被这种说法所折磨。各个民族的春天在伟大的胜利过后仅仅持续了几年……然后就出现了我所理解的"洛基"：德意志古老的世仇、党派仇恨，在王朝与宪法的争吵中、在部落的分歧中、在派系斗争中，这些仇恨找到了它的营养物。仇恨将冲突的灵魂带入我们的公共生活……洛基，也就是那些党派精神，误导了霍德尔，于是霍德尔向自己的祖国发出了致命的一击——就是我必在神和历史面前所要控告的，如果我们国家从1866年到1870年之间所有的光辉工程都将化为灰烬的话……在我们年轻的时候，和现在相比，有一种非常不同的国家动力，一种更加辉煌的政治生活观念。现在，对于年纪和我差不多的人来说，他们在1847年和1848年的经历中，接受了他们永远无法洗刷的党派印记。当我们都消失之后，你们将会看到德意志是如何蓬勃发展的！"

在1881年的选举中，社会民主党也取得了胜利，尽管有《社会党人法》的存在。在普特卡默尔的领导下，他们再次包围了主要城镇；在莱比锡，社会主义领袖因出版不允许出版的报纸而被监禁。然而，劳工立法的承诺已经实现。《工人赔偿法令》（*The Workmen's Compensation Act*）为一系列劳动保护法律拉开了序幕，被班贝格（Bamberge）（政府的支持者）认定为不真实的。接着是《保险法》（*Insurance Act*），再然后是1888年的《残疾抚恤金法案》（*Disablement Pension Act*）。这些都是朝着国家社会主义的方向做出的努力，而俾斯麦远在与拉萨尔谈话的很久以前就已经描画出它大致的轮廓了。

在国家社会主义精神的指导下勾画出来的劳动保护法的主意并非起源于俾斯麦。拿破仑三世、"国王" 斯图姆（Stumm）等人早在他之前就想到了，但俾斯麦是德意志帝国里的先驱。"现在是我们去认识社会主义要求的哪些内容是合理且正确的，以及这些合理的因素在多大程度上可以纳入现有的国家制度的时候了。"这些话早在1871年同商务大臣谈话时，俾斯麦就说过了。十年后，宰相对布希预言道："国家必须接管这件事，因为国家最容易提供必要的资金。政府必须向他们提供援助，不是救济，而是在工人们自己的商誉无济于事的情况下向国家寻求帮助时，国家能够实现工人的权利。为什么劳工战士不能像在服兵役时变得残疾或变得年老的人一样领取养老金呢？随着时间的推移，这种观点将被普遍接受。也许我们的政策暂时会失败，但我相信国家社会主义最终会克服困难并达到自己的目标。每一个接受这些思想的政治家都会挺身而出。"

因此，当俾斯麦遵循柏拉图主义的脉络，他已经清楚地预见了未来。但是，如果要挑明他的动机，那这就只不过是那些老式的计算，当他把这些作为他的"实用主义基督教"的基础要义时，这些计算听起来显得尤为残酷。举个例子："一个预期能获得养老金的人会对生活更满意，也更容易管理。将提供私人服务的人与在宰相府或官场任职的人相比，后两者一定比前者更加通融和顺从，因为他们要考虑自己的养老金……花大价钱也是不过分的，如果我们能让被剥夺继承权的人对自己得到的份额满意的话……这样花出去的钱是一笔很好的投资，因为它被用来避免一场革命，而这场革命……会让我们花掉更多的钱。"这种冷嘲热讽是他在私下说的。在讲坛上，他说的则是："即使是最穷的人也有权感觉到作为人的尊严……"

因为俾斯麦完全没有搞清楚社会主义运动的意义，所以他没有从他的国家社会主义措施中得到任何好处。红色党派的选票越来越多，直到需要以百万作为单位进行计算。此外，在两次选举之间的间隙，当之前提到的实用主义基督教的样本正要被加进法规汇编时，《社会党人法》又一次被执行了。1887年，针对所有依《社会党人法》被判定有罪的人，政府实际上希望将他们的公民权利全部剥夺。帝国议会拒绝了这项非法活动的提议。

身处这样的国内斗争和国际冲突中，威廉皇帝已经九十岁了。现在，生命似乎走到了尽头。1887年3月，也就是准备庆祝生日的时候，每个人都在问："他还能活多久？之后又会发生什么？"窃窃私语从宫廷里开始，接着传向了四面八方。法定继承人生病了，他在生日庆典上发言时声音沙哑。两个月后，整个世界都知道年轻的皇帝将接替年迈的那位掌管政权。

俾斯麦的脉搏加快了，当腓特烈·威廉去世，俾斯麦认识到命运的转折即将到来，这个变故比1861年春天以后发生的所有变故都更具决定性。每次皇帝外出，欧洲都要询问他的健康状况；没有人会冒险重新结盟；宰相布下的政策之网因怀疑、恐惧和偏见而支离破碎；索尔兹伯里勋爵想知道，威廉王子对俄国的偏爱是否会让他成为一名仇英者；沙皇很高兴在威廉远亲流露出对英国的敌意时侧耳倾听。在1887年年末，当亚历山大访问柏林时，整个局势是不明朗的。战争似乎近在眼前。

俾斯麦给了这位老君主一些意见，以指导他和沙皇的谈话。威廉将向沙皇说明，下一次战争将会在革命和君主制之间做出选择。如果法兰西如果取得胜利，那么在德意志将更有可能爆发革命。这就是俄国的沙皇想要的吗？当他与法兰西结盟时，他的目的是想要威胁东欧的其他统治者吗？如果奥地利帝国解体，共和政体将成立，那么在巴尔干半岛上也将出现共和国。这样的变化只会为俄国带去损失。此外，一位君主应该尽可能地避免战争，这只是因为现在的人民会将战争的失败归咎于他们的统治者——就像1870年的战争过后在法兰西发生的那样。即使在德意志，一旦战败，建立共和国的可能性将会增加；法兰西无政府主义者将与德意志社会主义者和俄国革命者联起手来。现代战争并不发生在各国的内阁之间，现在只有一场战争，那就是红色旗帜与维护法律和秩序的势力之间的战争！

这位老人日复一日地背诵着这些句子。俾斯麦在起草这些句子的时候，为了迎合威廉皇帝和亚历山大沙皇的心态而特意做了调整。一天晚上，威廉被一个梦所惊醒，梦里他看见沙皇站在火车站，没有人前来接他。他一遍又一遍地对任何一个愿意听他说话的人讲述这个梦。然而，这两位皇帝最终还是安静地坐在了一起。他们交换了友谊的誓言，他们的大臣们也如此做了，在之前他们已经确定了条约里的条款。

阴影变长了。拥有财产的人必须准备好武装。现在，当威廉一世的职业生涯接近尾声时，他忠实的部下回想起了之前的那些日子。他为他的国王做的第一件事就是竖起盾牌并加固它，而他最后的任务也是如此。和1862年一样，他又开始为了军费而战斗；他再次解散了议会，并且在选举后取得了更加强势的地位。新的帝国议会支持在未来的七年里继续加强士兵和枪支的储备。在国王去世的四个星期前，俾斯麦又一次登上了讲坛，发表了他在帝国议会的最后一次演讲。这是一个很长的演讲，以至于让现年七十三岁的他不得不在演讲过程中休息片刻——一个令人沮丧的休息。这篇演讲没有丰富意象；相反，它是非常实际的。他像以前一样，对全球局势做了周到的考虑。从平静的话语中流露出了一个隐藏的警告。我们意识到了欧洲的局势有多么紧张；德意志是如何受到王位继承人疾病的不良影响；一个新时代的黎明即将到来。这篇演讲的灵感来自对这一切的意识，他的敌人保持了沉默。

"在这些日子里，我们必须节省我们的兵力，"俾斯麦说，"我们有能力比任何其他人数相同的国家更强大……我们位于欧洲的中心，至少可以从三个方向发动进攻……而且，与其他任何国家相比，我们承受的结盟的风险也更多……欧洲鱼塘里的梭子鱼使得我们不可能扮演无害的鲤鱼的角色，因为它们想把牙齿插进我们的两肋……他们迫使我们团结起来，这与我们德意志人的本性是相抵触的，如果没有这种外部的压力，我们就会四分五裂……

"像奥地利这样的国家不会消失。但是，如果我们让它陷入困境，它就会疏远我们，并且会倾向于向其他国家伸出友谊之手，但是对于他来说，这些国家是它不值得信赖的朋友的敌人。总之，如果我们想独善其身，我们必须有一个可以信赖的朋友……至于军队的兵力，其他国家可以和我们抗衡，但在质量方面，他们无法和我们媲美。说到勇敢，开化的民族之间是没有区别的。俄国人和法兰西人和德意志人一样勇敢……

"我们正在将我们德意志的军队发展成为一台强大的机器，现在，没有人想要将其用于进攻。如果我今天出现在您面前，对您说（假设当时的情况与现在的不同）：'我们受到了法兰西和俄国的严重威胁。很明显，我们会遭到攻击。根据我作为一个外交家的信念，根据我对军事报告的看法，我认为我们最好把进攻作为一种防御手段。我想我们应该立即出击，因此我请求你们贷给我十亿或五亿。'——如果我和你们说了这样的话，先生们，我不知道你们是否对我有足够的信心愿意满足我的请求。我希望这种情况不会发生！但即使你们在这种情况下把钱贷给了我，那也是不够的。如果我们德意志人要将我们民族的全部力量投入战争，那这场战争就一定是——人民的战争……一场战争，若不是由广大群众发起的，当国家的统治者认为它是必要的并解释了它为什么必要时，战争可能还是会发生，但它不会从一开始就充满动力和热情……当然，每个士兵都相信比起敌人自己更优秀。但是，除非他想投入战斗并且坚信胜利的到来，他就不会是一个特别有用的士兵……我们确信我们将在一项伟大的事业中取得胜利，就像任何一个外国军官在他驻军的城镇喝了第三杯香槟后所相信的那样——也许我们的理由更为充分……

"外国媒体的威胁——非常愚蠢……从长远来看，每一个国家都要为被报界所打破的窗户负责。总有一天，账单会被寄来，因为其他国家已经对此大为不满。我们可能受到爱和美好感觉的影响，也许太轻易受到影响了，但我们绝对不能被威胁所影响！我们德意志人敬畏上帝，但是不惧怕世界上任何其他东西，正是因为我们敬畏上帝，我们才寻求和平，并追求和平。"

当他结束演讲时，整个会场多年来第一次为他响起了掌声。每个人都认为这次演讲是欧洲的大事件。皇帝的身体足够健康，还可以阅读关于俾斯麦演讲的报告。不久之前，当战争看似一触即发，这位老君主宣布，他年纪太大了，已经不能再领导军队了，但他肯定会出现在指挥部里。他刚刚庆祝了他的入伍八十周年。当他去看一幅名为《1813年志愿军从弗罗茨瓦夫出发》的画时，发现画家画的布吕歇尔坐在了一辆车上，于是威廉说："这位画家犯了一个错误。我清楚地记得，我是如何在父亲和沙皇的陪同下骑马回到弗罗茨瓦夫的。但是布吕歇尔当时不在那儿，布吕歇尔的形象应该由亚历山大沙皇的形象来代替，我们对他是如此感激！""活历史"就是这样说的。

比起儿子即将死去，他更关心他的国家的命运。他对自己年幼的孙子所受到的训练感到不安，并且很关心要如何在不伤害病人感情的情况下对孙子进行必要的训练。1887年圣诞节，老人给俾斯麦写了他的最后一封信。在这封信中，他附上了一份将赫伯特·俾斯麦晋升为大使衔的文件。"我希望您能高兴地把这个交给您的儿子。我想这将是三重的快乐：对你自己的，对你儿子的，对我的……您充满感激的威廉。"

三月初，他意识到自己的生命即将结束。他把宰相叫到床边，请求他答应辅佐他的孙子，当肯定的答复被给出时，"唯一的回应就是轻轻按了一下手。然后他的思维开始混乱。他觉得坐在他床边的是威廉王子，而不是我。他突然用第二人称单数对我说：'你必须一直和俄国皇帝保持联系；没有必要和他争吵。'经过一个很长的停顿，显然，轻微的精神错乱已经过去了。他让我离开时说：'我还能见你的。'"第二天早上，他去世了。

中午，俾斯麦向德意志帝国议会正式宣布了这条死讯。在他简短的致辞中，他多次泣不成声。"我曾请求陛下只签署自己名字的首字母就行了，但陛下回应说他还有力气签下自己的全名。这就是为什么在这份历史性的文件上能留下最后一个签名……此时此地，我不应该表达我的个人感情……没有必要做这类事情，因为在我心中的感情也存在于每个德意志人的心中。将它们说出来是多余的……我相信，他的英勇无畏，他至高无上的荣誉感，还有最重要的是，他忠实而艰苦地履行了他对祖国负有的职责……这一切都将成为我们国家坚不可摧的遗产。"在结尾处，发表演讲者捂住了自己的脸。

我们看到俾斯麦是如何履行他的正式职责的，并且，甚至在这紧要关头，他仍然忠于自己。我们看到他不羞于表露自己的感情，但又不对此进行炫耀；我们看到，为了他自己和他的听众，他是如何努力地避免悲伤的爆发；我们看到他没有谈论帝国，而是把威廉最后的签名作为象征展现在大家面前。最重要的是，我们看到他小心翼翼地避免说太多的话，小心翼翼地不把死者描述为一个伟人或一个胜利者，不吹嘘他的谨慎或明智，而是简单且准确地把威廉描述为一个勇敢、骄傲和勤奋的人——这些都是他完全成熟的标志，在这种时刻，一个成熟的人愿意表现出作为伤心的人的独立自主。

资本家和德意志人民，欧洲和世界其他大洲的代表，都出席了葬礼。当队伍沿着菩提树下的大街走过的时候，寂静中突然响起了一声呐喊，用三个古怪的词概括了这位统治者了不起的一生。在这些树下，一个声音在叫喊："莱曼（Lehmann）来了！"四十年前，威廉亲王曾以"莱曼"的名字逃到英国，几乎是在那一年的同一天，当菩提树在同一个三月的寒风中摇曳，当这同样的一群人发动起义，当每一个人嘴里都在叫嚣着："打倒这个霰弹亲王！"在那些日子里，威廉作为王位的继承人一直躲在孔雀岛，他的妻子甚至不愿意向来自舍恩豪森的那位容克透露这个藏身之处的秘密。当威廉安全离开后，假护照的故事已经广为人知，嘲笑莱曼的诗歌在柏林流行起来。毫无疑问，俾斯麦读到过这些韵律。

人们想知道：他是否听到了菩提树下的叫喊？当他在灵车后面前行时他在想什么呢？那时他旁边坐着毛奇，年近九十，把自己的双腿裹在毛皮毯里。他对宰相并不友好。罗恩死了，还有谁能和过去的时光联系在一起呢？没有人了，一个有名的军官、大臣，或朝臣都没有了。奥古斯塔还活着，但这位老太太一直待在家里。在送葬队伍中，穿制服的是更年轻一代；尤其是他的孙子，他作为主祭，跟在灵车后面，独自大步向前走着。新皇帝躺在皇宫里奄奄一息。与曾经的普鲁士的连接已经消失了。

俾斯麦是他们中的最后一个人。

第五卷：1888—1898
流放者

我为什么要与人和睦相处？

第一章

　　"平均而言，我的脉搏每分钟跳动的次数比之前的政府执政时期要多十五次……谁知道他们在我背后搞什么鬼？"这种介于恐惧和狂热之间心态的表白，这种伟大交响曲走向终曲时愈加激动的情绪表达，展现出在陪伴垂死皇帝的一百天里支配着俾斯麦的主要心情。

　　他有整整一年的时间来适应新形势。因为，当皇帝的死显然迫在眉睫时，腓特烈在俾斯麦的盘算中不过是一个两幕剧情之间的小人物，而威廉王子从此成为主要目标。当腓特烈回家等待死亡，而俾斯麦以其公务身份首次向皇帝进谏时，距离他第一次以顾问身份为普鲁士国王服务正好过去四十年。当时是1848年3月，就像现在的1888年3月一样，他在位于波茨坦腓特烈大帝朴素的行宫里履行着作为国王监护人的职责。当他的车穿行过皇家公园的大门时，他是否想起了过去的日子？

在那些日子里，他没有乘坐御用马车再走过那同一条小巷。奥古斯塔在仆人的大厅里秘密接见了他。她不想让人看到她与来自波美拉尼亚的容克私下交谈，因为当时柏林的街道上仍有枪声。如果这位容克听从了她的计划，十八岁的腓特烈可能会在他的叔叔和父亲退位时成为国王。但事实上，俾斯麦迫使奥古斯塔成为王后，后来成为皇后；结果，她支配着他的主人，于是成了他最痛恨的敌人。威廉，在活到了很大岁数之后，终于走到了生命的尽头，而他的儿子腓特烈，早年的掌权之路因这位容克的否决而受阻，如今在苦等了四十年后，不过是个可怜的家伙，坐在椅子上气喘吁吁。

当俾斯麦登上楼梯时，他发现维多利亚在等他。她甚至在丈夫健康时就支配着他，现在又把病人的所有事务都揽在自己手中（尽管没有她梦想中的那种权力）。在目前的情况下，她准备与俾斯麦这位强大的敌人和仆人达成和解，毕竟她已经与他斗争了很久。实际上，很快，作为寡妇，她将需要他的帮助来对抗她的另一个敌人——她自己的儿子，未来的皇帝。我们这位魔鬼不得不施展他所有的拉拢手段来赢得两位维多利亚的欢心——因为英国女王已经来到了波茨坦，并被这位令人畏惧的老手的魅力所迷惑。这座宫殿被施了魔法，每个人都穿着毡毛底的鞋悄悄走动，以免打扰生病的君主，或者都在向他的儿子——也是继承人——透露消息已经在宫内安插了密探，等待着猎物的死亡。在这里，女人们都想成为统治者，直到那个令人畏惧的巨头，那个有着圆脑袋、浓眉下长着灰蓝色眼睛的人从柏林赶回来，用庄重的言辞和谦逊的态度，将他不可更改的提议摆在她们脚下。

这里还有第三位维多利亚，与她有关的一切——激情、权力欲和对生命的渴望、家族纷争和傲慢，彼此之间无休止地争斗——都更加激发了这座皇宫的矛盾斗争。那个"第二位维多利亚"，即腓特烈的妻子，觊觎着巴滕堡亲王——他最近对保加利亚王位垂涎欲滴——想让他成为第三位维多利亚，即她自己女儿的丈夫。但我们那位白发苍苍的巫师喊道："滚开！"难道他会让这样一个老太婆的阴谋毁灭掉他自己精心编织的计划吗？

"巴滕堡的那位亲王，"俾斯麦在与布希的谈话中喊道，"是沙皇最讨厌的人……新皇后的内心一直是个英国女人。现在，为了自己的目的，她更是如此，她会利用巴滕堡来推进她的计划。他是来自波兰的某位豪克小姐的儿子——绝非值得赞许的家族！"在与他的朋友冯·斯皮岑伯格夫人更为私密的交谈中，他评论道："第二位维琪（Vicky）①是最糟糕的，她是个疯狂的女人！当我看到她的画像时，我对她眼中燃烧着的无法抑制的欲望感到恐惧。她爱上了巴滕堡，想让他在身边，就像她母亲把他的兄弟拴在围裙上，好让他与她形影不离一样！"

这是宰相需要解决的一个问题。生病的君主并不反对这桩婚姻。目前，俾斯麦的圈子总在发表关于有可能产生的变化的预警演讲，这位君主对此也无动于衷。野心和敌意随着他生命的潮水退去，他的灵魂渴望和平。但俾斯麦那颗躁动不安的心仍像一位战士那样在跳动。一年前，谈到腓特烈和维多利亚时，他曾说："他们在准备叛国。他们没有一点儿德意志人的感情，他们失去了在人民心中的地位，他们挑起了家庭成员之间的不和。"现今他做出了如下判断："我的老皇帝完全清楚自己对夫人的依赖。他过去常说：'帮帮我，你很清楚我被我的妻子支配着。'但腓特烈这个人太骄傲，不肯承认这一点。在某些方面，他像狗一样依赖和顺从——你简直难以相信到了何种程度。"

随着岁月的流逝，俾斯麦的厌世情绪愈发强烈。仿佛他对同胞的反感已经坚固得像石头那般，以至于在他职业生涯的末期，这位宰相失去了

---

① 维多利亚的昵称。

他深刻入微的理解力、敏锐的洞察力，他不再看得清楚事态的情况与发展、他的冷漠和不信任与日俱增。这头老狮子似乎蜷缩在洞穴里，眼睛闪着残忍的光，巨大的爪子准备扑向任何胆敢靠近的人，他永远守卫着他祖国的财富——帝国。在他难得一次接受的拜访中，俾斯麦年轻时的朋友凯瑟林问到过他内心深处在想什么——不是对已经取得的成就感到骄傲，不是对已经做出的伟大功绩感到满足，也不是在劳苦过后开始享受和平与宁静……

　　这个人的同事、副官们难道感受不到他这种对人类的极端厌恶吗？整个国家难道感受不到其领导人对它的冷漠蔑视吗？"他给我的印象是心智不太正常的人。"霍亨洛厄评论道。自1887年以来，在帝国议会中，他曾经拥有由保守党和民族自由党组成的多数人的紧密支持（凭借他们，他得以通过劳动保护法和保护性关税政策）。但现在，在帝国议会内部，对这位老人的个人厌恶情绪与日俱增。"经过这样的辩论，"有一次他从议会回家时说，"我感觉自己好像度过了一个特别喧闹的夜晚。"又到了俾斯麦的容克同僚们满怀希望地期待着一位年轻人登基做皇帝的时候了。在一间客厅的沙发上，荷尔斯泰因已经与温德霍斯特就未来可能出现的威胁达成了行动上的共识。

　　不久之后，俾斯麦回首过去消逝的日子时，会视之为"美好的旧时光"。现在，他赞美已故君主的次数，和他在老威廉在世之时批评他的次数一样频繁。"已故皇帝是一位值得信赖的伙伴，始终支持着他的伙伴……他经常走错路，但最终总能被引回正轨。"当宰相想到维多利亚时，他甚至对奥古斯塔的看法也变得更加友善，谈到后者时他说："她经常给我制造麻烦。但她始终是一位杰出的女性，具备强烈的责任感，这是新皇后完全缺乏的……她能够为她那些进步派的朋友做出牺牲，因为她的丈夫没有自己的主见。但在这种情况下，当一切都乱了套，我们不能用对自己说没问题的方式来自我安慰……我会坚守自己的立场，即使我被免职，我也会坚守岗位，因为我不会在免职令上签字！……现在再也不会有君主诞生了。但我对我们年轻的主人抱有希望，他艰难的青年时代对他有所帮助。"

由于威廉王子感到自己在国内受到了不公正的对待，近年来他与俾斯麦走得更近了。1886年，腓特烈在给宰相的信中谈到威廉王子时说，威廉王子"总是太快地做出判断，不够成熟，有一种傲慢自大的倾向"。腓特烈的这种批评是有意的，目的是使收信人对受到这样批评的年轻人产生同情的看法。俾斯麦自然想治好王子的"波茨坦迟钝症"。甚至在腓特烈生病之前，俾斯麦就预感到这位新君主的统治将是短暂的。一开始，俾斯麦和威廉王子走到一起就是因为他们都对王子的父母怀有同样的敌意。

然而，在一年之内，威廉二世的太过自我就成了造成摩擦的原因。斯科克（Stöcker）和瓦尔德西说服他，与社会主义斗争的最好方式是温和和仁慈。威廉二世提议举行骑兵表演赛，以提供资金援助柏林的穷人。激怒宰相的与其说是这类行为，不如说是这位即将上任的统治者试图以友好的方式解决一个社会问题的业余行为，而这个问题是这位老战士惯于动用法律和武力的一切力量来对付的。作为对宰相劝告的回应，王子说："我宁愿让自己被切成碎片，也不愿做任何给您添麻烦的事。"俾斯麦对这些过火的保证感到厌恶。更令他不安的是，不久之后，在老皇帝生命的最后一个月里，王子向所有联邦统治者发送了一份草案，并希望将其正式封印后传递给大使，"鉴于皇帝——也就是我父亲——的突然死亡并非不可能"，威廉在这份文件中"警告他的叔叔们，朝他们亲爱的小侄子的腿部扔棍子以阻拦其行动的这个做法是不明智的"。

俾斯麦更加不安了，这个年轻人的血管里一定燃烧着某种狂热，让他在两位前任还在世时的土地上，起草公告，并准备把它们送到十几个政府部门！此外，这位王子难道不知道帝国的宪法，竟要这样对待联邦诸侯，仿佛他是他们的上级吗？在一封付梓时长达八页的亲笔信件中——如他所说，这封信表达的远远超出了他的权力——俾斯麦向这位继承人阐述了帝国建立的原则，并大胆地要求威廉烧掉提案草案。它伤到了王子的痛处！他作为皇帝的第一句话（虽然公认是过早的）是不适合流传的！他还得在一个他已经受够了的宰相手里继续承受这一切。王子已经开始暗示自己，当他自私地反抗父母时，他是在做出牺牲。

他的回答是冷淡的，并包含着一个威胁："当我能够掌权的时候，他们就遭殃了！"诚然，这些话是说给别人听的，但尖刻的语气对于这封回信的收件者来说还是足够振聋发聩，并且引发了他严肃的思考。他有很好的理由说服王位继承人，在他漫长的信件里提到："我认为，对君主制最强有力的支持是基于这样一个事实——君主不仅要在那些平静的时刻配合处理全国政务，而是要在关键的时刻，准备好手持利剑站在王座阶梯上争夺自己的权力，且不显示任何弱点。这样的君主是不会丢下德意志的士兵的。"是偶然，还是对人类性格的深刻了解，或是一种预见，使得俾斯麦在威廉二世被命运所考验、由于性格本身的弱点而失败的三十年前就写下这样的劝诫之言呢？

早在他还是王储的时候，威廉二世就开始以腓特烈的方式，在官方文件上涂写批注。在其中一些公文中，我们发现了年轻的威廉二世与俾斯麦之间的对话，我们注意到后者是如何用反对他的批注来对王子的批注进行驳斥的，而所有这些对话都聚焦于高层政治领域。由于俾斯麦给他的驻外大使的公文数量越来越多，所涉及的内容也越来越宽泛，王子得以研究有关法令和命令的相关抄本，而这也为他引用格言和论述治国之道提供了参考。我们可以将俾斯麦的这些文件看作一位富有想象力的作家的成熟智慧，或者是一位伟大画家的自画像。事实上，这些就是俾斯麦自己的画像。当德意志的反俄情绪日益高涨，军队敦促着要发动战争时，他写信给驻维也纳的大使说：

"这个坚不可摧的俄罗斯民族王国，由于它的气候、它的草原和它的简单需求而变得强大……在战败后，它仍将是我们的宿敌，是一个渴望复仇的敌人——就像西方的法兰西一样。这样的话，就会造成一种永久的紧张局势，我不打算承担引发这种局势的责任。即使对于弱小得多的波兰民族来说，一个民族的'毁灭'，在整个世纪中，也是最强大的大国所不能办到的。我们应该明智地把俄国视为一个强大的威胁，我们必须筑起堤坝抵御它的入侵。"

当威廉二世读到这篇文章时，他对这篇关于培养一个新的一心想要复仇的对手的评论是这样的："他们的威胁不会比目前更大了。"俾斯麦回应说："我向你保证，比现在大得多！"关于对复仇的渴望，威廉二世评论道："或许会渴望复仇，但无法采取行动。"俾斯麦说："但是他们很快就会那样做，就像法兰西过去十二年所做的一样。"关于破坏国家秩序，威廉二世写道："但他们的战斗力量可以被摧毁。"俾斯麦则说："对照法兰西来看，他们五年内就可以恢复重建。"

在这段写下来的对话中，是经验在与不耐烦做争论，是成熟的判断在与不成熟的判断针锋相对。老人仍然希望教育年轻人，俾斯麦给威廉二世写了一封关于德意志对俄政策的长信，并对具有如此深远意义的批注提出了警告。"了解阁下批注的官员们（我本人也不例外）会发现，一旦政府发生变化，德意志的政策就很难维持在以前的和平基础之上。就我对殿下批注的理解而言，我不得不为我自己的信念进行辩护；就德意志帝国的政策而言，表里不一的名声甚至比坚决要发动战争的决心更加危险。"

这就是俾斯麦用来警告年轻人所选择使用的有分量的言辞。第二天，当年轻人谈到被附加于他的评论的"夸大的意义"，并坚持说他本人倾向于完全的和平的时候，俾斯麦大为吃惊。那么，这位年轻的主人仅仅是个异想天开的人吗？难道他不明白这样的话对敌人心理产生的影响吗？威廉二世补充说，今后他将避免做批注，"这是对你的推理能力的部分承认"，但他还说，他仍然决心以某种方式公开自己的观点。威廉一世从来没有写过这么无礼的东西。"部分承认"对俾斯麦来说是个新概念。当然，年轻的继承人应该准备好谈论战争的可能性，这是很自然的，但他们不知道所有的危险，他们不会因为焦虑而彻夜难眠。被好战的将军们包围着的王子，如果能读到俾斯麦对陆军发出的阴郁的警告，一定会感到惊恐的。

"如果上帝的旨意是要我们在下一次战争中被打败，我认为毫无疑问，我们的胜利对手将使用一切可能的手段阻止我们在整整一代人的时间里恢复元气……我不相信我们的敌人会满足于得到阿尔萨斯。他们也会要求在莱茵河下游获得领土……那时我们就不可能像1812年那样得到俄国、奥地利和英国的帮助了，因为这些国家会看到统一的德意志是多么强大。"与此同时，他对俄国进行了预言，宣称这个国家比大多数国家都激进得多，俄国革命和俄国共和国的建立可能很快就会到来。许多俄国人也寄希望于在战争中失败，因为当这种情况发生时，他们将能够摆脱旧王朝。在一份报告的页边空白处，他最紧迫、最关切的东西在短短的一句话中突然出现，他写道："到目前为止，如果有可能实现和平，那么我们一定需要英国的帮助。"

腓特烈死后，欧洲的天空漆黑一片。皇帝预见到了这种情况，在他死去的前一天，他召来宰相，向他伸出一只因发烧而发红的手，然后握住皇后的手，将其放在俾斯麦的手里，把它们压在一起。他的沉默是可悲的，他警告着两人。似乎临在死前，他将自己的祝福赐予了俾斯麦的统治，而那是他一生都在反对的统治。

第二天，王子达到了他的目的，威廉二世已经成为新的主人。

第二章

　　"陛下，如果腓特烈在他统治之初，有一个像俾斯麦那样有权力并且占有重要地位的人物来掌管事务，同时如果他一直让这个人在任，那么他会很难成为腓特烈大帝的。"这句话是瓦尔德西说的，它们给皇帝留下了深刻的印象，因为成为"腓特烈大帝"是这位现年二十八岁的新统治者从统治之初就坚定而直率的愿望。瓦尔德西也有野心。他想当宰相。然而，刚开始，这位新主人仍然害怕那位巨头，一直对他说着赞美的话语。现年四十岁的赫伯特·俾斯麦似乎是一个可能的继任者。

　　这另一个俾斯麦，一个性格不佳、不受关注的人，不仅背负着作为天才之子的残酷命运，而且更被他父亲决心让他成为下一任宰相的计划所束缚。秉承着追随伟大先辈足迹的精神，他本可以前去迎和年轻的统治者，他本可以在必要时重新建立起奥托·冯·俾斯麦和现任威廉的祖父之间的那种忠诚和信任关系。但是威廉一世和俾斯麦一世建立君主和大臣的关系相对容易，因为君主比大臣大了二十岁，而在威廉二世和俾斯麦二世的情况中，年龄关系是相反的，大臣比君主年长很多。自然已经消除老俾斯麦曾描述的那种感情的可能性，这种感情类似于一个儿子比较容易原谅一个脾气暴躁的父亲的坏脾气的情况。

在新的组合中，天赋和缺陷在两者身上的分配也不那么尽如人意。威廉一世虽然没有威廉二世聪明，但他更机智、更有礼貌，也更含蓄，因此一步步地，他愿意接受这位天才宰相的指导。威廉二世，则被他神经质的脾气所驱使，乐于从事超出其能力的行动，这与俾斯麦二世完全相反。因为对于俾斯麦二世来说，他对父亲的崇拜，加上他的教养和他缺乏创造力的潜在特征，驱使他为他的父亲服务，而不是为他的祖国服务。威廉二世过于自信，且不够尊重先辈；赫伯特缺乏自立能力，对父亲的过分崇敬使他不堪重负，因此（在必要的时候）他无法形成自己的见解，更无法按照自己的见解行事。此外，威廉二世是在缺乏爱意的环境中长大的，而赫伯特的双亲则对他慈爱有加。的确，俾斯麦不得不牺牲自己的感情，甚至牺牲自己的名誉，但在其他方面，作为父亲，俾斯麦对儿子总是很温柔，甚至是慈爱。随着年龄的增长，老俾斯麦强烈的家庭感情使他越来越倾向于为了让儿子继承自己的职位而工作。

赫伯特已成为他父亲唯一的知己，并从当时最伟大的政治家那里接受了治国之道的教导。他至少要成为一名不逊于他父亲的创新者，他才有可能批评他的父亲。但是，除了他父亲的知识和技巧，他也继承了这些知识和技巧所依赖的基础——厌世心理，而赫伯特的厌世心理愈演愈烈，达到了极端的地步。"我看不起的地方，他甚至是讨厌。"父亲说，"这是一种极好的感情，但它并不总是像我们所希望的那样能长久地保持活力。"

由于赫伯特缺乏使老俾斯麦成为令人敬畏的对象那种成功的基础，人们开始把赫伯特的冷淡和不妥协的态度看作傲慢。他们私下里说，所有的大臣都不喜欢他，只是因为他父亲才容忍他。身为王子时，威廉二世和赫伯特关系一直很好，但现在很多人都在贬低赫伯特，甚至是诽谤他。因此，皇帝优柔寡断的思想受到了影响，开始反感他。有人说俾斯麦父子想建立一个由宫里的高级官员组成的王朝，这样一来，王室的权力和荣耀就会受到威胁，这就增加了威廉二世对赫伯特的不良印象。因为那些对着威廉二世的耳朵低言这些的人都是靠阿谀奉承生活的人，而俾斯麦父子都不愿意做这种事，因此赫伯特在国务大臣的职位上所做的工作让皇帝与他们父子俩都疏远了。

威廉二世很狡猾，起初没让别人看出他的意图。奥地利大使在发回国内的电报中说："两人之间有一段相互仰慕的蜜月期。"一开始，俾斯麦完全被骗了，以至于他宣称这位皇帝比他的祖先"更有勇气，更独立于宫廷"。当俾斯麦在弗雷德里希斯鲁熬夜到晚上十一点欢迎威廉二世作为客人来访时，年轻的皇帝感谢宰相的体恤。（当然，这并没有打乱俾斯麦的日常生活）；而且，看在主人的份上，威廉二世直到早上九点才起床。当威廉二世访问东方时，他并没有把俾斯麦带上作为同伴，而仅是向宰相打电报问候。没过多久，他就向巴登大公抱怨，说这个老家伙经常对他说教，把自己的经历挂在嘴上。威廉二世肯定对大公说了比这更言辞激烈的话，大公宣称皇帝只是"暂时"保留了两个俾斯麦的职务。

在艰难的1889年，当宰相在俄国和奥地利之间权衡他所给予的支持时，他遵循着保持平衡的旧政策。但皇帝想要一个更固定的政策，希望这个复杂的体系应该被一个"更简单"的体系所取代。总的来说，威廉二世是反俄好战的，但俾斯麦是亲俄的。第二年，与俄国的条约即将到期，而由于关系到帝国的安全，俾斯麦必须尽一切努力促成这一再保险的续约。

沙皇作为客人来到柏林，向宰相表明了他的信心，但对待他的堂兄皇帝则持有冷静的礼貌态度，威廉二世提出要去俄国举办狩猎聚会，亚历山大没能拒绝。在向沙皇告别后，威廉二世邀请宰相坐上他的车，打算与他到外交部讨论一些事情。在路上，皇帝提到了他想要拜访沙皇的决心，他的声明得到了沉默的回应，威廉二世很生气，高声道："你就没有一句赞美我的话吗？"

这句话暴露了他对自己地位的高贵和对俾斯麦的完全误解，揭示了这个年轻人内心渴望的本质。这位智者猜测沙皇不喜欢像威廉二世这样的人，他知道亚历山大是一个胖胖的、随和的家伙，他担心如果两位皇帝一起去打猎，最重要的结果将是破坏一段不甚牢固的友谊。他建议取消这次预定的拜访。我们可以很容易地理解到，年轻的皇帝感到心灰意冷。他的虚荣心，那是他最关键的特征，受到了伤害。他在宰相的住宅前让他下了车，简短地做了告别，放弃了谈话的想法。

这个乘车同行是裂痕的开始，这一幕类似于一对恋人因第一次接吻被拒绝而产生的危机。很快，鬣狗们聚集在一起，煽起主人的怒火也并非难事。近日，当腓特烈王储的战争日记未经允许就被出版之时，难道不是这位老人在恶意地迫使皇帝容忍对他父母进行的严厉的官方指责吗？俾斯麦想要消除自由党霍亨索伦的传奇（这本日记的措辞倾向于鼓励这种传奇），同时，他不希望在即将到来的选举中，民主党人有机会唤醒对已故皇帝的怀念。于是，"愤愤不平的容克们"又抬起头来，企图破坏联合政府，从而消除俾斯麦的权力。这位宰相和70年代一样，因为国家的原因而拿起大棒，在《帝国公报》攻击《新普鲁士报》，他没有看到卢修斯看得足够清楚的东西，即这种策略现在比以前更危险，"因为俾斯麦对年轻君主的影响力，已经不像对老君主那样大了"。

此外，德意志的机器在工作时发出了刺耳的声音。面对矿工们的罢工，皇帝想要理想化地对待它，而宰相想要用铁和血来对抗它。俾斯麦又一次误解了社会主义运动的意义和强制力量，使自己在历史法庭上站在了错误的立场上。就在他把矛头指向威廉一世皇帝的时候，他想利用这次罢工来对付红色力量，利用它来达到利于选举的目的。但是，皇帝"出乎意料地，马刺叮当作响"地出现在了内阁会议上，宣称矿主们是罪魁祸首，并说他已下令他们要支付给矿工更高的工资，否则他将撤回他的士兵。我们看到，这个年轻人害怕革命，希望通过改革来避免革命；老人则要革命者到场，这样他就能把他们打倒。然而在外界看来，皇帝和大臣的行为似乎是一致的。皇帝的新观念，原则上是正确的，虽然不能在一瞬间以这样的方式全部得到应用，但却是从他的一些朝臣那里派生出来的，这些朝臣通过向他强调"国王"的角色来讨好他。他的顾问是：辛茨佩特（Hinzpeter），他的家庭教师，当与俾斯麦谈话时对其赞不绝口，但后来在自己的回忆录中却对这个人没有什么好话；道格拉斯（Douglas），矿业股票的投机商，是个富有而有趣的家伙，擅长数字，并且很快就能利用数字计算出结果；冯·海登（Von Heyden），画家，同时也是矿业公司的董事，他把一位来自柏林东区的老工人画成先知，而他的模特正向他讲述穷人的苦难。

现在，俾斯麦一生中从未想到的事情发生了。他低估了敌人的力量，高估了自己地位的稳固性。他刚刚与整个阶级进行了一场斗争，让少数几个大臣为所欲为。自1889年5月到1890年1月，他一直住在弗雷德里希斯鲁，其间只有很短的一段时间离开了此地，皇帝一再提醒他要留在原地养病，他甚至没有警惕过。就像一个年老的丈夫娶了一名年轻的妻子，他或许并不总是能参加这位女士的娱乐活动，但如果他是一个明智的人，他就会尽可能多地加入其中。然而，在这里，我们却看到了一个对人类有着深刻了解的人离开了他的妻子（可以这样说），任其自由地享受着年轻而充满活力的崇拜者的陪伴，却没有意识到他们是多么容易引诱她。自力更生和对同伴的蔑视使俾斯麦变得盲目。

然而，他收到的警告已经够多了。他只要在弗雷德里希斯鲁看报纸就行了。所有政党都反对他。一家报纸写道："一种麻痹已经笼罩了公共生活。"《一切都出了问题》是《日耳曼尼亚报》（*Germania's*）一篇文章的标题。《新普鲁士报》恶意地发布报道，而自由党报纸则欢欣鼓舞地谈论着皇帝的社会改革计划。社会主义者一如既往地将刀挥向宰相。然而，当沙皇问他是否打算继续参政时，他感到很惊讶。当伯蒂彻（Bötticher）警告他继续缺席是危险的时候，他冷漠地回答："鉴于我的履历和我的职位，不存在皇帝会把我免职的风险。"他就像丹东（Danton）一样，对每一个警告都回应，说："他们永远不敢！"

然而，他的批判能力一如既往地清醒。他抱怨，说皇帝没有过着井然有序的生活，"因此，国务大臣们经常不得不在奇怪的时刻抓住机会提出最重要的建议，甚至不能确保得到必要的关注"。在威廉二世发给《人民报》（*Volkszeitung*）的一份通讯中，俾斯麦将其归因于有"精神错乱的遗传倾向"。确实，在这个时候，俄国大使报告，说有流言蜚语质疑皇帝的头脑是否清醒。

皇帝把一份誓约放进老人的手里，俾斯麦在他的职业生涯结束时，被赠予一只狗作为二者冲突的象征。"一只可怕的黑色杂种狗，巨大的脑袋，水汪汪的眼睛，干瘪的胸腔，根本不是良种。"这头野兽是皇帝赠予他的礼物，现在和亲王住在一起。俾斯麦说："这是因为我是皇帝的仆人：为了养这只狗，我不得不把我美丽的泰拉斯交给猎场看守。当然，我可以把这只畜生毒死，但它有一双如此忠诚的眼睛，让我不能下定决心。"俾斯麦已经到了被免职的边缘，把他自己的主人留在首都无人看管，而他本人则在弗雷德里希斯鲁的森林里，不得不忍受主人派给他的那条狗的陪伴。他生活中的伴侣，"世界上最亲爱的伴侣"，不再像过去几年那样，在早晨向他打招呼。猎场的看守人必须把泰拉斯锁起来，以免他逃跑，跑回家，杀死皇家的闯入者。当俾斯麦步行或骑马时，他总是有一个奇怪而丑陋的生物做伴。当他坐在车的另一边时，这只野兽就把一个没有形状的头放在他的膝盖上，想要被抚摸。俾斯麦讽刺地说，做皇帝的仆人是什么下场啊，但他还是忍了。

我们几乎觉得，他一定为自己的才华感到自豪。十二月，他对他的女性友人说："我发现皇帝是一个非常宽容的主人。他从来没有在任何政治问题上反对过我……如果我是一个更年轻的人，可以时常在他的身边，我就能把他玩弄于股掌之间……人们可以解散议会三次以上，但最后必须打破僵局。社会民主党的这种问题不用血的洗礼是不能解决的；德意志的问题也是一样。既然我们年轻的统治者不愿使用武力……"他没有说完整的一句话，但关于他如何彻底地误解了威廉二世已经写得够多了。

第三章

    1890年1月23日，俾斯麦终于被电报召进柏林。第二天将召开枢密院会议，讨论社会问题。他可以在星期五出行，但他通常避免这样做，当他到达首都时已非常疲倦。召开内阁会议时，俾斯麦建议他们等待，看看皇帝想要什么。于是伯蒂彻站了起来。十年来，他一直是俾斯麦的心腹，也是俾斯麦家族的朋友。现在，在所有大臣中，他是皇帝的宠臣。俾斯麦最近才开始怀疑他。伯蒂彻说，应当请内阁指点一下，好做一些事情。就在不久之前，伯蒂彻向亲王保证，皇帝有明确的意图进行社会改革。他和俾斯麦当时正坐在弗雷德里希斯鲁喝酒。现在，伯蒂彻在他的同僚面前重复了这句话，意想不到的事情发生了。其他人都同意他的看法。

    这是二十五年来从未有过的可怕时刻。俾斯麦被他所有的追随者抛弃了，在他离开的八个月里，他们已经学会跟随其他人的领导。他意识到了自己是如何忽视了自己的机会，他愤怒地指责大臣们，抱怨他们工作不力，然后，在预计会遭到一致反对的情况下，他谈及了辞职，回应他的是普遍的沉默。会议在"一种普遍的紧张感"中结束。俾斯麦去觐见皇帝，自从他们在前面提到的车上分别以来，他一直没再见过皇帝。"我想废除现行的《社会党人法》，因为我需要更有力的手段。"老政治家说。年轻的皇帝慌了。另一场枢密院会议被召开。皇帝宣布打算通过劳工保护法。他梦想避免威胁性的叛乱，因此在他生日那天召集了议会，"用鼓舞人心的语言"向他的人民发表了讲话。

卢修斯写道："我们坐在那里，越来越震惊，不知道是谁把这些想法灌输给他的。"皇帝已经任命了他的顾问，他们就是前面提到的那三个人。然后伯蒂彻开始大声朗读这篇备忘录。俾斯麦是第一个被要求发表意见的人，他假装平静地建议推迟此议，说如果皇帝执行他的计划，将对选举产生不良影响。因为资产阶级将被激怒，而工人们将受到鼓励。皇帝客气地回答，说他的主要愿望是《社会党人法》应该变得温和一些。他补充说，忠诚的顾问们已敦促他采取这一方针。于是俾斯麦吼道："我不能证明陛下的让步政策会带来灾难性的后果，但多年的经验使我确信它会。如果我们现在让步，我们以后就不得不解散议会，并且必然会有更严重的事情发生。如果法律没有定论，就会出现真空地带，然后就可能发生冲突！"

皇帝生气地说："除非迫不得已，否则我会避免这样的灾难，而不是让臣民的鲜血染红我统治的第一年！"

俾斯麦回应："那是革命者的错误，不流血是解决不了问题的——那是投降！根据我在这类事情上的经验，我有责任反对你所建议的做法。自从我进入政府以来，皇权一直在稳步成长……这种自愿妥协将是议会制政府改革方向的第一步，这个方法在目前可能是便利的，但最终将被证明是危险的。如果陛下不能接受我的建议，我就不知道自己还能不能在政府继续留任了。"

皇帝对伯蒂彻说："那会让我进退两难。"这句私下的话语暴露了皇帝和伯蒂彻已经建立起了反对俾斯麦的亲密关系。

由此，其他人都被要求给出他们的意见。他们觉得关系的破裂已迫在眉睫，然而没有一个人敢公开站在皇帝一边。在此时，当他们必须在决斗中做出选择时，俾斯麦的权势仍然强大，足以确保人们在表面上接受他的观点。但他看出他们处于恐慌之中，他们的表情使他相信，他不再真正地影响他们，尽管他可能仍然在表面上控制着他们。

借着这一争论的消息，保守党的领袖们第二天就实行了俾斯麦的计划，投票反对永久的《社会党人法》，从而在选举前摧毁了他三年来所支持的联盟，剥夺了他的多数席位。同一天，皇帝对军务大臣挥舞着拳头说："你们不再是我的大臣，而是俾斯麦亲王的大臣！你们看上去都像挨了鞭子似的。他把椅子搁在我门前了！"此时此刻，俾斯麦，一个受到重创的人，穿着晨衣躺在沙发上。他对宰相府的主管说："皇帝和我很疏远，只听道格拉斯这种人的话。我的同僚们都抛弃了我。"只有他的儿子比尔大胆地建议他立即辞职，并对一位朋友说："我父亲再也不能像以前那样挥舞大锤了。"

这是真的。俾斯麦现在开始了一段摇摆不定的时期，一直持续到七周之后。迄今为止，他钢铁般的意志和圆滑的聪明睿智拒绝了这种摇摆不定的可能性。在他看来，一切都取决于选举，他对选举既渴望又害怕。在上文所述的那次会议召开之后的第二天，他以一种和解的态度亲切地会见了震惊的同事们。他说："君主的反复无常就像天气的变化。即使撑起雨伞，还是会被淋湿……我尊敬这位皇帝，因为他是他祖先的后代，是我的君主，虽然我对他的态度感到遗憾。我们不能容忍其他密党同盟的形成……但我想我们只好让步了。"他辞去了商务大臣的职位，并任命一位皇帝的宠臣来补上这个空缺的职位，委托了伯蒂彻起草所需法令，并且宣布他很快就会仅担任外交大臣或帝国宰相。在皇帝的生日那天，双方达成和解，表示相互尊重。

然而，在二月份，在一个月的紧张和争斗后，老人的心境发生了变化。他再一次释放了自己，他试图在社会法令方面影响他的同事，当伯蒂彻作为朝臣提出反对意见，说一个相反的决定会使皇帝不高兴时，俾斯麦在会议上攻击他说："在我看来，当负责任的大臣看到他们的君主即将采取对国家危险的做法而不公开表达他们的异议，这似乎类似于叛国……如果我们唯一的任务是执行皇帝的旨意，随便八个下属就可以代替现在的大臣。"然而，最后，法令颁布了。但是，当俾斯麦想试探皇帝的情绪时，他说："恐怕我妨碍了陛下的工作。"威廉二世没有反驳，而是保持了沉默。对俾斯麦来说，这还不够暗示！他徒劳地试图使他的同僚们发出抗议的声音。当他宣布打算辞去一些职务时，他们也保持了沉默。后来，俾斯麦对他的儿子说："他们一想到可以摆脱我，都深深地松了一口气！"

俾斯麦（正如他自己告诉我们的那样）发现他的同僚们对见到他最后一面的想法感到如此高兴，于是毅然决然地下定决心，一定要保住自己的职位。这激怒了已经开始怀有希望的皇帝，于是出现了皇帝和宰相谁更有忍耐力的比拼。双方都觉得自己的处境已经不可能继续了，但又都想让对方为关系的破裂负责。皇帝不敢贸然罢免他的俾斯麦，而不把俾斯麦赶出去，俾斯麦自己是不会走的。他宁愿留在他的岗位上。无论如何，他不会让他的君主因为他自愿辞职而好过些。因此，在去留之间，他们开始彼此憎恨，就像婚姻里反目的夫妻一样，一方渴望分手，另一方害怕分手，双方都不敢迈出决定性的一步。

　　俾斯麦既不追求华丽的姿态，也不追求华丽的场面。他像往常一样固执，他想要的是一次战斗。既然这一次战斗是不可能取得胜利的，他所期盼的就是确保在道义上击败对手。他充满了仇恨和嫉妒，坚持自己的权力至高无上；他很生气，因为国务副大臣发出了国务会议的邀请，但没有交给他签字；他留意着他仇敌所行的弯曲之路，在不存在的地方嗅到阴谋的气味；他认为维多利亚是辛茨佩特灵感的来源。"辛茨佩特是一把左轮手枪，维多利亚，一个更能干的人，为其装上了子弹，然后用它作为武器来影响皇帝。"与此同时，他以前所未有的方式忍辱负重。他去拜访维多利亚，向她抱怨，说自己已经不适合这个时代了；他等着她反驳他，却徒劳无功。当她问她能为他做些什么的时候，他回答："我只想要得到一点同情。"如果这句话是我们从这些日子的历史中听到的全部内容，我们就可以从中看出一个老人的恐惧，他的生命食粮正在从他的嘴里被夺走。

　　然而，即使是现在，经验丰富的现实主义者有时也能够有条不紊地思考全局。在二月的这些日子里，他起草了他的养老金法案。他抓住机会告诉了所有的大使，知道他们会把这些写进报告，并把所有麻烦归咎于朝廷和皇帝——尽管他仍在努力重获威廉二世的信任。"最后，"俾斯麦对萨克森大使说，"皇帝询问随便某个轻骑兵军官应如何解决社会问题，然后想让我接受这个家伙的意见……皇帝渴望接受身体上和精神上的欢呼，但他在资产阶级中并不受欢迎，因为他支持工人阶级的事业而疏远了他们。我想，很快就会有一天，连军队都不再值得信任，那时德意志的命运就会陷入困境。"因此，在这几个星期的踌躇中，他的思想始终在大事小情之间摇摆不定。

　　选举决定了这个问题。当军队首领召集的守军在滕珀尔霍夫（Tempelhofer）平原上锣鼓喧天地集结时，工人队伍却在悄无声息地向投票点行进。现在，他们正在向十年来的专制镇压进行报复。李卜克内西最近的预言成真了："十一年后你们得到了什么？……在巴黎代表大会上，大家都承认德意志社会民主党是世界上最强大、组织最良好的政党。你们想扼杀我们，却使我们更加强大……没有工人，德意志会变成什么样子？……世界上出现了一种新的思想，一场新的革命……如果你们违背时代精神，那灾难必是不可避免的！"

现在，社会民主党的人数增加了两倍，红色选票也从一百五十万张增加到了七百万张。反对俾斯麦的总票数是四百五十万。

这位宰相可能有充分的理由相信，是皇帝的糊涂政令导致了这次选举的逆转；尽管如此，他在认为如果不是因为他们，选举结果会和三年前一样，在这个问题上肯定犯错。但他还是燃起了希望。他预见到斗争会重新开始，他的软弱消失了。他束紧腰带，准备投入战斗，他认为国家处于危险之中；他擦亮了他的旧武器，认为加强《社会党人法》和提高军队预算可以挽救局势。他对皇帝说，"如果最糟糕的情况发生，我们必须召集联邦的王公贵族们到柏林来，并限制选举权。受到罢工和选举问题刺激的大众不会对此坐视不管。也许会有反抗。那将是我们与社会民主党斗争的最佳时刻……成功仍然是可能的。我本人还有足够的实力和信誉。以后就不大可能了。绝不要投降！"

年长的勇士如是说道。就像三十年前一样，现在，他要压制时代的精神。这位年轻人和俾斯麦一样是人民的朋友，但他"不愿使用武力"，他回答："您的建议是一个年轻的统治者不可能接受的！"

俾斯麦说："我们和他们不可避免地要打起来，所以越快越好！你永远不可能通过改革政策来扼杀社会民主党。总有一天，你会不得不用子弹杀死它。"

这样，俾斯麦就把事情推向了极端。他觉得自己的地位很稳固，于是再次提及了辞职，以使皇帝的决定变得容易些。但威廉二世却梦想着得到宰相曾经承诺在帝国议会中为他赢得的新增的八万士兵名额。因此，他抓住俾斯麦的手，戏剧性地重复了宰相的话："绝不投降！"

当俾斯麦去参加会议时，他被这次胜利冲昏了头脑。他说："皇帝已经准备好战斗了，因此我仍然会留在他的身边！"听众都不安且沉默地看着他。对他来说，兴高采烈的他把缰绳抓得更紧，决心让他的同僚们远离皇帝。他让他们想起了一项旧时的内阁命令，该命令禁止身为部门负责人的大臣们与皇帝直接交流。但这个提醒太晚了。从那以后，部长、朝臣、军队将领、保守派领袖，他们一直聚在一起，向皇帝保证俾斯麦应当为选举结果的逆转负责。威廉二世毫不犹豫地背弃了他决不投降的誓言，并在一次公开宴会上发出威胁："我将粉碎那些阻碍我工作的人！"这是王子在他年轻时给俾斯麦的信中写到的威胁。伯蒂彻的地位正在上升，当俾斯麦向皇帝控诉伯蒂彻的时候，就在同一天晚上，皇帝授予了伯蒂彻黑鹰勋章，这是俾斯麦多年前因在石勒苏益格-荷尔斯泰因事件中取得成功而获得的相同荣誉。现在，当宰相听到伯蒂彻取得嘉奖的消息时，他满足地引用席勒的《华伦斯坦之死》（*Wallenstein's Tod*）的诗句说："你成功了，奥克塔维奥（Octavio）！"

现在，他的主要愿望是重新获得议会的多数席位。王权的古老岩石似乎正在他的脚下颤抖，而他在四处寻找一个新的、更坚固的立足点。

第四章

　　赢得议会的多数席位，安抚皇帝，再加上这个长期被轻视的议会所拥有的虚幻的权力，对他来说似乎是最后的权宜之计。有了多数席位，他就能给皇帝八万士兵，他相信别人都做不到这一点，这是对的。与他敌对的容克伙伴们难道不想和中央党一起背叛他吗？难道在选举前几个月，温德霍斯特不是就谋划着企图破坏他的地位吗？如果他抢先一步呢？从地下世界中现身吧，敌人和阴谋家！犹太人和耶稣会士都是同一个鼻孔出气，与布利希吕德尔对话，给温德霍斯特一个暗示，让我们像过去那样坐下来谈正事吧。

　　小个子温德霍斯特坐在那儿。十年来，他第一次明确提出了自己的要求。他以前曾这样做过一次，但当时，宰相认为他要价太高。对他们来说，俾斯麦在最困难的时候，一定会达成协议。温德霍斯特要求废除《反耶稣会法案》（*Anti-Jesuit Law*）中最糟糕的部分，并将基督教的教学引入初等公学。此事讨论了很长时间。俾斯麦屡次表现出疲劳的迹象，说他的健康水平每况愈下。温德霍斯特比任何人都清楚，尽管俾斯麦已误用了这句话三十年，但现在这句话随时都可能成真。天主教徒对红色浪潮的涌来感到震惊。他认为只有老巫师才能阻止泛滥的洪水。于是出现了一个讽刺的场景，温德霍斯特恳求俾斯麦留任！十多年来，他们彼此一直希望对方死亡，或者至少希望对方退休，而现在，当俾斯麦即将退休时，温德霍斯特却恳求他继续掌权。当温德霍斯特离开时，事情仍然悬而未决，但那天晚上，他对一个朋友说："我刚从一位伟人的政治临终之榻前离开。"

伟人想要活下去。他现在召见保守党领袖，看看该党会提出什么要求。但是容克们聚到了一起，包括农奴和贵族。几个小时之内，他们就知道了俾斯麦的最新计划。他们再一次联合起来，反对这个阶层的邪恶分支，拒绝在没有他和反对他的情况下，在他的手下做他们想做的事情。他们直截了当地拒绝觐见宰相，一天后又公开宣布反对温德霍斯特，这样皇帝就可以正式知道，只有在什么条件下，王座的根基才会支持他。与此同时，林堡-斯特伦（Limburg-Stirum）伯爵去找伯蒂彻，听从于后者的支配，以便使党派和政府达成合作。他补充道："再也不可能与俾斯麦亲王谈判了。"

这位老兵现在不得不面对蛇发女怪的头颅。他所藐视的人都起身来攻击他。他自己阶层的成员，不是像保镖一样团结在他周围，而是——打个比方——成为杀他的凶手。当独裁者还在高位上的时候，他就可耻地被自己的成员打败了。这就像一把匕首刺进了他的心脏。当所有人都抛弃了俾斯麦时，唯一支持他的却是他的宿敌——中央党。德意志在报复他的独裁统治，在让他为自己的伟大付出代价。

就这样，一左一右两只手同时果断地砍掉了这棵巨大橡树的树枝。现在，没有人会为了欺骗严厉的护林人而把枯萎的树梢射掉了。

这位护林人，即年轻的皇帝，有一项简单的任务要完成。几天来，他通过阅读所有报纸上刊载的文章，以及采访大臣和议员们来为自己打气。最终，他说服了自己，让自己对中央党，尤其是对该党领导人感到愤怒，这为他的决心增添了一股额外的推动力。因此，他大胆地迈出了决定性的一步，派人去通知宰相他打算去拜访他。凑巧，那封信在当晚没有被打开，而第二天早上，老俾斯麦不到九点钟就被召见了，他不得不在一个不合时宜的时刻，没有事先通知就去面见他的主人。威廉二世意识到他伟大的时刻来了。在整个谈话过程中，他一直站着，而这样，总是在清晨感到疲倦的俾斯麦也不能坐下。在几句开场白之后，皇帝问他是否拒绝了温德霍斯特。事实上，依照皇帝的命令，警方在过去的几个星期里一直密切监视着宰相府，他们非常清楚谁拜访过宰相。然后，皇帝说，宰相在会见像温德霍斯特这样的重要人物之前应该先征求他的意见。

于是俾斯麦勃然大怒。他对宰相职责的性质、国王特权的局限性、皇帝所建议实施的这种控制的不体面性，以及他——俾斯麦所不能服从的要求，都做出了严厉的解释。

"即使你的君主命令你也不行吗？"

"即便如此也是，陛下。""三朝元老"俾斯麦从来没有从他任何一任主人的嘴里听到过"命令"这个词——尽管在官方文书中，这个词仍然按照传统习俗被使用着。即使作为一个年轻的大使时，在舍恩豪森前，俾斯麦也告诉他所服务的第一位君主，他必须被"请"而不是"命令"才会去维也纳。在二十六年的时间里，威廉一世给他的大臣写了许多愤怒的信，但就算是其中最愤怒的一封，也显示出一种值得注意的克制。尽管并不成文，但这是一个天生具有指挥才能的人同意为其服务的伟大条件。如果俾斯麦和他的君主之间的关系与两个同等尊贵和同等级别的人之间所习惯的那种关系有所不同，那么他的整个事业就不可能实现。现在，面对这个尖锐的问题，整个建筑都倒塌了，只剩一位贵族面对着另一位。这一可怕时刻的紧张局面剥夺了威廉二世精心准备的勇气，似乎也使俾斯麦在几分钟内失去了镇定。当皇帝咕哝着辩解，说他当然是想说希望而不是命令，且宰相当然不会愿意在人民的头脑中造成这种混乱的时候，俾斯麦生气地嚷道："正是这样！举国上下一片混乱，谁也不知道皇帝的政策到底是什么意思！"

年轻的皇帝惊慌失措，他并不习惯这种肉搏战，但暂时比老政治家更为平静。他谈到要减少增加军队的要求，以便有可能与新的议会达成协议，他希望这个建议的让步能给这位老战士一个新的表达愤怒和提出辞职的机会。但是，俾斯麦现在已经恢复了镇静，他察觉到自己被设下了圈套，于是又一次声明：如果皇帝愿意，他就愿意提出辞职。因此，双方都试图把所有责任推给对方。在生动的对话表面之下，这场最后的权力斗争的风暴正在肆虐，且几乎是无声的。皇帝从另一个角度切入：

"我不再从我的大臣们那里得到任何口头报告。我听说你禁止他们在没有你同意的情况下向我报告，而你是根据过时的、被人遗忘的条例做出的这些指令。"

俾斯麦越来越平静了，他解释，说他是按照1852年的内阁命令如此行事的，皇帝在与宰相讨论过问题之后，总是有权做出反对宰相的决定而赞成大臣们的决定。俾斯麦说，这项条例是不可或缺的。

那么，所有与权力的接触都被禁止了吗？皇帝从第三个方向发起进攻。现在，他以王储时期的口吻靠近老人，说他希望更全面地了解正在发生的事情，宰相应该在做出重要决定之前先征求他的意见。皇帝对和他打交道的人就这么不了解吗？俾斯麦断然地拒绝这样做。既然宪法站在他这一边，他就要诉诸宪法。他谈到了自己与威廉一世的关系，并简洁地说："当我来到陛下面前时，我的决定一定已经做好了。"

一条诸多岩石的海岸，却没有避风港。他强有力的双手掌控着权力，一点也不肯让步。只要他当权，威廉二世就永远是幽灵君主。

这位老人并不满足于拒绝他那桀骜不驯的主人的要求。现在他想要羞辱皇帝，为自己最近受到的侮辱报仇，他要把箭插进敌人的心脏！桌子上有一个文件夹，他只需要打开它，它就会扮演潘多拉魔盒的角色。他不顾一切地把话题转到拜访沙皇的计划上来，从文件夹里拿出一份公文，朝下看了一眼，说道：

"我们有充分的理由反对这次旅行。我们最近从伦敦收到一份报告。大使来信，提到了据说沙皇在私底下说过一些对陛下非常不利的话。"他用娴熟的演员式的从容的动作，举起了那份文件。皇帝咬着嘴唇：他要自露弱点吗？"请读给我听！"

这位魔鬼假装惊恐："不！我真的不能冒险这样做！"他试着把文件拿在手里。皇帝在颤抖，他不能扮演弱者！"给我！"他从俾斯麦手中夺过文件，读了起来，脸色时红时白。然后，他一言不发地离开了。在有关沙皇的报告中，提到了沙皇谈到这位皇帝的表述，他读到："他是个疯子，是个顽劣的小孩！"他觉得自己好像挨了一顿鞭子，而俾斯麦对他的鞭打更甚于沙皇。他先是被当作小学生对待，然后又被羞辱。在这样的侮辱之后，他还能向俾斯麦伸出他的手吗？当他右手拿着头盔转身离开时，他敷衍地这样做了。他迅速下楼，离开了这幢房子，坐上车，回到他的朋友们那里去了。老人沉重的脚步声在他身后响起，俾斯麦向大门走去，向皇帝鞠躬告别。

俾斯麦在这次会见中的行为是前所未有的。五十年前曾恶意嘲笑王公贵族的叛逆又一次在他身上浮现出来。今天他惩罚了皇帝，他的方式是如此精明，于是通过第三者的口说出了自己的意见。他甚至保留那项意见，直到威廉二世威胁他交出来。当皇帝从他手中夺走文件时，他不可能拒绝放手！为什么威廉二世如此愚蠢，明明有人警告过他，还要把文件夺走呢？"一个人竟然可以在拥有一头金发和一双蓝眼睛的同时，还像迦太基人一样虚伪！"

第五章

　　第二天，两位老人在灯光昏暗的房间里整理文件。其中一人从盒子和文件夹中取出信封，另一个人阅读文稿并将信封堆放起来。这两个人是俾斯麦和布希。"我想撰写关于我的回忆录，你要帮我。我要辞职了。如你所见，我已经在收拾行李了。我要马上把我的文件送走，因为如果它们在这儿放得太久，就要被扣押了……这不过是两三天的事，也许是三个星期左右的事，但我一定会走。已经不可能再留在这个位置了……唯一的问题是我怎样才能安全地把文件拿走。也许可以把它们送到你家去，但如何送去呢？"

　　"我可以把它们分成小包裹带走，阁下，然后交给海恩（Hehn）。"

　　"海恩是谁？"

"一个完全值得信赖的人。"

"或者我可以把它们送到舍恩豪森，你可以从那里取回。先把最重要的内容抄录下来，保留好副本，直到有进一步的消息……这是我写给威廉皇帝的信。这是我去维也纳时腓特烈·威廉给我的介绍信。顺便问一下，你多大年纪了？"

"我六十九岁了。"

"哦，好吧。等我八十岁的时候，我还能在乡下逍遥自在呢。"

两天后，布希带来了副本。"你把它们带回去，"俾斯麦说，"不，最好还是不要了。如果他们看到你拿着一个大信封走来走去怎么办？听着，这是最好的办法。"他们把那些文件和一些地图一起放在一个盒子里，很可能就不会被人注意到了。

就这样，俾斯麦离开了他治理这个国家时待了二十八年的房子，离开了他在此建立起了一个帝国的房子。他像被敌人包围的阴谋家一样离开了这里。在他离开之前，他为他最后的宝藏找到了一个安稳的藏身之处。在他被流放期间，他将用这些文件制作导弹来投向他的敌人。在他当了这么久主管的办公室里，没有一个人是他可以信任的，也没有一个人是他敢把自己的财产交付给其保管的。几十年来，他第一次想到舍恩豪森———一个安全的藏身之处，不会被间谍发现，因为即使是弗雷德里希斯鲁也不够可靠。这就是他可以利用他的老房子的地方。他叫来一个记者，一个不时能从他那里打听到消息的人（因为布希对于俾斯麦的重要性足以使他的一举一动伤害到俾斯麦的声誉）。两位老人把这些无价的信封来回传递。布希认为，当他开始写自己的回忆录时，它们会对他有用。此外，也许俾斯麦想起了阿尼姆的命运，（正是在俾斯麦的煽动下）他因拒绝交出国家文件而被监禁。

进入这鬼鬼祟祟的区域，一位雍容华贵的将军、军事内阁的首脑，正在向他抛出一个简单的问题。他称自己受皇帝委托，要问询一下已故皇帝腓特烈·威廉四世，在1852年颁布的内阁命令何时才能废除。俾斯麦直截了当地回答，说命令不能取消。他想用这种方式迫使皇帝罢免他。

第二天早上，保罗·舒瓦洛夫伯爵来访。他作为沙皇的全权代表从圣彼得堡匆匆前来。他被授权续签订德意志与俄国的条约，期限由原来的三年延长至六年。在过去的一整年里，俾斯麦的政策就是在朝着这个目标努力。现存的条约将于六月到期，帝国的安全仰仗于东方的再保险，年轻的皇帝已经被说服续签条约。沙皇完全了解情势，他在一份国家文件的边注上写道："对俾斯麦来说，我们的协约构成了一种保证，即我们和法兰西之间没有书面的谅解协定，这对德意志而言是极其重要的。"现在俾斯麦只能耸耸肩，对惊慌的俄国大使说，关于他即将退休的谣言是真的。他说，舒瓦洛夫必须与不管哪位宰相职位的继任者共议解决问题。在此，我们看到了俾斯麦陨落的第一个，也是最严重的后果。俄国大使与圣彼得堡交换了电报，俄国对德意志的政策感到不安，因为这位值得信赖的领航员即将卸任，沙皇拒绝续签条约。

当天早晨，舒瓦洛夫刚离开宰相府，汉克（Hahnke）将军就带着明确的皇命回来了。皇帝说旧的内阁命令应该被废除。"否则，"——将军很难控制住自己的声音——"陛下要求您立即递交辞呈，并希望您殿下今天下午两点钟亲自到宫里去辞行"。

"世界崩塌了！"在格尔利茨之后，国务大臣在梵蒂冈说了这句话。俾斯麦的想法并不是沿着这条路线发展的。他稍后会告诉我们他对这件事的看法。现在他平静地回答："我身体不太好，不能出门。我会写信给陛下的。"在汉克的想象中，俾斯麦在他看来就像一朵红云中的革命者。他起身离开。紧接着，亲王又收到了皇帝一份未经封口的信件，内容如下："报告"（出自一位德意志驻俄领事）"清楚地表明，俄国人正在采取战略行动，准备与我们开战。我对此前对这件事如此不知情而深感遗憾。你早该让我注意到那方的可怕威胁！是时候警告奥地利人并采取防御措施了……威廉。"

事实上，这项指控是错误的。并没有这样的危险。皇帝的便笺是对俾斯麦从伦敦大使馆收到的关于沙皇言论的报告中给威廉二世造成的致命羞辱的个人报复。在这个节骨眼上，对俾斯麦来说，没有什么比这封没有封口和署名的信件更适合他的了。他的第一步是写信否认"叛国罪的指控"。皇帝拒绝接受宰相的答复，不加评论地退回了信件。然而，俾斯麦现在可以把他的垮台解释为世界政策的结果——在这个领域，迄今为止还没有任何政党反对他。那天下午，他向内阁描述了争论是如何产生的，并以一段精彩的结语结束了他的演讲：

"尽管我对三国同盟充满信心，但我始终知道，有一天我们可能会失败，因为在意大利，君主制不够稳固，意大利和奥地利之间的关系受到了领土收复者的威胁……因此，我一直在努力避免破坏我们与俄国之间的桥梁……既然我信任沙皇的好意，我就不能执行陛下在这些方面的命令……至于劳动保护法，这对我来说不是内阁的问题。如果我不再领导外交事务，我就必须离开，我知道这符合皇帝的意愿。"他补充说他的健康状况和工作能力都没有受到损害，他说他离任的唯一原因就是皇帝的意愿，他想亲手握住政府的缰绳。

他又停顿了一下。难道没有人意识到失去俾斯麦作为外交事务的首席舵手意味着什么吗？难道他们不会一致宣布辞职，从而给皇帝施加压力吗？至少这样他们可以警告他们年轻的君主可以在历史舞台上扮演一个有价值的角色，但除了几句犹豫的话，大家什么也没说。其中，只有迈巴赫（Maybach）说了一段值得记下来的话："宰相的离任将是一场国家灾难，这对欧洲和德意志而言都是一场灾难。我们必须阻止他离任，我们都得跟他共进退。我，不管怎么说，会这样做的。"有那么一会儿，讨论似乎变得更加热烈了，会议在反对俾斯麦离任的抗议声中止了。然而，到了晚上，他的同事们再次会面，他们"放弃了共同离任的想法，称这与普鲁士的传统相冲突"。

会议结束后，俾斯麦吩咐备马外出骑行，尽管在他生命的这个年纪、在这一年的此季，从来没有做过类似的事情。但他现在这样做是为了向皇帝展示通过汉克传递的信息"我身体不太好"，有多少是真实的，也许还因为他想弄清楚柏林人的情绪。没有对他有利的公开表态！当宰相回到家时，他发现朱庇特在他不在的时候又送来了一条消息。民事内阁的长官卢坎努斯（Lucanus）晚上回来了，他的眉头因焦虑而皱起。他的任务是遵照陛下的命令，询问为什么辞呈还没有送达。于是老人生气地用拳头猛击桌子了吗？完全没有。他彬彬有礼地回答："皇帝可以随时罢免我……我已经准备好签署一份免职令。但我并不打算免除皇帝对我离任的责任。相反，我希望公众清楚地了解它是如何发生的。二十八年的公职生涯，我对普鲁士和整个帝国并非毫无贡献，我需要时间在历史的法庭上为自己辩护。"在接下来的简短谈话中，他几乎失去了镇定。随后他口述了辞呈，第二天早上加以润色后就送到了王宫。在这份文件中，他描述了这场冲突的要点，并做了巧妙的收尾：

"考虑到我对皇室和陛下的忠诚，考虑到我多年来对环境的习惯——因为迄今为止我都认为这会是固定不变的，结束与陛下以及帝国和普鲁士的政治生活的惯常关系对我而言是极其痛苦的。然而，在认真考虑陛下的意图之后，如果我想继续留任，我将不得不谦卑地请求陛下仁慈地解除我的帝国宰相职务、普鲁士内阁首相职务，以及普鲁士外交部长职务，并给我法律规定的薪俸。从过去几周来看……我有理由恭敬地假定，我的离任请求符合陛下的意愿，因此我可以满怀信心地相信，陛下会仁慈地批准我离任。如果我不相信陛下希望利用陛下祖先忠诚仆人的经验和能力，我早就向陛下提出辞呈了。既然我确信陛下现在已不再需要这些，我可以退出政治生活，而不必担心我这样做的决心会被公众舆论谴责为不合时宜。冯·俾斯麦。"

尽管宰相提出了抗议，但在他离任时，他还是被封为劳恩堡公爵——这是腓特烈皇帝曾希望授予他的荣誉，但他当时不得不拒绝了。只有通过最有力的抗议，这位即将离任的宰相才能避免这份赠予，他把这份赠予视为通常在一些效率较高的邮政人员退休时支付给他们的"酬谢"。皇帝希望公众相信俾斯麦的健康状况是他离任的唯一原因，他没有向报纸公布俾斯麦的离任书，而是发表了他自己对俾斯麦过往效力的感激之情。通过这种方式，威廉二世暂时能够维持住他的权威地位。与此同时，他试图保留赫伯特的职务，并在实际上要求俾斯麦在这件事上能说服他的儿子。于是俾斯麦第二次引用了华伦斯坦的话："我儿子已经成年了。"因此，他私下里解释了他不遵从皇帝意愿的原因："当一个人预感并知道一艘船将要沉没时，他并不想让自己的儿子来指挥它。"

这些日子里，赫伯特生活的悲剧愈演愈烈。如果他继承父亲的职位，得到皇帝的青睐，他也许会显示出自己是一位有独立价值的政治家。现在，他不得不共担父亲的离任，而且他也想这样做，因为他继承了父亲强烈的荣誉感。当天晚上，他告知了皇帝俄国人拒绝续签条约的消息。这封信函的大意表明他的父亲已经提到了这一点："舒瓦洛夫伯爵昨天得知陛下将毫不犹豫地解除俾斯麦亲王的职务，亚历山大沙皇只好决定不再续签秘密条约，因为如此机密的事项是不能同新任宰相讨论的。"威廉二世在公文的开头写道："同意续签条约。"结尾只有一个词："为什么？"接着，赫伯特递上了更清楚的解释；然后是第二个批注，第二个"为什么？"

这些问题比其他任何问题都更清楚地表明，威廉二世完全没有认识到俾斯麦的名字在欧洲发挥着多么巨大的作用。尽管如此，他还是感到震惊。他派人在凌晨一点叫醒舒瓦洛夫，告诉俄国人要在早上八点来见他。在这次会面中，威廉二世向舒瓦洛夫保证，他希望续签条约。于是，俄国人尽其所能实现了他所了解的俾斯麦的最后愿望，并确言沙皇有权在局势发生变化的情况下续签条约。

在这个关键时刻，当皇帝阅读报纸时，他发现所有党派、所有阶层的人都赞成他所采取的手段。"这个国家很平静。德意志人民并非无动于衷，而是毫无畏惧地看着这位有权势的人从他所居的位置上离开，多年来，他一直是国家内部发展不可逾越的障碍……不久之后，这个国家会记住1890年3月18日，这是一个令人愉快的日子。"普鲁士议会对俾斯麦离任的正式通知不予置评。朝臣和军队将领们都很高兴他走了。霍亨洛厄提到了其中一位将军："他非常高兴，现在他可以自由地表达自己的想法了……这种喜悦情绪是普遍存在的。因为迄今为止，当亲王的影响力占主导地位时，人们有一种被压迫感，感到瑟缩，现在他们都像一块浸过水的干海绵一样膨胀起来了。"一个世纪以来，这个国家从未有过这种如释重负的感觉——自从腓特烈大帝死后就没有了。

在德意志，没有人知道这些天来是三个人在决定德意志的命运——或者说，实质上是一个人。因为当舒瓦洛夫从沙皇那里获得新的授权时，他发现，在宰相离任五天后，人们的情绪发生了变化。俾斯麦希望保护条约不受柏林人阴谋的影响，他通过他的儿子的文书，建议条约在圣彼得堡签署。然而，当赫伯特前去秘密档案中拿这份条约时，文件已经不在那里了——荷尔斯泰因已经把它拿走了。国务大臣勃然大怒，先是攻击了书记官，然后是男爵，说道："你本可以阻止这种愚蠢的行为！你把我看成一个死人，这未免太先入为主了。"荷尔斯泰因认为他是一个危险人物，还有什么其他原因能让男爵把他所有的影响力都投到对抗俄国的战争中呢？

"我们不能指望从协约中得到任何切实的东西，但如果泄露出去，我们将会被指责为表里不一……如果协议达成，我们的声誉和社会地位将任由俄国摆布。这样做实际上是符合俄国的利益的，因为一旦这件事被人怀疑，整个世界都会对我们怀有敌意……然后他们就可以和我们就未来的交往提出自己的条件。第一个条件会是：'我想和我以前的朋友俾斯麦交往，而且只和他交往。'你明白现在的局面了吗？"

上述的间接陈述是错误的，因为俾斯麦虽然确实向舒瓦洛夫伯爵出示了他的第一份对俄防御条约，但他随时准备向奥地利人出示第二份条约。事实上，只是遵照沙皇的意愿，他并没有这样做。对于荷尔斯泰因这种侏儒般的人物以及他的伙伴们来说，勇气和狡猾似乎是不相容的。这些人的智力不过是当政者的水平，他们被一种伪道德所迷惑，最明显的特点是装模作样的坦率。在荷尔斯泰因的事例中，主要动机是一种掩饰起来的仇恨，这是自尊心受伤的结果。他的目的是使俾斯麦永远不可能重新掌权。多年来，他一直同瓦尔德西密谋反对"俾斯麦联盟"。

与此同时，继任者们也明显地暴露出他们在接手的职位上的不称职。马歇尔（Marschall）写道："像俾斯麦这样伟大的人物可以使用复杂的工具，但是我——一个单纯的人，做不到这一点。"当他的前任离开宫殿时，卡普里维（Caprivi）避开了他。后来，当俾斯麦邀请他吃饭时，他只去了一次，说他不能再听涉及他的君主的类似话题了。此后，当老俾斯麦满怀焦虑地走过宰相府的花园，向卡普里维询问俄国条约的情况时，这位将军回答："像你这样的人可以同时玩五个球，但其他人最好满足于一次只玩一两个。"随后，参政们聚在一起，在荷尔斯泰因的领导下，宣称这个条约仅对俄国有利。他们说，这将鼓励俄国在东方采取关键行动，而法兰西将立即攻打德意志。

由于这些目光短浅的弱者们的争论，源于仇恨和阴谋的结果，俾斯麦工作的基石之一在三天之内就被拆除了，这导致整个结构都在摇晃。此外，荷尔斯泰因凭着一张嘴四处游说，影响有权势的人。而后，卡普里维接受了荷尔斯泰因的建议，他自己自然也想贡献一些自己的新奇的计划，建议他年轻的君主同他们讨厌的沙皇决裂。皇帝很高兴，他终于有了一个"安静、清晰、公开、不耍外交手腕"的顾问，而不是危险的狐狸。威廉二世觉得自己的行事方式简单直接，就像一个真正的老普鲁士人。荷尔斯泰因说，在谈话结束时，皇帝说："很好，那么，这件事必须中止。很抱歉我不得不这么说。"

在三十年前这位年轻的皇帝出生的那座宫殿的一间小房间里，他轻轻地说了这几句话。这几句话，诞生于愿望、仇恨、嫉妒和野心的云雾当中，孕育于狂热、恐惧、急躁和反复无常的情绪中，出于一串没有人知道的混乱提示，尤其是威廉二世本人。这几句话，它的后果除了先知没人曾预料到，而他的意见已不再被人问及。它们破坏了德意志帝国的安全，导致了法俄同盟的形成。

在柏林的最后几天里，俾斯麦的心情变得更加平和了。他并不隐瞒自己的苦楚，但是一种恶意的幽默使他不再悔恨，他只将自己表现为一个通情达理的人。在他的敌对同僚面前，他不再做任何伪装。当伯蒂彻亲吻他伸出的手表示告别时，他说："你对这次分离负有部分责任。"在他即将离开的房间里，他为同僚们举办了一场幽灵般的告别宴会，伯蒂彻来时他甚至不愿与之握手——这是一种致命的怠慢，因为他是主人，而且在这类事情上以严格遵守礼仪而闻名。他以一种在场的人都能听到的音量拒绝了参加他旧同僚的晚宴，他说："在皇帝的官员们中，我只看到了笑脸。再说，我不能再当宰相也是你的错。"在这样的时刻，老异教徒沉浸在仇恨和复仇的情绪中。这不是小心眼，这是受伤的狮子的愤怒。

任何来拜访他的人都会听到一堆真话。奥地利大使给他送来了一封弗朗茨·约瑟夫皇帝的优雅的信。信中暗示俾斯麦的离任是由于健康不佳。这位前宰相否认了这个原因，从而正式否认了威廉二世皇帝对这件事的描述。平生第一次，俾斯麦说他在担任宰相期间感到非常健康。这些话是"以平静的语气说出来的，尽管隐藏在一种深刻的屈辱和尖刺的精神痛苦之中，这种痛苦里还不时夹杂着愤恨"。通过土耳其特使，他直截了当地告诉苏丹，他已经被免职了。对巴伐利亚大使，他说皇帝没心没肺，他说威廉二世是一个"肯定会毁灭帝国"的人。当他向大使们告别时，他在他留下的卡片上画掉了"帝国宰相"的头衔。在谈到他的新职时，他说："如果人们还能尊称我为俾斯麦，我会很高兴；如果我要使用公爵的头衔，那也只是在我隐姓埋名旅行的时候。"他严厉地指责巴登大公阴谋迫害他，惹得他怒不可遏。

　　当他去向皇帝正式告别时，他并不允许威廉二世将免职他的责任体面地掩盖起来，当皇帝问起他的健康状况时，他直截了当地说："我的身体很好，陛下。"他无法让威廉二世同意公开发表他的辞任书。回家后，他说，在这次拜访中，他的头脑"被精神问题所困扰"。他发现自己不得不匆忙地打包起三百箱——也就是一万三千瓶葡萄酒，以至于贵重的物品都损坏了——因为他的继任者已经在附近开始工作了，而他自己（如他所说）提前一天才接到通知。奥古斯塔死了，他的另一个敌人维多利亚在大胜之后，试图用礼节压倒他。

　　在他最后离去的前一天，他乘车去了皇家陵墓。他像一个诗人一样，在他旧时的主人的墓前放了三枝玫瑰。然后，他在家里举行了圣餐仪式。当牧师准备布道"爱你的仇敌"时，仪式的女主人乔安娜站了起来，告诉惊慌的牧师停下来。随后，俾斯麦躺在沙发上，如此总结他在这座房子里度过的二十年："我享受了许多美好的事物。我今年已经七十五岁了，我的妻子还和我在一起，我没有失去任何一个孩子。这些都是伟大的恩赐。我一直认为我应该死在任上，现在我却没什么事可做了。二十八年来，无论疾病还是健康，我都在我的岗位上，履行我的职责。现在一切都结束了。我真不知道该做些什么，因为我觉得我的身体比过去还要好一些。"

情势的悲剧因素就在于此。这位老人被剥夺了日常的工作。这个最后的夜晚：俾斯麦没有谈论未来的计划；对他所建立的帝国只字不提，这个帝国在他今天看来已岌岌可危；他谈到了他的日常职责。而他最后紧握的手也不是阁臣、大使或王子的手，而是一只他以前从未握过的手，尽管二十年来他每天都从那里拿到他的资料。他与勒维索姆（Leverström）握了手，他被称为"黑骑士"，是俾斯麦的信使。勒维索姆鼓起勇气，在亲王出发前三小时前来拜访，并立即被召见了。这似乎是前宰相离任前唯一一次没有控制住自己的告别。

当勒维索姆进来时，帝国第一天的记忆即浮现在了俾斯麦的脑海中。他想起了凡尔赛，在那里他第一次见到了这个人，并任命他担任现在的职务。他问送信人是否还喜欢他的职业。"我清楚地记得，作为军士长，你第一次向我作正式报告的那个房间。"他感谢了他多年来的忠诚服务，感谢他在帝国没有向任何人屈服。同样新奇的是，他送了他一份礼物。在众多的高脚杯中，他拿起他摸到的第一个杯子，那是一个镀银的杯子，他把它放到送信人的手中"作为感激的象征，作为一份纪念"。

第六章

俾斯麦站在瓦尔津的乡村学校里，在地图上指出了一些地方。他告诉年轻人们德意志是如何构成的，以及它过去的样子。他问了一个男孩一个问题，因为得不到答案而感到烦躁。校长局促不安地看着，生怕来访者也会问他一些问题。

在最初的几个月里，这个流放者，在为国家服务了四十年后，尝试做回乡绅的角色，召见检查员、制造商、护林员，甚至牧羊人。他每周去两次学校，教东波美拉尼亚村庄的孩子们那些柏林城里的孩子们不会从他那里学到的东西。他带着一个无论身在何处都是无家可归人的不满，在给一位熟人的信中写道："年轻时，我喜欢想象自己年老时无忧无虑，拿着一把园艺刀在花园里闲逛的样子。"这难道不是他二十多年来的夙愿吗？

他必须再一次意识到，于他不安的性格来说，"现在的状态比以前的任何状态都更让人不适。"

终究，他不能享受他手持园艺刀的生活，也无法享受与学生、护林员、造纸厂的相处。虽然他现在有了充足的闲暇时间，摆脱了公务操劳的责任，实现了他长久以来的愿望，但他终究不能全身心地投入管理他的巨额财产中去。即使读书，他也只对与自己事业有关的事情感兴趣。在拿破仑的回忆录中，他在思考自己的形象。在左拉（Zola）的书中，唯一让他感兴趣的是《崩溃》（*La Débâcle*）。他说，凯撒大帝的故事"奇妙地适用于我们这个时代。布鲁图斯是一个民族自由党。"

乔安娜现在过着非常平静的生活。她经常呼吸急促，还有这样或那样的疼痛。她不再去泡温泉了，因为她害怕离开她一生的伴侣。只有当话题转到他被免职的时候（这种情况发生得太频繁了），她才变得愤怒起来，并使用了最严厉的辱骂词汇。赫伯特怎么样呢？他四十岁了，还待在家里，没有结婚，没有事业，既不喜欢，也不适合过乡间生活，内心充满痛苦。这是他父亲第二次把他的生活撕成碎片。现在父亲才想到儿子可能会喜欢大使的职位，但两人很快意识到，即使赫伯特准备向前迈出这一步，他也不再有机会了。俾斯麦是一个家庭观念非常强的人，发现自己已年近八十，却没有一个确定的男性继承人。因为赫伯特未婚，而比尔只有女儿。说到其中一个孙女时，俾斯麦说："天知道有一天她会嫁给哪一类花我的钱的流氓！"

此外，他那一把老骨头也很不舒服。不错，他的听力还挺好；他牙齿的状态保持得很优秀，消化能力也不错；他也不需要高度眼镜——但是当他想骑上马背时，他必须借助台阶，而他的马夫必须把他的右腿搭到马背上。然而，即使在今天，他也不能容忍任何人声称比自己优越。就像他的学生时代一样，他总爱找比他更厉害的人吵架，现在他老了，就对住在家里高如灯杆的男爵嗤之以鼻。他借给他一件过短的皮大衣，说道："我真不喜欢我的客人比我还高。"

在他生命的最后十年里，他比以前更加容易急躁了。"我很紧张，自我控制一直是我人生中最大的难题。"这是他对一位画家问他是否真的是"铁宰相"时的回答。一个富有想象力的作家比任何人都能更清楚地认识到老人的身体对情绪的依赖。维尔布兰特（Wilbrandt）去拜访他，透过门一眼就看到了他。俾斯麦独自躺在沙发上，"沉浸在自己的回忆中；他的脸，曾经那么红，现在苍白了；他的五官布满皱纹，干瘪不堪；他似乎坐在废墟中，沉思着他失势的这一年，思考着生活的忘恩负义……现在，他站了起来，那漫不经心的正直、从容高贵、巨型高大的身影出现在我面前……在这几分钟里他恢复了活力。我被他那锐利的眼睛里平静但怀有期待的表情打动了，他的凝视中既包含了对眼前事情的深刻沉思，又囊括了对未来前景的思虑与展望"。

思想家的远见是这些日子里俾斯麦的最典型特征，因为出现在更近一些视野里的事物他也已经看不见了。就像一个热爱战斗的人的双手被解除了武器一样，就像大脑不再能集中做出闪电般的决定一样，眼睛也看不见它们可以沉浸其中并从中选择的那些丰富的书面陈述了。一个人，在忙碌的生活中，不断渴望闲暇，以便可以再次像年轻时一样，不受干扰地呼吸森林的自由空气，但现在却发现很难忍受闲暇的到来了。

因为流放者发现自己住在荒漠。这只大食人兽几乎是孤身一人。三十年来，他一直抱怨自己书房的门老是开着；现在的问题是，它可能一个星期都不会被打开。"我身边有报纸，却没有活人……我有千千万万的朋友，却难得一个至交。"一个法兰西人在描述他倒台后不久的情形时写道，"有时他突然抬起头，好像刚从梦中醒来一样说道：'我忘了我已无事可做了。'"如果一个老守卫来看他，就会被告知亲王似乎"渴望倾听者"。他唯一幸存的朋友是凯瑟林，在俾斯麦执政的最后十年里一次也没有被邀请，却来看望流放者。他是要去汉堡，打算回到弗雷德里希斯鲁，但只待一两天。乔安娜在汉堡写信给他，恳求他延长他在弗雷德里希斯鲁的拜访："你正在为我们这些可怜的人做好事，我们对几乎所有人类都失去了信心，但对你的亲热带有如此神圣和亲切的信任，并将依靠你那势不可挡的爱来恢复精神……电报说你改变了计划，这让你的老朋友非常高兴。"她仍然用一种过分虔诚的风格写信，她一如既往地爱欺骗自己，但字里行间，我们读到了残酷的事实：他们是孤独的。

对俾斯麦的抵制活动是如此激烈，以至于起初只有少数外国人来做客或打探信息。有一个外国人——一个俾斯麦从未见过的美国铁路大亨到达此地，他在旅行结束时到自己的房间洗了个澡。他听到主人上楼的沉重脚步声时吓了一跳。俾斯麦走进房间，在客人仍在继续梳洗的时候坐了下来，说："你是我这个星期唯一的客人。我被抵制了。没有人敢和我扯上关系。他们都怕自己的名字会在报纸上作为我的客人出现，这会使我们年轻的坐在王位上的主人不高兴。每天，有很多人穿过弗雷德里希斯鲁大街，但却不来看我——一个月前，这些人在柏林的街道上与我擦肩而过时都不敢不打招呼。狗只跟着投喂它们的人。"有相当多的人（不仅是年轻人，老年人常常有更持久的感情）说，他在告别时吻了他们。但是，波美拉尼亚的普通人比聪明的柏林人更了解这里发生的事情，一个瓦尔津的农民对庄园的管家说："让乡绅到这里来吧，他完全可以信任我们！"

在俾斯麦卸任后，凯瑟林和布赫都没活多久。他为他们的离开表示哀悼，因为他们是他无私和忠诚的朋友。有时，聪慧的冯·斯皮岑伯格夫人会来看他；另一位偶尔来访的客人是一位漂亮的女士，她是邻近庄园的女主人。伦巴赫（Lenbach）和施维尼格也很受欢迎，只因为他们有一堆能逗乐俾斯麦的轶事。知道这一点后，马克思·利伯曼（Max Liebermann）

拒绝了一个到弗雷德里希斯鲁的邀请，他是当时唯一能画出惟妙惟肖的俾斯麦画像的艺术家。除了他的妻子、妹妹和孩子们，世界上再也没有俾斯麦关心的人了。即使是他最忠实的仆人也离世了，没有人来代替他。当泰拉斯二世去世时，它八十岁的主人仍然很硬朗，因为害怕埋葬狗的痛苦，所以他下定决心不再养狗。

于是，最终，在人们舍弃了俾斯麦之后，俾斯麦也舍弃了狗。

第七章

　　他从他的仇恨中汲取新的活力，这位流放者没有任何其他激情像这种激情那样热烈。如果说世界曾经对一个被征服者进行过报复的话，那么在俾斯麦倒台后，德意志现在就是这样做的。仇恨的浪潮又回到了他们出发的地方。在这些行为中，最可耻的还是他自己的阶层、他自己序列的成员们——高级官员，容克和王公贵族们。

　　当出席宴会或公共会议的人想给弗雷德里希斯鲁发电报时，该地区的长官就会拦截电报，借口说电报的发送可能会使他失去职位。俾斯麦的同事不敢冒险去拜访他。瓦尔德西要去汉堡，他在柏林询问是否可以向俾斯麦表示敬意。亲王唯一一次看到卡普里维的签名是在一份文件的下面，在这份文件中，帝国政府要求这位为普鲁士和帝国服务了四十年的人退还从

1890年3月20日至3月31日支付给他的工资，理由是在这段时间里，他已经在离任名单上，并领取了退休津贴。与此同时，卡普里维还通过他的大使正式通知了所有外国政府，不要把俾斯麦亲王的意见放在重要地位。

"俾斯麦亲王，"一位中央党领袖宣称，"应该避免提及德意志的权力和德意志的荣耀！……我们的国家竟然有他这样的人，这是我们的耻辱！"叙贝尔（Sybel）被夺走了继续他的历史记述所必需的文件，因为在那部作品中，他对俾斯麦的赞美比对威廉二世的要多。柏林的大贵族们（除了卡多夫和其他几个人外）经过一番讨论后，一致同意对这位前宰相采取冷漠态度，因此他们声称，他们要坚定地避开他，甚至比避开汉堡的一名霍乱病人更甚。"流氓行为是有利可图的……像奥古斯特·丹赫夫（Dönhoff）这样的浑蛋，为了避免碰见赫伯特，在街上绕了一大圈。我又能怎么想呢！"

巴登大公斥责巴登-巴登的市长，因为这个城市想提供给俾斯麦亲王这个城市的一切自由权力。腓特烈皇后告诉霍亨洛厄，俾斯麦的所有成功都要归功于他的旧主。弗朗茨·约瑟夫发现"这样的人会堕落至此是可悲的"。皇帝派人监视着弗雷德里希斯鲁，唯一能躲过密探注意的人，是那些胆怯的访客，他们在比兴（Büchen）换乘，以便乘上一列无人注意的当地火车完成行程。威廉二世寄给亲王的信件和快件都被邮局拆开检视。虽然俾斯麦是黑鹰骑士团的骑士，但他没有被邀请参加该骑士团的节日庆典。皇帝告诉一个法兰西人他不赞成"以最高法院的权力迫使公爵放弃他出于爱而拒绝给予我的东西"。授予他这一头衔的威廉二世是唯一一个使用这一头衔的人。只有一位君主哀悼宰相的陨落，这位君主是欧洲所有统治者中最精明的，他统治着一个一度最敌视俾斯麦的王国。"我想念俾斯麦。"利奥十三世说。

在他曾经的下属当中，对俾斯麦最忠诚的是他曾经的对手。斯洛泽是

598

唯一一个对前任上司表达了坦率的支持而因此被免职的人。两人曾在圣彼得堡为了一点荣誉发生过争执，那至今已有三十年了。当柏林人在晚些时候剥夺了他在梵蒂冈的重要地位时，斯洛泽访问了弗雷德里希斯鲁，"报告他离开了他的职位"。他自己也已经七十岁了，却像俾斯麦的儿子一样关心亲王，为他拉来最舒服的椅子，替他料理烟斗，再次表明真正和解的价值。

只要有人敢对着萨克森瓦德（Sachsenwald）大喊大叫，回声就会返回来。这位老人是所有分离者的对手。他的嘲弄在每一件事上都刺中要害，他把他的继任者所犯的错误说成卡普里维式的。他讥讽地评价卡普里维："他是一位优秀的将军。"对于米克尔，他评价道："德意志最好的演说家，他造句的能力是我们这个时代的标志。"他高兴地看着他的敌人——瓦尔德西、卡普里维和伯蒂彻——一一倒台。如果我们想要了解他对驱逐他的柏林社会的态度，我们就必须从他当宴会主席那儿观察他，他戴上他那老式的金边长柄眼镜，透过镜片打量客人，然后低声问道："那边那位巴登外交官叫什么名字？"告诉我们这桩轶事的那个人，那个被问到这个问题的人，说那就像一只狮子在看一只苍蝇。

他继续在表面上对皇帝示以敬意。他的餐厅里挂着一幅威廉二世真人大小的肖像。在威廉二世的生日那天，他站起来说："我为皇帝和国王陛下的健康举杯。"这句话蕴含的冷淡意味具有毁灭性的影响。他透过这些官方的语言更强烈地表明了他们关系的疏远。所有想听的人——外国人、记者和其他人——都可以听听俾斯麦关于皇帝和他自己失势的无情真相。"加图是一个杰出的人，我一直认为他的死是值得的。在他的位置上，我也不应该乞求凯撒的恩典。那个时代的男人比我们这个时代的人更有自尊心。"这是他比较温和的发言之一。

他对弗里登荣格（Friedjung）作出了更尖锐的评论。某天晚上，俾斯麦读到席勒的《强盗》时，偶然看到弗兰兹·摩尔（Franz Moor）对老人说："那么，你希望长生不老吗？"俾斯麦的评论是："然后我自己的命运就浮现在了我的眼前。"听者说："说这些话的时候，他的声音有些许停顿，但那张布满皱纹的脸上没有任何明显的表情变化……然后亲王停顿了很长一段时间，若有所思地用棍子尖在潮湿的土地上画着数字。最后，他回过神来，急忙擦掉刚才画的东西，说道：'您不要以为，这几年发生的事情使我受到了很大的伤害。如果你愿意这么说的话，我在世界上做了那么多工作，我为自己的经历感到骄傲。'"满腔的愤怒流露在他向他的女性友人斯皮岑伯格做出的自白中。他说此话时已经是暴风雨一年过后了，但我们仍然能听到雷声的低鸣。"我们被搡到街上，好像我们是偷东西的仆人……皇帝把我当作奴才打发走了。我一生都表现得像个贵族，不能受到侮辱却不要求赔偿。但我不能要求皇帝满意……对于所有这些人，我没有别的情绪，就像坐在窗前的葛兹·冯·贝利欣根（Götz von Berlichingen）一样——而且，像他一样，我也不排斥皇帝……他性格中最具灾难性的因素是，他不能一直被任何事物所影响，但却能时时刻刻接近所有的影响……我不会为了让他高兴而甘愿去死……他们越是威胁我，我就越是要让他们知道他们是在跟谁打交道……要是我能悲壮地结束我的生命就好了！"

复仇的意志就这样闪闪发光。他的每一个毛孔都流露出优越感。与此同时，他继承下来的情感也在他身上发挥着作用，半个世纪的习惯使这位叛逆者甚至认为他的皇帝是一个他无法挑战的人。

威廉二世意识到这个国家越来越倾向于支持俾斯麦的事业，他努力在比赛中赢得一分。三年的敌对之后，当俾斯麦生病时，皇帝找到了重启关系的方法。他可以出借一整座宫殿供其使用来作为病人的疗养场所，但被俾斯麦用电报回绝了。随后，威廉二世送了一批古老名贵的葡萄酒给他，俾斯麦却和哈登（Harden）同喝，而哈登是皇帝最强大的敌人。"陛下低估了我的实力，"他对他的朋友们说，"他建议我每天喝一杯利口酒，但我至少需要半打这种瓶子的酒才能对我有所助益。"然而，在威廉二世两次这样的先行示好之后，俾斯麦不得不亲自回礼了。如果他不这样做，他就会让自己在这个国家的民众眼里变成犯错误的那个人。对他们来说，皇帝和前宰相之间发生争吵的想法令人痛心。他们宁愿把问题隐藏起来，也不愿寻找问题的根源并设法消除它们。此外，俾斯麦还想要吓一吓他在柏林的敌人。在表示感谢的行程之前，他派一位军官去打听合适的着装细节，并讽刺地问道："抓住新政策之剑的入时的方式是什么样的？"

事实上，在柏林，制服和剑是普遍通用的着装。皇帝希望说服自己和其他人，他正在接见一位将军。从国家战车周围的仪仗队，到宫殿前的仪仗队，他把一切都安排得像要接待老毛奇的到访一样。现在，他不得不耐心地听着向他的劲敌表示欢迎的欢呼声，不得不忍受人群发出的喝彩，那不是对他本人的欢呼，而是对另一个人的。

俾斯麦不喜欢这种大众的赞美。当时见过他的人说，他像个幽灵似的坐在车里，穿着白色的制服，脸色苍白，心不在焉，好像他的思绪飘至了远处。他的感情一定夹杂着讥讽和轻蔑。如果他喜欢回忆历史的话，他一定会记得，他对宫殿的访问从来没有像今天这场毫无意义的喜剧那样引起过如此热烈的欢呼。毫无疑问，在他能强迫自己鞠躬以示恭敬之前，他必须重申四十年来的立场，即皇帝是奉神权旨意统治国家的。然而，对他来说，这些话语是多么的空洞啊，因为他用他所有的力量打从内心里鄙视着这个现在他正如此对其行礼的人！他既然那么骄傲自大，怎么能忍受这样的时刻呢？除非他说服自己，认为皇帝正在向他表示敬意。

他刚踏上熟悉的宫殿台阶，目光还没有在他四年未见的面孔上再次闪耀，他那威严的讽刺就像往常一样爆发了。与大家的了解不同，他把赫伯特带来了！现在，当一个上校前来表示敬意时，他只是说："是凯塞尔（Kessel）吗？在我看来，你似乎比以前矮小了。"大厅里的每个人都听到了这句话。俾斯麦的话是适用于他们所有人的，他们都沉默了。他独自进入内室拜见皇帝。他深深地鞠躬、起身，被他所憎恶的人亲吻。一两分钟过去了。这时，小王子们走了进来，他们孩子气的声音缓解了紧张的气氛。然后是一场四人午宴，在努力之后，他恳请告退休息。

晚上，当身着套装的人参加晚宴时，比尔像赫伯特一样不请自来了。如此，老俾斯麦就有流淌着他血脉的儿子们陪在身边了，他觉得自己的处境更为安全了。即使是作为一个父亲，他也觉得自己比年轻的霍亨洛厄要高。然而，这两个儿子的出现加剧了当时的仇恨，紧张情绪弥漫开来。即使老人在讲述奇闻轶事，坐在这张桌子上的人也没有感觉安全。难道没有充分的理由担心，如条顿人的传说那样，被酒晕染变红的俾斯麦，会脱口而出某些尖锐的语词吗？另一人将拔出他的剑，俾斯麦的儿子们将与皇帝的圣骑士们对战。奥托·冯·俾斯麦非常清楚如何就会被抓住旧政策之剑！但这些想象都是转瞬即逝的。没有人能想到结局，尤其是年轻的皇帝，他只是紧张地数着分秒，期待着这位可怕的客人离开他的宫殿和首都的时刻。饭桌上的人都怕他，却没有一个人尊敬他——然而，他们都会觉得自己在这个流放者面前是有权势的人。

终于，一个仆人报说客人的车已备好，皇帝把他的敌人送进了夜色之中。

当皇帝回访弗雷德里希斯鲁时，他随身带着一套新式军队装备的样品，供这位"将军"检查，并向这位十九世纪最重要的政治家征求关于背包的建议。第二天，当所有德意志人都热切地想知道皇帝和前宰相谈了些什么的时候，人们在俾斯麦的报纸上读到了一篇显然是经他口述的报道，这是一篇宫廷式的恶意讽刺文章，大意如下："皇帝风度翩翩地向俾斯麦亲王咨询了如何减轻现役步兵装备的重要问题。两名全副武装的士兵在场接受检看……同样是为了方便士兵，衣服的领子也做了改动，现在可以向下翻了。"在半数德意志人的眼里，老人用这样天真的报道使年轻人显得可笑。

在其他方面，俾斯麦也发表了他所能发表的反对威廉二世和他的政府的言论，他说："我的忠诚并没有像柏林的某些人所期望的那样，阻碍我自由地表达自己的意见……如果我不说话，我在历史上就会有更好的形象，就会有更杰出的面貌。"过去四年的反复无常表明，这两个人的关系仍然是多么的不可调和。在俾斯麦八十大寿的那天，皇帝前来祝寿，带来了很多声响和一场仪式。当他向俾斯麦赠予一把金色的荣誉之剑时，他发表了精彩的演讲，但没有得到这位前宰相的回应性发言。当基尔运河（Kiel Canal）正式开通时，没有人提到它是在俾斯麦的授意下开凿的这一事实。1896年，当庆祝帝国成立的二十五周年时，威廉二世在给俾斯麦的电报中表达了永恒的感激之情。但是在1897年，在威廉一世诞辰一百周年的庆典上，虽然谈到了已故皇帝的下属，却对俾斯麦只字未提。

有一次，皇帝给他送了一批军舰模型。还有一次，皇帝拒绝参加一场婚礼，除非取消对赫伯特出席的邀请。

因此，帝国赞成和反对的浪潮像地震仪一样记录了俾斯麦的公共活动给政府带来的一次次冲击。

第八章

　　俾斯麦决不愿意把自己的想法藏在心里！他通过报刊向同时代的人发表批评意见，他把对未来的建议和他过去的故事都写在了一本书里。在十年前，他曾计划，如果退休后有空闲就写这样一本书，但他这样做并非受到创作意愿的驱使，而只是在进行理论研究。现在，他在世上最不想要的就是这样的闲暇。当前，他著书的动机之一是来自德意志出版商科塔（Cotta）的要求，该出版商准备公然反抗对他的抵制。另一个动机既不是出于对他曾经智慧的回顾，也不是出于说教的欲望，而无非是由于狡黠，或者说是一种复仇的渴望。多年来，他的方式一直是通过支持他的作家来描述他的事迹，并向所有人讲述他的成就。他一向习惯像个装修匠那样，用敏捷的笔触来填补自己历史上的空白：现在终于到最终决算的时候了。

然而，这很快就证明了俾斯麦的精神是多么不仅仅局限于思考层面，而他的使命又是如何要他全身心地投到行动中去的。这位德语艺术家，在不胜枚举的演讲和文件中，尤其是在他的信件和谈话中，已经创造出自歌德（这位文体大师的书面作品使他不朽，但从来没有一个行动值得被记录）时代以来最优秀的德意志人。然而，他在自己的回忆录中为我们提供的不是一件艺术品，而是一件华丽的未完成品。这并不是因为他年纪太大，烦恼太多。在他离任后的这些日子里，当他在应对眼前的事务的同时，他仍然可以口授出有启发性的文章，随口进行有破坏性的辩论；在他晚年偶尔写的信中，也几乎和从前一样，既有男子气概的幽默，又有并不情绪化的忧郁。但他们都表达了自己的目的，或者是描绘出了自己的情绪。甚至当他像一个大家长一样讲述往事时，使他动情的、使他的叙述富有节奏的，是听者的眼睛，是他手中的酒杯，是他的狗的存在，是那些快乐的时光。

　　现在，他坐在书房里，想在精神上回首他走过的全部历程——为了哪些听众呢？国家是什么？这个词有什么具体的意思吗？国家有它自己的面貌吗？面向皇帝，也面向帝国议会，当他的目的是影响听众的行动时，他有能力通过写作和演讲的方式，对他人生历史故事的部分内容进行令人钦佩的概述。但是现在，当要面向一群不知是谁的人对他的行为进行艺术性的描绘、对他已构建完成的建筑进行模型的精加工，他就变得缺乏耐心、缺乏融会贯通和克己的能力了。这就是为什么他对文体的直觉使他对按惯例写作回忆录感到厌恶。一开始，他把自己对过去的描绘称为"记忆与思考"。在这种松散的汇编中，他发现收集自己的想法是更容易的工作。而且，因为他的文体是事无巨细的，所以他也没有试图在他所记录的事实与事实之间增加过渡性内容。于是，他留给德意志人的那本华丽的书并不是一顶王冠，甚至不是他自己额头上的那一顶，但是仍然聚集了一些几乎没有镶嵌、未经装裱，但切割得精良的宝石。

在这本书中，他个人风格的一个特点达到了高潮，它由繁复的句子组成，他在每个句子中都包含了其他人用六个句子才能表达的东西。与此同时，他没有使用华丽的辞藻，他的记述中饱含着细节，他的作品成了一部浓缩的编年史。他把自己所有的感情，甚至仇恨，都隐藏在事实背后（因此，更确切地说，他是在贬低他的敌人）；同时，通过有偏向性的材料选择，他避开了对自己的批评，却从不赞扬自己——这些政治家的技艺手段，这种过去与未来之间的精彩互动，对于从中捕捉到了俾斯麦真实本性的读者来说，加剧了他们的喜悦。这本书值得被广泛的读者所阅读，即使仅仅是由于它的德意志文体风格。它的风格既不古典也不现代，但在形式上是臻于完美的。

作为一份历史文献，它与拿破仑的回忆录一样实用，但比不上凯撒的回忆录。批评家们发现了无数的错误，这些错误不能被视为伪造（除了一个例外），因为作者本就没有承诺文字的准确性和完整性。无论如何，当他遗漏掉有关文化斗争的最重要的事实、对《社会党人法》和他的经济政策保持沉默时，尽管我们对上述提到的问题一无所知，我们也能够对俾斯麦了解得更深。此外，当他作为马克思学说的坚定反对者，使个人的影响达到历史顶峰时，这种英雄主义式的描绘的唯一缺陷就是，（除了奥古斯塔之外）他在画板上没有描绘出第二个在比例上可以与他相抗衡、值得成为他的对手的人物。

因为俾斯麦继承下来的三种基本精神——骄傲、勇气和仇恨——仍然掌控着这个老人。当他撰写他的回忆录时，这些精神仍有力地控制着他，让他的自白成为一个神秘的灵魂的写照。在他八百页的书稿中，几乎没有赞扬过任何人：无论是他的老师还是他的官员，无论是王公贵族还是他国代表，无论是同事还是下属，他们都没有被毫无保留地夸奖。即使是最为真诚的罗恩，也受到了批判。除了斯蒂芬（Stephan）、霍恩施泰因和施维尼格这样的小人物，没有人能逃脱被诋毁。当仇恨和讽刺支配着他的笔时，一切对他来说都是可以被塑造的。当然，他塑造人物的主要目的是要展示他老主人的优点和年轻主人的缺点，但即使在威廉一世身上，他也表达了他的怨恨。至于他对待其他人的方式，不管是强大的敌人还是渺小的敌人，最好还是通过读一页他写的书来了解，书中他甚至把自己的愤怒倾注在一个完全不知名的日耳曼医生身上，这个医生的愚昧治疗给他在圣彼得堡带来了很大的伤害。三十年过去了，他仍不满足于恐吓罪犯本人，而是两次怒气冲冲地向公爵夫人提到这个人，因为正是这位夫人把这个无能的医生推荐给了他和圣彼得堡宫廷。

直到1892年布赫去世，他一直在断断续续地向其口授着这三卷书的内容，但他后来做了很大的调整，对很多地方都进行了扩写。他对这个工作没有表现出多大的热情。施维尼格医生进来时经常发现："布赫沉默、沮丧、闷闷不乐，竖着耳朵，削尖了铅笔，坐在桌子前，桌上放着一张白纸。亲王则斜倚在一张长椅上，埋头看报纸，一句话也不说；布赫说得更少。什么也写不出来。"然后医生了一点小忙；或者是他读到了什么文章，或者是一位访客偶然提出的问题给了他动力，然后他就口授一段话。

布赫的脾气远不如俾斯麦火爆，但他的记忆力却比俾斯麦好得多，他抱怨这位亲王"经常重复自己的话，而且每次讲的故事几乎都不一样……他会在最重要的地方中断……总是自相矛盾……当事情出了差错，他永远不会承认是他的错。他几乎不允许任何人看起来像他自己一样重要……他否认给普里姆（Prim）写过一封信（在1870年），直到我提醒他是我亲自把信交给了马德里的将军的……也许他是为了未来的历史学家着想，想为子孙后代留下遗产……但是他也在考虑现在，以及他希望对时局施加的影响。"

因此，在没有任何档案的情况下，他希望对他的敌人进行报复，并为自己找到最好的理由，对于自己曾经在私下和公共场合表达过的对王权的意见之间的矛盾，他深感不安："自1847年以来，我一直捍卫着君主制原则，把它像一面旗帜一样举在高处。但现在我已经辅佐过三位皇帝了，而且这些尊贵的绅士们的行为常常一点也不符合皇帝的身份。对全世界说这些话……必然会与君主制原则相冲突。但是，怯懦地保持沉默，或者说一些与事实并非相符的话——这对我来说同样是不可能的。"因此，最终，这位伟大的演员必须为生活在两个世界付出代价。以前只在幕后讲真话的人，现在必须要首次在耀眼的舞台灯光的照射下讲真话了。即使在这个时候，他的仇恨也超过了对政策的考虑，因此，这位曾经的保皇党人写下了《威廉二世》这著名的一章。这对那位统治者的名誉是致命的打击，而且不仅仅对他一个人如此——因为霍亨索伦家族的美术馆在此书中是一幅可悲的景象。从来没有一篇文章能比这一章对君主制的反对表达得更为有力了。

　　当俾斯麦吩咐在他死后立即公布全部书稿时，他完全清楚会产生什么影响。然而，他的继承人却发布了口头声明，表示保护皇帝比让他们的父亲在坟墓中保护自己更为重要。因此，他们不仅在1898年中止了第三卷的出版，而且在1918年，在威廉二世逃离德意志后，他们也继续维护着威廉二世的声誉。他们对当前的出版表示抗议，并支持皇帝对出版商采取的行动，而没有尽最大努力地确保在最后将他们先辈的遗嘱交付给这个国家。

第九章

　　"说出我心声的责任加之于我的良心，就像一支手枪在指着我一样。既然我认为目前的政策正把祖国引入一个最好能够避免的泥潭；并且因为我了解泥沼，而别人却对地面的性质有所误解。因此如果我保持沉默，那就等于叛国……我亲爱的朋友们想让我接受活着的死亡，想让我保持低调、沉默、静止……但是，即使离任了，我仍然可以服务于我的祖国……从许多方面来看，我现在更加自由了；我可以在没有公务限制的情况下，在外国支持和平宣传，这是我二十年来的主要目标。"

　　因此，他对自己工作的关心与对他的继任者的敌意还有对他的诽谤者进行报复的渴望结合在了一起。在他生命的最后十年里，这个流放者重新获得了他在前几年失去的对公众舆论的影响力。在他看来，为了达到这个目的，他无论做什么都是正当的。当他通过亲信的帮助，将威廉一世写的重要信件在报刊上发表时，他暗示，如果有需要，出版这些信件的人必须声明，这些信件已经在弗雷德里希斯鲁的客人之间传阅过了，所以一定是在那里被抄写的。通过这种方式，他保护自己免受他自己加之于阿尼姆的命运。他进一步说明，他写给皇帝的私人信件是他的精神财富。"同样的思想被纳入档案之中，这一事实代表着它们具有了官方的性质。"他还向哈登透露了其他一些事情。在他读过哈登这位舆论家的文章后，俾斯麦向他发出了拜访的邀请，并与他保持了友好的关系。

在他离任早期，俾斯麦并不像人们想象的那样，觉得在德意志的报纸上表达自己的观点仍然是一件很容易的事情。因为这些报纸中的大多数都害怕因为和他有任何关系而受到牵连。在最初的几个月里，他接待的记者都仅仅来自国外。多年来，《汉堡新闻》（*Hamburger Nachrichten*）是德意志新闻界中唯一一家向前宰相开放专栏的报纸，因此它也是帝国中最有趣味的新闻机构。俾斯麦为《汉堡新闻》口授了许多文章，并激发了更多的文章在此报上的刊载，以至于人们很快就习惯了把《汉堡新闻》看作弗雷德里希斯鲁的《通报》。在这些年的两三次大危机中，《汉堡新闻》与《帝国公报》平起平坐。

在他倒台两年后，俾斯麦经历了一次重大的转折。

尽管这个国家早已与他疏远，但他被解职的情况使形势发生了转变。这些情况逐渐为人所知、引起了人们的不满，并唤起了人们的同情。在最初的几天里，他收到了六千多封褒奖电报。自由城市——汉堡支持它邻居的事业。的确，汉堡为他举行了盛大的接待仪式。当俾斯麦乘车穿过旗帜飘扬的街道时，一个英国水手跑到他的车跟前说："我想和您握手！"这无疑是俾斯麦有生以来第一次与平民百姓握手。事实上，他以前从来没有邀请过一个农民和他一起用餐。而这时，有两个从舍恩豪森赶来的热心农民却被邀请和他共进午餐——因为俾斯麦被他们谦卑的赞赏感动了！赫伯特用一句恰当的话概括了当时的情况，他说："他们因为充分的理由，把你当作他们的守护神。"在很长一段时间里，这样的事件一直是个例。两年后，1892年5月底，这位流放者说："我自欺欺人的地方其实是在有关德意志人民的问题上……他们没能理解，驱使我进行批评的不仅仅是出于我脾气暴躁、复仇的欲望或重新获得权力的愿望——而是对帝国未来的焦虑。正是这种焦虑使我失眠。"

两个星期以后，他就不会那样说了。在父亲的怂恿下，赫伯特与一位奥地利女继承人订婚了。俾斯麦想去维也纳参加婚礼。他请求弗朗茨·约瑟夫接见他，并被保证会受到欢迎。但威廉和他的宫廷成员，担心这位前任宰相心怀不轨。威廉大街上的矮人们开始激动地忙碌起来，他们害怕暴风雨的来临，于是竖起了警告的手指。威廉皇帝写信给弗朗茨·约瑟夫："月底，俾斯麦将前往维也纳……为了获得他的崇拜者们的谋划之中的掌声……你知道，他的杰作之一就是同俄国签订的秘密条约《再保险条约》（à double fons），而且这个条约是背着你签订的，并且后来被我废除了。自从他离任后，这位亲王一直在针对我和我的大臣卡普里维进行着背信弃义的战争……他正试图用他所掌握的所有技巧和狡猾来扭曲事实，好让全世界相信是我对他进行主动出击的。他的阴谋的首要步骤就是他请求您接见他。因此，我冒昧地请求您，在他还没有走近我并对我忏悔之前，不要接见我这位不守规矩的下属，以免使得我在本国的处境变得更加复杂。"

在发出这封不光彩的信的同时，第二封信也被寄往了维也纳，它由荷尔斯泰因起草、卡普里维签署，寄给了德意志驻维也纳大使罗伊斯亲王："如果那位亲王或他的家人想要靠近阁下的家，我请求您仅仅遵循传统的礼仪就好，而不要接受任何婚礼的邀请。这些行为上的指示不仅仅针对您本人，也适用于大使馆的工作人员。我还要补充一句，陛下不会接受任何婚礼的通知……还请阁下以您认为最合适的方式，把这件事通知给卡尔诺基（Kalnoky）伯爵。"因此，俾斯麦被正式指名为一个不应受到接见的人，同时奥地利的外交大臣也再次收到了同样的警告。

当俾斯麦被暗中告知这封信时，他的第一个想法是向卡普里维发出挑战："我早已经选好了决斗时的助手。我的右手仍然足够稳定，而且我一直在练习手枪。但是当我在脑中反复盘算这件事时，我认为我是一名军官，这件事应当提交给一个由年长的将军组成的荣誉法庭。我不应该让他面对我的手枪。"就这样，在七十七岁的时候，这位巨人再次彰显了他那狮子般的勇气。他要像四十年前那样，冒着生命危险捍卫自己的名字、地位和荣誉。他不会让儿子代替他去战斗。他想亲自承担后果。像往常一样，他被一种戏剧性的愿望所激励，试图以悲剧的方式结束他受尽了干扰的生活。

他采取了更为谨慎的路线。私下里，他将这封"乌利亚的信"评价为厚颜无耻。面对公众，他在报纸上发表了以下言论："为了使奥地利皇帝对他原本想要接见亲王的打算感到不悦，他们所使用的手段使得亲王的社会地位受到了贬低并且对其产生了损害。这必然会让人觉得，这一行为是对个人的冒犯……纵观亲王先前的历史，我们也无法找到任何值得被如此羞辱的事例。"炮弹砰的一声爆炸了，而碎片飞出了德意志的边界。

自从普鲁士成立以来，这个国家的皇帝还从来没有成功地使整个普鲁士的人民都对他产生愤怒——因为哪怕是在1848年，普鲁士人民的愤怒也不是真正针对他们软弱的君主的。现在，半个德意志都武装了起来。甚至在俾斯麦一家经过柏林时，人群也涌进了车站，叫嚷着请老人发表演讲。他很谨慎，没有遵循人民的意愿，而是保持了沉默。他的报复计划是精心制订过的。在维也纳，贵族们露出了沮丧的表情，转身离开了。德意志大

612

使声称自己病了，躺在床上，但他的妻子却勇敢地支持着这位受侮辱的前宰相的事业。在这些以他父亲为中心所引发的惊慌和巡游之中，赫伯特和奥约斯（Hoyos）伯爵夫人举行了婚礼。而在十年前，在以他自己为中心所引发的与之类似的惊慌和巡游之中，他被制止了与伊丽莎白·哈茨菲尔德的结合。

在敌人的枪林弹雨中，老俾斯麦似乎恢复了年轻。他的思维高速运转，就像以前那样："面向海盗！"他邀请《新自由报》的编辑来拜访他，以便自己能接受该报纸的访问。这次采访，是他时隔四十四年后，首次公开抨击政府。很久以前，他曾指责皇帝面对人民时的怯懦，现在他指责的是政府的愚蠢。"当然，奥地利在商业条约中已经开始指责我们谈判者的软弱和无能了。这一结果必须归因于这样一个事实，即在我们国家，以前我一直留在幕后的人走到了前线——而让这一现在出现的原因则是，以前的一切都应该被改变……就我个人而言，我对现任皇帝或我的继任者不再负有任何责任。所有的桥梁都已经崩塌了……曾经把我们同俄国联系在一起的那条纽带被切断了。在柏林，个人权威和信用都是缺位的。"

柏林的权贵们变得不安起来。如果他们不能私下诋毁这个"多嘴的老人"，他们就必须公开这样做。因此，现在，两个阵营的《通报》开始在处于极度不安状态下的德意志面前进行一场决斗，而欧洲则笑着站在一边。在这场决斗中，政府的每一次进攻都是错误的，而俾斯麦的每一次回应都是显而易见的打击。

在支持卡普里维的报纸中写道："在其他国家的历史上，我们找不到任何一位退休的政治家有过类似的行为，更不用说德意志了。似乎这位亲王的目的是尽其所能引起国民的不信任情绪，从而使本已困难重重的引导帝国战车的任务变得更为复杂。这是一种爱国行为吗？他的记忆力正在衰退……谁也无法估量这位亲王正在准备给自己的祖国造成多大的伤害。"

第二天，俾斯麦证明了自己是位能干的记者。他将刚才引用的那篇文章视为攻击他的那份报纸的编辑写的，这样他就可以带着一种含有讽刺性的尊敬姿态，将矛头对准那个不知名的政府："一个有阅历和教养的人，比如那些目前正在处理国家事务的人，当然不可能要对如此无礼的报纸文章负责。进行这种假设将是对他们的一种侮辱……当编辑平瑟（Pinther）走上讲道坛对他说教时，亲王只会认为这一定会给人留下一种荒唐可笑的印象……没有什么比对他提起法律诉讼更能使俾斯麦亲王高兴的了，他也不会反对这样戏剧性地结束他的政治生涯。"

看到这个回应，德意志公众的愤怒似乎化为了笑声，但是在柏林负责政务的人们却被气得发狂。他们拿起棍棒来对抗俾斯麦，也对抗了半个国家。现在，尽管为时已晚，但他们还是向维也纳大使馆发布了卑鄙的指示。每个德意志人都能在《帝国公报》上读到这位新宰相是如何急于羞辱他的前任的。人民的血液沸腾了。起初，成千上万的德意志人认为解除俾斯麦的职务是一个有点严酷但有益的行动，显示了皇帝的才能和智谋。现在大家都很清楚，威廉二世既没有才能，也没有智谋。因此，国内对俾斯麦残存的敌意被一群民众的欢呼声驱散了。在德意志，从来没有一位既不戴王冠也不穿制服的人受到过这样欢迎。

俾斯麦直到八十岁才征服了德意志人民。作为议员，他一直是他们的敌人。在担任普鲁士首相期间，他曾与他们斗争。在他自己的家里，在他的庄园里，他总是和自己同阶层的人们相处，并且并不与资产阶级，甚至知识分子互相来往。在他的熟人中，既没有教授，也没有商人或者艺术家。六十年来，他一直生活在政治家和贵族中间。至多在两次世界大战期间，或者在他作为一个乡绅的生活中，他才呼吸到了和这些人民同样的空气。虽然，这些人民组成了一个国家，而俾斯麦几十年来一直在为这个国家的福祉而努力。

现在，从维也纳到基辛根，他在路途中所经过的地方，到处都有民众在欢迎他，镇上的人们都恳求能有幸为他举行公开的招待会。他所征服或压制过的日耳曼民族，也就是撒克逊人和南德意志人，都对他表示敬意。普鲁士政府禁止哈雷（Halle）和马格德堡两镇参加向俾斯麦致敬的活动；在科沃布热格（Kolberg），军乐团正准备用长笛和鼓欢迎这位老政治家，却不停地接到返回军营的命令。当欧洲得知上述两件事，唯有嗤之以鼻。但当德意志人知晓了在耶拿发生的故事时，他们感到很高兴。

在耶拿，城镇和大学，市民、邻近村庄的农民、教师、妇女和儿童蜂拥至旧市场。在路德之家，教区牧师接见了亲王。当他走出广场，来到九十年前法兰西营火燃烧的地方时，俾斯麦发现广场上摆满了长桌，桌上摆着一瓶瓶的葡萄酒和啤酒，伴着歌声和器乐声，这个德意志省城的居民正带着浪漫的情愫，渴望地、热情地等待着他。他是那里个子最高的人，穿着一件黑色的长外套，踩在粗糙的石板路上，在人群中来回走动。他发表了九段演讲，没有一句是空话。他指着葛兹·冯·贝利欣根的雕像，引用了葛兹对那个辱骂他为强盗的委员的回应（出自歌德的戏剧）："面对着皇帝最低廉的仿造品，我也会表示尊敬。如果你不是我的皇帝的代表，我一定会让你吞下你所说的话，或者被它噎住！"更疯狂的是，当他引用了葛兹那句粗鲁的话——也就是他一生都放在嘴边准备说出口的那句话——的前半部分时，掌声更加热烈了。最后他说："一个人可能是他的王朝、他的国王和他的皇帝的忠实追随者，而不必相信这位国王和皇帝的大臣们所采取的一切措施都是明智的。我自己现在就不相信，今后我也不会把自己的观点藏在心里！"

在一个夏日的夜晚，德意志的人们坐在公共广场上喝着酒，上述这些话会让他们感到高兴——也没有人需要对所说的话承担任何责任。在这里，当他回到了他的车上之后，他的车甚至无法穿过拥挤的人群，因为成百上千的人都希望与他握手，而这只手的分量甚至曾经让一代人感到害怕。老人也准备好了和他们所有人握手。在几个小时或几个星期里，他天生的怀疑主义被平息了。他问自己，这些普通人的话语是否会比他所属阶层的那些更真实、更深刻呢？在他掌权的时候，他的阶层曾经嫉妒他，随后背叛了他，并且在最终推翻了他。在招待会上、在学生们的酒会上、在手持火炬的游行中，这些都让他在穿过德意志南部时像走在凯旋大道上一样。这种亲密和温暖使他越来越怀疑，将更多的权力赋予这样一群人是否会是一件好事。直到那一天的晚些时候，俾斯麦才意识到他是如何失去了机会的，而这也是他遭受不公正待遇的结果。这是他发表的受到民众欢迎的第一篇演说。从市政厅到酒窖，从露台到公共广场，从德累斯顿到慕尼黑，到处都流传着这些词句。而在这些演说中，老人发出了他迟来的警告：

　　"我们生活在其下的君主立宪制的本质，应该是君主意志与被统治者信念的合作。也许是我自己在不知不觉中让议会的影响力下降到了现在的水平。但我不希望它永远保持在这样低的水平上。我希望看到议会再次拥有稳定的多数席位，否则它就无法拥有理想的权威……议会固定的职责是批评、控制、警告，并在某些情况下指导政府……除非有这样一个帝国议会，否则我将会永远为我们国家发展的长久性和稳定性担忧……以前，我的全部努力都是为了强化民众的君主思想。在皇宫和政府里，我收到了赞美和数不尽的感激，但是人民却想用石头砸我。今天，人民为我欢呼，而宫廷和政府里的成员们却对我冷眼相待。我想这就是所谓的命运的讽刺。"

　　如此巧妙。当他的目标是影响大众时，这位伟大的文体作家就这样在他的职业生涯中转了一个难得的弯。实际上，他的行为是一种悲剧性的讽刺。他知道这一点，所以他迟缓的转变在他夜晚思索时困扰着他。终其一生，他的治国之道都是以自我为中心、自我沉思、自我导向的。倒不是因为他想出风头——他对同伴的强烈蔑视使他摆脱了这种虚荣心，也并不是因为他的权力只能通过自上而下的强制来维持和加以保护——不，俾斯麦敌视民众最深层的原因在于他的自傲：从才智上讲，他是一个天才；而从血统上讲，他总是觉得自己是最上层阶级的一个分支。只有作为上层阶级的一员，并在上层阶级的帮助下，他才想要实现统治。而这仅仅是因为这个阶级才是他自己的阶级，即使在他具有批判性的思维中，它似乎并不是最好的。皇帝和骑士团成员，他们才是国家的基础。将普选权授予人民，只不过是对一个在黑暗中前进的时代精神的不情愿的让步。削弱议会权力，使议会始终服从于王权，这才是俾斯麦作为一个国家的缔造者持有的基本理念，也是他几十年来持续实践的。

他在联邦议会和帝国议会上不断吹嘘的强大的君主制，实际上不过是一种想象中的权力，就像他所批判的英国君主制一样。但是，在英国，以君主制度为幌子的实质是人民，而在德意志，实质是宰相、是俾斯麦本人。他很清楚自己对民众玩的把戏，但他不允许任何外人理解这出独裁戏剧中皇帝和宰相之间关系的本质。这是他的帝国，只有他才能在其中发号施令。只有这样，他那无与伦比的自信才能在工作中得到满足。这种情况一直持续到不可能的事件发生。王权，三十年来他在同人民代表的斗争中一直在宣告它的力量，现在突然化身在了一个新的人物身上。随即，它突然反叛，推翻了它的主人。接着，一段时间过后，这个人物自己站了起来，不见统治者，却站在百姓旁边。

现在，当人民终于站到他这一边的时候，老俾斯麦才认识到他计算中的错误。他与生俱来的激情，以前使他对君主制保持忠诚，现在出于同样的原因，使他站在了人民的一边。在他的同胞和欧洲面前，他承认："也许是我自己在不知不觉中让议会的影响力下降到了现在的水平。"这是他的骄傲做出的最大的让步。

在这几个星期里，当慕尼黑的艺术家们在宴会上招待他时，伦巴赫本想举起一个装满慕尼黑啤酒的大高脚酒杯，作为对贵宾的问候。但他觉得杯子太重了，害怕将它掉落，于是又把它放回了桌子上。这时，他灵机一动，用一种使在场的人都惊讶不已的声调喊道："太虚弱以至于无法举起这个杯子的人啊，就把它放下吧！"

在这段即兴发言中，画家总结了威廉和俾斯麦之间的冲突。老人说："当我乘坐的火车将要进站时，车子慢了下来，我听到等待着我的人们的欢呼声和歌声，心里充满了喜悦，因为这说明我在德意志没有被遗忘。"

第十章

　　俾斯麦的星座像他的笔迹一样，证实了我们对他性格的判断。上升狮子座天生以权力作为他们的主要原则和独特天赋。太阳，作为狮子座的守护星，在白羊座得到提升，加上火星对白羊座的守护，赋予了其双倍的无畏和本能的勇气。此外，太阳与天王星呈三分相，这意味着对公共生活的特殊使命。上述三个特征在俾斯麦身上尤为突出。

　　他的笔迹表明他的理解力比想象力更强，并且表现出意志、能量、自立，同时还有自我控制、自我占有和形式感多种特质。它看上去骄傲、固执，虽然井然有序，却并不传统，其中充满了一个受神经摆布的人的讶异。字形很大，毫不受尺寸的限制。在他的中年时期，它们最有规律，且在此时期没有任何情绪化或浮夸的迹象。到了老年，它们变得更有延展

619

性，比例也变得更大了。然而，最显著的特点是，五十年来，它基本上没有改变——就像他的性格一样。

最重要的是，即使到了晚年，他仍然是一名斗士。在凯瑟林敦促他成为一个随和的人时，他反驳道："我为什么要与人和睦相处呢？"在他的八十岁生日那天，一列列朝圣者期待着看到一位平和的老人，却听到他在自家阳台上激动地说："创造性的生活从斗争中产生。从植物到昆虫，再到鸟类，从猛禽到人类——没有斗争就没有生命！"在这种情绪的左右下，他让自己当选为帝国议会的议员。他说："当我坐在议会大厅里时，我希望在政府性的谈判桌上看到他们的脸……我是一滴化学液剂，当进入一场辩论时，就会分解一切。"当有人赞美他的辩论内容时，他会说："还有什么能比千年不变的内容更令人不快呢？它扼杀了雄心，麻痹了进步，导致道德的停滞。"

很久以前，他的基督教信仰就只是一种形式；到了现在，一切都结束了。在他生命的最后阶段，和早年一样，他的思想被一种怀疑主义所支配，这种怀疑主义中不时出现一种异教的神秘主义，塑造着怀疑主义本身。唯一敢问他这些问题的人，也就是他年轻时的朋友凯瑟林，给出了一个颇具同情的解释："他的宗教情感"（这些话是在凯瑟林最后一次拜访他的老朋友后写的）"似乎经历了起起落落……在他年老的时候，他的性冲动已经沉睡，因此，也许，对具有人类感情的上帝的渴望已经消失了。这在爱与宗教之间的密切关系上投下了一束强光。"凯瑟林记录下了俾斯麦最后的自白："我很遗憾地说，在过去二十年的挣扎中，我已经远离了上帝。在这些悲伤的时刻，我觉得这种关系的断绝令我痛苦。"

当他沉溺于对宗教问题的思考时，他所说的话很可能使虔诚的老乔安娜感到焦虑。有一次，他正在看报纸，却让报纸掉在地上，当着一位客人的面说："我很想知道，弥漫在我们整个生命中的二元论，是否也同样适用于至高无上的存在。就我们自己而言，一切都是双重的。人由精神和肉体组成、国家由政府和人民代表组成、整个人类的存在是建立在男人和女人的相互关系之上的。的确，这种二元论适用于所有民族……我并不想亵渎上帝，但我很想知道，我们的上帝身边是否可能有一些人，像女人作为男人的补充一样作为他的补充。"他的妻子怯怯地尝试着提醒他三位一体的教义。他说："那种教条令人费解。"带着严肃的神情，他继续大声地自我质疑道："也许我们和上帝之间是隔着若干阶段的。也许还有其他的生命处于上帝的支配之下，这些生命可以帮助他管理这个不可估量的宇宙。例如，当我在报纸上一遍又一遍地读到……世界上有多少痛苦和不幸、好运和厄运的分配是多么不公平时，我便很容易怀疑，我们这个世界的管理是否被委托给了一个不总是执行我们全善的神的心愿的代理人了呢？"

这种自然主义代表着教理的火花在它们熄灭前最后的闪烁。他只能把世界看作一个国家，他认为世界的最高统治者一定是完美无瑕的，尽管他看到了其中的种种缺陷，但他还是构建了一个代理人的假设——类似普鲁士的中尉勋爵——正如他在另一个场合所说的那样，他错误地解释了规则，又错误地应用了规则。到了人生最后的那段日子，他又回到了古老的条顿人的观点——事实上，在他的内心深处，他从未放弃过这种观点。在他更具挑衅性的情绪中，俾斯麦对上帝毫无畏惧，他反对上帝只是因为它是恐惧的一种形式。他说，住在热带的人崇拜太阳是因为在那些地区，太阳是危险的力量，条顿人崇拜雷和闪电也是同样的道理。他轻蔑地补充说："这件事情，揭示了人类与狗类似的本性，他们爱戴并崇敬那些他们所恐惧的人。"

有一位领事报告说他从想要杀死他的黑人手中逃了出来。俾斯麦对他说："我们都被掌握在上帝的手中，在这种情况下，对我们最好的安慰必然是一把优质的左轮手枪，这样无论如何，我们都不会在没有人陪伴的情况下开始我们的旅程。"

然而，在他的头脑中有一条神秘的脉络，迷信倾向于在此取得进展。"我喜欢观察由默不作声的自然所展现出来的种种迹象和预兆，它通常比我们更聪明。"他经常提到卡巴拉主义的数字学说，根据这一学说思考自己生命的周期，并计算出了自己的死亡日期。他说，既然他没有于1883年去世，那么他就会死于1898年——实际上确实如此。"归根结底，一切光、一棵树、我们自己的生命——都是不可解释的。那么，为什么不会存在与我们的逻辑理解相冲突的事情呢？……蒙田选择了'也许'作为他的墓志铭。我希望我的是："我们拭目以待。'"

这位老人相信他的成果能经久不衰吗？他没有被德意志人民的奉承引入歧途，名声从来没有蒙蔽过他。当然，他的名望现在是世界性的。例如，一个中国的总督来请教他，询问他对抗北京的宫廷阴谋的最佳方法。有人从阿拉伯半岛写信给他，说他的名字在世界的那个地方已经众所周知，而且"俾斯麦"（Bi-Smark）在他们那里的意思是"快速射击""大胆行动"。他在德意志人中出名对他有什么价值呢？"他们都很小气，心胸狭窄。他们当中没有一个人是着眼于整体的，他们每个人都在忙着往自己的床垫里塞东西……我们互相之间非常不迁就，却又对外国人过于迁就……一想到他们是如何破坏我建立起来的大厦的，我就夜不能寐。然后我的思绪就会被搅得整夜不得安宁。"他就这样被过去因为国家的纷争而遭受的不信任所折磨，再加上他对国家主人新产生的不信任，使他怀着一种焦虑的心情看待未来，且这种焦虑在他过了八十岁之后不断增加。

在他的生日那天，他收到了所有日耳曼部落对他表示的敬意，只有他的宿敌德意志帝国议会轻蔑地对待了他（他们拒绝向他祝寿）。他站在阳台上对德意志青年们说："不要太挑剔。接受上帝赐予我们的东西，接受在其他欧洲人的枪炮威胁下我们辛苦运达港口的东西。这不是一件容易的事。"在这喜庆的时刻，他就这样巧妙地为自己的忧虑蒙上了一层精致的薄纱。一如既往，他有一种被困难所吸引的诱人风度。他正在对其说话的学生们抬头望着这位老巫师，他的脸在摇曳的火炬中神秘地若隐若现，他们抬头望着他，但并不完全理解他。

这些焦虑只面向未来，他对过去没有什么可畏惧的。当同时代的回忆录和信件出版时，他兴趣盎然。当一家银行买下他写给曼陀菲尔的信时，他说："我真的已经忘记了这些信的内容，但我认为我从来没有写过哪一封信，它的公开发表会让我感到遗憾。"

这是千真万确的，因为他并不想隐瞒他的观点或掩饰他的党派的变化，他也从未列举过他的原则。罗恩在自己的信中写了一些有关他的内容，当这些内容被刊载后，他读得很高兴。他收藏了关于自己的讽刺漫画，并兴致勃勃地向客人朗读人们关于他的毒舌、他愤怒的眼睛和凶狠的眉毛的描述。当他们把他学生时代样貌的雕像模型拿给他看时，他像一个面相学家一样研究了它的特征，并说这位艺术家犯了一个错误，因为那人试图同时把他描绘成一个有古老血统的人和一个外交家。他补充说，他的下唇一直比上唇要厚，这表明他的顽固，但面前这个雕像的上唇雕刻得更加精细，这显示的却是对权力的渴望。

当他没有机会表现出好斗、没有对象可用以嘲讽，或者当他独自坐在那里，从远处听着自己曾经所从事的事业在当时的混乱时，他从不倾向于吹嘘自己的远见卓识，而是对自己的冒险精神感到震惊。他说："我的一生是用别人的钱进行的一场大胆赌博，我永远无法事先知道我的计划是否会成功。管理别人的财产，这是一桩可怕的责任……即使是现在，我在夜里也常常保持着清醒，思考着一切事项会不会有不同的可能。"

在乔安娜最后一次生病期间，他变得更加忧郁了。他真想和她一起死去。"我不愿意比我的妻子先死，但她被召唤走以后，我也不想再留在这世上了。"依照她的愿望，他把她带到了瓦尔津。她呼吸尤为急促，而且几乎动弹不得。俾斯麦此时已经很少口述信件，也几乎从不亲手写信。但是在他哥哥去世后，他给他的妹妹写了这样几行话："我必须小心，不能让乔安娜看到我的悲伤，从而增加她的愁思。不管怎么说，她几乎已经没有了活力，生命的维持完全依赖于精神力量。我们今天收到了关于可怜的比尔的坏消息，他的痛风又发作了……在过去，只要能去瓦尔津，我总是很高兴。但是现在，要不是因为乔安娜，我已经很难下定决心去那儿了。我渴望能有一个地方，在我进棺材之前永远不会再离开那儿——我渴望独处……你虽然有些疲惫但却忠诚的兄弟俾斯麦。"

那年秋天，乔安娜去世了，享年七十岁。前一夜，她还能在晚饭时间跟他说话。第二天早上，当他走进她的房间时，发现她已经去世了。那位老人，一个威严的人，光着脚，穿着晨衣，坐了下来，像个孩子一样哭了。他失去了某些完全无可替代的东西。当天晚上，作为他双重性生活的特征，他把自己政治生涯的结束和与忠诚伴侣生活的结束进行了比较："这是一个比1890年更值得关注的终点，它更深入地削去了我的生活……如果我还在任职，我就会埋头工作。但这种安慰现在也拒绝了我。"

第二天，他从花环中摘下一朵白玫瑰，走到书架前，取下一卷《日耳曼史》，说："这会分散我的注意力。"

现在他的生活中出现了一块空白。再也没有什么能够像她那平静而信任的目光那般能对他发挥作用了，没有别的什么能使他不时地忘记自己的挣扎和痛苦。在给妹妹的信中，他哀叹她住得太远。"我的儿子们也是如此，他们已经远离父母家庭的荫蔽，寻求独立。玛丽一直和我在一起，当着一个可爱的女儿……但这只是借来的，就像曾经那样……这个世界真正留给我的是乔安娜，是与她的交往，是每天询问她的感觉，是我满怀感

624

激地回顾在她陪伴下度过的四十八年的时光。但是现在，一切都变得虚无了。这种感觉并不公正，但我控制不了。我责备自己的忘恩负义，因为我没有回报民众对我的服务给予的大量的爱和认可。在过去的四年里，我一直为这种爱和认可感到高兴，因为她也为此感到高兴。今天，我身上的火光不再闪耀。如果上帝赐予我更长的生命，那么我希望火花永远不会熄灭……亲爱的妹妹，请原谅我这样抱怨。这种情况不会持续太久。"

在孤独中，他回想起了自己早年的时光。他突然讲起了一些他以前从未告诉过任何人的事情。"我听说拿破仑死讯的时候才六岁。一个正在为我母亲提供治疗的磁疗师带来了这个消息。他朗诵了一首以'他曾是'开头的意大利诗。"在本世纪末，开端从过往中升起。他告诉我们早已被遗忘的事情。我们觉得他是将曼佐尼（Manzoni）的诗"他曾是"应用在了他自己身上。有一次，老人还谈起尼朴甫，他写信给他的妹夫道：

"亲爱的奥斯卡，我们都老了，活不了多久了。我们能不能在离世之前再见面聊一次呢？已经过去六十六还是六十七年了，当时我们在体育馆，第一次一起喝啤酒，还是直接用瓶子喝。那是在靠近上部三分之一的台阶上。趁现在还来得及，让我们一起喝最后一杯吧……我想再听一遍你的声音，在我或你必须上火车离开之前。既然你要离开柏林，为什么不坐开往汉堡的车，而要坐开往斯德丁的车呢？"在孤独中，俾斯麦渴望有一个他忽略了一辈子的人和他做伴。现在，当他的妻子去世，他的儿子们都远在天边时，他想听到一个友好的声音。像往常一样，他的描述十分详细，他计算了年份，并准确地记起了他们是在学校的什么地方一起喝的啤酒——但我们觉得他在写信时不再微笑了。在这些痛苦中，他的精神活力消失了吗？他已经忘记帝国了吗？

他没有忘记他的敌人——那些统治者。1896年秋，续签俄国条约失败的后果变得显而易见。沙皇在巴黎、法兰西在俄国问题上摇摆不定。俾斯麦在德意志的报纸上读到与俄国关系破裂的责任被归咎于他。愤怒在他心中燃烧起来。他很清楚谁该为他预防措施的最终失败负责,只要他还活着,他就不会允许任何人为所发生的事情来责备他。他再次拔出剑准备决一死战。他在报纸上向德意志人解释了是谁应当对德意志的孤立无援负有真正的责任:

"直到1890年,两个帝国都完全同意,如果其中一方受到攻击,另一方将保持仁慈的中立。在俾斯麦亲王离任以后,这种共识没有得到更新。如果我们关于柏林发生的事情的信息是准确的,那么不是俄国人(由于宰相职位的变动而发脾气),而是卡普里维伯爵,在俄国准备好继续条约的时候,拒绝继续签订这份相互的保险……这就解释了喀琅施塔得(Kronstadt)和马赛曲的结合。我们认为,沙皇专制主义和法兰西共和国的第一次联合,完全是由卡普里维政策上的错误所导致的。"整个欧洲都竖起了耳朵,德意志人低声咕哝:这位老战士给了皇帝最为致命的一击。《帝国公报》就此只能木讷地回应道:

"上述提到的那些外交事务……属于外交机密,应被严格保守。认真遵守这一保密规定是一项国际义务,无视这一义务将损害国家的重要利益。"其他的报刊则写到了叛国罪、监禁,等等。威廉皇帝得意扬扬地给法兰西的弗朗茨·约瑟夫皇帝发了电报:"现在,你和全世界都应当比以往任何时候更明白我为什么免去了亲王的职务。"

尽管如此,第二年夏天,皇帝仍然派出提尔皮茨(Tirpits)去面见亲王,希望俾斯麦能代表德意志海军说些什么。但这位前宰相很固执。他没有按照要求去做,而是"毫无保留地"表达了他对皇帝的看法,以至于提尔皮茨不得不指向他身上穿的那套制服。"告诉皇帝。"俾斯麦在结束会面时说,"我只想独自待着,平静地死去,除此之外别无所求。"但是年轻的主人不顾俾斯麦之前所受的种种侮辱,不肯放过他。俾斯麦的诱人之处是无法抗拒的，在这位前宰相去世的六个月前，威廉不请自来地拜访了他，后面跟着一大队人马。

老人坐在门前的轮椅上，让他们所有人在他面前列队前进。当卢坎努斯向俾斯麦伸出那只递给过俾斯麦免职信的手时，这位亲王始终"像一尊雕像，纹丝不动，仿佛在专注地思考着空气中的一个洞一样"。卢坎努斯站在他面前，脸抽搐着，终于明白过来之后，离开了。随后，在晚餐时，聚会的主人思考着如何给他再也见不到的客人和对手们最后一次警告。在传统的骄傲的鼓舞下，他开始与皇帝谈论世界政策，这还是七年后的首次。威廉用一个笑话转移了话题。俾斯麦又试了一次，又收到了另一个俏皮话。就连宫廷的将军们都被吓坏了。小毛奇低声说："太可怕了！"

然后，俾斯麦变成了先知。时间在流逝，他的生命也正在消逝。他再也见不到那个夺走了他毕生事业——这个帝国——的那位年轻人了。皇帝迟早会失去他的国家和他的王冠；他必须被告知他正在面临的风险；也许一个垂死的人的声音会使他有所触动。因此，俾斯麦突然"表面上若无其事"，但声音大得使在座的每个人都听得见地说："陛下！只要你掌有现在的军团，实际上，你就可以做你想做的事。但如果不是这样，情况就大不相同了。"皇帝充耳不闻，他闲聊了一会儿，就离开了。

这位老政治家仍在私下里发出他的警告和预言，而且每一个都成真了。

"国家如果被治理得好，那么可能可以避免即将到来的战争；如果治理不善，那么这场战争可能会变成七年之战。未来的战争将由炮兵部队决定。军队可以在需要时被替换，大炮却必须在和平时期进行制造……在俄国，共和国的到来可能比大多数人想象得更快……在劳工和资本之间的斗争中，劳工已经赢得了大部分的胜利，一旦工人拥有了投票权，这种情况将随处可见。当最后的胜利到来时，那就将是劳工的胜利。"

他对德意志的劝诫也同样大胆。他的思维越来越清晰，甚至能够对自己作出评判："也许我尽职尽责的行为是德意志缺乏主心骨这一凄惨境况得以产生的原因，也是攀龙附凤者和随波逐流者的人数成倍增加的原因……最重要的是加强帝国议会的力量，但这只能通过选举出完全独立的人来实现。目前，帝国议会在走下坡路……如果这种情况继续下去，前景确实很黯淡……我相信，危机来得越晚就会越危险……我一直认为，最好是不要服从任何人，且不要试图命令别人。如果你们愿意这么说，我持有共和主义者的立场……也许上帝会让德意志进入第二个衰落时期，然后再是一个崭新的辉煌时期——而这肯定会建立在一个共和国的基础之上。"

第十一章

　　他所来之处的那片森林是俾斯麦最后的家。他的妻子和朋友都离开了，他爱过的马和狗都死去了，现在他对子女和孙辈都不甚关心了。他的权力已经被剥夺，甚至连因失去权力而产生的愤怒也已经不再搅动他的内心了。他的四肢感到刺痛，因为高龄引发的坏疽威胁着他的健康。而他，这个在八十岁时还能用他那雄辩的魔力使一群人哑口无言的人，现如今却变得沉默寡言了。此刻，他坐在桌角的轮椅上，喝得不多，听着年轻人的闲聊。这只是俾斯麦的影子罢了！

　　在影子主人生命的最后一年里，绿林还在那里，和旧时一样，八十三岁的俾斯麦仍然会驾车前往森林之中——沉默着，与自己的思想进行对话。"现在我只有一个避难所了，"他说，"森林。"他不再关心田地。最吸引他的是道格拉斯松，那是他多年前种植的，苗圃对他来说也是一种诱惑，森林中最古老的部分同样也是如此，因为那里高大的古树在微风吹起时总是沙沙作响。当椋鸟聚集在房子后面时，他说："它们今天正在举办一场议会，我想这是因为春天快到了。"傍晚时分，他等着它们出现在河岸上。他对一切都了如指掌。"到目前为止只来了五只，应该有七只，领头的最后才来。它们可以毫无痛苦地睡觉和起床。"然后，他驱车前往池塘，计划着如何才能最好地解决天鹅、鸭子和老鼠之间旷日持久的争端。当一个戴着高帽子的访客驾车外出时，俾斯麦机警地拿出了自己的那一顶，说："别让我的树看到那个东西！"

因为他爱他的树胜过爱任何来客，甚至比他对德意志的爱还要多。有一次，他谈到那些树木，称它们是祖先，现在他愿意置身于它们之中去安息。他选了两棵巨大的松树，把它们展示给他喜欢的客人，说："在这里，在这些树木之间，在森林的自由空气中，是我想要的最终安息之地，在这里，阳光和清风可以触及我。一想到要把我关在草皮下的狭窄盒子里，我就感到厌恶。"接着，他谈到了古代的条顿人和印第安人，谈到他们把尸体挂在树梢上的习俗。然而，他一直都知道，他的墓穴在别处——也就是在贵族陵墓之中——等待着他，他知道铭文已经刻制完毕。然而，他的心却愿意与森林中的这些巨人在一起。如果可以按照他的心愿，他既不想要坟墓也不要墓碑，只要阳光和风。

我们看到，俾斯麦去时和来时一样——一个泛神论者和异教徒，一个真正的革命者，他每一句秘密的话语都揭露出这一点。然而，他现在还是像以前一样，选择了遵循信仰基督教上帝的信徒应有的葬仪。另外，这个从来没有侍奉过任何人却指挥了别人四十年的人，将在他的墓碑上把自己记为他的国王的忠实仆人。他为什么要抛弃他的森林呢？在那里，他独自一人与光亮和上帝作伴，做着他自己土地上的国王。他为什么要背弃农民，离开荒野，抛弃他还是一个小男孩儿时在其下玩耍的古老橡树呢？他年轻时曾仰望过这些橡树，他曾在树荫下休憩，以摆脱国事的烦恼，年老时他还爱聆听这些橡树树叶发出的沙沙声。他的心从这次迁徙中得到了什么呢？

想必一定是不满意的吧？年迈时被迫解任，他从这趟旅程中回来，徒劳地寻找（在回忆的情绪中）着行动带给他的真正的幸福时刻。成就、荣誉、赞颂，这些都无法使他满心欢喜，甚至胜利和复仇也不行。他的成果因为他继任者的愚蠢和粗心而陷入险境。随着新世纪的临近，他所建立的一切在摇摇欲坠，他曾经缔结的盟约也被人质疑。更糟糕的是，他自己治国方略的中心支柱已经被粉碎：国王不再至高无上，人民也不再可鄙。他被迫离开了自己的行动范围，被推回到森林斑驳的阴影中，他发现，那些他少时沿着林间小路骑行时困扰着他的虚无主义问题，现在仍然没有得到解答。当他，一个年老而破碎的人，开车穿过那同一片森林时——他沉默着，与自己的思想进行着对话。

三十年后，德意志人将站在俾斯麦的墓旁，降旗向他致以敬意。他的工作成果是如此简洁有力，以至于比这位建筑大师本人预言能留存的时间更为长久。所有德意志的王公贵族、那些他赖以建立起帝国的人，都已消失得无影无踪。他们当中没有一个人胆敢拔出弗雷德里希斯鲁亲王即使在八十岁时也会大胆拔出的剑。尽管如此，面对欧洲的种种诱惑，这个帝国还是紧紧团结在了一起。这些从未被征求过意见的部落，这些他们的意见被视为多余的德意志人——尽管已经分裂了千年——在大战的地震中还是团结在了一起，并在传统形式的解体中幸存了下来。德意志的统一并没有随着王权统治者的消亡而分崩离析。

德意志万岁！德意志的王公贵族们在德意志亟需他们的时候抛弃了它。但是，德意志的人民——俾斯麦意识到他们身上所具备的优秀品质已经太晚了——他们仍然坚定不移，正因如此，才拯救了俾斯麦毕生建立起的大厦于将倾。